"十三五"普通高等教育本科规划教材
21世纪全国高等院校汽车类创新型应用人才培养规划教材

现代汽车新技术
（第2版）

主　编　姜立标

内容简介

本书以现代汽车新技术为主要内容，系统地介绍了各种与现代汽车相关的新技术、新材料和新工艺。全书共分9章，包括汽车发动机新技术、汽车传动系统新技术、汽车底盘新技术、汽车振动噪声控制技术、先进汽车安全技术、汽车新材料及轻量化、智能汽车与车联网、新能源汽车技术和汽车先进制造技术。

本书可作为高等院校车辆工程、汽车运用工程、交通运输、交通工程、汽车服务工程和机械工程及自动化等相关专业的本科生或研究生的教材，也可作为从事汽车行业的工程技术人员和管理人员的参考用书。

图书在版编目(CIP)数据

现代汽车新技术/姜立标主编．—2版．—北京：北京大学出版社，2016.8
(21世纪全国高等院校汽车类创新型应用人才培养规划教材)
ISBN 978-7-301-27425-5

Ⅰ．①现… Ⅱ．①姜… Ⅲ．①汽车工程—新技术应用—高等学校—教材 Ⅳ．①U46-39

中国版本图书馆CIP数据核字(2016)第194978号

书 名	现代汽车新技术（第2版） XIANDAI QICHE XIN JISHU
著作责任者	姜立标 主编
策划编辑	童君鑫
责任编辑	李娉婷
标准书号	ISBN 978-7-301-27425-5
出版发行	北京大学出版社
地 址	北京市海淀区成府路205号 100871
网 址	http://www.pup.cn 新浪微博：@北京大学出版社
电子信箱	pup_6@163.com
电 话	邮购部 62752015 发行部 62750672 编辑部 62750667
印 刷 者	北京京华虎彩印刷有限公司
经 销 者	新华书店
	787毫米×1092毫米 16开本 26印张 609千字
	2012年2月第1版
	2016年8月第2版 2018年1月第3次印刷
定 价	57.00元

未经许可，不得以任何方式复制或抄袭本书之部分或全部内容。
版权所有，侵权必究
举报电话：010-62752024 电子信箱：fd@pup.pku.edu.cn
图书如有印装质量问题，请与出版部联系，电话：010-62756370

前　言

当前，随着世界汽车工业的迅速发展，出现了大量与现代汽车息息相关的新技术。这些新技术从方方面面改变着人们的生活。各国主要汽车企业也纷纷采用各种新技术、新材料、新工艺来改进汽车产品的性能。近年来，我国的汽车新技术及其应用也得到了飞速的发展，汽车产销量节节攀升，2011年中国汽车产量已经达到1840多万辆，成为名副其实的汽车生产大国。但中国自主开发的汽车新技术却不多。本书编写的主要目的之一，就是要向国内汽车相关专业的学生和汽车行业的从业人员介绍最新的汽车技术，为促进我国汽车产业的进一步发展尽绵薄之力。

一项汽车新技术从诞生到在汽车中得到广泛应用并不是一蹴而就的，它需要各行业的专业技术人员，经历漫长的开发、调研、设计、试验，最后还需要得到市场的认可，才能最终成为一项具有实用价值的技术。以现在几乎成为乘用车标准配置的ABS（防抱死制动系统）技术为例，其概念最初诞生于100多年前。1908年英国工程师J. E. Francis提出了"铁路车辆车轮抱死滑动控制器"理论，但却无法将它实用化。接下来的30年中，包括Karl Wessel的"刹车力控制器"、Richard Trappe的"车轮抱死防止器"等尝试都宣告失败。在1941年出版的《汽车科技手册》中写道："到现在为止，任何通过机械装置防止车轮抱死危险的尝试皆尚未成功，当这项装置成功的那一天，即是交通安全史上的一个重要里程碑"。可惜该书的作者恐怕也没想到，这一天竟还要再等30多年。直到1979年，历史上第一部量产的民用型ABS才诞生！而现在，ABS技术可以说是汽车安全史上最重要的三大发明（另外两个是安全气囊与安全带）之一。

本书中介绍的很多汽车新技术尚未在汽车上得到广泛应用，有的还只停留在试验阶段，但我们不能因此否认这些新技术对未来汽车发展的促进作用。作为汽车专业的学生和汽车行业的从业人员，了解、学习这些汽车新技术是很有必要的。

本书主要从汽车新技术、新材料、新工艺等方面出发，系统介绍了现代汽车的各项新发展。全书共分9章：第1章介绍了汽车发动机新技术，第2章介绍了汽车传动系统新技术，第3章介绍了汽车底盘新技术，第4章介绍了汽车振动噪声控制技术，第5章介绍了先进汽车安全技术，第6章介绍了汽车新材料及轻量化，第7章介绍了智能汽车与车联网，第8章介绍了新能源汽车技术，第9章介绍了汽车先进制造技术。

本书由姜立标主编并统稿，此外，刘坚雄、杨雪智、周松涛、李金水、陈泽茂、刘金龙、吴斌、陈书聪、董强、代攀、王小城等也参加了部分章节的编写与文字修改工作。在本书的编写过程中，编者参考了大量国内外论文及论著的研究内容，在此对这些论文及论著的作者表示衷心的感谢！

由于现代汽车新技术发展迅速，不断有新的理论和技术诞生，加之编者掌握的资料不足及水平有限，书中内容难免有疏漏不足之处，敬请同行专家和广大读者批评指正！欢迎致信 jlb620620@163.com 指导交流。

编　者
2011年11月于华南理工大学

第 2 版前言

本书第 1 版自 2012 年 2 月出版以来，得到车辆工程教学与研究工作者的认可，同时汽车工业迅速发展所带来的新技术也在不断发展、创新。因此，在出版社的建议下，编者对本书进行了再版修订。在本书第 2 版编写过程中，编者结合近年来在教学与科研过程的经验积累，对相关章节进行适当地补充与删减。

本书第 2 版力求反映现代汽车新技术发展前沿，取材丰富，图文并茂，结合大量的实例，深入浅出，循序渐进地指导学生学习有关现代汽车发展中出现的新技术。本书可作为车辆工程专业的本科生和研究生的教材，同时可以作为从事汽车行业的工程技术人员的参考用书。

本次修订完成了以下几个方面的工作：
（1）修改第 1 版中遗留的文字和图形错误；
（2）在第 1 版的基础上，更新了部分插图并增加了多幅新插图；
（3）对第 1 版部分章节内容进行适当地删减及整合，包括删除了第 1 版中的第 1 章、第 4 章、第 6 章以及第 7 章的部分内容；
（4）在第 1 章增加了起动停止系统、发动机小型化技术，在第 2 章增加了七速双离合器变速器、混合动力电动汽车，在第 4 章增加了振动学理论，在第 6 章增加了碳纤维复合材料。

本书第 2 版由华南理工大学姜立标编写并统稿。此外，丘华川参与了本书第 2 版文字编辑与校正的修订工作，并制作了多幅插图。本书第 2 版在出版过程中，也得到了北京大学出版社的大力支持，在此表示衷心感谢！

本书第 2 版的编写参考了大量国内外文献资料以及网络资源，谨此深表谢意。随着现代汽车新技术的迅速发展，新的理论与技术不断诞生，知识的海洋是非常广阔的，由于编者掌握的资料不足及知识水平有限，书中难免有不妥甚至错误之处，恳请广大读者批评、指正！

编 者
2016 年 7 月于华南理工大学

目 录

第1章 汽车发动机新技术 …………… 1

- 1.1 发动机进排气控制新技术 ………… 2
  - 1.1.1 可变气门正时技术 ………… 3
  - 1.1.2 可变长度进气歧管 ………… 10
  - 1.1.3 电子节气门技术 ………… 10
- 1.2 燃油缸内直喷技术 ………… 13
  - 1.2.1 汽油发动机的发展进程 …… 13
  - 1.2.2 燃油缸内直喷技术原理和控制策略 ………… 14
  - 1.2.3 燃油缸内直喷技术优点及存在的问题 ………… 17
  - 1.2.4 燃油缸内直喷技术的发展方向 ………… 20
- 1.3 发动机均质充量压缩燃烧技术 …… 21
  - 1.3.1 传统燃烧概念局限性 ……… 21
  - 1.3.2 均质充量压缩燃烧技术特点 ………… 22
  - 1.3.3 均质充量压缩燃烧技术面临的问题及展望 ………… 25
- 1.4 可变压缩比技术 ………… 27
  - 1.4.1 可变压缩比的实现方案 …… 28
  - 1.4.2 可变压缩比技术的优点及展望 ………… 30
- 1.5 柴油机电控高压共轨燃油喷射技术 ………… 31
  - 1.5.1 电控高压共轨燃油喷射系统组成及工作原理 ………… 32
  - 1.5.2 柴油机电控高压共轨燃油喷射系统优点及发展方向 ………… 35
- 1.6 汽车起动停止系统 ………… 36
  - 1.6.1 汽车怠速停止和起动系统的结构与工作原理 ………… 36
  - 1.6.2 博世起动停止系统 ………… 37
  - 1.6.3 丰田怠速停止系统 ………… 39
  - 1.6.4 马自达智能怠速系统 …… 42
- 1.7 发动机小型化技术 ………… 44
  - 1.7.1 发动机小型化的关键技术 ………… 44
  - 1.7.2 几种小型化三缸发动机的典型应用 ………… 44
  - 1.7.3 发动机小型化技术的优缺点 ………… 46
- 思考题 ………… 47

第2章 汽车传动系统新技术 ………… 48

- 2.1 无级变速器 ………… 49
  - 2.1.1 概况 ………… 49
  - 2.1.2 无级变速器的特点 ……… 53
  - 2.1.3 机械式无级变速器的结构和原理 ………… 54
  - 2.1.4 几种无级自动变速器的典型应用 ………… 58
  - 2.1.5 活齿式无级变速器 ……… 60
- 2.2 双质量飞轮 ………… 62
  - 2.2.1 概述 ………… 62
  - 2.2.2 双质量飞轮式扭转减振器的基本原理和性能 ………… 64
  - 2.2.3 双质量飞轮扭转减振器的典型结构和特点 ………… 67
- 2.3 汽车双离合器变速器技术 ………… 72
  - 2.3.1 概况 ………… 72
  - 2.3.2 双离合器变速器的结构 … 73
  - 2.3.3 双离合器式自动变速器的工作原理 ………… 75
  - 2.3.4 双离合器变速器的工作过程 ………… 76
  - 2.3.5 七速双离合变速器的传动分析 ………… 79

2.3.6 双离合器变速器的应用和
特点性能 ……………… 82
2.4 驱动防滑系统 ……………………… 83
2.4.1 概述 ……………………… 83
2.4.2 驱动防滑系统的理论
基础 ……………………… 84
2.4.3 驱动防滑系统的控制
方式 ……………………… 85
2.4.4 防滑转控制系统的控制
过程 ……………………… 88
2.5 混合动力汽车的传动技术 ………… 91
2.5.1 概述 ……………………… 91
2.5.2 串联式 HEV 动力传动
系统 ……………………… 92
2.5.3 并联式 HEV 动力传动
系统 ……………………… 93
2.5.4 混联式 HEV 动力传动
系统 ……………………… 96
2.5.5 混合动力电动汽车的
特点 …………………… 100
思考题 ……………………………… 102

第3章 汽车底盘新技术 ……………… 103

3.1 悬架系统新技术 …………………… 104
3.1.1 空气悬架 ……………… 104
3.1.2 可调阻尼减振器 ……… 108
3.1.3 主动悬架 ……………… 111
3.1.4 多连杆悬架 …………… 118
3.2 转向系统新技术 …………………… 121
3.2.1 可变转向比转向系统 … 121
3.2.2 电动助力转向 ………… 124
3.2.3 线控转向 ……………… 130
3.2.4 四轮转向技术 ………… 132
3.3 制动系统新技术 …………………… 135
3.3.1 制动盘新技术 ………… 135
3.3.2 制动辅助系统 ………… 138
3.3.3 电子制动系统 ………… 139
3.4 轮胎新技术 ………………………… 144
3.4.1 低压安全轮胎 ………… 145
3.4.2 防滑水轮胎 …………… 147

思考题 ……………………………… 149

第4章 汽车振动噪声控制技术 ……… 150

4.1 汽车振动噪声控制技术的
新进展 ……………………………… 151
4.1.1 汽车振动噪声概述 …… 152
4.1.2 汽车振动噪声技术的
分析方法 ……………… 154
4.1.3 汽车振动噪声的测试
技术 …………………… 154
4.2 振动力学概述 ……………………… 160
4.2.1 振动力学的基本理论 … 161
4.2.2 车辆振动学 …………… 162
4.2.3 内燃机的振动分析 …… 162
4.3 汽车振动噪声的主动控制技术 …… 163
4.3.1 汽车振动主动控制
技术 …………………… 163
4.3.2 汽车噪声主动控制
技术 …………………… 169
4.4 汽车车内外噪声控制 ……………… 174
4.4.1 车内噪声控制 ………… 174
4.4.2 车外噪声控制 ………… 180
思考题 ……………………………… 182

第5章 先进汽车安全技术 …………… 183

5.1 先进汽车主动安全控制技术 ……… 184
5.1.1 电子稳定程序 ………… 185
5.1.2 轮胎压力监控预警
系统 …………………… 191
5.1.3 安全预警技术 ………… 195
5.2 智能乘员约束技术 ………………… 200
5.2.1 智能安全气囊 ………… 201
5.2.2 气囊式安全带 ………… 204
5.2.3 乘员头颈保护系统 …… 206
5.3 汽车侧面碰撞保护技术 …………… 207
5.3.1 汽车侧面碰撞的研究 … 208
5.3.2 车身结构新技术 ……… 209
5.3.3 侧面安全气囊和气帘 … 210
5.4 行人碰撞保护技术 ………………… 211

5.4.1 行人碰撞法规的新进展 ………… 211
5.4.2 车辆智能安全保障系统 ………… 211
5.4.3 发动机盖弹升技术 ………… 212
5.4.4 行人安全气囊系统 ………… 214
5.5 儿童乘员保护技术 ………… 215
5.5.1 我国儿童乘员保护的意义 ………… 215
5.5.2 我国儿童乘员保护法规的新发展 ………… 216
5.5.3 ISO-FIX 标准和 LATCH 标准 ………… 217
思考题 ………… 219

第6章 汽车新材料及轻量化 ………… 220

6.1 概述 ………… 221
6.2 高强度钢 ………… 225
6.3 车用轻质合金 ………… 230
　6.3.1 铝合金 ………… 230
　6.3.2 镁合金 ………… 233
　6.3.3 钛合金 ………… 235
6.4 复合材料和塑料制品 ………… 236
　6.4.1 复合材料 ………… 236
　6.4.2 碳纤维复合材料 ………… 240
　6.4.3 铝蜂窝夹层复合材料 ………… 244
　6.4.4 塑料制品 ………… 250
6.5 轻型钢结构 ………… 253
　6.5.1 激光拼焊板 ………… 253
　6.5.2 连续变截面板 ………… 254
　6.5.3 空心变截面钢管技术 ………… 255
　6.5.4 轻型结构对比 ………… 255
6.6 国内外材料和技术发展动向 ………… 256
思考题 ………… 259

第7章 智能汽车与车联网 ………… 260

7.1 智能汽车概论 ………… 261
　7.1.1 智能汽车简介 ………… 261
　7.1.2 国内外智能汽车的发展现状及研究热点 ………… 263

7.2 汽车防撞预警系统 ………… 265
　7.2.1 几种常见的汽车防撞预警系统 ………… 265
　7.2.2 汽车防撞预警系统的发展方向 ………… 269
7.3 事故自动报警系统 ………… 269
　7.3.1 事故自动报警系统简介 ………… 269
　7.3.2 事故自动报警系统的设计 ………… 270
7.4 无人驾驶汽车 ………… 274
　7.4.1 无人驾驶电动汽车的原理 ………… 275
　7.4.2 无人驾驶汽车的发展方向 ………… 279
7.5 车联网技术与智能交通 ………… 280
　7.5.1 国内外的发展现状 ………… 280
　7.5.2 车联网通信系统的设计 ………… 281
　7.5.3 车联网应用系统 ………… 285
　7.5.4 车联网在智能交通的应用展望 ………… 286
思考题 ………… 289

第8章 新能源汽车技术 ………… 290

8.1 电动汽车概论 ………… 291
　8.1.1 电动汽车电驱动的结构形式 ………… 292
　8.1.2 电动汽车的关键技术 ………… 296
　8.1.3 国内外电动汽车的发展状况 ………… 297
8.2 电动汽车电动机及电池技术 ………… 298
　8.2.1 电动汽车电动机技术 ………… 298
　8.2.2 电动汽车电池技术 ………… 303
8.3 电动汽车充电及充电设备检测技术 ………… 308
　8.3.1 电动汽车充电技术 ………… 308
　8.3.2 充电机连接器设计 ………… 311
　8.3.3 充电设备检测技术研究 ………… 312
8.4 燃料电池电动汽车 ………… 314

　　　8.4.1　燃料电池汽车的基本结构 …………… 314
　　　8.4.2　燃料电池发动机 ……… 317
　　　8.4.3　燃料电池电动汽车的优缺点 ……………… 319
　8.5　其他清洁能源汽车技术 …… 320
　思考题 ………………………… 331

第9章　汽车先进制造技术 ……… 332

　9.1　锻造技术 ………………… 333
　　　9.1.1　锻造技术简介 ……… 333
　　　9.1.2　摆动辗压 …………… 335
　　　9.1.3　辗环技术 …………… 337
　　　9.1.4　热挤压技术 ………… 339
　　　9.1.5　楔横轧技术 ………… 342
　　　9.1.6　我国汽车锻造行业的展望 ………………… 345
　9.2　铸造技术 ………………… 346
　　　9.2.1　铸造简介 …………… 346
　　　9.2.2　造型技术 …………… 347
　　　9.2.3　熔炼技术 …………… 357
　　　9.2.4　制芯技术 …………… 358
　　　9.2.5　汽车铸造材料 ……… 361
　　　9.2.6　铸造技术的发展趋势 … 362
　9.3　冲压技术 ………………… 363

　　　9.3.1　冲压技术简介 ……… 363
　　　9.3.2　冲压模具 …………… 365
　　　9.3.3　冲压新技术 ………… 368
　　　9.3.4　冲压工艺的有限元分析技术应用 …………… 373
　　　9.3.5　汽车冲压技术的展望 … 375
　9.4　焊接技术 ………………… 375
　　　9.4.1　搅拌摩擦焊在汽车制造中的应用 ……………… 376
　　　9.4.2　激光焊接技术在汽车制造工业中的应用 ……… 378
　　　9.4.3　新型焊接技术 ……… 382
　　　9.4.4　汽车制造中焊接数值模拟技术的应用 ………… 383
　　　9.4.5　汽车工业焊接的总体发展趋势 ………………… 384
　9.5　机械加工及热处理技术 …… 384
　　　9.5.1　汽车制造机械加工技术及装备 ………………… 384
　　　9.5.2　汽车工业热处理技术展望 ………………… 392
　　　9.5.3　机械加工及热处理的发展趋势 ………………… 398
　思考题 ………………………… 399

参考文献 ……………………………… 400

第1章

汽车发动机新技术

 本章教学目标

★ 熟悉当代具有代表性的汽车发动机新技术

★ 掌握发动机进排气控制新技术、汽油机缸内直喷（GDI）技术、均质充量压缩燃烧（HCCI）技术、可变压缩比（VCR）技术、柴油机高压共轨燃油喷射技术、起动停止系统和发动机小型化技术的结构、工作原理和优缺点

★ 把握当今科学技术发展态势，了解发动机新技术的发展动态

 本章教学要点

知识要点	掌握程度	相关知识
发动机进排气控制新技术	掌握可变气门正时技术； 掌握可变长度进气歧管技术； 掌握电子节气门技术	发动机进排气系统构造及工作原理； 发动机电控技术
汽油机缸内直喷技术	了解汽油机缸内直喷技术的发展历程； 掌握汽油机缸内直喷技术的结构和工作原理； 了解汽油机缸内直喷技术存在的问题及发展趋势	汽油机缸内直喷技术的结构特点和燃烧特性
均质充量压缩燃烧技术	掌握均质充量压缩燃烧技术的特点； 了解均质充量压缩燃烧技术面临的问题与难点	几种发动机燃烧方式的比较
可变压缩比技术	掌握可变压缩比技术的结构特点与工作原理； 了解可变压缩比技术的存在问题及发展趋势	可变压缩比技术的概念； 可变压缩比技术的结构
柴油机高压共轨燃油喷射技术	掌握柴油机高压共轨燃油喷射系统组成及工作原理； 了解柴油机高压共轨燃油喷射技术的优点及发展方向	柴油机高压共轨燃油喷射系统的结构； 发动机电控技术
起动停止系统	掌握起动停止系统的结构和工作原理； 了解博世起动停止系统的工作过程及结构； 了解几种典型的起动停止系统的工作原理	起动停止系统的概念； 起动停止系统的结构
发动机小型化技术	掌握发动机小型化的关键技术； 了解几种三缸小型发动机的典型应用； 了解发动机小型化的优缺点	发动机小型化的概念； 发动机小型化涉及的关键技术

发动机是汽车最为关键的部分,是决定汽车性能的最重要的因素,是汽车的心脏。目前汽车使用的发动机均属于内燃机,发动机的功能就是将燃料的化学能转成热能再转成机械能,而机械能也就是一般所谓的动力。发动机在将燃料转成动力的过程中会经过一定的工作程序,而且此程序是周而复始连续不断的循环。发动机是由机体组、曲柄连杆机构、配气机构、进排气系统、燃油供给系统、冷却系统、润滑系统、起动系统和有害排放物控制装置组成的。另外,汽油机还包括点火系统,增压发动机还有增压系统。图1.1所示为一个完整的发动机的零件分解图。

伴随汽车产销量快速增长而来的是石油消耗和大气污染。先进的发动机技术在汽车节能、环保技术开发中起着关键的决定性的作用。越来越严格的排放法规和人们对节能认识的加深,使得高效率、低排放车用发动机技术的开发受到高度的重视,从而促使传统的内燃机技术不断创新。

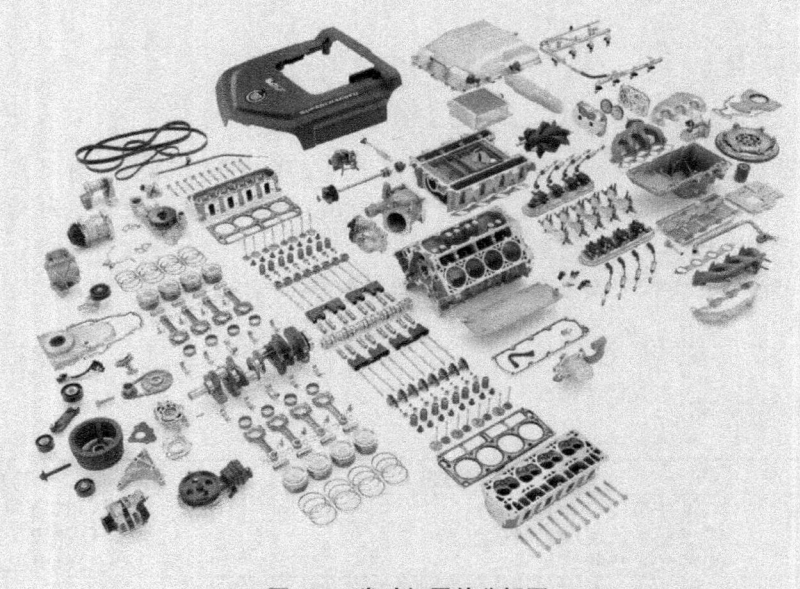

图1.1 发动机零件分解图

1.1 发动机进排气控制新技术

进气系统的功用是提供清洁新鲜空气、提供合适浓度的混合气和进气均匀充分地分配到各个气缸。排气系统的功用是以尽可能小的排气阻力和噪声,将气缸内的废气排到大气中。现代高速汽油机的转速和负荷范围宽广,在发动机高速运转和低速运转的时候需要的气门叠开角不同。在高速运转的时候,需要较大的气门叠开角来达到充气充分的目的;在急速的时候,气门叠开角应该相应变小,达到降低排放的目的。

发动机气门的开启升程、开启和关闭时刻,对发动机性能有重要影响。为改善发动机的进、排气过程,提高发动机性能,近年来在日本本田、日本丰田、德国大众等公司生产的发动机上,相继采用了气门升程和配气相位控制技术,但这些技术仍未实现全电子控制,而且通常仅对进气门的升程和开闭时刻进行控制,所以发动机的进、排气控制技术仍有较大的开发潜力。

1.1.1 可变气门正时技术

传统发动机的配气相位和升程是固定的,不能使各种工况下都得到最佳的配气正时。可变气门正时(Variable Valve Timing,VVT)技术指的是发动机气门升程和配气相位正时可以根据发动机工况作实时的调节。VVT 技术可分为 3 种:可变相位技术、可变升程技术及可变相位和升程技术。具有代表性的 VVT 技术是日本本田公司的 VTEC、日本丰田公司的 VVT-i 以及德国宝马公司的 Valvetronic 技术。这一技术使发动机设计师无须再在低速转矩与高速功率之间作抉择,实时的气门正时调整使得同时顾及低速转矩与高速功率成为可能。

连续可变气门正时技术加上先进的发动机控制策略,可以巧妙地实现可变压缩比。如在大负荷时,发动机容易发生自燃引起的爆燃,通过推迟进气门关闭的时间来达到降低有效压缩比的目的,从而避免爆燃。而在中小负荷时,爆燃不再是个问题,可以通过调整气门关闭时间达到提高有效压缩比的目的,从而使发动机在中小负荷时有优异的热效率。可变气门正时技术也可使汽油机排放品质达到更好的水平。发动机采用可变气门正时技术可以提高进气充量,使充量系数增加,发动机的转矩和功率可以得到进一步的提高。可变气门正时技术的特点是在大幅提高了燃油的经济效益的同时增加发动机的功率,但对油品的要求十分苛刻。

1. VTEC 技术

日本本田汽车公司在近年推出了自行研制的可变气门配气相位和气门升程电子控制系统(Variable Valve Timing and Valve Life Electronic Control System,VTEC),这是世界上第一个能同时控制气门开闭时间及升程等两种不同情况的气门控制系统。与普通发动机相比,VTEC 发动机同样是每缸 4 气门、凸轮轴和摇臂等,不同的是凸轮与摇臂的数目及控制方法。

图 1.2 所示为 VTEC 系统配气机构图。整个 VTEC 系统由发动机电子控制单元(ECU)控制,ECU 接收发动机传感器(包括转速、进气压力、车速、冷却液温度等)的参数并进行处理,输出相应的控制信号,通过电磁阀调节摇臂活塞液压系统,从而使发动机在不同的转速工况下由不同的凸轮控制,影响进气门的开度和时间。

图 1.3 所示为 VTEC 系统工作原理图。发动机低速时,小活塞在原位置上,3 根摇臂分离,主凸轮和次凸轮分别推动主摇臂和次摇臂,控制两个进气门的开闭,气门升量较少,情形好像普通的发动机。虽然中间凸轮也推动中间摇臂,但由于摇臂之间已分离,其他两根摇臂不受它的控制,所以不会影响气门的开闭状态。

发动机达到某一个设定的高转速(3500r/min)时,ECU 会指令电磁阀起动液压系统,推动摇臂内的小活塞,使 3 根摇臂锁成一体,一起由中间凸轮驱动,由于中间凸轮比其他凸轮都高,升程大,所以进气门开启时间延长,升程也增大了。发动机转速降低到某一个

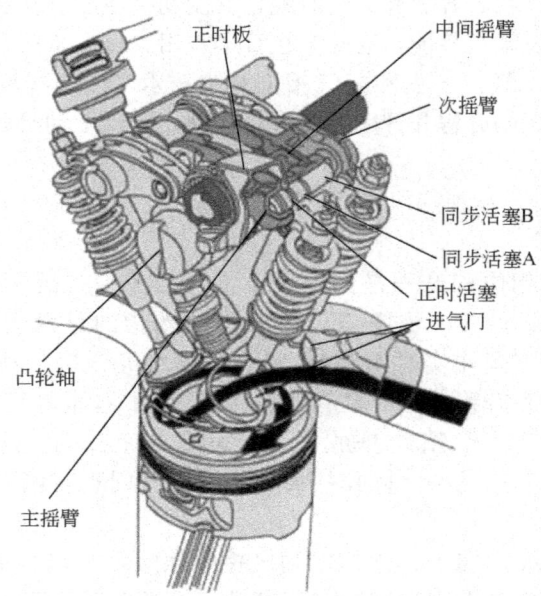

图 1.2　VTEC 系统配气机构

设定的低转速时，摇臂内的液压也随之降低，活塞在回位弹簧作用下退回原位，3 根摇臂分开。

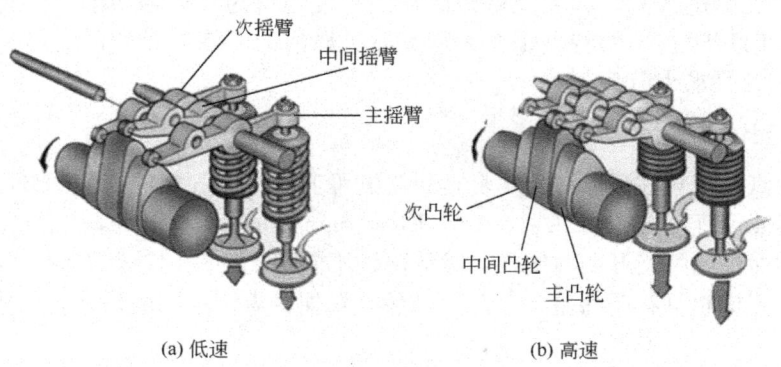

(a) 低速　　　　　　　　　　(b) 高速

图 1.3　VTEC 系统工作原理

为了改善 VTEC 系统的性能，近年本田推出了 i-VTEC 系统。图 1.4 所示为 i-VTEC 系统构成。简单地说，i-VTEC 系统是在现有系统的基础上，添加一个称为可变正时控制(Variable Timing Control，VTC)，即一组进气门凸轮轴正时可变控制机构，通过 ECU 控制程序，控制进气门的开启关闭。i-VTEC 系统可连续调节气门正时，且能调节气门升程。i-VTEC 系统的工作原理是：当发动机由低速向高速转换时，电子计算机就自动地将机油压向进气凸轮轴驱动齿轮内的小涡轮，这样，在压力的作用下，小涡轮就相对于齿轮壳旋转一定的角度，从而使凸轮轴在 60°的范围内向前或向后旋转，从而改变进气门开启的时刻，达到连续调节气门正时的目的。

当发动机低转速时令每缸其中一个进气门关闭，让燃烧室内形成一道稀薄的混合气涡

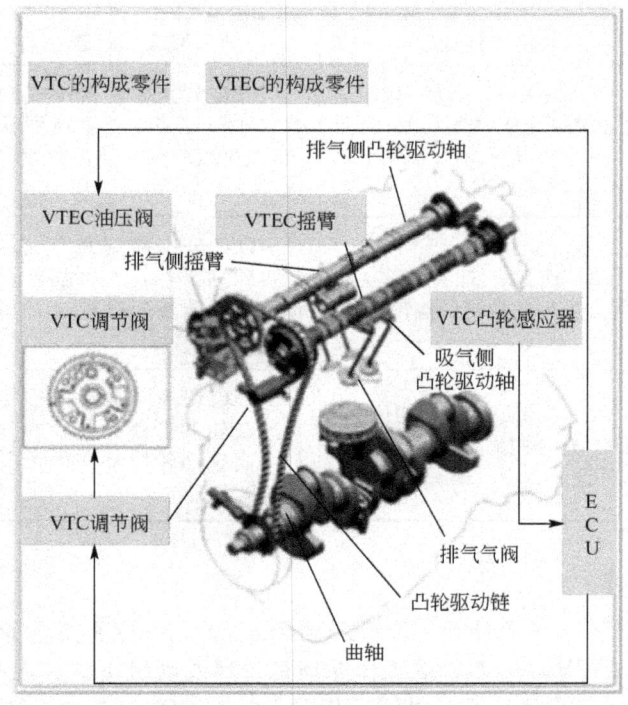

图 1.4　i-VTEC 系统构成

流，结集在火花塞周围点燃做功。发动机高转速时则在原有基础上提高进气门的开度及时间，以获取最大的充气量。VTC 令气门重叠时间更加精确，达到最佳的进、排气门重叠时间，并将发动机功率提高 20%。同时，i-VTEC 系统发动机采用进气歧管放在前，排气歧管放在后（靠车厢一端）的布置。在进气歧管上增设了可变长度装置，低转速时增长进气行程提高气流速度，有利于提升转矩；而排气歧管则缩短了长度，也就是缩短了与三元催化器之间的距离，使三元催化器更快进入适当的工作温度，能有效控制废气排放。由于发动机起动后 i-VTEC 系统就进入状态，不论低转速或者高转速 VTC 都在工作，也就消除了原来 VTEC 系统存在的缺陷。

表 1-1 所示为 i-VTEC 系统各种工作模式下的状态及实现目标。

表 1-1　i-VTEC 系统各种工作模式下的状态及实现目标

工作模式	VTC 工作状态	VTEC 工作状态	控制目标
怠速控制模式	VTC 以较小气门重叠角（进气门滞后）控制凸轮正时，有助于减小废气倒流内进气管内	VTEC 分别控制两个气门各自独立工作，产生强烈涡流，以便怠速时增加混合气空燃比（稀燃）	获得最佳燃油经济性和降低燃烧室废气排放
稀薄燃烧控制模式	VTC 以较小气门重叠角（进气门滞后）控制凸轮正时	VTEC 分别控制两个气门各自独立工作，产生强烈涡流，有助减小废气倒流内进气管内	增大混合气空燃比（稀燃），改善经济性和排放

(续)

工作模式	VTC 工作状态	VTEC 工作状态	控制目标
普通燃烧控制模式	VTC增大气门重叠角,让部分废气倒流入进气管内,以便在下一进气行程稀释空气中氧气含量,降低NOx排放	VTEC分别控制两个气门各自独立工作,产生强烈涡流,加快燃料空气混合和燃烧速度	产生EGR效果,以增加经济性和减低排放
低速高负荷控制模式	VTC控制最佳凸轮相位(滞后),获得发动机最佳转矩	VTEC分别控制两个气门各自独立工作,产生强烈涡流,加快低转速时混合状态和燃烧速度	获得最大转矩
高速控制模式	VTC控制最佳凸轮相位(滞后),充分利用气流惯性,增大冲量	VTEC切换同步活塞连接高速凸轮和低速凸轮,两气门由高速凸轮驱动获得大升程,充分进气	获得最大功率

2. VVT-i技术

丰田的可变气门正时(Variable Valve Timing,VVT-i)系统可连续调节气门正时,但不能调节气门升程。VVT-i系统的工作原理是:当发动机由低速向高速转换时,电子计算机就自动地将机油压向进气凸轮轴驱动齿轮内的小涡轮,这样,在压力的作用下,小涡轮就相对于齿轮壳旋转一定的角度,从而使凸轮轴在60°的范围内向前或向后旋转,从而改变进气门开启的时刻,达到连续调节气门正时的目的。

图1.5所示为VVT-i系统组成。VVT-i系统由传感器、ECU和凸轮轴液压控制阀及执行器等元件组成。在该系统中,ECU存储了最佳的气门正时参数值,根据曲轴位置传感器、进气压力传感器、节气门位置传感器、冷却液温度传感器和凸轮轴位置传感器等信号,并将这些信号与预定的参数值进行对比计算,最终计算出修正参数。在计算出修正参数后,ECU发出指令控制凸轮轴正时液压控制阀,控制阀根据ECU指令控制机油槽阀位置,改变液压流量,把提前、滞后或保持不变等信号指令选择输送至VVT-i控制器的不同油道上。其中执行器是该系统的核心元件,该执行器属于螺旋槽式VVT-i执行器,包括正时带驱动的外齿轮、与进气凸轮轴刚性连接的内齿轮及一个位于内齿轮与外齿轮之间的可移动活塞。随着活塞的移动,进气凸轮轴会随之控制进气门提前或延迟。当得到理

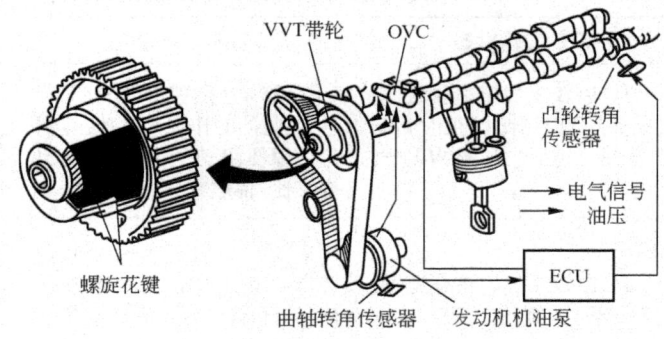

图1.5 VVT-i系统组成

想的配气正时时，凸轮轴正时液压控制阀就会关闭油道使活塞两侧压力平衡，活塞停止移动。VVT-i 系统的执行元件部分是一个液压控制系统，液压系统受 ECU 控制。

VVT-i 是丰田独有的领先发动机技术，VVT-i 的意思是"智能可变配气正时系统"。该系统的最大特点是可根据发动机的状态控制进气凸轮轴，通过调整凸轮轴转角对配气时机进行优化，以获得最佳的配气正时，从而在所有速度范围内提高转矩，并能大大改善燃油经济性，有效提高汽车的功率与性能，减少油耗和废气排放。

图 1.6 所示为双 VVT-i 系统。双 VVT-i 指的是分别控制发动机的进气系统和排气系统。在急加速时，控制进气的 VVT-i 会提前进气时间，并提高气门的升程，而控制排气的 VVT-i 会推迟排气时间，此效果如同一个较小的涡轮增压器，能有效地提升发动机动力。同时，由于进气量的加大，也使得汽油的燃烧更加完全，实现低排放的目的。

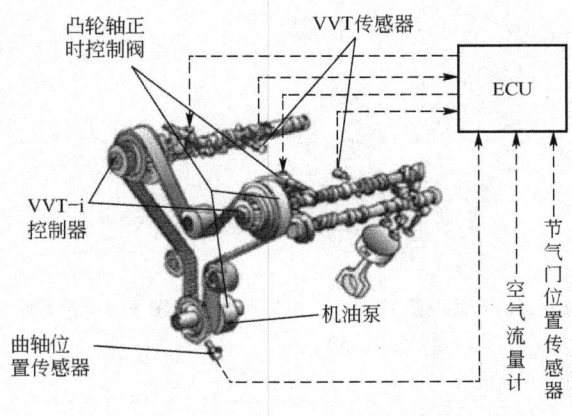

图 1.6 双 VVT-i 系统

3. Valvetronic 技术

传统的气门空气进气量是由节气阀所控制的。燃油喷射系统监视着经由流通节气阀的空气流量，来决定发动机燃烧时所需要的燃油量，也就是说当节气阀打得越开时，流入燃烧室的空气也就越多。在较轻的节气门时，节气阀部分甚至接近关闭。在活塞仍在运转时，部分的空气进入进气歧管，这时在燃烧室与节气门之间的进气歧管存在部分的真空，吸力与泵抵抗的活塞，浪费能量，工程师将这个现象称为"泵气损失(pumping loss)"，当急速运转时，节气门只开启一部分，因此有更多的能量损失。

目前，几乎所有的发动机都是由凸轮轴来控制的，凸轮轴上的凸轮在运转过程中，可以顶开或关闭气门，气门开启的大小(行程)、时机(正时)都是由凸轮轴及相关控制机构来决定的。传统的发动机，它的凸轮轴对于这些控制机构都是相对固定的，而带正时可变的发动机，也不过是在凸轮轴顶端设置了可变角度的液压控制机构。

而采用宝马公司 Valvetronic 技术的发动机，在这方面的结构则极其复杂。图 1.7 所示为 Valvetronic 系统组成。首先它的气门开闭仍由凸轮轴来控制，而凸轮轴上的凸轮却并非与气门直接贴合，而是通过一个摇臂机构，然后才作用到气门。这个摇臂机构可以通过自身角度的改变来控制开启气门的深度，从而使气门的行程发生改变。而摇臂本身是由一个步进电动机带动一个凸轮来控制的，步进电动机对于凸轮的作用，则由 ECU 来控制。

图 1.8 所示为常规发动机气门控制示意图。几乎所有的发动机都有节气门，节气门通

过对进气量的控制,来实现驾驶人的加速减速意图,节气门由过去的简单拉索机械式,目前逐步衍变成了电子控制节气门,通过 ECU 发出指令来实现对节气门的智能化控制,避免驾驶人的不当操作来提高经济性或者保护发动机。尽管如此,节气门固有的机械结构并没有改变,而节气门由此对发动机的影响,也自然不可避免。

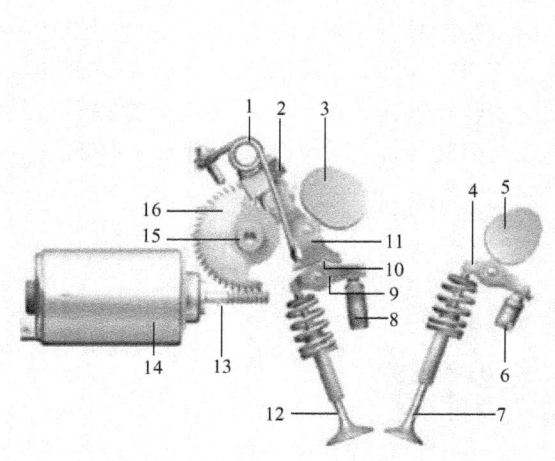

图 1.7　Valvetronic 系统组成

1—扭转弹簧;2—支架;3—进气凸轮轴;
4、10—下摇臂;5—排气凸轮轴;6、8—液压挺柱;
7—排气门;9—上摇臂;12—进气门;
13—蜗杆轴;14—伺服电动机;15—偏心轮;16—蜗轮

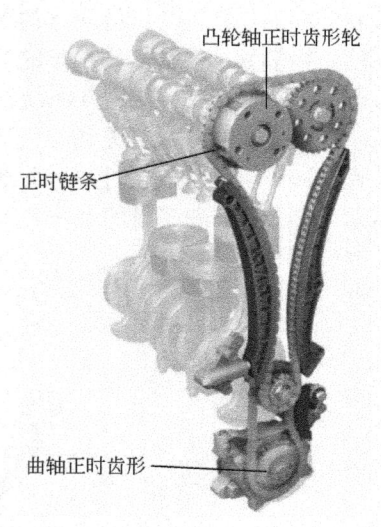

图 1.8　常规发动机气门控制示意图

这项技术最为显著的特点就是取消了节气门。与传统的双凸轮发动机相比,Valvetronic 利用一支附加的偏心轴、步进电动机和一些中置摇臂,来控制气门的开启或关闭,假如摇臂压得深一点,进气门就会有较高的升程,Valvetronic 技术自由控制气门的升降,长进气就是大的气门升程,短进气就是小的气门升程。改进电动机的螺旋齿轮则改变偏心轴的旋转量。

由于气门的开启和关闭的大小,可以由步进电动机来实现无级控制,这使得直接通过控制气门的开启和关闭,就可以实现类似节气门的功能。因此根本就没有节气门,相当于节气门打开的状态。当驾驶人踩下加速踏板时,通过步进电动机,令进气门以此时最佳的开启行程打开即可;而当驾驶人收油时,ECU 则发指令给步进电动机,令其将进气门的开启行程缩短到最小程度,从而实现关闭节气门的功能。

电子气门发动机去除了节气门也就去除了"泵气损失"。各种标准测试结果都显示,电子气门发动机可以比传统发动机节省 10% 以上的耗油量。另外,由于没有了节气门的阻碍,新鲜空气进入也更为顺畅,使燃烧更加充分,废气排放更少。这种进气门升程功能可以控制吸入发动机的空气量,将功率损失保持在极低的水平。在行驶过程中,Valvetronic 电子气门技术为宝马驾驶人们带来了更高的燃油经济性、更低的废气排放,以及更佳的响应和更高水准的运转平稳性。

Valvetronic 技术通过实现对气门行程的无级可调,达到对发动机不同转速状态下,功率转矩输出的最佳均衡。发动机的配气技术，归结起来，其实就是进、排气门开启和关闭的时间与大小的问题。传统的发动机，气门开启关闭的时间和大小都是固定不变的，设计师只能通过折中的办法设定一个最佳运转的正时和行程，这使得发动机在较低转速（2000r/min 以下）和较高转速（4000r/min 以上）的工况下，都无法获得最佳的配气正时和行程。相对来说，正时的改变要容易一些，目前即使是入门级的 3 缸发动机，也大都装配了 VVT 技术。而气门行程的可变则比较难，目前全球拥有实现气门行程可变技术的厂家还不多。图 1.9 所示为配备了 Valvetronic 系统的发动机。

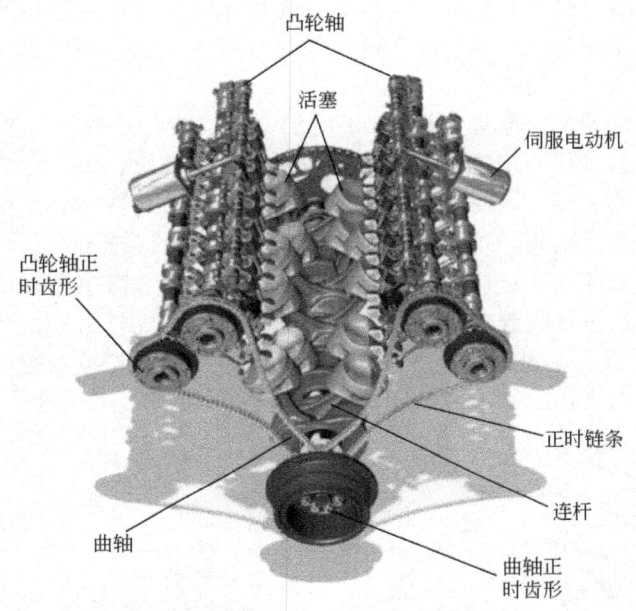

图 1.9　配备有 Valvetronic 系统的发动机

　　发动机在不同转速下，对于气门行程的需求差别是非常大的。在低速下，由于进气量小，如果此时气门行程很大，将无法产生足够的进气负压，喷油器在喷油以后（无论是在缸内喷射还是缸外喷射），无法和吸入的空气充分混合，造成燃烧效率低，低速转矩将大幅减小，而且排放也会增高。此时较小的气门行程才能满足需求，由于气门行程小，增加了进气负压，由此产生的大量涡流可以将混合气充分混合，满足低转速下发动机的正常运转。

　　到了高转速状态下情况则恰好相反，此时的进气量非常大，如果气门行程过小，会导致进气气阻过大，无法吸入足够的空气，从而影响动力的发挥。因此在高转速下，就需要气门行程较大，才能获得最佳的配气需求。

　　宝马则通过 Valvetronic 技术解决了这些问题，它的气门行程是可以实现无级调节的，只要 ECU 的控制程序设定得当，理论上可以做到任何转速状态下，都可以获得最佳的气门行程匹配。有了 Valvetronic 技术，不仅可以使得进气行程满足不同转速下的配气需求，而且整个过程变化极为顺滑，驾驶人从感官上根本无法感知到，可以充分体验低速下充沛的转矩和高转速下的畅快。Valvetronic 系统的气门行程在最大开启时，可以达到 9.7mm，调节幅度非常大。

1.1.2 可变长度进气歧管

发动机的进气道是连接进气门和进气总管的,进气歧管设计的形状也能直接影响发动机的性能。图 1.10 所示为可变长度进气歧管。

可变长度进气歧管的工作原理是:随着进气门的开启和关闭,在进气管内会产生压力波动,形成吸气波和压力波,并以声速传播,进气管的长度必须根据发动机转速而调整,以保证最高压力波在进气门关闭以前到达进气门,从而提高进气量。发动机 ECU 根据转速信号,控制驱动电动机来调整歧管开度,从而改变歧管长度。根据发动机转速调整进气歧管长度,低速时使用长进气歧管来提高进气量,增大转矩,高速时,使用短进气歧管来提高进气量,提高发动机功率。

可变长度进气歧管工作原理如图 1.11 所示。粗、短、直的进气歧管对于进气流的阻力较小,因此在高速过程中响应较快,气流速度也较快,长、细、弯的进气歧管则有利于进气歧管中油与气的混合,因此较短的进气歧管更适合于高转速,而较长的进气歧管则更适合于低转速,因此就出现了可变进气歧管这项技术。通过技术手段,实现其进气歧管长度在不同转速的时候可以变化,从而兼顾高低转速时的进气需求。在低转速时短进气歧管关闭,发动机使用长进气歧管进气;高转速时则关闭长进气歧管,使用短管进气;或者在进气歧管内设置阀门,通过开关来控制歧管内的阀门,以此来控制进气歧管的长度,分段可调能够实现多种长度,更能适应发动机转速的要求。

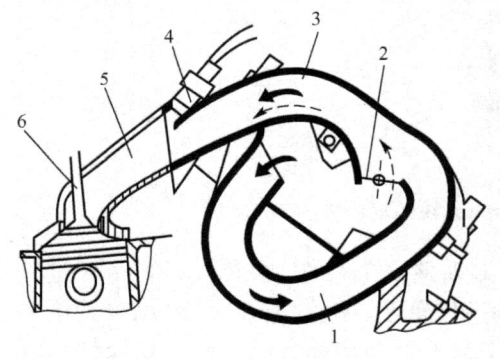

图 1.10 可变长度进气歧管
1—细长进气歧管;2—控制阀;
3—粗短进气歧管;4—喷油器;
5—进气道;6—进气门

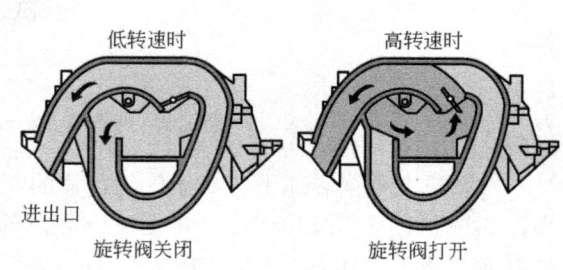

图 1.11 可变长度进气歧管工作原理图

1.1.3 电子节气门技术

汽车电子节气门技术(Electronic Throttle Control,ETC)是伴随汽车电子驱动理念而诞生的。它摒弃了传统加速踏板采用钢丝绳或杠杆机构与发动机节气门间的直接的机械连接,通过增加相应的传感器和电控单元,实时精确控制节气门开度。ETC 可实现发动机转矩控制和精确空燃比控制,有助于提高汽车行驶的动力性、平稳性、经济性及降低排放污染,备受业内人士重视。目前,ETC 被广泛地运用于汽车的驱动防滑控制(ASR)、巡航控制(CCS)、车辆稳定性控制(VSC)及自动变速控制(AMT)等汽车动力控制系统中,并逐渐成为高档乘用车的标准配置。电子节气门系统是汽车发动机完全电控的重要组成部分，对于提高汽车的动力性、可靠性、舒适性、便利性以及燃油经济性，实现汽车的完全电控具有重要意义。

1. 电子节气门结构和工作原理

图 1.12 所示为 ETC 系统示意图，主要由加速踏板、传感器、节气门、控制单元、数据总线及执行器等部分组成。加速踏板位置传感器用于反映驾驶人的控制意愿；节气门位置传感器作为控制系统的反馈控制信号；控制单元包括信息处理模块和驱动电路；执行器包括减速机构和执行电动机，一般采用步进电动机或 PWM（脉宽调制控制）控制直流伺服电动机。

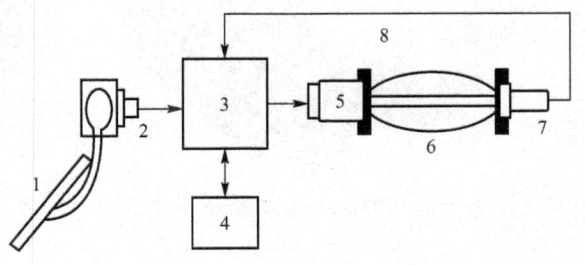

图 1.12 ETC 控制系统工作原理示意图
1—加速踏板；2—加速踏板位置传感器；
3—ETC 控制单元；4—其他控制单元；
5—电动机及减速机构；6—节气门；
7—节气门位置传感器；8—反馈信号

图 1.13 所示为 ETC 系统的控制简图。在工作时，驾驶人操纵加速踏板，加速踏板位置传感器产生相应的电压信号输入节气门 ECU，控制单元首先对输入的信号进行滤波，以消除环境噪声的影响，然后根据当前的工作模式、踏板移动量和变化率解析驾驶人意图，计算出对发动机转矩的基本需求，得到相应的节气门转角的基本期望值。经过 CAN 总线和整车控制单元进行通信，获取其他工况信息及各种传感器信号如发动机转速、挡位、节气门位置、空调能耗等，由此计算出整车所需求的全部转矩，通过对节气门转角期望值进行补偿，得到节气门的最佳开度，并把相应的电压信号发送到驱动电路模块，驱动控制电机使节气门达到最佳的开度位置，节气门位置传感器则把节气门的开度信号反馈给节气门控制单元，形成闭环的位置控制。

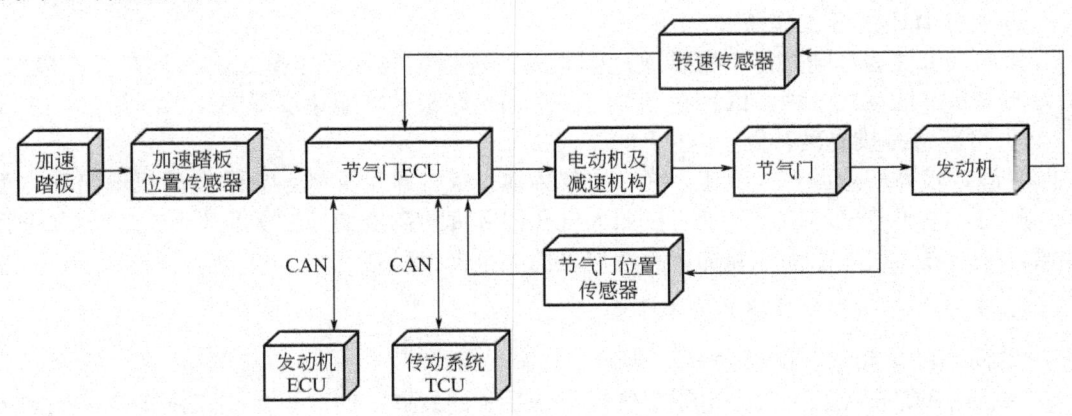

图 1.13 ETC 系统的控制简图

图 1.14 所示为宝马公司的电子节气门体。图 1.15 所示为 ETBBOVIH 公司生产的 BW001-电子节气门，应用于 Audi A4 1.8T、Audi A6 1.8T 和 Passt 1.8T 等车型上。

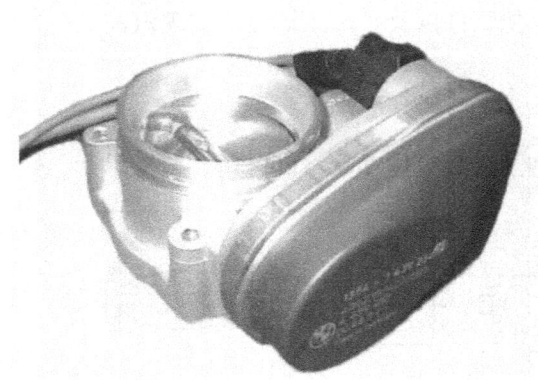
图 1.14 BMW 公司采用的
电子节气门体

图 1.15 ETBBOVIH 公司生产的
BW001-电子节气门

2. 电子节气门控制系统的优点

1) 精确控制节气门开度

首先由 ECU 对各种工况信息和传感器信号做出判断并处理,接着计算出最佳的节气门开度,再由驱动电动机控制节气门达到相应的开启角度。

2) 改善了发动机的排放性能

ETC 系统在各种情况下对空燃比进行精确控制,使燃烧更加充分,同时也降低了废气的产生;在怠速状态下,节气门保持在一个极小开启角度来稳定燃烧,提高了燃油经济性,排放也得到进一步控制。

3) 具有更高的车辆行驶可靠性

电子节气门控制系统采用传感器冗余设计,从控制角度讲,使用一个传感器就可使系统正常运转,但冗余设计可使两个传感器相互检测,当一个传感器发生故障时能及时被识别,在很大程度上增加了系统的可靠性,保证行车的安全性。

4) 可选择不同的工作模式

驾驶人可根据不同的行车需要通过模式开关选择不同的工作模式,通常有正常模式、动力模式和雪地模式 3 种,区别在于节气门对加速踏板的响应速度不同。

5) 可获得海拔高度补偿

在海拔较高的地区,大气压下降,空气稀薄,氧气含量下降,导致发动机输出动力下降。此时,电子节气门控制系统可按照大气压强和海拔高度的函数关系对节气门开度进行补偿,保证发动机输出动力和加速踏板位置的关系保持稳定。

3. 电子节气门控制系统的发展方向

1) 向集成化和综合控制方向发展

集成化和综合控制不仅是电子节气门控制系统的发展方向,也是将来汽车电子控制系统的发展方向。它有助于简化电子节气门控制系统,降低制造成本,增强各系统间的信息交流。目前,ETC 已经向集成化和集中控制方向发展,如将怠速控制、巡航控制、减小换挡冲击控制、节气门回位控制及车辆稳定性控制等多种功能集成;或者是将制动防抱死控制系统、牵引力控制系统及驱动防滑控制系统综合在一起进行制动控制。

2) 结合多种控制方法进行综合控制

采取多种控制策略相结合，可以提高 ETC 的控制精度及反应速度。目前的发展方向是从线性控制发展到非线性控制，从单一模式控制发展到多模式控制及从传统的 PID 控制发展到采用 PID 与现代控制理论相结合的控制。由于传统 PID 控制受到参数整定方法繁杂的困扰，参数往往整定不良、性能欠佳，对运行工况的适应性很差。因此，多模态控制、神经网络控制及滑模变结构控制等方法被引入电子节气门控制中。滑模变结构控制有良好的鲁棒性和很强的非线性，该方法与系统的参数和扰动无关，也体现了今后电子节气门控制方式的发展方向。神经网络控制方法与 PID 控制相结合，可以提高电子节气门控制系统的自适应能力。但这些理论自身还有待完善和进一步的发展，因此需要更深入的研究才能将这些综合控制策略成熟地应用到电子节气门控制系统中。

3) 车载网络、总线技术在汽车电子节气门控制系统的应用

随着 ETC 等电控系统在汽车上越来越多的应用，各种传感器和电子控制单元急剧增多，造成了整车控制电路复杂、车辆上导线的数量增加。此外，各个系统的信息资源要能够共享，这些都对汽车的综合布线和信息共享提出了更高要求。现在国际上普遍采用的车载网络技术是 CAN 总线控制器局域网。它能够满足汽车上电子系统数据传输安全可靠、数据共享及系统集成等需要，并且大大降低了布线的复杂度，提高了汽车电子系统的运行可靠性。所以，CAN 总线技术在汽车电子节气门控制系统上的应用也将是一个重要趋势。

1.2 燃油缸内直喷技术

随着人们对节能和环保要求的日益严格，作为缸内直喷汽油机稀薄燃烧技术，在动力性、燃油经济性、排放性能等方面都有出色的表现和潜力。汽油缸内直喷（Gasoline Direct Injection，GDI）技术作为第三种燃烧方式得到了广泛重视和发展，已经成为汽车工业发展的重要方向。目前在一些先进国家和地区如日本、欧美的缸内直喷汽油机在保持汽油机动力性能优势的同时，在燃油经济性方面已达到甚至超过柴油机水平。可以预见，车用汽油机 GDI 技术将得到更大发展，并将取代进气道直喷成为电控喷射的主要形式。

1.2.1 汽油发动机的发展进程

随着科学技术的进步及能源和污染排放问题的日益严重，汽油发动机技术也在不断地进步，到目前为止，汽油发动机经历了三次改革：从化油器到电控汽油喷射，再到现在的研究的缸内直喷。图 1.16 所示为三种形式的汽油发动机。

（1）化油器发动机：传统型，在进气管道的化油器位置上靠节气门后的真空度将喉管内的汽油吸出，与空气混合，雾化形成混合气，经气门进入气缸内进行燃烧。

（2）电控汽油喷射发动机：将汽油喷射在进气歧管或进气管道上，在气门之前的位置上与空气混合成混合气后，再通过进气门进入气缸燃烧室内被点燃做功。

（3）直喷式汽油发动机：通过电控系统的控制将汽油直接喷射在燃烧室内，同通过气门进来的空气进行混合从而形成可燃混合气进行燃烧。

从上面的 3 种供油形式可以看出，世界上 3 种形式的汽油发动机的重大区别在于汽油出口的位置，位置不同，技术也就不同。

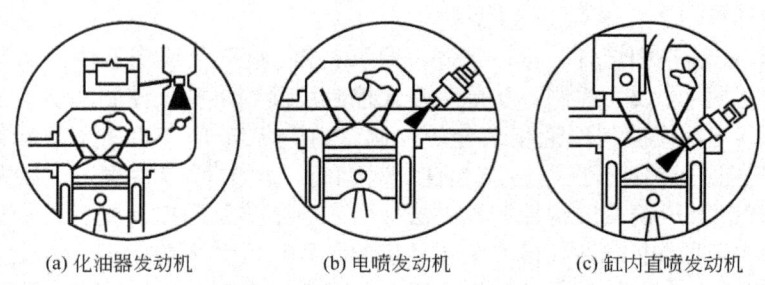

(a) 化油器发动机　　　　(b) 电喷发动机　　　　(c) 缸内直喷发动机

图 1.16　3 种形式的汽油发动机

1.2.2　燃油缸内直喷技术原理和控制策略

缸内直喷发动机结构如图 1.17 所示。电子控制单元根据传感器测得的参数计算所需供给的油量，并及时向喷油嘴发出喷油的指令，使燃油直接喷入气缸，而不是像传统发动机那样喷入进气歧管进行预先混合，这是燃油缸内直喷技术最大的特点。

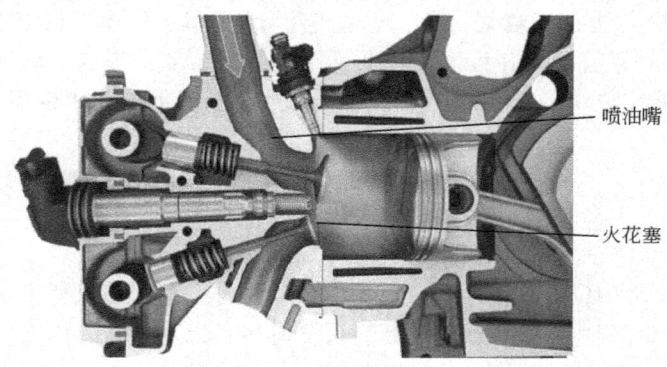

图 1.17　缸内直喷发动机结构图

1. 直喷式发动机的原理

直喷式发动机(缸内喷注式汽油发动机)与一般汽油发动机的主要区别在于汽油喷射的位置；GDI 装置引进了柴油机直接将柴油喷入缸内的理念直接在缸内喷射汽油，利用缸内气体流动与空气混合组织形成分层燃烧。汽油直喷入缸内有利于汽油的雾化，使汽油和空气更好地混合，燃烧更为完全。另外，进气管道中没有狭窄的喉管，空气流动的阻力小，充气性能好，因此输出的功率也较大。喷油嘴喷油后大部分油雾都集中在活塞的凹坑中，靠进气系统形成涡流带动油雾在缸内形成混合气，与周围的稀区形成分层气体，虽然混合比达到 40∶1，但高压旋转喷射器喷射出雾状汽油，在压缩行程后期的点火前夕，被气体的纵涡流融合成球状雾化体，形成一种以火花塞为中心，由浓到稀的层状混合气状态，聚集在火花塞周围的混合气很浓厚，很容易点火燃烧。这种形式与直喷式柴油机相似，因此有人认为缸内喷注式汽油发动机是将柴油机的形式移植到汽油机上的一种创举。

2. 缸内直喷汽油机稀燃技术的原理

缸内直喷汽油机稀薄燃烧技术分为均质稀燃和分层稀燃两种燃烧模式。中小负荷时，在压缩行程后期开始喷油，通过与燃烧系统的合理配合，在火花塞附近形成较浓的可燃混合气。在远离火花塞的区域,形成稀薄分层混合气;大负荷及全负荷时,在早期进气行程中将燃油喷入气缸。使燃油有足够时间与空气混合,形成完全的均质化计量比进行燃烧。另外,也有采用分段喷油技术分层混合气,即在进气早期开始喷油,使燃油在气缸中均匀分布,在进气后期再次喷油,最终在火花塞附近形成较浓的可燃混合气,这种将一个循环中的喷油量分两次喷入气缸可以很好地实现混合气的分层。

3. 缸内直喷汽油机主要要达到两个目标

一是大幅度改善车用汽油机的燃油经济性,二是控制排放,主要是 NO_x 和未燃 HC 的排放。图 1.18 所示为 GDI 发动机控制系统原理图。

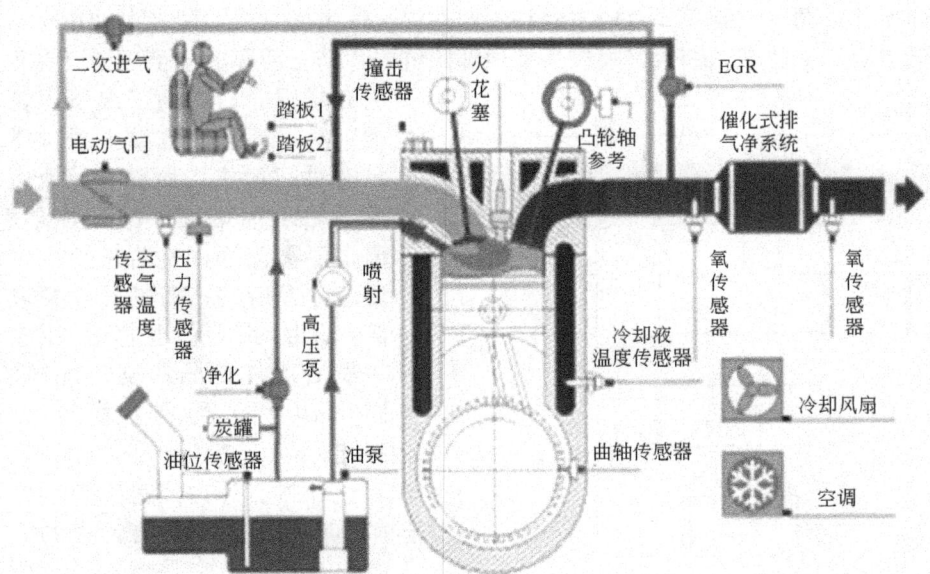

图 1.18　GDI 发动机控制系统原理图

4. GDI 燃油喷射控制模式

1) 按工况区分控制模式

不同的工况对混合气浓度及喷油正时等的要求各异,所以 GDI 电子控制策略应区分低工况和高工况两个不同的区域,分别采用两种不同的控制模式,见表 1-2。一般来说,推迟喷油、充量分层的控制模式只适用于 50% 以下的负荷,此时尚有足够的过量空气可在短时间内燃尽生成的黑烟,超过 50% 负荷时会排放黑烟,必须切换成提早喷油,均质充量的控制模式。

表 1-2　GDI 按工况区分控制模式表

工况	主要目标	空燃比	节气门	转矩调节	充量	喷油正时	喷油压力	燃油雾化	油束穿透
低	经济性	25~40	气门不全开	变质调节	分层	压缩冲程的晚期	高	好	浅
高	动力性	14.7 左右	节气全开	变量调节	均质	吸气冲程的早期	低	差	深

2) 转矩控制策略

ECU在任何工况下都首先要识别对转矩的需求。无特殊要求时，ECU主要根据加速踏板的位置确定应有的转矩。如果这个转矩和转速对应于低工况区域，即油门踏板位移量较小时，电动节气门就保持不全开，通过改变空燃比调节燃油量进而控制转矩，这就是变质调节，此时进气量和点火提前角几乎不影响转矩；如果这个转矩和转速对应于高工况区域，即加速踏板位移量较大时，那么空燃比就保持稳定在14.7左右，通过改变电动节气门开度调节进气量，进而改变燃油量，控制转矩，这就是变量调节，此时点火提前角对转矩有很大影响。

3) 喷油正时控制策略

如前所述，两种控制模式对应于两种不同的混合气生成方式，两者对油束也有不同的要求。低工况下，要求燃油恰好喷在活塞顶部凹坑内，结合活塞的向上运动，在很短时间内完成混合；而高工况下，要求阻止油束沾湿活塞和缸壁，同时要求有充足的时间形成均质充量。所以，低工况下要求油束集中，不必穿透很深，但是要雾化好，喷油时间应该推迟到压缩行程后期；高工况下要求油束分散，并且穿透深度适中，相应地应该将喷油正时提早到吸气行程的前期。图1.19所示为直喷式汽油机供油系统。

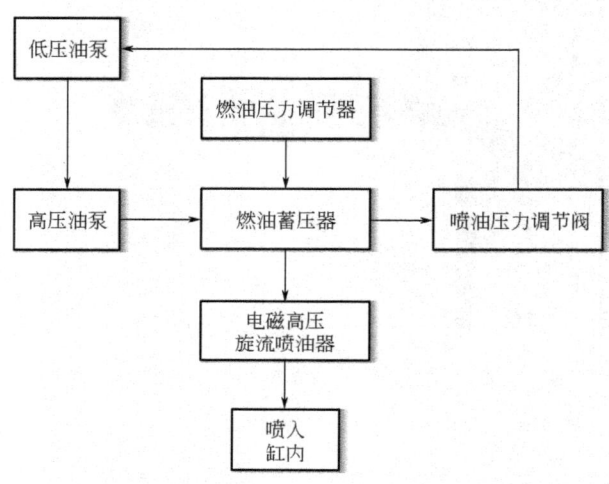

图1.19 直喷式汽油机供油系统

4) 喷油压力控制策略

喷油压力至少与油束的两个特性参数有关，一个是燃油雾化程度，另一个是油束穿透程度。在低工况下，混合气形成时间短，所以对燃油的雾化要求很高，但油束穿透深度不能过大，以免导致湿壁现象，增加HC排放，但穿透深度必须达到一定水平，使得在低工况下油束能够撞到活塞凹坑内；而高工况下穿透深度应当更大一些，以便扩大油束在气缸内的分布范围。喷油压力升高时，一方面因为燃油雾化改善，油滴不能喷到很远的地方，油束穿透不深；另一方面因为喷油初速提高，又会增加穿透深度。两者在一定程度上互相抵消。在喷油量控制方面GDI与进气口喷射的区别在于，进气口喷射时用燃油压力调节器保持喷油器孔内外的压力差恒定，确保喷油速率恒定，以便通过脉冲宽度控制每循环喷油量；而在GDI中喷油速率和喷油压力都是可控的，提高喷油压力，则燃油雾化得好一些，但油束穿透深度小一些，正适合低工况、分层充量的情况下混合气生成的要求，降低喷油压力，则燃油雾化得差一些，但油束穿透深度大一些，正适合于高工况、均质充量情况下的要求。

5. 燃烧过程控制策略

GDI发动机可自由控制转矩输出，即当空气量保持一定时，只要改变燃油喷射量，就能改变转矩，可最大限度降低燃油消耗。GDI发动机采用"二次燃烧"方式，即在进气冲程喷射1/4的喷油量，形成与理论空燃比相比为0.25左右的极稀薄混合气（此为预燃混合气），剩余的3/4燃油则在压缩行程后期喷射，形成高度集中的浓混合气，前期反应时间极短，限制了爆燃现象的发生。为控制排放，发动机起动后的急速状态时，采用分层燃烧方式，即压缩行程的喷油在做功行程前半期完成燃烧，后半期重新喷油使催化器迅速达到工作所需温度，则起动后排放的HC大幅度降低。

1.2.3 燃油缸内直喷技术优点及存在的问题

1. 燃油缸内直喷技术的主要优点

1) 动力性

从GDI发动机的结构看，去除了传统意义上的节气门，大大减少了在部分负荷时的节流损失和泵气损失，在部分负荷时可充分进气，提高充气效率和升功率。缸内的活塞顶部一半是球形，另一半是壁面，空气从气门冲进来后在活塞的压缩下形成一股涡流运动，当压缩行程行将结束时，在燃烧室顶部的喷油嘴开始喷油，汽油与空气在涡流运动的作用下形成混合气，这种急速旋转的混合气是分层次的，越接近火花塞越浓，易于点火做功，由于组织稀薄燃烧，采用电子控制精确配油，使得产生爆燃的极限压力提高，因而可以提高发动机的压缩比。也使发动机具有更高的热效率，燃料热得到充分利用。试验证明，GDI发动机的功率要比同排量的其他发动机大40%左右。

2) 燃油经济性

GDI发动机有着卓越的燃油经济性，油耗量低，升功率大等优点，原因如下。

（1）中低负荷组织稀薄燃烧，空燃比可达40（一般汽油发动机的混合比是15∶1），不必在中低负荷时按标准空燃比配油，比普通EFI发动机在中低负荷上配给的燃油少。

（2）GDI发动机可以实现高压缩比，燃油热效率较高，相对来说也就降低了油耗。

（3）GDI省去了节气门，减少了节流损失和泵气损失，有效功率提高，减少了耗油量。一般来说，与点燃式汽油机相比，直喷式汽油机的油耗可以减少15%～20%。

（4）火焰周围的超稀气体形成隔热层，可减少向缸壁的传热损失。

图1.20所示为三菱公司的一台缸内直喷式汽油机和一台进气道喷射式汽油机在转速为2000r/min时的试验结果，由于缸内直喷式汽油机应用分层燃烧，空燃比可达40∶1，燃油经济性改善30%。

3) 污染排放量

GDI发动机能有效地降低HC、NO_x和CO等污染物的排放，使排放可达欧Ⅳ标准，具体如下。

（1）HC：普通电喷发动机起动时容易产生大量的HC，是因为气道中容易留有未蒸发的油膜，而油膜则是由于多余的燃油未完全燃烧造成的。GDI发动机直接在燃烧室内喷油，不形成残留油膜，以较大的空燃比工作，燃油可以较充分燃烧，减少了HC生成的机会。

（2）NO_x：NO_x的生成条件是较长时间

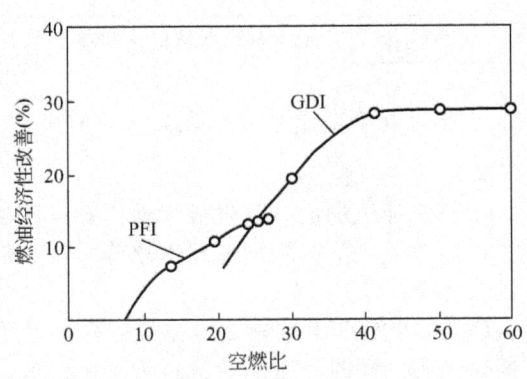

图1.20 GDI和PFI发动机燃油经济性对比

的高温,又存在富氧状态。GDI 发动机的高温区(火焰区)接近理论空燃比,没有特别多余的氧气,氧气充足的超稀区只在火焰周围,没有形成 NO_x 的温度,等到点燃超稀混合气时活塞已经下行做功,缸内温度已下降,因此 GDI 发动机限制了 NO_x 生成;且 GDI 采用了 EGR 技术,即废气再循环技术,将排出气缸的废气利用气门重叠时间再回到气缸中,降低燃烧的最高温度从而降低 NO_x 的排放量,GDI 的 NO_x 下降了 90%。

(3) CO:传统的汽油机过量空气系数接近 1,大多是小于 1 的,也就是说燃油过量了,不能完全燃烧造成了 CO 的存在。GDI 发动机是总体富氧条件下,即使浓区燃油未能完全燃烧,也可以在稀区和排气中继续氧化,有效降低了 CO 的排放量。

综上所述,GDI 发动机理论上的优势见表 1-3。

表 1-3 GDI 发动机理论上的优势

性　　能	优　　点
燃油经济性	提高燃油经济性(经济性的对比取决于测试循环,最大可以提高 20%~30%) 降低泵气损失(取消节气门采用分层充气模式) 更低的热损失(无节气门、分层充气模式) 可以提高压缩比(进气过程喷油冷却充气) 降低辛烷值要求(进气过程喷油冷却充气) 提高充气效率(进气过程喷油冷却充气) 减速时可以实现断油控制 加速时较少的加浓量
驾驶性能	提高瞬态响应性能 提高冷起动稳定性
空燃比控制性能	更准确的空燃比控制 缩短起动过程和提高燃烧稳定性 降低起动加浓量 降低加速加浓量
燃烧稳定性	可以扩大 EGR 工作界限(减少节气门的使用、降低 NO_x 的排放)
排放性能	可实现更低的排放 降低冷起动 HC 排放 降低发动机瞬态 HC 峰值排放 降低 CO 排放
系统优化	提高系统优化的潜力

2. 燃油缸内直喷技术存在的主要问题

1) 排放问题

GDI 汽油机的成功开发极大地提高了汽油机的燃油经济性,但其排放总体上要高于工作在理论空燃比下、附加三元催化等尾气处理装置的进气道喷射汽油机。其排放问题主要有以下 3 个。

(1) 中小负荷下未燃 HC 排放较多。采用混合气分层后,极易造成火焰从浓区向稀区传播时熄灭。同时,稀燃造成缸内温度偏低,不利于未燃 HC 随后的继续氧化。壁面阻挡型直喷系统,因喷雾碰壁较多,而活塞顶和缸壁的温度低,使 HC 排放较高。

(2) NO 的排放。虽然因采用较稀的空燃比,气缸内的反应温度较低,但由于分层混合气由浓到稀将不可避免地出现混合气过浓或浓混合气区域过大的状况,这些区域恰恰是高温区域,使 NO 生成增加。另外,GDI 发动机较高的压缩比和较快的反应放热率也会引起 NO_x 升高。

(3) 微粒排放。因为局部区域过浓的混合气和未蒸发的液态油滴扩散燃烧而引起颗粒排放增加,并且缸内温度低也造成了微粒氧化不完全。

2) 催化器问题

GDI 汽油机工作在稀空燃比条件下,其造成的富氧和较低的排气温度使传统的三元催化器对 NO_x 的转化率不高,废气排温较低不利于三元催化器的起燃,限制了它在 GDI 汽油机上的应用。

3) 积炭问题

由于 GDI 汽油机,火花塞点火燃烧的是占据小部分空间的分层混合气,其他空间只有极微量的燃油存在,且燃料的气化蒸发使缸内温度偏低,点火后火焰在传播过程中逐渐减弱,到达分层混合气以外的其他空间时,极易造成熄火,使混合气不能充分燃烧,产生积炭。

4) 喷油器问题

GDI 汽油机的喷油器置于气缸内,由于喷油压力低,喷孔没有自洁能力,很容易积垢,造成喷油量减少、喷雾特性变坏,进而使发动机的燃烧恶化,影响发动机的功率输出和排放。

5) 控制策略问题

在实际 GDI 汽油机上,理想的混合气浓度均匀递降的分层不可能实现,使得精确分层混合气的控制和燃烧过程组织的难度相当大。发动机不同负荷的喷油时刻相差较大,各种负荷间平滑过渡所要求的喷射策略也较复杂,因此实现发动机输出动力的连续变化需要较复杂的控制策略。直喷汽油机的开发难点,还体现在燃烧系统的优化和喷油系统的开发比较复杂,电控系统精确控制难和开发成本高,对汽油喷雾和空气的混合运动认识不足等方面。另外,GDI 较高的喷射压力要求也造成汽油泵和喷油器功率要求高,汽油的润滑性差,因此,如何开发出抗磨损能力强、功率消耗低的供油系统和燃油喷射系统,也是直喷汽油机需要解决的一个问题。

表 1-4 所示为 GDI 发动机开发和应用面临的挑战。

表 1-4 GDI 发动机开发和应用面临的挑战

性　　能	存在问题
排放性能	部分负荷、分层充气时局部产生较高的 NO_x,混合气较稀不利于三元催化器的起燃 小负荷时相对较高的 HC 排放 大负荷时相对较高的 NO_x 排放 增加了微粒的排放
稳定燃烧和控制	中小负荷区域内分层充气稀薄燃烧的控制 负荷变化时实现无缝过渡,控制和喷油策略变得非常复杂 为了降低 NO_x 采用较高的 EGR 率 相对较多的喷油嘴沉淀物和积炭

(续)

性能	存在问题
燃油经济性	提高喷油压力和油泵回流造成的损失 催化器快速起燃和再生消耗的额外燃油 喷嘴和高压油泵增加的额外电量消耗
性能和可靠性	相对多的喷嘴沉淀物和积炭 由于提高了系统压力,增加了燃油系统的磨损 增加了缸套的磨损 增加了进气门和燃烧室的沉淀物
控制复杂性	更复杂的排放控制系统和控制策略 实现从冷起动到全负荷各种工况的控制,需要复杂的供油系统和燃烧系统控制技术 增加了系统优化的标定参数

1.2.4 燃油缸内直喷技术的发展方向

1. 降低 NO_x 排放的技术

1) 稀燃催化器

稀燃催化器的开发将直接影响到 GDI 汽油机排放问题的解决。目前开发的有稀燃催化还原型 NO_x 催化器、NO_x 搜捕型等。但这些催化器都不同程度地存在转化率低、工作温度范围窄、控制复杂、性能不如传统的三元催化器等问题,还需深入研究。日本三菱汽车公司采用稀燃 NO_x 催化剂加三元催化剂的技术,NO_x 可以达到美国加州排放标准。

2) 废气再循环

废气再循环(EGR)是通过降低缸内最高燃烧温度及氧气的相对浓度从而降低 NO_x 排放的一种有效方法。在 GDI 汽油机中,因稀燃使缸内富余氧气较多,可使用较高的 EGR 比率而不会使燃烧恶化。如果将再循环废气与可燃混合气进行分层,减少废气与可燃混合气的掺混,保证点火时刻火花塞附近有适于着火的混合气,避免废气靠近火花塞,能大大提高 EGR 比率,从而大大降低 NO_x 排放。采用电控 EGR 可以精确控制 EGR 比率,能较好地解决发动机的动力性和经济性与 NO_x 排放之间的协调问题。

2. 二次燃烧技术

二次燃烧技术是指在进行正常分层燃烧的怠速运转时,除了在压缩行程后期喷油外,在膨胀行程后期再次喷入少量燃油,在缸内高温、高压气体的作用下点火燃烧并使排气温度提高。日本三菱汽车公司采用二次燃烧和反应式排气管技术,较好地降低 HC 和 NO_x 排放。通常,起动后怠速状态下的排气温度为 200℃ 左右,使用二次燃烧可使排气温度上升到 800℃,这样可大大加快催化剂开始工作的时间。反应式排气管可使发动机的排气在排气管中滞留,激活与空气的反应,并使膨胀行程后期的二次燃烧反应在排气管中继续进行,从而加速激活催化剂,使 HC 排放降低。

3. 二次混合技术

二次混合技术是指在进气行程中先喷入所需燃料的 1/4,形成极稀的匀质混合气。在压缩行程后期再次喷入剩余燃料,形成分层混合气。在火花塞点火前,缸内混合气形成超稀均质混合气和较浓的分层混合气。火花塞点火时，首先在浓混合气处形成较强的火焰，迅速向稀混合气空间传播，因火焰较强，稀混合气易点燃。稀混合气的燃烧又会反射，促进浓混合气再次燃烧，使燃料充分燃烧，减少了积炭的产生。

4. 均质混合压燃技术

分层稀燃 GDI 发动机的混合气不均匀，NO_x 会在燃料较稀的高温区产生，而在混合气较浓的区域易产生炭烟。在均质混合稀薄燃烧过程中，理论上是均匀混合气完全压燃、自燃、无火焰传播过程，这样可以阻止 NO_x 和微粒的生成，同时能够实现较高的燃油经济性。均质压燃汽油机解决了汽油机指示热效率低的问题，空燃比不再受混合气点燃和火焰传播的限制，同时，压缩比也不受到爆燃的限制，因而，热效率大幅度提高。由于均质压燃汽油机可以在稀薄混合气中进行燃烧，NO_x 的生成得到抑制，减轻了尾气处理的压力。理论上 HCCI 燃烧可以不需要任何后处理装置即可达到欧Ⅵ或更加严格的排放法规。但是，HCCI 燃烧的实现需要解决两个问题：一是在各种变动的工况和环境条件下可靠地工作；二是整个运行工况的平均热效率必须足够高，以弥补采用均质压燃造成的汽油机成本提高。

1.3 发动机均质充量压缩燃烧技术

1.3.1 传统燃烧概念局限性

压缩点燃式燃烧概念（用于柴油机）与火花点燃式燃烧概念（用于汽油机）相比，最大的特点在于所使用的燃油特性不同，由此造成两者以下各方面都有差别，如燃油引燃方法、燃烧方式、空燃比、转矩调节方式、泵气损失、压缩比、燃烧剧烈程度、燃油经济性、有害物质排放和振动、噪声不同等。出于对汽车排放的有害物质的毒害作用、CO_2 的温室效应和 NO_x 形成酸雨的关注，人们对高效能、低污染的动力源的需求与日俱增。

空燃比精确控制、带三元催化转化器的汽油机（火花点燃式发动机）正在成为非常清洁的动力源。但是由于节气损失、爆燃和稀燃极限的缘故，这类发动机在热效率方面有很大的局限性。近年来许多研究者正在努力研究和开发没有节气损失的汽油机，试图大幅度提高汽油机的热效率，并且已经取得了一些可喜的成果，非常可能在这方面出现重大的突破。但是目前推广这些成果至少还涉及成本等一系列问题。另一种常见的动力源是直喷式柴油机（压缩点燃式发动机）。这是一种效率很高的发动机，其温室气体 CO_2 和有害气体HC、CO 排放都比汽油机低。但由于它的扩散燃烧和燃烧产生的局部高温这样的一些燃烧特点，很难遏制氮氧化物和炭烟（包括微粒物）的生成，并且还存在氮氧化物和微粒物排放控制目标之间相互冲突的问题。为了避免扩散燃烧和降低局部的燃烧温度，必须促进燃油和空气的混合。

传统的汽油机属于预混均质燃烧，由于汽油特性及爆燃等诸多因素的限制，因此，压缩比低，热效率低。与汽油机相比，柴油机具有较高的热效率和优越的燃油经济性，但是，传统柴油机的燃烧是燃料喷雾的扩散燃烧，依靠发动机活塞压缩到接近终点时的高温使混合气自燃着火。由于喷雾与空气的混合时间很短，燃料与空气混合得严重不均匀，混合气分为高温过浓区和高温火焰区，导致炭烟和 NO_x 的生成及排放。

1.3.2 均质充量压缩燃烧技术特点

均质充量压缩燃烧（Homogeneous Charge Compression Ignition，HCCI）是一种全新的内燃机燃烧概念，既不同于柴油机（非均质充量压缩点燃），又不同于汽油机（均质充量火花点燃），是一种火花点燃式发动机和压缩点燃式发动机概念的混合体。汽油机、柴油机和 HCCI 发动机的燃烧比较如图 1.21 所示。

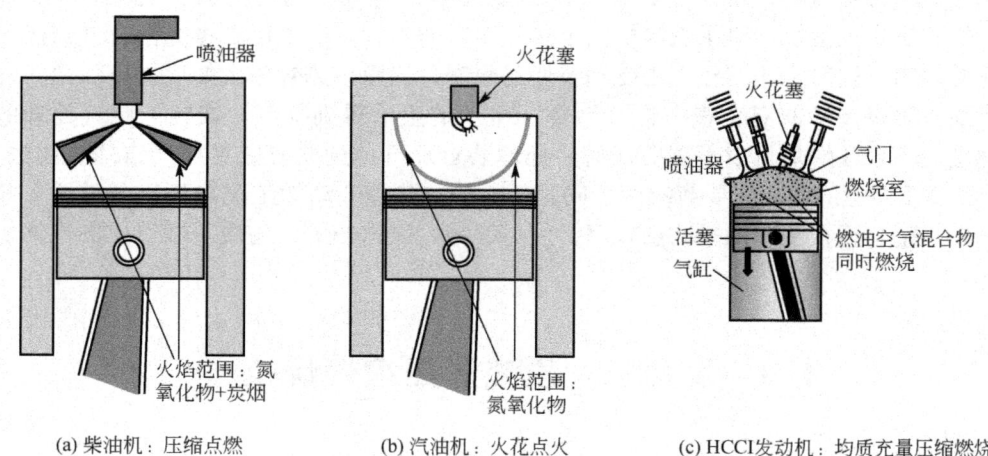

(a) 柴油机：压缩点燃　　(b) 汽油机：火花点火　　(c) HCCI 发动机：均质充量压缩燃烧

图 1.21　3 种发动机燃烧比较

HCCI 是一种预混合燃烧和低温燃烧相结合的新型燃烧方式：在进气过程形成均质的混合气，当压缩到上止点附近时均质混合气自燃着火。由于不受燃油和氧化物分离面处混合比的限制，也没有点火式燃烧的局部高温反应区，使得 NO_x 和微粒（PM）排放很低，而且具有较高的热效率。将压缩点燃式发动机改装成 HCCI 的主要目的是为了减少氮氧化物和微粒物排放；将火花点燃式发动机改装成 HCCI 的目的是为了减少部分负荷时的燃油消耗，就是减少泵气损失。

HCCI 发动机为预混合均质压缩点火燃烧，是一种从优化燃烧的角度来降低 NO_x 和炭烟排放的新燃烧理论与技术。其燃烧模式是在进气及压缩过程形成均质混合气，当活塞压缩到上止点附近时，均质混合气自燃着火。从 HCCI 燃烧方式看，HCCI 发动机可以同时综合火花点火发动机（SI）和直接喷射压缩点火发动机（DI）的优点，同时避免它们的缺陷，即 HCCI 燃烧可以同时实现降低排放和达到高热效率的目的，这与传统控制排放方法相比，实现了很大进步。表 1-5 所示为 3 种燃烧方式的发动机比较。

表 1-5　3 种燃烧方式的发动机比较

比较内容	点燃式发动机	压燃式发动机	HCCI 发动机
燃料	汽油等	柴油、乙醇、天然气等	均可，范围更广
过量空气系数	1 左右	1.6～2.2	范围更广
混合气形成方式	喷射-均质	喷射-浓稀	均质

(续)

比较内容	点燃式发动机	压燃式发动机	HCCI发动机
稀薄燃烧	否	是	是
点火方式	点燃	压燃	压缩自燃
点火系统	有	无	无
燃烧方式	预混合燃烧	扩散燃烧	同时着火
节气门	有	无	无
转矩调节方式	变量调节	变质调节	变质调节
压缩比	较低	较高	较高
火焰	有	有	无明显火焰前锋
压缩终了温度	较低	较高	较高
燃烧温度	较高	局部较高	相对低温
理论循环	等容加热	混合加热	等容加热
泵气损失	较高	较低	较低
向气缸散热	较多	较少	较低
热效率	低	高	高
燃油经济性	低	高	高
NO_x	高	高	低
PM	低	高	低
HC	高	低	高
CO	高	低	高
燃烧起点控制	点火定时	喷油定时	综合控制
燃烧剧烈程度	较小	较大	较大

HCCI发动机燃烧为稀薄燃烧,采用均质压缩多点着火,主要具有以下几个特点。

1. 超低的NO_x和炭烟排放

造成传统柴油机NO_x和炭烟排放较高的原因主要是传统柴油机燃烧存在高温区,即在火焰前锋高温区容易产生NO_x排放,在火焰内部高温区由于缺氧容易产生炭烟排放。而HCCI发动机为稀薄燃烧,所以不存在缺氧情况,因而可有效降低炭烟排放;同时HCCI发动机燃烧为预混合均质压缩点火燃烧,即燃烧室内部混合气为均质混合气,在活塞压缩作用下燃烧室内多点同时着火,减少了火焰传播距离和燃烧持续期,避免了高温区的产生,可大大减少NO_x排放。众多研究者通过实验确认,HCCI发动机在部分工况下燃烧的NO_x排放相对DI发动机可降低。

2. 燃烧热效率高

由于 HCCI 发动机采用压缩自燃,因而可以大大提高压缩比,从而提高其燃烧效率。另外,压缩点火方式避免了 SI 发动机的节流损失,其热效率与 SI 相比更显优势。热效率的提高来源于以下 3 方面。图 1.22 所示为 HCCI 发动机和直喷式发动机放热效率曲线图,在一定工况下,放热效率接近奥托循环,而且没有高温区和不发光的燃烧,热损失较小。

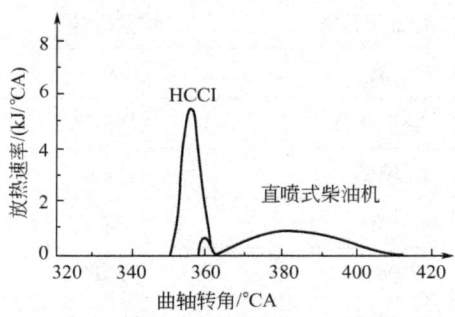

图 1.22　规范化放热曲线

1) 减小了节流损失

HCCI 发动机对负荷的控制是通过调节燃油喷射量、改变空燃比来实现的,因此它可以减少节气门带来的节流损失。

2) 提高了压缩比

常规汽油机由于空燃比限制在化学计量比附近,其压缩比不能太高(8~12),否则容易出现爆燃。HCCI 发动机工作混合气较稀,如采用汽油作燃料可以在过量空气系数为 3~9 的范围内进行稳定燃烧,为了实现压缩自燃,必须采用高压缩比(12~21),与直喷柴油机相近。高压缩比意味着高的指示效率。

3) 缩短了燃烧持续期

HCCI 是多点同时着火,火焰不需要在整个气缸内传播,使燃烧持续期缩短。较短的燃烧持续期使得 HCCI 发动机在燃烧效率上具有优势。

3. HCCI 燃烧过程主要受燃烧化学动力学控制

HCCI 燃烧的能量释放过程是受多种化学动力学因素支配的,这些因素进而又受流体静力学和热力学状态历程的影响。普遍认为,燃烧的引发受化学动力学的控制,因为缸内的混合气受到压缩,温度和压力上升。温度和压力的时间历程、压缩行程结束时的缸内温度和压力、燃油的自燃特性和残余废气量。因此,HCCI 燃烧具有非常小的循环偏差,而且不存在火焰传播过程。为了获得 HCCI 燃烧,要考虑各种不同的参数。压缩行程结束时的缸内温度和压力、燃油的自燃特性和残余废气量都会影响 HCCI 的点燃过程。与火花点燃式发动机相比,HCCI 发动机压缩行程结束时的温度必须更高一些,以便使得传统的用于火花点燃式发动机的燃油也能够自燃。

4. HCCI 发动机运行范围较窄

HCCI 发动机可以使用多种燃料(汽油、柴油、天然气、二甲醚、氢气、乙醇等),在一定工况下可以实现稳定运行,得到较好的运行和排放效果,但燃烧受到失火(混合气过稀)和爆燃(混合气过浓)的限制,发动机运行范围比较窄。对于高十六烷值燃料,由于HCCI发动机燃烧非常迅速,在高负荷工况下(混合气浓度大)易发生爆燃;对于高辛烷值的燃料,由于HCCI燃烧为稀薄燃烧,发动机在小负荷工况下容易熄火。

5. HCCI发动机HC、CO排放较高

虽然HCCI发动机的研究在降低NO_x和炭烟排放方面取得了很大的进展,但相对普通的柴油机,HCCI发动机的HC和CO排放稍高,这主要是由于HCCI燃烧通常采用较稀的混合气和较强的EGR,缸内温度比较低造成的。图1.23所示为HCCI发动机与EGR直喷式柴油机和直喷式柴油机NO_x排放的比较图。

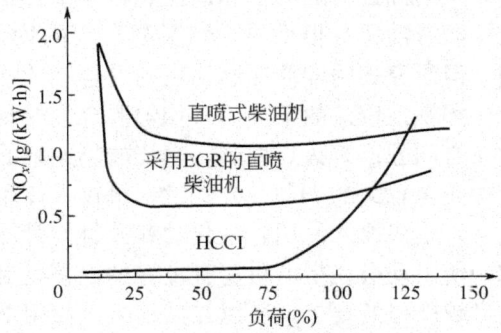

图1.23 NO_x排放曲线比较图

1.3.3 均质充量压缩燃烧技术面临的问题及展望

HCCI面临着以下3个主要问题。

1. 适用工况范围窄

HCCI发动机在一定工况下可以稳定运行,得到较好的燃烧和排放效果。但当小负荷工况下,混合气过稀,需要很高的进气温度和缸内压力才能实现压燃,而通常由于实际条件的限制不能很好地满足压燃条件,所以可能导致燃烧不完全甚至熄火。高负荷工况下混合气浓度大,燃烧非常迅速且效率极高,压缩自燃时过多的燃料参与燃烧,易发生爆燃。研究表明,通过分层燃烧可以有效地拓宽HCCI的运行工况范围,采用两种不同特性的燃料也是拓宽HCCI运行工况范围的重要途径之一。

2. 燃烧进程难以控制

由于HCCI是预混合压燃,不能像汽油机一样由点火时刻控制燃烧始点,也不能像柴油机一样由喷油时间控制燃烧始点,它没有直接控制燃烧始点的措施,混合气的自燃受混合物特性、温度时间历程等的影响。

目前,控制HCCI燃烧的方法可分为两类:一类是控制混合气着火前的温度,这一类方法包括控制缸内燃油喷射时间、喷水、调节进气温度、采用可变压缩比和可变气门正时等;另一类是改变燃料本身的燃烧特性。从理论上讲,HCCI燃烧过程中,均匀的空气与燃料混合气及残余废气被压缩点燃,燃烧在多点同步发生无明显火焰前锋,燃烧温度比较均匀,NO_x和PM的形成能够被有效抑制。在发动机整个工作过程中,燃烧始点和燃烧快慢的控制是两个主要问题。在HCCI中控制燃烧始点很困难,为了获得良好的自燃就需要较高的充量温度和压缩比,而在发动机的整个工况范围内,由于爆燃和失火的限制,这样高的温度和压缩比不可能在所有工况都实现。在传统的燃烧系统中,是靠空气与燃油的混合率或火焰传播率来控制燃烧速率的,但在HCCI中这两种方式均不能被采用,采用高的EGR和稀的混合比能较好地控制燃烧速率。

3. 均匀混合气的制备比较困难

均匀混合气的制备和避免燃料与壁面相互作用对实现高燃烧效率、减少 HC 和 PM 排放及润滑油稀释很重要。燃料混合气的均匀对控制 HCCI 燃烧过程的自燃反应有一定影响，但研究表明即使在燃烧室内混合气的不均匀程度很高时仍可以产生较低的 NO_x 排放。对于挥发性较差的柴油而言均匀混合气的制备更加困难。目前，限制 HCCI 燃烧技术运用的核心问题是着火点控制、燃烧放热速率的控制及拓宽 HCCI 发动机运行范围。

完全意义的 HCCI 方式发动机投入使用的时间很难预测，但采用两种燃烧模式的发动机可以较快投入使用，在起动和大负荷时使用点燃或压燃，在中低负荷时转换为 HCCI 方式，使发动机在中低负荷有良好的经济性和较低的排放。未来的排放法规对 NO_x 提出了越来越严格的要求，所以在柴油机上使用 HCCI 方式将会受到越来越广泛的关注。

1) 耦合详细化学动力学探索 HCCI 燃烧机理

作为 HCCI 研究的重要方法之一，数值模拟研究方法一直被研究人员所看重。但由于 HCCI 燃烧的复杂性，如何更加高效、准确地对其燃烧过程进行数值模拟仍然是个挑战。到目前为止，还没有一个数值模拟模型被证明是对 HCCI 发动机通用可行的，即使是单缸的也没有。目前已经得出了正庚烷和异辛烷的详细氧化机理，如何在这些成果基础上探索车用汽油、柴油及其他燃料的动力学机理，是实现 HCCI 燃烧控制的关键。

目前，进行数值模拟研究一般都是借助于专业计算软件，如 CHEMKIN、STAR-CD、FLUENT 等。各种计算软件各有优缺点：如 STAR-CD、FLUENT 对于模拟一定时刻燃烧室内的温度场和流场准确性很高，但它不能准确描述详细化学反应过程；CHEMKIN 软件可以准确模拟燃料的化学反应机理，但其燃烧模型是假定燃烧室里为均匀流场和温度场。因此，可以考虑综合两种专业计算软件的优点，从而更准确地对 HCCI 发动机的燃烧情况进行模拟预测。还有，当前关于各种燃料的详细化学反应机理的研究成果不断涌现，可以利用现有的研究成果，丰富专业软件的化学反应机理。

2) 改变气体/燃料混合气的混合特性

改变气体/燃料混合气的混合特性也可以在一定程度上对 HCCI 燃烧着火和放热实行控制，并可适当拓宽 HCCI 发动机的运行范围。目前所运用的方法有改变进气温度、改变空燃比、废气再循环(EGR)、运用添加剂等。在这方面已经取得了不少成果，但还有很多研究工作要做。如瑞典的 Lund 技术中心利用 EGR 技术使不同燃料的运行工况得到了提高：天然气作为燃料的 HCCI 发动机的平均指示压力(IMEP)可达 14bar（1bar＝1×10^5Pa），乙醇的 IMEP 可达 12bar，异辛烷的 IMEP 可达 10bar。

3) 改变发动机设计和工作参数

调节压缩比，改变气门正时(VVT)，使用不同喷射技术（提前和延后喷射），增压等方法已被应用在 HCCI 研究上。提高压缩比能提高进气温度，从而使 HCCI 燃烧的着火时刻提前。另外，THOMAS 等发现，高压缩比与冷 EGR 相配合可以控制 HCCI 燃烧速率，从而扩大 HCCI 发动机运转工况范围；而改变发动机气门的开启持续时间、升程和相位，可以改变缸内新鲜工质和残余废气量，从而达到 EGR 的功效。美国斯坦福大学的一项研究表明，使用 VVT 技术可以实现未定的 HCCI 燃烧，并且在根据不同运行工况进行调整或进行不同燃烧模式的切换时无节流损失。缸内早期喷射可以使燃油和空气在着火前充分混合，从而降低 HC 和 CO 的排放，而缸内延迟喷射对降低 NO_x 和炭烟排放有显著的效果；增压可以提高发动机的指示平均压力和 HCCI 燃烧的运转范围，但同时会提高气缸压力。如何进一步完善上述方法甚至提出新的突破思想应为相关研究人员的责任和研究方向。

1.4 可变压缩比技术

严峻的能源形势和日益严格的排放法规使传统发动机，尤其是传统的车用发动机面临着严峻的生存挑战。一直以来，既有良好的动力性能又有良好的燃油经济性和排放性能是发动机所追求的目标，然而这些性能在一般的发动机上又没法同时获得。为了解决这个矛盾，一些新技术如可变技术应运而生，其中像可变气门正时、可变气门行程、可变进气歧管、可变喷油及可变增压等技术都为人熟知并已在许多车型上使用。可变压缩比技术也是其中很有潜力的一种，能够很好地改善发动机热效率、燃油经济性和排放性能，但由于种种原因发展相对滞后。

我们知道，发动机从设计制造好之后，其很多参数如配气相位、压缩比等就是固定不变的，这些参数只是综合各种工况下最好状态后的折中，这使发动机不能完全发挥其性能。发动机研究者们一直致力于提高发动机的各种性能，如果将一个个不可变的结构及参数变成可随相应工况和需要灵活可变的，则能在很大程度上改善发动机的综合性能。可变技术就是基于这种想法而出现的，其在解决较大转速和负荷范围内的动力性与经济性及排放性的矛盾显示出独特的优势。

压缩比是气缸总容积与燃烧室容积的比值，其表示活塞由下止点运动到上止点时气缸内气体被压缩的程度，是衡量发动机性能的重要参数，是影响发动机效率最重要的因素之一。一般来说，压缩比越高，发动机的性能就越好。对于传统的发动机，一经设计好其压缩比是固定不变的，因为燃烧室容积及气缸工作容积都是固定的参数。现代汽车发动机的压缩比汽油机一般为 8~12，柴油机一般为 12~22。

可变压缩比(VCR)技术主要是针对增压发动机的一种技术。固定的压缩比不能充分发挥发动机的性能，事实上在小负荷、低转速运转时，发动机的热效率低，相应地综合性能比较差，这时可以用较大的压缩比；而在大负荷、高转速运转时，若压缩比过高，则很容易发生爆燃并产生很大的热负荷和机械负荷，这时可以用较小的压缩比。随着负荷的变化连续调节压缩比，可以最大限度地挖掘发动机的潜力，使其在整个工况区域内有效提高热效率，进而提高发动机的综合性能。

可变压缩比的目的在于提高增压发动机的燃油经济性。在增压发动机中，为了防止爆燃，其压缩比低于自然吸气式发动机。在增压压力低时热效率降低，使燃油经济性下降。特别在涡轮增压发动机中由于增压度上升缓慢，在低压缩比条件下转矩上升也很缓慢，形成所谓的增压滞后现象。也就是说发动机在低速时，增压作用滞后，要等到发动机加速至一定转速后增压系统才起到作用。为了解决这个问题，可变压缩比是重要方法。就是说在增压压力低的低负荷工况使压缩比提高到与自然吸气式发动机压缩比相同或超过；另一方面，在高增压的高负荷工况下适当降低压缩比。换言之，随着负荷的变化连续调节压缩比，以便能够从低负荷到高负荷的整个工况范围内有效提高热效率。

1.4.1 可变压缩比的实现方案

由压缩比的定义可知,要想使压缩比有所变化,就必须从怎样改变燃烧室容积和工作容积方面入手。发动机的燃烧室由活塞顶、气缸和气缸盖3部分构成,迄今为止出现的一些可变压缩比实现方案都是围绕这3个元素而行的。通常采用的手段大致为下面3种:①通过改变气缸盖的结构来实现;②通过改变缸体结构来实现;③通过改变活塞及曲柄连杆机构来实现。下面介绍几种SVC发动机。

1. 萨博SVC发动机

图1.24所示为萨博SVC发动机。萨博SVC变压缩比技术就是通过活塞运动到上止点位置的变化来改变燃烧室容积,从而改变压缩比的。其压缩比范围可从8∶1至14∶1之间变化。在发动机小负荷时采用高压缩比以节约燃油,在发动机大负荷时采用低压缩比,并辅以机械增压器以实现大功率和高转矩输出。我们先简单地看一种比较直观的实现方式,就是在气缸的下止点再向下的地方设置为一个可以相互上下活动的结构,这样通过提升和降低这个位置上方的气缸体及气缸盖,就可以改变活塞上止点的位置,从而改变燃烧室的容积,达到可变压缩比的目的。向上提升,压缩比低;向下降低,压缩比高。

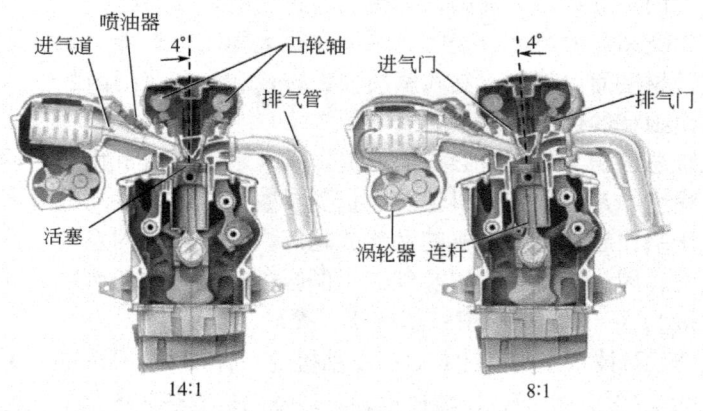

图1.24 萨博SVC发动机

之所以要在气缸下止点再向下的位置,是为了不影响活塞在气缸内的正常工作,就是说在变化压缩比的时候是不影响活塞往复运动的。在气缸下止点再向下的地方为一个圆心,通过旋转这个圆心上部的气缸体和气缸盖来改变燃烧室的容积。由于在气缸体和气缸盖这个"整体"在偏离垂线开始旋转的时候(SVC为直列布置),气缸的上止点与曲轴的距离就缩短了,而且是随着角度的增加,与曲轴的距离就越短。在到达曲柄连杆要和气缸体相碰的临界时停止旋转。此时气缸的上止点与曲轴的距离最近,燃烧室的容积达到最小,压缩比最大;与之相反,在这个"整体"没有旋转的情况下,压缩比最大。这个气缸体与气缸盖的"整体"是通过一组摇臂来进行调节的,而这组摇臂是通过ECU来控制的。这样萨博的SVC变压缩比技术就可以实现根据当时的工况由ECU来控制压缩比的变化,实现动力输出及燃油消耗的最佳化。

由于萨博SVC采用了这种方法,因此它可以采用较大的增压值,甚至是强增压。一般涡轮增压发动机不愿意用大增压,有个很大的原因就是大增压迟滞更明显的矛盾性。但是由于萨博 SVC 采用了变压缩比技术,低速时可以提供高压缩比,保持发动机以正常的压缩比进行工作,减少甚至消除迟滞现象;在涡轮增压器工作达到最大化时还可以降低压缩比,防止增压过大引起爆燃,同时适应强增压;在这两种情况期间,压缩比的变化由于得到了 ECU 的控制,所以是一个连续的线性变化,使发动机在每一种情况下都能得到最佳的工作效率。

2. 法国 MCE-5 技术

图 1.25 所示为法国 MCE-5 发动机。该技术采用附加装置实现,是一种机械的组合方案,整合了功率传输和压缩比控制功能。该方案可替代传统的固定压缩比发动机组,能够让大量生产的可变压缩比发动机达到所要求的质量,从而使生产成本符合汽车工业所追求的效益标准。MCE-5 发动机的结构是活塞往复运动的实现不是通过连杆来直接驱动的,而是通过一个中间齿轮传动实现的。中间齿轮受右边的控制齿条位置的变化来调整压缩比,控制齿条与控制阀相联,而控制阀是由 ECU 控制的。方案采用了长寿命的齿轮和滚珠轴承系统导向的活塞,且活塞相对以前没有活塞裙部,该结构使活塞不会产生垂直拍击和径向负荷,保证发动机的坚固耐用和可靠性,能有效地降低摩擦损失,提高机械效率。

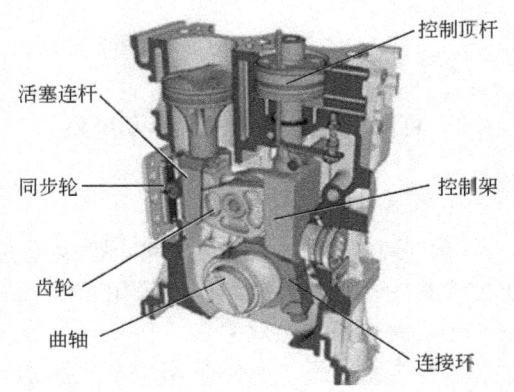

图 1.25 法国 MCE-5 发动机

MCE-5 采用的活塞只有很小的活塞裙部,这就可以大大降低摩擦损失,因为降低了活塞与气缸的接触面积,较好地解决了活塞侧击问题。MCE-5 大大降低了摩擦损失、活塞敲击现象,进而降低了发动机噪声,密封性好,提高了发动机效率。齿轮的配合精度高,提高了发动机的机械效率。

增压会使传统活塞的侧向力增加,MCE-5 技术则不存在这个缺点,可以和任何增压技术相配合使用,而且 MCE-5 实现了长行程,如果在传统机器上采用长行程,会增加增压的响应时间,增长连杆,增大曲柄臂,但是 MCE-5 技术则不会。MCE-5 的控制杆不需要任何外加动力驱动。MCE-5 的控制杆还可以防止过载。

3. 多连杆 VCR 发动机

图 1.26 所示为多连杆 VCR 发动机。

VCR 发动机的运动规律:活塞与曲轴通过上连杆与下连杆连在一起。下连杆也通过控制连杆连接到了控制轴偏心轴颈中心。曲轴的旋转导致了下连杆围绕着主轴颈的中心旋转,同时围绕着曲柄销的中心转动。

压缩比改变的原理:移动偏心轴的中心向上使下连杆顺时针倾斜,因此使活塞的上止点和下止点的位置同时下降以降低压缩比。相反,偏心轴的中心向下移动可以提高压缩比。根据发动机的转速与负荷来改变压缩比,如图 1.27 所示。

在低速低负荷时采用高压缩比 14∶1 以获得提高燃油经济性的最佳效果;随着负荷的增加,减小压缩比以防止爆燃发生;为了在全负荷时采用高增压,将压缩比设为最低值 8∶1。

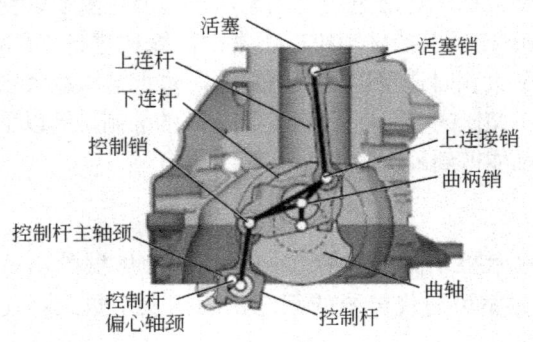

图1.26　多连杆 VCR 发动机

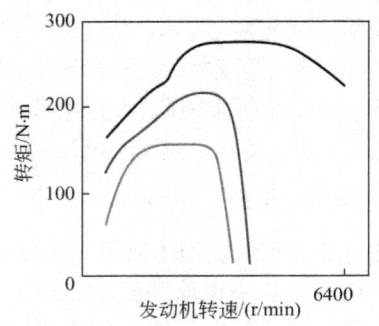

图1.27　压缩比图

1.4.2　可变压缩比技术的优点及展望

1. 可变压缩比技术的优点

（1）提高了发动机的热效率，很大程度上改善了发动机的燃油经济性。这是可变压缩比技术对发动机最大的好处。采用 VCR 后，无论是何种工况，发动机总在爆燃限制条件下工作，获得最佳热效率。

（2）适合于多元燃料驱动。可变压缩比使得汽油机在所用燃料种类方面非常机动灵活，因为可变压缩比汽油机总是以最适合于所选用的燃料的压缩比工作。如果可变压缩比汽油机采用其辛烷值超过汽油的燃料工作，那么上述优点就会变得更大。例如，甲醇是一种经常被用来代替汽油的代用燃料，其马达法辛烷值为 88，而研究法辛烷值为 108。因此，在高转速下，甲醇达到了实际上跟汽油相同的抗爆燃性；而在低转速下则相反，它的抗爆燃性远远超过汽油。可变压缩比汽油机概念能够充分利用这种高抗爆燃性，更好地利用燃料的能量。

（3）有利于降低排放。为了使催化转化过程能够顺利地进行，三元催化转化器必须达到 400℃ 左右的工作温度。冷发动机起动后需要经历一段所谓的"起燃时间"才能达到这一温度，一般为 1~2min。在起燃时间尚未结束之前，三元催化转化器对排放的净化转化作用十分有限。采用可变压缩比汽油机概念，与推迟点火一样，能够降低热效率进而提高单位排量的废气热流量，迅速地加热三元催化转化器，就可以缩短起燃时间，明显地降低冷起动和暖机阶段排放。在部分负荷工况，针对 HC 随着压缩比增大而升高的现象：一方面，由于本概念可以接受较大的废气再循环率，因而能够更多地降低 NO_x 排放；另一方面，在较高负荷下通过提高压缩比能够提高热效率，增大转矩，可以部分地替代混合气加浓的程度，因而降低对混合气加浓的要求，这样就可以扩大闭环控制的工况范围，进一步降低有害物质 CO 和 HC 的排放。

（4）提高运行稳定性。传统的固定压缩比汽油机在冷机怠速阶段为了加热三元催化转化器，要大幅度地减小点火提前角以降低热效率。这样一来就会明显地降低转矩，有可能使得发动机运行不稳定。在全负荷工况为了减少增压汽油机的爆燃倾向性也要依靠减小点火提前角。但是，过多地减小点火提前角会导致转矩过多地下降，使得发动机运行不稳定。

可变压缩比汽油机可以先通过减小压缩比在一定程度上降低热效率，然后根据实际的转速变动情况在较小范围内调节点火提前角，使得发动机在冷机怠速和全负荷时平稳地运行。另外，通过提高压缩比可以提高转矩，抵消高的废气再循环率给发动机运行带来的负面效应。

（5）实现发动机的小排量，结构更紧凑，比质量更高。

2. 可变压缩比技术存在的问题

（1）VCR 发动机一般都结构复杂，通常需要对发动机结构进行大幅改变，有时加工困难。如何简化机构以在有限的空间里实现理想的效果是需解决的一个问题。

（2）那些新增的控制及辅助机构等可活动零部件导致了振动、摩擦损失和磨损的增加，也使发动机质量增加，这些大质量体的移动需要耗费很大一部分能量。

（3）适时准确地改变发动机的压缩比，需要相应的高精度控制设备，匹配难度大。

（4）密封性问题。当压缩比过高时，漏气会耗损发动机的动力，并导致发动机机本等零部件的故障。若过多的混合气漏入曲轴箱内，会引起润滑油的变质。

（5）研发及制造成本高。

3. 可变压缩比技术的展望

（1）随着发动机相关理论、微机技术、电子技术、结构优化设计等技术的飞速发展，可变压缩比技术会越来越多地应用在发动机上，它可使发动机的各项性能在各工况变化范围内得到优化。

（2）VCR 技术使未来的发动机趋向于小型化、节能环保且能提供强大的动力。

（3）未来的 VCR 发动机应具有与现有发动机之间的互换性，以推动量产。如现有的排气后处理系统、可变气门正时系统、变速器等均可照常使用，而不需去重新开发。

（4）未来的 VCR 发动机应与先进的电子控制系统相配合，以尽可能精确地连续调节压缩比，使其满足不同的工况和使用要求，获得更高的效率。

（5）应加大可变压缩比技术研发投入，结合 VVT、GDI、HCCI、涡轮增压、稀薄燃烧等新技术来改善和提高发动机的综合性能。

1.5　柴油机电控高压共轨燃油喷射技术

汽油发动机和柴油发动机都属于内燃机，都是燃烧燃料后通过推动气缸内活塞做往返运动来将燃料中的化学能量转换成为驱动车辆前进的机械能量，因此两者的工作原理大体是相同的。汽油机和柴油机的区别主要在于压缩比、点火方式、所用燃料及用途。

压缩比越大，其压强越大，温度越高。汽油机的压缩比为 8~12，柴油机的压缩比为 12~22。从理论上讲，压缩比越大，效率越高。汽油机热效率比较低，而柴油机有着更好的热效率，也就是更好的油耗表现。但因为气缸受材料强度的限制，而且气缸内工质的温度不能超过燃料的燃点，所以压缩比不能太大。

汽油机和柴油机的点火方式不同。汽油机是把吸入气缸的汽油蒸气与空气混合、加压，然后用火花塞点火。柴油机是由喷油嘴喷出的雾状柴油与空气混合、加压，靠压缩来提高混合气体的温度自动点火，即压燃式点火。汽油发动机需要一套控制何时让火花塞工作的点火系统,为保证汽油机的正常工作,必须精确控制火花塞放电的时刻和火花能量的大小。而柴油发动机无需点火系统,柴油发动机的可靠性要比汽油发动机的好。

汽油机使用铝合金、塑料等材料制成,体积小、质量轻、起动方便、运转平稳、转速快,适用于汽车、飞机等要求体积小、速度快的运输工具。柴油机的压缩比大,气缸因为要承受较大的压力而做得较为牢固笨重,一般用钢板、铁板等材料制成,它的功率大,适用于载重较大的大型卡车、拖拉机、机车和船舰。

柴油机与汽油机相比主要有三大优点。

(1) 经济。首先,每单位柴油的能量含量比汽油高;其次,柴油机的压燃特性使其热效率比汽油机高。一般柴油机的油耗要比汽油机的低30%~40%。

(2) 环保。一般来说,机动车的主要排放物有一氧化碳、碳氢化合物、二氧化碳、颗粒物和氮氧化物。相对而言,柴油机的一氧化碳、碳氢化合物和二氧化碳排放量极低,但在颗粒物和氮氧化物的排放控制上要比汽油机更难处理。这是柴油机本身的特性造成的,可通过现代技术处理。

(3) 柴油机低速大转矩的特性,为汽车提供了更好的使用性能。通过采用先进的燃油喷射技术和电控技术,现代柴油机在动力性、加速性、舒适性指标上已经无异于汽油机。

随着世界能源危机和环境污染的日益严重,节约能源、保护生态环境、减少污染已是当今世界各国的共识。大量研究结果表明,柴油机是日益产业化应用的各种动力机械中热效率最高、能量利用率最好、最节能、有害废气排放量较少的一种机型。在相同路况下,柴油机与同等排量汽油车的油耗比例为7:10。柴油机不但有优良的燃油经济性,还具有很大的改进潜力。世界上最先进的柴油机技术CDRI(高压共轨柴油直喷技术)可使发动机更节能、排放更环保,因此,越来越受到各国的重视。

燃油喷射系统作为柴油机的"心脏",其性能好坏直接影响柴油机的性能和工作可靠性。随着人们对柴油机智能化、强度化、经济性和排放性的要求越来越高,燃油喷射系统的研究也越来越受到重视。未来柴油机必须满足更严格的排放法规。而高压共轨系统具有高度的控制灵活性,已成为降低柴油机排放的主要核心技术之一。

柴油机电控燃油喷射系统的开发研究从20世纪70年代开始,已经经历了3代。从第一代的"位置控制式"到第二代的"时间控制式",再到现在的第三代"时间-压力控制式"。柴油机共轨式电控燃油喷射技术是一种全新的技术,集计算机控制技术、现代传感检测技术及先进的喷油结构于一身,有助于减少柴油机的尾气排放量,改善噪声,并降低燃油消耗。

1.5.1 电控高压共轨燃油喷射系统组成及工作原理

高压共轨喷油系统的组成如图1.28所示。高压共轨电控燃油喷射系统主要由电控单元(ECU)、高压油泵、共轨管、电控喷油器及各种传感器等组成。输油泵(低压油泵)将燃油输入高压油泵,高压油泵将燃油加压后送入高压油轨(高压油轨中的压力由ECU根据油轨压力传感器测量的油轨压力及预设值进行调节),高压油轨内的燃油经过高压油管进入喷油器;ECU根据柴油机的运行状态,由预设程序确定合适的喷油定时和喷油量,以控制喷油器的喷油起始时刻和持续时间,操纵电液控制的喷油器将燃油喷入气缸内。柴油机

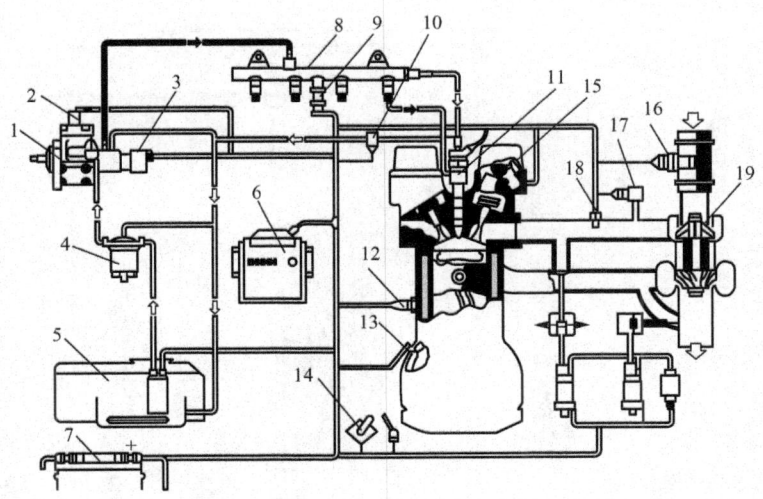

图 1.28 高压共轨喷油系统的组成

1—高压油泵；2—柱塞泵切断电磁阀；3—调压电磁阀；4—燃油滤清器；5—燃油箱；6—ECU；
7—蓄电池；8—共轨管；9—共轨压力传感器；10—油温传感器；11—电控喷油器；
12—冷却液温度传感器；13—曲轴位置与转速传感器；14—加速踏板位置传感器；
15—凸轮轴位置传感器；16—空气流量计；17—增压传感器；
18—进气温度传感器；19—涡轮增压器

高压共轨燃油喷射系统的构成和工作方式与汽油机电控燃油喷射系统相似，主要由燃油供给系统和电子控制系统两大部分组成。

1. 燃油供给系统

柴油机电控高压共轨喷油系统的燃油供给系统又分为低压供油和高压供油两部分，如图1.29所示。低压供油部分的功用是向高压油泵供应足够的燃油。低压供油部分主要由燃油箱、输油泵、燃油滤清器、低压油管等部件组成。高压供油部分除了设有产生高压燃油的组件外，还设有高压燃油储存、分配和计量组件，主要包括带调压阀的高压油泵、作为高压储存器的共轨管（带有共轨压力传感器）、限压阀和限流缓冲器、喷油器、高压油管和回油管等。

2. 电子控制系统

控制系统由传感器、电控单元（ECU）和执行器组成。ECU根据各个传感器的信息，计算出最佳喷油时间和最合适的喷油量，并确定合理的喷油时刻和喷油持续期，向执行器（电控喷油器的电磁阀）发出开关指令，从而精确控制发动机的工作过程。控制系统框图如图1.30所示。

高压共轨喷油系统是建立在直喷技术、预喷射技术和电控技术基础之上的一种全新概念的喷油系统。电控高压共轨燃油喷射系统共轨管中的燃油压力由一个径向栏塞式高压泵产生，压力大小与发动机的转速无关，可在一定范围内自由设定，其大小由一个电磁压力调节阀控制，根据发动机的工作需要进行连续压力调节。电控单元作用于喷油器电磁阀上的脉冲信号控制燃油的喷射过程，喷油量的大小取决于共轨管中的

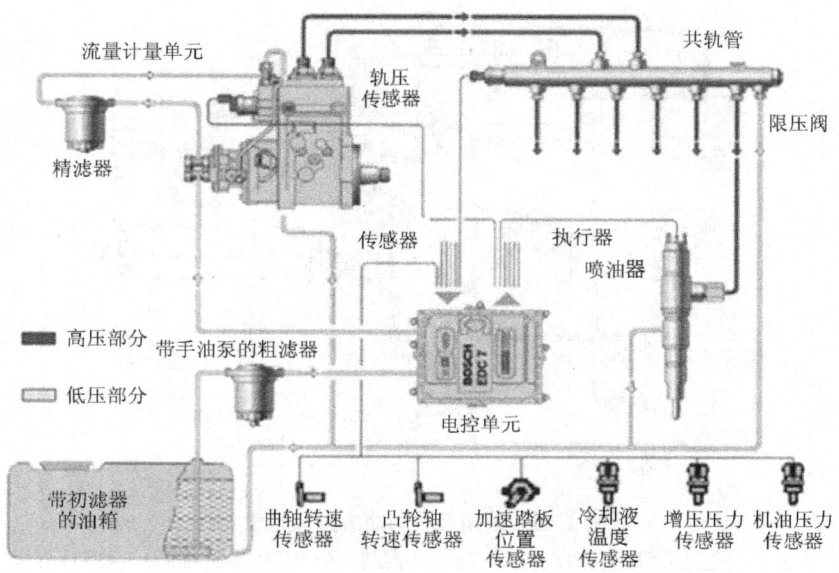

图 1.29 柴油机供油系统

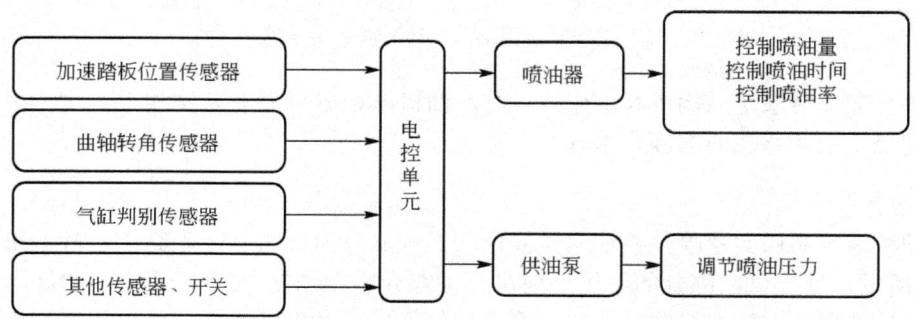

图 1.30 控制系统框图

油压和喷油器电磁阀开启时间的长短,以及喷油器液体流动特性。工作时,该系统将共轨管内形成的恒定高压燃油,通过高压油管分送到每个喷油器,并借助于集成在每个喷油器上的高速电磁阀的开启与闭合,控制喷油器定时、定量地将燃油喷射至燃烧室。

采用共轨油管把高压油泵输出的燃油积蓄起来,通过各高压油管送到每个喷油器。喷油过程由 ECU 根据工况控制执行器完成,它通过高速电磁阀实现对预喷油量、主喷油量、预喷间隔、喷油正时及喷油速率的柔性控制和精确控制,因而其特性是影响该系统性能的重要因素。

共轨式电控燃油喷射技术通过共轨直接或间接地形成恒定的高压燃油,分送到每个喷油器,并借助于集成在每个喷油器上的高速电磁开关阀的开启与闭合,定时、定量地控制喷油器喷射至燃烧室的油量,从而保证达到最佳的燃烧比和良好的雾化,以及最佳的点火时间、足够的点火能量和最少的污染排放。

预喷射在主喷射之前,将小部分燃油喷入气缸,在缸内发生预混合或者部分燃烧,缩短主喷射的着火延迟期。这样,缸内压力升高率和峰值压力都会下降,发动机工作比较缓和。同时,缸内温度降低使得 NO_x 排放减少。预喷射还可以降低失火的可能性,改善高压共轨系统的冷起动性能。

主喷射初期降低喷射速率,也可减少着火延迟期内气缸内的油量。提高主喷射中期的喷射速率,可以缩短喷射时间,从而缩短缓燃期,使燃烧在发动机更有效的曲轴转角范围内完成,提高输出功率,减少燃油消耗,降低炭烟排放。主喷射末期快速断油可以减少不完全燃烧的燃油,降低烟度和碳氢排放。

1.5.2 柴油机电控高压共轨燃油喷射系统优点及发展方向

1. 主要优点

(1) 共轨系统中喷油定时与喷油压力都可以独立控制,喷油压力不依赖于转速,因而在宽广的运行区域内都可以进行高压喷射(喷射压力达 120MPa 至 200MPa 以上)。

(2) 共轨系统具有高精度控制预喷射的能力,可控制喷油速率变化,实现预喷射和多次喷射。控制喷油正时,配合高的喷射压力,既可降低柴油机排气中的 NO_x 和 PM 成分,改善低温起动性及降低燃烧噪声,又能保证优良的动力性和经济性。

(3) 由电磁阀控制喷油,其控制精度较高,高压油路中不会出现气泡和残压为零的现象,因此在柴油机运转范围内,循环喷油量变动小,各缸供油不均匀现象可得到改善,从而减轻柴油机的振动和降低排放。

(4) 结构简单、性能可靠、实用性强、应用范围广,目前已广泛应用于各种型号、各种排量的柴油机。

(5) 自由调节喷油时间根据发动机转速和负荷等参数,计算出最佳喷油时间,并控制电磁喷油器在适当时刻开启和关闭,从而精确控制喷油时间。

2. 发展方向

柴油机为了降低燃烧噪声,要求预喷;为了使燃烧充分、降低排放和使微粒物捕集器得到再生,要求主喷之后补喷;为了燃油雾化良好,必须增加喷孔数目,缩小喷孔直径;要保证足够的喷油速率,就要提高喷油压力;而为了实现多次喷射,就要改进喷射系统的响应特性。这些要求决定了共轨喷油技术的发展方向,包括以下几个方面。

(1) 提高喷油压力。
(2) 更小的喷孔直径。
(3) 多孔式喷油器。
(4) 压电式喷油器。
(5) 高精度快速响应智能型传感器的研制。
(6) 共轨燃油压力持续恒压反馈控制的进一步深入和完善。
(7) 采用先进的多次喷射的控制模式与算法。
(8) 安全保护与提高故障诊断及紧急运行能力的研究。
(9) 提高整个喷射系统的优化匹配。
(10) 提高系统的可靠性,降低制造成本。

1.6 汽车起动停止系统

不断上涨的能源价格、更加严格的排放法规，促使人们不断地去探索降低车辆能耗和废气排放量的新方法，因此采用节能技术来减少燃油的消耗和 CO_2 的排放已经成为汽车工业中的一项重要措施。虽然可以采用混合动力或电动汽车来满足这一要求，但是采用这种方法只可以在一定程度上减少燃油消耗和 CO_2 的排放，并不能从根本上解决现有车辆怠速运转造成燃油浪费的问题。因为车辆在城市道路上行驶时，其怠速时间约占总运行时间的 1/3，怠速期间的燃油消耗量约占总耗油量的 30%。

在城市中，由于人口和车辆比较集中，造成了城市车辆运行工况的特殊性，特别是对于城市公交车来说，停靠的站点多，再加上交通道口红灯停车，起步和停车十分频繁，造成了发动机产生的大部分能量在制动过程中以摩擦生热的形式消耗。又由于存在长时间的停车工况，使发动机长时间地处于怠速运转状态，造成车速低、油耗高、污染严重等问题。汽车起动停止系统（Start Stop System）由此应运而生，同时也称为汽车怠速停止和起动系统（Idling Stop & Start System，ISS）。

1.6.1 汽车怠速停止和起动系统的结构与工作原理

汽车怠速停止和起动系统的结构如图 1.31 所示，其组成包括：发动机、变速器、液力变矩器、电动机/发电机、逆变器、电池、变速器挡位传感器、加速踏板传感器、制动踏板传感器、车速传感器、发动机转速传感器、蓄电池电量传感器等。

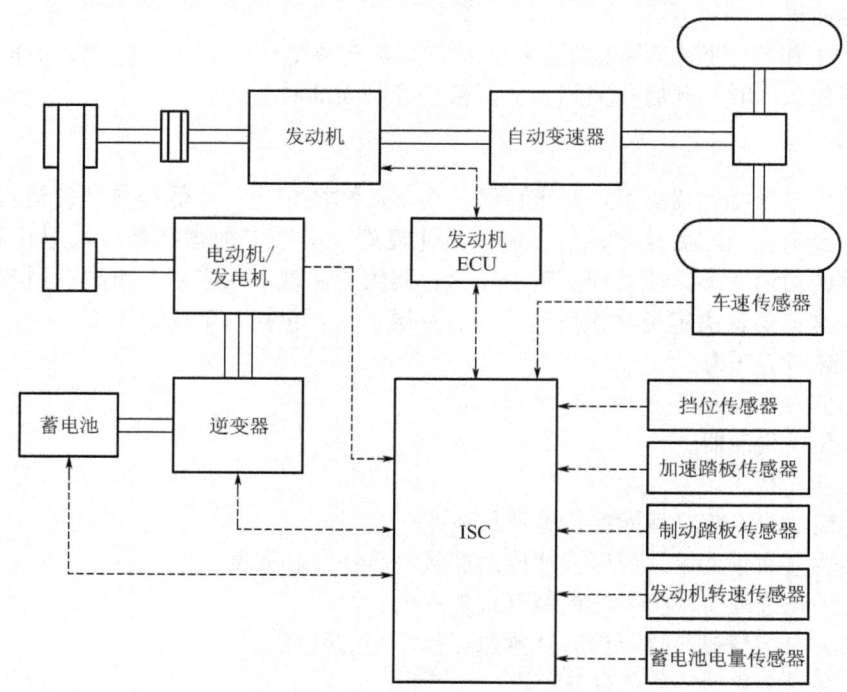

图 1.31　怠速停止和起动系统结构

汽车急速停止和起动系统的工作原理可简要叙述为：在车辆停止、发动机处于急速状态时，发动机将自动关闭，当驾驶人有重新起动车辆的意愿时，可以自动起动发动机来驱动车辆行驶。

下面根据系统结构图来详细描述其具体工作原理：当车速传感器检测到车辆停止，发动机转速传感器检测到发动机处于急速状态，制动踏板传感器检测到制动踏板被踩下，而且挡位传感器检测到变速器未处于 R 位，这些信号将传至急速停止和起动系统控制器（ISC），ISC 判定车辆满足了急速停止的条件，ISC 将关闭发动机的命令发送到发动机 ECU，ECU 再发送信号给点火系统停止点火或燃油泵停止供应燃油来关闭发动机；当制动踏板传感器检测到驾驶人松开制动踏板，加速踏板传感器检测到加速踏板被踩下，且挡位传感检测到变速器处于 D 位，ISC 则判定驾驶人试图起动车辆，ISC 发送信号给电动机/发电机，电动机/发电机利用蓄电池的电力来起动发动机，同时发动机 ECU 发送命令给点火开关开始点火或燃油泵开始供油，基于电动机/发电机的减振效果，发动机可以平顺地起动，然后驱动车辆继续前进。

由于车辆处于停车期间，发动机停止运转，相应的一些车载电器如空调等暂时失去电力供应，这就降低了乘坐的舒适性。为了解决这一问题，在车辆上可以安装不使用电力驱动的空调压缩机。例如，可以安装一个液压储能器来储存由液压泵（如液压助力转向泵等）传递过来的发动机所产生的液压能，利用液压储能器可以在发动机急速停止期间驱动空调压缩机来保证车辆空调的正常运行。

1.6.2 博世起动停止系统

图 1.32 所示为博世起动停止系统开启示意图，车辆起步后，一旦其行驶速度超过 3km/h 且时间持续约 4s，起动停止系统就会自动开启。该起动停止系统的工作原理是，当车辆在铁道路口或者红绿灯前停车时，该系统会自动将发动机暂时关闭；而再次起步时，不需要再次操作点火钥匙就能自动起动发动机，从而达到节省燃油消耗的目的。

对于起动停止系统来说，评估蓄电池的充电状态，以判断是否可以使发动机再次起动，这是很重要的。这个过程被称为"起动电压预测"。这表明，对于涉及再次起动的所有发动机特性和数值都要进行评估。因此，蓄电池状态和发动机特性曲线一直都在被监控分析。根据"起动电压预测"的具体情况，来判定起动停止系统是否可以使用，或者是否需要关闭某些用电器（以避免用电需求过大）。目前，涉及的用电器有座椅加热装置、后风窗加热装置、后视镜加热装置、转向盘加热装置和电预热装置。这些用电器在发动机再次起动前会被关闭，并在发动机起动过程中不工作（被锁止）。

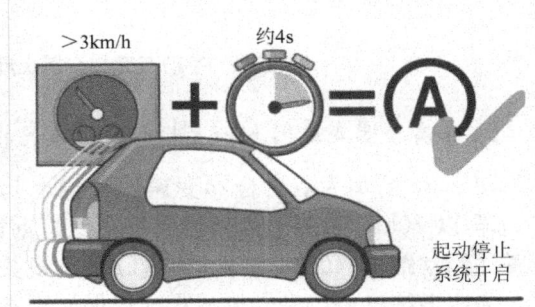

图 1.32 起动停止系统开启示意图

博世 2009 款起动停止系统适用于采用常规设计、带有起动机和发电机并且与手动变速器/双离合器变速器搭配的发动机，该系统在大众 Passat 蓝驱（Blue Motion）车型上首次得到应用。起动停止系统既可用于手动变速器车辆的发动机，也可用于双离合器变速器车辆的发动机。这两种变速器的操作特点有所不同。因此，对于配备这两种不同变速器的车辆，起动停止系统的操作和工作过程也各有各的特点。

1. 手动变速器车辆上起动停止系统的运作

图 1.33 所示为手动变速器车辆上起动停止系统发动机关闭过程，具体过程为：①车辆以 50km/h 的车速行驶到一个红灯前；②驾驶人换低挡并制动车辆直至其停止；③驾驶人挂入空挡并松开离合器踏板；④起动停止系统将发动机关闭。组合仪表显示屏上出现起动停止系统符号，表明系统已经为发动机再次起动做好准备。

图 1.33　手动变速器车辆上起动停止系统发动机关闭过程

图 1.34 所示为手动变速器车辆上起动停止系统发动机起动过程，具体过程为：①交通灯转为绿灯；②驾驶人踩下离合器踏板；③起动停止系统自动使发动机再次起动；组合仪表显示屏上的起动停止系统符号熄灭；④驾驶人挂挡、加速，继续行驶。

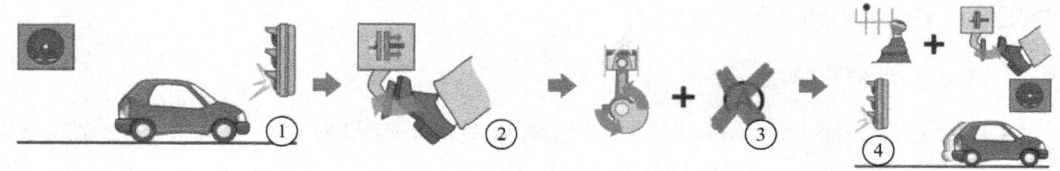

图 1.34　手动变速器车辆上起动停止系统发动机起动过程

2. 双离合器变速器车辆上起动停止系统的运作

图 1.35 所示为双离合器变速器车辆上起动停止系统发动机关闭过程，具体过程为：① 车辆以 50km/h 的车速行驶到一个红灯前，驾驶人制动车辆直至其停止；②驾驶人保持踩住制动踏板；③起动停止系统将发动机关闭。组合仪表显示屏上出现起动停止系统符号，表明系统已经为发动机再次起动做好准备；④驾驶人保持踩住制动踏板，直至交通灯转为绿灯。

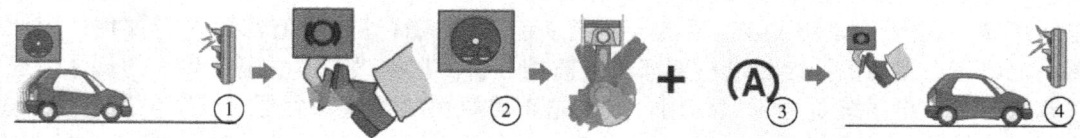

图 1.35　双离合器变速器车辆上起动停止系统发动机关闭过程

图 1.36 所示为双离合器变速器车辆上起动停止系统发动机起动过程，具体过程为：①交通灯转为绿灯；②驾驶人松开制动踏板；③起动停止系统自动使发动机再次起动，组合仪表显示屏上的起动停止系统符号熄灭；④驾驶人踩加速踏板加速，继续行驶。

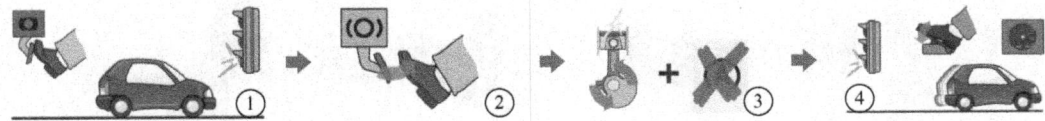

图 1.36 双离合器变速器车辆上起动停止系统发动机起动过程

3. 起动停止系统结构

起动停止系统是一种集成在发动机控制单元软件内的功能,该系统要与很多车辆部件和子系统进行数据交换,以便控制起动停止系统,图 1.37 所示为手动变速器车辆上博世停止起动系统结构。

博世推出全新带滑行功能的起动停止系统,可使汽车在大部分行驶时间内实现零排放、无噪声、低阻力驾驶模式。这项技术创新在车辆行进中(如在平缓的下坡)即可关闭发动机,从而节省燃油消耗。而当驾驶人踩下加速踏板或松开制动踏板时,发动机将重新起动。

起停系统的创新之处在于,使用已有的传感器数据令软件系统得到加强。与此同时,装配起停系统的起动机可承受更大的电流并使起动更快速。另外,这个系统几乎不需额外零件,就可安装在任何一款车型上。无论是欧洲的柴油车,北美的汽油车,还是亚洲的天然气车,全世界的驾驶人都会从这个新技术中获益,环境也将得到有效改善——起停系统的滑行功能可有效降低油耗,减少 CO_2 的排放量。

如今,得益于双离合变速系统,一些车辆已有"轻量版"滑行功能。当驾驶人松开加速踏板时,系统会自动把发动机转为怠速状态。第一代起停系统只能在车辆完全停下来时才关闭发动机,而加强版起停系统在车辆滑行准备停止时即可关闭发动机(如遇到红灯)。当驾驶人松开加速踏板和制动踏板时,配备滑行功能的起停系统在车辆行进时就会自动关闭发动机,以节省更多燃油。此外,因为发动机和传动系统分离,比起倒拖断油系统,带有滑行功能的车辆可以滑行更远的距离。

1.6.3 丰田怠速停止系统

当发动机重新起动时,为了向怠速停止系统供电,丰田怠速停止系统采用了高性能车用锂离子蓄电池。

该车智能怠速停止系统的工作原理是:当变速杆位于 D 位时,使汽车停车时自动停止发动机运转,而当脚松开制动踏板时,锂离子蓄电池向起动机供电,发动机又重新起动,其起动工作状态如图 1.38 所示。

怠速停止系统采用 BSG 电机微混技术,如图 1.39 所示。该系统采用一个起动/发电一体机(M/G)作为动力源,在发动机怠速停止后需要起动时,拖动发动机起动。这套系统不但实现了起动-停止技术,而且解决了发动机在怠速停止时空调和水泵等不能工作的问题。该系统通过一个电磁离合器在发动机怠速停止时切断带轮与发动机的传动,这样怠速时发动机停止转动,带轮上的其他设备由 M/G 驱动,继续正常工作。

最近,丰田汽车公司新开发的 1.3L 1NR-FE 汽油机上应用了全新的起动-停止技术。这套系统采用了世界首款永久啮合齿轮起动系统,具有明显改进的电池管理和控制系统,

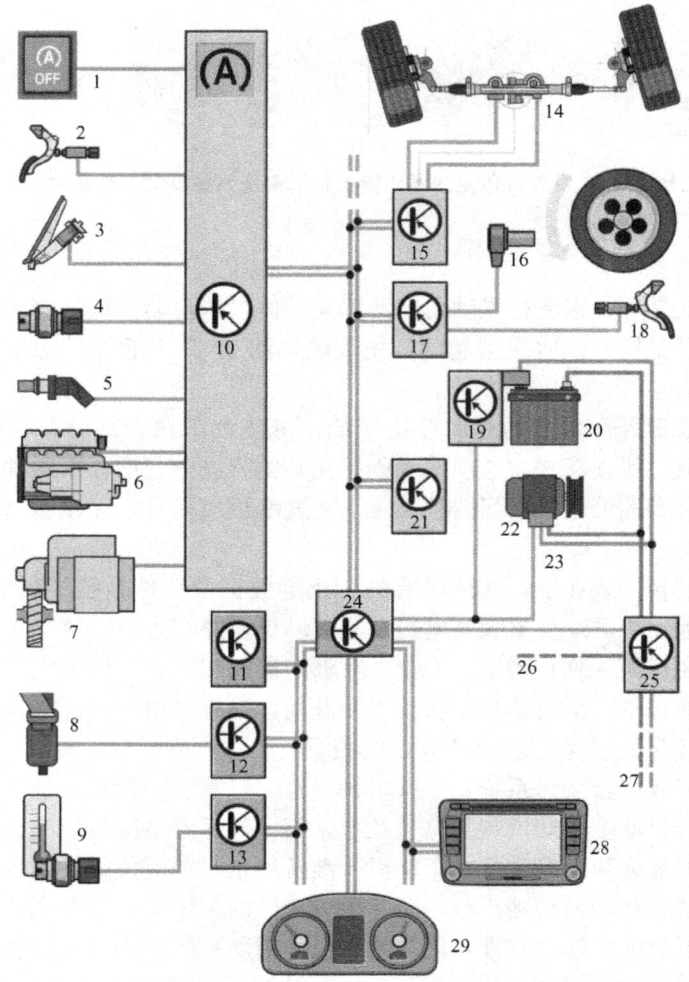

图 1.37 手动变速器车辆上博世停止起动系统结构

1—起动停止系统按键；2—离合器踏板开关；3—加速踏板位置传感器；4—冷却液温度传感器；
5—变速器空挡位置传感器（仅手动变速器）；
6—发动机管理系统（如点火、燃油供给、混合气制备、废气再循环、二次空气、废气净化等）；
7—起动机；8—安全带识别；9—暖风、鼓风机和空调调节；10—发动机控制单元；
11—车载电网控制单元；12—舒适系统中央控制单元；13—自动空调控制单元；
14—电控机械式转向助力系统；15—转向助力控制单元；16—车速信号，行程识别；
17—ABS控制单元；18—制动灯开关；19—蓄电池监控控制单元（带有蓄电池传感器）；
20—蓄电池；21—自动泊车辅助系统控制单元；22—交流发电机；23—调压器；
24—数据总线诊断接口；25—稳压器；26，27—接线端；
28—收音机/导航系统；29—仪表板控制单元

降低振动和噪声，实现发动机平顺而快速的起动。即使是发动机在停机的过程中，该起动系统也能够重新起动车辆，系统结构原理如图 1.40 所示。该系统配备安装了备用放大转化器（BBC），在发动机重新起动时，能量通过备用放大转化器供给那些受到影响的电子系统，缓解了由于电压下降带来的问题，确保了操作的稳定性。该系统的电池极板的数量

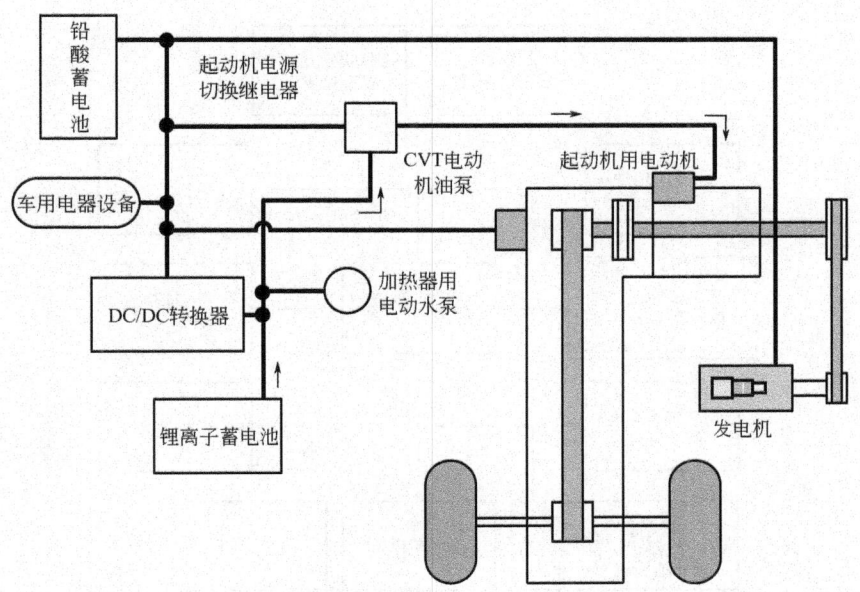

图1.38 智能急速停止系统（IASS）在发动机起动时的工作状态

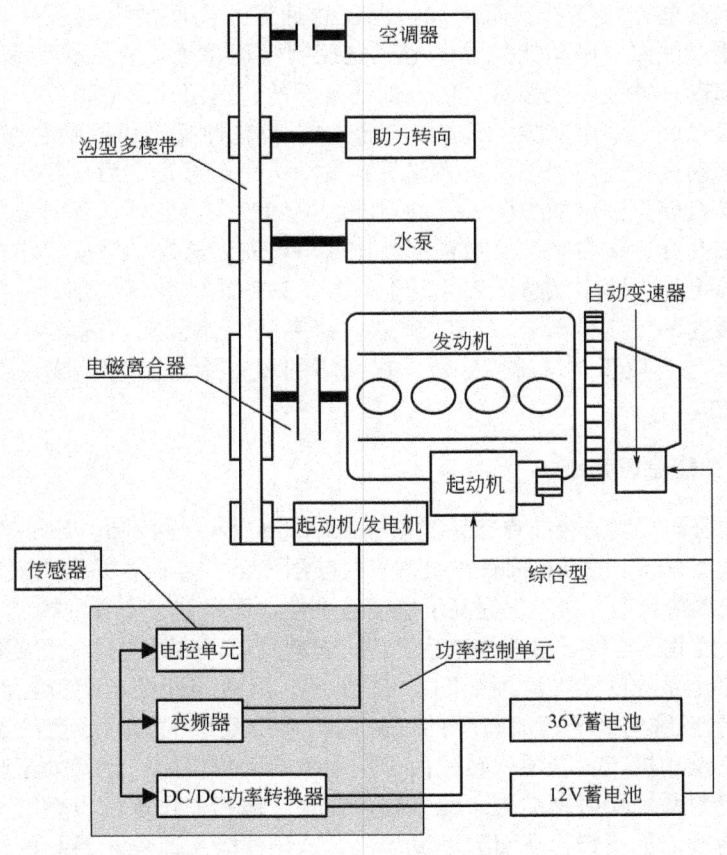

图1.39 丰田发动机结构原理图

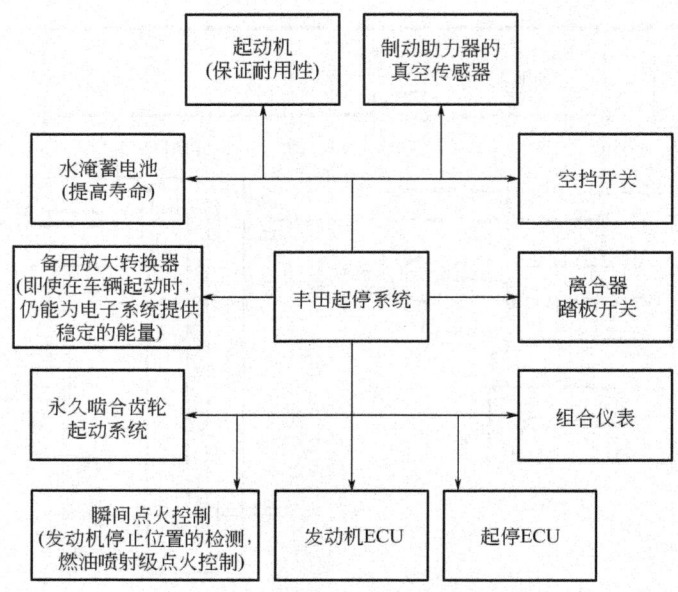

图1.40 丰田起动-停止系统

和尺寸与普通铅酸电池相比都有所增加，保证怠速停止期间放电以便延长电池的使用寿命。此外，采用能够回收制动能量的电池充电控制管理系统，能够决定和管理电池状态，可以保证重新起动，并在电能耗尽之前，保证足够的怠速停止次数。

永久啮合齿轮起动系统减少了传统起动机中小齿轮伸缩与齿圈啮合时所需要的时间。它不同于传统起动机小齿轮调挡，不需要等到发动机完全停止之后再进行重起，使得系统可以应对在发动机停止过程中驾驶人驾驶意图的突然改变，此外，不需要增加发动机的长度，只要在曲轴凸缘后端安装几个结构部件，就可以安装该起动系统。丰田的这套系统已经被推广到欧洲市场。除了该怠速停止功能以外，该系统的其他控制，如发动机重新起动时降低发动机转速的控制装置，以及实施这些研究的电池管理系统，可以使得CO_2排放在欧洲工况下（EC）降低约3%。另外，在拥堵的城市中行驶时，该系统有望能减少约10%的CO_2排放。

1.6.4 马自达智能怠速系统

日本马自达公司开发的智能怠速系统（Smart Idling Stop System，SISS），灵活地应用了发动机直喷技术，在起动发动机时往气缸内直接喷射燃油并点火，并利用其产生的能量向下推动活塞使之能重新起动。这不仅提高了燃油经济性，而且基于直喷的智能怠速停止系统不需使用电动机。因此，与传统怠速停止系统相比起动发动机时更快速，更安静也更可靠。

智能怠速停止系统的工作原理如图1.41所示。当活塞处在压缩行程的一个设定的位置时，ECU控制系统向处于压缩行程的气缸内喷入少量燃油。然后系统点燃该缸内的这一部分燃油，使发动机产生轻微反转。由于发动机的反转作用，原来处于膨胀行程的气缸此时被压缩，控制系统喷射燃油进入此气缸，在其压缩到上止点前点燃缸内燃油并引起强大的膨胀，驱动发动机正转，从而起动发动机。这种智能怠速停止系统的关键技术在于活塞停止位置的控制与起动燃烧技术。

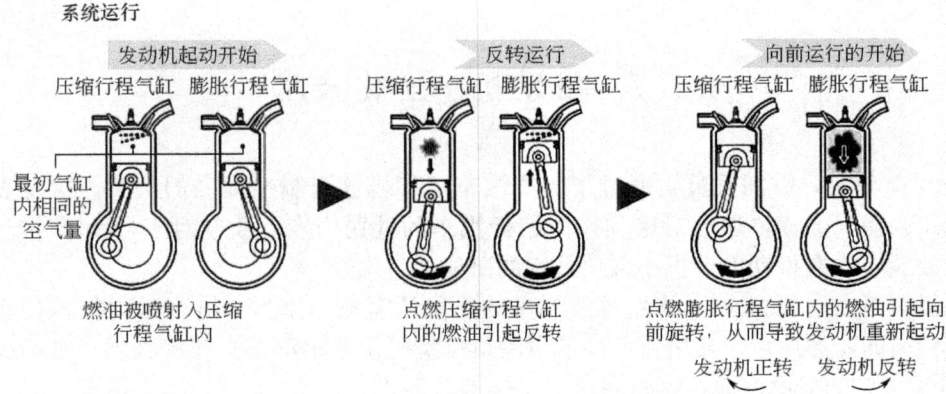

图 1.41 马自达智能怠速停止系统工作原理示意图

马自达智能怠速停止系统实现了传统怠速停止系统具有的主要优点，比如高效的燃油效率，而且智能怠速停止系统是通过直接压缩而不是使用传统电动机来起动发动机，因此它比传统的怠速停止系统更快速，而且更安静，减少了齿轮啮合驱动等起动噪声。同时不必使用起动电动机，使得智能怠速停止系统结构更简单，造价成本更低。因此，智能怠速停止系统具有满足频繁起动发动机的可靠性要求。

图 1.42 所示为 2008 年马自达自主研发的 i-stop 起停系统，该系统和一般起动停止系统最大的区别在于并不是依靠起动电动机来重新起动发动机，这是世界上首次采用预先控制活塞停止位置的电控技术，在发动机重新点火的初始阶段即通过燃料喷射进行燃烧来重新起动发动机，能有效地提高约 10% 的燃油经济性。

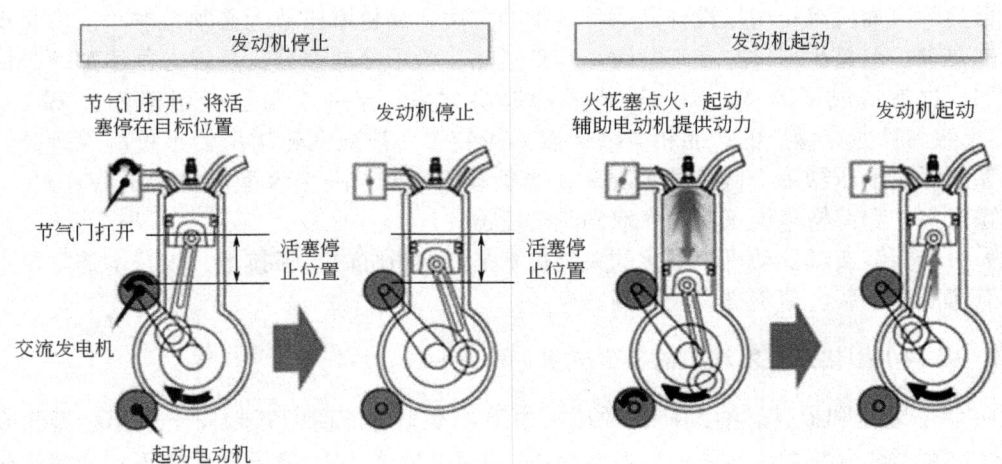

图 1.42 马自达 i-stop 起停系统

当发动机停止工作时，活塞停在合适的位置上。一旦系统接收到重新起动发动机的命令，少量燃油直接被喷入气缸，点火后混合气燃烧膨胀推动活塞向下运动，带动曲轴转动，与此同时传统起动机也参与驱动，辅助电动机起动。这样，i-stop 技术的采用可以使发动机可以最短在 0.35s 内重新起动，比原来使用电动机控制的系统快了一半，在怠速停机后重新起动时没有任何的延时感。

1.7 发动机小型化技术

2007年年底，欧洲委员会通过了提高汽车尾气排放强制性标准的法案，这将表明欧盟（欧洲联盟）会逐步加大对尾气排放超标汽车的处罚力度。欧盟对于CO_2高排放车辆的高额处罚，正在推动发动机小型化技术的研发。

从目前正在进行的减少CO_2排放技术的研发所需成本来看，混合动力技术的费用无疑是比较高的。然而，涡轮增压、降低发动机排量以及采用汽油直喷等技术，在减少同等质量CO_2排放的费用方面，仅是混合动力技术的1/3。

降低汽油发动机的排量，一般来说可以减少20%的CO_2排放。这是拥有高技术含量和高性价比，并且在改进燃油经济性方面有显著效果的发动机投入实际应用的方法之一。小型化发动机在减少CO_2排放方面的效果可能不如混合动力车那么显著，但是这种解决方案却是比较廉价的。先进的小型化汽油发动机在城市工况时，能减少20%~25%的CO_2排放，在高速公路工况时则能减少10%。

1.7.1 发动机小型化的关键技术

小型化汽油发动机需要直喷和涡轮增压技术来提高功率。但是，涡轮增压所产生的动力越大，由于质量而产生的惯性也就越大。这将引起发动机低速时的转矩损失。Lotus目前可通过使用可变气门正时技术来补偿转矩的不足。大众汽车在其高性能的TSI 1.4发动机上通过增加一个机械增压器来作为现有涡轮增压器的补充。

目前的汽油机涡轮增压设计是一种折中的方法。涡轮增压单元必须足够小以满足低速时性能要求。但是小部件在高负载时，容易过热。为了冷却充分，系统必须增加额外的燃油使用，这就造成了浪费。另一种不同的解决方案，是一个与已经用于部分BMW和PSA/标致雪铁龙车型上的产品相类似的双涡轮装置。该双涡轮增压器系统的原理是，一个小型的涡轮增压器用于低负载工况时，当负载增加时，一个大型涡轮增压器开始工作。目前霍尼韦尔和博格华纳正在生产双涡轮增压器。

另一个能够实现发动机小型化的关键技术是汽油机缸内直喷技术。该技术的零部件供应商有博世、电装、德尔福、大陆等。

1.7.2 几种小型化三缸发动机的典型应用

在CO_2减排和提高燃油经济性的压力之下，整车生产商们正趋向于采用小型化发动机。通过直喷、涡轮增压等先进技术的使用，小型化三缸涡轮增压发动机正在为越来越多的整车厂所使用。装备先进技术的三缸发动机，在降低成本的同时，能进一步实现节能高效。

1. 日产1.2L排量三缸发动机：机械增压+直喷

图1.43所示为日产1.2L排量三缸发动机"HR12DDR"，主要配备于面向欧洲市场的小型车Micra。HR12DDR是在1.2L排量三缸发动机"HR12DE"的基础上，以实现全球

最高水平的燃烧效率为目标而开发的汽油车用机型，虽然输出功率与 1.5L 排量发动机相当，但 CO_2 排放量按欧洲测量模式计算却控制在了 95g/km。

该发动机采用了通过延迟关闭吸气阀的时间使膨胀行程大于实际压缩行程的米勒循环 (Miller Cycle) 方式，同时还使用了汽油直喷系统（DIG）及高效机械增压器（Super Charger）。通过与怠速系统相结合，提高了动力性能和燃烧性能。

由于采用米勒循环方式，进气歧管（Intake Manifold）内变为负压，还可降低由于阻力而产生的泵吸损失。除了因高压缩引起温度升高的混合气体会受到直接喷射到气缸内的燃料的汽化潜热而冷却之外，还通过采用活塞冷却通道（Piston Cooling Channel）及充钠气门降低燃烧室温度，从而抑制了异常燃烧。通过采用这些技术，实现了高达 13 的压缩比。另外，机械增压器还装有 ON/OFF 离合器，可在市区等低速行驶区域停止增压，以提高燃烧效率。

2. 本田 1.0L 排量三缸发动机：涡轮增压＋直喷

图 1.44 所示为 2012 年年底本田在日本公布的 1.0L 排量三缸涡轮增压汽油发动机。为提高燃烧效率，使发动机尽快预热，该发动机使用电动水泵，使得发动机起动后不久便可停止。在水泵出口处将水路分为通向缸体的两路。在分支处设置阀门，以阻止预热口的水流向缸体。由此加快了预热，提高了燃烧效率。

图 1.43　日产 1.2L 排量三缸发动机

图 1.44　本田 1.0L 排量三缸发动机

电动水泵也能防止热回流。以曲柄轴驱动的普通水泵当冷却水停止流动时，热量会停在轴承上导致温度升高而使润滑油碳化，这种故障称为热回流。

电动泵则能在发动机停止后持续使冷却水流动直至涡轮机充分冷却。

3. 福特 1.0L 排量三缸发动机：涡轮增压＋直喷

图 1.45 所示为福特 1.0L 排量三缸直喷涡轮增压汽油发动机。新发动机采用福特 Eco-Boost 技术，配备涡轮增压器及吸排气可变气门定时机构。因使用 3 个气缸，需要采取减振降噪措施，但并未使用平衡轴，而是在飞轮及曲轴带轮上安装了用来修正平衡的质量体。图 1.46 所示为无平衡轴和浸油式的正时带设计的结构，这种构思与日产汽车的"HR12DE"相同。而且，为了在寒冷时尽快让发动机预热，不仅改进了冷却通路结构，还采取了比铝合金升温更快的铸铁块。排气歧管与气缸盖铸成一体，周围通路采用水冷系统，可利用尾气的能量迅速提高水温。有的车型还配备了怠速停止机构，为降低空气阻力

而开闭格栅的机构,以及电池充放电控制系统。

图 1.45 福特 1.0L 排量三缸发动机

图 1.46 无平衡轴和浸油式的正时带设计的结构

尽管福特 1.0L 排量三缸发动机利用带锯齿的带轮驱动凸轮轴与机油泵,但皮带并非干式,而是在机油中使用的湿式,这也是该发动机的特点之一。这样做不仅能在确保与链条同等耐久性的情况下降低噪声,还能够减少摩擦损失。另外,喷嘴方面,3.5L 排量及 2.0L 排量 EcoBoost 的燃料是在燃烧室中横向喷射的,而新发动机与 1.6L 排量 EcoBoost 一样,将喷嘴与火花塞并排设置在燃烧室顶部。

4. 大众 1.0L 排量三缸发动机:MPI 多点直喷+起停系统

图 1.47 所示为大众 1.0L 排量三缸发动机。在面向 MQB 的新型发动机 EA211 中选择了 1.0L 排量的 DOHC4 阀门直排三缸发动机,安装采用横置方式,使其实现了后排气。发动机使用进气口喷射,凸轮轴驱动采用了同步带。凸轮轴采用的是把凸轮尖烧嵌于周内的组装式凸轮。这种凸轮轴能够缩小轴承直径,在减轻质量的同时减小摩擦阻力,并且提高操作角的精度。

1.7.3 发动机小型化技术的优缺点

1. 小型化发动机的优点

(1)小型化发动机体积更小、质量更轻,而且更少的气缸数目,意味着更低的质量及零部件之间更少的摩擦,同时也更容易装配。

(2)该技术仅应用于汽油发动机,具有更小气缸容量的改进型小排量发动机减少了泵气损失。

(3)改进后的小排量发动机的全负荷性能与改进前的大排量发动机相当,因为机械增压器或涡轮增压器的压力使得进入小气缸的燃油和空气量,与在正常压力下的较大气缸相同。

图 1.47 大众 1.0L 排量三缸发动机

(4) 降低汽油发动机的排量，大大减少了燃油消耗及 CO_2 的排放，提高了燃油经济性。

2. 发动机小型化技术存在的问题

(1) 对于小型化发动机来说，还有一个需要解决的问题是振动。直列式三缸发动机存在不平衡的旋转惯性力矩及一阶和二阶往复惯性力矩，因此其运转平稳性没有直列式四缸发动机好。为了在质量、结构空间和摩擦等方面以尽可能少的附加消耗来改善这种发动机的质量不平衡状况，已经选用了一种由两块小质量组成的平衡机构，它们通过塑料齿轮由曲轴来传动。

(2) 基于缸内直喷（GDI）、涡轮增压或机械增压（TSI）、分层燃烧（FSI）和均质燃烧技术（HCCI）等，使得小型化发动机的制造成本和维修成本略有提高。

(3) 较小的转矩输出导致起步阶段的加速性能受到一定的限制，如果发动机小型化技术要进一步创新和提高，其低转速范围内的转矩特性和瞬态响应性能是创新的小型化方案。

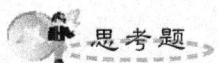
思考题

1. 简述可变气门正时技术。
2. 燃油缸内直喷技术的原理是什么？
3. 什么是 HCCI 技术？该技术有什么优势？
4. 简述可变压缩比技术的优缺点。
5. 简述柴油机电控高压共轨燃油喷射系统的原理。
6. 简述起动停止系统的组成与工作原理。
7. 简述博世起动停止系统对于配置手动变速箱和双离合变速器的工作过程。
8. 简述发动机小型化技术的优缺点。

第 2 章
汽车传动系统新技术

本章教学目标

★ 了解汽车传动系统新技术的基本状况和未来发展状况
★ 掌握汽车传动系统新技术的基本结构和技术方法；掌握汽车传动系统新技术的工作原理
★ 掌握汽车传动系统新技术的典型结构和应用

本章教学要点

知识要点	掌握程度	相关知识
无级变速器（CVT）	了解CVT技术的概况和发展； 重点掌握CVT技术的分类、结构特点和工作原理	CVT技术的分类； CVT的结构和工作原理
汽车双质量飞轮系统	了解汽车双质量飞轮系统的概况和发展； 掌握双质量飞轮扭转减振器的基本原理和性能； 了解双质量飞轮系统的典型结构和特点	汽车双质量飞轮系统的原理和特点； 双质量飞轮扭转减振器的典型结构
汽车双离合器变速器	掌握双离合器式变速器的结构和工作原理； 了解双离合变速器的应用	汽车双离合器变速器技术的结构、工作原理和过程； 汽车双离合器技术的应用
驱动防滑系统	掌握汽车驱动防滑系统的理论基础和控制方式； 了解驱动防滑系统的控制过程	汽车驱动防滑系统的理论基础； 驱动防滑系统的控制原理
混合动力汽车传动技术	掌握混合动力汽车传动技术的分类和结构； 了解混合动力汽车传动技术的典型应用	混合动力汽车传动技术的分类和结构； 混合动力汽车传动系统的工作过程

导入案例

混合动力汽车的动力传动系统是一项崭新的革命性技术,要在极短的时间内,完全从头开始,设计出一个低廉、高效、稳定、可靠的传动系统,对工程师来说是一个极大的挑战。先进的工程仿真技术不仅可以帮助工程师深入研究复杂元件和系统的性能,还可以通过虚拟样机设计和测试,来加快和改进动力传动系统的研发。ANSYS仿真技术能够帮助工程师在原型样机制造之前,就了解系统在各种工况下的性能。这种先进的CAE技术必将帮助厂商在传统的动力传动系统技术竞争中脱颖而出。电动和混合动力汽车的动力传动是一个非常复杂的系统,其系统、子系统及零部件必须连贯、紧密配合地运行,以保证汽车的效率和性能最优化。

汽车的电传动系统可以在同一个集成化的仿真平台上精确仿真,开发者可以在上面评估每一个零部件、子系统及系统机上它们之间的相互影响。由于在真实的环境中,零部件会受多个物理域的影响,所以仿真工具必须能准确地预测多方面的外力对它的影响,包括结构力学、动力学、流体动力学、热物理学、电磁学、电化学、电磁辐射及电磁干扰/电磁兼容等。同时,动力传动系统的设计必须能够将这些复杂的部件模型处理成为降阶模型,并用它们来建立系统和子系统模型,最终用于优化子系统或整个电传动系统的性能。

图2.1所示为混合动力汽车的电传动系统。

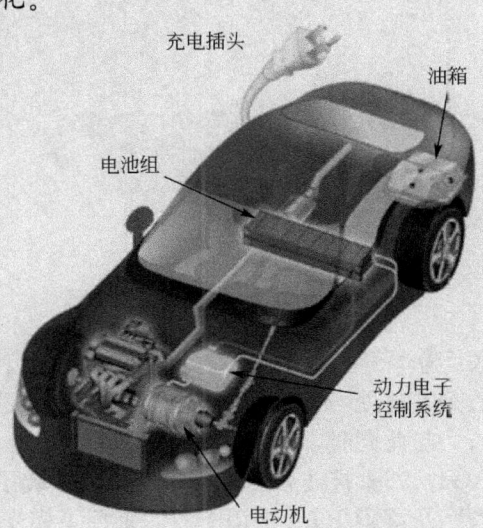

图 2.1 混合动力汽车的电传动系统

2.1 无级变速器

2.1.1 概况

目前,随着车辆操纵自动化的快速发展,汽车自动变速器正呈现蓬勃发展的趋势。现在的汽车自动变速器主要有液力机械式自动变速器(Automatic Transmission,AT),无级变速器(Continuously Variable Transmission,CVT),以及近几年国内外正在花大力气研究的电控机械式自动变速器(Automated Manual Transmission,AMT)。特别是电控机械式自动变速器的发展,由于其具有目前汽车工业发展所要求的高燃油经济性、低排放和保护现有手动变速器生产投资的优点,正受到各大汽车厂的重视。

1. 自动变速技术的现状及发展机遇与挑战

自动变速器种类很多,主要有液力自动变速器、电控机械式自动变速器、无级自动变速器。从技术发展角度看,关键是电子技术、电液控制技术和传感技术。

1) 液力自动变速器

如图 2.2 所示,液力自动变速器是将发动机的机械能平稳地传给车轮的一种液力机械装置,以其良好的乘坐舒适性、方便的操纵性、优越的动力性、良好的安全性奠定了在汽车工业的主导地位。

我国最早是在一汽生产的 CA770 红旗乘用车上装备了自动变速器,但累计只生产了 1283 台,尚不具有工业化生产的意义。

1998 年上海通用汽车公司生产的用于别克乘用车上的 4T65E 电子控制自动变速器正式下线,1999 年开始批量生产并投放市场,率先在国内将 AT 作为标准配置装于乘用车。1999 年中日合资生产的本田雅阁乘用车也正式投产,其

图 2.2 液力自动变速器

AT 为本田技术 PAX 型,它弃用行星齿轮,而选择常啮合平行轴式结构,零件少、易制造是其长处,它采用了全电子直控式变速装置,能使变速、燃油喷射及巡航控制相结合。

与此同时,上海大众的帕萨特 B5、一汽大众的捷达都市先锋上装备了自动变速器 AG4-95。神龙公司也向市场投放了装备进口的 AL4 智能型自动变速器的富康 988"领导者"及富康 1.6L 乘用车。它采用了模糊控制理论和动力传动系统综合控制技术,实现了智能化控制,电子控制单元中有 10 种换挡规律,按需分别调用几种换挡规律或同时或交替工作,共同控制变速器的状态。

一汽大众的奥迪 A6 高级乘用车上作为选装件的 AT 为 Tiptronic 型,在自动变速的基础上可提供手动换挡功能。在自动模式下可直接转到手动操作模式,以此来领略驾车的多种乐趣。

北京奔驰—戴姆勒·克莱斯勒汽车有限公司(原北京吉普公司)在切诺基越野汽车上小批量装备了 AW4 自动变速器,现已达到 1000 多台。

至于城市客车(即公共汽车)频繁起步换挡,变速器、离合器和制动器的使用频率是一般车辆的 10 倍左右,劳动强度极大,即使是职业驾驶人也因受心理与生理所限,迫切要求使用自动变速器。国外几乎 100% 装用,我国 1995 年首次在国产公共汽车上装备了 Allison 自动变速器,遍及深圳、上海、广州、南京等城市,其中深圳占有率已达 40%。

但效率低、难制造、成本高是 AT 的缺点:因为带有变矩器的 AT 车几乎都是电子控制的,且带有闭锁机构,并扩大了闭锁范围和缩短了锁止结合时间;闭锁离合器分离时,能量损失大,必须利用适当的滑差控制以改善传动效率。完全闭锁对提高燃料经济性直接有效,但妨碍吸收振动和冲击,所以从这个角度看也需与滑差控制方式并用。

提高燃料经济性的另一种手段是变矩器的高效率化,通过三维流体分析,使循环圆的

形状、叶片角度、叶片负荷分布及导轮叶片形状最优化,由于带有变矩器的汽车易于控制,所以适合各种高级控制方式。

为了降低成本,AT 的小型化和减少零部件个数也成为课题,这就要求形成大规模生产。AT 的经济规模至少应在年产 30 万台以上,批量越大,价格才越低。

2) 电控机械式自动变速器

如图 2.3 所示,电控机械式自动变速器既具有液力自动变速器自动变速的优点,又保留了原手动变速器齿轮传动的效率高、成本低、结

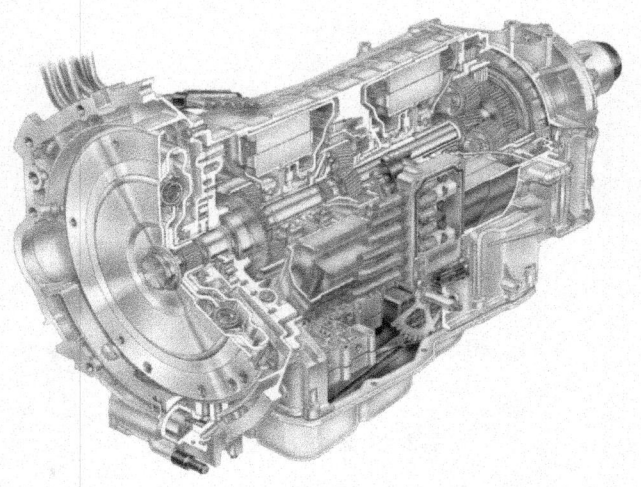

图 2.3 电控机械式自动变速器

构简单、易制造的长处。AMT 结合了二者优点,是非常适合我国国情的机电一体化高新技术产品。AMT 是在现生产的机械变速器上进行改造的,保留了绝大部分原总成部件,只改变其中手动操作系统的换挡杆部分,生产继承性好,改造的投入费用少,非常容易被生产厂家接受。AMT 的缺点是非动力换挡,这可以通过电控软件方面得到一定弥补。

如上所述,虽然在客车上 AT 比较适合于高级旅游客车,而一般城市公共汽车在装用进口的 Allison 自动变速器时,其价格每台在 13 万～17 万元,已大大超过与其配套的康明斯、玉柴等发动机的价格,难以接受。这也是国外如日野的兰带客车、德国 ZF 公司的 AS Tronic、伊顿等重型载货汽车多用 AMT 的原因。对于乘用车,日本的 ASKA 乘用车最早应用 AMT,近年来瑞典的 SAAB、德国的 BMW - M3、意大利的法拉利 F1 等也装用 AMT,特别是大众 Lupo 乘用车(油耗 2.99L/100km)已向人们证明,要想今后达到 3L/100km 的油耗目标,只有用 AMT 或 MT,AT 无法实现。

在几种自动变速器中,AMT 的性能价格比最高。在中低档乘用车、城市客车、军用车辆、载货汽车等方面应用前景较广阔。

2. 无级变速器的类型

驾驶灵活、低油耗和低噪声要求变速器挡位越多越好,这种思想的进一步延伸就是无级变速。无级变速器指无级控制速比变化的变速器。它能提高汽车的动力性,燃料经济性,驾驶舒适性,行驶平顺性。电控的 CVT 可实现动力传动系统的综合控制,充分发挥发动机特性。

无级变速器的种类很多,如图 2.4 所示。

1) 流体式

流体式分液力式和液压式两种。液力式即液力变矩器,其优良品质已在第一节中阐述,它是现在汽车市场上占主导地位的无级变速器。液压式与液力式同属流体传动,其区别在于:液压式是依靠液体压能的变化来传动或变换能量,是用工作腔的容积变化进行工作的。液压元件主要是液压泵与液压马达,有液压车轮马达与液压驱动轴两种。液压式的

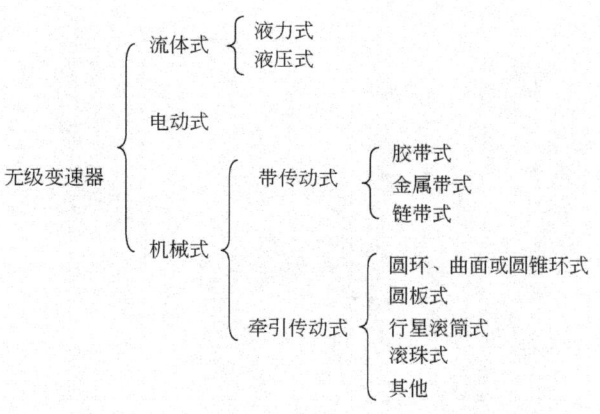

图 2.4 无级变速器的类型

优、缺点除与液力式类同外,还有液压元件不适应汽车高转速、高负荷和转速变化频繁、振动大等不利的工作条件,故仅在推土机、装载机上有所应用,汽车上应用较少。

2)电动式

发动机作为动力装置的优点很多,但在部分负荷时效率低并产生有害排放而阻碍了电传动的发展。为了适应与给定的电动机匹配,有的用单速变速器(与异步电动机共同工作),有的需两挡以上(与永磁同步电动机配合),而有的则要多挡(与直源串绕电动机匹配),以达到设计的性能。

纯电传动虽有零污染与低噪声的突出优点,但储存于电池中的可用能量行驶范围有限,除在高能镍、钠、锂基等电池及燃料电池方面继续研究外;也有采用发动机与电源的复合驱动方案,起步或加速时使用电动机作辅助动力,改善加速性能;在城市行驶时可多用电驱动,以克服发动机污染严重的问题;而在郊区以外,则多用发动机与传统驱动方式配合行驶。这种复合驱动既利用了一种能源具有高功率的优势,又发挥了另一种能源良好的储能容量的优势,在汽车减速和制动时可回收能量。

3)机械式

因为是通过摩擦传递转矩,故总有打滑的危险。进而在接触面产生高温而磨损。它经历百余年的改进、提高,目前也仅金属带或链带式及牵引环式有实用价值。

(1)带式 CVT。带式 CVT 用挠性的带或链与带轮的摩擦力传递动力,如图 2.5 所示。人们首先应用的是橡胶带式,它装用于 DAT 公司的微型乘用车及 Volvo 340 系列乘用车上,但因传递功率容量低,而被橡胶与金属带、金属带及链带等形式所取代。其中又以 VDT(Van Doorne's Transmission)的金属带最为成功。除这类湿式带外,最近由树脂和铝合金等构成的干式带也问世,它用直流电机控制,其特点是:起步由定传动比的齿轮,即副传动路线来传递动力,保证起步性能;当达到规定车速时,再变换到由带传动确定的主传动路线。

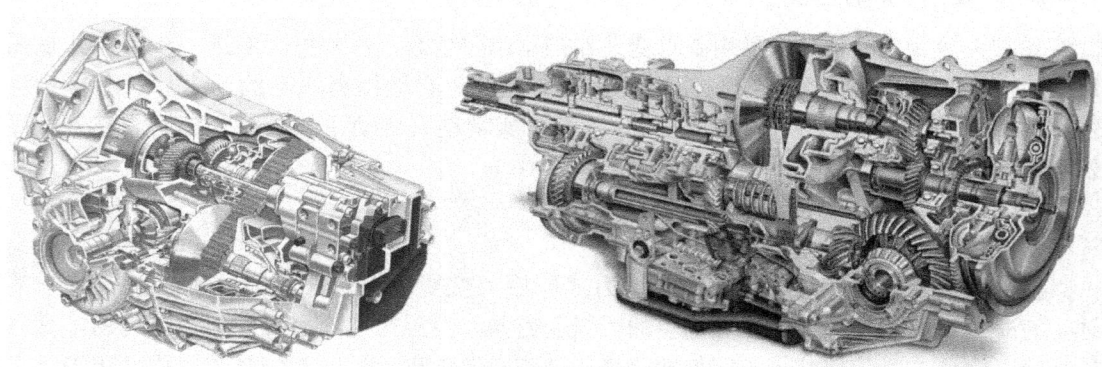

图 2.5 带传动式 CVT　　　　　　图 2.6 链传动式 CVT

(2) 链式 CVT。如图 2.6 所示，链式 CVT 是带的另一种形式，类似自行车的链条，它由 3 部分组成：内连接片、压板连接片和连接它们的浮动销，销相互滚动，使链条在弯曲时摩擦力小，且具柔性。销的表面被冲压，以使其与轮的接触随旋转半径的减小而从上移到下，使链表面保持磨损稳定。链轮表面的沿轮向上凸起是防止链因摩擦因数下降而打滑。链可不必有固定周节，从而消除纯音色，有利于降低噪声。另外，它比带式 CVT 简单价廉。

3）摩擦式 CVT。图 2.7 所示为摩擦式 CVT，它是以刚性转动体接触的摩擦力传递动力，形式多样，其中以 Toroidal 最优。摩擦式 CVT 具有良好的动态响应性能，且能从正转过渡到反转，因此它无须前进离合器和正反转运动的切换机构。但其接触刚体间接触压力大，要特殊的黏性很高的润滑油，利用油膜在金属表面之间形成高的牵引系数来传递动力，故提高接触疲劳寿命和弯曲寿命，以及开发出黏性高、牵引系数大的润滑油是其能否进入市场的关键问题。摩擦式 CVT 的特点是可提高传动转矩的容量。

图 2.7　摩擦式 CVT

2.1.2　无级变速器的特点

汽车采用无级变速器（CVT）之后，可以实现发动机与变速器的最佳匹配，使发动机长时间工作在最佳工况下，从而可以有效地提高汽车的动力性、经济性、排放性和舒适性。因此，无级变速器具有如下特点。

（1）提高燃油经济性。CVT 可以在相当宽的范围内实现无级变速，从而获得传动系与发动机工况的最佳匹配，提高整车的燃油经济性。

（2）提高动力性能。汽车的后备功率决定了汽车的爬坡能力和加速能力。汽车的后备功率越大，动力性就越好。由于 CVT 的无级变速特性，能够使汽车获得后备功率最大的传动比，所以 CVT 的动力性能明显优于机械变速器（MT）和自动变速器（AT）。

（3）减少排放量。CVT 的速比工作范围宽，能够使发动机以最佳工况工作，从而改善了燃烧过程，降低了废气的排放量。ZF 公司将自己生产的 CVT 装车进行测试，其废气排放量比安装 4AT 的汽车减少了大约 10%。

（4）节约成本。CVT 系统结构简单，零部件数目比 AT 少很多，一旦汽车制造商开始大规模生产，CVT 的成本将会比 AT 小。由于采用该系统可以节约燃油，随着大规模生产以及系统、材料的革新，CVT 零部件（如传动带或传动链、主动轮、从动轮和液压泵）的生产成本将降低 20%～30%。

（5）改善了驾驶舒适性能。安装无级变速器之后，可以在保证发动机具有最佳动力性能的同时实现无级变速，使驾驶人能够真正感到舒适。

2.1.3 机械式无级变速器的结构和原理

1. 机械式CVT的结构

无级变速器由电控系统、液压控制系统、传动装置、速比调节装置、安全缓冲装置和金属带组成。金属带式无级变速器的结构如图2.8所示。

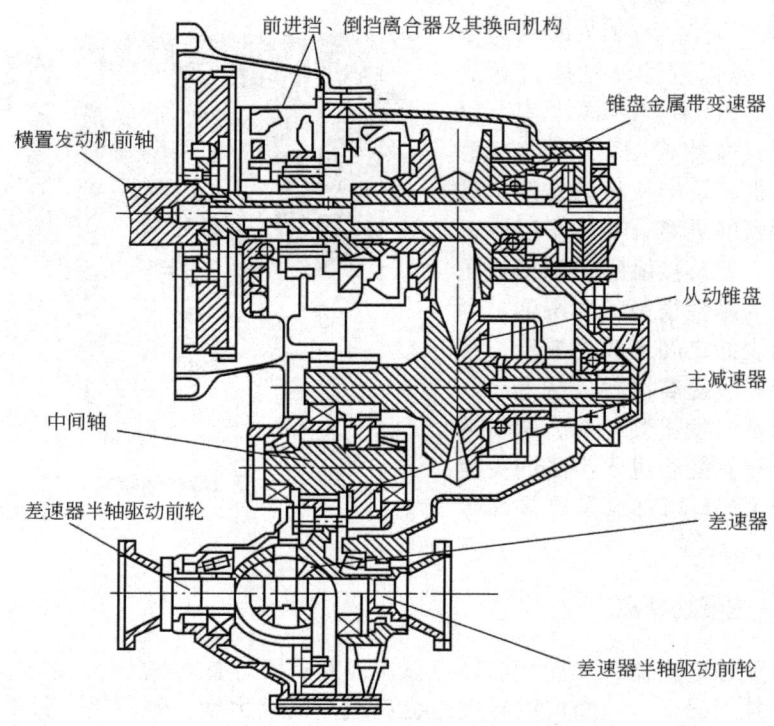

图2.8 金属带式无级变速器的结构

1) 起步离合器

目前,用作汽车起步的装置有湿式离合器、电磁离合器、液力变矩器3种,目的是使汽车以足够大的牵引力平顺起步,提高驾驶舒适性,必要时切断动力传递。

2) 行星齿轮机构

CVT的行星齿轮机构采用双行星齿轮机构,行星架上固定有内、外行星齿轮和右支架,其中右支架是通过螺栓固定在行星架上的,外行星齿轮和齿圈啮合,内行星齿轮和太阳轮啮合。

3) 无级变速机构

无级变速机构由金属传动带和主、从动工作轮组成。金属传动带由多个金属片和两组金属环组成,每个金属片在两侧工作轮挤压力作用下传递动力。每组金属环由数片带环叠合而成,金属环的作用是提供预紧力,在动力传递过程中支撑和引导金属片的运动,有时承担部分转矩的传递。主、从动工作轮由可动和不动锥盘两部分组成。

4) 控制系统

控制系统是用来实现CVT系统传动比无级自动变化的。在控制系统中,采用机-液控制系统或电-液控制系统。它主要由油泵(齿轮泵或叶片泵)、液压调节阀(速比和带与轮间压紧力的调节)、传感器(节气门和发动机转速)和主、从工作轮的液压缸及管道组成,实现传动比无级变速的调节。压紧力控制和起步离合器的控制是无级变速控制系统的关键。

5) 中间减速机构

由于无级变速机构可提供的速比变化范围为 2.6~0.445,不能完全满足整车传动比变化范围的要求,故设有中间减速机构。

汽车的横置发动机通过变速器壳内的离合器与换向机构,带动金属带锥盘变速器、主减速器、差速器和半轴齿轮等,通过半轴带动左右万向节轴驱动前轮。车辆行驶时,当主、被动工作带轮的可动部分通过控制高压油使其按需要作轴向移动时,改变了主、被动轮的工作半径比,从而满足了外界对汽车的要求。

2. 机械式 CVT 的工作原理

机械式 CVT 主要由主动轮组、从动轮组、金属传动带和液压控制系统及电子控制系统等组成。主动轮组和从动轮组都由固定盘和可动盘组成,固定盘在轴上固定不动,而可动盘在液压控制系统的控制下可以沿轴向移动。可动盘与固定盘都是锥面结构,它们各自的锥面共同形成 V 型槽与 V 型金属传动带啮合。

发动机输出动力首先传递到 CVT 的主动轮,然后通过 V 型金属传动带传递到从动轮,最后经减速器、差速器传递给汽车驱动轮。CVT 变速是由液压控制系统控制主动轮与从动轮的可动盘做轴向移动来改变主动轮、从动轮锥面与 V 型传动带啮合的工作半径,改变传动比,从而实现了无级变速,如图 2.9 所示。

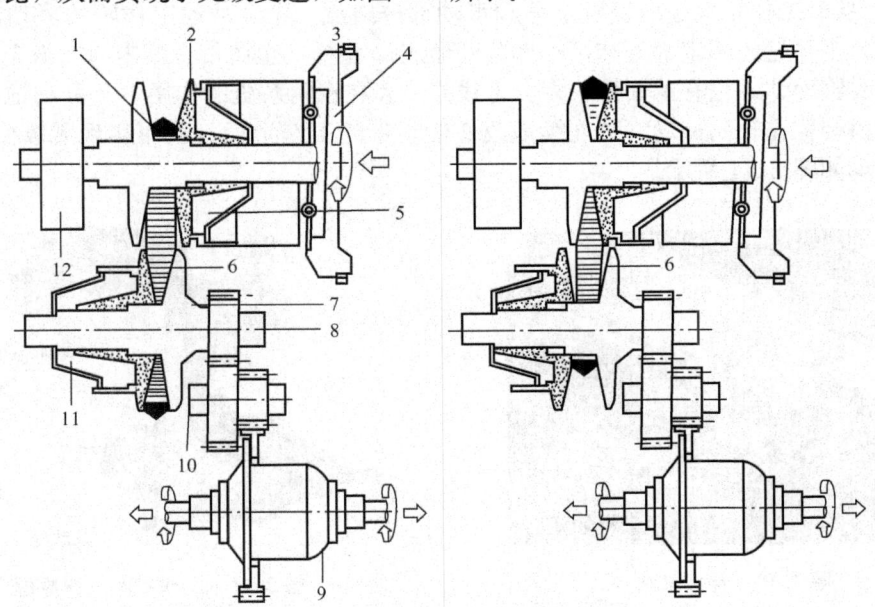

图 2.9 金属带式无级变速器的组成和工作原理图

1—主动工作轮不动部分;2—主动工作轮可动部分;3—离合器;4—发动机飞轮;
5—主动工作轮液压控制缸;6—金属带;7—从动工作轮固定部分;
8—中间减速器;9—主减速器与差速器;10—从动工作轮可动部分;
11—从动工作轮液压控制缸;12—液压泵

在金属带式无级变速器的液压系统中,从动油缸的作用是控制金属带的张紧力,以保证来自发动机的动力高效、可靠地传递。主动油缸控制主动锥轮的位置沿轴向移动,在主动轮组金属带沿V型槽移动,由于金属带的长度不变,在从动轮组上金属带沿V型槽向相反的方向变化。金属带在主动轮组和从动轮组上的回转半径发生变化,实现速比的连续变化。

汽车开始起步时,主动轮的工作半径较小,变速器可以获得较大的传动比,变速器获得较大的减速。随着车速的增加,主动轮的工作半径逐渐减小,从动轮的工作半径相应增大,CVT的传动比下降,变速器输出转速升高,使得汽车能够以更高的速度行驶。

3. 机械式CVT的关键部件

1) 金属传动带

金属带式无级变速器的核心元件是金属带组件,由几百片(现已达400多片)V型金属片和两组金属环组成高柔性的金属带,如图2.10所示。每个金属V型块的厚度为1.4～2.2mm,在两侧工作轮挤压力作用下推挤前进来传递动力。两侧的金属环由多层薄钢带、带环叠合而成,在传动中正确引导金属元件的运动。较薄的厚度对减少运动噪声十分重要。较多的元件与带轮接触,降低接触面压力,还可允许其表面偶尔出现一两个损坏,有利于耐久性的提高。这种金属带的特点是使带轮能以最小的卷绕半径工作,速比范围大,转矩传递效率高。

2) 工作轮

主从动工作轮构成变速机构,主动工作轮由固定部分(固定锥盘)和可动部分(可动锥盘)组成,从动工作轮也是由固定部分和可动部分组成。主、从动工作轮的可动部分可做轴向移动;工作轮的固定部分和可动部分间形成V型槽,金属带在槽内与它啮合;工作面大多为直线锥面体,也有球面体、复合母线锥体。在控制系统的作用下,可动锥盘依靠钢带——滑道结构作轴向运动,可连续地改变传动带的工作半径,从而实现无级变速传动。其工作原理如图2.11所示。

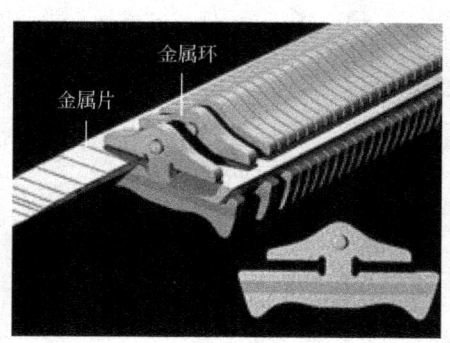

图2.10 金属带结构

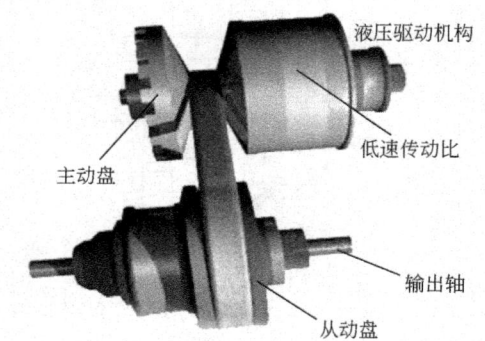

图2.11 工作轮的工作原理

无级变速器动力传递是由发动机飞轮经离合器传到主动工作轮、金属带和从动工作轮后再经中间减速齿轮机构和主减速器,最后传递给驱动轮。

3) 液压泵

液压泵为系统控制的液压源,其类型有齿轮泵和叶片泵两种。CVT的控制系统一般采用机械液压控制和电子液压控制两种类型的液压泵。

4. CVT 系统控制

1) 机械液压控制系统

机械液压控制系统主要由油泵、主阀体、控制阀、离合器和制动器等组成。有的乘用车无级变速器还装有液力变矩器,如日产天籁乘用车。图 2.12 所示为机械液压控制系统工作原理示意图。当驾驶人踩下加速踏板 10,通过柔性钢索 1 带动换挡凸轮 2 转动,控制速比控制阀 3。由发动机驱动的液压泵 8 将压力油输送给主压力控制阀 9。主压力控制阀 9 根据工作轮位置传感器 4 的液压信号,控制速比控制阀 3 中的压力,从而控制主、从动工作轮可动部分的液压缸中油液的压力,以调节金属带与工作轮的工作半径,实现无级自动变速。

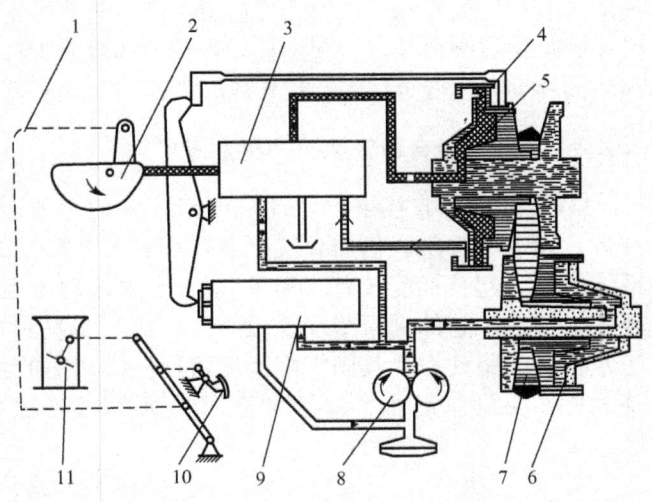

图 2.12 机械液压控制系统工作原理示意图
1—柔性钢索;2—换挡凸轮;3—速比控制阀;
4—工作轮位置传感器;5—主动工作轮液压缸;
6—从动工作轮液压缸;7—金属带;8—液压泵;
9—主压力控制阀;10—加速踏板;11—节气门

2) 电子液压控制系统

目前 CVT 电子液压控制系统主要有单压力回路和双压力回路两种,其工作原理如图 2.13 所示。

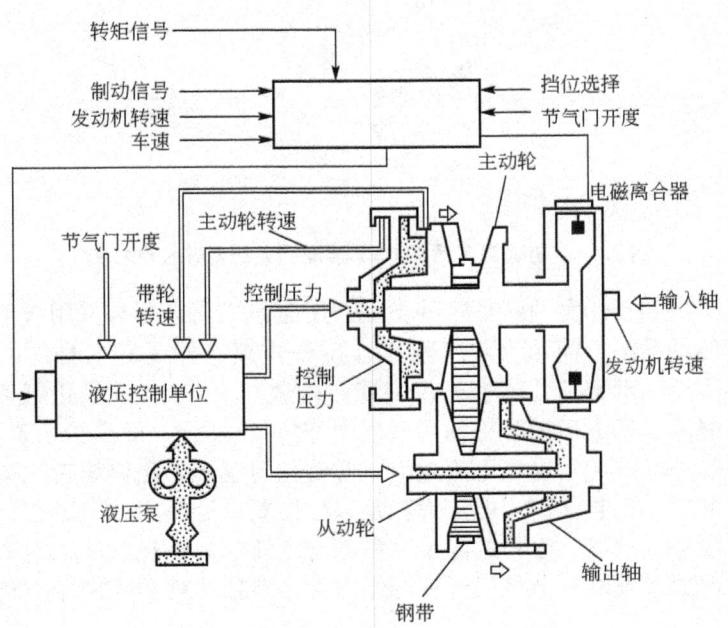

图 2.13 CVT 电子液压控制系统工作原理示意图

CVT电子液压控制系统包括电磁离合器的控制和主从动轮的传动比控制。传动比由发动机节气门信号和主从动轮转速所决定。电子控制单元根据发动机转速、车速、节气门开度和换挡控制信号等控制主从动带轮上伺服液压缸的压力,主、从动工作轮的可动部分做轴向移动,改变金属带与工作轮间的工作半径,从而实现无级变速。

2.1.4 几种无级自动变速器的典型应用

CVT动力源直接来自发动机,因此它的工作范围必然受到发动机最低稳定转速的约束,所以起步阶段仍需要离合器,而且如果用干式离合器,工作过程与普通手动变速系统相同,起步性能较差。另外,CVT的传动比范围为$0.4 \sim 7$,似乎已满足一般变速要求,但由于它的高挡传动比很小,仅为0.4左右,因此,为了保证在良好道路上获得正常行驶的驱动力,其固定降速比将比同类汽车的主传动比高出近一倍。这样大的固定降速比,在汽车起步、爬坡和克服较大的行驶阻力时,会使发动机处于不利的区域工作。

基于上述原因,一般将CVT与其他传动形式配合使用,其典型的组合形式有如下几种。

1. CVT与电磁离合器组成无级变速传动

图2.14所示为用电磁离合器代替了液力耦合器的结构形式。

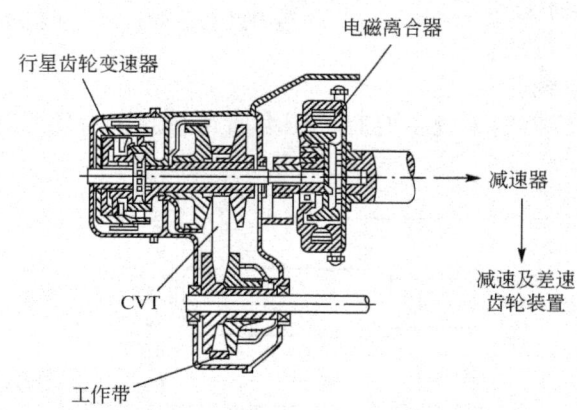

图2.14 电磁离合器与CVT组成的无级变速传动机构

日本富士重工(FHI)开发的就是这种类型。用磁粉式离合器与采用VDT钢带的CVT组合的无级变速传动系统,简称为"ECVT"。磁粉式离合器是靠本身的电磁力来传递转矩的。在离合器主、从动部分之间有密闭空间,内放$30 \sim 50 \mu m$的磁化钢微粒(磁粉),密闭空间外缠绕有线圈。通电后散状磁粉在磁场中开始"凝固",即磁粉在磁场中形成磁链,把从动毂与电磁铁连在一起。通电电流越大,磁链数目越多,磁链强度也越高,则磁粉式离合器传递转矩的能力也越大。当电流大到足以使磁粉离合器主、从动部分牢牢地接合在一起时,离合器便停止打滑。磁粉的黏结力特性与电流值成正比,所以对离合器的接合时间和力的控制,可通过发动机节气门开度与车速两个参数来控制线圈中电流的大小和通电时间的长短。

这种离合器结构简单,容易实现转矩平稳增长,主、从动部分不接触,无磨损,而且电磁铁与从动毂之间的间隙在工作中不发生变化，故无须调整间隙，且允许主、从动部分存在较长时间的滑磨。因此，它不仅很理想地解决了装用 CVT 车辆的起步问题，而且与装用液力耦合器的 CVT 车辆相比，可以防止变速时爬行和消除始终存在的滑转损失；但它要求磁粉材料的化学物理性能稳定。

2. 双状态无级变速传动

液力耦合器、电磁离合器等仅解决起步平稳问题，因其均不变更转矩，所以并未扩大 CVT 总传动比范围。但用液力变矩器组合，不仅能提供最佳起步性能，而且由于它的变矩作用扩大了总传动比的变化范围，降低了 CVT 自身的变化范围，从而使 CVT 传动易于使发动机调节到处于最佳燃油经济性的区域内工作。

图 2.15 所示为德国 ZF 公司于 1991 年开发的适用于乘用车的无级变速传动装置。它是 CVT 与综合式液力变矩器（即带锁止离合器的液力变矩器）组成的组合式无级变速传动系统。其动力传动路线是：发动机动力经液力变矩器 2（或锁止离合器 1）、行星齿轮机构 5，再经 CVT 7、减速齿轮 8，最后传给差速器 9、半轴 10 和驱动轮。所谓双状态是指当起步和低速时液力变矩器工作；当速度增加至变矩器耦合点工况时，转换到 CVT 传动，此时变矩器转换成锁止离合器锁止工况下工作。这种先为液力无级变速，后转为纯机械无级变速的组合，称为双状态无级变速传动。

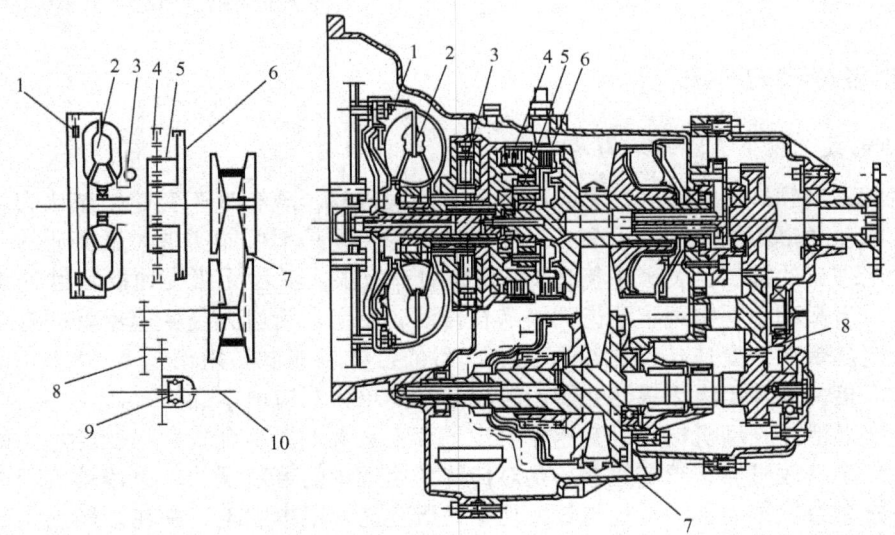

图 2.15 CVT 与综合式液力变矩器组成的组合式无级变速传动系统

1—锁止离合器；2—液力变矩器；3—液压泵；4—前进挡离合器；5—行星齿轮机构；
6—倒挡离合器；7—金属带无级变速器；8—减速齿轮；9—差速器；10—半轴

图 2.16 所示为双状态无级变速传动系统示意图。

液力变矩器的功率通过传动链 10 传至差速器 9，CVT 无级变速传动与传动链平行布置。这种组合在传动比 7∶1 范围内可提高 30% 的效率，故即使在公路上行驶仍可提高燃油 5%~8% 的经济性。当加速行驶接近变矩器耦合点工况时，转换离合器 4 开始工作，CVT 开始工作。传递变矩器动力的传动链 10 的传动比基本上与 CVT 钢带传动的低挡传动比相同，故当液力变矩器传动转换为 CVT 传动时，车辆在重载、大节气门开度下工作，

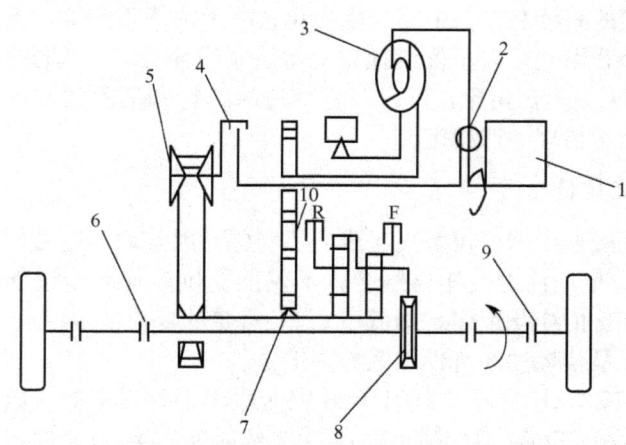

图2.16 双状态无级变速传动系统示意图
1—发动机；2—扭转减振器；3—液力变矩器；4—转换离合器；5—工作轮；
6、9—内、外侧万向节；7—单向离合器；8—差速器；10—传动链；
F—前进挡离合器；R—倒挡离合器

转换离合器基本上能与CVT的工作轮同步转换。因此，从液力变矩器换入纯机械无级变速非常平顺。

2.1.5 活齿式无级变速器

1. 活齿式无级变速器的结构

在机械传动领域，功率和效率是两个最主要的指标，现有汽车变速领域认为，只有齿轮传动才能使功率和效率达到最高，但纯粹的齿轮传动是不可能实现无级变速的。活齿啮合这项全新理论的提出，突破了传统CVT的功率极限，活齿无级变速器巧妙地将齿轮传动进行"活齿微积分"实现了活齿无级啮合传动，于是，活齿无级变速器就拥有了齿轮传动和现有金属带无级变速传动的全部优点。目前，样机测试转矩已超800N·m，超出国际指标近3倍。这种活齿无级变速器的结构非常简单，制造成本低。

滑片变形活齿轮型机械无级变速器实现了真正意义上齿啮合式无级变速，是一种全新概念的大功率高效机械无级变速器，是对传统变速理论的革新延伸。该传动机理消除了传统点、线接触摩擦传动这一实现高效大功率无级变速的根本缺陷，并在结构上实现了特有的非摩擦滑片齿啮合式高效大功率无级变速，是对传统变速理论的新突破。

活齿式无级变速器的动力传动仍然依赖钢带和带轮，但是此带轮是带有活动齿的带轮，钢带则是带有活齿的钢带，可以看成是具有活动齿的齿轮和齿条系统，其结构如图2.17所示。

活动轮齿由调位圈调整成圆周的形式，调位圈要使用韧性和强度高的材料制成。活齿式无级变速器的关键设计在于活齿的钢带，其细致结构如图2.18所示。

活动条齿、定位键可以在内钢带上套动，内钢带起限制并使其绕活动轮齿啮合运动的作用，外钢带则是贯穿各个活动条齿，起各条齿分力收集，保持结构的作用。定位键的第一个主要作用是连接各调位钢片弹簧；第二个主要作用是保证各活动条齿的最小齿距，确保活动条齿与活动轮齿的啮合。

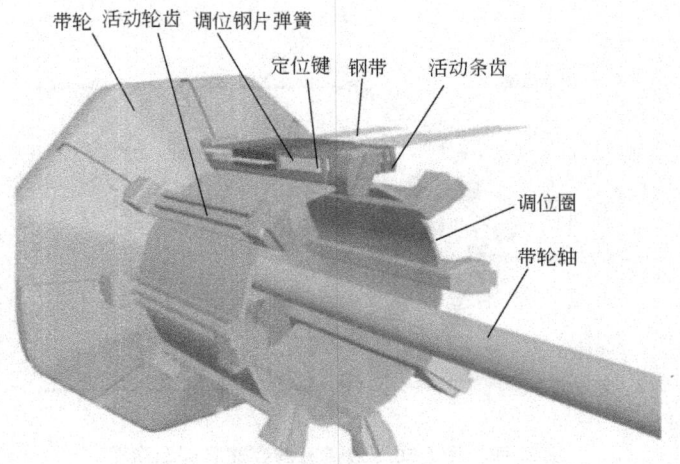

图 2.17　活齿式无级变速器的传动系统的总体结构图

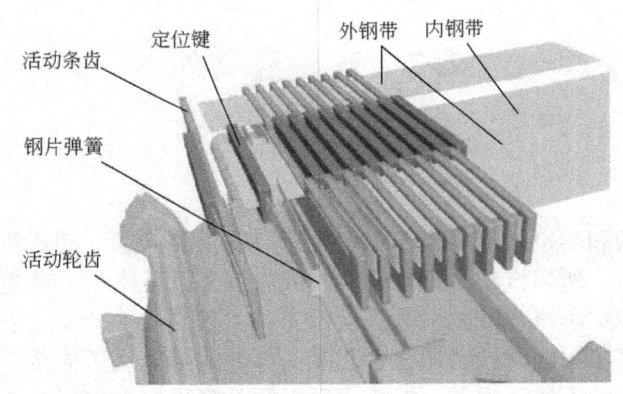

图 2.18　活齿式无级变速器的活齿钢带结构图

2. 活齿式无级变速器的工作原理

活齿式无级变速器的变速原理如图 2.19 所示。

活动轮齿通过两端的凸台受带轮的凹形导轨控制改变各齿轮单元构成的虚拟齿轮圆的半径大小，活动条齿则在钢片弹簧的作用下与活动轮齿单元的三联齿啮合，不啮合的部分也由钢片弹簧自动调整齿距，所有活动条齿可以在钢带上做细微套动。所有活动条齿和钢带之间的摩擦因数要取值适当，否则钢片弹簧不能起调整作用或活动条齿绕钢带空转。又因为啮合的三联齿部分受到钢带的束缚力，摩擦力会自动增大，而不啮合的部分则可以由钢片弹簧自动均匀调整，所以在活动齿轮单元组成的虚拟齿轮圆半径发生变化后，不啮合的活动条齿的齿距会自动调整，啮合活动齿在钢带压力下产生足够的有益摩擦力，开始稳定传输动力。这种将摩擦按要求分配的设计将能承受更大的转矩也将拥有更高的工作效率。

自动变速器自诞生到现在，时刻在不停发展，无级变速器作为一种优越的自动变速器也将取得新的进步。活齿式无级变速器的设计思想还需要通过实际制造实验和各种条件的

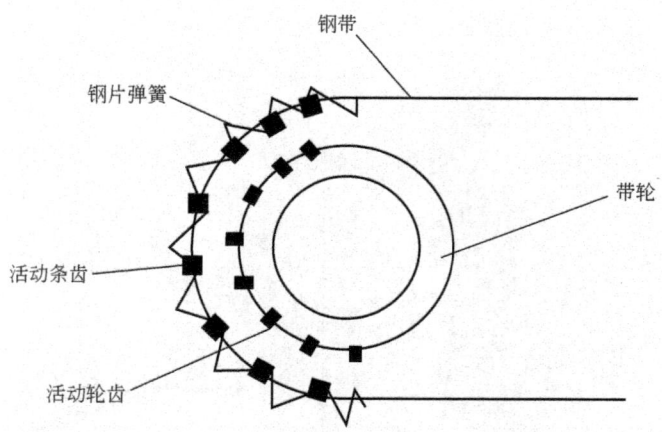

图 2.19　活齿式无级变速器变速原理示意图

测试最后才可以得以实现实用化。

2.2　双质量飞轮

2.2.1　概述

长期以来，振动和噪声一直是汽车工业界研究的重要问题。随着汽车的高速化，振动和噪声问题日益突出，所以汽车的振动和噪声成为汽车设计中的一项重要课题。汽车的振动和噪声涉及环境保护和汽车行驶平顺性及汽车的可靠性。在声频范围内（20～20000 Hz）的结构件振动是噪声源，同时振动还将引起某些部件的早期疲劳失效。此外，一定范围内的振动还将引起乘员的不适。因此，解决振动问题是降噪的根本所在。

要全面考虑解决振动和噪声问题，须从整车设计通盘考虑，即从包括发动机、传动系统、车身、内饰、悬架及各系统间匹配等各方面进行综合考虑。

事实上，汽车的动力传动系统是汽车振动和噪声的主要来源之一。其中起主要作用的便是动力传动系统中的扭振和扭振噪声。这其中的一个重要原因就是动力传动系统的固有频率与常用车速下发动机激励的频率相近，从而传递并放大了来自发动机的振动，进而引起车辆其余部件的振动和噪声。同时，汽车设计中的轻量化和高效率、低阻尼的趋势都有增大汽车的振动作用。这种情况下，严格控制阻尼和来自发动机的振动，降低传动系统的振动成为工程师们密切关注的问题。在过去的实践中汽车设计师们采取了许多行之有效的措施，其中一个重要而广泛采用的措施就是采用从动盘式扭转减振器。

传统的从动盘式扭转减振器对降低传动系统的扭转振动起了很大作用，其实质是在动力传动系统中引入低刚度环节，从而调整传动系统的扭振固有特性，把主要的低阶共振临界转速移出常用车速之外。

从动盘式扭转减振器的另一特点是利用其内部的阻尼元件增大了传动系统中的阻尼，从而衰减扭振能量，抑制扭振共振振幅，缓减由冲击造成的瞬态脉冲载荷。同时，它还能缓和怠速时由于发动机不稳定工作造成转矩波动带来的变速器内齿间敲击——怠速噪声。

另外，在不分离离合器的情况下紧急制动和突然结合离合器时，瞬间将产生巨大的冲击载荷。扭转减振器应在这种不稳定工况下能起作用，减小传动系统中的冲击载荷，改善汽车起步的平顺性及乘坐舒适性。

为适应和满足上述要求，人们在设计扭转减振器中采用了许多相应的结构，扭转减振器也由初期的单级线性刚度发展到今天的多级非线性刚度，涌现出许多结构、性能均佳的方案。

然而，由于从动盘式扭转减振器自身的缺陷，它不能很好地解决传动系统的振动和噪声问题，主要表现为由于从动盘式扭转减振器也安装在摩擦片内圈以内，结构尺寸有限，弹性元件分布半径小，变形范围小，因而扭转角度较小。在这种情况下，若降低扭转弹簧刚度，就难以确保容许传递的最大转矩。由于扭转刚度较大，难以将其共振频率全部降到常用发动机转速范围以下。此外，第二惯性轮惯量较小也是导致空载时共振频率过高、怠速噪声较大的原因。

随着发动机低速情况下转矩增大的发展，离合器从动盘式扭转减振器降低噪声方面显得越来越不适应要求了。尤其是在目前形势下，人们对环境保护和舒适性提出了越来越高的要求。因此，人们开始寻找一种简单、易行但更有效的办法来衰减和隔离发动机传递到传动系统上的振动。双质量飞轮（Double Mass Flywheel，DMF）式扭转减振器正是在这种要求下产生的。图2.20所示为双质量飞轮扭转减振器总成。

双质量飞轮是当前汽车上隔振减振效果最好的装置，其结构如图2.21所示。因此20世纪90年代以来在欧洲得到广泛推广，已从高级乘用车推广到中级乘用车，这与欧洲人喜欢手动挡和柴油车有很大关系。众所周知，柴油机的振动比汽油机大，为了使柴油机减少振动，提高乘坐的舒适性，现在欧洲许多柴油乘用车都

图2.20 双质量飞轮扭转减振器总成

采用了双质量飞轮，使得柴油机乘用车的舒适性可与汽油机乘用车媲美。在国内，一汽大众的宝来手动挡乘用车也率先使用双质量飞轮系统。

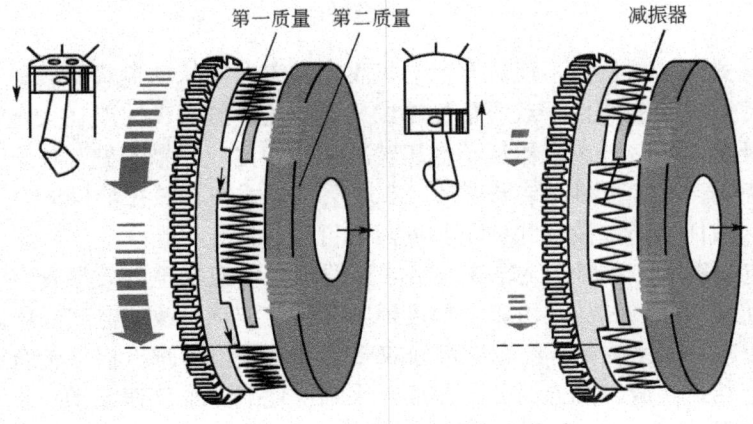

图2.21 双质量飞轮的结构图

现在国内对双质量飞轮式扭转减振器的研究颇为重视,早在十几年前,一些汽车公司、高校和科研单位就开始在双质量飞轮式扭转减振领域进行探索和研究。但是,由于双质量飞轮式扭转减振器对动平衡要求较高,各零件的同轴度、配合精度及尺寸公差较为严格,受制造加工水平和一些关键工序(如弧形弹簧制造、激光焊接等)的限制,迄今双质量飞轮式扭转减振器在国内还没有进入批量生产阶段,但为其国产化奠定了基础。现在国内中高档乘用车上装备的双质量飞轮式扭转减振器,几乎都是进口产品。

2.2.2 双质量飞轮式扭转减振器的基本原理和性能

1. 双质量飞轮式扭转减振器的结构

双质量飞轮式扭转减振器的基本结构有3部分:第一质量(第一飞轮)、第二质量(第二飞轮)和两质量之间的减振器。第一质量与发动机曲轴输出端法兰盘相连接,第二质量通过一个轴承安装在第一质量上,第二质量上还安装有离合器盖。第二质量可相对于第一质量转动一定的角度,两质量之间通过减振器相连,减振器由弹性元件和阻尼元件组成。图2.22是双质量飞轮式扭转减振器与离合器从动盘式扭转减振器结构比较示意图。

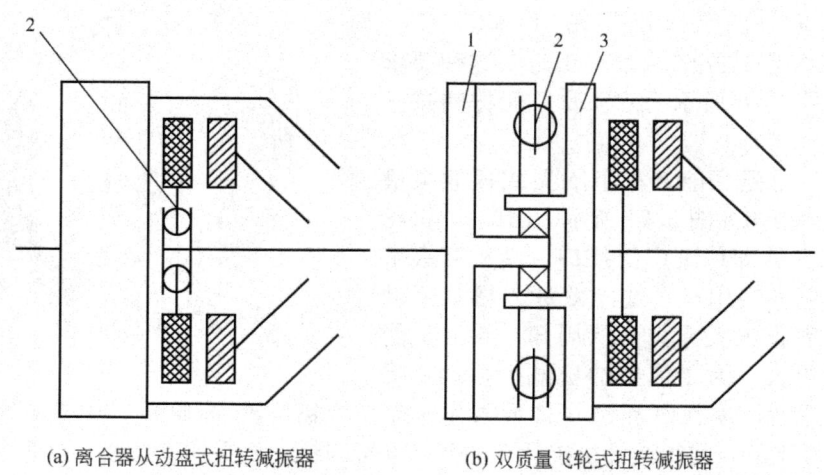

图 2.22 两种扭转减振器的结构比较示意图
1—第一飞轮;2—减振器;3—第二飞轮

双质量飞轮式扭转减振器不仅具有发动机飞轮和离合器从动盘式扭转减振器的全部功能,而且具有很多其他的特性。双质量飞轮式扭转减振器的优良性能在大量的试验分析中得到了充分的证明,与传统离合器从动盘扭转减振器相比,效果明显,具体如下。

(1) 传递特性。由实验测定结果可知,双质量飞轮式扭转减振器同时达到了减少在发动机实用转速区域内的转速波动和抑制共振两个目的。

(2) 减少空载噪声。双质量飞轮式扭转减振器减少空载噪声的效果良好。与传统的离合器从动盘式扭转减振器相比,可以大幅度地减少转速波动,改善空载噪声。

(3) 减少加速时转速波动。经测试可知双质量飞轮式扭转减振器与传统的离合器从动盘式扭转减转器相比在改善加速时噪声方面,大幅度地减少了转速波动,从而大大地减少了手动变速器的振动。

2. 双质量飞轮式扭转减振器的减振原理

双质量飞轮式扭转减振器的实质在于：一方面由弹簧扭转减振系统来吸收发动机输出转矩中所包含的变动转矩成分，将平均化的转矩传递给变速器，衰减扭转与振动有关的振动和噪声；另一方面，通过将飞轮分成不同质量的两块，使整个动力传动系统的固有频率大大降低，从而使发动机的工作转速范围避开共振区。

整体型飞轮的扭转特性分析如下。

建立如下的受迫振动微分方程组：

$$\begin{cases} I_0 \ddot{\Phi}_1 = T\sin\omega t & (2-1) \\ \Phi_1 = \Phi\sin\omega t & (2-2) \end{cases}$$

式中，I_0 表示整体型飞轮的转动惯量；Φ_1 表示 I_0 的角位移量；$T\sin\omega t$ 表示发动机曲轴的正弦激励扭矩；ω 为激励圆频率。

由上面列出的振动方程组，就可以很容易得出整体型飞轮的扭转振动的角振幅频率响应关系式：

$$\frac{\Phi}{T} = -\frac{1}{I_0 \omega^2} \qquad (2-3)$$

分析双质量飞轮式扭转减振器的扭振特性，等价地将其结构简化成两自由度扭振系统，对整体型飞轮可建立如下的受迫振动微分方程组；双质量飞轮式扭转减振器本身是一个两自由度的扭振系统，图 2.23 所示是采用干摩擦阻尼的 DMF 力学模型。

其中：I_1 为双质量飞轮发动机一侧的转动惯量；I_2 为双质量飞轮变速器一侧的转动惯量；θ_1，θ_2 分别为 I_1，I_2 的角位移量；K 为双质量飞轮的扭振刚度；C 为双质量飞轮的阻尼系数；$T\sin\omega t$ 为发动机曲轴的正弦激振转矩；ω 为激励源频率。

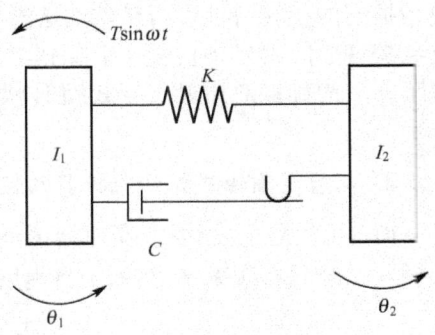

图 2.23 双质量飞轮扭振系统物理模型

根据双质量飞轮扭转减振器的扭振系统简化模型，可以对其建立出如下的系统受迫振动微分方程组：

$$\begin{cases} I_1 \ddot{\theta}_1 = -K(\theta_1 - \theta_2) - C(\dot{\theta}_1 - \dot{\theta}_2) + T\sin\omega t \\ I_2 \ddot{\theta}_2 = -K(\theta_2 - \theta_1) - C(\dot{\theta}_2 - \dot{\theta}_1) \\ \theta_1 = \Phi_1 \sin\omega t \\ \theta_2 = \Phi_2 \sin\omega t \end{cases} \qquad (2-4)$$

对于此微分方程组，先求出 $\dot{\theta}_1$，$\dot{\theta}_2$，$\ddot{\theta}_1$，$\ddot{\theta}_2$，代回到式中消去 θ_1，就可以推导出下面的双质量飞轮式扭转减振器的角振幅频率响应关系式：

$$\frac{\theta_2}{T} = \frac{K + jc\omega}{(K - I_1\omega^2 + jc\omega)(K - I_2\omega^2 + jc\omega) - (K + jc\omega^2)} \qquad (2-5)$$

将式(2-3)和式(2-5)所代表的整体型飞轮和双质量飞轮式扭转减振器的扭转特性表

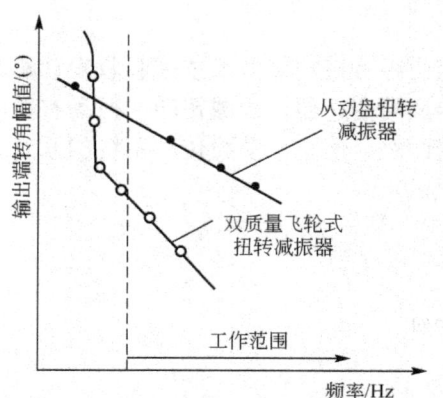

图 2.24 两种减振器输出端的扭振幅值比较

示在一个图上，便得到如图 2.24 所示的两种飞轮输出端扭转振动的角振幅频率响应幅值比较。从图中可以看到，在发动机的低转速工况下，双质量飞轮式扭转减振器对发动机变动转矩的吸收能力比整体型飞轮要大很多，而这部分通常为共振存在的区域。在发动机较高频率的工作范围内，双质量飞轮式扭转减振器的这种能力虽有所减小，但这时发动机的转速已远离共振区域。

由式(2-5)及图 2.24 可发现，双质量飞轮式扭转减振器在其各参数已确定的条件下，在发动机的整个工作转速范围内，具有非线性的特点，这一特性使得动力传动系统在发动机的工作转速范围内，特别是在易发生共振的低速范围内，由于其具有非线性特性，使传动系统的扭转振动的负荷得到抑制，大大削减了传动系统的扭振振幅及其引起的噪声，从而使得共振现象难以发生。由此可知，双质量飞轮式扭转减振系统对简谐激励转矩的影响，将不是简谐性的共振，而是非简谐的。

通过以上的分析，可以得到这样的结论：与采用整体型飞轮相比，采用双质量飞轮式扭转减振器对降低动力传动系统的扭转振动有着十分显著的效果。通过对双质量飞轮式扭转减振器的扭转特性进行最佳的选择和优化，确定其相应的结构性能参数，可以使发生扭转共振现象时的发动机转速下降到实际使用的工作转速范围以下，即发动机怠速转速范围以下，从而确保双质量飞轮式扭转减振器对发动机的变动转矩的激励达到较理想的吸收能力。

3. 双质量飞轮式扭转减振器的优点

(1) 可以降低发动机-变速器振动系统的固有频率 f_c，以避免发动机处于怠速时发生共振。系统固有频率 f_c 按两个自由度系统可表达为：

$$f_c = \frac{1}{2\pi} \frac{\sqrt{K(J_1+J_2)}}{J_1 J_2} \qquad (2-6)$$

式中，K 为减振弹簧刚度；J_1，J_2 为两个惯性圆盘的转动惯量。

对于从动盘扭转减振器，由于 $J_1 = J_2$，因此系统固有频率 f_c 不会太低，通常 $f_c = 40 \sim 70 Hz$，这相当于四缸发动机转速 $n_e = 1200 \sim 2100 r/min$，或六缸发动机转速 $n_e = 800 \sim 1400 r/min$，均高于怠速转速。对于双飞轮扭转减振器，其第二飞轮的转动惯量 J_2 与第一飞轮的转动惯量 J_1 之比可接近于 1，通常可取 $J_2/J_1 = 0.7 \sim 1.4$。而且由于减振弹簧的安装半径较大，可采用刚度较小的减振弹簧，于是可将发动机-变速器振动系统的固有频率降低到 $8 \sim 15 Hz$。固有频率 15 Hz 相当于四缸发动机转速 $n_e = 450 r/min$，或六缸发动机转速 $n_e = 300 r/min$，均大大低于其怠速转速 n_i。当发动机转速与系统固有频率 f_c 时的临界转速 n_c 之比为 1 时便发生共振，此时振幅放大系数 β 为无穷大。为使 $\beta < 1$，应取发动机怠速转速 n_i 时的频率与系统固有频率之比 f_i/f_c(或 n_i/n_c) $> \sqrt{2}$。若取发动机怠速转速 $n_i = 800 r/min$，则对四缸发动机：$n_i/n_c = 800/450 = 1.78$；对六缸发动机：$n_i/n_c = 800/300 = 2.67$，均可满足 $n_i/n_c > \sqrt{2}$ 的条件，即可避免发动机在怠速和以上转速时发生共振。

(2) 可以加大减振弹簧的安装半径，降低减振弹簧刚度 K 并容许增大转角 φ。由于减振器置于飞轮内，空间尺寸比从动盘式扭转减振器有很大的增加。因而在结构布置上有更大的灵活性，由于弹簧分布半径较大，可压缩量增大，从而极限转角增加，可选用较软的弹簧，减小减振器扭振刚度，从而降低传动系统的主临界转速，有望实现将动力传动系统的共振频率降到全部发动机实用转速区域外，大大降低振动的传递率，达到减振、降噪的目的，同时由于双质量飞轮的第二质量有较大的转动惯量，加之减振器刚度较小，即使发动机处于二阶共振频率以下，从而减轻汽车的怠速噪声。

(3) 由于双质量飞轮扭转减振器的减振效果较好，因此在变速器中可以采用黏度较低的 SAE80 号齿轮油而不致产生齿轮冲击噪声，并可改善冬季的换挡过程。另外，由于在从动盘上没有减振器，减小了从动盘的转动惯量，也有利于换挡过程。

(4) 由于采用双质量飞轮后，空间变大，限制和约束减少，所以可以尝试着使用其他形式的弹性和阻尼，如液力阻尼、橡胶弹簧等，以期达到最佳减振效果。

(5) 改善传动系统的布置，延长传动系统零部件寿命。由于双质量飞轮式扭转减振器的减振效果好，使得变速器、传动轴等零部件受到的载荷波动变小，有利于提高它们的寿命。同时还可以简化传动系统的布置，减少一些零部件，如离合器从动盘打滑控制系统等。

4. 双质量飞轮式扭转减振器的缺点

(1) 结构较离合器从动盘式复杂，加工制造困难且成本高。

(2) 减振弹簧分布半径增大，在发动机高速转动下，弹簧径向的离心力和切向的变形量增加，使弹簧的磨损加剧。

造成这些缺点的原因如下。

(1) 由于飞轮上靠近中心的位置用于安装与曲轴法兰盘连接的螺栓和支撑第二质量的轴承，因此减振器弹簧在径向上向外移动了一定距离，使分布半径变大，因而，在同样的转速下意味着弹簧要承受更大的离心力。

(2) 在同样的转速下，由于半径增大，弹簧在切向上的运动量也会加大，这也会加大弹簧的磨损速度。

(3) 为了适应双质量飞轮式扭转减振器的功能要求，双质量飞轮式扭转减振器要吸收更大的转速波动，这也会导致弹簧运动量加大而加速弹簧的磨损。

双质量飞轮的工作性能已经远远超出从动盘式离合器，并且还有很大的发展空间，所以应对该型号产品要不断地进行研发和改进，以使其性能能够不断地完善。

2.2.3 双质量飞轮扭转减振器的典型结构和特点

1. 双质量飞轮的分类

早期的 DMF 与传统的 CTD 在结构上是相似的，都包括弹性元件、阻尼元件，一般都是用螺旋弹簧作为弹性元件，干摩擦作为阻尼器。所不同的是扭转减振器的位置由离合器从动盘转移到了发动机的飞轮中间，使发动机的飞轮由单飞轮演化成具有两个转动惯量的双飞轮。

双质量飞轮的产生改变了以往 CTD 只能通过改进其刚度和阻尼特性来进行减振的局面，为动力传动系统的扭振控制提供了新的思路：可以通过改变惯量、刚度和阻尼来综合控制动力传动系统的扭振问题。一方面，弹簧刚度的设计不再受结构空间限制，可设计出满足要求的扭转刚度；另一方面，可以利用转动惯量和扭转刚度的变化来调谐动力传动系统的固有频率，减少共振车速的工况数量。

双质量飞轮相当于一个低通滤波器，通过重新分配弹性机构两侧的转动惯量，并引入低刚度环节和阻尼元件，实现对汽车动力传动系统扭转振动的综合控制，降低发动机扭转波动对动力传动系统的影响，减小汽车扭转噪声，改善汽车的乘坐舒适性。

（1）就双质量飞轮采用的弹性元件而言，有螺旋弹簧式和橡胶弹簧式两种，螺旋弹簧式又可根据弹簧的布置分为径向弹簧式和周向弹簧式，其中周向弹簧式又有长曲线弹簧式和短轻直弹簧式之分。

（2）就双质量飞轮采用的摩擦阻尼类型而言，有干摩擦阻尼式、粘性摩擦阻尼式和空气阻尼式。

（3）就双质量飞轮采用的轴承类型而言，有滚动轴承式、滑动轴承式和推力轴承式。

在十多年的发展过程中，双质量飞轮式扭转减振器出现了多种不同形式。人们从不同的角度出发，研究解决实际应用中的一些问题，提出了各自的解决方案，最终使双质量飞轮式扭转减振器的性能不断提高。

2. 双质量飞轮的典型结构及特点

不同结构的双质量飞轮具有不同的性能及不同的使用条件。下面介绍双质量飞轮的几种典型结构及性能特点。

（1）采用长螺旋弹簧的双质量飞轮（Double Mass Flywheel - Circumferential Spring，DMF - CS）。这种双质量飞轮式扭转减振器在飞轮第一质量和减振器之间形成一个封闭的隔腔，在隔腔内布置长弧形螺旋弹簧，并采用内、外组合式弹簧或长、短弹簧分层布置等多种设计方案，从而实现弹性分级。同时，在隔腔内充满了油脂，由于油脂在对运动起阻尼作用的同时也能润滑弹簧，此时弹簧的磨损成为次要问题，因而可以加长弹簧长度，增加其有效压缩量，进而使飞轮两质量间有较大的相对扭转角（一般可达 $20°\sim30°$），最高可达 $45°$。由于其扭转刚度小，共振频率低，因而控制扭振和噪声的能力增强，是一种具有代表性的双质量飞轮（图 2.25）。

这种双质量飞轮的主要缺点是：为了减小减振器的扭转刚度，则弹簧的刚度要小，所以弹簧较长，而弹簧与固定、保持弹簧的构件间会产生摩擦，摩擦将会使减振器的扭转特性受到影响；弹簧的磨损将影响减振器的寿命；密封困难；阻尼的大小不易控制；加工精度要求高等。因为国内目前尚没有成熟的 DMF - CS 减振器的特性设计方法，所以弧形螺旋弹簧的设计及其弹簧室的布置成为 DMF - CS 减振器设计的关键。这种 DMF - CS 减振器是目前欧洲车型上应用最普遍的一种形式。

（2）采用短轻直弹簧的双质量飞轮（Double Mass Flywheel - Circumferential Short Spring，DMF - CSS）。DMF - CSS 扭转减振器采用直螺旋弹簧作为弹性元件，通过选择弹簧的线性刚度、弹簧帽与滑块或滑块之间的初始距离等实现多级非线性弹性特性。

由于在双质量飞轮式扭转减振器中，减振弹簧分布的半径较大，所受的离心力大，在与传统从动盘式扭转减振器减振弹簧分布角相同的情况下，其弹簧的长度增加，因此弹簧易发生径向变形，导致弹簧与窗口接触，加剧弹簧的磨损。为了解决这个问题，选择较轻的弹簧，使其离心力减小，同时又因其较短，径向弯曲和周向变形也小，因而较好地解决了弹簧的寿命问题。同时，弹簧帽和滑块大大降低了弹簧的磨损程度，也减小了弹性机构在制造、装配等环节的难度。为了保证传递足够大的转矩，通常由多组弹簧共同工作(图 2.26)。

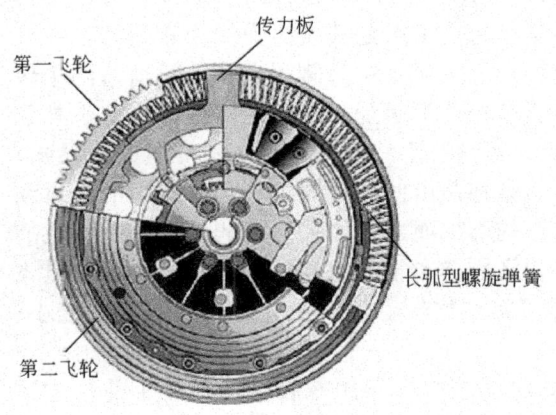

图 2.25　长螺旋弹簧 DMF

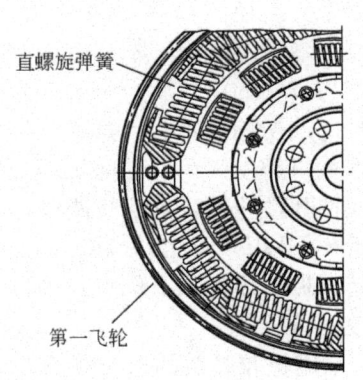

图 2.26　短轻直弹簧 DMF

这种双质量飞轮式扭转减振器较多地沿用了传统离合器从动盘式扭转减振器的概念。为了使减振器在各种不同工况下均能很好地工作，常将弹簧分组，各组弹簧的刚度不一样，起作用的时间不一样，从而获得良好的非线性特性。带急速减振级的减振器就是将先起作用的一组弹簧刚度设计得很低，专门用于减缓怠速时的噪声(图 2.27)。

按其与摩擦阻尼元件的连接方式还可以分为串联式和并联式两种，前者的实际使用效果更好些，但结构复杂，设计和布置较困难。为了更好地发挥减振性能，人们还采用了行星齿轮机构，如图 2.28 所示。

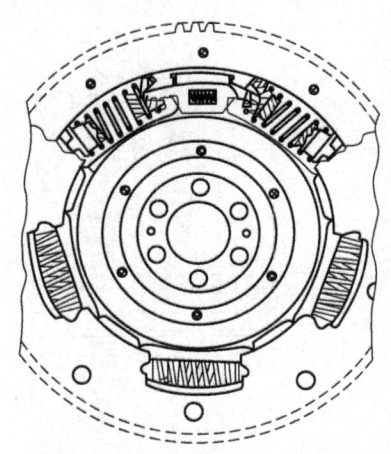

图 2.27　带急速减振级的 DMF - CSS

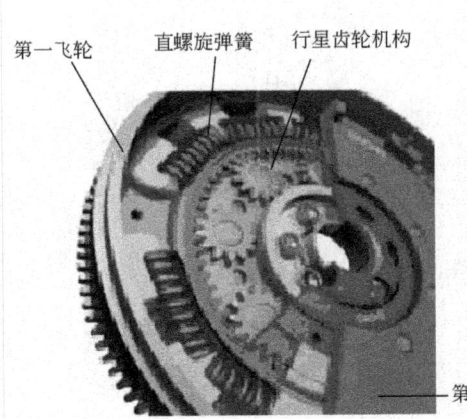

图 2.28　带行星齿轮机构的 DMF - CSS

为了更好地减缓弹簧的磨损，可将弹簧与窗口隔开，使得二者根本不可能发生滑磨，这样使减振弹簧的寿命大为提高，可靠性也得以增强。具体的控制措施有：在弹簧中间安装可滑动式弹性支持架；采用变螺距减振弹簧，并安装保持架，有些还加装小型动力吸振器，这样既减轻了振动噪声，还可获得变刚度特性；设置长的弹簧支座，使其具有弹簧导杆的作用，借以限制弹簧的位置。

采用短轻直弹簧需要增加弹簧座和弹簧滑套，这就增加了零件的数目，提高了制造精度的要求,并增加了生产和装配的复杂度。

(3) 采用径向双质量飞轮(Double Mass Flywheel - Radial Spring, DMF - RS)。如图 2.29 所示,径向双质量飞轮式扭转减振器的结构特点是其减振弹簧为直弹簧,并分组安装在由减振器侧板、从动板组成的沿飞轮径向的弹簧室中,侧板和从动板通过两个传动销分别与飞轮的第一质量和第二质量相连。当减振器不承受转矩时,弹性机构组件处于沿飞轮径向的初始位置;当其受到转矩作用时,第一飞轮、第二飞轮之间产生相对转角,而减振弹簧只产生简单的轴向压缩变形。这样布置弹簧可使减振器具有非常理想的光滑渐近的非线性弹性特性,其扭转刚度随着传递转矩的增加而逐渐增大。该非线性弹性特性的设计分析是 DMF - RS 减振器设计的关键。与弹簧周向布置的减振器相比,径向双质量飞轮式扭转减振器还有如下优点:弹性特性和阻尼特性比较稳定;受离心力的影响比较小;结构比较简单。

(4) 采用橡胶弹簧的双质量飞轮。图 2.30 所示的减振器用橡胶弹簧代替了前一方案中钢丝螺旋弹簧,这样就不存在前述的弹簧磨损问题,同时由于橡胶的非线性弹性特性和较高的内阻尼,使得减振器的弹性特性更为合理,同时还简化了结构。

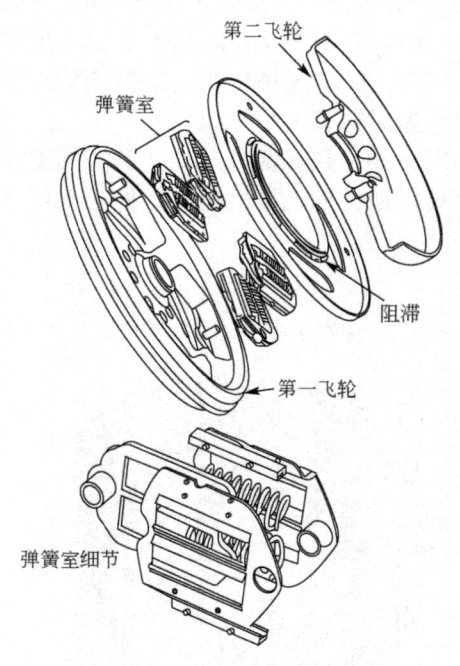

图 2.29　径向双质量飞轮

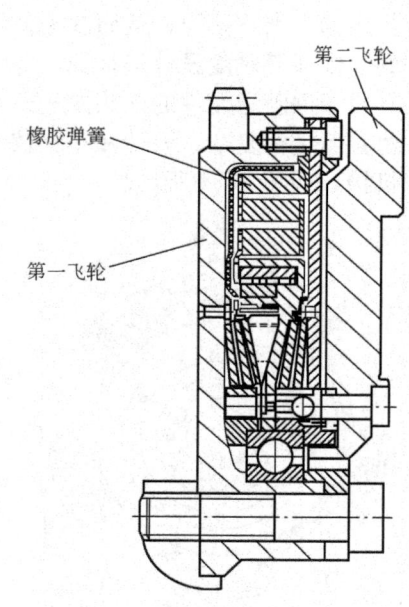

图 2.30　橡胶弹簧双质量飞轮

这种减振器的主要缺点是:橡胶弹簧容易老化;长时间工作后橡胶发热,会使其阻尼下降。

(5) 采用空气阻尼的双质量飞轮(Double Mass Flywheel - Air Damper, DMF - AD)。大多数双质量飞轮采用的都是干摩擦阻尼或黏性阻尼,这两种阻尼都很好实现。黏性阻尼一般都是将弹簧舱密封,并在里面注满黏性材料来实现的。干摩擦阻尼一般是在两个飞轮之间添加摩擦材料来实现的。除此之外,还有一种概念,就是采用空气阻尼来实现减振。空气阻尼双质量飞轮通常是由 3 组行驶级弹簧和 3 组怠速级弹簧交叉布置,如图 2.31 所示。其中每组怠速级弹簧由两个端头、中间柱状橡胶块及两个弹簧组成，端头与柱状橡胶块形成封闭腔室，传递转矩时封闭室受压，空气经端头中间的排气孔排出，起到阻尼的作用。

（6）采用滑动轴承、推力轴承的双质量飞轮。绝大部分双质量飞轮都使用滚动轴承，但也有一些使用滑动轴承和推力轴承的。采用滑动轴承的双质量飞轮如图2.32所示，这种结构的飞轮减振器其两个飞轮之间采用滑动轴承连接，使得弹簧的布置空间变大，但加工和制造相对困难一些。采用推力轴承的双质量飞轮如图2.33所示，这种结构的飞轮减振器结构更为简单，加工和制造也更为方便。

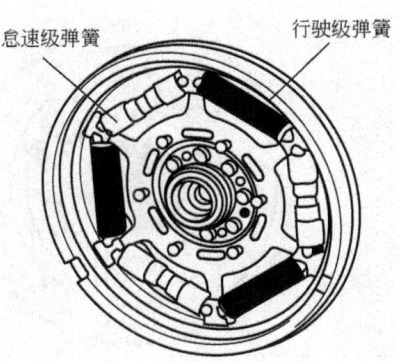

图2.31 采用空气阻尼的DMF

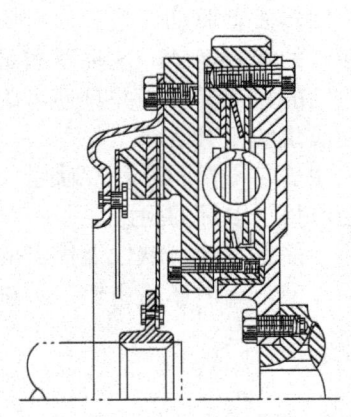

图2.32 采用滑动轴承的DMF

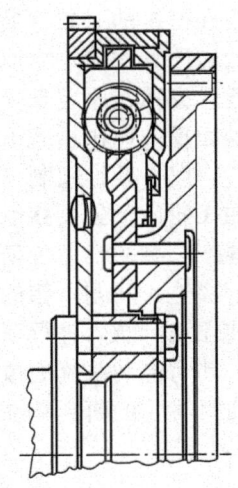

图2.33 采用推力轴承的DMF

（7）采用液力双质量飞轮式扭转减振器。这是在20世纪80年代末90年代初期出现的一种新型双质量飞轮式扭转减振器（图2.34），它从根本上摆脱了传统离合器从动盘式扭转减振器设计思想的束缚，为扭转减振器的设计开辟了一个新思路。

液力双质量飞轮的基本原理是：油路连接飞轮的第一质量和第二质量，液压泵驱动油液传递动力，在不同的工况下，不同的阀体处于不同的工作状态，从而控制阻尼的大小，利用减振弹簧室来平滑转矩波动，并由弹簧室的大小来控制其极限转角。这种形式的双质量飞轮式扭转减振器性能优良、结构紧凑，但加工制造成本较高，其控制系统也较复杂。

（8）采用摆式双质量飞轮。近年来，有人开始研究采用离心摆来消除发动机的振动。这种结构的双质量飞轮有两种实现方案：一种是将离心摆安装在第一飞轮上，另一种是将离心摆安装在第二飞轮上。离心摆安装在第一飞轮上时，它可同时对作用在附件上的激励起到减振作用，第一飞轮密封舱内的润滑材料也可以对它起到润滑作用，但所需的离心摆的质量很大，为3~5kg。离心摆安装在第二飞轮上时，不能对作用在附件上的激励起作用，但却可将离心摆的质量降低到约1kg。摆式双质量飞轮的具体结构如图2.35所示。

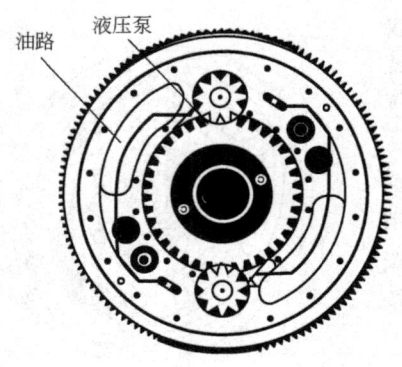

图 2.34 液力双质量飞轮

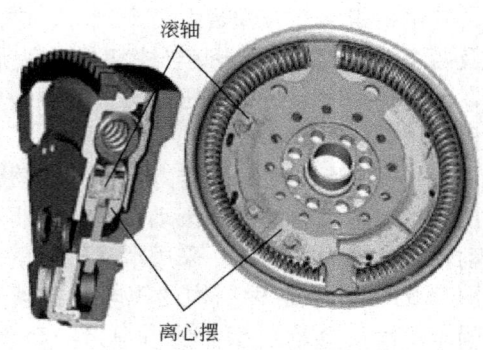

图 2.35 摆式双质量飞轮

(9)采用其他型式的双质量飞轮。英国机动车产品有限公司开发了一种用于平衡传动系统交变转矩和摆振的装置。它是在一个共同的壳体内安装了 3 个回转质量及一个离合器,前两个回转质量构成一个双质量飞轮,用于减小由曲轴传至变速器的转速波动,第 3 个回转质量通过支撑在固定于壳体上的行星齿轮由第一回转质量驱动,第 3 回转质量的转动方向与曲轴相反,还包括若干连杆,用来控制飞轮质量的相对运动。这种双质量飞轮还包括端止装置,以有效地限制飞轮质量在驱动与超速方向的相对运动,并且还可附加端止弹性装置,在飞轮质量就要接触端止装置之前缓冲飞轮质量的相对运动。

目前,国产车型的动力传动系统普遍存在着严重的振动与噪声问题,双质量飞轮式扭转减振器是解决这一问题不错的选择,并且在国外已经取得了很好的验证。

我国目前还没有能力进行双质量飞轮的设计与生产,并且设计一款性能优良的双质量飞轮涉及整个动力传动系统的重新匹配,工作量巨大。目前,国内产品主要依赖进口,因此开展对双质量飞轮的研究势在必行。

2.3 汽车双离合器变速器技术

2.3.1 概况

大多数人知道带传统变速器的车是如何工作的。手动变速器换挡时要求驾驶人踩下离合器踏板,用换挡杆进行操作。而自动变速器可以使用离合器、变矩器和行星齿轮组为驾驶人完成全部换挡工作。但是还有一种介于二者之间并综合了二者各自优点的变速器:双离合器变速器,如图 2.36 所示。这种变速器也称为半自动变速器、无离合手动变速器和自动手动变速器。

在赛车领域,半自动变速器(如顺序手动变速器)多年来一直占据主导地位。但是在量产车中,这还是一种相对较新的技术。被称作双离合器变速器或直接换挡变速器的这些特定设计采用的就是这种技术。

图 2.36 M-DCT 双离合器自动变速器

2.3.2 双离合器变速器的结构

双离合器变速器相当于将两个手动变速器的功能集成到一个变速器中。为更好地理解这个意思,这里首先介绍传统手动变速器是如何工作的。在标准的装备换挡杆的车辆中,驾驶人想从某个挡位切换到另一个挡位时,他首先需要踩下离合器踏板。这将使一个单离合器开始工作,将发动机与变速器脱开并中断传递到变速器的动力。然后驾驶人用换挡杆选择一个新挡位,这是一个驱使齿套从一个齿轮移动另一个不同尺寸齿轮的过程。一个被称为同步器的装置在啮合前发挥作用,使齿面线速度一致,以防止发生齿面碰撞。一旦切入了新的挡位,驾驶人松掉离合器踏板,这将重新使发动机和变速器连接,将动力传递到车轮。因此在传统的手动变速器中,不存在从发动机到车轮的连续不断的动力传递。相反,在换挡过程中,动力传递经历了传递—中断—传递的变化过程,这将引起被称作"换挡冲击"或"转矩中断"的现象。对一个不熟练的驾驶人来说,这可能导致换挡时乘员一次次被推向前和抛向后。

与手动变速器形成对照的是,双离合器变速器使用两个离合器,但没有离合器踏板。最新的电子系统和液压系统控制着离合器,正如标准的自动变速器中的一样。在双离合器变速器中,离合器是独立工作的。如图 2.37 所示,一个离合器控制了奇数挡位(如 1 挡、3 挡、5 挡和倒挡),而另一个离合器控制了偶数挡位(如 2 挡、4 挡和 6 挡)。使用了这个布局,由于变速器控制器根据速度变化,提前啮合了下一个顺序挡位,因此换挡时将没有动力中断。

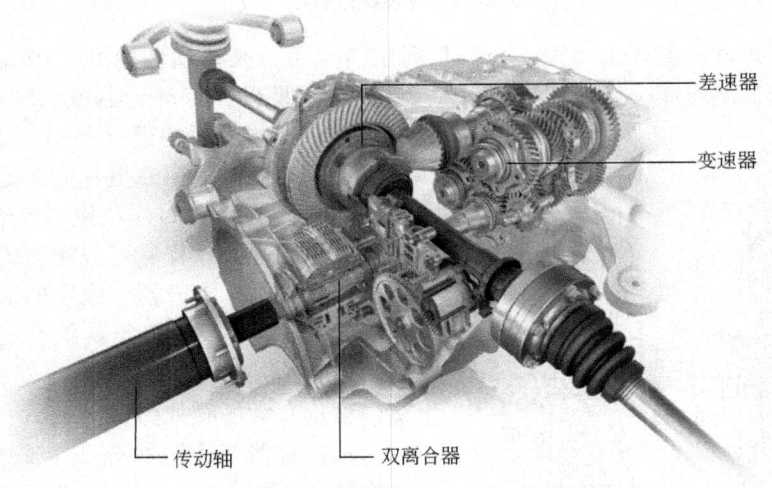

图 2.37 双离合器自动变速器结构简图

双离合器变速器主要由双离合器、机械部分变速器、自动换挡机构、电子控制液压控制系统组成。其中最具创意的核心部分是双离合器和机械部分变速器中的两轴式的输入轴。这个精巧的两轴式结构分开了奇数挡和偶数挡。不像传统的手动变速器将所有挡位集中在一根输入轴上,双离合器变速器将奇数挡和偶数挡分布在两根输入轴上。外部输入轴被挖空,给内部输入轴留出嵌入的空间。以 6 挡变速器为例,内部输入轴上安装了 1 挡、3 挡、5 挡和倒挡的齿轮,外部输入轴上安装了 2 挡、4 挡和 6 挡的齿轮。这使得快速换挡成为可能,维持了换挡时的动力传递。标准的手动变速器是做不到这点的,因为它必须使用一个离合器来控制所有的奇数挡和偶数挡。

传统的自动变速器必须装备一个变矩器来将发动机转矩传递到变速器,然而双离合器变速器并不需要这样的变矩器。目前已上市的双离合器变速器使用了湿式多片式的离合器。湿式离合器就是将离合器零部件浸入润滑油中以减少摩擦和限制热量的产生。一些制造商正开发使用干式离合器的双离合器变速器,干式离合器通常跟手动变速器相关,但目前所有装备双离合器变速器的量产车均使用湿式离合器,如图 2.38 所示。

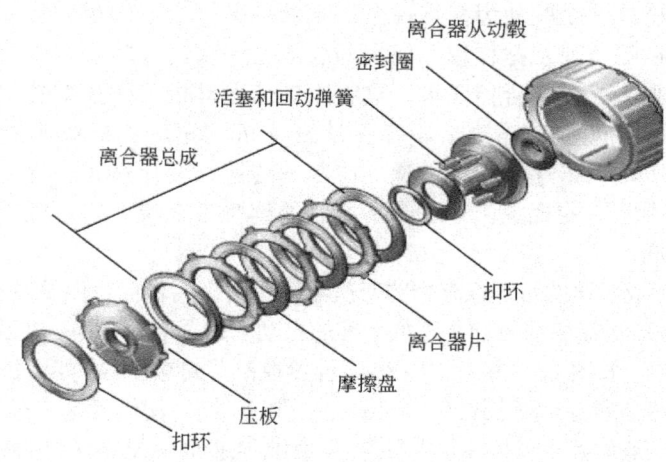

图 2.38　湿式离合器结构图

类似于变矩器,湿式多片式离合器是利用液压压力来驱动齿轮的。当离合器结合时,离合器活塞内的液压使一组螺旋弹簧零件受力,这将驱使一组离合器盘和摩擦盘压在固定的压力盘上,油压的建立是由变速器控制器指令电磁阀来控制的。摩擦片内缘处有内花键齿,以便与离合器鼓上的外花键相啮合。离合器毂与齿轮组相连,这样就可以接收传递过来的力。为分离离合器,离合器活塞中的液压就会降低,在弹簧的作用下,离合器就会分开。奥迪的 DSG 变速器在湿式多片式离合器中既有小的螺旋弹簧也有大的膜片弹簧。

双离合器变速器中有 2 个离合器,它们的工作状态是相反的,不会发生 2 个离合器同时接合的情形,如图 2.39 所示。

双离合器变速器的挡位切换是由挡位选择器来操作的,挡位选择器实际上是个液压马达,推动拨叉就可以进入相应的挡位,由液压控制系统来控制它们的工作。以一个典型的 6 挡双离合器变速器为例,液压控制系统中有 6 个油压调节电磁阀,用来调节 2 个离合器和 4 个挡位选择器中的油压压力,还有 5 个开关电磁阀,分别控制挡位选择器和离合器的工作。

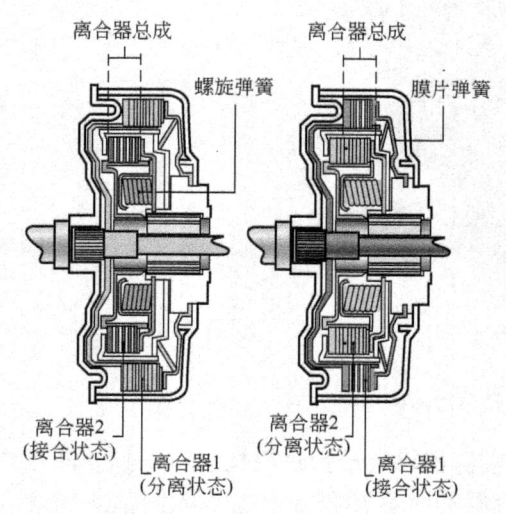

图 2.39　双离合器变速器的工作过程

2.3.3 双离合器式自动变速器的工作原理

1. 换挡工作过程

首先,我们以一个较典型的双离合器式自动变速器原理为例,介绍一下双离合器的换挡工作原理。

图 2.40 所示为一个双离合器式自动变速器的工作原理图,为了实现动力换挡,将挡位按奇数挡(1、3、5 挡)与偶数挡(2、4 挡)分开配置,分别与两个湿式离合器相连。其 1、3、5 挡与离合器 C_1 联结在一起,而 2、4 挡连接在离合器 C_2 上。离合器 C_1 的输出轴为一个实心轴,而离合器 C_2 的输出轴是套在 C_1 输出轴外面的一个空心轴,两个输出轴是同心的。

在车辆处于停车状态时,两个离合器都是常开式的,即在平时两个离合器均处于分离状态,不传递动力。当车辆起步时,因 C_1 分离,自动换挡机构将挡位切换为 1 挡,然后离合器 C_1 接合,车辆开始起步运行,这时的控制过程与电控机械式自动变速器类

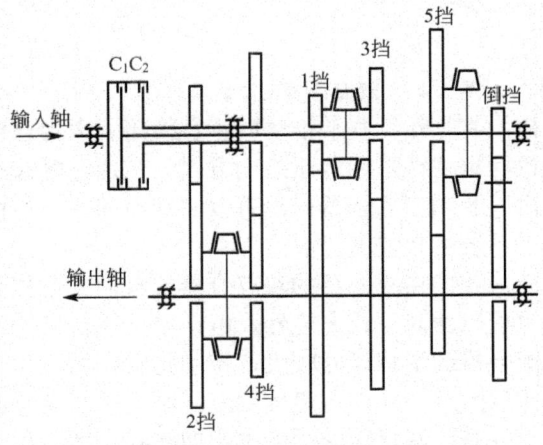

图 2.40 双离合器自动变速器的工作原理图

似。车辆换入 1 挡运行后,因为此时离合器 C_2 处于分离状态,不传递动力,当车辆加速,达到接近 2 挡的换挡点时,自动换挡机构可以将挡位提前换入 2 挡,离合器 C_1 开始分离,同时离合器 C_2 开始接合,两个离合器交替切换,直到离合器 C_1 完全分离,离合器 C_2 完全接合,整个换挡过程结束,与目前的自动变速器相同。车辆进入 2 挡运行后,车辆自动变速器电控单元可以根据相关传感器信号知道车辆当前运行状态,进而判断车辆即将进入运行的挡位,如果车辆加速,则下一个挡位为 3 挡,如果车辆减速,则下一个挡位为 1 挡。而 1 挡和 3 挡均连接在离合器 C_1 上,因为该离合器处于分离状态,不传递动力,故可以指令自动换挡机构十分方便地预先换入即将进入工作的挡位,当车辆运行达到换挡点时,只需要将正在工作的离合器 C_2 分离,同时将另一个离合器 C_1 接合,配合好两个离合器的切换时序,整个换挡动作全部完成。车辆继续运行时,其他挡位的切换过程也都类似,在此就不再一一叙述。

2. 离合器切换控制

在换挡过程中,发动机的动力始终不断地被传递到车轮,所以这样完成的换挡过程为动力换挡。但是在两个离合器切换过程中,与 AT 自动变速器一样,必然存在工作重叠的部分,其控制压力的切换过程如图 2.41 所示。如何控制好 C_1 与 C_2 的配合时序,是双离合器控制策略中最重要的问题之一,在这方面,我们经过摸索,已经总结出了成熟的控制规律。如果两个离合器重叠量过大,则会出现双锁死的情况,会产生破坏作用;如果两个离合器重叠量过少,则仍会出现少量动力切换中断的情况。所以,需要对两个离合器的工作进行精确的调节。

在车辆起步、爬行等工况中,也可以对离合器进行滑差控制,即可以控制离合器在不

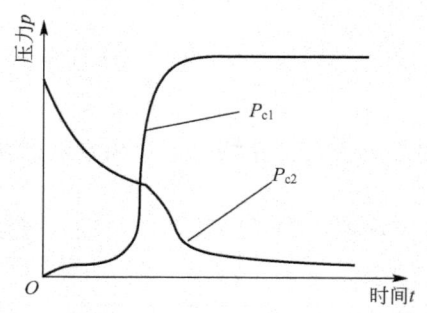

图 2.41 双离合器工作切换过程

完全接合的状态下通过滑磨传递动力。我们在这方面也已经掌握了成功的经验。

3. 换挡机构与扭转减振器

双离合器式自动变速器在挡位切换时的同步器与齿轮的啮合动作同样也要实现自动化操作，而且它的工作原理和结构设计与电控机械式自动变速器中的换挡机构几乎完全相同，可以借用已经成熟的经验。并且，在双离合器式自动变速器中不再有选挡过程，每一个换挡同步器需要一个换挡执行机构控制其工作，直接推动同步器换挡。因为这种自动变速器的离合器为湿式的，其自动换挡机构也往往采用液压控制方式，利用电磁阀来控制液压换挡执行机构。这样，液压能源既可以驱动双离合器，也可以驱动换挡执行机构，还可以为湿式离合器提供冷却油源，提高了系统的集成度。

我们在此介绍的双离合器式自动变速器是由湿式离合器和液压换挡机构构成的，同样也可以由双干式离合器及电动换挡执行机构组成，其工作原理完全相同。但是，由于干式离合器的结构尺寸较大，特别是轴向尺寸长，而且两个离合器的操纵机构布置起来也相对比较困难，这在一定程度上限制了在双离合器式自动变速器中采用干式离合器的可能。但是，在一些特殊的用途中，如在混合动力车辆的传动系统中，考虑两个离合器具体的布置方案，也有采用双干式离合器，以及电控换挡执行机构等，这要根据具体的车型来决定。

因为在双离合器式自动变速器中没有液力变矩器，所以必须采用扭转减振器来吸收扭转振动。这个扭转减振器通常布置在发动机飞轮和湿式离合器的动力输入部件之间，这样，我们在设计扭转减振器的过程中，可以应用双质量飞轮的设计原理，设计基于双质量飞轮的扭转减振器，它的第一质量由质量减少了的发动机飞轮构成，而它的第二质量则由湿式离合器构成。通过精确设计扭转减振器和湿式离合器的参数，既可以将其结构高度集成化，减小安装尺寸，又可以大大地改善其吸收扭转振动的效果。

4. 系统框图

双离合器式自动变速器的控制系统框图如图 2.42 所示。

自动变速器控制单元（Transmission Control Unit，TCU）采集各个传感器的信号，实时在线地对车辆的运行状态进行判断。在需要进行换挡等操作时，TCU 发出指令，控制离合器及换挡操纵机构操纵两个离合器和变速器进行工作。湿式离合器和换挡操纵机构的动力由液压动力源提供。

双离合器式自动变速器在换挡工作过程中同样也需要对发动机进行控制。对电喷发动机的控制往往需要通过 CAN 总线等进行整体匹配；而对于还没有电喷化的发动机，如目前大部分的柴油机等，则需要增加电子油门进行控制。

2.3.4 双离合器变速器的工作过程

目前唯一量产的双离合器变速器是德国大众的 DSG（Direct Shift Gearbox）变速器，如图 2.43 所示。下面以 DSG 变速器为例，简单介绍双离合器变速器的工作过程。

在 1 挡起步行驶时，动力传递路线如图 2.43 中直线和箭头所示，外部离合器接合，

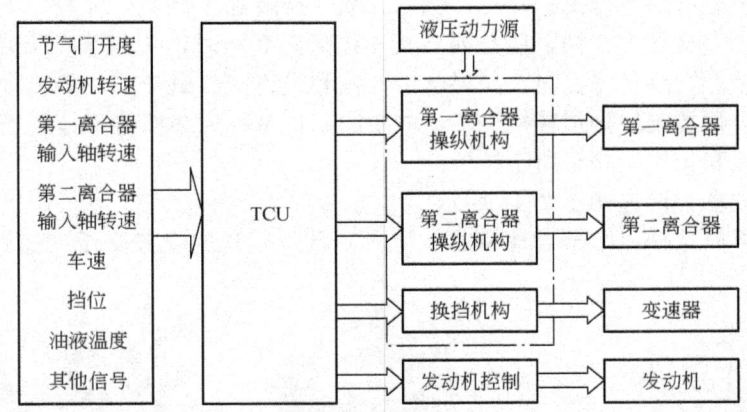

图 2.42　双离合器式自动变速器控制系统框图

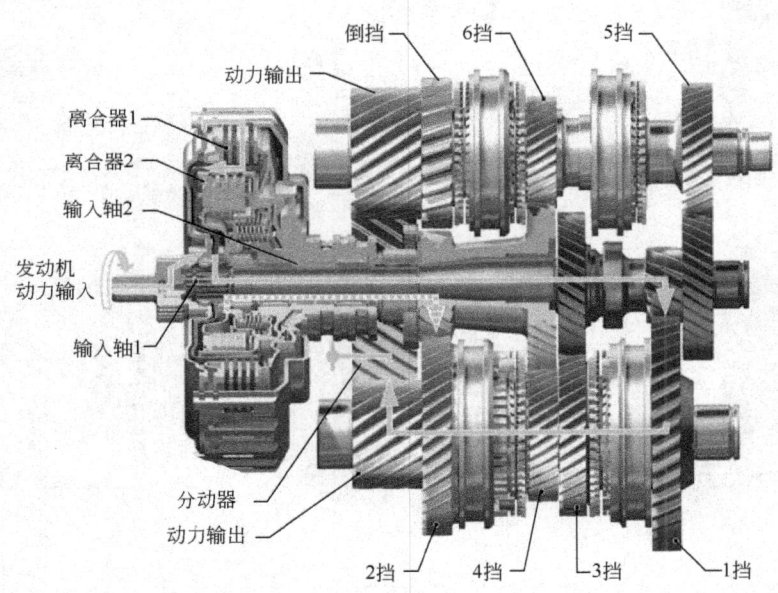

图 2.43　德国大众的 DSG 变速器

通过内部输入轴到 1 挡齿轮，再输出到差速器。同时，图 2.43 中虚线和箭头所示的路线是 2 挡时的动力传输路线，由于离合器 2 是分离的，这条路线实际上还没有动力在传输，是预先选好挡位，为接下来的升挡作准备的。当变速器进入 2 挡后，退出 1 挡，同时 3 挡预先结合。所以在 DSG 变速器的工作过程中总是有 2 个挡位是结合的，一个正在工作，另一个则为下一步做好准备。

DSG 变速器在降挡时，同样有 2 个挡位是结合的，如果 6 挡正在工作，则 5 挡作为预选挡位而结合。DSG 变速器的升挡或降挡是由变速器控制器（TCU）进行判断的，踩加速踏板时，变速器控制器判定为升挡过程，做好升挡准备；踩制动踏板时，变速器控制器判定为降挡过程，做好降挡准备。

一般变速器升挡总是一挡一挡地进行的，而降挡经常会跳跃地降挡，DSG 变速器在手动控制模式下也可以进行跳跃降挡，例如，从 6 挡降到 3 挡，连续按 3 下降挡按钮，变速器就会从 6 挡直接降到 3 挡，但是如果从 6 挡降到 2 挡时，变速器会降到 5 挡，再从 5 挡直接降到 2 挡。在跳跃降挡时，如果起始挡位和最终挡位属于同一个离合器控制的，则会通过另一离合器控制的挡位转换一下，如果起始挡位和最终挡位不是属于同一个离合器控制的，则可以直接跳跃降至所定挡位。

各个挡位的动力传递如图 2.44 所示。

驾驶人也可以选择一个全自动模式，将所有挡位变化的任务交予变速器控制器处理。

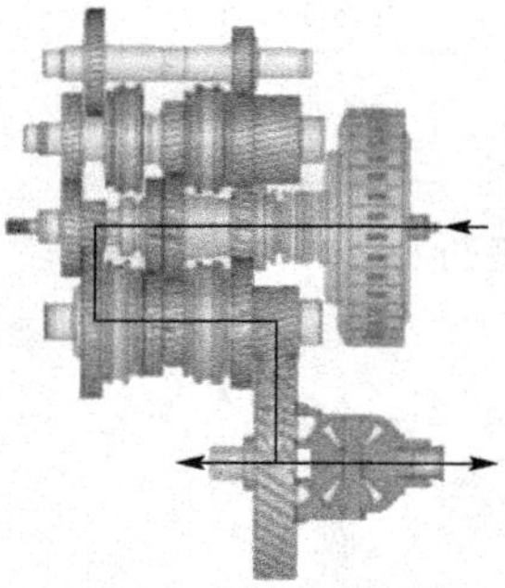

1挡: 外部离合器→内部驱动轴→输入轴1→差速器

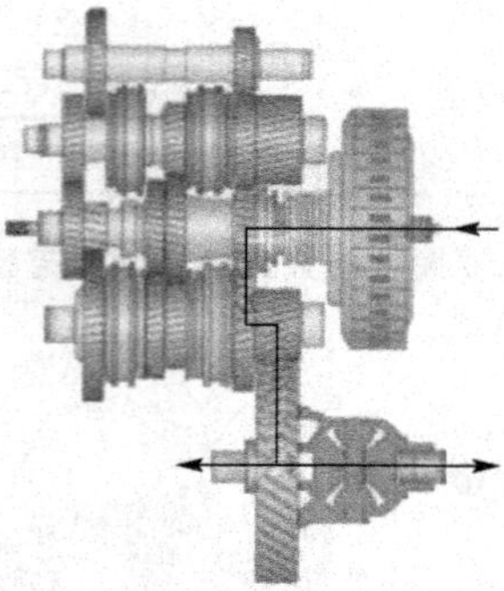

2挡: 内部离合器→外部驱动轴→输出轴1→差速器

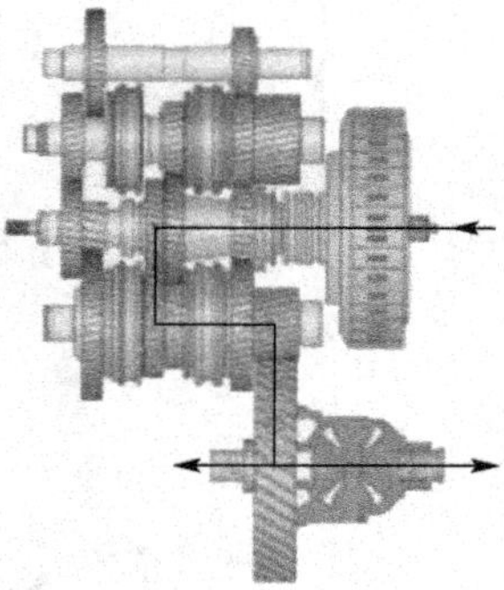

3挡: 外部离合器→内部驱动轴→输出轴1→差速器

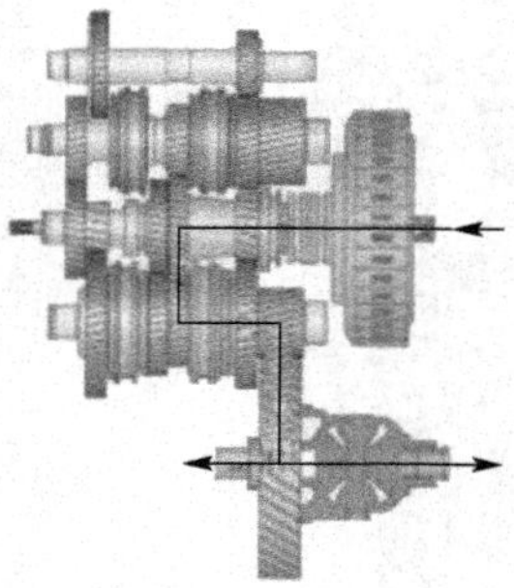

4挡: 内部离合器→外部驱动轴→输出轴1→差速器

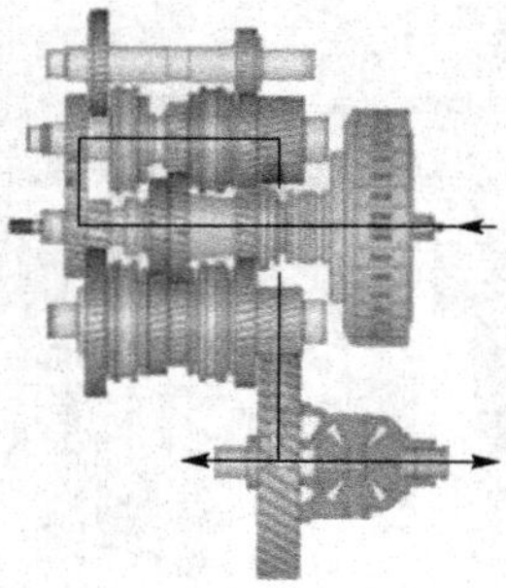

5挡: 外部离合器→内部驱动轴→输出轴2→差速器

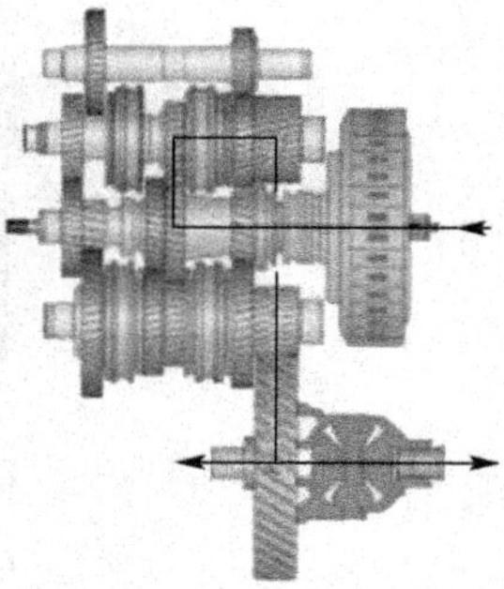

6挡: 内部离合器→外部驱动轴→输出轴2→差速器

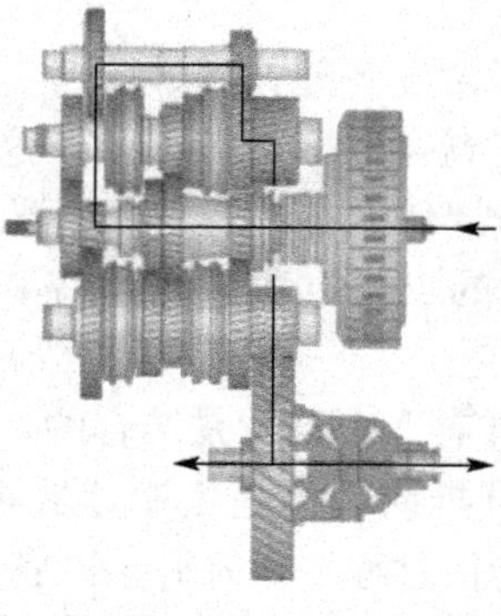

倒挡: 外部离合器→内部驱动轴→倒挡轴→输出

图 2.44　DSG 变速器各挡位动力传递路线

在这种模式中,驾驶经验与传统的自动变速器非常类似。由于双离合器变速器(DCT)能逐步淡出一个挡位并逐步进入下一个挡位,换挡冲击被减少了。更重要的是,挡位变化发生在负载情况下,因此持续不断的动力传递得以维持。

2.3.5 七速双离合变速器的传动分析

某一款全时四驱车型,配置了七速双离合器变速器与托森差速器,纵向安装在车上,通过托森差速器将动力分配给前驱动桥和后驱动桥,构成常时四驱系统。变速器传动机构的传动原理如图 2.45 所示。该变速器具有 7 个前进挡和 1 个倒挡,全部采用电子控制液压操纵锁环式惯性同步器换挡。

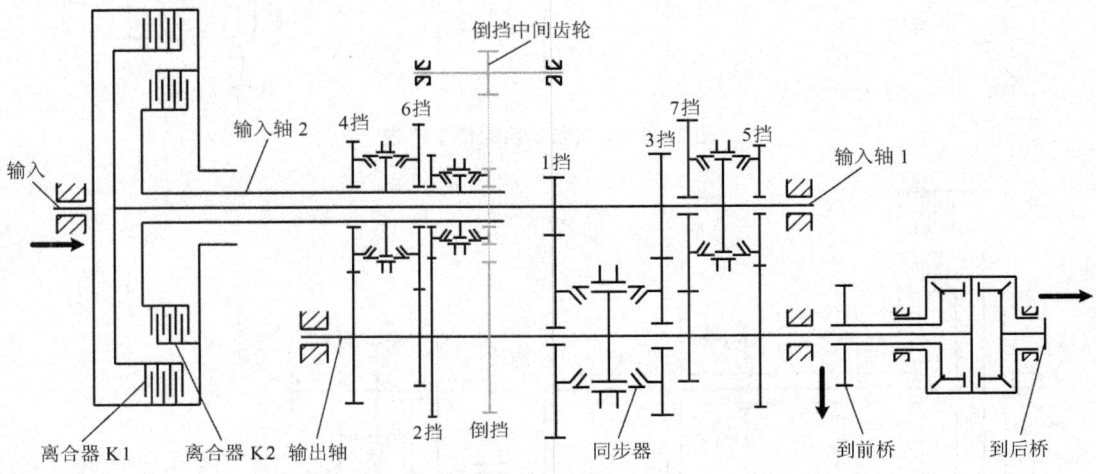

图 2.45 七速双离合器变速器与托森差速器的传动原理图

1. 传动分析

如图 2.45 所示,DSG 变速器有一个由实心轴及其空心轴组合而成的变速器双输入轴机构,两个离合器 K1 与 K2 分别连接输入轴 1 和输入轴 2,离合器 K1 负责控制奇数 1、3、5、7 挡,离合器 K2 负责控制偶数 2、4、6 及倒挡,相当于将两套变速系统合二为一。发动机动力通过曲轴和一个双质量飞轮传递到双离合器。变速器的各挡动力传递路线如下。

1) 1 挡

如图 2.46 所示,离合器 K1 结合,1、3 挡接合装置使 1 挡从动齿轮锁定在输出轴上,输入轴 1 驱动 1 挡主动齿轮顺时针转动,使 1 挡从动齿轮逆时针转动,通过接合装置将动力传递到输出轴,输出轴驱动轴间差速器将动力分配到前后驱动桥。

2) 2 挡

如图 2.47 所示,离合器 K2 结合,2 挡、倒挡接合装置使 2 挡主动齿轮锁定在输入轴 2 上,输入轴 2 通过接合装置使 2 挡主动齿轮顺时针转动,逆时针地驱动 2 挡从动齿轮,从而将动力传递到输出轴,输出轴驱动轴间差速器将动力分配到前后驱动桥。

3) 3 挡

如图 2.48 所示,离合器 K1 结合,1、3 挡接合装置使 3 挡从动齿轮锁定在输出轴上,

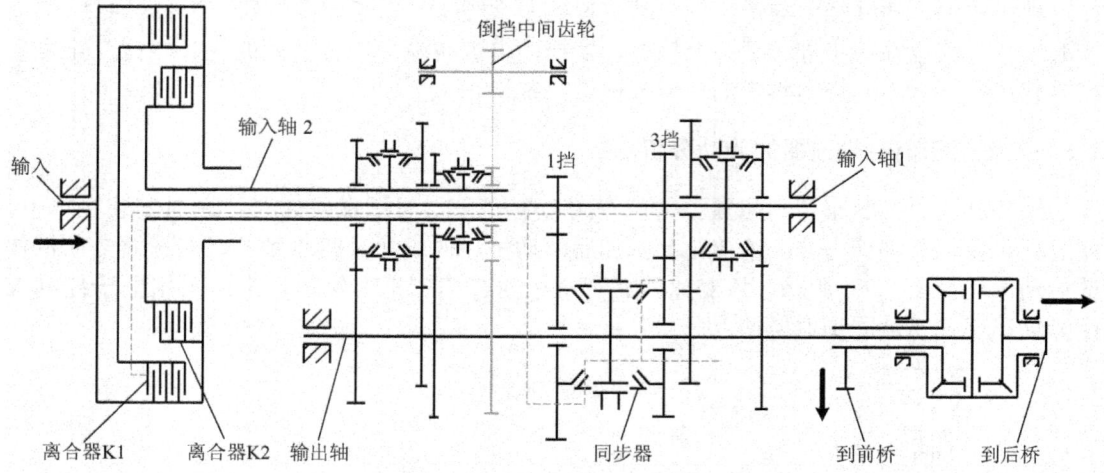

图 2.46　1 挡和 3 挡的传动路线

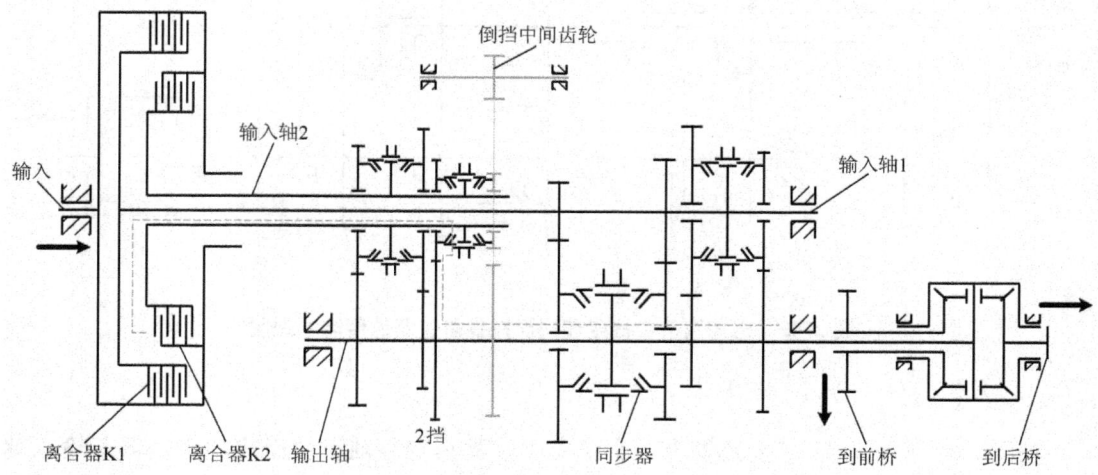

图 2.47　2 挡传动路线

输入轴 1 驱动 3 挡主动齿轮顺时针转动，使 3 挡从动齿轮逆时针转动，动力通过 1、3 挡接合装置传递到输出轴，输出轴驱动轴间差速器将动力分配到前后驱动桥。

4）4 挡

如图 2.49 所示，离合器 K2 结合，4、6 挡接合装置将 4 挡主动齿轮固锁在输入轴 2 上，输入轴 2 通过接合装置使 4 挡主动齿轮顺时针转动，逆时针地驱动 4 挡从动齿轮，从而将动力传递到输出轴，输出轴驱动轴间差速器将动力分配到前后驱动桥。

5）5 挡

如图 2.49 所示，离合器 K1 结合，5、7 挡接合装置使 5 挡主动齿轮锁定在输入轴上，输入轴 1 通过接合装置使 5 挡主动齿轮顺时针转动，逆时针地驱动 5 挡从动齿轮，从而将动力传递到输出轴，输出轴驱动轴间差速器将动力分配到前后驱动桥。

6）6 挡

如图 2.48 所示，离合器 K2 结合，4、6 挡接合装置将 6 挡主动齿轮固锁在输入轴 2

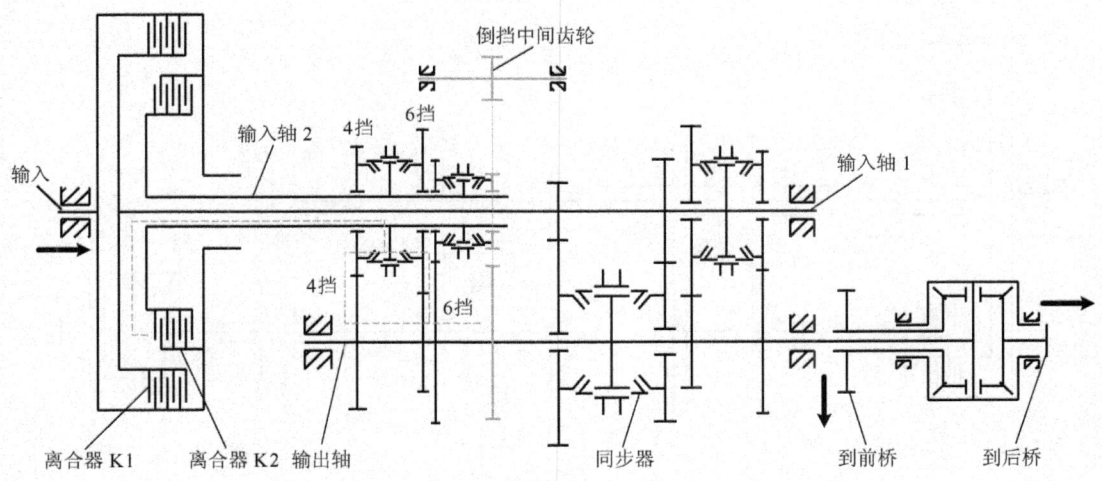

图 2.48　4 挡和 6 挡传动路线

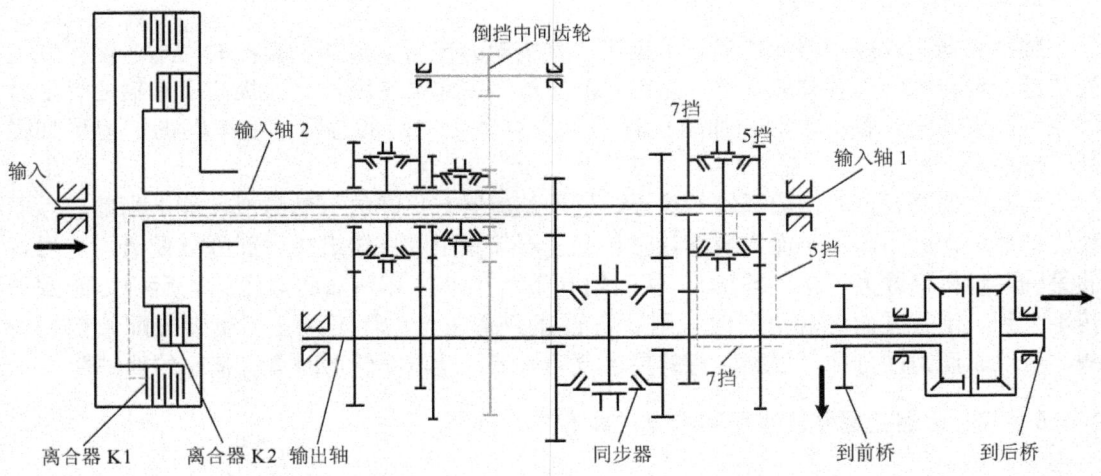

图 2.49　5 挡和 7 挡传动路线

上,输入轴 2 通过接合装置使 6 挡主动齿轮顺时针转动,逆时针地驱动 6 挡从动齿轮,从而将动力传递到输出轴,输出轴驱动轴间差速器将动力分配到前后驱动桥。

7) 7 挡

如图 2.49 所示,离合器 K1 结合,5、7 挡接合装置使 7 挡主动齿轮锁定在输入轴上,输入轴 1 通过接合装置使 7 挡主动齿轮顺时针转动,逆时针地驱动 7 挡从动齿轮,从而将动力传递到输出轴,输出轴驱动轴间差速器将动力分配到前后驱动桥。

8) 倒挡

如图 2.50 所示,离合器 K2 结合,2 挡、倒挡接合装置使倒挡主动齿轮固锁在输入轴 2 上,输入轴 2 通过同步装置使倒挡主动齿轮顺时针转动,逆时针地驱动倒挡中间齿轮,使倒挡从动齿轮顺时针转动,从而将动力传递到输出轴,输出轴驱动轴间差速器将动力分配到前后驱动桥,实现车辆的倒挡行驶。

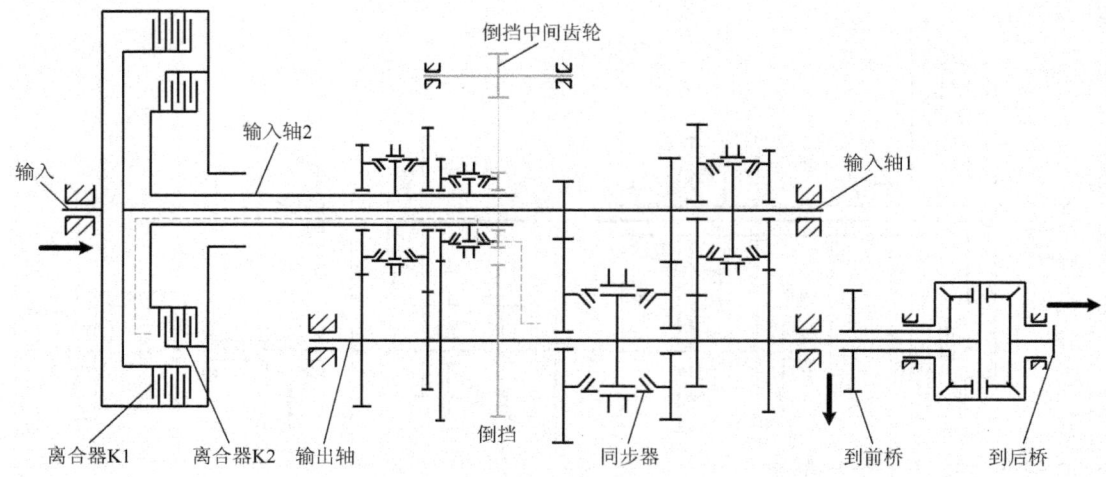

图 2.50　倒挡传动路线

2. 七速双离合器变速器的特点

装备的七速双离合器变速器，采用了"直接动力传递"换挡，换挡时间短，使驾驶人能获得一种特殊的驾驶体验。传动过程中的能耗损失非常有限，大大提高了车辆的燃油经济性；反应非常灵敏；车辆在加速过程中不会有动力中断的感觉，使车辆的加速更加强劲、平稳。

托森差速器是全时四驱系统的核心，这种差速器有很好的自动防滑性能，当前、后驱动桥中某一桥因附着力小而出现滑转时，差速器起作用，将转矩的大部分分配给附着力好的另一驱动桥（最大可达 3.5 倍），从而提高了汽车通过坏路面的能力。若后桥分配到的转矩大到一定程度而出现滑转时，则后桥转速升高一点，转矩又立刻重新分配给前桥一些，所以驱动力的分配可根据转弯的要求自动调节，使汽车转弯时具有良好的驾驶性。

2.3.6　双离合器变速器的应用和特点性能

1. 双离合器式自动变速器的应用

双离合器式自动变速器也是基于平行轴式手动变速器发展而来的，它继承了手动变速器传动效率高、安装空间紧凑、质量轻、价格便宜等许多优点，而且实现了换挡过程的动力换挡，即在换挡过程中不中断动力，保留了 AT、CVT 等换挡品质好的优点。这使得车辆在换挡过程中，发动机的动力始终可以传递到车轮，换挡迅速平稳，不仅保证了车辆的加速性，而且由于车辆不再产生由于换挡引起的急剧减速情况，也极大地提高了车辆运行的舒适性。这对电控机械式自动变速器来说，是一个巨大的改进。

运用这种双离合器式自动变速器动力换挡的原理，不但可以直接开发设计自动变速器，而且它的一些结构构成也是目前国内外重点研究的混合动力车辆项目中传动系统的基本组成部分。因此，研究这种双离合器的工作过程和控制规律，对于开发新型的自动变速器和促进车辆混合动力传动技术的研究，既有实用价值，又具有理论意义。

双离合器式自动变速器的应用范围很大，既可以应用在大型车、中型车上，而且由于它很短的换挡时间，也可以应用在运动车上。并且，通常在较高扭矩的车辆中，它的应用更为有利。这是因为，它的两个传动轴一般情况下是同心的，即中间的一个传动轴是实心的，而套在它外面的则是一个空心轴，由于轴的刚度、强度及结构尺寸等方面的原因，较大的传动轴轴径有利于双离合器式自动变速器的设计，多适合发动机排量较大的车辆。

对于较小发动机排量的车辆，如果要开发设计双离合器式自动变速器，也可以采用双中间轴的布置方案，这种方案不再采用轴套轴的方式，而是采用了两个独立的中间轴，其刚度和强度都不再有问题，而且这样设计的双离合器式自动变速器轴向尺寸非常紧凑。

2. 双离合器式自动变速器(DCT)的性能特点

双离合器式自动变速器不仅继承了手动变速器传动效率高的特点，并且比手动变速器换挡更快，通过两套动力传递路线进行交错传递。

与传统的手动变速器相比，DCT 使用更为方便，因为说到底，它还是一个自动变速器，只是使用了 DCT 的新技术，使得手动变速器具备自动性能，同时大大改善了汽车燃油经济性，DCT 比手动变速器换挡更加快捷、顺畅，动力输出不间断。

与传统的自动变速器相比，DCT 有着明显的区别，DCT 没有采用转矩变换器，自动转换更加灵活，而且也不是在传统概念自动变速器基础上开发出来的，设计 DCT 的工程师们开创了全新的技术。

与无级变速器相比，DCT 可以承受更高的转矩要求。

总体而言，双离合器变速器的行为就像一个标准的手动变速器：它具有装配了齿轮的输入轴、输出轴和倒挡轴，同步器和离合器，只是少了一个离合器踏板，多了执行换挡的变速器控制器、电磁阀和液压单元。在没有离合器踏板的情况，驾驶人也可以通过转向盘上的扳键、按钮或换挡杆来"告诉"变速器控制器(TCU)进行换挡。

驾驶人的体验是 DCT 很多优点的一个。少于 8ms 的升挡时间使很多人感觉到在节面上所有的整车中装备 DCT 的能提供最优的动态加速性。当然通过减少换挡冲击，DCT 也提供了更为平顺的换挡。

可能 DCT 最引人注目的优势是改善了燃油消耗。由于换挡过程中没有动力中断，燃油效率显著提高。有数据表明 6 挡 DCT 与传统 5 挡自动变速器相比，燃油效率可增加10%。与无级变速器相比，DCT 可以承受更高的转矩要求。在欧洲由于消费者更为关注驾驶感受和燃油经济性，DCT 被认为是一个理想的解决方案。

DCT 是基于平行轴式手动变速器发展而来的，它保留了手动变速器结构简单、传动效率高等优点，并且通过自动控制实现了动力换挡过程，具有很好的换挡品质，解决了 AMT 非动力换挡的缺点。DCT 也可以非常好地利用现有手动变速器的生产设备投资，适合我国国情，势必会为整车及变速器厂所关注。

2.4 驱动防滑系统

2.4.1 概述

防滑控制系统主要包括制动防滑系统和驱动防滑系统两种。前者的功能是防止汽车在制动过程中车轮被抱死滑移，使汽车的制动力达到最大，缩短车辆的制动距离，并且能提高汽车在制动过程中的方向稳定性和转向操纵能力,被称为制动防抱死系统(Antilock Brake System, ABS);但是当汽车在驱动过程(如起步、转弯、加速等过程)中,ABS 不能防止车轮的滑转,因此针对这个要求又出现了防止驱动车轮发生滑转的驱动防滑系统(Acceleration Slip Regulation, ASR,也称为 TRC)。由于驱动防滑系统是通过调节驱动车轮的驱动力来实现工作的,故它也常被称为牵引力控制系统(Traction Control System, TCS)。

2.4.2 驱动防滑系统的理论基础

在驾驶人、汽车、道路三者组成的行车系统中,影响车辆行驶状态的基本因素是车轮与路面之间的作用力,而该作用力又是由车辆行驶方向的纵向作用力和垂直于车辆行驶方向的水平横向作用力组成的。驾驶人对车辆的控制其实质是控制车轮与路面之间的作用力,而该作用力又受车轮与路面间的附着条件(即附着系数)的限制。车辆纵向驱动力受纵向附着系数限制,而抵抗外界横向力则是受横向附着系数限制。

在硬质路面上,车轮与路面之间的附着力就是车轮与路面之间的摩擦力。由摩擦定律可推知,车轮与地面之间的附着力取决于车轮的垂直载荷与附着系数,即

$$F_\delta = G \cdot \varphi \qquad (2-7)$$

式中,F_δ 为车轮与地面之间的附着力(N);G 为车轮与地面之间的垂直载荷(N);φ 为车轮与地面之间的附着系数。

实际在汽车行驶过程中,车轮与地面之间的垂直载荷和附着系数都会随着很多因素的变化而变化,所以,车轮与地面之间的附着力也是变化的。假设忽略车轮垂直载荷的变化,那么,附着力就只取决于车轮与地面之间的附着系数,而附着系数主要取决于道路状况(道路种类、干湿程度等)、车轮状况(车轮的类型、气压、新旧程度等)及车轮相对于路面的运动状态。而要设法对驱动轮进行控制,道路状况与车轮状况是不能随时改变的,因此只有从车轮相对于地面的运动状态角度进行考虑。

1. 车轮滑动率对附着系数的影响

在汽车的整个行驶过程中,在汽车的纵向行驶方向上,车轮相对于地面的运动形式可以分为纯滑动、纯滚动和边滚边滑3种。而边滚边滑的运动中又有两种情况:一种是车轮滚过的计算距离大于汽车纵向实际走过的距离(即车轮存在着原地打转的情况);另一种是车轮滚过的计算距离小于汽车纵向实际走过的距离(即车轮存在着被拖着向前的情况)。习惯把前一种称为滑转,而后一种称为滑移。汽车驱动防滑系统研究的就是车轮滑转的情况。

下面引入一个表征车轮滑转时滑动部分所占比例的概念——滑动率。汽车在驱动过程中滑动率由式(2-8)进行确定:

$$S_{驱} = \frac{r\omega - v}{r\omega} \times 100\% \qquad (2-8)$$

式中,$S_{驱}$ 表示车轮的滑动率;r 表示车轮的自由滚动半径;ω 表示车轮的转动角速度;v 表示车轮中心的纵向速度。

若 $S_{驱}=0$,说明车轮中心的纵向速度与车轮滚动的计算速度相等,即车轮做自由滚动(纯滚动 $r\omega=v$);若 $S_{驱}=100\%$,说明车轮中心点的纵向移动速度为零(纯滑动 $v=0$);若 $0<S_{驱}<100\%$,说明车轮处于边滚边滑状态,且 $S_{驱}$ 值越大,车轮滑转得越严重。

实验研究表明，滑动率 S 与附着系数 μ 有图 2.51 所示的对应关系，可以看出，当车轮在地面上做纯滚动（$S_驱 = 0$）时，其与路面之间的横向附着系数达到最大，随着车轮的滑动率的增大，横向附着系数迅速减小；当车轮在路面上产生纯滑动时，横向附着系数减到几乎为零，车轮则完全失去抵抗外界横向干扰力的能力，此时若车轮上存在外界横向的干扰力（如汽车重力的横向分力、路面不平产生的横向力以及横向风力等），车轮将会发生横向滑移。

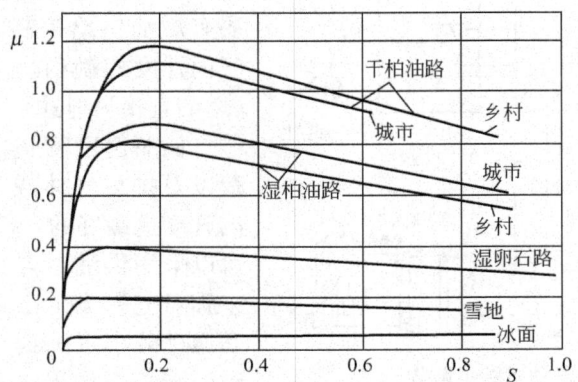

图 2.51　附着系数与车轮滑动率之间的关系

当车轮的滑动率处于 $S_驱$（$S_驱$ 为最大纵向附着系数时的滑动率）左右时，横向附着系数达到了 50%～70%，则车辆能达到最佳的行驶效果，因为此时纵向方向上的附着力最大，车轮具有最大的驱动力，而此时横向附着力也较大，有利于车辆的操纵和抵抗横向的滑移。

2．驱动防滑系统的功能

为了使汽车获得较大的纵向和横向附着力，现代汽车中很多都已经装备了驱动防滑系统，其功能就是使汽车能够自动地将车轮控制在纵向和横向附着系数都比较大的滑动率范围内，一般滑动率为 15%～20%。

前面在讨论最大附着力时，假设了车轮垂直载荷是不变的，而在车辆的实际运行过程中，垂直载荷不但与汽车实际装载质量及静态分布有关外，还与汽车的行驶状态有关。例如，汽车上坡时，后轮的垂直载荷会增大，而前轮的垂直载荷会减小；汽车下坡时，情况的变化与上述刚好相反；汽车转弯时，内侧车轮的垂直载荷会减小，而外侧车轮的垂直载荷会增大；汽车加速时，前轮的垂直载荷会减小，而后轮的垂直载荷会增大；此外，空气的作用和路面干扰引起的车轮跳动也会使车轮的垂直载荷发生变化。

综上所述可知，实际车轮附着力受很多因素影响，它是一个随机的变量。因此，为了控制车轮的滑动率，就要对作用于车轮上的力矩进行实时的自适应调节，即要求防滑控制系统具有足够快的反应速度和足够高的调节精度，否则，就难以将车轮的滑动率控制在最理想的范围内。

2.4.3　驱动防滑系统的控制方式

汽车驱动轮滑转是由于驱动力矩超过了轮胎与地面间的附着极限。所以合理地减小汽车发动机转矩或动力传动中任何一环节都可以改变驱动轮上的驱动力矩,实现防滑控制的目的。因此可以通过许多途径来实现牵引力控制,如发动机管理、离合器控制、改变传动比、主动制动干涉等。

1. 调节发动机转矩(图2.52)

发动机输出力矩调节主要有3种方式:点火参数的调节、燃油供给调节和节气门(油门)位置调节。对于汽油机,控制方法主要有燃油供给控制、点火正时控制、节气门开度控制(化油器式)或喷油量控制(燃油直接喷射式)。

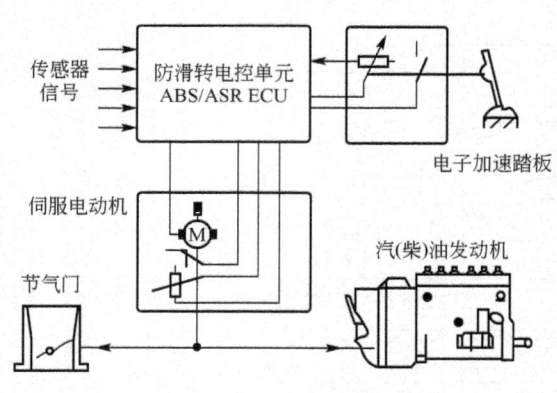

图2.52 发动机转矩调节

从加速度变化的平顺性、发动机负荷以及排放气体成分来考虑,控制节气门开度是最好的,但这种方法响应较慢,可以采用供油或点火作为辅助控制手段来弥补这一缺陷。采用点火正时控制,是通过减小点火提前角的方法来减小发动机转矩,如果这样还不够,则可以采用中止气缸点火的方法,但为满足排放要求,同时必须中止供油。对于柴油机,则可采用调节喷油量的方法,这种方法的响应时间足够短。近年来,随着发动机电喷技术的应用,对于发动机转矩的调节更加精确,响应时间更短,性能更好,也更为方便。但仅靠调节发动机输出转矩来进行控制的方法属于低选控制,可以改善方向稳定性,无法获得最佳牵引力。因此这种方法适用于两侧驱动轮都发生过度滑转或在高速下某驱动轮发生过度滑转的工况。

2. 驱动轮制动调节

当驱动车轮出现打滑时,直接向该轮上施加制动力矩,使车轮转速降至最佳的滑动率范围内。由于制动压力直接施加到打滑的车轮上,因此,这种方法的响应时间是最短的。它可与发动机转矩控制联合使用,当汽车在附着系数分离的路面上行驶时,通过对处于低附着系数路面上的驱动车轮施加一定的制动力矩,使高附着系数路面上的驱动轮产生更大的驱动力矩,从而提高汽车的总驱动力。这种方法需要对制动时间进行限制以免制动器过热。此外,如果汽车处于附着系数分离路面上时,只对打滑驱动轮施加制动,可能导致两侧驱动轮驱动力相差较大,产生一个横摆力矩,在车辆高速行驶时,这种情况对车辆稳定性不利,因此这种方法适用于车速较低的工况。

如图2.53所示,高附着系数路面上驱动轮的驱动力为F_H;低附着系数路面上驱动轮的驱动力为F_L;根据差速器转矩等量分配特性,汽车驱动力只取决于低附着系数路面上的驱动力F_L,此时,汽车的最大驱动力$F_{max}=2F_L$。

为了阻止低附着系数路面上行驶的驱动轮滑转,对其施加一个制动力F_B,这样便可获得更大的驱动力。此时,汽车的最大驱动力$F_{max}=F_H+F_L=2F_L+F_B$。

3. 差速器锁止控制

普通的开式差速器左右轮输出相同的转矩,在路面两侧附着系数相差很大时,高附着系数一侧驱动轮的驱动力得不到充分发挥，限制了车辆的牵引性。锁定差速器和黏性耦合差速器虽然提高了车辆的牵引性，但损害了车辆的稳定性。防滑差速器可以根据路面条件在一定程度上锁止，使左右驱动轮的输出转矩根据锁定比和路面情况而不同。该控制方式只适合于后轮驱动车，较驱动轮制动力矩控制成本要高。

差速器锁止控制如图 2.54 所示。

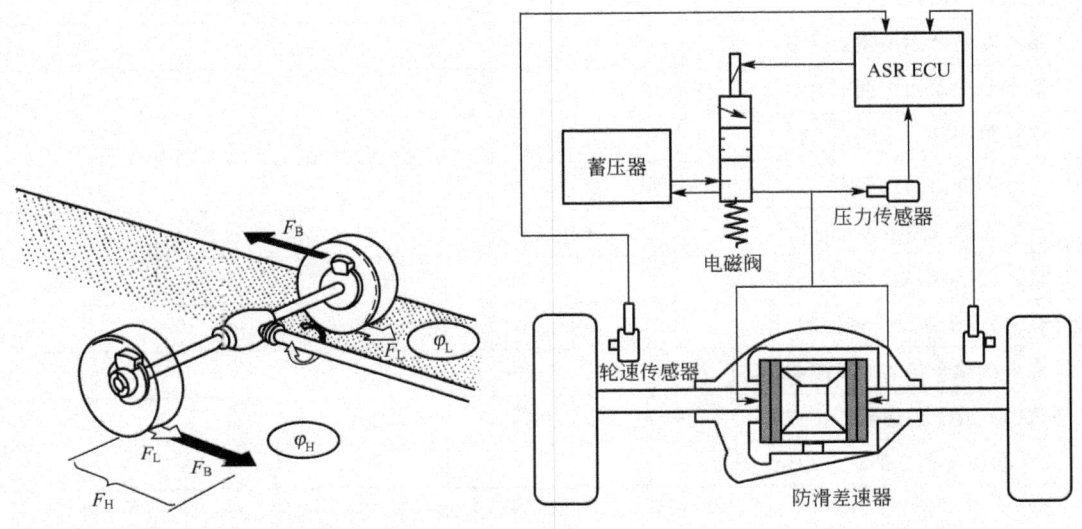

图 2.53　驱动轮制动调节　　　　图 2.54　差速器锁止控制

调节作用在离合片上的油液压力，即可调节差速器的锁止程度。油压逐渐降低时，差速器锁止程度逐渐减小，传递给驱动轮的驱动力就逐渐减小；反之油压升高时，驱动力将逐渐增大。

4. 离合器或变速器控制

离合器控制是指当发现汽车驱动轮发生过度滑转时，减弱离合器的结合程度，使离合器主、从动盘出现部分相对滑转，从而减小传递到半轴的发动机输出转矩；变速器控制是通过改变传动比来改变传递到驱动轮的驱动转矩，以减小驱动轮滑转程度的一种驱动防滑控制。由于离合器和变速器控制响应较慢，变化突然，所以一般不作为单独的控制方式，而且由于压力和磨损等问题，使其应用也受到很大限制。

5. 采用电控悬架实现车轮载荷分配

在各驱动车轮的附着条件不一致时，可以通过电控悬架的主动调整使载荷较多地分配在附着条件较好的驱动车轮上，使各驱动车轮附着力的总和有所增大，从而有利于增大汽车的牵引力，提高汽车的起步加速性能；也可以通过悬架的主动调整使载荷较多地分配在附着条件较差的驱动轮上，使各驱动车轮的附着力差异减小，从而有利于各驱动车轮之间牵引力的平衡，提高汽车的行驶方向稳定性。目前，在 ASR 领域中电控悬架参与控制技术还处在理论探索阶段，而且这项技术较为复杂，成本较高，在 ASR 系统中很少采用。

上述几种控制方式各有其优点和局限性，实际应用中通常是多种控制手段组合应用。

表 2-1 对比了上面介绍的几种方式及其组合方式的特点。目前在 ASR 系统中,广泛采用的是发动机节气门调节和驱动轮制动力矩调节的控制方式。

表 2-1　不同控制方式的 ASR 性能对比

控制方式	驱动性	操纵性	稳定性	舒适性	积极性
节气门开度调节	--	-	-	++	+
点火参数及燃油供给调节	0	+	+	-	++
驱动轮制动力矩调节(快)	++	-	-	--	-
驱动轮制动力矩调节(慢)	+	0	0	0	0
差速器锁止控制	++	+	+	-	-
离合器或变速器控制	+	+	+	--	-
节气门开度+制动力矩控制(快)	++	++	++	+	+
节气门开度+制动力矩控制(慢)	+	0	0	+	+
点火参数+制动力矩控制	+	++	++	+	+
节气门开度+差速器锁止控制	++	+	+	+	--
点火参数+差速器锁止控制	++	+	+	+	+

注:"--"表示很差,"-"表示较差,"0"表示基本无影响,"+"表示较好,"++"表示很好。

2.4.4　防滑转控制系统的控制过程

1. 防滑转控制系统的控制过程

丰田汽车发动机的输出转矩利用步进电动机调节副节气门开度进行调节,驱动轮的制动力利用 ASR 执行器结合 ABS 进行控制。在制动驱动轮产生差速作用(即驱动轮转速不同,两个半轴产生差动作用)时,控制驱动轮的制动力可使驱动力得到充分发挥,从而改善行驶稳定性和转向性能,这种作用对于两侧车轮所处路面的附着系数不同时更为显著。因此这种控制系统特别适用于装备燃油喷射式发动机和 ABS 的前轮驱动乘用车。

当发动机起动后,ABS/ASR ECU 根据轮速传感器产生的车轮转速信号并参考车速,计算确定驱动轮的滑移率和滑转率。当 ABS/ASR ECU 判定驱动轮的滑转率超过设定门限值时,ABS/ASR ECU 就会控制发动机输出转矩和对驱动轮施加制动来避免发生滑转现象。

控制发动机输出转矩时,ABS/ASR ECU 首先向发动机与自动变速器 ECU 发出控制指令,然后由发动机与自动变速器 ECU 向副节气门执行器(步进电动机)发出控制指令进行控制。当 ASR 起作用时,步进电动机步进转动时,其轴一端的驱动齿轮就驱动节气门轴上的扇形齿轮转动,使节气门的开度减小(副节气门在 ASR 不起作用时处于全开状态),即使主节气门开度不变,发动机的进气量也会因副节气门开度减小而减小,从而使发动机输出转矩减小,驱动轮的驱动力随之减小。

控制驱动轮的驱动力时,ABS/ASR ECU 直接向 ABS 和 ASR 的液压调节装置发出控制指令,通过调节制动液压力"降低""保持"和"升高"来调节滑转率。当滑转率降低到设定值后,ABS/ASR ECU 便发出减少或停止制动的指令,从而达到防止驱动轮滑转的目的。

当驱动轮再次滑转，其滑转率超出设定值范围时，ABS/ASR ECU 和发动机与自动变速器 ECU 再次发出控制指令，重新开始控制循环，直到滑转率减小到设定值范围为止。

在 ASR 处于防滑转控制过程中，如果驾驶人踩下制动踏板进行制动，ASR 会自动退出控制状态，不会影响制动过程正常进行。

尽管不同车上的 ASR 系统的具体结构有所差别，但它们都具有以下特点。

（1）ASR 系统是否进入工作状态可以由驾驶人通过操纵 ASR 选择开关进行控制。当 ASR 系统工作时，ASR 系统工作指示灯就会自动点亮；如果关闭 ASR 系统，则 ASR 关闭指示灯就会自动点亮。

（2）当 ASR 系统处于关闭状态时，副节气门就会自动处于打开状态；ASR 系统的制动压力调节器不会影响车辆制动系统的正常工作。

（3）当 ASR 系统处于工作状态时，若驾驶人踏下制动踏板，则 ASR 系统就会自动退出工作状态，而不会影响车辆的正常制动过程。

（4）ASR 系统的工作是有速度条件的，当车速超过某一值（一般为 120km/h 或 80km/h）后，ASR 系统就会自动退出工作状态。

（5）ASR 系统在其工作范围内具有不同的优先选择性，当车速较低时，以提高牵引力为优先选择，此时，对两驱动轮所加的制动力矩可以不一样，即对两后制动轮缸进行独立调节。当车速较高时，以提高行驶的方向稳定性作为优先选择，此时，对两驱动车轮所加的制动力矩是相同的，即对两后制动轮缸进行统一调节。

（6）ASR 系统具有故障自诊断功能，当 ASR 系统发生故障时，它将会自动关闭，同时向驾驶人发出警告信号。

2. 防滑转控制系统的结构特点

在汽车实际装备的 ASR 系统中，为了充分发挥电子控制系统的控制功能并有效地防止驱动轮滑转，一般都将不同的控制方法组合在一起进行控制。常用的组合方式有组合控制发动机的输出转矩和驱动轮的制动力、组合控制发动机的输出转矩和控制差速器的锁止程度。下面以采用组合控制发动机输出转矩和驱动轮制动力的丰田系列乘用车防滑转控制系统为例，说明 ASR 的结构特点与控制过程。

丰田雷克萨斯 LS300、LS400 乘用车 ASR 与 ABS 组合构成的简图如图 2.55 所示。

由图 2.55 可见，ASR 和 ABS 都是由液压控制系统和电子控制系统两个子系统组成，并组合在一起的。该系统不仅能够实现 ABS 功能，而且能够实现 ASR 功能。

实践经验表明：在控制驱动轮的制动力时，将 ASR 与 ABS 结合在一起是控制驱动轮制动力的最佳方案。这是因为对于前驱动汽车，考虑到舒适性和操纵稳定性，对 ASR 和 ABS 制动压力的建立速度有不同要求。一般说来，ASR 制动压力的建立速度比 ABS 制动压力的建立速度要慢。驱动轮的制动力可直接使用 ABS 的液压系统进行控制，只需在 ABS 的液压控制系统中增设一些 ASR 液压调节装置即可。

ASR 是在 ABS 的基础上，增设液压调节器（即 ASR 执行器）、ASR 液压泵和蓄压器等构成的。

ABS/ASR 控制部件的安装位置如图 2.56 所示，主要由轮速传感器、防滑转电控单元（ASR ECU）、发动机副节气门位置传感器及其控制步进电动机、ASR 液压调节器、各种控制开关、继电器和指示灯等组成。4 只轮速传感器为 ABS 和 ASR 公用，ABS ECU 与

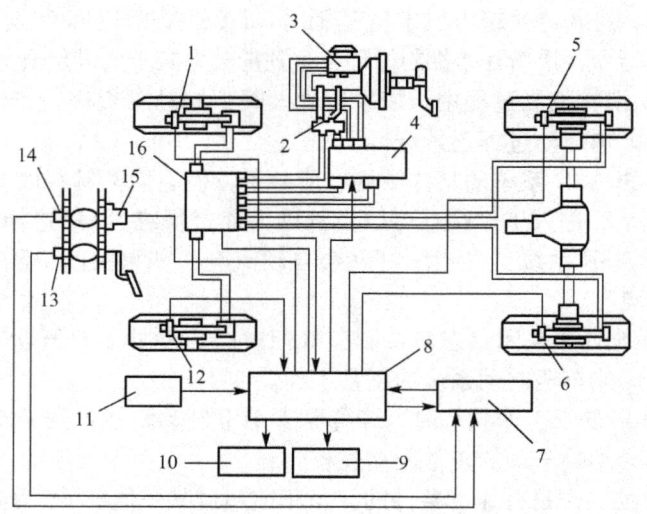

图 2.55 丰田汽车 ABS/ASR 系统的组成

1—右前车轮转速传感器；2—比例阀和差压阀；3—制动主缸；4—ASR 制动压力调节器；
5—右后车轮转速传感器；6—左后车轮转速传感器；7—发动机/变速器电子控制单元（ECU）；
8—ABS/ASR 电子控制单元（ECU）；9—ASR 关闭指示灯；10—ASR 工作指示灯；
11—ASR 选择开关；12—左前车轮转速传感器；13—主节气门开度传感器；
14—副节气门开度传感器；15—副节气门驱动步进电动机；16—ABS 制动压力调节器

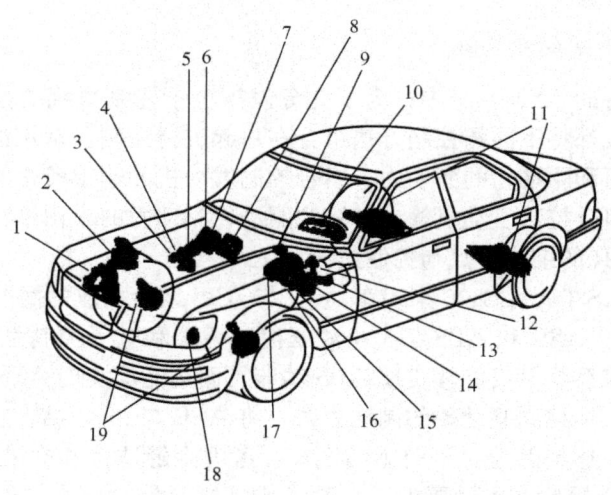

图 2.56 丰田汽车 ABS/ASR 控制部件的安装位置

1—ABS 执行器；2—ASR 隔离电磁阀总成；3—副节气门位置传感器；4—主节气门位置传感器；
5—副节气门位置控制步进电动机；6—副节气门步进电动机继电器；
7—防抱死制动与防滑转控制电控单元（ABS/ASR ECU）；8—发动机与自动变速器电控单元；
9—防滑转控制系统关闭开关；10—防滑转控制指示灯与防滑转控制系统关闭指示灯；
11—后轮速传感器；12—制动灯开关；13—空挡起动开关；14—防滑转控制液压泵；
15—防滑转控制液压泵继电器；16—防滑转控制蓄压器；
17—制动液位警告灯开关；18—防滑转控制主继电器；19—前轮速传感器

ASR ECU 组合为一体，称为 ABS/ASR ECU。在 ABS 的基础上，增设了 ASR 执行器、发动机副节气门控制步进电动机及 ASR 控制开关和显示灯等。其中，副节气门控制步进电动机和 ASR 液压调节器是电子控制系统的执行元件。

2.5 混合动力汽车的传动技术

2.5.1 概述

传统内燃机（Internal Combustion Engine，ICE）车辆提供了良好的运行性能，并利用石油燃料高能量密度的优点可实现远距离的行驶里程。然而，传统 ICE 车辆含有不良的燃油经济性和污染环境的缺点。形成其不良的燃油经济性的主要原因在于：①发动机燃油效率特性与实际的运行要求不相匹配；②制动期间车辆动能的消耗，当车辆在市区中运行时尤其明显；③在采用停车起动行驶形式的现代汽车中，其液压传动装置的低效率等。另外，配置蓄电池的电动汽车（EV）具有一些优于传统 ICE 车辆的优点，例如，高能量效率和零环境污染。但是，由于就汽油的能量容量而言，蓄电池组较低的能量容量使 EV 性能远不能与 ICE 车辆性能相竞争，尤其明显体现在蓄电池每次充电所对应的行驶里程性能上。混合动力是一种节能技术，混合动力电动汽车（HEV）利用了两个能源，一个基本能源和一个辅助能源，它具有 ICE 车辆和 EV 两者的优点，并克服了它们的缺点。

本质上，任何车辆的动力系统都要求：①产生足够的动力以满足车辆性能的需要；②配置充分的车载能量以保证车辆行驶给定的路程；③高效率的显示；④少量环境污染的排放。一般说来，一台车辆可有多个能源及其能量变换器，例如，汽油（或柴油）热机系统；氢-燃料电池-电动机系统；化学蓄电池-电动机系统等。配置有两个或更多个能源及其能量变换器的车辆被称作混合动力车，当其携带有电气的动力系统（能源及其能量变换器）时，进而被称为混合动力电动汽车。图 2.57 所示为 Proton 插电式混合动力车底盘。

图 2.57　Proton 插电式混合动力车底盘

由于混合动力汽车采用两种动力源作为动力装置，它的各个组成部件、布置方式及控制策略不同，因而形成了各式各样的结构形式。混合动力汽车的分类方法也有多种。根据动力源的数量及动力传递方式的不同，分为串联型、并联型和混联型；根据发动机和电动机的功率比的大小，分为里程延长型、动力辅助型和双模式型；根据发动机运行模式的不同，分为发动机开/关模式和发动机连续运行模式；根据发动机和电动机是否布置在同一轴线上，分为单轴式和双轴式；根据蓄电池组的荷电状态（State of Charge，SOC）的变化情况，又可分为荷电消耗型和荷电维持型。本节根据动力源的数量及动力传递方式的不同，对混合动力汽车的结构类型及其特点进行分析。

2.5.2 串联式 HEV 动力传动系统

串联式 HEV 动力传动系统(Series Schedule, SHEV)的结构组成如图 2.58 所示,其结构特点是发动机带动发电机发电,发出的电能通过电机控制器输送给电动机,由电动机产生电磁力矩驱动汽车行驶。在发动机与传动系统之间通过电动机实现动力传递。蓄电池(也可以是其他储能装置,如超级电容、机械飞轮等)是发电机与电动机之间的储能装置,起到功率平衡的作用,即当发电机发出的功率大于电动机所需的功率时(如汽车减速滑行、低速行驶或短时停车等工况),发电机向电池充电;而当发电机发出的功率低于电动机所需的功率时(如汽车起步、加速、爬坡、高速行驶等工况),蓄电池则向电动机提供额外的电能,补充发电机功率的不足,满足车辆峰值功率要求。

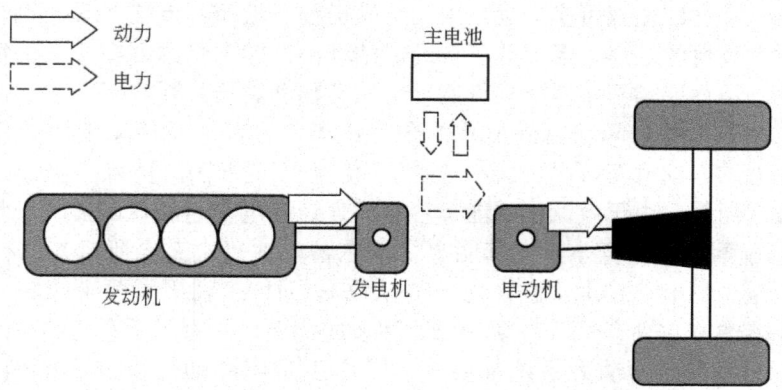

图 2.58　串联式 HEV 动力传动系统结构图

由于串联式 HEV 动力传动系统中的发动机与汽车驱动轮之间无机械连接,具有独立于汽车行驶工况对发动机进行控制的优点,适用于市内常见的频繁起步、加速和低速运行工况,可以使发动机稳定于高效区或低排放区附近工作。该结构尤其适合于那些与驱动轮难以进行机械连接的高效发动机。但串联式 HEV 动力传动系统的综合效率较低,这是因为发动机输出的机械能由发电机转化为电能,再由电动机将电能转化为机械能用以驱动汽车,途经两次能量转换,中间必然会伴随着能量的损失。另外,它的 3 个动力总成(发动机、发电机、电动机)也会给系统总布置带来困难并使成本增加。因此,一般只有在以下两种情况下,才可能选用串联式 HEV 动力传动系统布置方案:①发动机仅用于增加电动车辆的续驶里程,而用于驱动汽车的绝大部分能量来源于蓄电池,结果整个系统能量转化损失较小;②发电机和电动机的综合效率达到或超过传统车辆动力传动系统的水平,研究人员希望能采用配备有磁能密度极高的永久磁铁作为电极的高速同步发电机和电动机来达到这一水平。这种系统主要用于城市大客车,在乘用车中很少见。

串联混合动力电动车上的发动机与道路负荷不相耦合,就排放和效率来说,不必考虑传动系统的要求,就可对发动机工作进行优化,使它在某一固定工作点上(或是在某一固定工作点周围很窄的区域内)运行。发动机可以是内燃机,也可以是其他不适用于直接驱动车轮的发动机,如微型燃气轮机、斯特林发动机等。发动机-发电机组作为一个整体也可以是燃料电池系统。采用液化石油气、天然气、氢气或氢气与天然气的混合气体(Hythene),发动机的混合动力车排放比较低。装有柴油机的混合动力车燃油经济性比较好。发动机-发电机所输出的平均功率与蓄电池为满足峰值功率要求而提供的补充功率之间的比例，通常由车辆的应用特点决定，特别要考虑车辆行驶循环的需求。串联式混合动力系统适用于目标和行驶工况相对确定的车辆，如货物分送车、城市公共汽车等在城市内走走停停的车辆。

串联式混合动力系统有 3 种基本工作模式：①主要利用电池来驱动车辆，仅当电池 SOC 降低到最小限值时，发动机才开机。同时使发动机在最高效率区以输出恒定功率的方式工作，当 SOC 回升到最大限值时发动机关机。这种策略的主要缺点是发动机的接通和关断会贯穿车辆出行的整个过程，由于发动机每次关机期间，发动机和催化转换装置的温度降低，而导致它们的效率降低。这种模式也称为"恒温器式控制"；②"负荷跟随"控制模式，保持电池的 SOC 在规定的范围之内，发动机带动发电机工作并尽可能地供应接近车辆行驶所需的电能，电池只起负荷调节装置的作用。这种模式电池的充放电量较小，能量损失最小。这种模式的缺点是发动机不能工作在最佳转速和负荷下，因此其排放可能变差、效率降低；③上述两种模式（或控制策略）的一个折中方案。在电池的 SOC 较高时，主要用纯电动模式。而当电池的 SOC 降低到设定的范围内时，发动机带动发电机工作，考虑到发动机的排放和效率，将其输出功率严格限制在一定的变化范围内。如果能预测到车辆行程内的总能量需求，则一旦电池中储存了足够的能量，在剩余的行程中车辆就可转换为纯电动模式，到了行程终点正好耗尽电池所允许放出的电能。这种模式或策略也称为最佳串联混合动力模式。

串联式混合动力电动车具有如下优点。

（1）发动机工作状态不受车辆行驶工况的影响，始终在最佳的工作区域内稳定运行，因此，发动机具有良好的经济性和低的排放性能。

（2）发动机与电动机之间无机械连接，整车的结构布置自由度较大。各种驱动系统元件可以放在最适合于它的车辆位置，如在低地板公共汽车上，可以将发动机、发电机组装在车尾部或其他部位并采用电动轮驱动方式，从而降低地板高度。

（3）由于电动机的功率大，制动能量回收的潜力大，从而提高能量效率。

串联式混合动力电动汽车存在的缺点如下。

（1）发电机将发动机的机械能量转变为电能，电动机又将电能转变为机械能，还有电池的充电和放电都有能量损失，因此，发动机输出的能量利用率比较低。串联混合动力电动车的发动机能保持在最佳工作区域内稳定运行。这一特点的优越性主要表现在低速、加速等行驶工况，而在车辆中、高速行驶时，由于其电传动效率较低，抵消了发动机效率高的优点。

（2）电动机是唯一驱动汽车行驶的动力装置，因此，电动机的功率要足够大。此外，蓄电池一方面要满足汽车行驶中峰值功率的需要，以补充发电机输出功率的不足；另一方面，要满足吸收制动能量的要求，这就需要较大的电池容量。所以，电动机和蓄电池的体积和质量都比较大，使得整车质量较大。根据以上特点，串联混合动力电动车更适用于市内低速运行的工况，而不适合高速公路行驶工况。

2.5.3 并联式 HEV 动力传动系统

并联式 HEV 动力传动系统（Parallel Schedule，PHEV）的结构组成如图 2.59 所示，并联式结构有发动机和电动机两套驱动系统。它们可分开工作，也可一起协调工作，共同驱动。所以并联式混合动力电动汽车可以在比较复杂的工况下使用,应用范围比较广。并联式结构由于电动机的数量和种类、传动系统的类型、部件的数量(如离合器的数量)和位置关系(如电动机与离合器的位置关系)的差别,具有明显的多样性。结构上可划分为两种形式,即单轴式和双轴式。

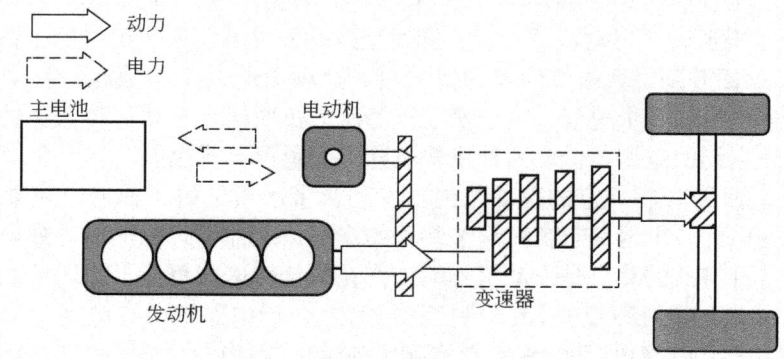

图 2.59　并联式 HEV 动力传动系统结构图

1. 单轴式并联混合动力系统

单轴式结构如图 2.60 所示。发动机通过主传动轴与变速器相连,电动机的转矩通过齿轮与发动机的转矩在变速器前进行复合,传到驱动轴上的功率是两者之和。这种形式称为转矩复合。单轴式结构的速度、转矩关系如下。

$$\begin{cases} T_s = (T_e + KT_m)\eta \\ n_s = n_e = n_m/K \end{cases} \tag{2-9}$$

式中,T_e、T_m、T_s 分别为发动机、电动机和变速器的输入转矩;n_s、n_e、n_m 分别为变速器输入轴、发动机和电动机转速;η 为传动发效率;K 为传动比。

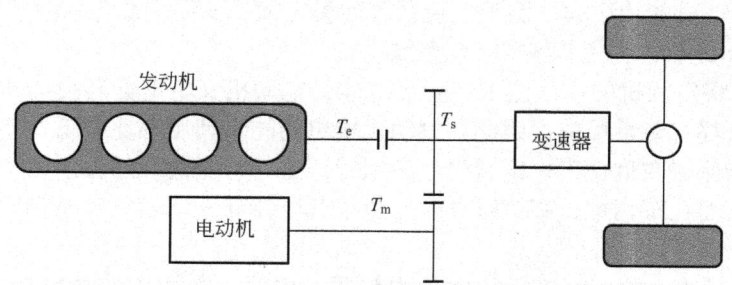

图 2.60　单轴式并联混合动力系统

在单轴式结构中,发动机、电动机和变速器输入轴之间的转速成一定比例关系。在汽车运行中,随着路况和车速的变化,这些转速会随之变化。输入转矩的变化,可以通过式(2-9)中的转矩关系,在发动机转矩保持恒定条件下,通过调节电动机的转矩而获得。

下面介绍一种典型的单轴式混合动力结构的样车。

图 2.61 所示为本田 Insight 混合动力系统,在日本和美国汽车市场上已经投入了商业化生产的混合动力汽车,是日本本田公司的 Insight 并联式混合动力系统,也称为"一体化电动机/发电机助力系统",该车采用了转矩复合的方式,其手动 5 挡变速车创

造了3L汽油行驶105km的记录，而装备CVT的同一车型也创下了3L汽油行驶96km的好成绩。

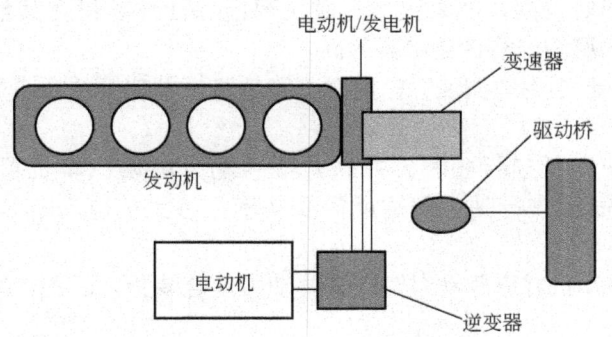

图2.61 本田Insight动力系统

本田Insight的动力系统以汽油机为主动力，电动机为辅助动力，动力分配比为9∶1。在车辆起动和加速时，辅助电动机发挥了低速大转矩的优点，以弥补汽油机低速转矩低、起动加速差的缺点；在减速和制动电动机作为发电机工作时，实现制动能量回收功能。在车辆短时间停车时，发动机关闭取消怠速，在加速踏板踩下后重新起动。

本田Insight系统结构简洁、紧凑，质量轻，成本低，电动机只在起动和加速等少数工况下工作，镍氢电池模块仅重20kg；采用精心设计的排量为1L的3缸12气门低摩擦的"极端稀薄燃烧"汽油机；改进驱动方式，尽可能保证发动机工作在最佳工况；采用全铝设计的车身结构，风阻系数极低的车身造型。本田Insight在排放、动力性和经济性上都具有较佳的效果。

2. 双轴式并联混合动力系统

如图2.62所示，并联混合动力系统双轴式结构中可以有两套机械变速器：发动机和电动机各自与一套变速机构相连，然后通过齿轮系统进行复合。在这种结构中，可以通过调节变速机构调节内燃机、电动机之间的转速关系，使发动机的工况调节变得更灵活，当采用行星差动系统作为动力复合机构时，行星差动动力复合机构有两个自由度，可以实现两个输入部件的转速复合，以确定输出轴的转速，而各个部件间的转矩保持一定比例关系，这种功率复合形式称为速度复合。双轴式并联混合动力系统，结构十分复杂是一个很大的缺点。

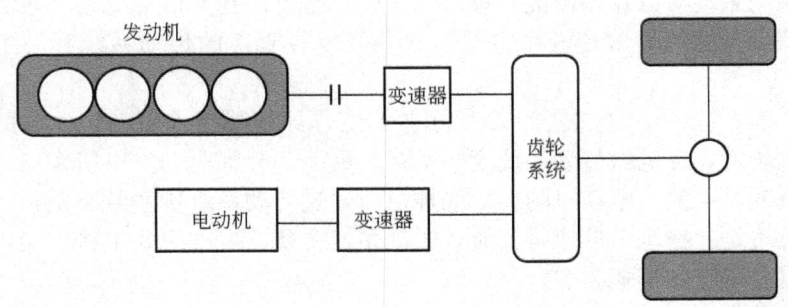

图2.62 双轴式并联混合动力系统

并联式混合动力电动汽车具有如下特点。

（1）发动机通过机械传动机构直接驱动汽车，无机械能—电能转换损失，因此发动机输出能量的利用率相对较高，如果汽车行驶工况能保证发动机在其最佳的工作范围内运行，并联驱动系统的燃油经济性比串联的高。

（2）当电动机仅起功率"调峰"作用时，电动机、发动机的功率可适当减小，电池的容量也可减小。

（3）在繁华的市区低速行驶时，并联式混合动力电动汽车也可关闭发动机，以纯电动方式运行实现零排放行驶，但这就需要功率足够大的电动机，所需电池容量也相应要大。

（4）发动机与电动机并联驱动时，还需要动力复合装置，因此，并联驱动系统的传动机构较为复杂。

（5）并联驱动系统与车轮之间直接机械连接，发动机的运行工况会受车辆行驶工况的影响，所以车辆在行驶工况频繁变化的情况下运行时，发动机有可能不在其最佳工作区域内运行，其油耗和排放指标可能不如串联式混合动力系统。并联式驱动系统最适合于汽车在中、高速工况下（如高速公路）稳定行驶。

并联式混合动力驱动系统有以下两种基本控制模式。

（1）发动机辅助混合动力模式。这种模式主要利用电池-电动机系统来驱动车辆，仅当以较高的巡航速度行驶、爬坡和急加速时才使发动机起动。这种控制模式的优点是大多数情况下车辆都是用电池的电能来工作，车辆的排放和燃油消耗较少，同时发动机的起动机可以取消而利用车辆运动的惯性力起动发动机。这种控制模式的缺点是，由于发动机每次关机期间，发动机和催化转化装置的温度降低而导致它们的效率降低，尾气排放增加。

（2）电动机辅助混合动力模式。这种模式主要利用发动机来驱动车辆，电动机只在两种状态下使用：一是用于瞬间加速和爬坡需要峰值功率时，可使发动机工作在最高效率区间，以降低排放和减少燃油消耗；二是在车辆减速制动时电动机被用来回收车辆的制动动能对电池进行充电。这种模式的主要缺点是车辆不具备纯电动模式，在行驶过程中若经常加速，电池的电能消耗到最低限度，则会失去电动机辅助能力，驾驶人会感到车辆动力性能有所降低。

此外，并联混合驱动系统是不适合采用燃料电池作动力源的动力系统。

2.5.4 混联式 HEV 动力传动系统

混联式驱动系统可以在串联混合模式下工作，也可以在并联混合动力模式下工作，即两种模式的综合。这就要求有两个电动机、一个比较复杂的传动系统和一个智能化控制系统。

混联式驱动系统的结构如图 2.63 所示。其工作原理如下：发动机发出的功率一部分通过功率分流装置，经机械传动系统至驱动桥，另一部分则驱动发电机发电，发出的电能输送给电动机或蓄电池，电动机的力矩同样也可通过传动系统传送给驱动桥。混联式驱动系统的控制策略是：在汽车低速行驶时，驱动系统主要以串联模式工作；当汽车高速稳定行驶时，则以并联工作模式为主。

混联式驱动系统的结构形式和控制方式充分发挥了串联式和并联式的优点，能够使发动机、发电机、电动机等部件进行更优化的匹配，在结构上保证了在更复杂的工况下使系

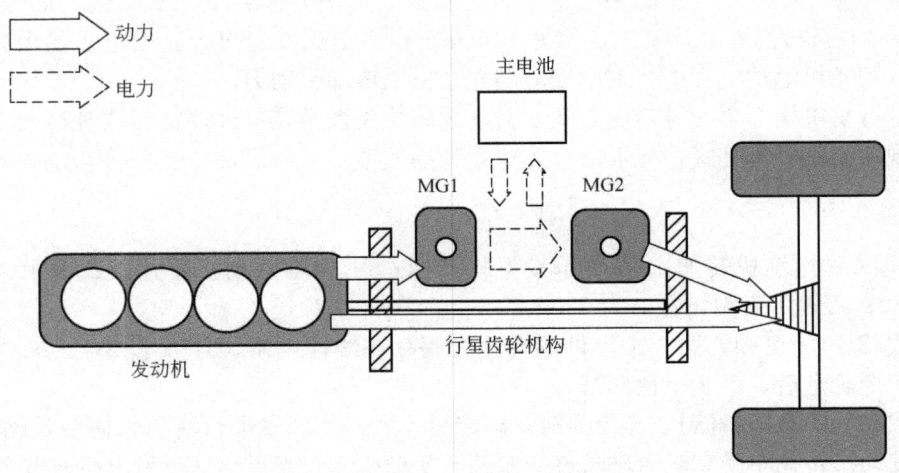

图 2.63 混联式 HEV 动力传动系统结构图

统工作在最优状态,因此更容易实现排放和油耗的控制目标。与并联式相比,混联式的动力复合形式更复杂,对动力复合装置的要求更高。目前的混联式结构一般以行星齿轮机构作为动力复合装置。

丰田公司在 Prius 车型中采用了这种方案。

图 2.64 所示为丰田公司 Prius 车的驱动力系统结构示意图,它的驱动系统被公认为是目前最成功的结构。

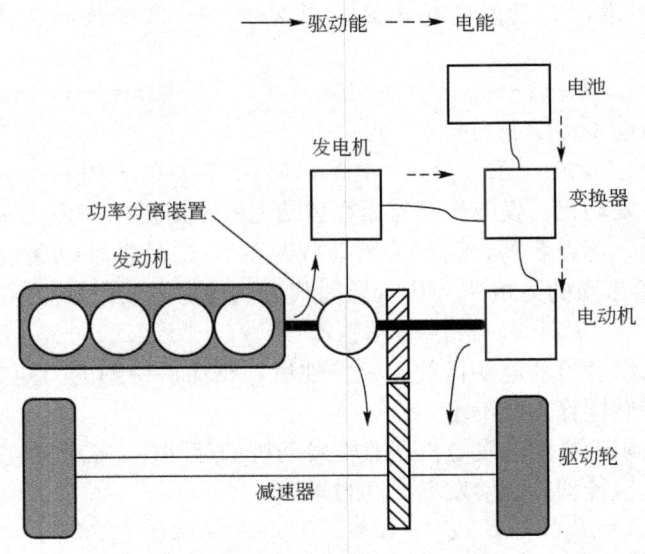

图 2.64 丰田公司 Prius 车的驱动力系统结构示意图

丰田混合动力系统 HSD 主要由 Atkinson 循环发动机、发电机、电动机、动力分离装置(以上部件进行了一体化设计)、功率控制单元和镍氢电池组组成。

该系统的核心是用行星齿轮组成的动力分离装置,采用单排行星机构作为功率分配与复合装置,此行星机构中发动机与行星架相连,通过行星齿轮将动力传给齿圈和太阳轮,太阳轮轴与发电机相连,齿圈轴与电动机轴相连。功率分配装置将发动机一部分转矩(大约为70%)直接传递到驱动轴上,将另一部分转矩传送到发电机上。发电机发出的电将根据指令或用于给电池组充电,或用于驱动电动机以增加驱动力。

单排行星机构3个元件转速之间及力矩之间的关系推导,许多机械原理教科书中都有叙述,现列出其计算公式,先看一下转速之间的关系:

$$N_m + N_g(Z_s/Z_r) = (1 + Z_s/Z_r)N_e \quad (2-10)$$

式中,N_m表示电动机转速;N_g表示发电机转速;N_e表示发动机转速;Z_s表示太阳轮齿数,为30;Z_r表示齿圈齿数,为78。

由式(2-10)可知,这3个元件的转速之间存在线性关系,且N_m、N_g、N_e这3个转速中有两个确定后,第3个也知道。

从式(2-10)可以看到,当齿圈转速确定时,通过调节发电机转速来调节发动机转速,因此,发动机转速不受车辆行驶条件的制约,发动机工作点可以通过发电机来调节。

不考虑机械损失时,力矩之间的关系如下。

$$\begin{cases} T_s = -T_c/(1+Z_t/Z_s) & (2-11) \\ T_t = -T_c(Z_t/Z_s)/(1+Z_r/Z_s) & (2-12) \end{cases}$$

式中,T_s、T_c、T_t分别为作用在太阳轮、行星架和齿圈上的力矩。

根据发动机、发电机和行星机构各元件的连接关系,可得:

$$T_c = T_e, \quad T_s = T_g$$

式中,T_e为发动机力矩;T_g为发电机力矩。当$Z_s=30$,$Z_r=78$,发动机力矩为100%时,有:

$$T_g = -T_e/(1+Z_r/Z_s) = -100\%/(1+78/30) = -27.8\%$$

由发动机力矩分配给齿圈的力矩T_t为:

$$T_t = -T_e(Z_r/Z_s)/(1+Z_r/Z_s) = -100\% \times (78/30)/(1+78/30) = -72.2\%$$

以上计算表明,发动机、发电机与作用在齿圈上的力矩是按一定比例分配的。最后单独考察齿圈受力情况,可以看到,输出给驱动桥的力矩T_w是发动机通过行星齿轮给齿圈的力矩T_t和电动机给齿圈的力矩T_m(T_m为负时代表制动能量回收)之和,即:

$$T_w = T_t + T_m = -T_e(Z_r/Z_s)/(1+Z_r/Z_s) \quad (2-13)$$

由此可知,已知发动机和电动机的力矩特性后,驱动桥得到的力矩特性也就确定了,这样进行车辆牵引特性计算也就不难。

前面提到过与太阳轮相连的发电机还兼作发动机的起动机,若此时它产生100%的力矩,则经行星齿轮机构传动后起动发动机的力矩为:

$$T_e = T_g(1+Z_r/Z_s) = 100\% \times (1+78/30) = 360\%$$

也就是说,放大了3.6倍后去带动发动机起动。

根据车辆行驶工况的不同,HSD在不同的模式下工作,最大限度地适应车辆的行驶工况,使系统达到最高的燃油经济性和最低的排放。

1. 起步、低速行驶(纯电动模式)

当汽车起动时,该系统仅使用由动力电池提供能量的电动机的动力起动,这时发动机并不运转。因为发动机不能在低转速带输出大转矩,而电动机可以灵敏、顺畅、高效地进行起动。对于发动机而言,在低转速-中转速带的效率并不理想,而电动机在低转速-中转速带性能优越。因此,在低转速-中转速行驶时,该系统使用动力电池的电力,驱动电动机行驶。这种模式时,动力分离装置的行星轮不动,太阳轮和行星架转动。图 2.65 所示为动力分离装置,采用由齿环、小齿轮、太阳齿轮、行星支架组成的行星齿轮,高效率地分配动力。能量流动如图 2.66(a)所示。

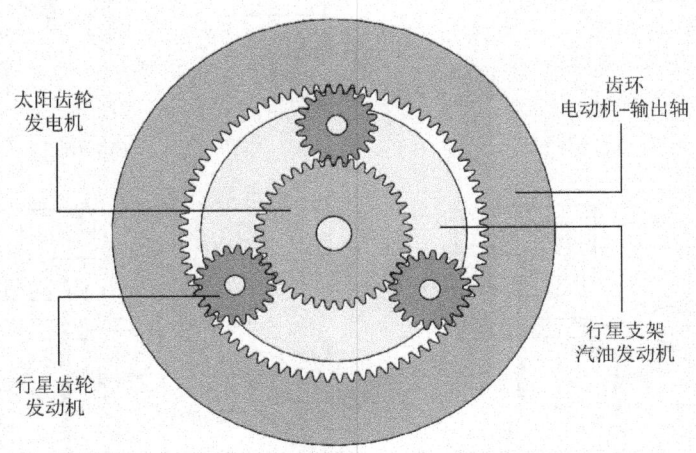

图 2.65　动力分离装置

2. 一般行驶(纯油模式)

这时候发动机起动,并只有发动机作为驱动源,发动机的能量一方面传输给汽车的驱动轮驱动车辆行驶,一方面传输给发电机发电,电能再由电动机转化成驱动力传输到驱动轮上。这种模式时,动力分离装置的太阳轮不动,其他两轮同向旋转。能量流动如图 2.66(b)所示。

3. 全速行驶(油电混合模式)

在需要强劲加速力(如爬陡坡及超车)时,发动机和电动机同时运转以获得最大的转矩。Prius 的 1.5L 发动机的功率只有 56kW,而且始终是以最优的工作模式运行。然而加上电动机的辅助,最大输出功率可以超过 100kW,最大输出转矩可以超过 500N·m,达到与高一级发动机同等水平的强劲而流畅的加速性能。这种模式时,动力分离装置的 3 轮同时同向旋转。能量流动如图 2.66(c)所示。

4. 制动过程(动能转化为电能模式)

该过程是 Prius 不同于燃油汽车的地方,燃油汽车在该过程中的动能只能是转化成制动钳(蹄)与制动盘(毂)之间摩擦的热能而流失,而 Prius 在该状态下则是停止发动机喷油,利用发电机将动能转化成电能向电池充电。能量流动如图 2.66(d)所示。

5. 停车状态

停车状态时,发动机和电动机会同时停止工作,此时油耗和排放均为零。当动力电池的 SOC 较低时,发动机会继续运转驱动发电机向电池充电。此外,Prius 的环保空调完全由电力驱动，因此关闭发动机后也一样可以运行。能量流动如图 2.66(e)所示。

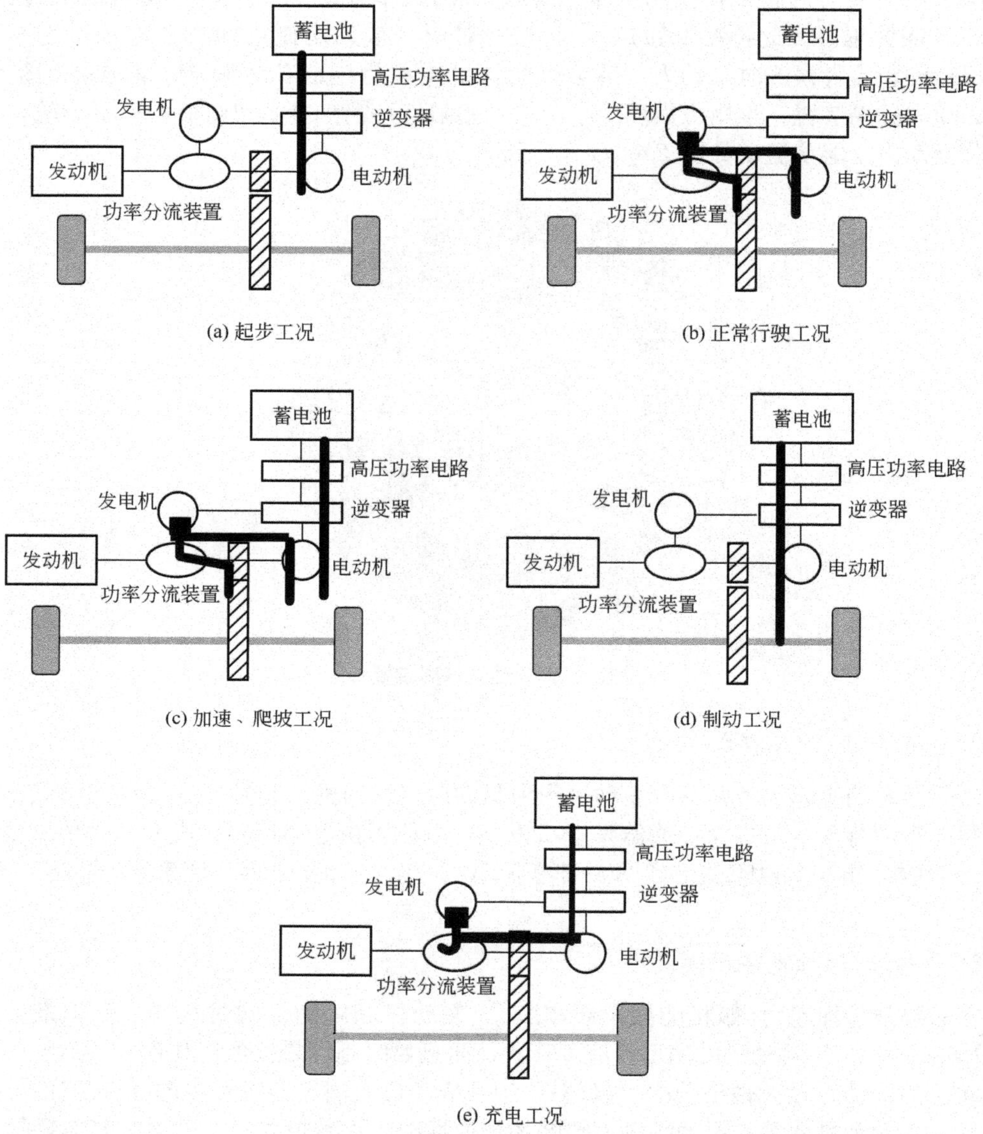

(a) 起步工况

(b) 正常行驶工况

(c) 加速、爬坡工况

(d) 制动工况

(e) 充电工况

图 2.66 功率流的不同路径

2.5.5 混合动力电动汽车的特点

混合动力电动汽车是将原动机、电动机、能量储存装置（蓄电池）等组合在一起，它们之间的良好匹配和优化控制，可充分发挥内燃机汽车和电动汽车的优点，避免各自的不足，混合动力电动汽车是当今最具实际开发意义的低排放和低油耗汽车。

相比纯电动汽车，混合动力电动汽车具有如下优点。

（1）由于有原动机作为辅助动力，蓄电池的数量和质量可减少，从而降低了汽车自身重量。

(2) 汽车的续驶里程和动力性可达到内燃机的性能要求。

(3) 借助原动机的动力，可带动空调、真空助力、转向助力及其他辅助电器，不用消耗蓄电池有限的电能，因此保证了驾车和乘坐的舒适性。

相比内燃机汽车，混合动力电动汽车具有如下优点。

(1) 可使原动机在最佳的工况区域稳定运行，避免或减少了发动机变工况下的不良运行，使发动机的排污和油耗大为降低。

(2) 在人口密集的商业区、居民区等地可用纯电动方式驱动车辆，实现零排放。

(3) 可通过电动机提供动力，因此可配备功率较小的发动机，并可通过电动机回收汽车减速和制动时的能量，进一步降低了汽车的能量消耗和排污。

混合动力电动汽车研究开发的目的就是要减少石油能源的消耗，减少汽车尾气中的有害气体量，降低大气污染。

表 2-2 对不同类型的混合动力电动汽车在燃油经济性、尾气排放和控制难易程度等方面做了比较。表 2-3 对不同类型的混合动力电动汽车在驱动模式、传动效率、整车布置、适用条件等方面进行了比较。

表 2-2 不同类型的混合动力电动汽车类型的比较

项 目	串联式	并联式	混联式
公路行驶燃油经济性	较优	优	优
城市行驶燃油经济性	优	较优	优
无路行驶燃油经济性	较优	优	优
低排放性能	优	较优	较优
成本	低	较低	较低
复杂程度	简单	较复杂	复杂
控制难易程度	简单	较复杂	复杂

表 2-3 不同类型的混合动力电动汽车特点的比较

结构模型	串联式	并联式	混联式
动力总成	发动机、发电机、驱动电动机等三大动力总成	发动机、电动机/发电机或电动机两大动力总成	发动机、电动机/发电机、电动机等三大动力总成
驱动模式	电动机是唯一的驱动模式	发动机驱动模式、电动机驱动模式、发动机-电动机混合驱动模式	发动机驱动模式、电动机驱动模式、发动机-电动机混合驱动模式、电动机-电动机混合驱动模式
传动效率	能量转换效率较低	传动效率较高	传动效率较高
制动能量回收	能够回收制动能量	能够回收制动能量	能够回收制动能量

(续)

结构模型	串联式	并联式	混联式
整车总布置	三大动力总成之间没有机械式连接装置，结构布置的自由度较大，但三大动力总成的质量、尺寸都较大，一般在大型车辆上采用	发动机驱动系统保持机械式传动系统，发动机与电动机两大动力总成之间被不同的机械装置连接起来，结构复杂，使布置受到一定的限制	三大动力总成之间采用机械装置连接，三大动力总成的质量、尺寸都较小，能够在小型车辆布置，但结构更加紧凑
适用条件	适用于大型客车或货车，适应在路况较复杂的城市道路和普通公路上行驶，更加接近电动汽车性能	适用于中小型汽车，适应在城市道路和高速公路上行驶，接近普通的内燃机汽车性能	适用于各种类型的汽车，适应在各种道路上行驶，更加接近普通的内燃机汽车性能

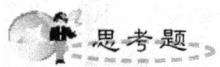

1. 典型的 CVT 结构有哪几种？并论述各自的特点。
2. 机械式液压控制 CVT 系统是怎样工作的？
3. 论述双质量飞轮扭转减振器与传统的从动盘扭转减振器的区别。
4. 双离合器变速器是如何进行换挡工作的？
5. 根据七速离合器变速器与托森差速器的传动原理图，试分析变速器各挡的动力传递。
6. 简述双离合器变速器的性能特点。
7. 驱动防滑系统的控制方式有哪几种？
8. 混合动力汽车的动力传动系统的结构类型有哪几种？
9. 试画出并联式 HEV 动力传动系统的结构图。

第 3 章
汽车底盘新技术

本章教学目标

★ 熟悉汽车底盘的基本构造、作用及工作原理
★ 熟悉常见的悬架系统新技术,重点掌握空气悬架和主动悬架的结构及工作原理
★ 掌握常见的转向系统新技术,重点掌握电动助力转向系统的结构和工作原理
★ 学习常见的制动系统新技术,初步了解电子制动系统的相关知识
★ 了解与轮胎相关的新技术,重点了解低压安全轮胎的分类及各自的工作原理

本章教学要点

知识要点	掌握程度	相关知识
空气悬架和主动悬架	熟悉空气悬架和主动悬架的基本结构和工作原理	空气弹簧的构造和布置方式,全主动悬架和半主动悬架
多连杆悬架	掌握多连杆悬架的基本结构;知道多连杆悬架的优缺点	多连杆悬架的结构特点、性能特征和优缺点
可变转向比转向系统	掌握可变转向比转向系统的分类及工作原理	机械式可变转向比转向系统和电子式可变转向比转向系统的结构及工作原理
电动助力转向	熟悉电动助力转向系统的构造和工作原理	电动助力转向系统的类型、主要部件及今后的发展
四轮转向	掌握四轮转向系统的工作原理	四轮转向系统的分类、工作原理以及存在的不足
制动盘新技术	了解陶瓷制动盘、碳纤维制动盘、通风式制动盘、全接触式制动盘	陶瓷制动盘、碳纤维制动盘、通风式制动盘和全接触式制动盘
制动辅助系统	掌握电子制动力分配系统和电控辅助制动系统的工作原理	电子制动力分配系统和电控辅助制动系统的工作原理
电子制动系统	了解电子液压制动系统和电子机械制动系统的工作原理	电子液压制动和电子机械制动系统的结构及工作原理
低压安全轮胎	了解低压安全轮胎的分类和工作原理	自体支撑式、自封式和加物支撑式低压安全轮胎的结构及工作原理

导入案例

如果说发动机是汽车的心脏,那么底盘则是汽车的骨架,它在汽车构造中占有举足轻重的地位。如图3.1所示,现代汽车底盘主要由传动系统、行驶系统、转向系统和制动系统4部分组成,其作用是支承、安装汽车发动机及其各部件、总成,形成汽车的整体造型,并接受发动机的动力,使汽车产生运动,保证汽车的正常行驶。汽车底盘的好坏直接影响着整车的操控性和稳定性。随着现代汽车技术的飞速发展,底盘新技术也得到越来越广泛的应用。本章主要向读者介绍一些近年来应用在汽车底盘上的新技术。

图3.1 现代汽车底盘典型结构

3.1 悬架系统新技术

3.1.1 空气悬架

空气悬架诞生于19世纪中期,早期用于机械设备隔振。1941年,美国首先在普耳曼汽车上使用了空气悬架。意大利、英国、法国及日本等国家相继对汽车空气悬架作了应用研究。经历了一个世纪的发展,到20世纪50年代,空气悬架才被应用在载重车、大客车、小乘用车及轨道列车上。目前国外高级大客车几乎全部使用空气悬架,重型载货车使用空气悬架的比例已达80%以上,空气悬架在轻型汽车上的应用量也在迅速上升。部分乘用车也逐渐安装使用空气悬架,如美国的林肯乘用车等。在一些特种车辆(如对防振要求较高的仪表车、救护车、特种军用车及要求可调节车身高度的集装箱运输车)上,空气悬架几乎是唯一的选择。图3.2所示为德国ZF公司的AV132后空气悬架。

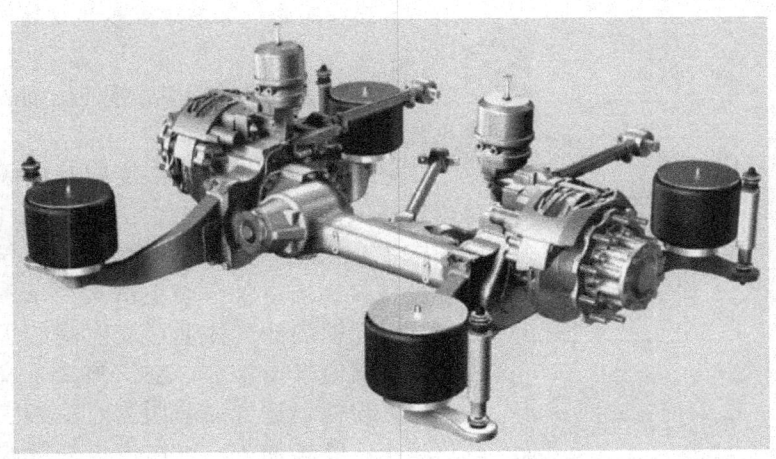

图 3.2　德国 ZF 公司的 AV132 后空气悬架

1. 空气悬架结构及其工作原理

空气悬架由空气弹簧、导向传力机构、减振阻尼装置、横向稳定器、高度阀、压气机、储能器及管路等组成。

1) 空气弹簧

空气弹簧是以空气作为弹性介质,即在一个密闭的容器内装入压缩空气(气压为 0.5～1MPa),利用气体的压缩弹性实现弹簧的作用。空气弹簧随着载荷的增加,容器内压缩空气压力升高,其刚度也随之增加;载荷减少,刚度也随空气压力的降低而下降,因而这种弹簧具有较好的变刚度特性。空气弹簧内的空气介质摩擦极小,工作时几乎没有噪声,对于高频振动的吸收和隔音性能极好。空气弹簧可分为囊式空气弹簧和膜式空气弹簧两种,如图 3.3 和图 3.4 所示。

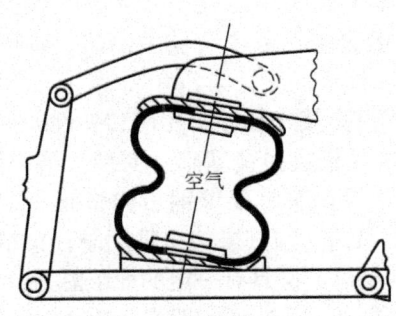

图 3.3　囊式空气弹簧

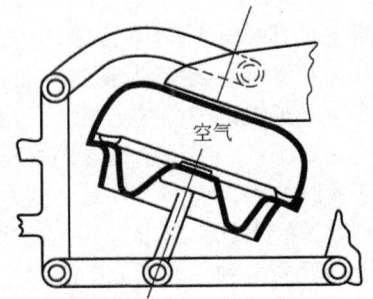

图 3.4　膜式空气弹簧

囊式空气弹簧主要靠橡胶气囊的挠曲获得弹性变形;膜式空气弹簧主要靠橡胶气囊的卷曲获得弹性变形。囊式空气弹簧寿命较长、制造方便、刚度较大,常用于载货汽车上;膜式空气弹簧尺寸较小、弹性特性曲线更理想、刚度较小,常用于乘用车上。

2) 高度阀

车架高度控制机构包括一个高度传感器、控制机构和执行机构,其功能如下。

(1) 随车载变化保持合理的悬架行程。

(2) 高速时降低车身，保持汽车稳定性，减少空气阻力。

(3) 在起伏不平的路面情况下，提高车身高度以提高汽车通过性。

在空气弹簧悬架中，高度阀是用来控制空气弹簧内压的执行机构，其工作原理如图3.5所示。高度阀固定在车架上，其进、排气口分别与储气筒和空气弹簧相接。当空气弹簧上的载荷增加时，弹簧被压缩，储气筒内的气体通过高度阀的进气口向气囊注入，气囊内气压增加，空气弹簧升高，直至恢复到原来的位置，进气口关闭为止；当空气弹簧上的载荷减小，弹簧伸张，气体通过高度阀的排气口排出，直至空气弹簧下降到原来的位置，排气口关闭为止。所以在高度阀的作用下，空气弹簧的高度可以保持在平衡位置附近波动，从而保证车身不随载荷的变化而变化。

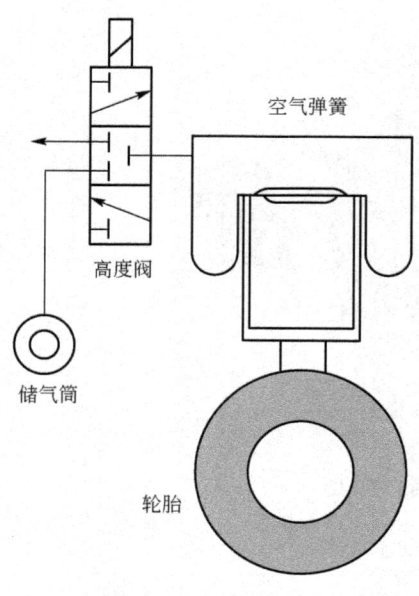

图 3.5 高度阀工作原理

通常车身高度控制采用独立控制形式，常见的情况是，后悬架由两个高度阀分别控制左右两侧的空气弹簧，前悬架由一个高度阀来控制，控制信号取3个高度信号的平均值，并且还可以保证汽车在发生偏载的情况下，始终维持汽车车身处于水平状态。尤其在高速转向时，空气弹簧可显著减小车身的侧倾角。有资料表明，当车速在24km/h以下时，空气悬架与板簧这两种悬架的侧倾角基本相同，当车速达到30km/h时，空气悬架的侧倾角就可以减小约30%。

3) 导向传力机构

导向传力机构是空气悬架中的重要部件，主要承受汽车的纵向力、侧向力及其力矩，因此要有一定的强度，布置方式要合理。空气弹簧在悬架中主要承受垂直载荷、减振、消振，如果导向机构设计得不合理，则会增加空气弹簧的负担，甚至会发生扭曲、摩擦等现象，恶化减振效果，缩短弹簧的寿命。

许多空气悬架的导向传力机构采用钢板弹簧式，钢板弹簧兼起导向元件和弹性元件的作用，如图3.6所示。采用这种导向机构时，易于在原来的钢板弹簧基础上变型，结构简单，但是汽车的纵向力、侧向力及其力矩均由钢板弹簧来承受，这就要求钢板弹簧有一定的强度，且刚度不能太低，所以难以得到理想的弹性特性。目前，空气悬架多采用刚、柔结合的方法来设计导向机构，如图3.7所示，既满足了导向的要求，又具有一定的变形能力。

在大客车设计中，广泛采用双纵臂式四连杆导向机构，下纵臂一般布置在两边，上面两根纵向推力杆的布置方式则可根据需要灵活安排。一种是与下纵臂同样布置，另一种是将两根上臂合在一起，布置在中间。这两种布置方式不能承受侧向力，需要横向推力杆。还可以将上面的两根推力杆倾斜布置，构成一个三角形架，如图3.8所示，它和下面的两根纵向推力杆构成一个四连杆机构，在设计时，应尽可能把两个斜杆的交点布置在垂直于后桥的横向平面内。又如在某些大客车的后悬架上，采用了V形架结构，如图3.9所示，将两根纵向导向臂的铰链点在车架的连接处合并在一起，空气弹簧布置在后轮附近，增加了弹簧中心距，提高了汽车的抗侧倾能力。

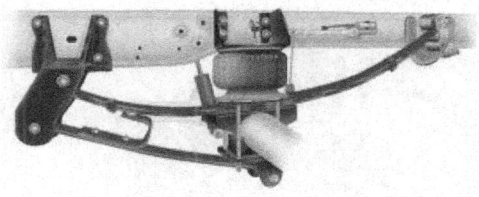

图 3.6　柔性梁式导向机构

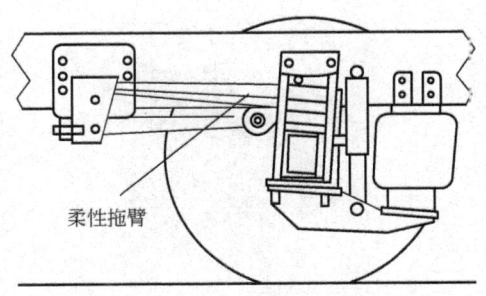

图 3.7　混合式导向机构

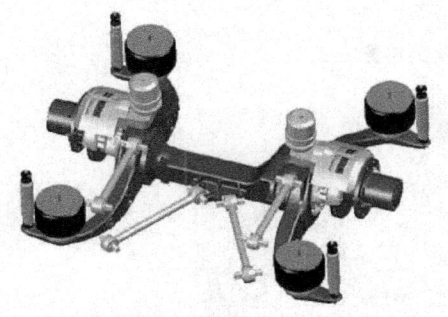

图 3.8　四连杆导向机构

图 3.9　V 形导向机构

空气悬架导向杆系统的布置方式多种多样，各有利弊，总的原则是要根据整车的整体布置需要来选择。

2. 空气弹簧的布置方式

空气弹簧在悬架系统中的布置对整车性能有极大的影响。在布置允许的情况下，应尽可能把空气弹簧布置在车架以外，以便于加大弹簧的中心距，获得充分大的侧倾角刚度。

1) 转向桥空气悬架

转向桥空气悬架的空气弹簧一般与主销的方向保持一致，利于转向的实现，如图 3.10 所示。因空气弹簧直径一般较大，若偏离主销位置，在车轮转向时易与车轮相碰引起摩擦，一方面缩短了弹簧的寿命，另一方面限制了转向轮的最大转向角。

2) 驱动桥空气悬架

驱动桥空气悬架一般要承受更大的力，因此空气弹簧布置在驱动轴的后面，以提高承载能力，如图 3.11 所示。刚性导向杆可以控制驱动桥的位置，承受驱动和制动作用力以及垂直载荷。重型车可以采用串联桥结构。图 3.12 所示的重型驱动桥空气悬架特别适合于重型载货汽车，尤其是一些专用汽车，如自卸车、搅拌车、垃圾车和救火车等，而且只要安装正确，也可用于大多数拖车。

在纽威、日野、奔驰等大客车的后悬架上，采用了一种变梁结构，如图 3.13 所示，在每个弯梁的端部都安装了与前悬架气囊尺寸相同的两个气囊，这样就可以加大气囊与气囊之间的中心距。

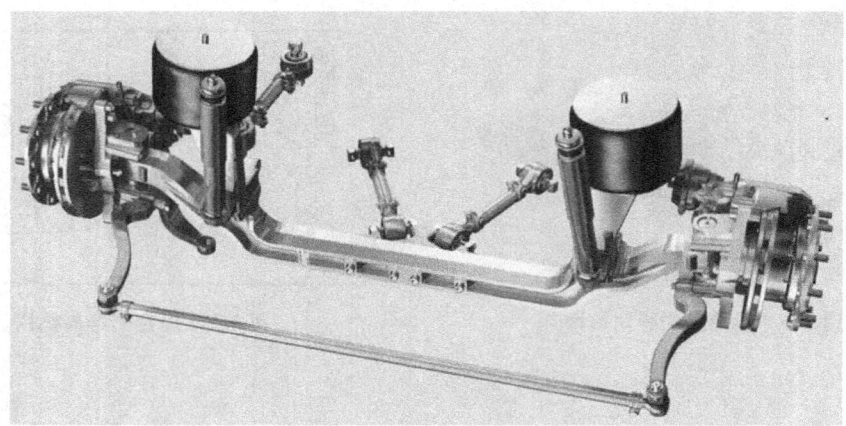

图 3.10 转向桥空气悬架的布置方式

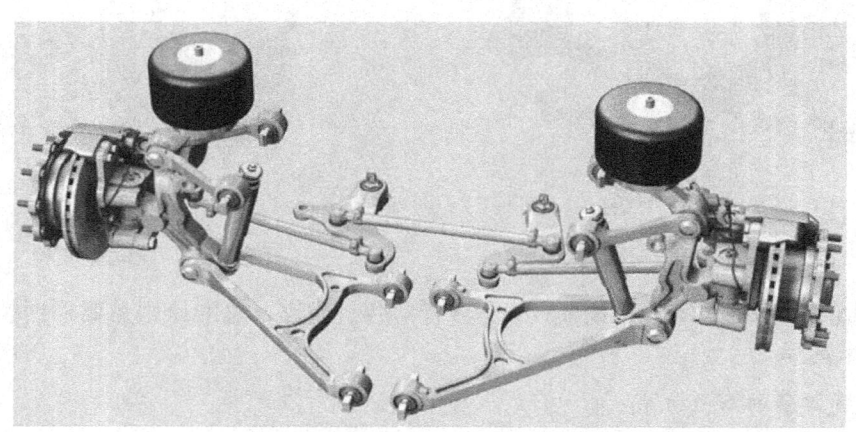

图 3.11 驱动桥空气悬架的布置方式

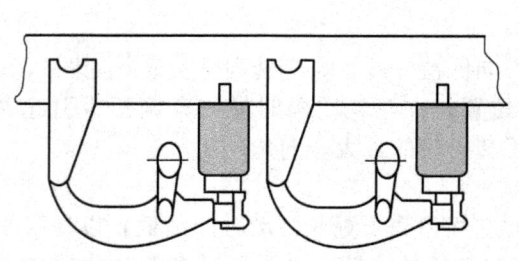

图 3.12 串联式驱动桥空气悬架

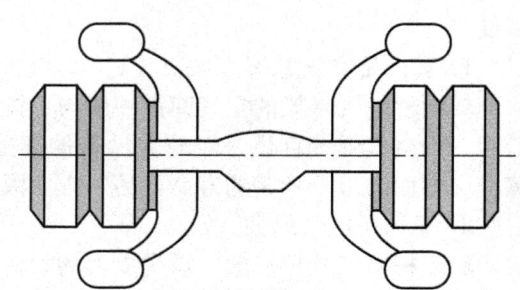

图 3.13 托臂梁式空气悬架

3.1.2 可调阻尼减振器

传统悬架的减振器(即阻尼装置)的阻尼特性一般是固定不变的,因此装备有传统悬架系统的汽车在行驶过程中,其悬架性能也是不变的,这使得汽车的行驶平顺性和乘坐舒适性受到了限制。现代汽车对悬架系统的减振器有更高的要求,希望悬架的阻尼可以根据汽车具体的行驶状况进行动态的调节。可调阻尼减振器便可满足这一需求。下面介绍两种可调阻尼减振器：阻尼连续可调减振器和电磁减振器。

1. 阻尼连续可调减振器

采用电控技术调节阻尼特性的筒式液阻减振器的调节机构通常由传感器、控制装置及执行机构等组成，阻尼既可以分级调节又可以连续调节，通常是由电控执行器改变节流阀通流面积，调节减振器的阻尼特性。由传感器采集的信号包括车速、转向盘转角、节气门开度、制动管路压力及纵向加速度等。

这种系统通常在驾驶室内设置驾驶风格选择装置，系统根据驾驶人选择的不同驾驶风格按软、中、硬三级或软、硬两级转换阻尼特性。目前阻尼分级调节的电子控制式减振器使用得较多，其执行器一般采用置于减振器上方的步进电动机，由步进电动机的旋转带动空心活塞杆内部的转子阀旋转，从而改变转子阀节流孔与活塞节流孔的相对位置，进而改变活塞两侧腔室之间的节流面积以实现阻尼特性的转换。对于阻尼分级调节的减振器，转子阀的位置在短时间内改变往往会产生冲击，导致阻尼力出现不连续的问题。电控式液阻型减振器技术发展的理想目标是实现对阻尼的连续调节，目前已有这样的产品推向市场。

图 3.14 所示是德国 ZF 公司下属的 Sachs 公司生产的阻尼连续调节（Continuous Damping Control，CDC）系统。这套减振系统完全摒弃了传统悬架的螺旋弹簧，采用电控方式调节悬架刚度和阻尼。

如图 3.15 所示，CDC 系统的核心部件由电控单元（ECU）、CDC 减振器、车身加速度传感器、车轮加速度传感器及 CDC 控制阀组成。其中 CDC 减振器是基于传统的液力减振器制造的，减振器内有油液，分为内、外两个腔室，油液可通过连通两个腔室间的孔隙流动。在车轮颠簸时，减振器内的活塞便会在套筒内上下移

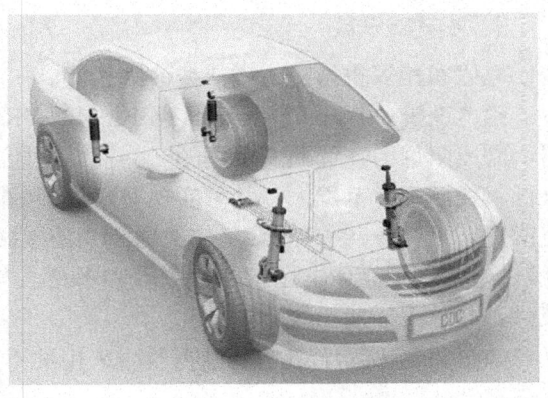

图 3.14 Sachs 公司的阻尼连续调节系统

动，其腔内的油液便在活塞的往复运动作用下在两个腔室间往返流动。油液分子间的相互摩擦及油液与孔壁之间的摩擦对活塞的运动形成阻尼，将振动能量转化为热能散发到空气中，实现减振作用。

CDC 系统就是在"孔隙"上做文章，它通过电控阀门来改变两个腔室间连通部分的截面积，在油液流量一定时，截面积的大小与油液的阻尼成反比，这样就改变了油液在腔室间往复运动的阻力，从而实现对减振器阻尼的改变。CDC 系统不仅可以达到每秒 100 次以上的监测收录并处理路面颠簸，还能在汽车加速、减速、转弯过程中有效控制车身姿态，给驱动轮提供最好的下压力。在控制策略上，CDC 系统采用一种称为 Skyhook 的控制策略，根据行驶状况为每个车轮提供独立的悬架阻尼控制，尽最大可能保证车身的行驶平顺性，使汽车在行驶时，像是被悬吊在空中滑行一样平稳。

采用电子控制悬架减振器可有效防止汽车加速、换挡和制动时车身的纵倾以及转弯时的侧倾，改善汽车低速行驶时的乘坐舒适性，并保证汽车高速行驶时具有良好的车轮-地

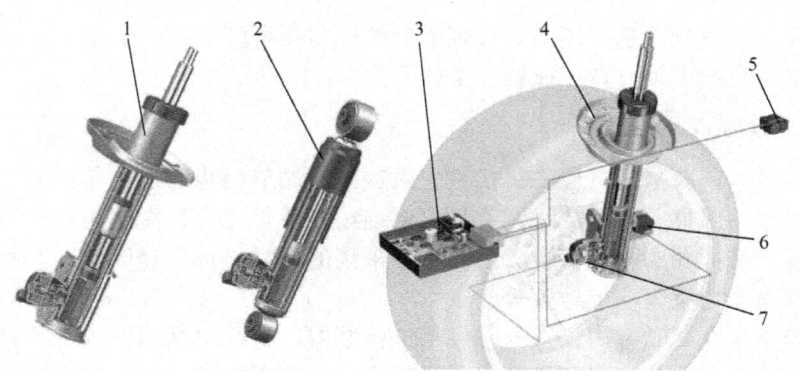

图 3.15　CDC 系统组成示意图

1—前减振器；2—后减振器；3—电控单元；4—CDC 减振器；
5—车身加速度传感器；6—车轮加速度传感器；7—CDC 控制阀

面附着性能。除悬架减振器外，某些转向系统减振器也采用了电子控制装置，可适应不同行驶工况的要求，其控制信号一般包括车速和转向盘转角。

2. 电磁减振器

电磁减振器也常称为磁流变液减振器。

磁流变液（Magnetorheological Fluid，MRF）是一种新型智能材料。它可用于电磁减振器，制成阻尼力连续顺逆可调的新一代高性能、智能化减振装置。该装置结构简洁，功耗极低，控制应力范围大，并可实现对阻尼力的瞬间精确控制，且对杂质不敏感，工作温度范围宽，可在 $-50\sim140℃$ 工作。磁流变液减振器可以直接通过普通低伏电源（一般的蓄电池）供电，避免高伏电压带来的危险和不便。与传统的汽车减振器相比，其运动部件大为减少，几乎无碰撞，故噪声低。

如图 3.16 所示，在电磁减振器内采用的不是普通油液，而是上面提到的磁流变液，它

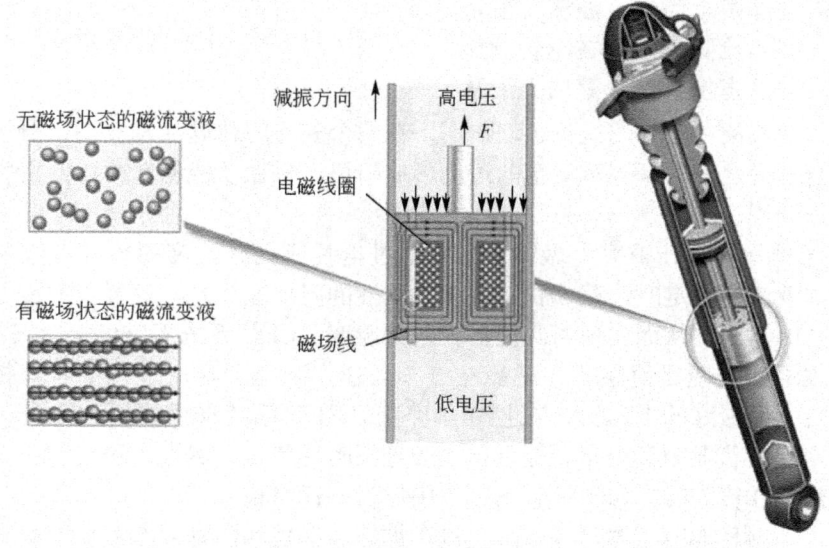

图 3.16　电磁减振器的工作原理

是由合成碳氢化合物及 3~10μm 大小的磁性颗粒组成的。一旦悬架控制单元发出脉冲信号，线圈内便会产生电压，从而形成一个磁场，并改变粒子的排列方式。这些粒子马上会按垂直于压力的方向排列，阻碍油液在活塞通道内流动的效果，从而提高阻尼系数，调整悬架的减振效果。没有加高电压时，处于无磁状态的磁流变液的阻尼系数会相对降低，悬架变得较软。这样便可以根据汽车的实际行驶状况动态地调节悬架的阻尼特性。

20 世纪 90 年代，各大汽车公司开始研究电磁减振器。但由于技术困难和资金缺乏，直到目前为止，只有美国 Delphi 这一家公司研发出了可以商用的电磁减振器，其他汽车公司生产的带有电磁悬架的汽车都是采购于 Delphi 公司。最早采用这一悬架的是 2001 年的凯迪拉克 SRX，现在凯迪拉克 SLS 和 CTS、奥迪 TT 跑车、法拉利 599GTB 均装备电磁减振器。通用公司宣称装有磁流变液减振器悬架的汽车，即使在最崎岖的路面上，也可以增加轮胎与地面的接触，减少轮胎反弹，控制车辆的重心转移和前倾后仰程度，来维护车辆的稳定，还可以在车辆急转弯或做出闪躲动作时很好地控制车身摇摆。

3.1.3 主动悬架

传统悬架系统的刚度和阻尼是按经验或优化设计的方法确定的。根据这些参数设计的悬架结构，在汽车行驶过程中，其性能是不变的，也是无法进行调节的。也就是说，传统的悬架系统只能保证在一种特定的道路状态和行驶速度下达到最佳性能，从而使汽车行驶平顺性和乘坐舒适性受到了限制。随着高速公路网的发展和路面条件的改善，人们希望汽车不仅有很高的行驶速度，而且还要有很好的行驶平顺性、安全性和乘坐舒适性。因而在 20 世纪 60 年代，国外提出了可根据汽车行驶条件(车辆的运动状态和路面状况及载荷等)的变化，而对悬架的刚度和阻尼进行动态的调节，使悬架系统始终处于最佳减振状态的主动悬架系统。

主动悬架系统按其是否包含动力源可分为全主动悬架(有源主动悬架)和半主动悬架(无源主动悬架)系统两大类。

1. 全主动悬架

悬架的主动控制就是根据汽车在行驶过程中的实际需要，对悬架弹簧的刚度和阻尼进行动态的自适应调节，从而使汽车达到最佳的行驶平顺性和乘坐舒适性。例如，在好路面上汽车正常行驶时，希望悬架刚度软一点，而在坏路面上行驶或起步、制动时，希望悬架刚度硬一点，以减少车身姿态的变化，从而改善汽车的行驶平顺性；低速时希望悬架软一点，高速时又希望悬架硬一点，但是汽车在高速行驶时，为了提高行驶稳定性，又希望悬架变软来降低车身高度；而当车身垂直振动位移过大时，又希望增加悬架系统的刚度和阻尼，从而使悬架变硬。因此主动悬架就是能根据汽车的运动状态和路面状况，适时地调节悬架的刚度和阻尼，使其处于最佳减振状态的悬架。它是在被动悬架系统(弹性元件、减振器、导向装置)中附加一个可控制作用力的装置而成的，通常由执行机构、检测系统、反馈控制系统和能源系统 4 部分组成。

执行机构的作用是执行控制系统的指令，一般为力发生器或转矩发生器(液压缸、气缸、伺服电动机、电磁阀等)。

检测系统的作用是检测系统的各种状态，为控制系统提供依据。检测系统包括各种传感器：车身加速度传感器、车身高度传感器、车速传感器、转向盘转角传感器、节气门位

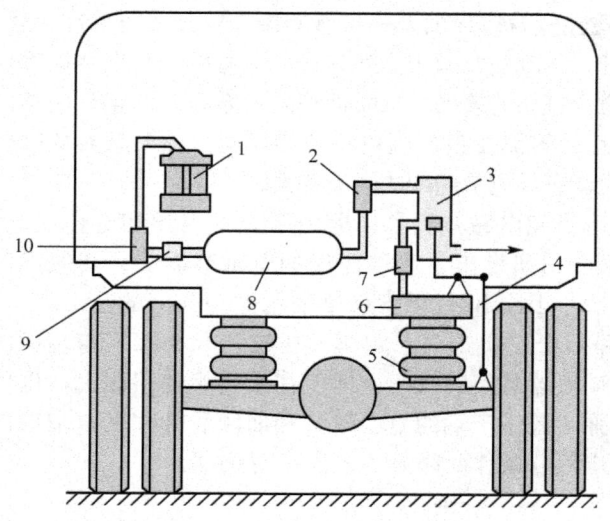

图 3.17 空气弹簧非独立悬架

1—压气机；2、7—空气滤清器；3—高度控制阀；4—控制杆；5—空气弹簧；6—储气罐；8—储气筒；9—压力调节器；10—油水分离器

置传感器等。它们检测出汽车行驶的速度、起动、加速度、转向、制动和路面状况、汽车振动状况、车身高度等信号，并输送给电子控制模块。

控制系统的作用是处理数据和发出各种控制指令，其核心部件是电子计算机。

能源系统的作用是为以上各部分提供能量。

目前全主动悬架系统主要有全主动油气悬架、全主动空气悬架和全主动液力悬架3种类型，但最常见的是全主动空气悬架。

图 3.17 所示为空气悬架的结构原理简图，囊式空气弹簧 5 的上下端分别固定在车架和车桥上，由压气机 1 产生的压缩空气经油水分离器 10 和压力调节器 9 进入储气筒 8。压力调节器可使储气筒中的压缩空气保持一定压力。储气罐 6 通过管路与两个空气弹簧相通。储气罐和空气弹簧中的空气压力由车身高度控制阀 3 控制。空气弹簧只承受垂直载荷，因而必须加设导向装置，车轮受到的纵向力和横向力及其力矩由悬架中的纵向推力杆和横向推力杆来传递。

尽管空气悬架本身性能优良，而且方便调整其性能，但是如果能根据汽车行驶时的特点随时调整，将会更好地发挥它的优势，计算机的出现为其创造了技术上可行的条件。下面将较详细地介绍电控主动空气悬架。

电控主动空气悬架系统的工作原理如图 3.18 所示。它由悬架控制开关、制动灯开关、节气门位置传感器、车速传感器、车门传感器、转向盘转角传感器、车身高度传感器、悬架 ECU、高度控制电磁阀及空气悬架等装置组成。系统工作时，控制模块根据车身高度、转向盘转角、车速、制动等传感器的信号，经过运算分析后输出控制信号，控制各种电磁阀和步进电动机，以便及时改变悬架的刚度、阻尼系数和车身高度，以适应各种复杂的行驶工况对悬架特性的不同要求，保证汽车行驶过程中的乘坐舒适性和操纵稳定性。

电控空气悬架系统中，悬架系统的刚度和阻尼有"NORM"（软）和"SPORT"（硬）两种模式，每种模式下按照刚度与阻尼的大小，依次又有低、中、高3种状态。"NORM"和"SPORT"模式可以通过手动开关选择，也有的悬架系统是由控制模块通过计算后决定的。一旦模式选定后，就由悬架 ECU 根据各种传感器的输入信号在低、中、高3种状态间自动调节刚度和阻尼系数。

一般汽车减振器在硬阻尼状态下会获得较好的汽车高度控制，在软阻尼状态下会获得更好的乘坐舒适性。此外，在紧急制动、加速、减速、高速行驶和路面崎岖不平时，需要使减振器在硬阻尼状态下工作。

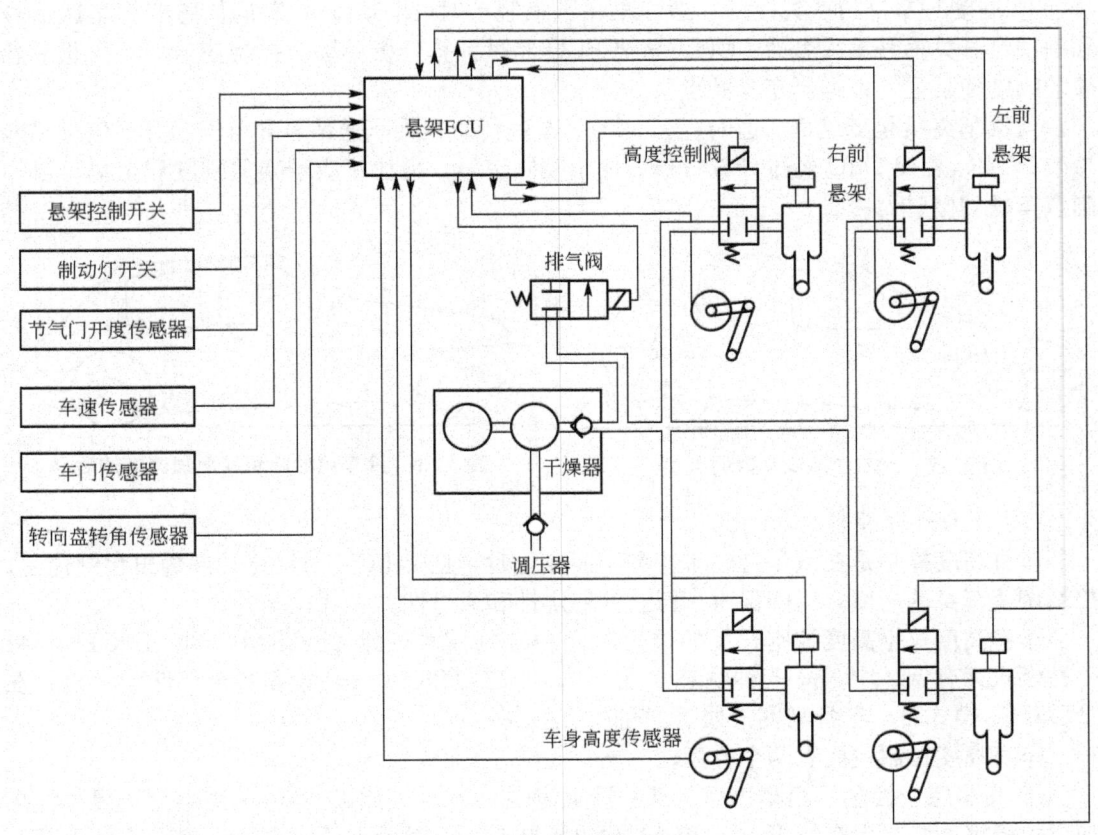

图 3.18　主动式空气悬架系统的工作原理

电控空气悬架系统的控制功能主要包括以下 3 方面的控制。

（1）车速与路面感应控制。

这种控制主要是随着车速和路面的变化，改变悬架的刚度和阻尼，使之处于低、中、高 3 种状态。车速和路面感应主要有以下 3 种。

① 高速感应。当车速很高时，控制模块输出控制信号，使悬架的刚度和阻尼相应增大，以提高汽车高速行驶时的操纵稳定性。

② 前后车轮关联感应。当汽车前轮在遇到路面单个的突起时，控制模块输出控制信号，相应减小后轮悬架的刚度和阻尼，以减小车身的振动和冲击。

③ 坏路面感应。当汽车进入坏路面行驶时，为了抑制车身产生大的振动，控制模块输出控制信号，相应增大悬架的刚度和阻尼。

（2）车身姿态控制。

当车速急剧变化（起步、制动等）及转向时，会造成车身姿态的急剧改变。这种车身姿态的改变既降低了汽车的乘坐舒适性，又造成车身的过度倾斜，容易使汽车失去稳定性，所以应该对其进行控制。车身姿态控制主要包括以下 3 个方面。

① 转向时车身的倾斜控制。当驾驶人急打转向盘使汽车急转弯时，转向角度传感器将转向盘的转角及旋转速度信号输入悬架 ECU，悬架 ECU 经过计算分析向悬架执行元件输出控制信号，增大或减小相应悬架的刚度和阻尼，以抑制车身的倾斜。

② 制动时车身的点头控制。当汽车在紧急制动时(图3.19)，车速传感器将车速信号和制动灯开关信号输入悬架ECU，悬架ECU经过计算分析后输出控制信号，增大相应悬架的刚度和阻尼，以抑制车身的点头。

当汽车突然起步或急加速时(图3.20)，车速传感器将车速信号和节气门开度信号输入悬架ECU，悬架ECU经过计算分析后输出控制信号，增加相应悬架的刚度和阻尼，以抑制汽车的后坐(抬头)。

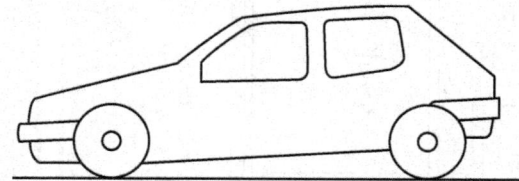
图3.19　汽车紧急制动时的点头

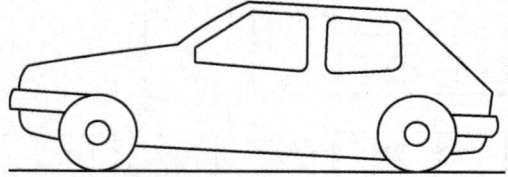
图3.20　汽车突然起步或急加速时的后坐

(3) 车身高度控制。

车身高度控制是在汽车行驶车速和路面变化时，悬架ECU对执行元件输出控制信号，控制调节车身的高度，以确保汽车行驶的稳定性和通过性。

车身高度根据高度控制开关的位置有两种控制模式，即"NORM"和"HIGH"，每一种模式又有低、中、高3种状态。在"NORM"模式时，车身常处于"低"状态；在"HIGH"模式时，车身高度常处于"高"状态。

车身高度控制主要有两个方面。

① 高速感应控制。当车速高于某一设定值(如90km/h或120km/h)时，为了提高汽车的行驶稳定性和减少空气阻力，控制器输出控制信号，降低车身的高度；当车速低于某一设定值(如60km/h)时，汽车恢复原有的高度。

② 连续差路面行驶控制。汽车在连续颠簸不平的路面行驶，车身高度传感器连续2.5s以上输出大幅度的振动信号，如果此时车速在40~90km/h，悬架ECU就会输出控制信号，以提高车身，减弱来自路面的突然起伏感，提高汽车的通过性能；但如果此时的车速在90km/h以上，悬架ECU会输出控制信号，降低车身高度，以保证汽车行驶的稳定性。

此外，有些悬架系统当点火开关处在运行位置超过45s时，还会有下列动作：当一个车门打开，制动踏板松开时，悬架ECU会输出控制信号提高车身高度，车门关好后，又降低车身高度，这样可以阻止开着的车门碰到人行道凸边或其他物体；制动器工作且一个车门打开时，悬架ECU输出控制信号，提高车身高度。

表3-1为雷克萨斯LS400乘用车电控空气悬架系统的控制功能表。

表3-1　雷克萨斯LS400乘用车电控空气悬架系统控制功能表

控制项目	功　能
防侧滑控制	使弹簧刚度和减振力变成"坚硬"状态，能抑制侧倾而使汽车的姿势变化减至最小，以改善操纵性
防点头控制	使弹簧刚度和减振力变成"坚硬"状态，能抑制制动时点头而使汽车的姿势变化减至最小

(续)

控制项目	功　能
防下挫控制	使弹簧刚度和减振力变成"坚硬"状态,能抑制汽车加速时后部下挫而使汽车的姿势变化减至最小
高车速控制	使弹簧刚度变成"坚硬"状态或使减振力变成"中等"状态,能改善汽车高速时的行驶稳定性和操纵性
不平整路面控制	使弹簧刚度和减振力视需要变成"中等"或"坚硬"状态,以抑制汽车车身在悬架上下垂,从而改善汽车在不平坦路面上行驶时的乘坐舒适性
颠动控制	使弹簧刚度和减振力视需要变成"中等"或"坚硬"状态,抑制汽车在不平坦路面上行驶时的颠动
跳振控制	使弹簧刚度和减振力视需要变成"中等"或"坚硬"状态,能抑制汽车在不平坦路面上行驶时的上下跳振
自动高度控制	不管乘客和行李的质量情况如何,使汽车高度保持某一恒定的高度位置,操作高度控制开关使汽车的目标高度变为"正常"或"高"的状态
高车速控制	当高度控制开关在 HIGH(高)位置时,汽车高度会降低至正常状态,从而改善高速行驶时的稳定性
点火开关 OFF 控制	当点火开关关闭后因乘客和行李质量变化而使汽车高度变为高于目标高度时,能使汽车高度降低至目标高度,从而改善汽车驻车时的姿势

主动液力悬架和主动空气悬架或油气悬架完全不一样的地方是没有弹性的介质——气体,执行器(液压缸)中所采用的介质是不可压缩的油液,故其响应的灵敏度较高。当执行器(液压缸)发生作用时,液压缸中的活塞从上、下两侧接受油压,一侧油压上升,另一侧油压下降,从而使活塞产生往复伸缩运动,以适应路面的凸凹,保持车身的平稳。

瑞典的沃尔沃公司在 Volvo740 乘用车上开发了试验性的主动液力悬架系统,如图 3.21 所示。它采用了计算机控制的液压伺服系统,计算机接收并处理传感器测得的汽车操纵系统及车身和车轮的状态信息,不仅能控制液压缸的动作,而且还可以根据需要改变悬架的刚度和阻尼,对各车轮进行单独控制,实现需要的任意运动。在不良路面上进行高速行驶试验时,车身非常平稳,轮胎噪声较小,转向和制动时车身能够保持水平。

2. 半主动悬架

半主动悬架与主动悬架的区别是,半主动悬架用可控阻尼的减振器取代执行器。因此它不考虑改变悬架的刚度,而只考虑改变悬架阻尼的悬架系统。半主动悬架由无动力源且可控的阻尼元件(减振器)和支持悬架质量的弹性元件(与减振器并联)组成。减振器则通过调节阻尼力来控制所耗散掉的能量的多少。

半主动悬架与主动悬架相比,具有如下优点:结构简单(省去了油泵、蓄能器、油管、滤油器、油罐等);工作时几乎不消耗车辆的动力;而且制造可控阻尼器没有制造电液伺服的液力执行元件那么复杂,故制造成本低。因而半主动悬架有较好的应用前景。

半主动悬架按阻尼级别又可分成有级式和无级式两种。

(1) 有级式半主动悬架。它将悬架系统中的阻尼分成两级、三级或更多级,可由驾驶人选择或根据传感器信号自动进行选择所需要的阻尼级。也就是说,可以根据路面条件

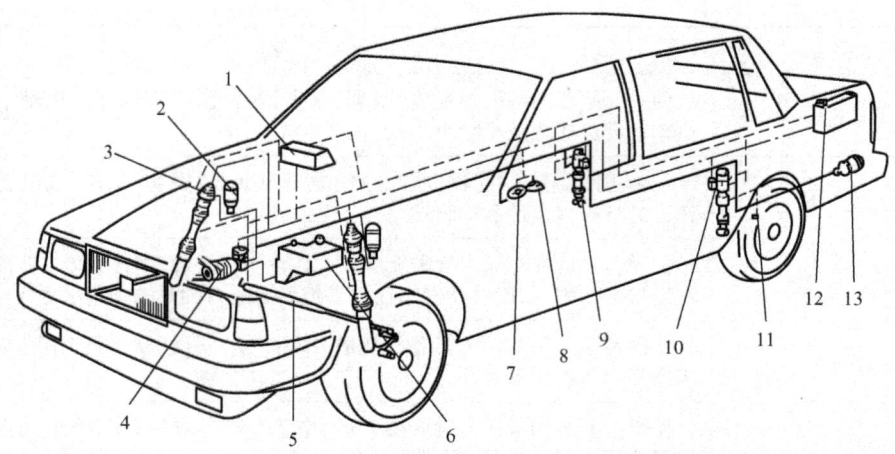

图 3.21 Volvo740 乘用车的主动液力悬架系统

1—控制面板；2、13—蓄能器；3—前作动器液压缸；4—液压泵；5—转向角传感器；6—油箱；
7—横摆陀螺仪；8—纵向和侧向加速度传感器；9—后作动器液压缸；10—伺服阀门；
11—轮毂加速度传感器；12—控制计算机

(好路或坏路)和汽车的行驶状态(转弯或制动)等，来调节悬架的阻尼级，使悬架适应外界环境的变化，从而可较大幅度地提高汽车的行驶平顺性和操纵稳定性。

（2）无级式半主动悬架。它根据汽车行驶的路面条件和行驶状态，对悬架系统的阻尼在几毫秒内由最小变到最大进行无级调节。

下面以油气悬架为例作介绍。

半主动油气悬架是在普通油气弹簧悬架的基础上，通过增设电子控制系统演变而成的。下面先介绍普通油气弹簧的一般情况，然后介绍半主动油气悬架。

油气弹簧装于汽车上，和其他弹簧一样，可以构成独立悬架或非独立悬架。图 3.22 所示为某矿用自卸汽车前轮的油气弹簧非独立悬架的示意图。两个油气弹簧 1 的两端分别固定在前桥上的支架 10 和纵梁上的支架 2 上。左、右两侧各有一根下纵向推力杆 11，装在前桥 6 和纵梁 4 之间。一根上纵向推力杆 8 安装在前桥上的支架 9 和纵梁 4 的内侧支架

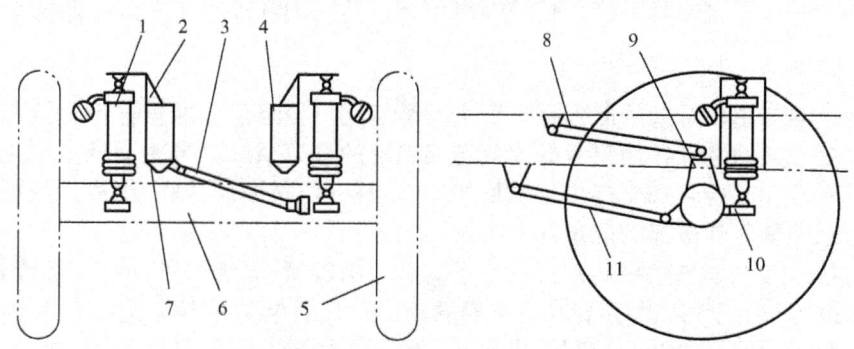

图 3.22 某矿用自卸汽车前轮的油气弹簧非独立悬架示意图

1—油气弹簧；2—支架；3—横向推力杆；4—箱型断面纵梁；5—车轮；
6—前桥；7—缓冲块；8—上纵向推力杆；9、10—支架；11—下纵向推力杆

上。上、下两纵向推力杆构成平行四边形，既可传递纵向力，承受制动力引起的反作用力矩，又可保证车轮上下跳动时主销倾角不变，有利于汽车操纵稳定性。一根横向推力杆3装在左侧纵梁与前桥右侧的支架上，传递侧向力。在两纵梁下面装有缓冲块7，以避免在很大的冲击载荷下前桥直接碰撞车架。

大吨位的自卸汽车采用油气弹簧悬架(简称油气悬架)，与钢板弹簧悬架相比有以下特点：油气悬架具有变刚度特性，可保证汽车具有良好的行驶平顺性，特别是工地和矿山用车，其道路条件和装载条件都很恶劣(用大型电铲将矿石从空中往车厢里倾装时，会产生很大的冲击)，采用油气悬架后，可显著地缓和冲击，减少颠簸，从而改善驾驶人的劳动条件和提高平均车速；油气弹簧结构紧凑、尺寸小，对整车总布置有利，有的自卸汽车采用了烛式独立前悬架，能使转向轮偏转角达45°，大大减小了汽车的转弯半径；改变缸筒工作腔的油量和气室的充气压力，可得到不同的变刚度特性，从而使油气弹簧的主要部件可以在不同吨位的汽车上通用，尤其在大型工矿用自卸汽车上越来越广泛地获得应用。

同样，如在乘用车上采用油气悬架就可很好地改变车身高度，调平车身。若在一般油气悬架系统再加上电子控制，乘用车性能可获得极大改善。

图3.23所示为雪铁龙XM乘用车半主动式油气悬架系统的组成与布置示意图。

雪铁龙XM乘用车半主动油气悬架是在油气弹簧悬架的基础上增设电子控制系统而开发的。它由电子控制装置(ECU)16、转向盘转角传感器7、加速度传感器9、制动压力传感器13、车速传感器14、车身位移传感器17、油气弹簧的刚度调节器和电磁阀等组成。

该系统能提供两种弹簧刚度和两种阻尼力(软和硬)，从图3.23中可以看到，在前、后轴的中部增加了一个油气室2(刚度调节器)，实际上它也是油气弹簧。在正常行驶时，依据ECU的命令，该油气弹簧2和各相应车轴上车轮的油气弹簧相通，这样，油气弹簧中的压缩气体体积增加了50%，悬架的刚度降低。图中的前、后电磁阀10和4若各自将一个节流孔打开，阻尼力下降，此时悬架就为软设置；反之就变成硬设置。

该电控油气悬架由于无动力消耗，

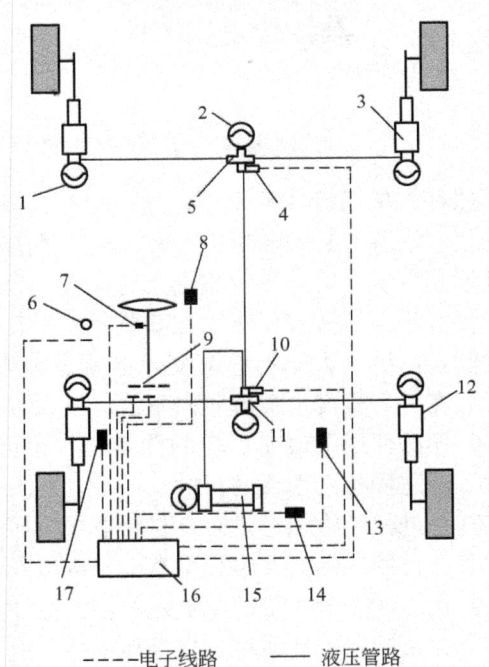

-----电子线路　——液压管路

图3.23 雪铁龙XM乘用车半主动式油气悬架系统示意图

1—油气弹簧；2—中间油气室(刚度调节器)；
3—后悬架；4—后电磁阀；5—后悬架刚度调节器；
6—指示灯；7—转向盘转角传感器；
8—控制开关；9—制动和加速踏板传感器；
10—前电磁阀；11—前悬架刚度调节器；
12—前悬架；13—制动压力传感器；
14—车速传感器；15—油泵；
16—电控装置(ECU)；17—车身位移传感器

虽然其刚度也能调整但仍属于半主动悬架。

3.1.4 多连杆悬架

1. 概述

多连杆悬架是1982年梅赛德斯-奔驰公司为190系列车首次开发的，如图3.24所示。多连杆悬架属于独立悬架的一种，是一种较为先进、复杂、精确的悬架系统。多连杆悬架的连杆比一般悬架要多些，一般可分为多连杆前悬架和多连杆后悬架。其中前悬架一般为三连杆或四连杆式独立悬架；后悬架则一般为四连杆或五连杆式独立悬架，其中又以五连杆式后悬架应用最为广泛。

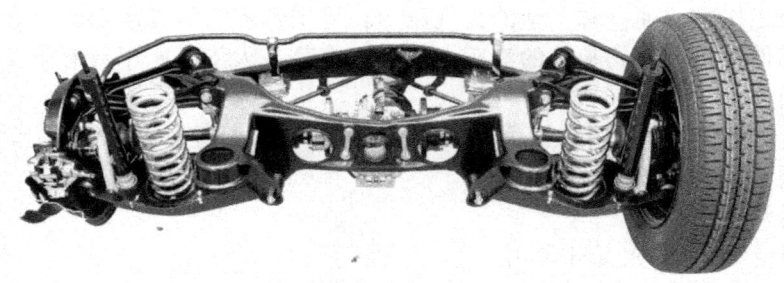

图 3.24 梅赛德斯-奔驰190系列汽车的多连杆后悬架

多连杆悬架通过各种连杆配置，使车轮绕着与汽车纵轴线成一定角度的轴线内摆动，是横臂式和纵臂式悬架的折中方案。适当地选择摆臂轴线与汽车纵轴线所成的夹角，可不同程度地获得横臂式与纵臂式悬架的优点，能满足不同的使用性能要求。多连杆式悬架能实现双摇臂悬架的所有性能，在双摇臂的基础上通过连杆连接轴的约束作用使得轮胎在上下运动时，前束角也能相应改变，这就意味着弯道适应性更好，如果用在前驱车的前悬架，可以在一定程度上缓解转向不足，给人带来精确转向的感觉；如果用在后悬架上，能在转向侧倾的作用下改变后轮的前束角，这就意味着后轮可以一定程度地随前轮一同转向，达到舒适操控两不误的目的。

多连杆悬架结构相对复杂，材料成本、研发实验成本及制造成本远高于其他类型的悬架，而且它占用空间大，中小型车出于成本和空间的考虑，极少使用这种悬架。但多连杆悬架的舒适性能是所有悬架中最好的，操控性能也可媲美双叉臂式悬架。中、高档乘用车由于空间充裕且注重舒适性与操控稳定性，所以大多使用多连杆悬架。国内生产的乘用车前后悬架均采用多连杆悬架的车型有：北京奔驰-戴姆勒·克莱斯勒公司的奔驰E级乘用车、华晨宝马的3系及5系乘用车、一汽大众奥迪A4及A6L；采用多连杆前悬架的车型有上海大众的帕萨特领驭；采用多连杆后悬架的有长安福特福克斯、一汽大众速腾、广州本田雅阁、上海通用君越、一汽丰田皇冠及锐志、一汽乘用车马自达6、东南汽车三菱戈蓝等。

2. 多连杆悬架的结构特点

多连杆式悬架是指由3根或3根以上连杆构成，并且能提供多个方向的控制力，使轮胎具有更加可靠的行驶轨迹的悬架结构。不过时下，由于三连杆结构已不能满足人们对于操控性能的更高追求,只有结构更精确、定位更准确的四连杆式和五连杆式悬架才能称得上是真正的多连杆悬架,因此其结构要比双叉臂悬架和麦弗逊悬架复杂很多。

以应用最为广泛的五连杆悬架为例,多连杆悬架一般包括前置定位臂、后置定位臂、上臂、下臂及主控制臂。图3.25所示是本田雅阁乘用车的五连杆后悬架。

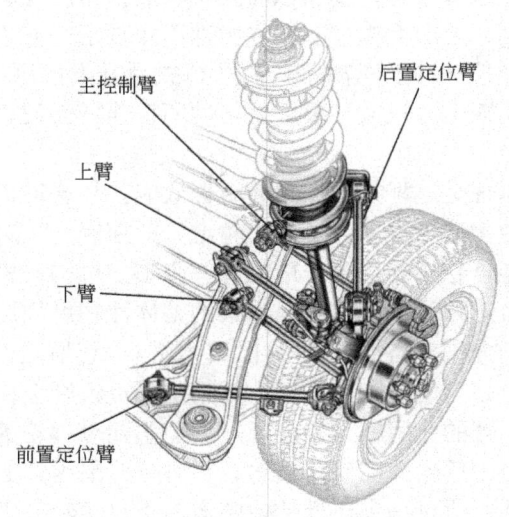

图3.25 本田雅阁乘用车的五连杆后悬架

图3.26所示为奥迪A6的前悬架。该悬架为四连杆机构,可以说是双A形双横臂独立悬架的改进型。图3.27所示为梅赛德斯-奔驰E级乘用车的后悬架,该悬架采用五连杆机构。

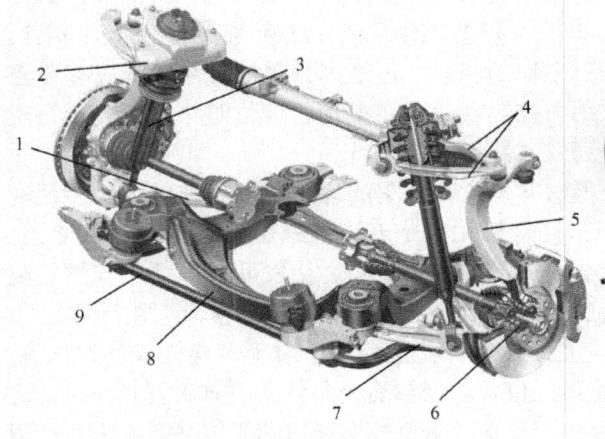

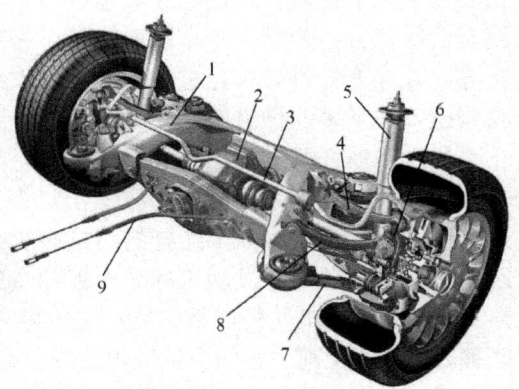

图3.26 奥迪A6的前悬架(四连杆机构)
1—导向杆;2—支座;
3—弹簧/减速器总成;
4—上控制臂;5—转向节;
6—车轮轴承/轮毂;7—下支承臂;
8—副车架;9—稳定杆

图3.27 梅赛德斯-奔驰E级乘用车后悬架
(五连杆机构)
1—后桥;2—后差速器;3—稳定杆;
4—上控制臂;5—减振器;
6—定位臂;7—下控制臂;
8—前控制臂;9—制动油管

3. 多连杆悬架的性能特征

以五连杆悬架为例，主控制臂可以起到调整后轮前束的作用，以提高行驶稳定性，有效降低轮胎的偏磨。位于上端的支柱减振器与车身相连，下端的叉臂变成了两根连杆，在性能表现上两连杆与麦弗逊悬架有许多相似之处，优点在于质量轻、减振响应速度快，但缺点也非常明显，在刚度、路面支撑、减振方面都不及真正的多连杆悬架。很好的例子就是因车速过快造成车辆失控并冲上隔离带，两连杆式后悬架的刚度就会因此而受到考验，同时因为冲上隔离带致使撞击力过大导致后悬架的两根连杆断裂，于是整个后悬架就有脱落的可能性。

多连杆悬架的工作原理是连杆共同作用的组合效应。与这种优化过的麦弗逊式悬架相比，真正的多连杆悬架的构造不仅增加了对车轮上方的控制力，对车轮的前后方也有相应的连杆产生作用力。多连杆悬架的主要作用就像一个锁止机构一样，将车轮牢牢地固定在半轴末端，使车轮行进轨迹移位减小，增强悬架的整体性和可靠性。

五连杆悬架的各连杆分别对各个方向的作用力进行抵消。比如，当车辆进行左转弯时，后车轮的位移方向正好与前转向轮相反，如果位移过大则会使车身失去稳定性，摇摆不定。此时，前后置定位臂的作用就开始显现，它们主要对后轮的前束角进行约束，使其在可控范围内；相反，由于后轮的前束角被约束在可控范围内，如果后轮外倾角过大则会使车辆的横向稳定性减低，所以在多连杆悬架中增加了对车轮上下进行约束的控制臂，一方面是更好地使车轮定位；另一方面则使悬架的可靠性和刚度进一步提高。

从车辆操控性角度来看，多连杆悬架的吊悬结构能通过前后置定位臂和上下控制臂有效控制车轮的外倾角及前束角。例如，当车轮驶过坑洼路面时，首先上下控制臂开始在可控范围内摆动，及时给予车轮足够的弹跳行程；如果路面继续不平，同时车辆的速度加快，此时前后置定位臂的作用就是把车轮始终固定在一个行程范围值内，同时液压减振器也会伴随上下控制臂的摆动吸收振动，而主控制臂的工作就是上下摆动配合上下控制臂，使车轮保持自由弹跳，令车厢始终处于相对平稳的状态。正是因为多连杆悬架具备多根连接杆，并且连杆可对车轮进行多个方面作用力控制，所以在做轮胎定位时可对车轮进行单独调整，并且多连杆悬架有很大的调校空间及改装可能性。

尽管多连杆式悬架拥有众多的优点，但这并不意味着它的运用范围就非常广，相反在一些车身紧凑甚至结构特殊的车型上，多连杆悬架尤其是五连杆式悬架更是无用武之地，究其原因主要是因为5根连杆的结构布置会占用不少横向空间，使发动机不便于安置，复杂的悬架结构还会对发动机的维修保养造成不便，所以五连杆式悬架通常只应用于后轮。

多连杆悬架的优势非常明显，这使得它正逐步被广泛地应用。对于多连杆式悬架来说，完善的结构能使前后轮的主销倾角同时达到最佳位置，当然前提条件是厂方工程师在设计之初，就要有周全的考虑和精密的数据计算。由于多连杆悬架的连杆达到4根甚至5根，所以必须通过车架(通常所说的大梁)连接固定，而车架和车身又为柔性连接。此时，车架的作用就相当于前悬采用的副车架，可使悬架的整体性得到加强。在众多连杆的作用下，可大幅度降低来自路面的冲击，通过前后定位臂的抑制作用，可改善加速或制动时车内乘员仰头和点头动作；结合后轮结构紧凑的螺旋弹簧的拉伸或压缩，还可使车轮的横向偏移量保持在最小值，提高车辆直线和弯道行驶的稳定性。同时，配合阻尼调校到位的减振器，多连杆式悬架在车辆上具体表现为转弯时侧倾较小，并且对波形路面的吸振也更加到位。

4. 多连杆悬架的优缺点

多连杆悬架具有如下优点。

(1) 可以自由独立地确定主销偏移距，减小因径向载荷引起的干扰力和力矩。

(2) 很好地控制了在制动和加速期间车的纵向点头运动。

(3) 有利于控制车轮的前束、外倾和轮距宽度的变化，因此具有良好操纵稳定性。

(4) 可有效地降低轮胎的磨损，延长其使用寿命。

(5) 从弹性运动学角度来看，在侧向力和纵向力条件下，前束角的改变及行驶舒适性都能得到精确的控制。

(6) 车轮受力点分散，因此连杆可以做得细小，减轻了质量。

多连杆悬架的缺点如下。

(1) 由于连杆和衬套增多，导致成本增加。

(2) 悬架运动过程中过约束的可能性增加。因此，在车轮垂直和纵向运动过程中衬套必须有必要的变形，对连接衬套的磨损比较敏感。

(3) 对于相关的几何体位置和衬套硬度公差要求较高。

总的来说，多连杆悬架不仅可以保证有一定的舒适性（因为它是完全独立式悬架），而且由于连杆较多，可以允许车轮与地面尽最大可能保持垂直、减小车身倾斜、维持轮胎的贴地性，因此装备有多连杆悬架的汽车，操控性一般都很好。可以说，从理论上讲，多连杆悬架是目前解决舒适性和操控性矛盾的最佳方案。

3.2 转向系统新技术

3.2.1 可变转向比转向系统

一般来说，转向器必须具有如下品质：在汽车直线行驶时没有晃动；低摩擦，从而具有高效率；高刚性；可调整性。由于这些原因，当今只有两种类型的转向器能达到上述要求，即齿轮齿条式转向器和循环球式转向器。普通车辆的转向系统中一般采用这两种转向器。一般乘用车的转向传动比固定在 16∶1 和 18∶1 之间，也就是说如果要让转向轮转动 1°，不论行驶车速如何，转向盘都需要转动 16°～18°。而实际情况往往是：在低车速下，驾驶人需要通过将转向盘转动一个相对较小的角度，使转向轮转动一个较大的角度，以提高转向的效率；而在高车速下，即使转向盘转动角度相对较大，转向轮也不会产生大角度转向，以保证转向的稳定性和行车安全性。可变齿比转向系统正是应这一需求而产生的。

由于目前尚无明确的分类，这里将它们简单地分为机械式和电子式。

1. 机械式可变转向比转向系统

机械式可变转向比转向系统对传统的齿轮齿条转向器进行了改进，得到了可变齿比转向(VGRS)机构。

它通过特殊工艺加工出齿距间隙不相等的齿条(图 3.28)，这样转向盘在转向时，齿轮与齿距不相等的齿条啮合，转向比就会发生变化。齿条中间位置的齿距较细密，因此在转动转向盘时，齿条在这一范围内的位移较小，在小幅度转向时（如变线、方向轻微调整时),车辆会显得沉稳。齿条两侧远端的齿距较稀疏,在这个范围内转动转向盘,齿条的相对位移会变大,所以在大幅度转向(如泊车、掉头等)时,车轮会变得更加灵活。

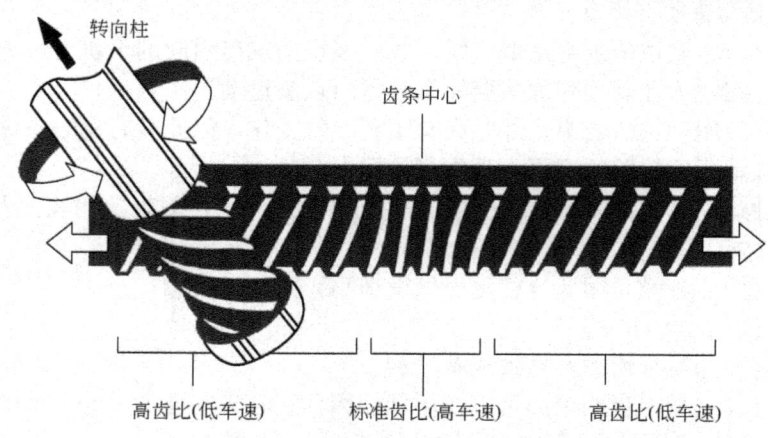

图 3.28 机械式可变齿比转向机构

这种技术对齿条的机械加工工艺要求比较严格,并未涉及电子方面的技术,故将其归为机械式可变转向比转向机构。该转向机构的缺点在于齿比变化范围有限,并且不能灵活变化。但它的优势也很明显,由于完全是机械结构,因此可靠性较高,耐用性好,结构也非常简单。这就是所谓的可变齿比转向技术。通过这种改进,实现了车辆在转向操作时,转向比可变。

本田公司在1997年首次将可变齿比转向技术应用到汽车上。奔驰的直接转向系统也可归为可变齿比转向系统。

2. 电子式可变转向比转向系统

电子式可变转向比转向系统的典型代表是宝马汽车的前轮主动转向(Active Front Steering,AFS)系统,下面主要以该系统为例介绍电子式可变转向比转向系统,其他汽车公司的可变转向比技术只作简单提及。

前轮主动转向系统的主要功能包括两方面:一是根据汽车行驶状况实时调节转向器的等效传动比,从而为驾驶人提供最适宜的转向灵敏度;二是在底盘一体化控制中,通过使前轮主动转向产生使汽车行驶稳定的力矩。这里仅介绍主动转向系统结构及改变转向传动比的原理。

根据反映汽车行驶状况的信号对转向传动比进行控制,一般将控制转向器转动的输入自由度由一个(转向盘转角)增加到两个(转向盘转角和电动机的转角),通过叠加机构输出理想的转角。图3.29所示为通过电动机驱动角度叠加机构的AFS系统示意图。该系统中,转向齿轮的转角等于转向盘转角与角度叠加机构产生的转角(与转向盘转角同向或反向)之和。

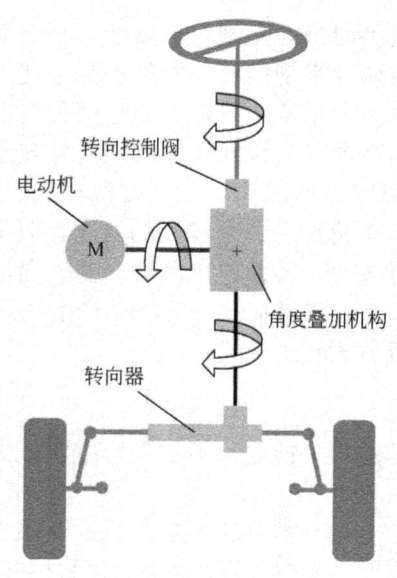

图 3.29 AFS 系统示意图

图 3.30 和图 3.31 所示分别为德国 ZF 公司的主动转向系统示意图和透视图。该系统是在电控液压助力转向系统的基础上增加电动机 5、蜗轮蜗杆机构、双排行星齿轮机构、电磁锁止装置 2 及电控单元（图中未绘出）等组成的。作为角度叠加装置的双排行星齿轮机构，有两个输入和一个输出。两个输入分别为上太阳轮 11（与转向传动轴相连）及电动机驱动的蜗轮 9（与行星架 3 固连）。作为输出件的下太阳轮则固定在转向齿轮 8 的上端。当电动机不工作时，转向盘转角通过转向操纵机构、转向控制阀传给上太阳轮，再通过上、下行星轮传给下太阳轮（即转向齿轮），从而使车轮偏转；当电动机工作时，电动机的转角通过蜗轮蜗杆传给行星架，再通过行星齿轮轴、下行星轮传给下太阳轮，使转向齿轮在转向盘转动引起的转角基础上叠加一个电动机转动所引起的转角。电动机转动方向不同，叠加转角的方向可能与转向盘转角同向或反向，使转向齿轮的转角增大或减小，从而改变了转向器的等效传动比。当 AFS 系统出现故障时，电控单元使电动机停止转动，同时电磁锁止装置 2 将蜗杆 4 锁死，使角度叠加机构不起作用。

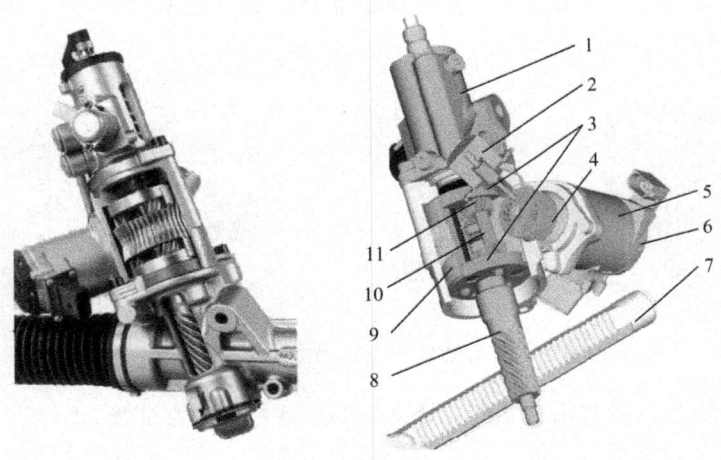

图 3.30　德国 ZF 公司的 AFS 系统示意图
1—转向控制阀；2—电磁锁止装置；3—行星架；4—蜗杆；
5—电动机；6—角度传感器；7—齿条；8—转向齿轮；
9—蜗轮；10—行星轮；11—上太阳轮

通过上述机构的协同作用，AFS 系统的转向传动比可在 10∶1 到 18∶1 之间连续调节。

雷克萨斯的诸多车型所使用的可变转向比转向系统也是依靠行星齿轮结构对转向盘的转向动作进行放大或缩小，原理与宝马的 AFS 系统一致，只是在电动机的布置位置和结构的设计上有所差异。在这里只简单介绍其转向效果，对其结构不作详尽介绍。

如图 3.32 所示，在汽车前轮转角相同的情况下，高车速时，需要将转向盘转动一个较大的角度，而在低车速下，只需将转向盘转动一个小角度。这样就保证了汽车在高速行驶时转向精准、平稳，而在低速行驶时转向迅速、高效，实现了在不同行驶状况下的可变转向比转向。

奥迪汽车的可变转向比系统与宝马和雷克萨斯的都不相同。奥迪动态转向系统（Audi Dynamic Steering，ADS）的核心部件是一套以谐波齿轮传动机构为核心的电控系统。它利

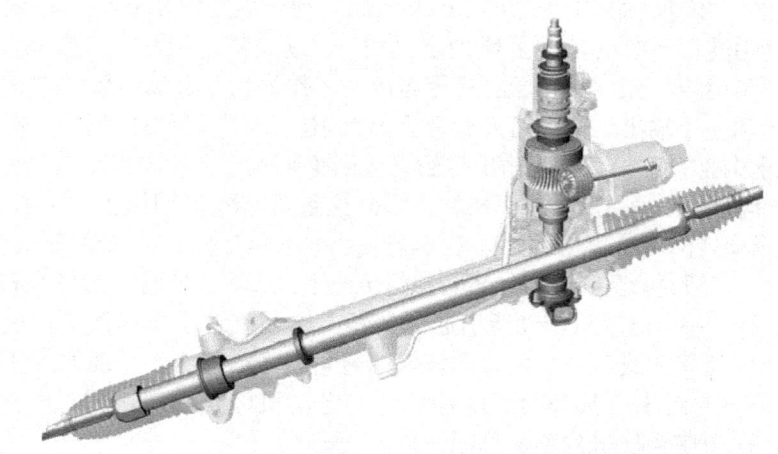

图 3.31　德国 ZF 公司 AFS 系统透视图

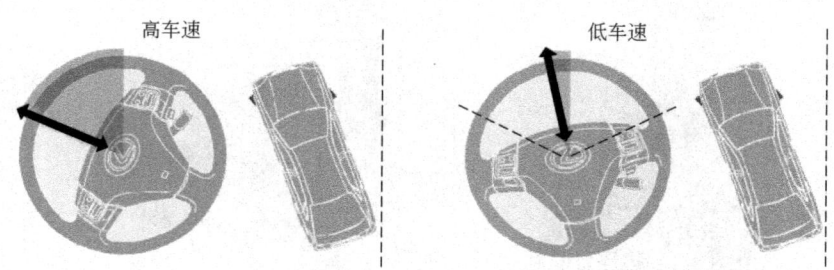

图 3.32　雷克萨斯汽车的可变转向比转向

用柔轮、刚轮和波发生器的相对运动,特别是柔轮的可控弹性变形(形状改变)来实现运动和动力传递,从而实现转向比在一定范围内的连续变化。图 3.33 所示为奥迪汽车的动态转向系统。

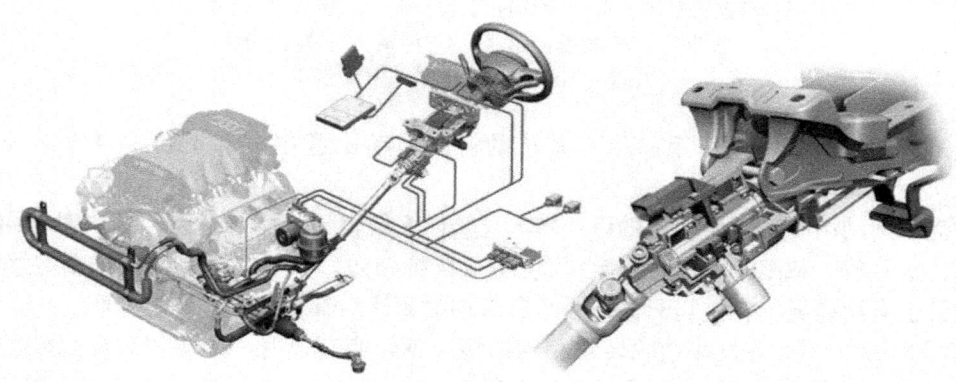

图 3.33　奥迪汽车的动态转向系统

3.2.2　电动助力转向

随着电控技术在发动机、变速器、制动器和悬架等汽车系统中得到广泛应用之后,现代汽车正逐步以电动助力转向(Electric Power Steering，EPS)系统取代传统液压动力转向系统，电动助力转向已成为世界汽车新技术发展的研究热点。

EPS用电动机直接提供助力，助力大小由电控单元(ECU)控制。它能节约燃料，提高主动安全性，且有利于环保，是一项紧扣现代汽车发展主题的高新技术，所以一出现就受到广泛重视。近几年来，随着电子技术的发展，大幅度降低EPS系统的成本已成为可能，加上EPS系统具有的其他一系列优点，使得它越来越受到人们的青睐。

1. 概述

EPS系统是一种直接依靠电动机提供辅助转矩的动力转向系统，是为了满足人们对驾驶轻便性的要求而产生的。它可以根据不同的使用工况控制电动机提供不同的辅助动力，这也符合当前电控技术与汽车技术相结合的趋势。1988年2月，日本铃木公司的Cervo乘用车首次装备上EPS系统，在此之后，电动助力转向技术得到迅速发展。日本的大发汽车公司、三菱汽车公司、本田汽车公司，美国的Delphi汽车系统公司、TRW公司，德国的ZF公司(图3.34)，都相继研制出各自的EPS。

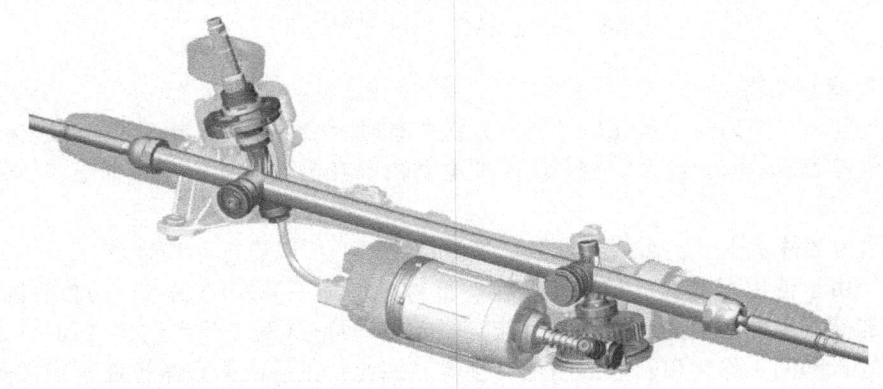

图3.34 德国ZF公司的Servolectric电动助力转向器

经过二十几年的发展，EPS技术日趋完善，其应用范围已经从最初的微型乘用车向更大型乘用车和商用客车方向发展。EPS的助力形式也从低速范围助力型向全速范围助力型发展，并且其控制形式与功能也进一步加强。

EPS系统主要包括机械式转向器、转矩传感器、减速机构、离合器、电动机、电子控制单元(ECU)和车速传感器等。图3.35所示为电动助力转向系统的示意图。转矩传感器1通过扭杆连接在转向轴2中间。当转向轴转动时，转矩传感器开始工作，把两段转向轴在扭杆作用下产生的相对转角转变成电信号传给电子控制单元(ECU)7，ECU根据车速传感器和转矩传感器的信号决定电动机6的旋转方向和助力电流的大小，并将指令传递给电动机，通过离合器5和减速机构3将辅助动力施加到转向系统(转向轴)中，从而完成实时控制的助力转向。EPS系统可以方便地实现在不同车速下提供不同的助力效果，保证汽车在低速转向行驶时轻便灵活，高速转向行驶时稳定可靠。因此，EPS系统助力特性的设置具有较高的自由度。

EPS系统与传统的液压助力转向系统相比较，具有以下优点。

(1) 节省空间。因为电动机和减速机构集成在转向柱或者转向器壳体中，此外也省略

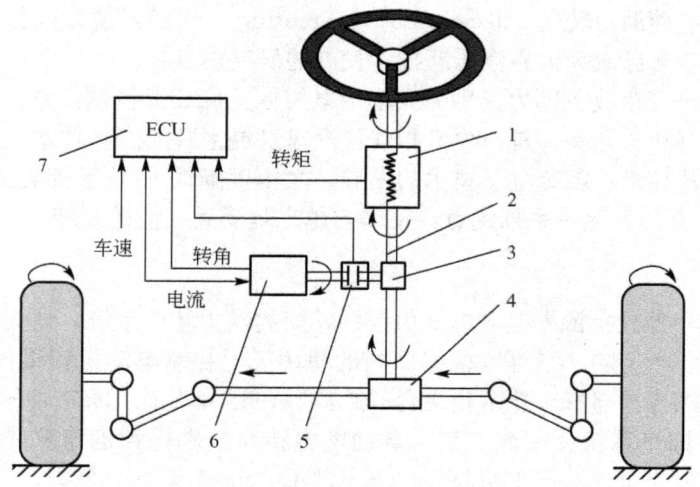

图 3.35　EPS 系统示意图

1—转矩传感器；2—转向轴；3—减速机构；4—齿轮齿条式转向器；
5—离合器；6—电动机；7—电子控制单元（ECU）

了液压泵和辅助管路。

（2）质量小。因为仅仅是在机械转向系统的基础上增加了一套电动机和减速机构。

（3）节省动力。因为设计的控制电路使电动机只在需要时才工作，而省去了不断工作的液压泵。

（4）因为部件更少且不需要充入液体或滤清空气，所以更加容易集成。

但是，由于使用了电动机和减速机构等部件，增加了系统的成本；另外，减速机构、电动机等部件产生的摩擦力和惯性力可能会影响转向特性（例如产生过多转向），或者改变了转向盘的自动回正作用以及它的阻尼特性等。因此，正确匹配整车性能至关重要。

由此可见，EPS 系统尤其适合使用在对空间、重量要求更高的使用小排量发动机的微型车上。

2. EPS 系统的类型

根据电动机布置位置不同，EPS 系统可以分为以下 3 种类型：转向轴助力式、齿轮助力式和齿条助力式，如图 3.36 所示。

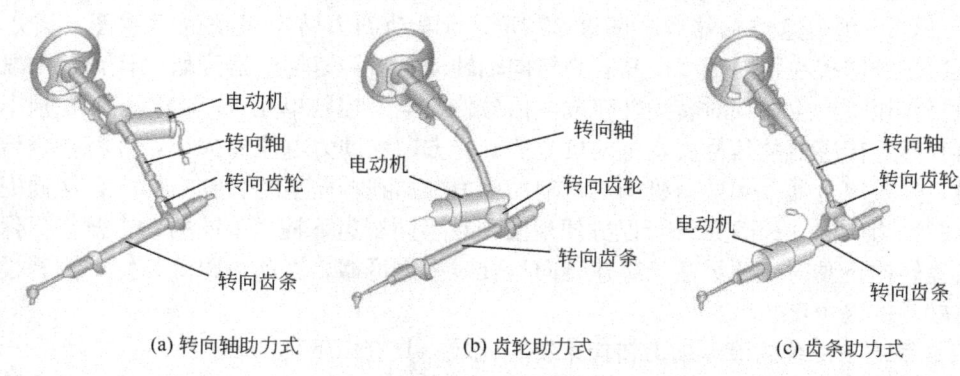

图 3.36　EPS 系统的类型

转向轴助力式 EPS 系统的电动机固定在转向轴一侧,并装有一个电磁控制的离合器,通过减速机构与转向轴相连,直接驱动转向轴助力转向。例如,Alto 乘用车就采用了这种类型和布置方式,其控制单元安装在驾驶人座椅下。

齿轮助力式 EPS 系统的电动机和减速机构与小齿轮相连,直接驱动齿轮助力转向。例如,在 Minica 微型汽车上,转速传感器、电动机和减速机构及离合器集成在一起,电动机直接通过减速机构驱动齿轮轴进行助力。它的控制单元安装在前排乘客一侧。

齿条助力式 EPS 系统的电动机和减速机构则直接驱动齿条提供助力。例如,在 Mira 微型汽车中,转矩传感器是单独安装在转向小齿轮附近,而电动机和减速机构集成在一起安装在小齿轮另一面的齿条上,电动机的动力直接作用到齿条上。控制单元安装在乘员一侧仪表板的后面。

EPS 系统是根据车速进行控制的,随着车速的提高所提供的辅助转向力就逐渐减小。根据提供辅助转向力的车速范围不同,EPS 系统可以分为全速助力型和低速助力型。Mira 汽车在所有的车速范围内都提供转向助力,而 Alto 和 Minica 汽车则只在低速范围内提供助力。Alto 和 Minica 汽车的助力车速上限分别是 45km/h 和 30km/h。

低速助力型系统的成本较低,但在不同车速下,即有助力和没有助力的情况下转向路感会不同。尤其是处于辅助动力系统开始起作用的车速附近时,对转向手感会有显著的影响。

3. EPS 系统的主要部件

1) 转矩传感器

转矩传感器是测量驾驶人作用在转向盘上力矩的大小与方向的,有的转矩传感器还能够测量转向盘转角的大小和方向。转矩测量系统比较复杂且成本较高,所以精确、可靠、低成本的转矩传感器是决定 EPS 系统能否占领市场的关键因素之一。

转矩传感器有接触式与非接触式两种。图 3.37 所示为一种接触式转矩传感器,它在转向轴 1 与转向小齿轮 5 之间安装了一个扭杆 2。当转向系统工作时,利用滑环 6 和电位计 4 测量扭杆的变形量并转换为电压信号,通过信号输出端 3 将信号输出并转换得到所产生的转矩。

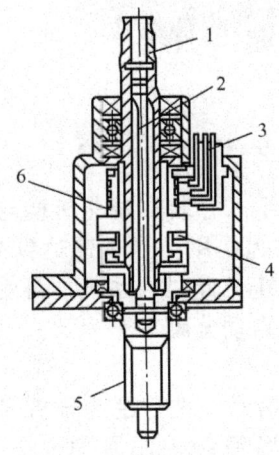

图 3.37 接触式转矩传感器
1—转向轴;2—扭杆;3—信号输出端;
4—电位计;5—转向小齿轮;6—滑环

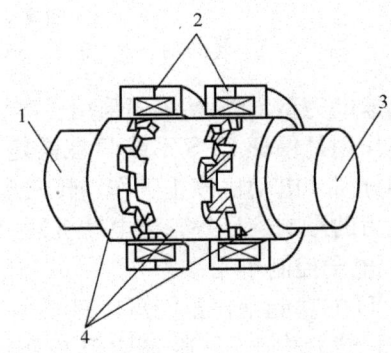

图 3.38 非接触式转矩传感器
1—输入轴;2—线圈;3—输出轴;4—磁极环

图 3.38 所示非接触式转矩传感器中有两对磁极环 4，当输入轴 1 与输出轴 3 之间发生相对转动时，磁极环之间的空气间隙发生变化，从而引起电磁感应系数的变化，在线圈 2 中产生感应电压，并将电压信号转换为转矩信号。非接触式转矩传感器的优点是体积小、精度高，缺点是成本较高。

汽车的行驶速度也是 EPS 系统的控制信号，它是由车速传感器来测量的。

2）电动机

电动机是 EPS 系统的动力源，其功能是根据电子控制单元的指令输出适当的辅助转矩。目前采用较多的是永磁式直流电动机，分为有刷式和无刷式两种。电动机对 EPS 系统的性能有很大影响，所以 EPS 系统对电动机有很高的要求，不仅要求转矩大、转矩波动小、转动惯量小、尺寸小、质量轻，而且要求可靠性高、易控制。为此，设计时常针对 EPS 系统的特点，对电动机的结构做一些特殊的处理，如沿转子的表面开出斜槽或螺旋槽，定子磁铁设计成不等厚等。

3）减速机构

EPS 系统的减速机构与电动机相连，起降速增矩作用。常采用蜗轮蜗杆机构、滚珠螺杆螺母机构和行星齿轮机构等。蜗轮蜗杆减速系统一般应用在转向轴助力式 EPS 系统上，而行星齿轮式减速机构则被应用在齿条助力式 EPS 系统和齿轮助力式 EPS 系统上。

图 3.39 所示的蜗轮蜗杆机构中，蜗杆 5 与电动机 3 的输出轴相连，通过蜗轮 6 和蜗杆的啮合传动将电动机的转矩作用到转向轴 1 上，以实现转向助力。

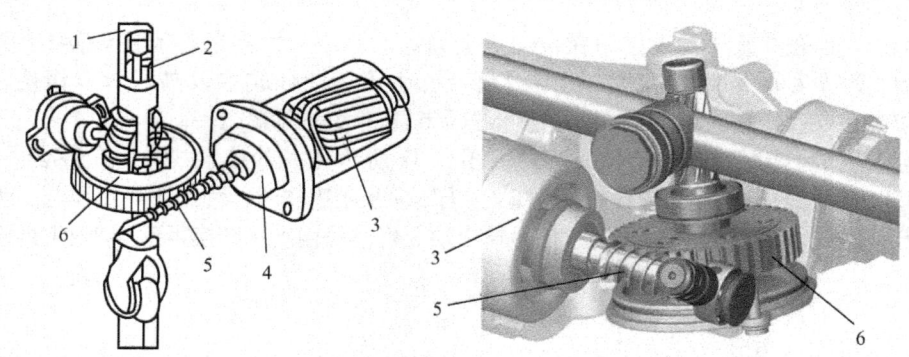

图 3.39　蜗轮蜗杆减速机构

1—转向轴；2—扭杆；3—电动机；4—离合器；5—蜗杆；6—蜗轮

低速助力型 EPS 系统还采用了离合器，如图 3.39 所示。它装在减速机构与电动机之间，其作用是保证 EPS 系统只在设定的行驶车速范围内起作用。当车速达到界限值时，离合器分离，电动机停止工作，转向系统成为手动转向系统。此时，系统不再受电动机部件惯性力的影响。另外，当电动机发生故障时，离合器将自动分离。

4）电子控制单元

ECU 的功能是根据转矩传感器和车速传感器传来的信号，进行逻辑分析与计算后发出指令，然后由 ECU 控制电动机和离合器的动作。EPS 系统控制原理框图如图 3.40 所示。

此外，ECU 还有安全保护和自我诊断功能。通过采集电动机的电流、发电机电压、发动机工况等信号，判断其系统工作状况是否正常。一旦系统工作异常，将自动取消助力

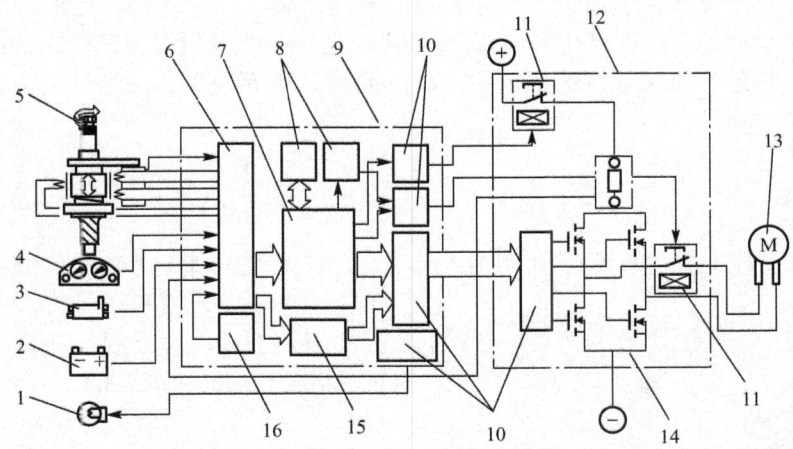

图 3.40　EPS 系统控制原理图

1—警示灯；2—蓄电池；3—车速传感器；4—转矩传感器；5—转速传感器；
6—接口电路；7—微处理器；8—监测电路；9—电控单元；10—驱动电路；
11—继电器；12—功率放大器；13—电动机；14—场效应管桥式电路；
15—转矩校验电路；16—稳压电路

作用，同时还将进行故障诊断分析。ECU 通常是一个 8 位单片机系统，也有采用数字信号处理器（Digital Signal Processing，DSP）作为控制单元的。控制系统与控制算法也是 EPS 系统的关键之一。控制系统应有很强的抗干扰能力，以适应汽车多变的行驶环境。控制算法应快速、正确，满足实时控制的要求，并能有效地实现理想的助力规律与特性。

目前 EPS 系统主要应用在微型车上，其低速转向操纵力在泊车过程中被显著地降低，这一优点已经得到用户的广泛认可。在 EPS 系统未来的发展中，一方面要提高控制性能、改善转向路感，以适应中、高级乘用车的需求；另一方面要在降低成本、提高可靠性和耐久性方面进行研究，并充分发挥 EPS 系统的优点，使它适用于更广泛的车型。

4. EPS 系统今后的发展

当前 EPS 系统已在轻型乘用车上得到应用，其性能已得到人们的普遍认可。随着直流电动机性能的改进，EPS 助力能力的提高，其应用范围将进一步拓宽，现在 3L 级的运动型跑车上也安装了 EPS 系统。EPS 代表未来动力转向技术的发展方向，将作为标准件装备到汽车上，并将在动力转向领域占据主导地位。特别是低排放汽车、混合动力汽车、燃料电池汽车、电动汽车将构成未来汽车发展的主体，这给 EPS 系统带来了更加广阔的应用前景。

尽管 EPS 系统已达到了其最初的设计目的，但仍然存在一些问题需要解决。其中，进一步改善电动机的性能是关键问题。这是因为电动机的性能是影响控制系统性能的主要因素，电动机本身的性能及其与电动助力转向系统的匹配都将影响到转向操纵力、转向路感等问题。概括地说，电动助力转向技术的发展方向主要为：改进控制系统性能和降低控制系统的制造成本。只有进一步改进控制系统性能，才能满足更高档乘用车的使用要求。另外，EPS 系统的控制信号将不再仅仅依靠车速与转矩，而是根据转向角、转向速度、横向加速度、前轴重力等多种信号，进行与汽车特性相吻合的综合控制，以获得更好的转向路感。未来的 EPS 系统将朝着电子 4 轮转向的方向发展,并与电子悬架统一协调控制。

目前国外各大汽车公司都在研制 EPS 系统,已完成批量生产 EPS 系统的技术储备。人们已普遍认识到了 EPS 系统的优越性,所以现在 EPS 系统的市场增长很快。

3.2.3 线控转向

1. 线控技术

线控技术发迹于航空航天领域。1972 年 5 月,在美国加利福尼亚州 NASA 的 Dryden 飞行研究中心,飞行员 Gary Krier 进行了人类历史上首次数字线控飞行(digital fly-by-wire)试验,如图 3.41 所示。此后,线控技术逐步在航空航天领域得到广泛应用,现代的民航客机基本都是依靠线控技术实现驾驶操作的。

近几年来,线控技术开始在高级乘用车、赛车及概念车上得到应用,为自动驾驶提供了良好的平台。目前应用在汽车上的线控系统包括线控换挡系统、线控制动系统、线控悬架系统、线控加速踏板系统及线控转向系统。目前线控技术在汽车上的应用主要集中在工业车辆上,在普通乘用车上的应用还很少,可以预计,将来随着线控技术的成熟和成本的降低,线控技

图 3.41 人类历史上首次数字线控飞行试验

术将会越来越多地应用于普通车辆。下面的内容将简要介绍线控转向技术。

2. 线控转向技术的发展概况

德国奔驰公司在 1990 年开始了前轮线控转向的研究,并将它开发的线控转向系统应用于概念车 F400 Carving 上。日本 Koyo 也开发了线控转向系统,但为了保证系统的安全,仍然保留了转向盘与转向轮之间的机械部分,即通过离合器连接,当线控转向失效时通过离合器结合转为机械转向。宝马汽车公司的概念车 BMW Z22 应用了线控转向技术,转向盘的转动范围减小到 160°,使紧急转向时驾驶人的忙碌程度得到了很大降低。意大利 Bertone 设计开发的概念车 FILO、雪铁龙越野车 C-Crosser、Daimler-Chrysler 概念车 R129,都采用了线控转向系统。2003 年日本本田公司在纽约国际车展上推出了 Lexus-HPX 概念车,该车也采用了线控转向系统,在仪表盘上集成了各种控制功能,实现车辆的自动控制。估计几年后,机械系统将由电缆与电子信号取代。

3. 线控转向系统的结构及特点

线控转向系统的最大特点是转向盘与转向轮之间没有机械连接,如图 3.42 所示。系统主要由转向盘转角传感器 3、反馈电动机 4、转向执行机构 5、转向齿轮转角传感器 6 和转向助力单元 7 等组成。反馈电动机与传动带共同作用,为驾驶人提供合适的路感,转向执行机构和转向助力单元的作用是使转向轮产生偏转,达到转向的目的。

汽车线控转向系统主要由转向盘模块、前轮转向模块、主控制器（ECU）以及自动防故障系统组成。

（1）转向盘模块。转向盘模块包括转向盘组件、转向盘转角传感器、力矩传感器、转向盘回正力矩电动机。其主要功能是将驾驶人的转向意图（通过测量转向盘转角）转换成数字信号并传递给主控制器，同时主控制器向转向盘回正力矩电动机发送控制信号，产生转向盘回正力矩，以提供给驾驶人相应的路感信息。

（2）前轮转向模块。前轮转向模块包括前轮转角传感器、转向执行电动机、电动机控制器和前轮转向组件等。其功能是将测得的前轮转角信号反馈给主控制器，并接受主控制器的命令，控制转向盘完成所要求的前轮转角，实现驾驶人的转向意图。

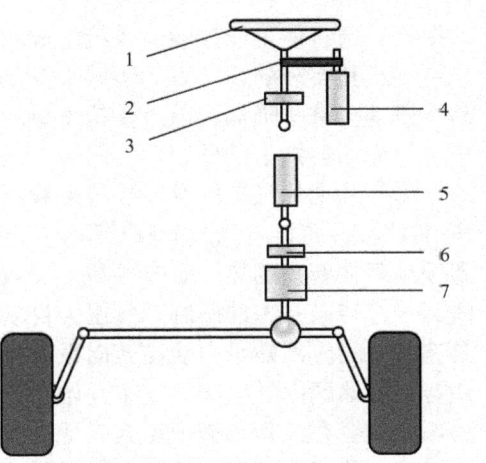

图3.42　线控转向系统简图
1—转向盘；2—传动带；
3—转向盘转角传感器；4—反馈电动机；
5—转向执行机构；
6—转向齿轮转角传感器；
7—转向助力单元

（3）主控制器。主控制器对采集的信号进行分析处理，判别汽车的运动状态，向转向盘回正力矩电动机和转向电动机发送命令，控制两个电动机协调工作。主控制器还可以对驾驶人的操作指令进行识别，判定在当前状态下驾驶人的转向操作是否合理。当汽车处于非稳定状态或驾驶人发出错误指令时，前轮线控转向系统将自动进行稳定控制或将驾驶人错误的转向操作屏蔽，以合理的方式自动驾驶车辆，使汽车尽快恢复到稳定状态。

（4）自动防故障系统。自动防故障系统是线控转向系统的重要模块，包括一系列的监控和实施算法，针对不同的故障形式和故障等级做出相应的处理，以求最大限度地保持汽车的正常行驶。线控转向技术采用严密的故障检测和处理逻辑，以最大限度地提高汽车安全性能。

由于线控转向系统中的转向盘和转向轮之间没有机械连接，是断开的，通过总线传输必要的信息，故线控转向系统也称作柔性转向系统。线控转向系统具有如下性能特点。

（1）没有转向传动轴从发动机舱中穿过，发动机及其附件布置自由度较大。

（2）转向盘与前轮间无机械连接，路面对车轮的冲击不会传到转向盘上。

（3）汽车发生正面碰撞时，可以避免转向管柱挤撞驾驶人。

（4）可以根据驾驶人的喜好，通过软件改变操纵路感。

（5）可以方便地与汽车上的其他电子控制装置集成，对整车进行自动控制。

但是，由于线控系统价格较贵，而且全电子系统的可靠性不如机械或液压系统，因此要达到实用化程度，还需要经历一个艰难的历程。

4. 线控转向系统的前景展望

汽车线控转向系统的设计以减轻驾驶人的体力和脑力劳动，提高整车主动安全性为根本出发点，使汽车性能适合于更多非职业驾驶人的要求，对广大消费者有着巨大的吸引力。下面从几方面来说明其前景。

从生产成本来看，随着电子芯片和电子元器件成本的降低，而处理能力和可靠性却大大提高,这将使得线控转向系统的成本在不久的将来达到消费者可接受的水平。

再从其实现的条件看,预计 42V 电源将会得到快速发展,各种传感器精度将会有所提高、成本会有所降低,以及模拟路感的电动机振动控制技术将会更加成熟,这些为其在汽车上的应用创造了条件。

另外从现代汽车的发展趋势来看,未来汽车的主体是低排放汽车(LEV)、混合动力汽车(HEV)、燃料电池汽车(FCEV)、电动汽车(EV)四大 EV 汽车,辅助驾驶系统和无人驾驶是现在新兴的热门研究领域,实现车辆智能转向的最佳方案就是采用线控转向系统,因而线控转向系统的研制开发也为自动驾驶车辆的开发提供了良好的科研平台,其自身也具有良好的应用前景。线控转向系统由汽车产业向工程车辆转移,是工程车辆发展的必然趋势,虽然国内外生产厂商刚开始注意这个问题,但我们相信线控转向系统以其特有的优势,必然会在工程车辆中得到广泛的应用。

综上所述,汽车线控转向技术要求获得最佳的汽车转向性能,提高汽车的操纵性、稳定性和安全性,使汽车具有一定的智能化。汽车线控转向技术的发展代表未来汽车转向技术的发展方向,并将在汽车转向领域中占据主导地位。我国的线控转向技术研究还是空白,无法与国外相比。从我国现有条件出发,对该系统进行深入、细致的研究,对于拓展电气传动技术的应用、加快国产汽车的电子化发展以及提供未来智能汽车驾驶技术的支持,都将有深远的意义。

3.2.4 四轮转向技术

1. 概述

除了传统两前轮转向外,两后轮也是转向轮的汽车,称为四轮转向(Four Wheel Steering,4WS)汽车。汽车的四轮转向系统在 20 世纪 80 年代中期开始发展。与传统的两轮转向汽车相比,四轮转向汽车具有以下优点:提高了汽车在高速行驶时和在滑溜路面上的转向性能;驾驶人操纵转向盘反应灵敏,动作准确;在不良路面和侧风等条件下,汽车也具有较好的方向稳定性,提高了高速下的直线行驶稳定性;提高了汽车高速转弯的行驶稳定性,不但便于转向操纵,而且在进行急转弯时,也能保持汽车的行驶稳定性;通过使后轮转向与前轮转向相反,减小了低速行驶时的转弯半径,不但便于在狭窄路面上进行 U 形转弯,而且在驶入车库等情况下便于驾驶。

对于 4WS 汽车,主要控制后轮的转向角。当后轮与前轮的转向相同时称同相位转向,当后轮与前轮的转向相反时称为逆相位转向,如图 3.43 所示。

2. 四轮转向系统的分类

四轮转向系统可按后轮的偏转角与前轮偏转角或车速之间的关系分为转角传感型与车速传感型两种。

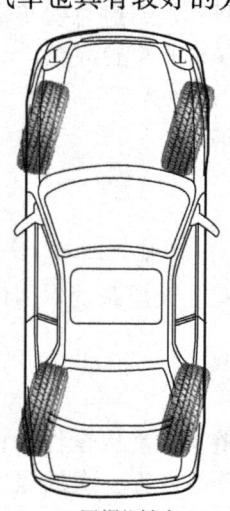

(a) 同相位转向　　(b) 逆相位转向

图 3.43　4WS 汽车后轮的两种转向方式

(1) 转角传感型。后轮的偏转角与前轮的偏转角之间存在着某种函数关系，即后轮可以按与前轮旋转方向相同的方向旋转，即同相位偏转；也可以按与前轮旋转方向相反的方向旋转，即反相位偏转。此外前后轮转角值之间也有一定关系。

(2) 车速传感型。根据设计程序，当车速达到某一预定值（通常为 35~40km/h）时，后轮能与前轮同方向偏转，而当低于这一预定值时，则反方向偏转。

按照四轮转向系统的控制种类，四轮转向系统又可分为以下 5 类。

(1) 机械控制式。
(2) 机械+电子控制式。
(3) 电子控制液压工作式。
(4) 液压控制液压工作式。
(5) 电子控制电动工作式。

3. 四轮转向系统的工作原理

不同的四轮转向系统工作原理也不相同。这里仅以本田公司四轮转向机构为例介绍 4WS 系统的工作原理。

日本本田 4WS 机构属于机械控制式四轮转向机构。本田公司从 1987 年即已开始生产由机械系统操纵的四轮转向 Prelude 乘用车，如图 3.44 所示。此车前轮采用的是液压助力的齿轮齿条式转向器。该转向器附带一套辅助齿轮，其功能是将齿条的轴向移动转变为辅助齿轮的转动。同时，辅助齿轮用一根埋设在车厢地板之下的长轴与后轮转向机构的输入轴即偏心轴相连。

图 3.44 本田 Prelude 乘用车的 4WS 系统

如图 3.45 所示，当偏心轴旋转时，与偏心轴相连但不同轴的曲柄 1 带动行星齿轮绕固定的齿圈做自转和公转，与此同时行星齿轮带动曲柄 2 运动，从而通过滑块和滑块导向器驱动输出杆轴向运动，使后轮偏转。这种机构可保证在高速行驶而转向盘转角较小时使后轮与前轮一起在同一方向做有限的偏转；而当低速行驶而转向盘转角较大，如急转弯时，可使前、后轮做相反方向偏转。只要适当选择行星轮系的传动比和两个曲柄的偏心距就可实现上述功能，而关键在于行星轮齿轮上曲柄 2 的运动轨迹。曲柄 2 运动轨迹的形状由偏心轴上的曲柄 1 至偏心轴的轴线的距离与行星齿轮上的曲柄 2 至行星齿轮轴线的距离及行星齿轮系的传动比共同决定。

本田公司的四轮转向系统属于转角传感型，其后轮的偏转情况与车速无关，而只与转向盘转角有一定关系。

当转向盘的转角约为 120°左右时，后轮与前轮转向一致，但其角度不如前轮大；继续转动转向盘，后轮偏转角逐渐恢复直线行驶；当转向盘转角为 240°左右时，后轮与汽车前进方向一致；当转向盘转角大于 240°时，后轮转向与前轮相反，如图 3.46 所示。

这样设计的理由是汽车在高速行驶时，转向角是很小的，后轮向同样方向转动角度就更小了。转向角度较大时，一般车速较低，后轮可不动；而当转向盘转角很大时，后轮转

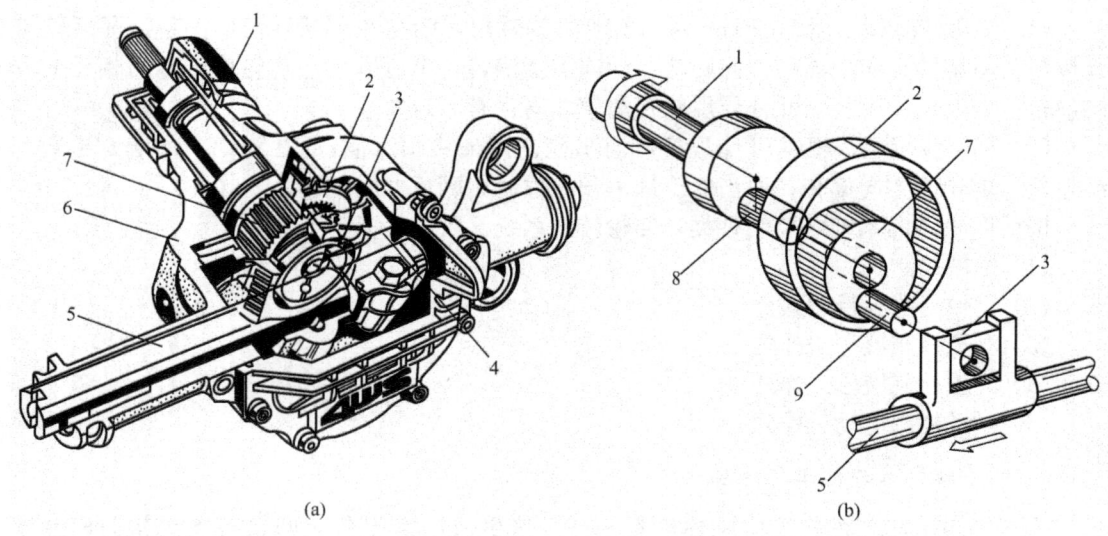

图 3.45　本田公司的机械控制式 4WS 机构
1—偏心轴；2—齿圈(固定的)；3—滑块；4—滑块导向器；
5—输出杆；6—壳体；7—行星齿轮(偏心齿轮)；
8—曲柄 1；9—曲柄 2

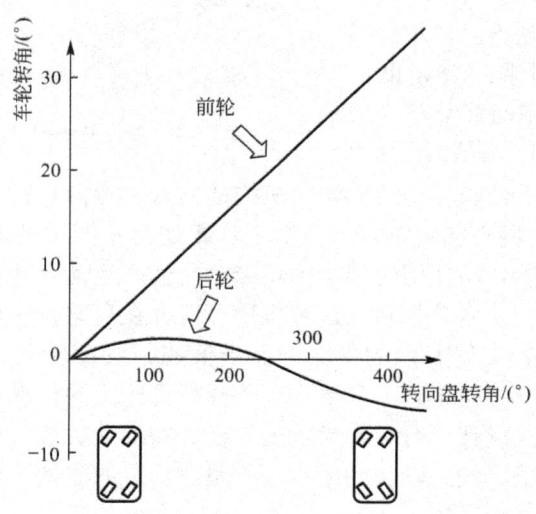

图 3.46　转向盘转角与车轮转角的关系

向与前轮反向，这样缩短了转弯半径，适合于停车场地泊车。

4. 四轮转向系统的不足

尽管 4WS 能提高车辆高速稳定性和在停车场上进出的灵活性，但目前仍有人对 4WS 提出异议，其理由如下。

（1）现在的前轮转向是非常完善的，可以充分地满足汽车行驶需要，四轮转向并不能使汽车转向性能有明显改善。

(2) 4WS与2WS在性能上仅有极微小的差别，没有必要花这么多钱，并把汽车设计得这么复杂。

(3) 如何组合汽车的平移和转动这两种运动，使得汽车每一瞬时都处于最佳转向行驶状态，这无论在理论上还是在实用性技术上目前还没达到成熟的地步。

(4) 如果能把同样的研制费用用于提高汽车轮胎性能和改善悬架设计上，很可能在操纵性良好的2WS汽车上收到更好的效果。

3.3 制动系统新技术

3.3.1 制动盘新技术

1. 陶瓷制动盘

陶瓷具有质地坚硬、耐磨性好以及抗高温等优点，因此由陶瓷制成的产品在汽车上不断得到应用。利用陶瓷在高温下具有良好的刚度和形状变化很小的特性，陶瓷被制成了制动盘、三元催化器、涡轮增压器的涡轮和泵轮、轴承、发动机活塞及气门等部件。图3.47所示为安装在梅赛德斯-奔驰AMG乘用车上的陶瓷制动盘。

事实上，采用铸铁材料制造制动盘相对更容易一些，只需要经过铸造过程和简单的机械加工就可以完成，而用陶瓷制造制动盘的过程则要复杂得多。首先，需要将碳纤维和合成树脂及其他液态聚合物混合在一起，再注入模具中压缩，冷却烘干后成为坚硬的制动盘毛坯。将毛坯放入充满氮气的高温分解

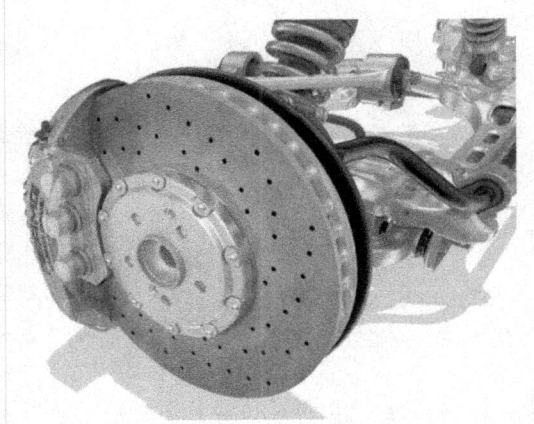

图3.47 梅赛德斯-奔驰AMG乘用车陶瓷制动盘

炉中加热至1000℃，直到碳聚合物完全转化成碳元素，这样就制成了碳纤维制动盘。最后一步是将碳纤维制动盘置于硅化炉中，加热到1500℃，使制动盘的表面吸收液态硅，冷却后制动盘的表面就形成了硅碳化合物，也就是通常所说的陶瓷材料，这种材料的硬度几乎和金刚石一样。同时，这种陶瓷制动盘内部的碳纤维材料可以使制动盘具有很好的刚度。

陶瓷制动盘克服了碳纤维制动盘的缺点，它在低温时也具有很好的制动效果，能承受1400℃的高温而不变形、不产生裂缝、不抖动。陶瓷制动盘与铸铁制动盘相比具有更明显的优势。

(1) 陶瓷制动盘比铸铁制动盘的质量降低了50%左右，减轻了簧下质量。例如，安装在保时捷911 Turbo跑车上的陶瓷制动盘的直径比传统制动盘直径大2cm，但4个车轮的制动器总质量却减少了16kg。

(2) 陶瓷制动盘的摩擦系数比铸铁制动盘高25%左右，大大提高了制动效率。

(3) 铸铁制动盘在连续高速制动后会因为温度过高而变形，制动盘表面会形成波纹，

导致制动时车轮发生抖动,降低制动效率。在高温下,陶瓷制动盘的摩擦系数和刚度几乎不会发生变化,所以陶瓷制动盘不会出现上述问题。

(4) 由于陶瓷制动盘的表面硬度很高,因此它在制动时的磨损很小。测试结果表明,陶瓷制动盘的使用寿命能够超过 30 万 km,是钢制制动盘平均寿命的 4 倍。

尽管陶瓷制动盘能够承受很高的温度,但制动系统中的其他部件,如车轮转速传感器等却不具备抗高温的能力,因此很多陶瓷制动盘上开有贯通的通风孔,在制动盘内部也铸有冷却管,在制动盘和制动器活塞之间还有一层起隔温作用的特制陶瓷护板。

目前,陶瓷制动盘的价格仍然很高,因为制造所需的时间很长。强化的碳纤维制动盘已经出现,这种制动盘的制动性能能够与陶瓷制动盘相媲美,而且其制造周期更短,所以其经济性更好。

2. 碳纤维制动盘

碳纤维材料具有质量小、强度高、耐高温等优点,由于这些原因,它作为一种轻量化材料被广泛用于高档汽车的车身材料上。近年来,由碳纤维材料制成的碳纤维制动盘也在一些汽车上开始使用。与传统的制动盘相比,碳纤维制动盘性能更加稳定,质量更小,更能耐受制动时产生的高温。

图 3.48 高性能摩托车上的碳纤维制动盘

碳纤维制动盘被广泛用于竞赛用汽车和高性能摩托车上(图 3.48),如 F1 赛车。碳纤维制动盘能够在 50m 的距离内将汽车的速度从 300km/h 降低到 50km/h,此时制动盘的温度会升高到 900℃以上,制动盘会因为吸收大量的热能而变红。碳纤维制动盘能够承受 2500℃的高温,而且具有非常优秀的制动稳定性。

虽然碳纤维制动盘具有性能卓越的减速性能,但是目前在量产的汽车上使用碳纤维制动盘却并不实际,因为碳纤维制动盘的性能在温度达到 800℃以上时才能够达到最好。也就是说,必须在行驶了数公里之后,汽车的制动装置才能进入最佳工作状态,这对于大多数只是短途行驶的车辆并不适用。另外,碳纤维制动盘的磨损速度很快,制造成本也非常高。

3. 通风式制动盘

驾驶人的制动过程实际上是把汽车行驶的动能通过制动器吸收转换为热能的过程,所以制动器温度升高后能否保持在冷状态时的制动效能,已成为设计制动器时要考虑的一个重要问题。对于安装有普通的铸铁或钢制实心制动盘的汽车,高速行驶时紧急制动或下长坡时连续制动,都会使制动盘的温度急剧升高,如果这些热量不能及时散发出去,就会严重降低制动盘的摩擦系数,从而大大降低汽车制动时的制动效能。

通风式制动盘(Ventilated Disc Brake)设计的初衷就是为了改善传统实心式制动盘的散热效果,通风式制动盘具有更好的散热效果,制动盘内有许多沿径向按一定规律设计排列的通风槽(图 3.49),汽车制动时产生的热量,会随着制动盘高速旋转产生的离心力,沿着这些通风槽快速散发到空气中去,从而有效避免了制动时产生的热量在制动盘内积聚使制动盘温度急剧升高而降低制动效能。此外很多通风式制动盘不仅在内部开有通风槽,在

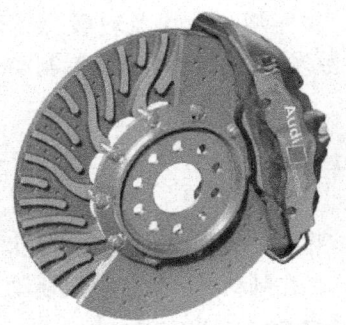

图 3.49　通风盘式制动盘散热效果示意图

其表面还加工有许多小孔,其目的也是为了改善汽车制动时制动盘的散热效果。

尽管具有良好的散热效果,但由于制造工艺与成本的关系,一般乘用车基本还是使用实心盘式制动器,有些乘用车往往还是前轮实心盘式制动器,后轮鼓式制动器。即便是在中高级乘用车中,也普遍采用的是前通风盘、后实心盘的配置。一般只在豪华商务车和对制动性能要求很高的高档跑车及经常需要制动的高档大货车上才在前后轮制动器上全部都采用通风盘式制动器。

4. 全接触式制动盘

全接触式制动盘(Full Contact Disc Brake)是由加拿大的 NewTech 公司设计研发的一种新型制动盘,这种制动盘可以说是汽车制动器的一次革命性改进。如图 3.50 所示,全接触式制动盘主要由内侧制动块、外侧制动块、浮式制动盘、毂盘、散热片等组成。

图 3.50　全接触式制动盘
1—散热片;2—浮式制动盘;3—外侧制动块;4—毂盘;
5—驱动轴;6—内侧制动块;7—轮毂总成

传统的汽车盘式制动器在制动的时候,制动块与制动盘的接触面积只占制动盘总面积的 15%。而全接触盘式制动盘在制动盘的两侧都另加了 5 个制动块,这样在汽车制动的时候,制动盘与制动块的接触面积将高达 75%,大大提高了汽车的制动效率。全接触式制动盘外部盖着毂盘,毂盘内部有 6 个制动块。制动时,液压系统推动内侧制动块,与外侧制动块一起夹紧制动盘,这样制动盘与所有 12 个制动块接触并产生摩擦,提供制动力。另外,为了使制动器能够在合适的温度下工作,在外侧制动块及轮毂总成中都加工有散热片,这些散热片可以将制动时产生的热量及时散发出去,保证制动器制动效能的稳定性。

3.3.2 制动辅助系统

1. 电子制动力分配系统 EBD

汽车制动时,如果4个轮胎附着地面的条件不同,比如,左侧轮附着在湿滑路面,而右侧轮附着于干燥路面,4个轮子与地面的附着力不同,在制动时(4个轮子的制动力相同)就容易产生打滑、倾斜和侧翻等现象。电子制动力分配(Electronic Brake force Distribution,EBD)系统的功能就是在汽车制动的瞬间,高速计算出4个轮胎由于附着条件不同而导致的附着力数值,然后调整制动装置,达到制动力与附着力的匹配,以保证车辆的平稳和安全。

本质上讲 EBD 是 ABS 的辅助功能,它可以提高 ABS 的功效。所以在安全指标上,汽车的性能更胜一筹。当驾驶人用力踩制动踏板时,EBD 在 ABS 作用之前,依据车辆的质量和路面条件,自动以前轮为基准去比较后轮轮胎的滑动率,如发觉此差异程度必须被调整时,制动油压系统将会调整传至后轮的油压,以得到更平衡且更接近理想化制动力的分布。所以 EBD+ABS 就是在 ABS 的基础上,平衡每一个轮的有效地面附着力,改善制动力的平衡,防止出现甩尾和侧滑,并缩短汽车制动距离。

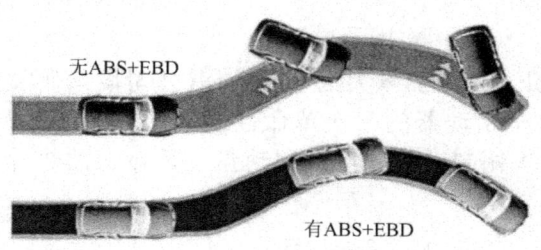

图 3.51 有无 ABS+EBD 时汽车制动效果图

现在,一般配备 ABS 的车辆都配有 EBD 系统,即许多车型制动系统的说明已经改为 EBD+ABS。从文字上,就不难看出 EBD+ABS 是 ABS 的升级版本。图 3.51 所示为有无 ABS+EBD 时汽车制动效果图。EBD 系统和 ABS 系统共用同样的传感器,以及 EBD 和执行机构(制动装置),并且 EBD 系统必须配合 ABS 使用,在汽车制动的瞬间,分别对4个轮胎附着的不同地面进行感应、计算,得出附着力数值,根据各轮附着力数值的不同分配相应的制动力,避免因各轮制动力不同而导致的打滑、倾斜和侧翻等危险。

像任何汽车安全装置一样,EBD 只能有限地减少行车事故的发生,而不能完全避免事故的发生。

2. 电控辅助制动系统 EBA

在正常情况下,大多数驾驶人开始制动时只施加很小的力,然后根据情况增加或调整对制动踏板施加的制动力。如果必须突然施加非常大的制动力,或驾驶人反应过慢,这种方法会阻碍他们及时施加最大的制动力。许多驾驶人也对需要施加比较大的制动力没有准备,或者他们反应得太晚。

据统计,在紧急情况下有90%的汽车驾驶人踩制动踏板时缺乏果断,另外传统的制动系统,其设计是将驾驶人施加于制动踏板上的力以固定的倍数放大,因此对于体力较弱的驾驶人而言,其可能面临制动力不足的问题,而若是在紧急的状况下,将可能造成事故的发生。汽车电控辅助制动(Electronic Brake Assist,EBA)系统正是针对上述情况设计的。

如图 3.52 所示,EBA 通过驾驶人踩踏制动踏板的速率来理解制动行为,如果察觉到制动踏板的制动压力恐慌性增加，EBA 会在几毫秒内起动全部制动力，其速度要比大多数驾驶人移动脚的速度快得多，因此 EBA 可显著缩短紧急制动距离并有助于防止在停停走走的交通中发生追尾事故，以提高行车安全。

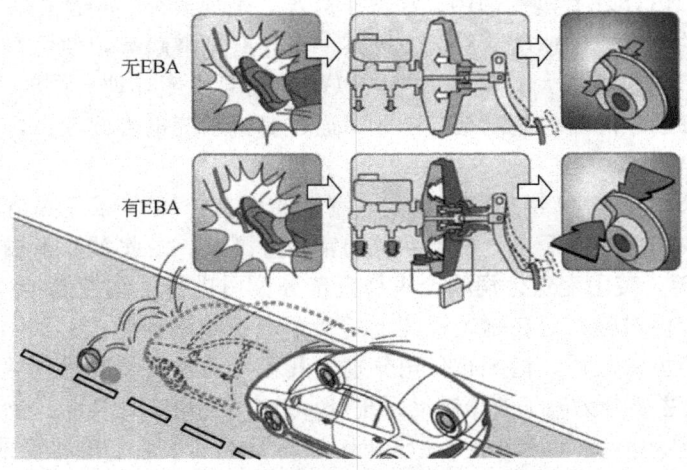

图 3.52　EBA 工作原理示意图

EBA 系统通过驾驶人踩踏制动踏板时制动压力增长的速率来判断制动行为：靠时机监控制动踏板的运动，一旦监测到踩踏制动踏板的速度陡增，而且驾驶人继续大力踩踏制动踏板，则确认制动压力是急速性增加，EBA 就会起动，释放出储存的 18MPa 的液压，施加最大的制动力，从而自动大幅度提高制动压力，其速度要比驾驶人用脚所产生的压力快得多。驾驶人一旦释放制动踏板，EBA 系统就转入待机模式，而对于正常情况制动，EBA 则会通过判断不予起动。

通常情况下，EBA 的响应速度都会远远快于驾驶人，这对缩短制动距离，增强安全性非常有利。此外，对于脚力较差的妇女及高龄驾驶人闪避紧急危险的制动也帮助很大。有关测试表明，EBA 可以使车速高达 200km/h 的汽车完全停下的距离缩短 21m 之多，尤其是对在高速公路上行驶的车辆，EBA 可以有效防止常见的"追尾"意外。

3.3.3　电子制动系统

1. 概述

从汽车诞生的那一刻起，制动系统在汽车安全性方面就扮演着至关重要的角色。制动系统由最初的机械制动发展到液压制动，从最初的皮革摩擦制动，到后来出现鼓式、盘式制动器。随着汽车技术及电子技术的迅猛发展，现代车辆制动控制技术正朝着电子制动的方向发展。

传统的汽车制动系统管路长，阀类元件多。对于长轴距汽车或多轴汽车或汽车列车，气体传输路线长，速度慢，常产生制动滞后现象，制动距离增加，安全性降低，而且制动系统的成本也比较高。如果将制动系统的许多阀省去，制动管路以电线代替，用电控元件来控制制动力的大小和各轴制动力的分配，便是汽车的电子制动系统 EBS（Electronic Braking System）。

ABS 的制动系统可以沿用传统的阀类控制元件，而 EBS 则是完全的电控制动系统。

EBS 可以实现 ABS 的功能，只需在 EBS 的控制器里设计相应的防抱死程序就行了。汽车制动系统的电子化，还能方便地与其他电控系统结合在一起，如汽车发动机燃油和点火的控制、主动或半主动悬架、自动换挡和防碰撞系统的控制等，为汽车实现电子化提供了良好条件。此外，EBS 还具有监控作用。在汽车起步、匀速或加（减）速过程中，电子控制器还可监视各车轮的速度或加速度，一旦发现某一车轮有打滑趋势，便可对打滑车轮实现部分制动，使其他车轮获得更大的驱动力矩，以便顺利起步或加速。同时 EBS 还容易实现系统的故障自动诊断，随时将制动系统的故障通过警报系统报告驾驶人，以便及时进行修复，保证行车安全。

美国固特异公司在 1979 年首次出了全电制动的思想，1982 年美国洛勒尔公司在一架 A-10 攻击机上成功地完成了全电制动系统的实验室测试，由此翻开了线控制动系统研制的第一页。1992 年，美国麦道公司联合古德里奇等公司进行了线控制动技术的项目研究，该系统的制动装置由对称布置在制动机架上的 4 个电控制动器组成。2004 年 11 月波音公司宣布，将由古德里奇公司和梅·布公司分别为其新一代客机 B787 提供线控制动系统。

电子制动系统主要分为电子液压制动系统（Electro-Hydraulic Brake System，EHB）和电子机械制动系统（Electromechanical Brake System，EMB）两种。它们的比较见表 3-2。

表 3-2 EHB 和 EMB 的共同点和不同点

	EHB	EMB
共同点	取消制动主缸及真空助力等零部件，使制动系统结构变得更加简洁、紧凑	
	采用电子制动踏板代替传统制动踏板，易实现驾驶人制动意图识别，能提供良好的踏板感觉，ABS 起作用时无踏板抖动的感觉	
	使用非人力作为动力源，驱动制动器产生制动力矩，提高制动性能	
不同点	使用非人力作为动力源	使用电动机作为动力源，响应更快
	仍保留部分液压管路	完全取消液压管路，摒弃制动液，提高了制动响应，更加环保

2. 电子液压制动 EHB

EHB 是在传统的液压制动器基础上发展而来的。与传统的汽车制动系统有所不同，EHB 以电子元件替代部分机械元件，是一个先进的机电一体化系统。传统制动系统制动主缸与制动轮缸通过制动管路相连，制动压力直接由人力通过制动踏板输入，而真空助力器作为辅助动力源也要受到发动机真空度的限制。这种结构特点限制了制动压力建立，各轮制动力的分配及与其他系统的集成控制等，在进一步提高制动效果方面潜力有限。EHB 系统由于改变了压力建立方式，踏板力不再影响制动力，弥补了传统制动系统设计和原理所导致的不足。

1）EHB 系统的组成

EHB 是将电子系统与液压系统相结合的制动系统，结构如图 3.53 所示。该系统主要由电子踏板、电子控制单元（ECU）、液压执行元件（阀类元件）及传感器等组成。电子踏板主要由制动踏板和踏板传感器（角度位置传感器）组成。踏板传感器用于检测踏板转角，并将转角信号转换为电信号传输给 EHB 的电控单元,踏板转角和力可按比例进行调控。

(1) 制动踏板单元。包括踏板感觉模拟器、踏板力传感器或踏板行程传感器以及制动踏板。踏板感觉模拟器是 EHB 系统的重要组成部分,为驾驶人提供与传统制动系统相似的踏板感觉(踏板反力和踏板行程),使其能够按照自己的习惯和经验进行制动操作。踏板传感器用于监测驾驶人的操纵意图,一般采用踏板行程传感器,采用踏板力传感器的较少,也有二者同时应用的,以提供冗余传感器且可用于故障诊断。

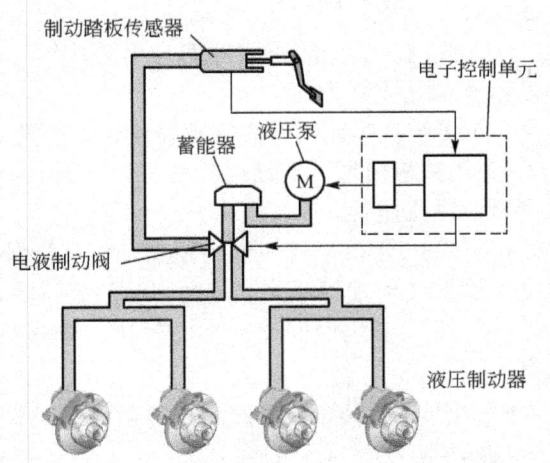

图 3.53 EHB 系统结构图

(2) 液压控制单元(Hydraulic Control Unit,HCU)。制动压力调节装置用于实现车轮增减压操作。HCU 中一般包括如下几个部分。

① 独立于制动踏板的液压控制系统。该系统带有由电动机、泵和高压蓄能器组成的供能系统,经制动管路和方向控制阀与制动轮缸相连,控制制动液流入、流出制动轮缸,从而实现制动压力控制。

② 人力驱动的应急制动系统。当伺服系统出现严重故障时,制动液由人力驱动的主缸进入制动轮缸,保证最基本的制动力使车辆减速停车。

③ 平衡阀。同轴的两个制动轮缸之间设置有平衡阀,除需对车轮进行独立制动控制的工况之外,平衡阀均处于断电开启状态,以保证同轴两侧车轮制动力的平衡。

(3) 传感器。包括轮速传感器、压力传感器和温度传感器,用于监测车轮运动状态、轮缸压力的反馈控制及不同温度范围的修正控制等。

2) 工作原理

EHB 采用电子踏板取代传统制动系统中的制动踏板,用来接受驾驶人的制动意图,产生并传递制动信号给电控单元和执行机构,并根据一定的算法进行模拟,然后将信息反馈给驾驶人,保证驾驶人有足够的踏板感。制动过程中,车轮制动力由 ECU 和执行器控制,踏板转角传感器不断地将踏板转角信号转换为电信号,并将其输入到电控单元。ECU 将控制信号及电流分别输入到阀驱动器和电液制动阀,阀驱动器根据两个输入信号中的较大值产生控制电流输入到电液制动阀。电液制动阀根据输入电流调整输出到制动器的压力大小。在制动过程中,ECU 还可以根据轮速传感器等其他各种信号进行分析计算,实现 ABS、ASR 等功能。为了保证在系统发生故障时也能安全停车,系统中设计有后备液压系统,以保证控制系统在失灵时仍有制动能力,确保行车安全。

与传统制动系统相比,EHB 具有以下优点。

(1) EHB 可以提供平稳的制动功能,使制动过程变得平顺柔和,大大提高了车辆制动的舒适性。

(2) 整个制动系统结构简单紧凑,省去了传统制动系统中的部分管路系统及液压阀等部件,且不需要真空助力装置,使整车质量降低,节省汽车前部的大量空间,因此提高了汽车碰撞安全性，同时还使发动机性能得到改善，提高了汽车燃油经济性。

（3）取消了部分液压部件而采用模块结构，汽车装配变得更加灵活，维护更加方便，适应汽车未来发展方向。

（4）传统汽车制动系统制动管路长，阀类元件多，制动系统反应慢，安全性较差；而EHB采用踏板模拟器，踏板特性得以改善，有效地缩短了制动响应时间，提高了制动灵敏度及制动安全性。

（5）EHB不仅能缩短制动距离，而且能保持车辆良好的行驶方向稳定性；还能弱化由制动器摩擦片磨损等原因造成的制动效果下降，提高了制动效能。

（6）EHB所需的制动踏板力较小，踏板没有脉冲回振，从而提高了驾驶人的驾乘舒适性。

（7）EHB还具有清干功能，当车辆在湿滑路面上行驶，微弱的制动脉冲可以清干制动片上的水膜，确保制动的充分性。

同时，EHB也存在不足：相对来讲，EHB制造成本较高，距离市场化还有很长一段距离；EHB工作的可靠性相对于传统的制动系统来说，还有待进一步提高；EHB要比传统的机械制动更容易受到电磁干扰。

3. 电子机械制动 EMB

EHB系统具有传统制动系统无法比拟的优越性，但EHB系统仍然采用电液控制方式，严格意义上说并不是纯粹的线控制动系统，与电子机械制动系统EMB相比，EHB系统在当前技术更加成熟，因而在短期内有极佳的发展前景。但据相关研究调查表明，EHB作为传统制动系统与EMB的过渡产品，生命周期非常短，将在5～8年内被EMB所取代。

EMB与传统的液压、气压制动系统相比，取消了液压或气压管路等部件，采用电子制动踏板取代了传统的制动踏板，同时取消了真空助力装置。

如图3.54所示，采用EMB后，汽车制动系统的组成包括安装在4个车轮上的独立的EMB执行器及相应的EMB控制器，制动踏板模拟器，VDC（车辆行驶动力学调整系统）等中心控制单元，电源系统，轮速、横摆角速度等各种传感器。中心控制单元根据踏板模拟器传来的信号，识别驾驶人的意图，再根据车速、轮速等多种传感器来获得整个车辆的运行状态，综合处理各种信息后，发送相应的目标制动压力信号给4个EMB控制器，控制器得到信号后将控制4个EMB执行器分别对4个车轮独立进行制动。通过传感器再将每

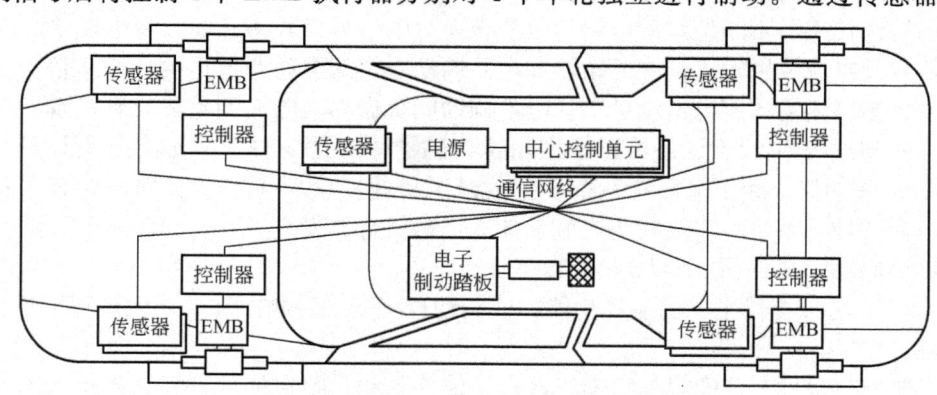

图3.54 装备有EMB系统的整车制动系统结构

个制动器对制动盘的实际夹紧力等信息反馈给中心控制单元，形成闭环控制，从而保证最佳制动效果。

EMB使制动系统更加简洁，从而减轻了整车质量，实施和解除制动的响应速度更快；无须增加其他附件就可集成ABS、TCS、ESP、ACC等控制系统；直接控制电动机，能进行制动压力的精确调节；EMB采用电能作为驱动能源，不使用制动液，绿色环保。

EMB最早应用于飞机上，后来才慢慢转化运用到汽车上来。最近几年，一些国际大型汽车零配件厂商和汽车厂进行了一些对于EMB制动系统的研究工作，并已经取得了一定的研究成果，但由于电子机械制动系统取消了制动踏板与制动执行器之间的机械及液压连接，不符合现有法规的要求而不能实现装车应用。图3.55所示是德国西门子VDO公司研制出的电子楔块制动器(Electronic Wedge Brake，EWB)样机。

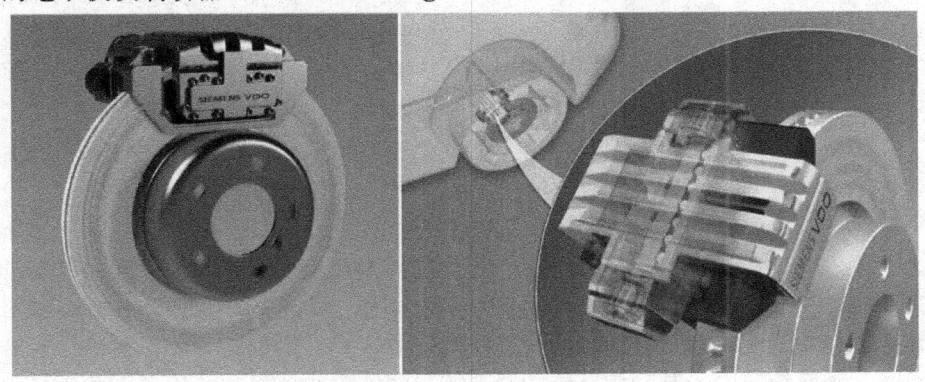

图3.55　西门子VDO公司的电子楔块制动器(EWB)

如图3.56所示，EMB系统主要由EMB控制器和EMB执行器组成，EMB控制器的输入是电子制动踏板或其他控制单元传来的目标制动压力，经过相应的控制算法后，输出电压信号给EMB执行器，从而得到所需大小的制动压力。EMB执行器作为制动系统的执行机构，也是其核心部件，一般有3个基本组成部分：电动机、传动装置和制动钳。其工作原理是电动机的输出经减速装置减速增矩，再由运动转换装置将旋转运动转换为直线运动。驱动制动钳对制动盘进行夹紧、放松，实施对车轮的制动。电动机的运动由EMB控制器控制，它的性能直接影响制动的效果。

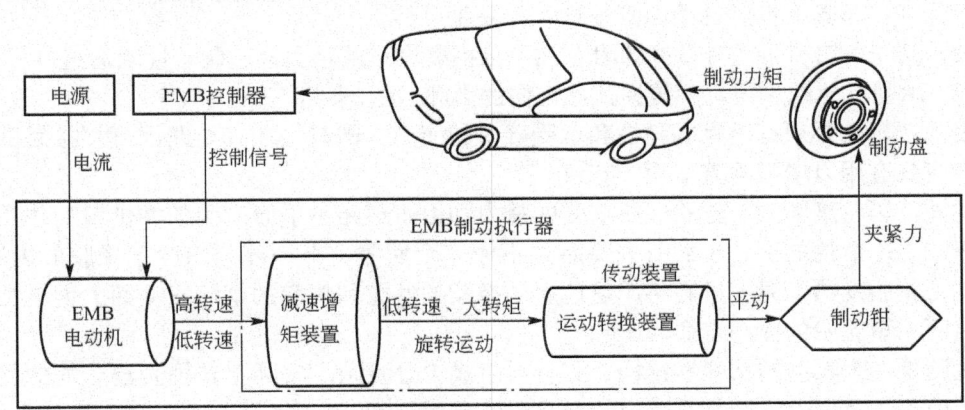

图3.56　EMB系统的结构

下面以西门子 VDO 公司的电子楔块制动器 EWB 为例说明 EMB 的工作原理。EWB 是在 2005 年法兰克福车展上由西门子 VDO 公司推出的。该新型制动技术源于德国航空航天空间中心。

如图 3.57 所示，EWB 主要由电动机、螺杆传动机构、楔块 1、楔块 2、滚柱、制动块、制动盘等组成。当 EWB 制动时，电动机通过螺杆传动机构（传动装置）推动楔块 1，使之沿螺杆轴向平动，与此同时，两楔块之间的滚柱也随着楔块 1 的运动而沿着楔块上波浪形的凹槽滚动，并推动连接到楔块 1 上的制动块，使制动块和制动盘压紧从而产生制动摩擦力，完成对车辆的制动。

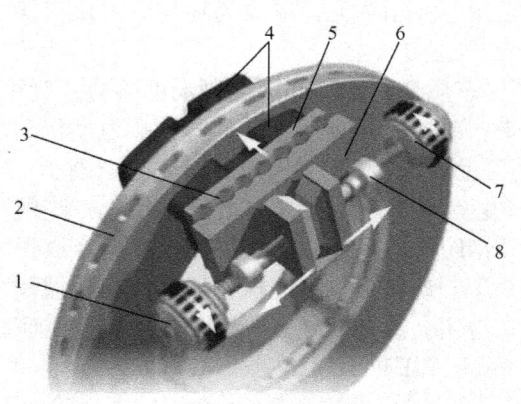

图 3.57　西门子 VDO 电子楔块制动器(EWB)结构
1、7—电动机；2—制动盘；3—滚柱；
4—制动块；5—楔块 1；
6—楔块 2；8—螺杆传动机构

EWB 产生的摩擦力能够随着车轮的旋转被放大，因而用很小的力就可以产生不同程度的制动力。EWB 比现有的液压制动更快，而且仅需要现有能量的 1/10 就可以制动。配备 EWB 的车辆每一个车轮配备一个独立的智能制动模块，模块中的传感器系统每秒对每一个车轮的转速测量 100 次。对于制动力的大小和楔块的位置，测量的分辨率更高。当驾驶人踩制动踏板时，该系统将电子制动信号传输给系统的网络模块。根据传感器搜集的信号和所接收的制动信号强度，电动机将制动楔块推动到需要的位置，将制动块与制动盘压在一起。

3.4　轮胎新技术

现代汽车几乎都采用充气轮胎。轮胎安装在轮辋上，直接与路面接触，与汽车行驶安全直接相关。轮胎的作用如下。

（1）和汽车悬架共同作用来缓和汽车行驶时所受到的冲击，并衰减由此而产生的振动，以保证汽车具有良好的乘坐舒适性和行驶平顺性。

（2）保证车轮和路面有良好的附着性，以提高汽车的牵引性、制动性和通过性。

（3）承受汽车的重力，并传递其他方向的力和力矩。

因此，轮胎必须有适宜的弹性和承受载荷的能力。同时，在其与路面直接接触的胎面部分，应具有用以增强附着作用的花纹。

此外，车轮滚动时，轮胎在所承受的重力和由于道路不平而产生的冲击载荷作用下受到压缩。压缩消耗的功，在载荷去除后并不能完全回收，有一部分消耗于橡胶的内摩擦，结果使得轮胎发热。温度过高将严重地影响橡胶的性能和轮胎的组织，从而大大增加轮胎的磨损而缩短轮胎的使用寿命。

轮胎是一个典型的粘弹性结构，其材料组成十分复杂。实际上，橡胶混合物的材料构成、胎面花纹及内部结构都是决定轮胎品质的重要因素。

轮胎的结构特性很大程度上影响了轮胎的物理特性，包括前进方向所受的滚动阻力、所能提供的垂向减振与缓冲作用，以及为车辆提供转向的能力。因此，现代车辆设计中对轮胎的设计提出了很高的要求。

下面以德国新倍力(Semperit)轮胎公司为例，简要介绍现代轮胎研究所取得的进展及轮胎产品需满足的性能要求。在1960年、1970年和1992年，新倍力公司制定的产品研发目标如图3.58所示。从图中可以看出，1960年的斜交轮胎具有非常好的舒适性，且制造方便、质量轻，但缺点是车辆动力学性能差，尤其在操纵稳定性方面表现不佳，湿路面的附着性也很差。1970年的子午线轮胎，大部分的特性恰好与其相反。到了1992年的现代轮胎则兼顾了各种要求，并体现了最优的折中。同时，轮胎制造企业可提供不同的系列产品以满足不同用户的要求，如可以选择舒适型轮胎或运动型轮胎等。

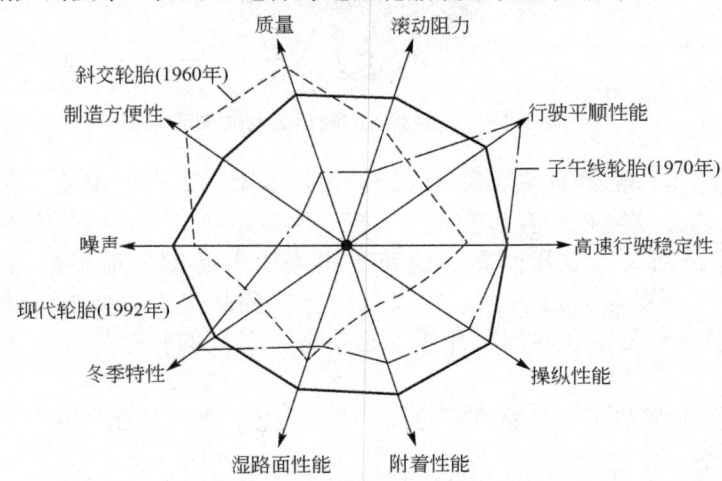

图3.58　新倍力公司在不同时期制定的轮胎产品研发目标

在货车轮胎研发中，经济性应该是优先考虑的因素。减小轮胎滚动阻力系数对节省运输成本起重要的作用。随着近年来对汽车节能和经济性要求的提高，最新的发展已使轮胎滚动阻力系数降至0.005或更低，如德国大陆(Continental)公司研制的低滚动阻力货车轮胎等。

随着汽车技术的发展，传统的轮胎在某些方面已经不能满足现代汽车的需求。各种轮胎新技术应运而生。一般来说对未来轮胎的要求包括注意车轮、轮胎组件的相互影响；减少当前繁多的轮胎品种；在开发新轮胎时，至少要达到或超过目前对轮胎安全性、经济性和寿命的要求；减小轮胎阻力；统一的车轮轮胎；减轻轮胎质量；能兼容防雪链；降低轮胎滚动噪声；较小的轮胎不均匀性；具有高的纵向、横向附着系数，能与其他汽车轮胎兼容；及早得到轮胎特性场，以试验和优化行驶动力学设计。

另外，在对轮胎进行研究和设计时，常常使用各种轮胎模型来研究轮胎输入与输出之间的关系，轮胎模型描述了轮胎六分力与车轮运动之间的数学关系，即轮胎在特定工作条件下的输入和输出之间的关系，如图3.59所示。

3.4.1　低压安全轮胎

1. 概述

汽车轮胎的主要原料是橡胶，而橡胶制品在经过一段时间的使用以后就会出现老化现象，在这种情况下如果继续使用，轮胎就可能会因为车身压力作用出现漏气甚至爆胎的情

图 3.59 轮胎输入和输出之间的关系

况。高速行驶的汽车,轮胎如果压到尖锐的异物,爆胎几乎不可避免。因此,在汽车高速行驶过程中,轮胎故障是所有驾驶人最为担心和最难预防的,也是突发性、恶性交通事故发生的重要原因。目前我国高速公路上由爆胎引起的交通事故已占事故总量的 70%;美国这一比例更是高达 80%,据美国汽车工程师协会的调查统计表明,美国每年有 26 万起交通事故是由于轮胎气压不足造成的,75% 的轮胎故障是由于轮胎气压不足或渗漏引起的。

为了预防由于轮胎失压或爆胎带来的行车安全隐患,各大轮胎厂商几乎都研制出了自己的低压安全轮胎。

低压安全轮胎(Run-Flat Tyre)往往又被称为"防爆轮胎",但这种叫法并不准确,因为这种轮胎并不能防爆,只要是充气轮胎,都有可能爆胎。低压安全轮胎技术的核心在于如何让轮胎即使失压也可以支撑车体重量。低压安全轮胎一般是用非常坚韧的材料作为轮胎胎壁,这样即使汽车爆胎,仍然可以依靠胎壁来支撑汽车重量,使轮胎不会立刻变形扁掉。各轮胎厂商生产的低压安全轮胎,一般来说在完全没有空气的状况下也能够以 80~90km/h 的车速行驶 80km 以上。

2. 低压安全轮胎的分类

低压安全轮胎具体可分为 3 类:自体支撑式(Self-supporting)、自封式(Self-sealing)和加物支撑式(Auxiliary-supported)。

1) 自体支撑式

如图 3.60 所示,自体支撑式低压安全轮胎在轮胎内部结构上比普通轮胎强度更高,因为它的胎侧比普通轮胎更厚,这样,高强度的胎侧可以在轮胎失压后暂时支承汽车的重量。

这种轮胎在应对轮胎失压方面表现极佳,因此往往需要另外安装轮胎压力监控装置,用来提醒驾驶人轮胎处于失压状态,以防止驾驶人未注意到轮胎已经失压而继续正常行车,从而对车轮造成更大的损坏。

与普通轮胎相比,自体支撑式低压安全轮胎要重 15%~27%,由于附加的质量主要集中在轮胎的外缘,增加了簧下质量和旋转质量,使得安装有自体支撑式低压安全轮胎的汽

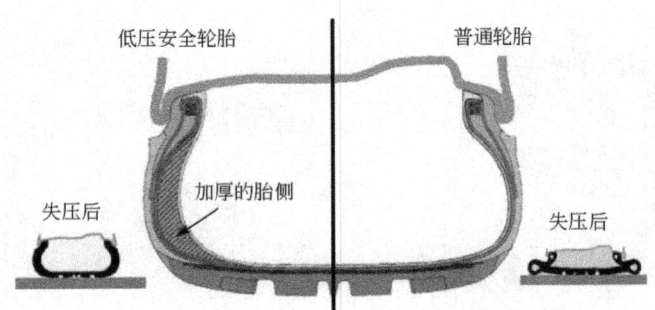

图 3.60　自体支撑式低压安全轮胎

车,在燃油经济性上有一定程度上的降低,由于胎侧刚度较大,其操控性也不如普通轮胎。

采用这一技术的厂家有普利司通 RFT(Run Flat Tire),邓禄普 DSST(Dunlop Self-Supporting Technology),固特异 EMT(Extended Mobility Technology),米其林 ZP(Zero Pressure),横滨 ZPS(Zero Pressure System)等。

2) 自封式

与普通轮胎相比,自封式低压安全轮胎在轮胎内有一层特殊的密封胶,可以在轮胎被扎破时(扎破的地方不能太大),从轮胎内部永久密封住被扎破的地方。与自体支撑式安全轮胎相比,自封式安全轮胎无需额外加装轮胎气压监控装置,因为轮胎被扎破后立即就能被密封胶密封住,多数驾驶人甚至都不知道自己汽车的轮胎被扎破过。采用这一技术的代表厂家有德国大陆轮胎公司的 ContiSeal 技术,如图 3.61 所示。

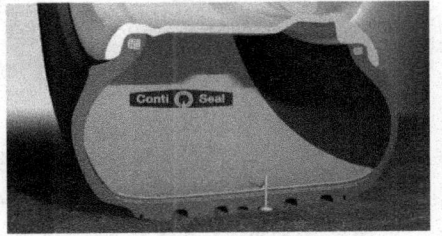

图 3.61　自封式低压安全轮胎

3) 加物支撑式

加物支撑式低压安全轮胎在轮辋外缘加装一圈支承圈,如图 3.62 所示。在轮胎失压后,主要由支承圈来承担车身重量。支承圈的等效刚度与轮胎正常行驶情况下的刚度相仿。加物支撑式安全轮胎的胎侧厚度与普通轮胎相同,因此其操控性能并未削弱。由于在轮辋外缘安装有支承圈,加物支撑式轮胎需要使用特殊的车胎,而且这种轮胎价格昂贵,普通消费者还承担不起。米其林的 PAX 系统是这种低压安全轮胎的典型代表。

3.4.2　防滑水轮胎

轮胎在湿路面上的行驶性能与汽车的安全性密切相关。据统计,雨天的行车事故大约为晴天的两倍,其中的原因,除了雨天驾驶人视野不好以外,主要是由于轮胎在湿路面上附着性能不好引起的。近几年各大轮胎公司加强了提高轮胎在湿路面上行驶性能的研究工作,并开发出了具有良好湿路面行驶性能的防滑水轮胎。

汽车行驶时可能遇到两种附着能力很小的危险情况:一是刚开始下雨,路面上只有少量雨水时,雨水与路面上的尘土、油污相混合,形成黏度高的水液,滚动的轮胎无法排挤出胎面与路面间的水液膜;由于水液膜的润滑作用,附着性能将大为降低,平滑的路面有

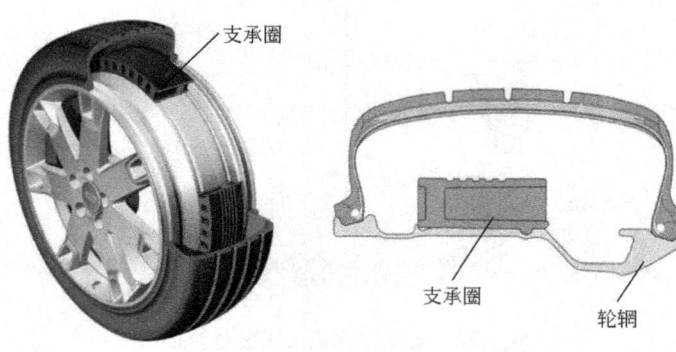

图 3.62　加物支撑式低压安全轮胎

时会同冰雪路面一样滑溜；另外一种情况是高速行驶的汽车经过有积水层的路面，出现了滑水（Hydroplaning）现象。如图 3.63 所示，轮胎低速在有积水层的路面上滚动时，由于水的粘滞性，接触面前部的水需要一定时间才能挤出，所以接触面中轮胎胎面的前部将越过楔形水膜滚动。车速提高后，高速滚动的轮胎迅速排挤水层，由于水的惯性，接触区的前部水中产生动压力，其值与车速的平方成正比。压力使胎面与地面分开，随着车速继续增加，在某一车速下，当胎面下的动水压力的升力等于垂直载荷时，轮胎将完全漂

图 3.63　滑水现象示意图

浮在水膜上面而与路面毫不接触，轮胎与路面的附着系数几乎为零，这就是滑水现象。

对于光滑胎面、细花纹胎面等胎面无排水沟槽的轮胎及一般花纹轮胎，在路面水层深度超过轮胎沟槽深度的情况下，汽车高速经过路面水层时极易发生滑水现象，严重影响行车安全。防滑水轮胎就是为了改善汽车在湿滑路面上的行驶性能而设计的。

要提高轮胎在湿路面上的行驶性能，应以不降低其在干路面上的行驶性能为前提，着重提高轮胎在湿路面上的抗滑水和抗湿滑性能，即着重提高轮胎的滑水临界速度和降低湿路面制动距离，同时兼顾对轮胎的低滚动阻力、低磨耗和低噪声等方面的使用要求。轮胎的滑水性能主要与轮胎的花纹设计有关。防滑水轮胎有着与普通轮胎明显不同的外观，其胎面至少有一条周向深花纹沟（图 3.64），形成独特的双胎冠或多胎冠轮廓，从而大大地提高了汽车在湿滑路面上行驶的安全性。

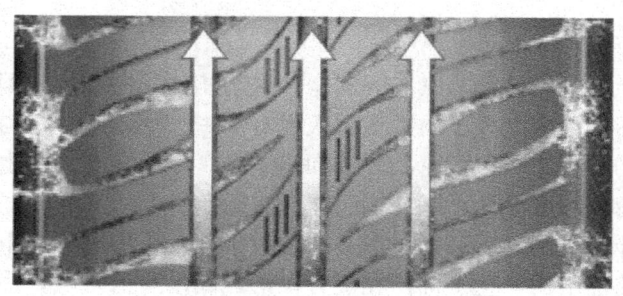

图 3.64　德国新倍力（Semperit）公司的防滑水轮胎

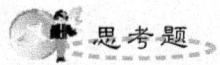

1. 简述空气悬架系统中高度阀的工作原理。
2. 简述电磁悬架的工作原理。
3. 简述主动悬架的分类与工作原理。
4. 与传统悬架系统相比，多连杆悬架具有哪些优点？
5. 简述机械式可变齿比转向机构的工作原理。
6. 线控转向系统具有哪些特点？
7. 四轮转向系统存在哪些不足？
8. 简述 EMB 系统的工作原理。
9. 哪些结构可以提高制动盘的散热能力？
10. 简述电子楔块制动器的工作原理。
11. 对未来汽车轮胎的要求包括哪些？
12. 简述低压安全轮胎的分类及原理。

第 4 章 汽车振动噪声控制技术

 本章教学目标

★ 熟悉汽车振动噪声问题产生的机理,了解汽车振动噪声技术的分析方法及测试技术
★ 掌握汽车振动噪声主动控制技术的原理及相应方法
★ 熟悉车内外噪声产生机理及相应的控制技术

 本章教学要点

知识要点	掌握程度	相关知识
汽车振动噪声技术的分析方法	了解常用的振动噪声分析方法	有限元法、边界元法、统计能量分析法、模态分析法、传递路径分析法
汽车振动噪声测试技术	了解相应的测试方法及测试仪器	振动测试技术、噪声测试技术
汽车振动主动控制技术	掌握振动主动控制技术的基本原理	振动控制的主动、半主动技术
汽车噪声主动控制技术	掌握噪声主动控制技术的基本原理	进气系统、排气系统、车内噪声、声品质主动控制
车内外噪声	熟悉汽车噪声法规、车内外噪声控制方法	产生机理、相关法规、控制方法

导入案例

国外汽车工业发达国家自20世纪60年代就对机动车辆噪声给予了足够的重视,制定了许多法规和标准来控制。联合国欧洲经济委员会(ECE)、欧洲经济共同体(EEC,现为欧盟EU)、日本及美国等主要国家和地区,从20世纪70年代起每3~5年就修订一次相关的法规和标准,各种车辆噪声的限制有了较大幅度的降低。这显著促进了汽车降噪技术和测量分析技术不断的深入研究和应用,减轻了其影响和危害。

我国汽车噪声控制工作从1979年开始。当时发布了两项国家标准GB 1495—1979《机动车辆允许噪声标准》和GB 1496—1979《机动车辆噪声测量方法》。2002年我国在此基础上又颁布了更为严格的GB 1495—2002《汽车加速行驶车外噪声限制及测量方法》。相比于国外发达国家,我国汽车噪声法规起步较晚,发展缓慢(图4.1)。但是,随着近几年国内汽车工业的快速发展,相应的汽车噪声法规变化较快,在某些方面已接近国际水平。不过总体看来,无论是汽车噪声法规和标准,还是噪声控制技术的研究都同国外有一定的差距。

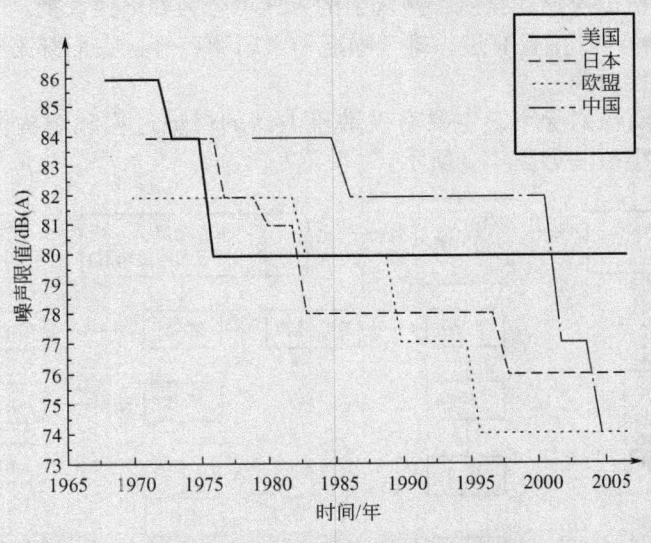

图4.1　汽车加速行驶车外噪声限值变化(乘用车)

4.1　汽车振动噪声控制技术的新进展

汽车的振动噪声特性是表征汽车品质的重要指标。当今世界汽车市场竞争激烈,在每个市场层次上都充斥着各生产商推出的功能上大同小异的类似车型。消费者挑选汽车时往往首先感受的是驾驶或乘坐汽车时的振动和噪声状态,或者讲是在有意无意地比较其振动和噪声控制水平。同时,汽车产品也必须满足日益严格的噪声法规和标准的要求。因此汽车的振动噪声控制作为汽车设计、制造方面的一个重要课题,受到广泛重视。

4.1.1 汽车振动噪声概述

汽车是由人操作的、本身具有动力源的运动机械，因此可以在汽车上观察到各种各样的振动和噪声现象，如发动机隆隆声、齿轮传动的声音、轴承敲击声、砰的关门声、排气声、振动撞击声、飕飕风声、怠速振动隆隆声、制动鸣叫声等。汽车的振动是由动力传动系统、底盘、车身等振动要素构成的，在一个宽广的频率范围内产生着共振和振动的现象。汽车的振动影响乘客自身振动并产生噪声，从乘客的舒适性和道路交通噪声的角度看，应尽力减少汽车的振动和噪声。

1. 汽车振动噪声产生机理

汽车振动噪声来源大致可以分为：发动机振动与噪声、传动系统振动与噪声、车身振动与噪声、轮胎振动与噪声、风激励噪声等，由于汽车振动与噪声的复杂性，各来源并非并列关系，其相互之间存在着相互影响。

1) 发动机振动与噪声

发动机是汽车上的最主要噪声源，其振动、噪声信号具有多分量、非平稳、非周期、非线性特点。发动机的噪声源按照噪声辐射的方式可分为如下两大类。

（1）空气动力噪声。主要有进、排气噪声和风扇噪声等，它们都是空气介质疏密变化而产生的空气动力性噪声。

（2）发动机表面辐射噪声。主要有发动机内部的燃烧过程和结构振动所产生的噪声等。发动机噪声产生机理如图 4.2 所示。

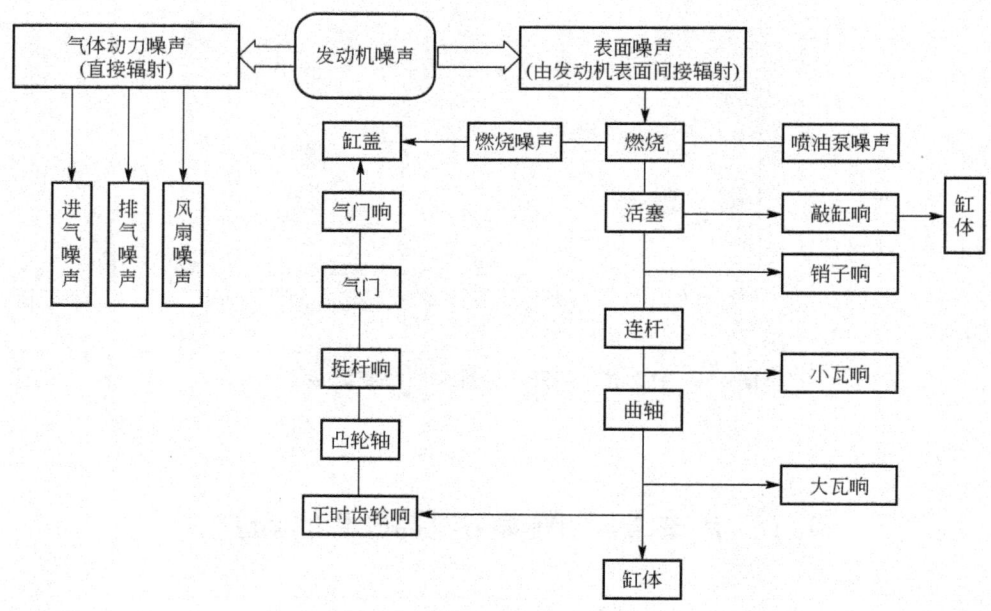

图 4.2 发动机噪声产生机理

2) 车身振动与噪声

车身噪声是指车身在发动机振动、底盘振动、道路激励及空气激励作用下振动而辐射的噪声。车身噪声主要来自两个方面，即车身振动和空气与车身的冲击与摩擦。其中由车身振动引起的噪声受车身结构、发动机安装方式、发动机振动和路面等多种因素影响,而车身的空气冲击与摩擦只受车身外形结构及汽车行驶速度的影响。不论哪种噪声对汽车车外和车内噪声都有所贡献,在一般情况下,以车身振动噪声的贡献为主。

3) 传动系统振动与噪声

传动系统主要包括变速器、传动轴、减速器和差速器等,其中变速器是主要噪声源。它们所产生的噪声既有内部齿轮和轴承运转引起的噪声,也有本身和其他机械振动传递而辐射的噪声。传动系统噪声非常复杂,各声源分布在很广的范围内,并且各噪声源交替作用,尽管每个声源的噪声水平都不高,但作为整体来看却不能忽视。

4) 轮胎振动与噪声

轮胎噪声包括空气扰动噪声、道路噪声、轮胎结构振动噪声及轮胎旋转时搅动空气引起的风噪声。轮胎快速滚动时对其周围空气形成扰动,辐射出噪声。由于轮胎胎面有各种花纹,当轮胎胎面与地面接触时,胎面受压缩、拉伸,形成泵气、吸气效应。这种泵吸效应在轮胎滚动过程中周期性地发生,在空气中形成辐射噪声。由于空气泵吸时的流速很高,这种噪声相当大,是轮胎噪声的主要成分。道路噪声是由于路面凹凸不平而产生的噪声,当汽车通过凸凹路面时凹凸内的空气因受挤压和排放,类似于泵的作用而形成噪声。轮胎结构振动噪声是由于轮胎不平衡、胎面花纹刚度变化或路面凹凸不平等原因激发轮胎振动而产生的噪声,其中轮胎的径向振动为主,其振动频率一般在200Hz以下,周向振动主要影响高频噪声。

5) 风激励噪声

汽车的风噪声受行驶速度的影响较大,在中、低速时并不明显,然而当行驶速度超过100km/h时,风噪声的影响越来越显著。

2. 汽车振动噪声技术发展及应用

国外公司的统计表明,整车约有1/3的故障问题是和车辆的振动噪声有关的。各大公司有近1/5的开发费用耗费在解决车辆的振动噪声问题上。汽车噪声与振动是衡量汽车好坏的一项非常重要的指标。顾客对汽车舒适性要求越来越高,每个国家对噪声污染的控制越来越严,因此噪声与振动的大小决定了一部汽车在市场上的前景。国外汽车公司在新产品的开发过程中,噪声与振动控制是所有技术中投入人力与物力最多的一项技术。

从1970年到现在,欧洲及美、日等国和地区的汽车企业在法规严格要求及激烈的市场竞争环境下,对产品的噪声控制都非常重视,投入较多资金处理汽车的振动噪声问题。大的企业有专门的噪声研究及设计队伍,小企业依靠科研机构及大学力量,开展专题降噪技术研究。他们把低噪声汽车的设计制造作为产品开发的主要目标之一,从整车到零部件及总成均制定了相应的控制目标,从设计、工艺、制造等各个环节都围绕低噪声产品而开展,同时大多拥有先进的试验设备、试验设施及低噪声产品开发条件。经历30多年、不同的噪声发展阶段后,其汽车噪声水平有了明显的降低,甚至某些汽车厂声称可以根据客户的噪声需求,来订制低噪声汽车。然而,应该看到的是,在现有基础上要再降低4~5dB(A),它比原来开始时降低10dB(A)难度大得多,而且所需成本将成倍地增加。

1) 发达国家的汽车制造厂在低噪声汽车的开发工作

(1) 设计阶段充分考虑。建立整车三维模型,对汽车及零部件的静、动态特性分析预测,如采用有限元技术对车身及整车进行动态分析和设计,采用SYSNOISE等声学软件进行声学设计，充分考虑结构-声场耦合系统特征，避免出现共振和共鸣；在振动传递途径的设计上，避免共振。在总成和零部件的选型上，充分考虑各部分振动、噪声水平及其匹配关系，如选用低噪声的总成及零部件，发动机和消声器合理匹配，发动机和冷却风扇合理匹配，发动机和发动机隔声罩匹配等。隔振、隔声、吸声、阻尼等材料的选取充分考虑振动和噪声的特征，选取具有最佳特性参数的材料。经过设计阶段的充分考虑和分析计算后，从源头上对车辆的内、外噪声控制提供了保证。

（2）生产制造工艺中严把质量关。许多附件、内饰件都是开模生产的，所以装配间隙能够控制较好。改进车身结构，提高其刚度，降低噪声辐射，另外，在密封、孔缝的处理上较细致，对于预防空气噪声传播能起到一定作用。

（3）声源识别及测试分析方法先进。在声源识别及结构声场耦合方面采用和形成了一系列基本成熟的技术和方法，如频率响应函数法（FRF）、有限元法（FEM）、边界元法（BEM）、传递途径分析（TPA）、统计能量分析（SEA）、声强法、声全息法等。这些方法的应用已相当普遍，取得了良好的效果，积累了丰富的经验，对于实践性很强的噪声控制来讲，这是很宝贵的。

2）汽车振动噪声技术发展趋势

在汽车噪声控制研究上，发达国家对汽车噪声研究和控制由最初的满足限值要求为主，到注意力放在较难解决的车内低频噪声控制上，主要发展趋势表现在3个方面。

（1）声品质的改善。如优化噪声的频谱结构、改善声品质等。

（2）有源噪声控制（Active Noise Control，ANC）技术。有源噪声控制又称主动噪声控制，是近年来发展起来的一种全新的噪声控制方法。其主要思想是利用电子声学手段，在指定的空间实时产生与该空间噪声声场幅值相等、相位相反的二次声场，使之与原噪声声场叠加，以达到声场抵消，消减噪声的目的。与传统的降噪技术相比，它突出的优势在于对低频噪声控制效果好及对原系统的附加质量小，因此近年来有源噪声控制在降低低频噪声中得到了一定的应用。

（3）智能材料用于噪声控制。利用压电智能材料降低车内噪声是通过对车身振动的主动控制来实现的。其基本原理是分别作为传感器和驱动器的压电元件粘贴或嵌入车身结构（如板、壳、梁中），传感器感受车身结构振动，产生相应的振动信号并反馈给电子控制单元（ECU），经相应的控制算法进行处理后生成相应的控制信号，控制信号再经功率放大后，驱动驱动器使车身结构产生应变以改变结构的动态阻尼，实现对振动的主动控制，从而抑制和衰减结构对车内辐射的噪声。

4.1.2 汽车振动噪声技术的分析方法

汽车结构复杂，零部件众多，且多为不规则形状，任何连续的解析方法对汽车总体及其大部分零部件的振动噪声分析都很难发挥作用，只有利用离散和数值模拟方法求解才能奏效。有限元是求解汽车振动噪声问题最常用的数值模拟方法，此外边界元法、统计能量分析法、模态分析法及传递路径分析法也是汽车上振动噪声问题常用的一些分析方法。

4.1.3 汽车振动噪声的测试技术

1. 振动测试技术

人在乘坐汽车时，会受到机械振动的作用。这种振动直接影响人的舒适程度、工作效率、健康与安全。振动对人体的影响，取决于振动的频率、强度、作用方向和持续时间，而且每个人的心理与身体素质不同，故对振动的敏感程度有很大差异。对于振动的人的感觉定量化现在已形成国际标准 ISO 2631《人体承受全身振动的评价指南》。它利用振动加速度均方值将振动强度和 1/3 倍频程频率与人体承受力评价联系起来。振动对人体作用的基本类型包括以下几种。

（1）振动同时传到整个身体表面或大部分表面，人体完全处于振动的介质中，如空气中高强度的声波激起身体振动的情形。

（2）振动通过一个支撑表面传到整个身体，如通过臀部和背部传到人体，这种情况通常发生在人体处于车辆运行中。

（3）振动施加于人体的某特定部位，如振动通过操纵杆、踏板等制动设备传到人的四肢为局部振动。

振动的测试方法有机械法、电测法和光测法，其简单原理、优缺点及应用见表 4-1。

表 4-1 振动测试的 3 种方法比较

名称	原理	优缺点及应用
机械法	利用杠杆原理将振动量放大后直接记录下来	抗干扰能力强，频率范围及动态、线性范围窄，测试时会给工件加上一定的负荷，影响测试结果，用于低频大振幅振动及扭振的测量
电测法	将被测对象的振动量转换为电量，然后用电量测试仪器进行测量	灵敏度高，频率范围及动态、线性范围宽，便于分析和遥测，但易受电磁场干扰，是目前最广泛采用的方法
光测法	利用光杠杆原理、读数显微镜、光波干涉原理、激光多普勒效应等进行测量	不受电磁场干扰，测量精度高，适于对质量小及不易安装传感器的试件作非接触测量。在精密测量和传感器、测振仪标定中用得较多

测试仪器包括传感放大系统、激励系统、分析仪和计算机。传感放大系统包括传感器、适调放大器及有关连接部分，最常用的传感器为压电晶体式力传感器和加速度传感器。激励系统主要包括信号源、功率放大器和激振器，信号源可以产生正弦、随机、瞬态和周期等激励信号。当激励工作时，激励信号经功率放大器放大，推动激振器，功率放大器必须和激振器相匹配。常用的激振器有激振锤、机械激振器、电动激振器、电动液压式激振器等。分析仪可用来对测得的信号进行各种现代数字信号处理而快速提供多种多栏的有用信息。测试仪器的性能指标包括灵敏度、动态范围、频率特性、幅频特性、相频特性、附加质量/刚度和环境条件等。

2. 噪声测试技术

车辆噪声标准是控制城市环境噪声的一个重要基础指标。它不仅作为一种产品质量标准，为各种车辆研究、设计和制造提供噪声控制指标，而且也是城市机动车辆管理、监测的依据。

中国先后颁布了机动车辆噪声限值和试验方法的国家标准 GB 1495—1979《机动车辆允许噪声》和 GB/T 1496—1979《机动车辆噪声测量方法》、汽车行业标准 QC/T 57—

1993《汽车匀速行驶车内噪声测量方法》、QC/T 58—1993《汽车加速行驶车外噪声测量方法》、GB/T 14365—1993《机动车辆定置噪声测量方法》、GB 16170—1996《汽车定置噪声限值》。中国机动车辆噪声标准 GB 1495—2002《汽车加速行驶车外噪声限值及测量方法》已全面实施。

在汽车噪声测试中常用设备有传声器、声级计、频谱分析仪和声强分析仪等；其中声级计和频谱分析仪用来分析噪声的频率构成特征；声强分析仪则既可测声压级、声强级，也可绘制声强三维图。随着噪声的测量的目的不同，所用的仪器也不同。声音的主要特征为声压、频率、质点振速和声功率等。声压和频率是两个主要参数，所以也是测量的主要对象。

为了精确地测量声源辐射的声压，必须要有精密的传声器、放大器和记录分析仪器，以及特定的声学测量环境。

1) 传声器

传声器(图 4.3)是一种把声能转换成电能的电声器件，可用来直接测量声场的声压。传声器包括两部分：一是将声能转换成机械能的声接收器，声接收器一般具有力学振动系统如振膜，传声器置于声场中，振膜在声压作用下产生受迫振动，二是将机械能转换成电能的机电转换器。依靠这两部分，可以把声压的输入信号转换成电能输出。灵敏度是传声器最重要的技术指标。传声器的作用是将声压信号转换为电压信号，噪声测量中常用电容传声器或压电陶瓷传声器。由于电容传声器的输出阻抗很高，所以加前置放大器，进行阻抗变换。输入和输出放大器是电压放大器，它们在相当宽的频率范围内响应平直，同时还要给电容传声器提供直流极化电压。电容式传声器是目前较为理想的一种换能器，主要由构成电容两个极板的振膜和背极组成。振膜和背极之间加一直流电压(极化电压)，使振膜与背极保持一个不变的充电状态。当振膜在声压作用下振动时，电容的变化在极板间产生和声压相应的电压。这种传声器灵敏度高，在很宽的频率范围内频率响应平直，输出性能稳定，一般在 −50～150℃的温度范围内和 0%～100%的相对湿度范围内几乎不变，因此它适用于精密声级计。除了声压和频率的测量以外，声功率和声强测试也常用到。

图 4.3 传声器

图 4.4 声级计

2) 声级计

声级计(图 4.4)是噪声测量中最常用的便携式仪器，可测量总声压级和各种 A、B、C 计权声级或各频带声级。声级计与其他仪器配合时，还可进行频谱分析和振动测量。汽车噪声测量常用精密声级计，由传声器、放大器、衰减器、计权网络、检波器和指示表头组成，其工作原理简图如图 4.5 所示。

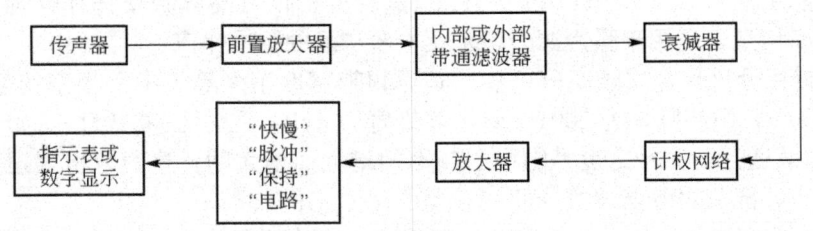

图 4.5 声级计原理方框图

（1）放大器和衰减器。噪声通过传声器后，输出的电压是很微弱的，故声级计内必须有放大系统，包括输入放大器和输出放大器。输出放大器的输出端给出的是经滤波器（或计权）放大后的声电信号，但它尚不能直接提供给人们识别。因此，必须加入检波器和显示装置。衰减器分为输入和输出衰减器。输入衰减器在输入级的后面，使输入信号精确地按每挡 10dB 衰减，衰减的量程为 0～70dB，输入衰减器的功能是使输入放大器不要过负荷。输出衰减器分为两部分，一部分直接位于计权网络之后，另一部分位于输出放大器之后，输出衰减器的范围为 0～50dB，并按 10dB/s 衰减。

（2）计权网络。根据人耳对声音的响应特性，声级计中常用的频率计权网络有 A、B、C 3 种，其显示读数通常称为声压级。根据不同的目的和噪声特性，可选用其中的一个或几个进行噪声测量。当计权网络开关全部开放使用时，整个声级是线性频率响应，此时测得总声压级。近年来，C 声级主要用来测量可闻声频范围内的总声压读数，最常用的是 A 声级。

（3）指示表头。普通声级计的表头具有"快"和"慢"两种特性。快挡用于测量随时间起伏小的噪声，当快挡测量的噪声起伏大于 4dB 时应换用慢挡。脉冲精密声级计的表头，除了快、慢挡外，还有"脉冲""脉冲保持"和"峰值保持"挡。快、慢挡测量的是声压的有效值，即均方根值。脉冲和脉冲保持挡测量的是声压最大有效值。峰值保持挡测量的是声压峰值，即声压最大值。利用声级计进行噪声测量前，一般应进行校正。校正是利用发出恒定声压的标准声源，如活塞发声器，使得声级计在该声压作用下，表头读数等于标准声源的标定值。测量声压时，应适当调节声级计的输入、输出衰减器旋钮，既不使表头指针过载，也不使指针在 0 线以下。为了防止因过载而损坏仪器，调节衰减器旋钮时，应使 dB 量程由大到小的方向调节。

目前应用广泛的是各种数字式的多功能声级计，它能同时得到声压级、最大噪声级、最小噪声级、等效连续声级和累积分布声级 5 种参数。根据需要可以进行两种检波模式（有效值和峰值）、3 种时间计权（慢、快、脉冲）、4 种频率计权（A、B、C、线性和全通）的选择。

3）频谱分析仪

如图 4.6 所示，频谱分析仪是用来测量噪声频谱的仪器。它主要由两大部分组成，一部分是测量

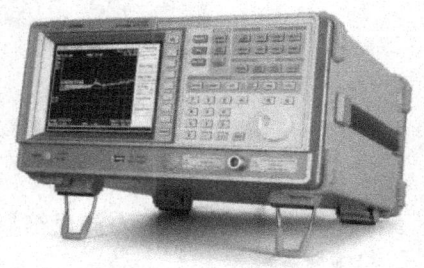

图 4.6 频谱分析仪

放大器，另一部分是滤波器。按滤波器频带宽度分为以下几种频谱分析仪。

(1) 恒定带宽频谱分析仪。其中心频率可以连续改变，但通过的带宽保持不变，带宽 Δf 经常采用 5Hz、20Hz、50Hz 和 200Hz。这种分析仪对高频频率选择性强，能提供非常细致的频率信息，适用于噪声源的识别及检验产品的脉冲噪声。

(2) 恒定百分比带宽式频率分析仪。其通频带宽度始终等于中心频率的某一百分数，如果百分数为 3，中心频率为 100Hz 时，其带宽为 3Hz；若中心频率为 1000Hz 时，其带宽为 30Hz。故通过的频带宽度是随中心频率的增大而增大的。这种分析仪适用于测量分析不稳定噪声，能测出各谐波成分的相对大小。

(3) 等对数频宽式频率分析仪。即倍频程或 1/3 倍频程分析仪，用于测量噪声频谱的大概分布，它只能对噪声做粗略的频率分析。

(4) 实时分析仪。上述频谱分析仪要完成一个有一定频率范围的频谱分析，需花费较长的分析时间，且无法分析那些频谱随时间而急剧变化的噪声和瞬时噪声。实时分析仪是可即时完成频谱分析的仪器。

4) 信号处理仪

随着以 FFT 为基础的数字计算技术的发展和信号分析技术的提高，各种专用或多用信号处理仪得到了迅速的发展。这类信号处理仪普遍能进行幅值域内的统计分析，时域内的相关分析和频率域内的频谱分析等，还具有细化、瞬态信号捕捉、波形编辑等多种特殊功能。由于多次采集平均，使得数据分析的可信度大大提高，为实际工程应用创造了良好的条件。

图 4.7 所示是丹麦 B&K 公司生产的 3560C 型 PULSE 多分析仪系统。该系统是一台可用于测量噪声、振动的多用途、面向任务的分析系统，可以进行噪声振动测量、声品质的分析、声功率的测量、噪声源识别、声学材料的测试、结构动态分析及机器状态分析等。图 4.8 所示是运用该系统对某轻型卡车车外噪声源识别时的声强测量网格布置图。

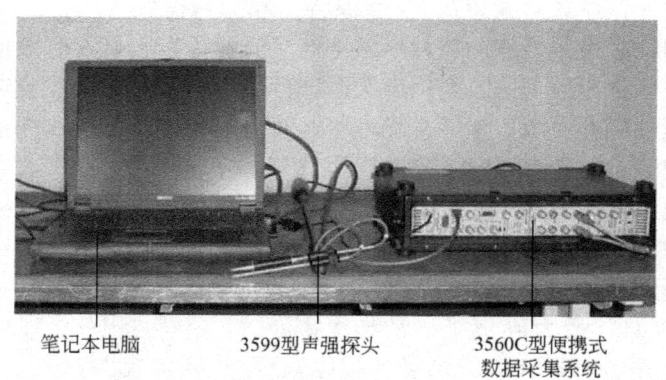

图 4.7 B&K 3560C 型 PULSE 多分析仪系统

5) 噪声测试环境

噪声测试环境(声场)对测量结果影响很大。因而，不同的测试环境中使用的测量分析仪器和测量方法有相当的差别。

许多噪声标准中，规定用测量 A 声级，以此作为评判噪声的依据。事实上，A 声级

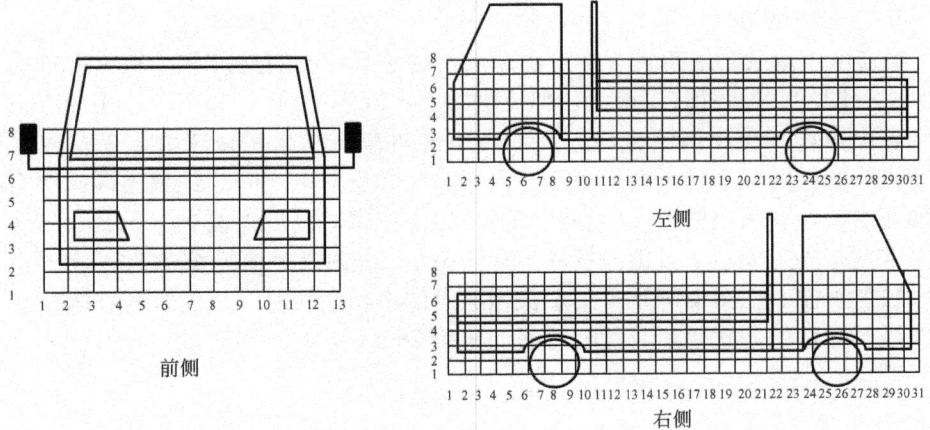

图 4.8　某轻型卡车车外噪声源识别时的声强测量网格布置图

的大小不仅取决于声源声能的大小，而且还取决于观测点与声源之间的距离及声源所在的声学环境，故所测得的 A 声级是反映了所测声源在特定声学环境中对该测点的影响，而不只表示声源本身所发出声能量的大小。如果要了解声源本身的声学特性，就需要进行声功率测量，因为声源的声功率是该声源在单位时间内所发出的声能量，它与距离的远近无关，与所处的声学环境无关。但声功率和声功率级不能直接测量，它是在特定的声场条件下，由测得的声压级换算得出的。因此，声场条件不同，声功率的测量和计算方法也不相同。

若在环境中存在反射体，则测到的声压将是直达声与反射声叠加的结果；而反射声的强弱随环境不同而变化。因而，同一声源处于不同环境中所测得的声级也将存在较大差异，必要时对测量结果应进行修正。根据距声源远近分类，声场可分为近场和远场；根据声场性质分类，声场可分为自由声场、半自由声场、扩散声场和半扩散声场等。

（1）近场和远场。图 4.9 所示定义了远场与近场、自由声场与混响声场的位置关系（图中 r 为距离）。在声场中，质点振动速度和声压存在平面波的简单关系的区域称远场。在汽车噪声测量与分析中，除特殊要求外，声源的声压或声功率级的测量均在远场进行。

远场的判别也可以用声级计来完成。其方法是沿声源的噪声辐射线逐点测量声压级，符合距离增加一倍，噪声衰减 6dB 规律的区域即为远场，否则为近场。如果测点在声源附近，则声场很复杂，声波既非平面波亦非球面波，声压级和距离没有明确的关系，这一场称为近声场。

（2）自由声场及消声室。自由声场指的是只有直达声而无反射声的理想化自由空间。在实际中要找到这种毫无反射声影响的测试环境是十分困难的，通常只要反射和直达声相比十分小，则可把它看作是自由声场，如开阔的大气空间（将声源吊起离开地面足够远）、遇到墙壁的声音可全被吸收的消声室等。相比之下，由于消

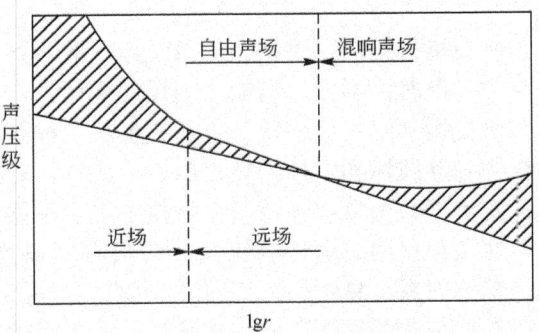

图 4.9　远场与近场、自由声场与混响声场的位置关系

声室内易于控制测量条件，不受气候影响，因此在实际中应用较多。

（3）半自由声场及半消声室。半自由声场指的是只存在直达声和一次反射声的声学空间。实际中开阔的室外环境（周围无任何反射物，声源放于地面）和实验室中的半消声室可近似为半自由声场。在半消声室中，反射声可能对测试结果带来较大误差。但对于像汽车、发动机等这样的宽频带声源，由于不同频率波和反射声之间相位差不同，所有频率无规则叠加的结果，在离地面1/4中心频率波长以上位置的测量误差小于3dB。

半消声室是人工模拟半自由声场的声学实验室。这相当声源放置在地面上时，以半球面的形式辐射声波。在半消声室中测量机械噪声的声功率级时，机器放置在强反射的地面上，声波以半球面的方式辐射，此时透射面积为$2\pi r^2$，声功率级变成：

$$L_W = L_P + 20\lg r + 8 \qquad (4-1)$$

式中，L_P为以r为半径的半球面上数个测点测出的平均声压级。

当不具备消声室、半消声室时，在工程上往往将机器放在室外坚硬的地面上，只要在足够大的半径内无反射物，则可利用式(4-1)进行噪声的声功率级测量。测试球面半径r一般应大于机器尺寸的两倍，以保证声波为球面行进波。

（4）扩散声场及混响室。声波在声场中反射多次，致使声波在所有方向上以相同的幅度与概率传播的声学空间称扩散声场。在扩散声场中，反射声具有主要效应，声场的净声强为零，而单边声强I_x（一个方向的声强）与声压存在以下关系：

$$I_x = p^2/4\rho c \qquad (4-2)$$

式中，p为声压；ρ为介质密度；c为声速。在实际中，要得到一个真实的扩散场同样是困难的。混响室可近似为这种声场。

（5）半扩散声场与半混响室。在实际汽车噪声测试中，经常遇到的声场介于自由声场和混响声场之间，称为半扩散声场。满足这一情况的房间称为半混响室。半混响室适合于一般性的汽车及零部件噪声测试，是最为普通的测试环境，表示半混响场状况的参数有两个，即试验室的房间常数R和房间的平均吸声系数a。

4.2 振动力学概述

所谓机械振动，是指表征系统运动的某些物理量（如位移、速度、加速度等）在平衡位置附近做时而增大时而减小的反复变化。

机械振动对于大多数的工业机械、工程结构及仪器仪表是有害的，它常常是造成机械和结构恶性破坏和失效的直接原因。例如，1940年美国的Tacoma Narrows吊桥在中速风载下发生了共振，引起桥身扭转振动和上下振动，最终导致坍塌。图4.10所示为Tacoma吊桥在风载作用下坍塌的场景。1972年，日本海南电厂的一台66万kW汽轮发电机组，在试车中因发生异常振动而全机毁坏，长达51m的主轴断裂飞散，联轴节及汽轮机叶片竟穿透厂房飞落百米以外。据统计，在飞行器所发生的许多重大事故中，有40%是与振动有直接关联的。超出规范标准的振动，缩短机器寿命，影响机械加工精度和质量，降低机械及电子产品的使用性能，甚至对人体造成一定伤害。

图 4.10 Tacoma Narrows 吊桥在风载作用下坍塌场景

振动也有可利用的一面，如工业上常采用的振动筛选、振动沉桩、振动输送及根据振动理论而设计的测量传感器、地震仪等。

在机械振动中，将研究对象称为系统，外界的激励称为输入，作用于系统使之产生振动响应称为输出。振动力学主要就是研究系统、输入（激励）和输出（响应）之间的关系，三者之间的关系如图 4.11 所示。因此，振动问题可归纳为三类。

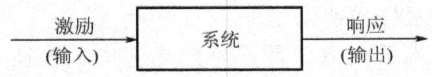

图 4.11 系统的输入与输出

（1）已知激励和系统，求响应。可以称这类问题为系统动力响应分析。这是工程中最基本和最常见的问题，其主要任务在于验算结构、产品在设计阶段的动力响应（如变形、位移、应力等）是否满足预定的安全要求和其他要求，若不合要求再做修改，直到达到要求而最终确定设计方案，这一过程就是所谓的振动设计。

（2）已知激励和响应，求系统。可以称这类问题为系统识别。所谓求系统，主要是指获得系统的物理参数（如质量、刚度及阻尼系数等）和系统关于振动的固有特性（如固有频率、主振型等）。以估计物理参数为任务的称为物理参数识别，以估计系统振动固有特性为任务的称为模态参数识别或试验模态分析。

（3）已知系统和响应，求激励。可以称这类问题为环境预测。在系统固有特性和响应已知的条件下，以估计产生响应的振动环境或激励，即判别系统的环境特性，也就是所谓的环境预测。

4.2.1 振动力学的基本理论

单自由度系统是最基本的振动系统，虽然工程上较复杂的振动问题多数需要用多自由度系统的振动理论来解决。单自由度系统能够很好揭示振动系统的基本特性，多自由度线性系统常常可以看成是许多单自由度系统的线性叠加。系统的无阻尼振动频率为系统固有的物理参数，称为固有频率。当激励频率与系统固有频率很接近时，将发生共振现象。

一个具有 n 个自由度的系统，它在任一瞬时的运动形态要用 n 个独立的广义坐标来描述，系统的运动微分方程一般是 n 个相互耦合的二阶常微分方程组成的方程组。对 n 自由度的无阻尼系统而言，它具有 n 个固有频率（有可能出现重值），当系统按任意一个固有频率做自由振动时,系统的运动是一种同步运动,称为主振动。系统做主振动时所具有的振动形态称为主振型,或称为模态。

4.2.2 车辆振动学

车辆振动学(Vehicle Vibration)是对车辆振动、噪声与控制等方面进行的科学与技术。就汽车而言,振动学包括对汽车的发动机、动力传动总成、转向及底盘悬架总成、车身系统和制动时的振动、噪声及整车平顺性问题进行建模、分析、测试、诊断、控制、设计等方面的研究。

汽车振动和噪声(Noise-Vibration-Harshness,NVH)是汽车动态性能的一个重要指标。整车NVH舒适性是指驾乘人员所感受到的整车NVH性能,对其进行综合评价通常采用主观评价和客观测试相结合的方法。广义的舒适性是指车内宽广度、视野、座椅舒适性、车内安静程度和各部位的振动大小等驾乘人员所感受到的指标;汽车的平顺性主要是指汽车行驶过程中产生的振动和冲击对于驾乘人员舒适性的影响。根据行车舒适性研究的结果,引起驾乘人员不舒适的主要原因是一定频率下的垂直振动加速度。加速度越大,舒适性越差。评价的内容主要有车外加速噪声、车内振动和噪声、轮胎噪声、风噪声、怠速舒适性、高速抖动及碰擦声等。

汽车噪声控制研究的技术手段有三种,分别是基于试验技术、基于解析技术和基于数值技术。建立在基于有限元理论的CAE技术和实车模态测试技术基础上的"分析-试验"综合法,被广泛用于汽车结构设计和NVH特性预测、优化及匹配。汽车噪声控制技术主要应用于对噪声源的控制、对噪声传播途径的控制和对噪声接受者的保护。

4.2.3 内燃机的振动分析

内燃机是动力机械中应用最广泛的一种热力发动机,根据所用燃料的不同分为汽油机和柴油机等。内燃机是以曲柄-连杆机构为主要结构形式,以往复运动为特点的热动力机械。其工作特点是间歇性的周期循环,每回转一周(二冲程)或两周(四冲程:吸气、压缩、做功、排气)完成一次工作循环。内燃机每一次工作循环有一次燃料着火爆发过程,这使得内燃机中的零部件承受周期性的变化力作用;同时周期性地更换气缸中气体的过程使得内燃机的进排气气流具有很大的波动性;而内燃机不平衡结构的转动会产生惯性力,这一切都是内燃机在运转中引起振动及噪声的激励来源。

内燃机由其工作结构和原理界定了其工作不平稳的特性,如不精心设计将会发生整机振动(包括上下、前后、左右的跳动与绕三个轴的摇动)、曲轴系的扭转振动、轴向振动或横向振动。振动将引起以下严重后果。

(1)零部件之间发生剧烈撞击而损坏。

(2)曲轴及附件产生过大的交变扭矩、拉压或弯曲应力而发生疲劳破坏。

(3)轴系破坏。

(4)引发载体(车辆或船舶等)的振动。

(5)产生很大的噪声。

为了减小振动需要采取一系列措施,如改善内燃机与曲轴运转的平衡性、加装减振器和采用隔振装置等。下面简单介绍振动主动控制原理。

1. 主动式动力吸振器

图 4.12 所示为主动式动力吸振器原理图。主动式动力吸振器是通过改变吸振器的频率来抑制内燃机的振动，通常是以干扰力频率为目标主动改变吸振器参数，如动力吸振器中的弹簧刚度系数或吸振器的减振块质量等都使得吸振器始终处于反共振状态，从而达到吸振器本身的固有频率跟踪激振频率的目的。

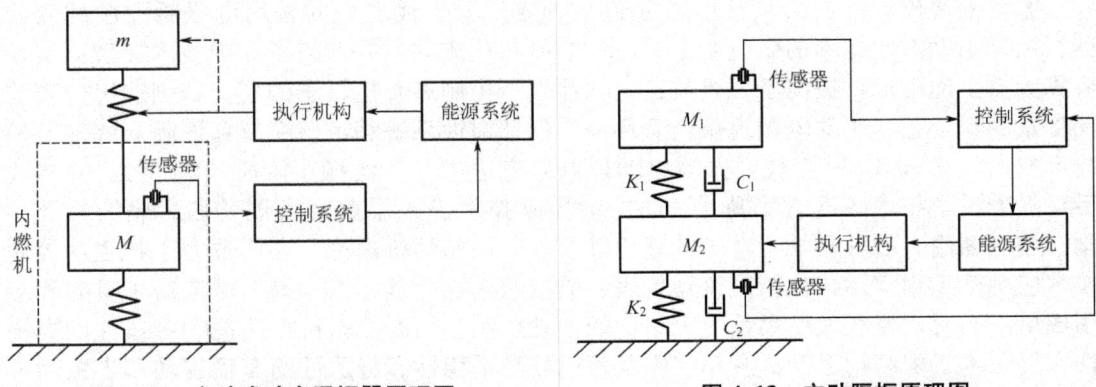

图 4.12 主动式动力吸振器原理图　　　　图 4.13 主动隔振原理图

2. 主动隔振

隔振是采用附加子系统（隔振器）将振源与需减振的结构或系统隔开，以减小结构或系统的振动。由于内燃机是一种宽频带激振源，故目前所研究的主动隔振都是基于双层隔振基础之上的，其原理如图 4.13 所示。

在主动隔振过程中，控制系统根据质量块 M_1 和 M_2 的振动响应产生控制振动所需的力或运动，使中间质量块 M_2 保持静止不动，则下面的弹簧、阻尼元件不承受动态压缩，故传给基础的动态作用力为零，从而实现了理论上传递率为零的隔振。

4.3　汽车振动噪声的主动控制技术

现在主动噪声与振动控制在汽车上的应用越来越多，而且这种趋势还在继续。随着电子控制系统成本的大幅度下降，主动控制不仅在豪华车上应用，而且开始在普通汽车上应用。主动控制的好处在于：它能在一定宽的频率范围内控制振动与噪声。被动控制一旦设计好了，其作用效果的频率范围也就确定了，但有多个频率需要控制时，就需要多个被动控制系统。可是，一套主动控制系统可以随着频率变化而调节。这样主动控制可以减轻设备质量和体积，还可以进行声品质的调节和设计。

4.3.1　汽车振动主动控制技术

1. 振动主动控制技术的概述

振动控制一般分为被动、主动和半主动控制等类型。被动控制又称无源控制，它不需外界能源提供控制力，结构简单，易于实现，许多场合已获得了应用。主动控制是指在振动控制过程中，根据检测的振动信号，应用一定的控制策略，经过实时计算，通过驱动作动器对控制目标施加一定的影响，达到抑制或消除振动的目的。主动控制是一种"以动治动"的控制方式，又称有源控制，它可对任意结构进行控制，具有极强的适应性和调节性；可通过动态修改系统结构参数，实现高水平的振动控制。半主动控制是一种振动系统的参数控制技术，其所需外部能源少，控制过程依赖于结构反应或外干扰力信息，能够获得较好的控制效果。

振动主动控制装置的雏形可追溯到19世纪20年代出现的采用电磁阀控制的缓冲器。振动主动控制技术的研究始于20世纪50年代末期，并取得了3项技术突破：实现机翼颤振主动阻尼，提高了飞机航速；磁浮轴承控制离心机转子的成功，创造出分离轴同位素的新工艺；主动隔振提供超静环境，保证惯性系统满足核潜艇和洲际导弹导航的精度要求。20世纪70年代，振动主动控制研究进入了广泛探索阶段；20世纪80年代后，随着科学技术的迅速发展，振动主动控制技术进入了蓬勃发展阶段，成为涉及力学、控制理论、材料科学、电子计算机等多学科的跨学科理论。人们致力于将主动控制技术应用于工程实际，在精密仪器仪表、航空航天、土建、汽车等领域取得了研究和应用成果。同时，将在大型柔性航天结构的主动控制、用以提高抗振性能和舒适性的高挠性大型土木工程结构振动的主动控制及用以提高平稳性和舒适性的车辆主动和半主动控制等方面进一步得到发展。

振动主动控制多数采用闭环控制，如图4.14所示。它的基本思想是通过适当的系统状态或输出反馈，产生一定的控制作用来主动改变被控制结构的闭环零、极点配置或参数，从而使系统满足预定的动态特性要求。

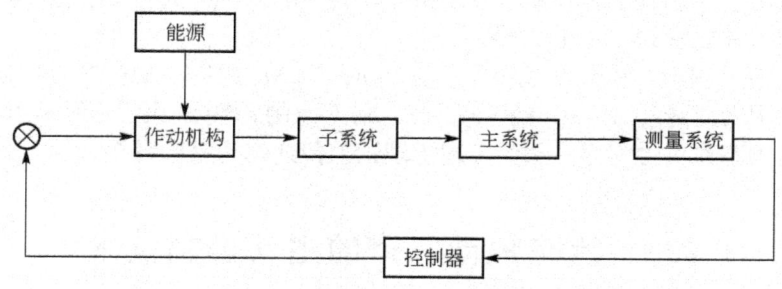

图 4.14　闭环控制方框图

1) 振动主动控制技术的控制方法

就主动振动控制的应用来看，控制方法主要有以下几种。

(1) 独立模态空间法：基本思想是把具有分布参数特征的弹性体离散化为模态序列，通过控制振动的主动模态对弹性体进行控制。由于振动的各个模态是耦合的，耦合模态控制法计算量大，很难用于实际工作系统。

(2) 极点配置法（特征结构配置）：包括特征值和特征向量配置。系统的特征值决定系统的动态特性，特征向量影响系统的稳定性。根据对被控系统动态品质的要求，确定系统的特征值与特征向量的分布，通过状态反馈或输出反馈来改变极点位置，从而实现规定要求。但是极点配置在工程实际中很难调整到合适的位置。

(3) 最优控制方法：利用极值原理、最优滤波或动态规划等最优化方法来求解结构振动最优控制输入的一种设计方法。对于高阶系统，确定最优控制是很复杂的，难以用解析形式表示。而具有二次型性能指标的线性系统的最优反馈控制律则能用解析的形式表示，计算也相对简单，而且有各种现成的计算程序可供使用。

（4）自适应控制方法：主要用于受控对象及其参数存在较严重上确定性的振动系统。它可以自动检测系统的参数变化，时刻保持系统的性能指标为最优。自适应控制又分为自适应前馈控制、自校正控制和模型参考自适应控制3类。自适应前馈控制通常假定干扰源可测；自校正控制是一种将受控结构参数在线辨识与受控器参数整定相结合的控制方式；模型参考自适应控制是由自适应机构驱动受控制结构，使受控结构的输出跟踪参考模型的输出。

（5）鲁棒控制：选择线性反馈律，使得闭环系统的稳定性对于扰动具有一定的抵扰能力。虽然自适应控制可用于具有上确定性的振动系统，但其本身上具备强的鲁棒性。顾仲权等人提出了基于容限性能指标的控制设计准则，研究了一种直接满足控制性能要求的结构振动鲁棒控制的常增益反馈优化设计方法。

（6）智能控制：它的产生与发展为振动主动控制带来了新的活力。其中，模糊控制作为智能控制的一个重要分支，不仅能提供系统的客观信息，而且可将人类的主观经验和直觉纳入控制系统，为不易解决或无法建模的复杂系统控制问题提供了有力的手段。神经网络系统是利用工程技术手段模拟人脑神经网络的结构和功能的一种技术系统，是一种大规模并行的非线性动力学系统。它需要预先详细描述所需系统的性能，提供足够精确的样本数据，若神经网络控制无法达到预期的控制效果，就较难找到其原因和相应的解决办法。这两种控制需要和其他控制方法结合或两者结合形成模糊神经网络控制方法。

2）振动主动控制技术的发展前景

随着新型功能材料、控制技术及计算机技术的发展，振动主动控制技术将有美好的发展前景。

（1）确定反馈与控制增益最优关系的控制算法。借鉴控制领域的研究成果，根据各类振动的特点，发展有别于传统控制理论的新方法，如气动能量法、独立模态空间控制法、最优边界阻尼法等。

（2）结构控制系统的数值仿真与试验实现和验证。随着计算机技术和网络技术、人工智能、知识工程、通信技术等的迅速发展，出现了许多新的仿真技术，如面向对象的仿真、分布交互仿真、智能仿真、人机和谐仿真等。

（3）随着航空、航天技术的发展和新型智能复合材料的产生，提出了智能结构的新构想，即将传感器、作动器、控制器有机地与结构集成在一起，主动改变结构自身的质量分布和刚度、阻尼的大小，自适应实现振动控制的目标。

（4）传感器和作动器是实现振动主动控制的关键部件。开发高精度、智能化传感器、作动器和集成化传感作动部件已成为必然趋势。

2. 汽车振动主动控制技术

在汽车噪声与振动控制系统中，都有主动控制与半主动控制。图4.15所示为动力装置主动振动控制系统。动力装置通过隔振器安放在车架上，其振动通过隔振器传到车架，同时路面的振动也通过轮胎等部件传递到车架。为了减小这些振动，一个主动控制系统装在车架上，并产生一个相位与振动源相差180°的力来抵消一部分振动。这个控制力是由一个额外能量供应系统来提供的。

主动控制的好处是可以有效地控制振动与噪声,但是其缺点是成本高、需要额外的能源供应系统、增加质量、系统的可靠性降低和维修困难等。半主动控制能够克服主动控制的这些弱点,图 4.16 所示为闭环的半主动控制系统。比较图 4.16 与图 4.15,其差别是在半主动控制系统中,没有额外的能源供应系统。半主动控制中的激励力来自振动系统本身的能量。当系统振动时,一部分能量储存起来,经过控制器调节后,在适当的时候释放出来抵消传递到车架上的振动。

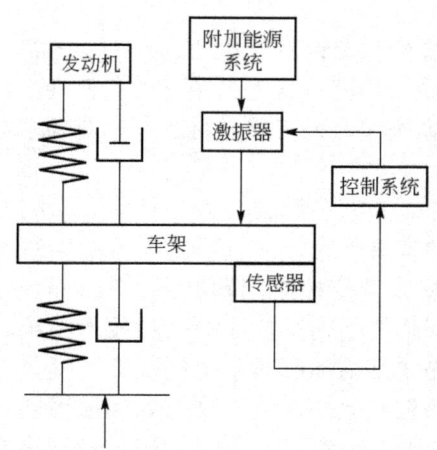

图 4.15　动力装置主动振动控制系统　　　　图 4.16　闭环半主动控制系统

半主动控制的成本低,结构简单,没有额外的能源供应系统,但是其应用受到限制,低频控制效果好,对高频噪声振动很难控制。

在动力装置隔振系统中,系统对隔振器的要求是:低频的时候,隔振系统的刚度要高,以便承受动力装置的重量,同时要求阻尼大,以便有效地抵抗外界的冲力。液压隔振器具备这些特性。高频的时候,隔振系统要求刚度低和阻尼小,以达到良好的隔振效果。橡胶隔振器具有这些特性。也就是说,液压隔振器有很好的抗冲特性,而橡胶隔振器有良好的高频隔振特性。但是这两种隔振器很难兼备抗冲与隔振的特点。耦合的隔振器解决了抗冲与隔振这对矛盾,但是这是在单一输入频率相等的情况下得到的。一旦系统的输入频率很多,耦合隔振器也达不到同时抗冲与隔振的效果。这样就引入了主动隔振器和半主动隔振器。主动隔振器的隔振效果很好,可以适应任何频率,但是结构复杂,需要额外的能源供应系统,成本高,可靠性低,维修困难。半主动隔振器通常只在低频时有效,但是其结构简单,成本低。

现在,汽车上的主动或者半主动振动控制系统绝大多数用在动力装置的隔振上。有少数控制系统安装在汽车的悬架和座椅等结构。目前主动控制主要是用在豪华和高级乘用车上,最近几年,由于控制元件的成本大幅度降价,有些普通乘用车也采用了主动振动控制系统。

3. 主动振动控制

图 4.17 所示为主动隔振器的剖面图。它由下面几部分组成:被动隔振器,一般采用液压隔振器作为基础,也有少量橡胶隔振器;激振器,可以是电磁式的,也有的是伺服液

压式的；传感器一般用加速度传感器。被动隔振器主要是支撑动力装置系统并具备一定的隔振和防冲性能。安装在车架上的传感器将振动信号传递到控制器上，控制器经过运算，对激振器发出指令。外界能源系统给激振器提供的能量，产生一个与框架振动幅值相等但相位相差 180°的力作用在框架上，这个力与振动力相互抵消，从而达到减小振动的目的。主动隔振器使得动刚度大幅度下降，比如从 300N/mm 降到 100N/mm，有时比静刚度还低。

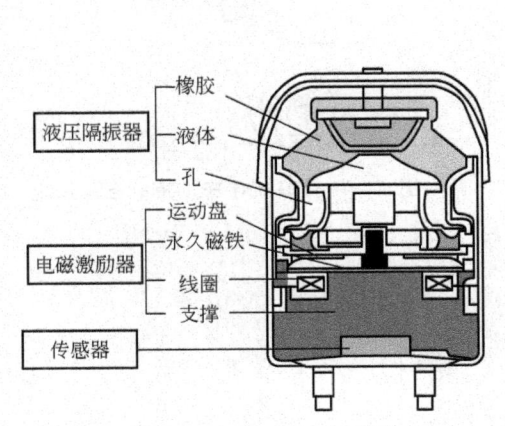

图 4.17　主动隔振器剖面图

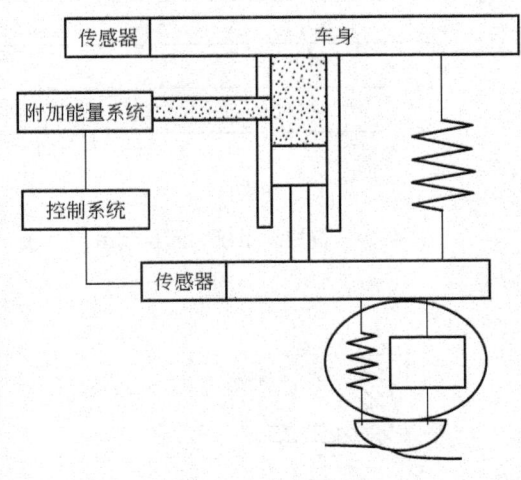

图 4.18　主动悬架系统

悬架系统也有的采用主动减振控制器，如图 4.18 所示。减振器液压油缸的上腔室通过一根管道与另一个辅助液压装置连起来。传感器将信号输入到控制器，控制器控制能量供应系统来推动辅助液压装置，使液体流入或者流出液压油缸的上腔室，从而达到减小振动的目的。图 4.19 所示为装有控制系统和没有装控制系统车体上的振动曲线。装有控制系统时，车体的振动大大降低。

4. 半主动振动控制

半主动振动控制有两种形式。第一种是改变结构的特征，这主要是通过液压油缸来实现的，第二种是改变物质的性能，比如在隔振器中，通过对材料加电或者加磁来改变结构的阻尼和刚度特征。图 4.20 所示为闭环的半主动控制悬架系统。它与图 4.18 所示的主动悬架系统的根本不同是没有额外的能量供应系统。图 4.20 中的半主动激励器中的压泪缸有两个腔室，这两个腔之间用一根管道相连。管道中间有一个控制阀，来调节两个腔室的压力。控制系统将一部分振动能量储存起来，到一定的时候，这部分能量被释放出来并抵消将要来临的振动。由于采用了反馈控制系统，因此这是一个闭环的控制系统。

图 4.21 所示为电流变液隔振器。它与普通液压隔振器的区别是液体中悬浮着很多细小的电解颗粒，在两个液压腔之间装有电极。当电极通电的时候，液体的黏性迅速增加，而且电流越大，黏性越大。图 4.22 所示为电流变液压隔振器中液体黏性与电流的关系。图 4.22(a) 和图 4.22(b) 所示为电流变液压隔振器的刚度、阻尼曲线。低频时，增加电流，刚度和阻尼都增加，这有利于抗冲。频率增高时上加电流或者电流值较低，这样刚度低，有利于隔振，但阻尼大，却不利于隔振。总体说来，通过调节电流的大小改变隔振系统的

刚度与阻尼,其隔振防冲效果比纯液压隔振器好。图 4.22(c)所示为使用电流变液隔振器系统的传递率曲线,可以根据这条曲线来调节所需的电压,以达到最佳传递率。

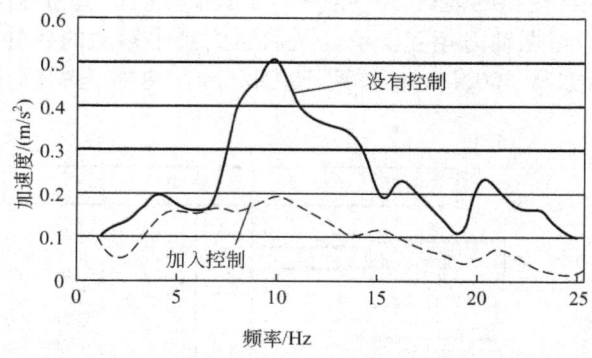

图 4.19 有控制系统和无控制系统比较

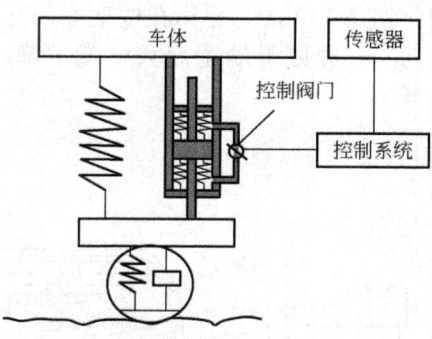

图 4.20 闭环的半主动控制悬架系统

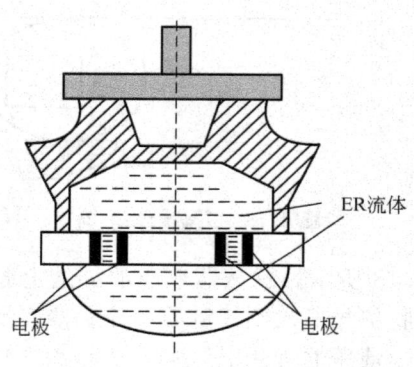

图 4.21 电流变液隔振器

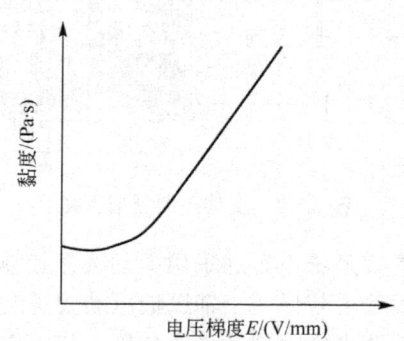

图 4.22 电流变液隔振器中液体黏性与电流的关系

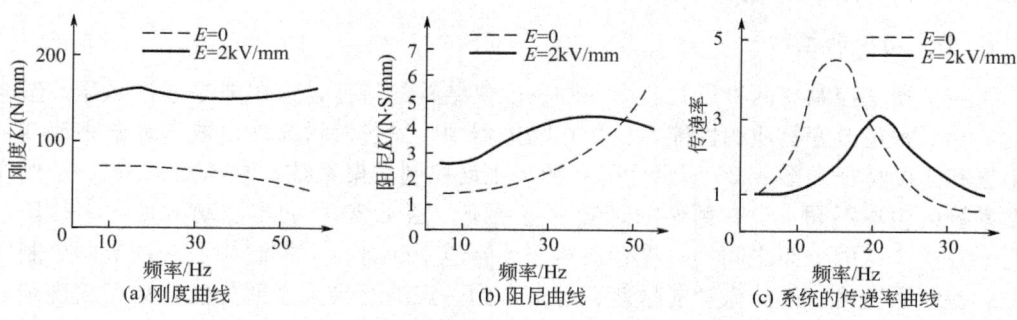

图 4.23 电流变液隔振器的刚度、阻尼和系统传递率

与电流变液体类似,还有一种称为"磁流变"的液体,加上磁场之后,这种液体的特性会发生改变。图 4.24 所示为磁流变液压隔振器,两个磁体安装在隔振器中间。在没有磁场的情况下,流体中的颗粒处在自由悬浮状态,如图 4.25(a)所示。加入磁场后,流体中的颗粒就变成有规则地沿着东西磁场线排列,如图 4.25(b)所示。这样颗粒形成了链状结构,增加了上下运动的阻尼,从而改变了结构的动力性能。这种从自由状态到排序状态

的变化在非常短的时间内完成。

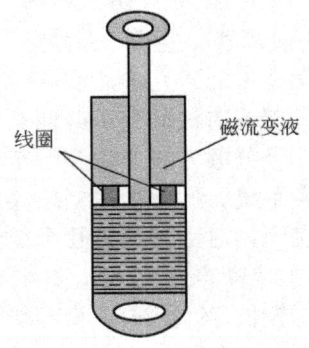

图 4.24 磁流变液压隔振器

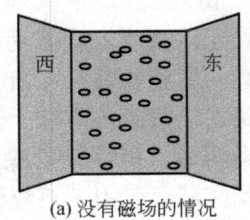

(a) 没有磁场的情况

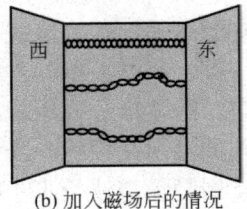

(b) 加入磁场后的情况

图 4.25 磁流变液压隔振器流体中颗粒随磁场的改变

最近几年，有人将记忆合金应用到隔振器上，如图 4.26 所示。记忆合金被镶嵌在液压隔振器的橡胶里面。记忆合金有个特点，它发生塑性变形后，只要加温，又可以恢复到原来的形状。在低温时，合金处于马氏体状况，杨氏模量低；在高温的时候，合金处于奥氏体状况，杨氏模量高。这样只要简单地在记忆合金上通电或者断电，就可以改变隔振器的动力特征。

在设计与选用隔振器时，要注意确定振动激励的性质，规定振动隔离的性能指标，选择合适的振动控制方法、分析计算振动隔离系统，

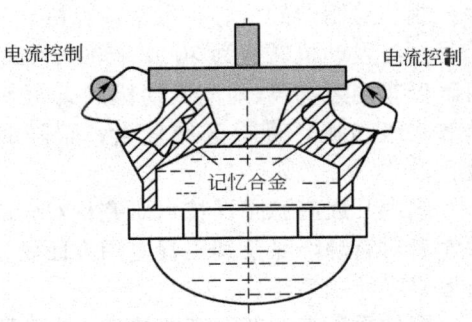

图 4.26 镶嵌有记忆合金的液压隔振器

并依据载荷的性质、安装空间等条件选择合适的隔振器及安装方式。

4.3.2 汽车噪声主动控制技术

传统的噪声控制技术主要以研究噪声的声学控制方法为主，主要技术途径包括吸声、隔声、使用消声器、振动的隔离、阻尼减振等。这些噪声控制方法的机理在于，通过噪声声波与声学材料或声学结构的相互作用消耗声能，从而达到降低噪声的目的，属于无源或被动式的控制方法，可称为"无源"噪声控制（Passive Noise Control）。一般说来，无源噪声控制方法对控制中高频噪声较为有效，而对低频噪声的控制效果不大。为此，需要采用一项新技术——主动噪声控制技术，也称有源噪声控制（Active Noise Control）技术。

1. 噪声主动控制技术发展概况

有源噪声控制（Active Noise Control，ANC）方法是近年来发展起来的一种全新的噪声控制方法。与传统的降噪技术相比，它突出的优势在于对低频噪声控制效果好及对原系统的附加质量小，因此近年来有源噪声控制在降低低频噪声中得到了广泛应用。

有源噪声控制是在指定区域内人为地、有目的地产生一个次级声信号去控制初级声信号，以达到降噪目的的技术，依据的原理是两列声波干涉相消原理。若次级声源产生与初

级声源的声波幅值相等、相位相反的声波,则与该区域内的原始声场相互抵消就达到了降噪的目的。该项技术早在 19 世纪 30 年代由德国物理学家 Paul Lueg 提出并申请了专利。但由于当时电子技术水平的限制,这一创造性设想并未变成现实。直到 19 世纪 60 年代末,由于电子技术和信号处理技术的飞速发展,对有源降噪技术的研究才又重新兴起。

1984 年,美国通用汽车公司的 Joswald 采用自适应有源降噪方法研究了柴油车驾驶室的有源降噪问题。系统由分立元件构成,采用发动机转速信号分频方法产生多阶正弦波参考信号,经过控制器进行调幅、倒相处理,反馈给次级电声系统,产生抵消初级噪声的反噪声。声学部分采用单次级源、单监测传声器。试验结果表明,对由发动机几个低阶谐量引起的室内低频噪声降噪效果明显,可使谐阶噪声仅高出本地噪声 5～7dB,并研究了降噪点周围噪声波长 1/4 的降噪区域。但由于系统跟随时间比较长(约为 2s),尚不能反映车速变化的降噪要求。

1987 年,英国 Lotus 汽车公司与 ISVR 合作,将自适应有源降噪技术应用于乘用车噪声控制。控制器的核心是数字计算机,采用发动机转速信号分频方法产生多阶正弦波参考信号。在发动机转速为 3000～5000r/min 范围内明显地降低了车内低频发动机谐阶噪声,可降低车内轰鸣声(对应发动机点火频率谐阶噪声)10dB 左右。由于采用了多个监测传声器和次级声源,降噪区域较大,跟随时间短,能快速跟随车内低频发动机谐阶噪声的变化。

国内开展有源降噪技术研究相对较晚。清华大学、西安交通大学和西北工业大学的有关学者对有源降噪及其工程应用方面做了大量工作,但目前国内尚没有研究出适用的车内有源降噪控制系统。

国外乘用车一般噪声级较低,有源降噪的潜力较小。而国产汽车长期以来一直存在噪声过高问题,因此研究有源降噪技术在降低车内噪声中的应用,改善国产汽车的乘坐舒适性,具有较大的潜力。但目前国内尚没有成形的车内有源噪声控制系统。其主要原因是对空间有源降噪的机理研究不够深入(例如消声过程的能量转化机理等;空间消声的基本单位及其消声的空间特性),缺乏满足实际应用要求的简单、有效的消声结构,复杂的外界条件(声学环境、物理条件、声学器件特性等)对消声效果的影响。

2. 进气系统的主动噪声控制

在进气系统和排气系统中都用到了亥姆霍兹消声器。亥姆霍兹消声器的传递损失是针对某一个频率和以这个频率为中心的窄带噪声。比如对一个四缸发动机,在 2000r/min 的时候,进气系统发出轰鸣声(boom),主要是第 2 阶,频率为 66.7Hz。这种低频噪声通常是用亥姆霍兹消声器来消除的。如果除了 66.7Hz 噪声外,还存在 100Hz 和 120Hz 的两个噪声峰值,就必须再用两个亥姆霍兹消声器来消除。但是在一个进气系统中安装 3 个低频亥姆霍兹消声器是不现实的。为了解决这个问题,有人就想出了一种可调的亥姆霍兹消声器。亥姆霍兹消声器的消声频率和传递损失取决于 3 个因数:体积、连接管道的长度和截面积。如果这 3 个因素中的某一个是可以调节的,那么就得到了可调的亥姆霍兹消声器。图 4.27 所示为体积可调节的亥姆霍兹消声器。在这个消声器中,保

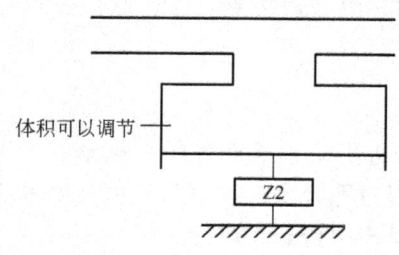

图 4.27　体积可调节的亥姆霍兹消声器

持管道长度和直径不变，而调节它的体积。消声器的底部是可以滑动的，通过一个控制机构来控制。这样消声器底部的声学阻抗 Z_2 随着转速而变化，也就是随着频率而变。在低频的时候，体积大，频率高时，体积相应减小。这样只用一个可调节的亥姆霍兹消声器，就可以降低许多频率的噪声。

3. 排气系统的主动噪声控制

下面介绍的有源消声器用于重型卡车排气噪声的主动控制。该有源消声器与一个简化结构的无源消声器串联使用，简化结构无源消声器装在发动机排气管一侧，用于消除高频噪声；有源消声器装在排气管尾部，用于消除低频噪声。整个系统的总体示意图和剖面图如图 4.28 所示。图中的有源消声器是一个单通道自适应有源前馈控制系统，设计有源消声器控制 500Hz 以下的低频噪声，它们都在消声器管道截止频率以下。作为次级声源的扬声器装在封闭声腔内，封闭声腔的几何尺寸为 $0.17m \times 0.46m \times 0.17m$，内壁为 $0.1m$ 厚的胶合板，外壁为钢板。扬声器的直径为 $0.152m$，功率为 40W。误差传感器为商用直径 12.7mm 电容传声器，布置在管道出口，以避免排气管内部的高温。该传声器带有风罩，用于保护传声器在卡车行驶状态下长期工作。整个有源消声器的长、宽、高分别为 $0.6m$、$0.17m$ 和 $0.26m$。另外，简化结构无源消声器的入口和出口管直径为 $0.05m$，最大直径为 $0.2m$，长度为 $0.5m$，消声频段为 $300 \sim 1500 Hz$。

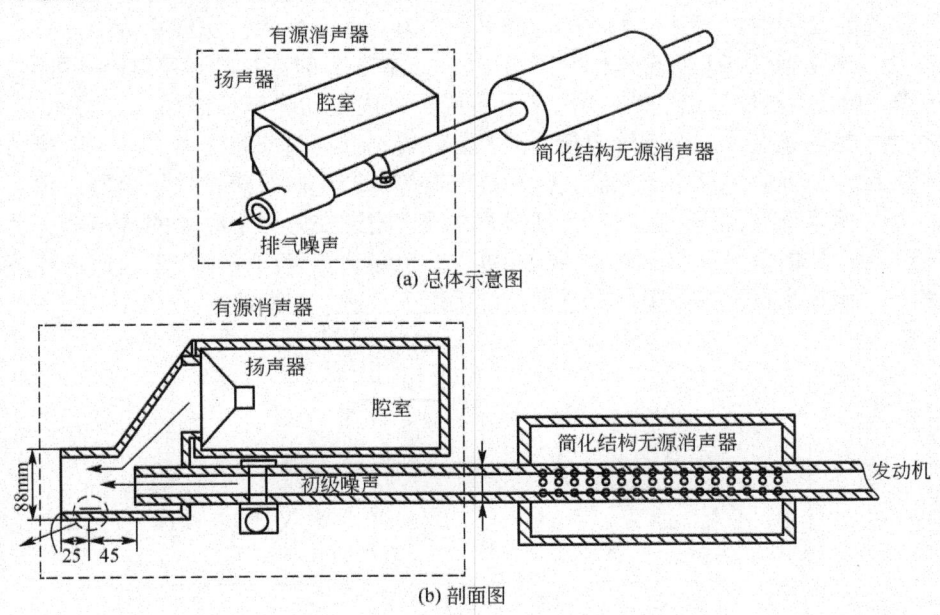

图 4.28 有源消声器系统示意图

一个加速度计粘贴在发动机圆筒外，其输出信号通过一个 4 阶低通滤波器后，传输给 A/D 转换器作为参考信号。A/D 和 D/A 转换器均为 12 位字长，采样频率为 2kHz。扬声器工作频率设定在 $40 \sim 1kHz$，由输出功率为 400W 的功率放大器驱动。实验中的卡车载质量为 1t，动力由四缸柴油发动机提供。需要控制的噪声设定在 500Hz 以下，该频率恰好在管道截止频率下，因此初级噪声属于平面波。控制系统硬件为 TMS320C31 数字信号处理板，它可以插入计算机 PCI 插槽与计算机交换程序和数据。控制器为 FIR 滤波器，采

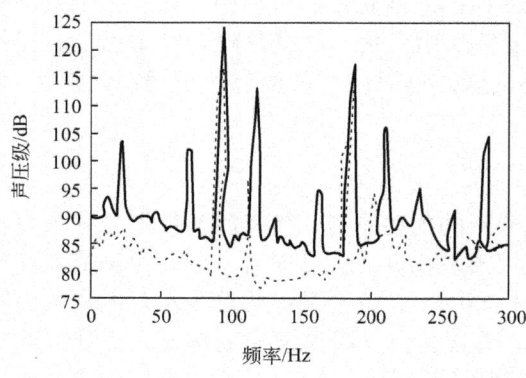

图 4.29 有源消声器启动前后排气噪声频谱

用 FLMS 算法。利用自适应离线建模方法,用 LMS 算法建模估计次级通路传递函数。有源消声器和简化结构无源消声器组合后,有源消声器起动前后排气噪声频谱图如图 4.29 中的实线和虚线所示。可以看出,有源消声器起动后能够增加 2~10dB 的降噪量,基本上消除了排气噪声的二次和四次谐波。

4. 车内噪声的主动控制

当声源噪声无法降低的时候,就必须从传递通道和接受体来考虑。在车厢内实行主动噪声控制,就是抑制传递到接受体的噪声。近年来,为了提高汽车节油性能,一些公司推出了一种新型的可变气缸发动机。这种发动机在加速和爬坡等状况时正常工作,可是在巡航和减速状态时,一部分气缸熄火。图 4.30 所示为六缸发动机的这种工作状况,加速和爬坡时,6 个气缸都工作,而在巡航和减速时,3 个气缸熄火,只有另外 3 个气缸工作。汽车降噪减振系统是根据六缸发动机的特征来设计的,即以第 3 阶发火阶次为依据来设计。可是只有 3 个缸工作时,发动机本身的动态平衡不好,而且发火阶次转变为 1.5 阶。也就是说它的振动与声学特性与 6 缸全工作时完全不同,3 缸工作时产生的噪声就是一种异常噪声。为了减少车内的这种噪声,现在一些汽车上使用了车内主动噪声控制技术。图 4.31 所示为车内主动噪声控制系统。这个系统包括主动控制装置、音响系统和传声器。主动控制装置安装在汽车前围板里面,包括电子控制元件和传声器等。产生次级声源的扬声器使用汽车本身的音响。如果要降低后排座位的噪声,则需要在乘客附近安放一个独立的传声器。发动机的转速信号与传声器的信号一起输入到控制装置内。控制装置发出一个与车内声场幅值相等但是相位相反的声波来抵消车内噪声。这个系统采用了自适应前馈控制。

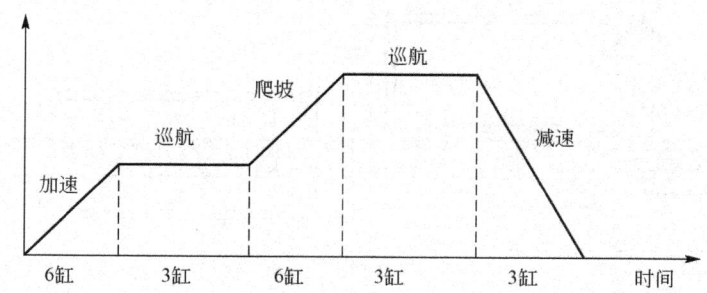

图 4.30 可变气缸发动机(六缸)的工作状况

图 4.32 所示为安装控制系统与没有安装控制系统的车内前排座位噪声(1.5 阶)比较。加上控制后,噪声大大降低。加控制之前,在 1800r/min 时,有一个非常明显的鼓鸣声,而且这条噪声曲线的线性度不好。可是加了控制之后,这个鼓鸣噪声降低约 10dB,而且线性度明显改善。

还有一种车内噪声主动控制的办法就是控制时不仅考虑车内噪声,同时还考虑其他噪声源,如进气口噪声和排气尾管噪声等。声源处也安装传声器并将其信号输入到控制装置

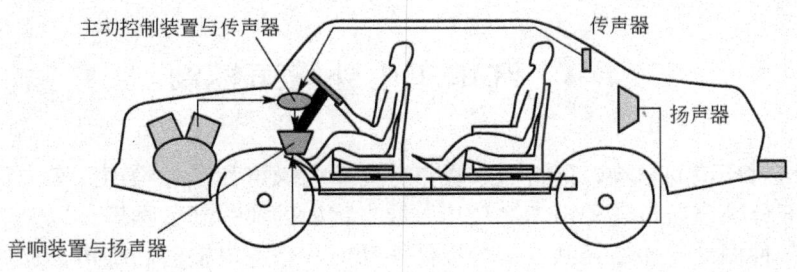

图 4.31 车内主动噪声控制系统

中,这个信号与车内噪声信号一起被处理,然后发出次级声源。

5. 声品质主动控制

声音的线性度是声品质一个很重要的评价指标,也就是说车内的声音听起来是随着转速的增加而渐进增加的。这种声音听起来比较平稳。在图 4.33 中,噪声在 5000r/min 时,声音突然下降,这种声音听起来给人两种感觉,一种是发动机马力不足,另一种是好像某一个气缸突然不工作了。对这种情况,我们的目的不是减小噪声,反而是要加入声音来弥补这个声音的"空洞"。

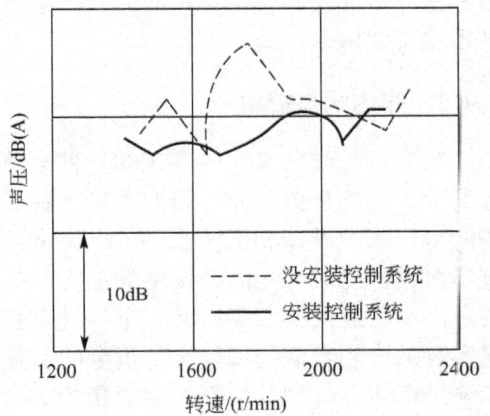

图 4.32 安装控制系统与没有安装控制系统的车内前排座位噪声(1.5 阶)比较

加入噪声可以用被动的办法,也可以用主动的办法。用主动的办法能准确地通过扬声器发出所需要频率的声音。当有几个不同频率的声音"空洞"时,主动控制就可以不断地调节来满足不同频率的要求,而被动控制很难做到这一点。图 4.34 所示为加入所需频率的声音后,这个声音空洞得到填补,从而车内噪声的线性度提高,声品质就提高。

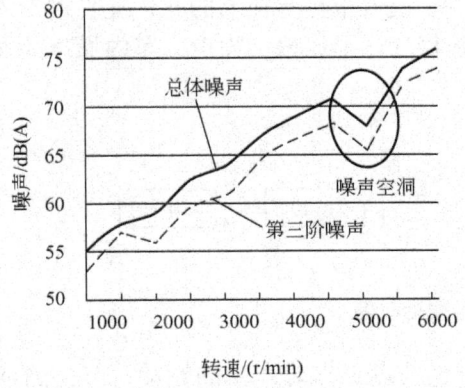

图 4.33 6 缸发动机的车内噪声
与第 3 阶噪声(有噪声空洞)

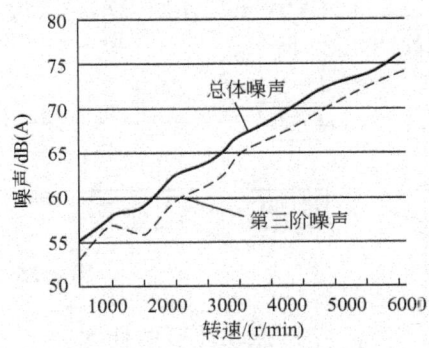

图 4.34 6 缸发动机的车内噪声
与第 3 阶噪声(加入主动控制)

4.4 汽车车内外噪声控制

根据噪声对环境的影响，可将汽车噪声分为车内噪声和车外噪声。车内噪声是指乘坐室外汽车各部分噪声通过各种声学途径传入乘坐室内的那一部分噪声，以及汽车各部分振动通过汽车各种振动传递途径激发车身板件振动向乘坐室内辐射的噪声。这些噪声在乘坐室内声学特性的制约下，形成复杂的混响声场，从而形成车内噪声。车外噪声是指汽车各部分噪声辐射到车外空间的那一部分，主要有发动机噪声、排气噪声、轮胎噪声、制动噪声和传动系统噪声及鸣笛声等。车内噪声主要影响车内的声学环境；车外噪声主要影响车外道路旁的声学环境。

4.4.1 车内噪声控制

汽车行驶时乘坐室内存在的各种噪声形成车内复杂的声学环境。汽车内部噪声不但增加驾乘人员的疲劳，而且影响车辆行驶安全。车内噪声水平的高低在很大程度上反映了车辆制造厂家的设计和工艺水平。近年来，车内噪声已成为确定车辆品质的重要因素，车内低噪声设计已成为产品开发中的重要任务之一。车内噪声级与乘坐室振动级一样，已成为判断汽车舒适性的主要指标。车内噪声主要取决于乘坐室的减振隔声性能。重量轻的承载式车身结构和类似的减轻车身重量的措施被认为可能增大车内噪声，尤其是低频噪声。实车测试标明，这种低频噪声主要集中在 20～200Hz。车身壁板的振动和噪声有紧密关系，且乘坐室空腔的共振会放大噪声。这个问题的解决方法是在车辆设计阶段，利用现代振动力学与声学分析方法，预测车内噪声特性，实现优化设计；并通过实车测试，改进设计及工艺，最后使得车内噪声处于最优水平，最大限度地改善车辆乘坐舒适性，减轻驾乘人员的疲劳。控制车内噪声一直是车辆设计、制造工程师的努力方向。

1. 车内噪声的产生机理、特性及传播途径

从车内噪声和车外噪声的来源来看，它们具有相同的声源：发动机噪声、进排气噪声、冷却风扇噪声及底盘噪声等。这些噪声源所辐射的噪声在车身周围空间形成一个不均匀声场。车外噪声要向车内传播，有两个途径：一是通过车身壁板上的孔、缝直接传入车内；二是车外噪声声波作用于车身壁板，激发壁板振动，形成振动噪声。车内噪声的发生机理如图 4.35 所示。

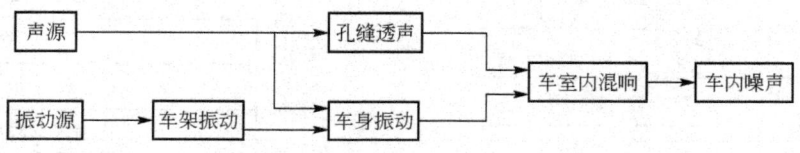

图 4.35　车内噪声的发生机理

图 4.35 中的振动源有两种含义：一是发动机、底盘工作时产生的振动；二是路面激励产生的振动。后者频率较低，对于激发噪声影响较小。由各振动源产生的振动通过车身各支点激励车身壁板强烈振动，并向车内辐射强烈的噪声，此即所谓的固体传声。必须指

出,由发动机和底盘传给车身的振动,与上述车外噪声源激发车身壁板的振动,实际上是叠加在一起的,用一般的测试方法很难将它们区别开来,但它们的传播途径不同,所服从的规律不同,频率特性也不尽相同,所采取降噪措施也不同。车身壁板主要由金属和玻璃构成,这些材料都具有很强的声反射性能。在汽车门窗都关闭的情况下,上述传入室内的空气声和壁板振动辐射的固体声,都会在密闭空间内多次反射,所以车内噪声实际是直达声与混响声叠加的结果。

所以车内噪声可用式(4-3)描述:

$$I_C = I_A + I_S + I_R \tag{4-3}$$

式中,I_C为车内噪声总声强;I_A为传入车内的空气声声强,$I_A = I_T + I_D$;I_T为车外噪声透过乘坐室壁面进入车内的声强;I_D为车外噪声通过壁板上的孔、缝直接传入车内的声强,有时还包括仪表板、变速器盖、提升器盖等直接暴露在乘坐室内的部分所辐射的噪声声强;I_S为发动机和底盘传给乘坐室,引起乘坐室壁板振动所辐射的噪声声强;I_R为上述噪声在车内封闭空间中多次反射所形成的混响声强。

综上所述,发动机、底盘和路面作为振源和声源均可激发出车内噪声,其传播途径可分为空气传声和固体传声,如图4.36所示。其中经由空气传播的噪声主要是发动机表面辐射噪声和空气动力学噪声,经固体传播的噪声主要是发动机、底盘、路面及气流引起车身振动而向车内辐射噪声。空气传播和固体传播的能量比例因车型结构和噪声的不同频率成分而有差别。一般情况下,500Hz以上,空气传声占主导地位;400Hz以下,固体传声占主导地位。表4-2说明不同行驶状态下空气传声和固体传声所占的比例。由表4-2可见,匀速时空气传声和固体传声所占的比例大致相同,加/减速时固体传声比例超过空气传声。

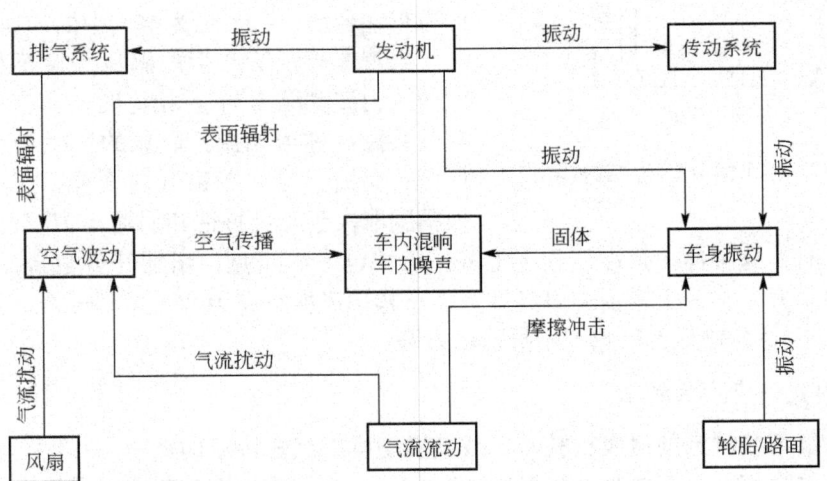

图 4.36 车内噪声的主要来源及传播途径

表4-2 不同行驶状态下空气传声与固体传声所占的比例

行驶状态	匀速		加速		减速	
	空气声	固体声	空气声	固体声	空气声	固体声
所占比例	51%	49%	42.5%	57.5%	40.5%	59.5%

2. 封闭车厢空腔共鸣现象

汽车车身形成一定形状的封闭空腔，所以会发生与封闭管道类似的共振现象，称为空腔共鸣。它具有增强车内噪声的效果。车内空腔共鸣的特征由空腔的声学模态决定。当外界振动激振频率或声激励频率等于车厢空腔固有频率时，车厢将产生空腔共鸣，使得车内噪声增强。

所谓声学模态，是指用波动声学方法处理封闭空间声场时引入的概念，就是用"模态叠加法"分析封闭空间声场。封闭空间声场的计算方法有统计声学法和波动声学法。封闭空间声场存在一个所谓的 Schroeder 截止频率。当频率高于 Schroeder 截止频率时，封闭空间声学模态高度密集，采用波动声学法是不合理的，这时一般用统计声学法处理。当封闭空间尺寸较大时，Schroeder 截止频率较低，采用统计声学方法比较有效；当封闭空间尺寸较小时，Schroeder 截止频率较高，在低于 Schroeder 截止频率以下，采用波动声学法较好。车厢的结构、材料、形状、大小决定了声学模态。由于实际车辆车内形状复杂，声学模态的计算只能采用数值法，如有限元法、差分法。图 4.37 所示是某小乘用车的声腔模态。

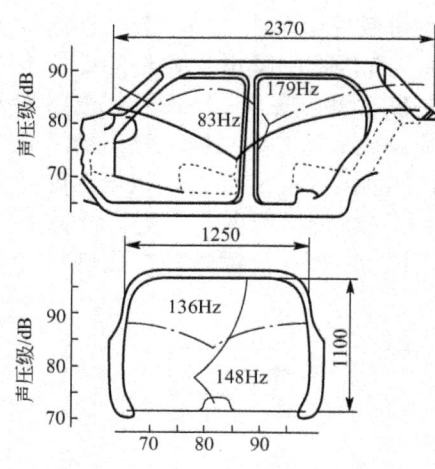

图 4.37 某小乘用车的声腔模态

3. 车室内的风振现象

当高速行驶时打开一车窗，车室相当于一个亥姆霍兹共振腔。该共振腔共振频率（Hz）为

$$f_0 = \frac{c_0}{2\pi}\sqrt{\frac{A}{V(t+0.96A)}} \qquad (4-4)$$

式中，t 为窗框厚度（m）；A 为窗开启面积（m²）；V 为车室容积（m³）；c_0 为空气中的声速（m/s）。

当汽车行驶所产生的涡流与窗框相冲击所产生的压力波动频率与 f_0 相等时，车室内就会产生空气共振，称为风振。风振的产生与汽车的外形尺寸、车窗大小、车窗开启面积、车速有关。风振幅度取决于车身特性和涡流与窗框冲击的强度。当车速增加时，这种冲击强度及频率上升。由式（4-4）可见，增加开窗数量（开启面积），则共振频率上升。在一个车窗开启条件下，小客车风振车速为 80~100km/h，风振频率为 15~20Hz，这是令驾乘人员感到不舒适的声音。

4. 车内轰鸣声产生机理

当汽车以某些特定的速度行驶时，或其发动机以某些特定的转速工作时，在乘坐室产生很大峰值的噪声——车内轰鸣声（Booming Noise）。车内轰鸣声是车内噪声的主要表现之一。它使乘坐人员感到压抑、烦躁、易于疲劳，严重影响汽车乘坐舒适性。因此这是汽车乘坐室声学设计时，首先需要控制的声音。车内轰鸣声有如下特点。

（1）在频谱图上与其相邻的频率成分相比，具有很高的声压峰值，且频带很窄，接近于纯音。

（2）有明显的频率带宽性质，一般在 20~200Hz 范围内。

（3）伴随轰鸣声的出现，乘坐室产生驻波，轰鸣声频率接近乘坐室空腔固有频率。车辆在环路上行驶时的低频轰鸣声，是由于路面凹凸不平使轮胎承受强迫位移变形，振动通过悬架系统传入车身而产生的。其中，由后悬架的振动通过支承传递给车身，引起整车弯曲振动，产生 20～50Hz 的轰鸣声。

车辆低速轰鸣声，是由于在低速区域由发动机转矩的变化而成为扭转振动的激励源，驱动系统的扭转振动、后悬架的扭曲振动通过车架传递，引起车身整体弯曲振动，最后在车内形成低速轰鸣声。车辆中速轰鸣声，是由于在中速区域作为激振力的发动机转矩的变化，回转体的不平衡，使车身振动，产生轰鸣声。车辆高速轰鸣声，是由于发动机活塞和连杆等引起的惯性力及惯性力耦矩，使车身振动，产生轰鸣声。

5. 轮胎间接噪声

轮胎间接噪声是轮胎作为直接或间接激振源，将振动传给车身并在车内产生噪声。轮胎间接噪声在乘用车上比较严重。轮胎间接噪声分为两类：一是以轮胎不均匀为主要原因，使得轮胎本身成为激振源，发生噪声；二是路面凹凸不平，引起轮胎弹性振动并以车身为媒介发生车内噪声。

1) 重击噪声

这是指车辆行驶时，以轮胎不均匀波形和不均匀波形的高次成分引起的噪声。这种噪声在车轮每转一圈中都能察觉到，一般在 40～80km/h 时最明显。

2) 敲打噪声

这是指轮胎不均匀波形的高次成分与发动机、传动系统的噪声相互干涉而发生的噪声。当汽车在平滑路面行驶速度为 70～110km/h 以上时，在后座能明显察觉到。

3) 崎岖噪声

这是指由轮胎不均匀波形的 2 次、3 次成分引起的，频率为 50Hz 左右、压迫感强的噪声。这种噪声往往发生在车速 100km/h 以上。

4) 道路噪声

这是指由路面凹凸不平引发的噪声，可分为 3 类。

(1) 狭义道路噪声。狭义道路噪声是指在砂石路和粗糙的有规则的凹凸不平路面行驶时发出的连续噪声。其频率一定，与车速无关，如斜交轮胎在 120～140Hz，子午胎在 80～100Hz 时会发出。

(2) 砖砌路噪声。砖砌路噪声是指在铺轨道和铺石路面等这样有一定间隔的凹凸不平路面行驶时发出的连续噪声。通常在特定车速下较为明显。

(3) 路面接缝噪声。路面接缝噪声是指在通过路面接缝时产生的冲击噪声（50～100Hz），尤其是子午线胎。

6. 车内噪声控制方法

几乎汽车上的所有噪声源都对车内噪声有贡献，而且车身本身对外部噪声、振动有放大作用，所以车内噪声的控制是一项复杂的工作。达到控制车内噪声目的的途径很多，但从原理上归纳起来主要是减弱振动噪声源辐射强度、隔绝振动噪声传播途径、吸声处理、采用阻尼措施及控制车内共鸣和风振等方面。

1) 减弱噪声源辐射强度

降低车上任何噪声源都对车内降噪有利，尤其是发动机噪声和底盘噪声。对发动机采用加屏蔽罩处理，可以有效降低发动机噪声辐射。屏蔽罩一般采用不同厚度的双层板，并在板上进行阻尼和吸声处理。大型客车采用封闭发动机室后，噪声能降低 7~8dB；如果再对屏蔽罩涂敷阻尼层，噪声还能降低 2dB。对发动机进行隔振的主要性能取决于隔振装置的性能。目前采用的隔振装置有普通橡胶隔振器、双层隔振器、液压隔振器、空气隔振器和金属丝网非线性隔振器。

对于轮胎噪声，就轮胎而言，对应于路面凹凸不平，考虑提高包络性和使用高阻尼的橡胶，使轮胎振动传递峰值与乘坐室空腔固有频率错开，并改善轮胎的制造工艺水平。当轮胎越过裂缝之类凹凸物时，如果轮胎与悬架在前后方向冲击吸收差，就会发出裂缝声。其改善措施：提高轮胎气囊特性，采用柔软的橡胶套降低悬架在前后方向的刚度。

2）隔绝噪声传播途径

隔绝振动、噪声传播途径是控制车内噪声的重要方法，通常可以利用具有弹性和阻尼的材料来对车身进行隔振，改善振源和车身之间的振动传递关系；同时利用吸声涂料、阻尼粘胶等材料来改善车身壁板的隔声性能；并通过减小乘坐室壁板的孔缝数目和尺寸提高密封性，以削弱气体传声。

（1）隔振。隔振是在振源与受控对象之间串加一个子系统，称为隔振器，用它减小受控对象对振源激励的响应。在设计与选用隔振器时，要注意确定振动激励的性质、规定振动隔离的性能指标、选择合适振动控制方法、分析计算振动隔离系统，并依据载荷性质，安装空间等选择合适的隔振器和安装方式。汽车车身的隔振处理，主要是在车身与车架的安装支承点（对于非承载式车身）或车身与发动机、传动系统各总成的连接处（对于承载式车身）加设橡胶垫或液压悬置机构等弹性阻尼环节，削弱各振源向车身的振动传递。车身隔振可以采用优化支承结构、改善隔振器性能、改进车身结构动态特性等措施。

（2）隔声。隔声处理是利用材料的刚性特征，使声波在隔声构件上产生反射，达到阻隔声波能量传播的目的。隔声处理的具体方法包括采用隔声结构、隔声罩和隔声屏等。

隔声结构分为单层、双层（或多层隔声结构）、复合隔声结构等。单层均质密实隔声结构（如砖墙、混凝土墙、金属板、木板等）的隔声性能一般由构件的面密度、板的刚度、材料的内阻尼、声波的频率和入射角度决定。

隔声罩是指将噪声源密闭在一特定空间内的隔声构件，一般分为全封闭、局部封闭和消声箱式隔声罩。它的罩壁由罩板、阻尼涂料和吸声层构成，其隔声性能总体上仍然遵循质量控制规律，但在应用上要更多地考虑通风、散热、耐蚀、耐热、设备维修等问题。

隔声屏是用隔声结构做成的，并在朝向声源一侧进行了吸声处理的屏障。隔声屏用于阻挡噪声向接受点的声传播，它的隔声性能直接与声波的频率有关。对于高频噪声，其波长较短，声波的绕射能力差，从而隔声效果显著；对于低频噪声，由于其声波波长较长，声波的绕射能力强，大大限制了隔声屏的隔声效果。

发动机作为影响车内噪声的主要声源，一方面可以对其本身进行屏蔽，另一方面可以在乘坐室内进行隔声处理。乘坐室隔声的重点一般是前壁和前围。当然，乘坐室隔声处理还能有效阻止轮胎噪声、传动系统噪声和高速风噪声的传入。由于壁板的隔声性能受质量定律的支配，所以对高频率噪声较为有效，对低频噪声效果较差，尤其是 30~50Hz 的噪声。为了保证低频噪声效果，应选用面密度和阻尼均较大的隔声材料，同时还应考虑采用什么样的隔声结构。隔声结构的选择应同时考虑所隔声的特性、隔声材料与结构性能和成本。实际使用时，一般采用双层壁结构，并在两层壁之间填充吸声材料以进一步提高隔声性能。对于高档汽车可以采用多到 4 层的隔声结构。设计乘坐室隔声时，应重点研究发动机辐射噪声的频谱特性。汽油机的频率集中在 200～4000Hz，柴油机的频率集中在 1000～4000Hz。

（3）提高乘坐室的气密性。车身壁板的缝隙与孔道为噪声的传入提供了直接通道。这将大大降低车身壁板的隔声能力。因此，必须提高乘坐室的气密性，堵塞所有不必要的孔缝隙。对于必须保留的孔缝，也必须做隔声处理，可通过压力试验选择泄漏最小的孔道结构和隔声方案。对于无相对运动的孔缝，可用高黏度密封胶加以密封。常用密封胶有乙烯基塑料、聚氨酯、聚硫橡胶等。试验表明，对各操纵机构、仪表与车身的孔缝处理后，噪声比无处理状态降低 10dB 左右。

3) 吸声处理

吸声处理包括使用吸声材料或吸声结构来吸收声能，从而降低噪声强度。有限空间内的噪声都包括直达声和反射声两部分。在空间布置吸声材料，降低声的反射量，就能达到降噪的目的。常用的吸声材料有矿渣棉、石棉、玻璃棉、毛毡、木丝板等。

在汽车乘坐室的壁板上使用能减少声反射的吸声材料，可有效降低乘坐室的混响作用，从而达到控制车内噪声的目的。吸声材料的布置应靠近目标声源。现代汽车的内饰材料一般已经考虑了吸声要求。乘坐室的吸声处理重点在顶棚。此外，地板和侧壁也需要做吸声处理。

4) 表面阻尼处理技术

汽车、船舶和飞机等的壳体都是由金属薄板制成的。这些薄板受激振动时，往往振动辐射噪声成为机器主要噪声源。同时汽车和发动机运行时产生的机械噪声也是由于其各部件的振动及其相互作用产生的。为有效降低或控制这类噪声，最好的方法就是采用表面阻尼处理结构减小振动。阻尼减振降噪的方法是在发生振动的金属薄板上涂贴阻尼材料，通过抑制其振动降低噪声。原理是阻尼层减少了金属薄板弯曲振动的幅度，从而减少板的辐射噪声。当金属薄板受激发而产生弯曲振动时，其振动动能迅速传递给紧密涂贴在上面的阻尼材料，引起阻尼材料内部相应错动和摩擦，从而使振动能量变为热能而损耗，最终实现减少振动降低噪声。通常阻尼涂层与金属板面的结合方式有两种，一种是自由阻尼层，另一种是约束阻尼层。

（1）自由阻尼层(Free Damping Layer)。自由阻尼层是指将一层一定厚度的粘弹阻尼材料敷贴于结构表面。由于粘弹阻尼层外侧表面处于自由状态。当结构产生弯曲振动时，阻尼层随基本结构一起振动，从而在阻尼层内部产生拉-压变形。根据阻尼材料的耗能机理，当阻尼材料内部产生交变应力时，阻尼材料就会将有序的机械能转化为无序的热能，从而起到耗能的作用。

（2）约束阻尼层。(Constrained Damping Layer)约束阻尼层是指在自由阻尼层外侧表面再粘贴一弹性层。这一弹性层应具有远大于阻尼层的弹性模量，因此通常用薄铁皮或铝皮制成。当阻尼层随基本结构一起弯曲振动而产生拉-压变形时，由于粘贴在外的弹性层弹性模量远大于阻尼层的弹性模量，这一粘贴在外的弹性层将起到约束阻尼层的拉-压变形的作用，所以这一粘贴在外的弹性层被称为约束层。受弹性层约束的阻尼层被称为约束阻尼层。由于阻尼层与基本结构接触的表面所产生的拉压变形不同于与约束层接触表面的拉压变形，从而在阻尼材料内部产生剪切变形。所以，约束阻尼处理结构中，阻尼层不仅受拉压变形，还同时受剪切变形，它们都起到耗能的作用。由原理可见，约束阻尼层结构增加阻尼的效果更好一些。图 4.38 所示为常用的阻尼层构造形式。理论分析和试验表明，一般阻尼材料厚度不低于基板两倍尺寸厚度，且涂刷时分多次进行，每次涂刷不宜过厚。常用阻尼材料是粘弹性阻尼材料，它是一种高分子材料，有橡胶型、泡沫型和压敏型 3 种，其基本成分是以沥青、环氧树脂、水溶物和乳胶为基底，再加上填料和各种添加剂配置而成的。

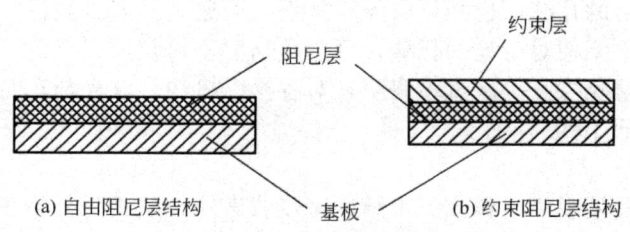

图 4.38　阻尼层的构造形式

5）控制乘坐室的共鸣和风振

乘坐室的空腔共鸣声由乘坐室的几何形状所决定。因此，仅做吸声处理只能降低共鸣声峰值。要消除共鸣声就必须改进车身设计，调整室内振型。试验表明，当前、后车窗的倾角改变时，乘员耳部的噪声频率特性发生变化。从声压值来看，车窗的倾角 45°比较合适。设计不发生振动共鸣声的振动振型不难，但把振动振型转化为车身形状则十分困难。如果车种已定，则对乘坐室的几何形状变动限制很多，难以大幅度改变固有频率。一般只能在车身形状设计完成后，采用吸声材料或调整激励力-传递系统-声辐射系统的振动特性，来改善空腔共鸣声。

对车厢风振现象可采用适当转移车厢空腔固有频率、减小车厢空腔共振系统的品质因数、防止边缘声产生等方法加以控制。具体实现方法包括在车窗部分设置适当覆盖物，防止卡门涡流对窗框的冲击，避免边缘声的形成，利用吸声材料减小车厢空腔的品质因数等。

4.4.2　车外噪声控制

随着汽车工业和城市交通的快速发展，汽车保有量迅速增加。汽车在带给人们现代物质文明的同时，也带来了严重的噪声污染。据国外资料统计，机动车辆的总功率比其他各种动力（飞机、船舶、电站等）的总和大 20 倍，汽车所辐射的噪声占整个环境噪声能量的 75%。交通噪声已经成为城市环境中最主要的噪声源。为了保护环境，针对汽车噪声，各国政府颁布了相关法规，对其加以限制。机动车辆噪声标准是控制城市环境噪声的一个重要基础标准。它不仅作为一类产品的质量标准，为各种车辆的研究、设计、制造提供噪声控制标准，而且也是城市机动车辆噪声监测、管理的依据。

1. 我国汽车车外噪声概况

我国对机动车辆的噪声控制也非常重视，在 1979 年颁布了《机动车辆允许噪声》（表 4-3）。为了评价机动车辆的主要噪声源——发动机噪声和排气噪声，我国在 1996 年又颁布了《汽车定置噪声限值》（表 4-4）。随着社会的进步，大多数国家的噪声标准会越来越严，各国的法规及试验方法也趋于一致。

表4-3　GB 1495-1979《机动车辆允许噪声》

车辆种类		车外最大允许噪声级不大于 dB(A)	
		1985年1月1日以前生产的产品	1985年1月1日起生产的产品
载重汽车	8t≤载质量<15t	92	89
	3.5t≤载总量<8t	90	86
	载总量<3.5t	89	84
轻型越野车		89	84
公共汽车	4t<总质量<11t	89	86
	总质量≤4t	88	83
乘用车		84	42
摩托车		90	84
轮式拖拉机(60马力以下)		91	86

表4-4　汽车定置噪声限值

车辆种类		车外最大允许噪声级不大于 dB(A)	
		1985年1月1日以前生产的产品	1985年1月1日起生产的产品
乘用车	汽油	87	85
微型客车、货车	汽油	90	88
轻型客车、货车、越野车	汽油 n_r≤4300r/min	94	92
	汽油 n_r>4300r/min	97	95
	柴油	100	98
中型客车、货车、大型客车	汽油	97	95
	柴油	103	101
重型货车	N≤147kW	101	99
	N>147kW	105	103

目前，按新车、使用车分别在下述方面进行控制：新车认证试验时的代表认定值及生产线上的质量管理值；使用车排气系统消声降噪部件品质的认证制；道路近场排气噪声值。

汽车是一个高速运动的复杂组合式噪声源，主要有汽车发动机噪声、底盘噪声、车身噪声及汽车附件和电气系统噪声。车外噪声是指汽车各部分噪声辐射到车外空间的那一部分，主要有发动机噪声、排气噪声、轮胎噪声、制动噪声和传动系统噪声及鸣笛等。

2. 车外噪声控制技术

车外噪声的控制包括以下几方面。

1) 噪声源

车外噪声包括受法规限制的车外行驶通过噪声及早晚间车辆的起动或怠速噪声。应控制的车外噪声有发动机噪声、传动系统噪声、排气噪声、轮胎噪声及鸣笛噪声。

2) 车外噪声控制方法

噪声控制并不是简单地降低声源强度或声传播，而是在满足各种约束条件要求下，提出不同方案，并做出最优选择。噪声控制主要措施归纳如下。

(1) 发动机噪声的改善。下列方法可以降低发动机噪声及由发动机振动引起的噪声：改造发动机燃烧过程以降低燃烧爆发的冲击；降低由此冲击产生的激励力激励发动机各部件振动辐射的噪声；降低由于活塞往复运动、曲轴转动引起的不平衡力及降低发动机的振动。

(2) 降低辐射噪声。为了降低发动机系统、传动系统、排气系统表面产生的噪声辐射，不仅要降低激励力，而且要改善结构的振动特性，达到即使有激励力，振动也很小。利用现代设计、试验方法研究发动机缸体、底盘表面的噪声辐射特性，采取优化方法。

(3) 降低排气噪声。利用消声器降低排气噪声。目前已可以做到在不增加排气阻力的条件下改善消声效果，还可以利用主动式消声器降低排气噪声。

(4) 降低轮胎噪声。随着轮胎理论与试验技术的发展，其噪声机理逐渐清楚。通过改善胎面形状、橡胶材料等，已能使轮胎噪声有较大改善。但对路面状况的改善比较困难。

(5) 改变道路表面结构。由于路面状况对轮胎噪声有很大影响，但通过实施排水性铺装后的路面可降低噪声，目前正在研究如何改善道路的结构、表面形状、铺装材料、表面粗糙度，提高吸声率，达到降低噪声的目的。

(6) 控制鸣笛噪声主要是设定一定范围的禁鸣区；在非禁鸣区内也对鸣笛强度、鸣笛连续时间和次数，以及喇叭的功率和方向性等做出严格规定；并加强驾驶人员的素质教育，提倡少鸣笛或不鸣笛。

(7) 隔声屏障措施。隔声屏障是从道路角度控制车外噪声的有效方法。即当有较大车流量的道路不得不通过一些特定的噪声敏感区域时，如居住区及学校等，在道路两旁设置隔声屏障。隔声屏障设计遵循前述隔声结构设计的一般方法。当然此方法成本较高，但随着社会经济水平的提高，这类措施的采用将会越来越普遍。

(8) 交通流量控制。对交通流量实施控制也是降低车外噪声的有效方法，包括在交通流量大的地段、具有加减速多地形的地段处，利用道路标识限制车速及加速度，避免交通堵塞等。

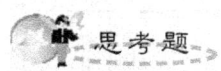

思考题

1. 试画出主动式动力吸振器和主动隔振的原理图。
2. 简述汽车振动主动控制的基本原理。
3. 简述汽车噪声主动控制的基本原理。
4. 简述车内噪声的产生机理、传播途径及控制方法。
5. 简述车外噪声的控制方法。

第 5 章
先进汽车安全技术

本章教学目标

★ 了解国内外碰撞法规和 NCAP 对新车的评价指标
★ 熟悉代表性的主动安全技术及被动安全技术
★ 掌握 ESP、TPMS、智能安全气囊和发动机盖弹升的结构及其工作原理
★ 掌握 ISO-FIX 标准及 LATCH 标准

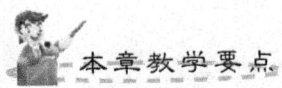本章教学要点

知识要点	掌握程度	相关知识
电子稳定程序 ESP	了解 ESP 的功能； 熟悉 ESP 的组成子系统； 掌握 ESP 结构及工作原理	制动防抱死系统 ABS； 牵引力控制系统 TCS； 直接横摆力矩控制 DYC
轮胎压力监控预警系统 TPMS	了解间接 TPMS； 掌握 TPMS 结构及工作原理	间接 TPMS
自适应巡航控制系统 ACC	了解 ACC 的功能； 熟悉 ACC 的 4 种典型操作； 掌握 ACC 结构及工作原理	自动巡航控制系统 CCS； 车辆前向撞击报警系统 FCWS
智能乘员安全约束技术	熟悉安全带气囊和主动头部保护系统； 掌握智能安全气囊的工作原理和两个关键技术	传统的安全带结构； 传统的电子安全气囊结构及工作原理
侧面碰撞保护技术	了解最新 NCAP 对新车侧面碰撞的评价； 熟悉侧面安全气囊； 掌握车身结构的优化技术	侧面碰撞伤害机理； NCAP 评价方法； 碰撞测试用假人相关知识
行人碰撞保护	了解行人法规和 NCAP 对行人碰撞的评价； 掌握发动机盖弹升技术	行人碰撞伤害机理
儿童乘员保护	了解我国儿童保护现状和法规进展； 掌握 ISO-FIX 标准和 LATCH 标准	欧洲的 ECE-R44 和美国的 FMVSS 231 两大儿童保护法规体系

> **导入案例**

根据联合国和世界卫生组织的报告,在诸多日常交通事故中,汽车交通事故伤害是最危险的(图5.1)。世界卫生组织的报告指出,全世界每天有3000多人死于汽车交通事故伤害。因汽车交通事故伤害引起的死亡人数中的85%及由此导致的90%的伤残发生在中等收入和低收入国家。

研究表明,在2000—2020年期间,汽车交通事故死亡人数在高收入国家将下降30%左右,而在中等收入和低收入国家则会大幅度增加。如果不采取适当措施,预计到2020年,汽车交通事故伤害将成为导致全球疾病与伤害的原因中的第3位。

汽车交通事故伤害在给人的生命造成巨大损失同时,还造成巨大的经济损失。根据有关报告,汽车交通事故伤害的经济损失在低收入国家约占国民生产总值的1%,在中等收入国家为1.5%,在高收入国家为2%。每年全球汽车交通事故伤害的损失估计为5180亿美元,其中中等收入和低收入国家的每年损失为650亿美元。因此,世界各国政府都将治理汽车交通事故伤害问题列为重要的事项,而且提出了具体的目标。在此基础上,许多国家和地区还制定了具体的政策和分解目标。这些政策的提出,大大刺激了汽车安全技术的发展,对汽车安全性能提出了更高的要求。

图5.1 汽车交通事故

5.1 先进汽车主动安全控制技术

主动安全性是指汽车避免发生意外事故的能力。主动安全性包括行驶安全性、环境安全性、感觉安全性和操作安全性。汽车行驶安全性是指汽车的装备保证汽车运行安全,同时具有最佳的动态性能的能力,也就是通常说的良好的制动性能、操纵稳定性、动力性和通过性。

5.1.1 电子稳定程序

1. 概述

德国博世（BOSCH）公司将直接横摆力偶矩控制（Direct Yaw Control，DYC）跟 ABS 及 TCS 结合起来，开发出了基于制动力横向分配的电子稳定程序（Electronic Stability Program，ESP），形成了同时控制车轮滑移率和整车横摆运动的综合系统。该技术通过合理分配纵向和侧向轮胎力，精确控制极限附着情况下的汽车动力学行为，使汽车在物理极限内最大限度按照驾驶人的意愿行驶，被公认为汽车安全技术中继安全带、安全气囊、ABS 之后的又一项里程碑式的突破。ESP 系统是 ABS 和 TCS 两种系统功能的延伸，它们之间的差别在于 ABS 或 ASR 只能被动地做出反应，而 ESP 系统则能够探测和分析车况并纠正驾驶的错误，防患于未然。在汽车行驶过程中，ESP 系统通过不同传感器实时监控驾驶人转弯方向、车速、节气门开度、制动力及车身倾斜度和侧倾速度，并以此判断汽车正常安全行驶和驾驶人操纵汽车意图的差距；然后通过调整发动机的转速和车轮上的制动力分布，修正过度转向或转向不足。

其他各知名汽车厂商也开发和装备了类似的系统，其作用和原理与博世的 ESP 基本相同，但名称不同，见表 5-1。

表 5-1 各厂商类似 ESP 系统基本情况

厂家		名 称
宝马	动态稳定控制	Dynamic Stability Control, DSC
丰田	车辆稳定性控制	Vehicle Stability Control, VSC
本田	车辆稳定辅助系统	Vehicle Stability Assist, VSA
沃尔沃	动态稳定与牵引控制系统	Dynamic Stability & Traction Control System, DSTC

ESP 系统在提高汽车行驶稳定性方面效果显著，图 5.2 所示是 ESP 的典型工作工况，

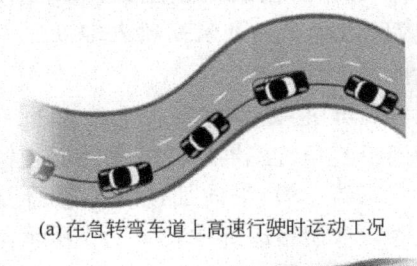

(a) 在急转弯车道上高速行驶时运动工况

(b) 躲避前方突然出现障碍物运动工况

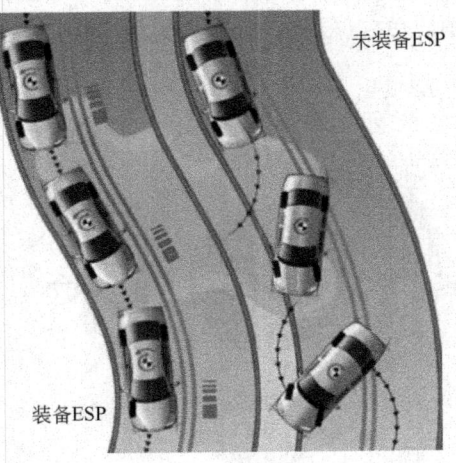

(c) 在地面附着力不同的路面装备与未装备 ESP 车辆行驶效果对比

图 5.2 ESP 典型工作工况

装备有 ESP 系统的乘用车在躲避前方突然出现障碍物、在急转弯车道上高速行驶及在不同地面附着力路面上行驶的运动工况均有很好的行驶稳定性。

美国交通部国家公路交通安全管理局(National Highway Traffic Safety Administration,NHTSA)调查统计显示:ESP 能够降低 26% 的碰撞事故,而这一比例对于越野车及 SUV 更高,为 48%;并且该机构认为 ESP 能够减少 64% 的侧翻事故,对于 SUV 为 85%。FMVSS 126 法规规定:2011 年 9 月后在北美生产和销售的 4.5t 以下汽车均需安装 ESP/ESC 系统。美国交通部预测,安装 ESP 后将有可能每年减少交通事故中人员死亡数量近 1 万。同时 NCAP 对汽车碰撞安全等级测试中引入了汽车主动安全控制技术评分准则,只有安装 ESP 等主动安全电子控制产品的汽车才可能获得较高的安全等级。

2. ESP 的结构及其工作原理

ESP 是一项综合控制技术,整合了下列多项电子制动技术,通过对制动系统、发动机管理系统和自动变速器施加控制,防止车辆滑移。

(1) 制动防抱死系统 ABS。防止制动时车轮抱死,并保持良好行驶稳定性和转向性能,缩短制动距离。

(2) 驱动防滑控制 ASR/TCS。通过对驱动轮制动并降低发动机转矩来阻止驱动轮空转打滑,如在砂石及冰面上。

(3) 电子制动力分配 EBV/EBD。在 ABS 起作用前,或者 ABS 失效后,防止后轴出现过度制动导致甩尾。

(4) 电子差速锁 EDS/EDL。驱动轮在附着系数低的路面出现打滑空转时,对其采取制动,使车辆能起步行驶。

(5) 发动机牵引力力矩调整 MSR/EBC。当突然松开加速踏板或挂入低挡时,阻止可能由发动机制动过大产生的驱动轮抱死。

在不同的工况下,各个子系统能起到控制汽车稳定性的作用都有各自有效工作范围,如图 5.3 所示,图中离圆心越远表示受地面切向力越大。4WS 在附着圆中心部位,作用在侧向力、纵向力较小的轮胎线性区;TCS 作用在大驱动力附近的极限区;ABS 作用在大制动力附近的极限区;ESP/VSC 作用在大侧偏力的极限区;其余在较大地面反作用力的轮胎非线性区。

ESP 主要部件是:电控单元(ECU)、转向盘转角传感器、轮速传感器、横向偏摆率传感器、横/纵向加速度传感器及液压系统等。典型组成部件如图 5.4 所示,各主要部件介绍如下。

(1) ESP 控制单元 1 是控制核心,为确保高可靠性,采用冗余控制,用两个相同的处理器同时处理信号,并相互比较监控。接通点火开关后,系统进入自检,连续监控所有电气连接,并周期性检查电磁阀功能。若 ECU 出故障,仍可按常规制动,但 ABS/EBS/ASR/ESP 功能失效。

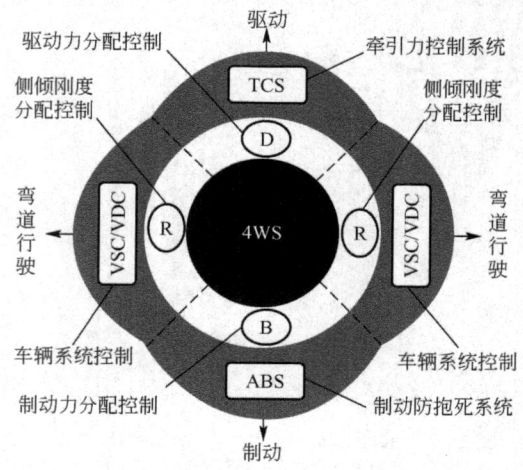

图 5.3 子系统的有效工作范围

(2) 转向盘转角传感器 7 依据光栅原理测量转向盘转角，ECU 以此获得预定的行驶方向。若无此信号则无法确定行驶方向，ESP 失效。

(3) 制动压力传感器 3 检测实际制动管路压力大小，ECU 由此算出车轮上的制动力和整车的纵向力大小。如果 ESP 正在对不稳定状态进行调整，ECU 将该数值包含在侧向力计算范围内。若无此信号则无法准确算出侧向力，ESP 失效。

(4) 横向偏摆率传感器 5 检测车辆绕其纵轴旋转角度和转动速率，ECU 以此来获得车辆的实际行驶方向，使用音叉形振荡式陀螺仪原理工作。若无此信号则 ECU 无法确定车辆是否发生横向偏摆，ESP 失效。

(5) 纵向加速度传感器只安装在四驱车上。对于单轴驱动车辆，通过计算制动压力、车轮转速信号及发动机管理系统信息，得出纵向加速度。

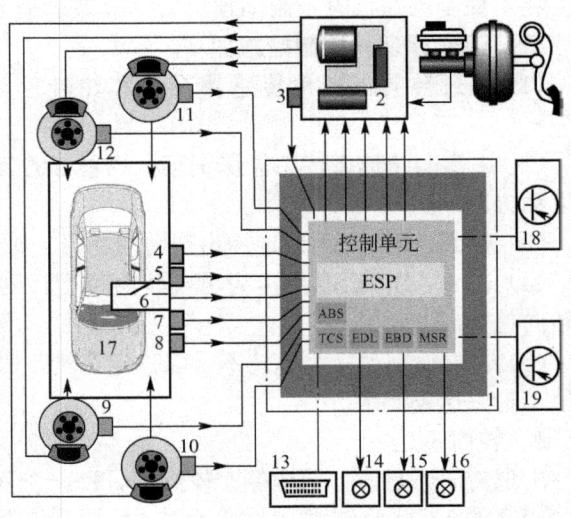

图 5.4　ESP 系统组成及控制示意图
1—ESP 控制单元；2—液压控制单元；
3—制动压力传感器；4—侧向加速度传感器；
5—横向偏摆率传感器；6—ASR/ESP 按钮；
7—转向盘转角传感器；8—制动灯开关；
9~12—轮速传感器；13—自诊断接口；
14—制动系统报警灯；15—ABS 报警灯；
16—ASR/ESP 报警灯；17—车辆和驾驶状态；
18—发动机控制调整；19—变速器控制调整

(6) 侧向加速度传感器 4 检测车辆侧向力大小。若无该信号则 ECU 无法算出车辆的实际行驶状态，ESP 失效。

(7) ASR/ESP 按钮 6 在积雪路面或松软路面上起步时、安装了防滑链的车辆、在测功机上检测时，应关闭 ESP 系统。

ESP 控制框图如图 5.5 所示。通过传感器收集转向盘转角、横摆角速度、侧向加速度等信息，输入电控单元，检测转向盘转角输入和实际行驶状态，一旦识别出车辆不稳定状态，立刻对制动系统、发动机管理系统和变速器管理系统等综合协调控制，来降低车辆横向滑移，防止在制动时车轮抱死、起步时打滑和车辆侧滑。一般情况下，如果单独制动某个或某几个车轮不足以稳定车辆，ESP 将通过降低发动机转矩输出或其他方式来进一步控

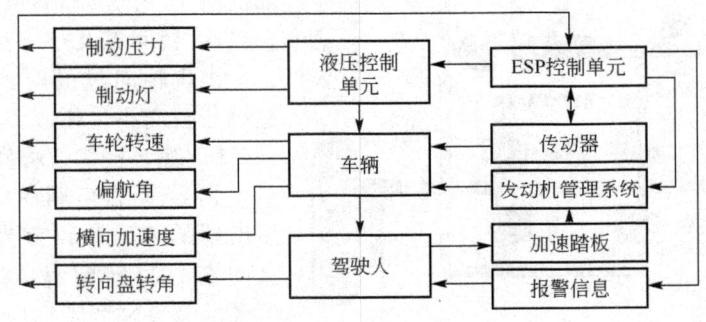

图 5.5　ESP 控制框图

制。在不踩制动踏板时，制动预压力一般来源于 ABS 液压控制单元。

ESP 工作原理和控制措施如下。

（1）通过转向盘转角传感器及各车轮转速传感器识别驾驶人转弯方向（驾驶人意愿）→A。

（2）由横摆角速度传感器识别车辆绕重心的旋转角度，侧向加速度传感器识别车辆实际运动方向→B。

（3）若 A>B，ESP 判定为出现转向不足，则制动内侧后轮，使车辆进一步增大转向。

（4）若 A<B，ESP 判定为出现转向过度，则制动外侧前轮，防止出现甩尾并减弱过度转向趋势。

（5）若单独制动某个车轮不足以稳定车辆，ESP 则进一步降低发动机转矩输出或制动其他车轮以达到要求。

A. 转向不足

出现转向不足时，后内侧车轮制动，ESP 液压系统控制示意如图 5.6 所示。

ESP 的 ECU 监测并比较来自横向偏摆率传感器、转向盘转角传感器和每个车轮速度传感器等信号，以确定车轮是否滑移。当 ECU 检测到车辆转向不足时，控制液压调节器过程为：关闭前/后隔离阀→打开前/后起动阀→关闭右前/右后进口阀→运行液压泵。这将促使以下操作。

① 当液压泵积累了液压力时，关闭后隔离阀，后轮制动回路与总泵隔开，防止制动液返回总泵。

② 右前和右后进口阀关闭，以隔离右轮液压回路，液压调节器只向左轮提供制动液压力。

③ 后起动阀打开，制动液从总泵进入液压泵中。

④ 液压泵将合适的制动液压力施加到左轮制动钳上，使车辆朝驾驶人想要的方向偏转。

⑤ 液压控制单元像在 TCS 模式下那样调节左前和左后进口阀及出口阀，以便获得最大的路面牵引力。

B. 转向过度

出现转向过度时，液压系统控制过程与转向不足相似。

C. 综合控制过程实例

无 ESP 的车辆在行驶时，躲避突然出现的障碍物，首先向左急打接着又向右急打转向盘，出现甩尾现象，车辆沿垂直轴线转动出现失控状态。

装备 ESP 的车辆在突然遇到障碍物

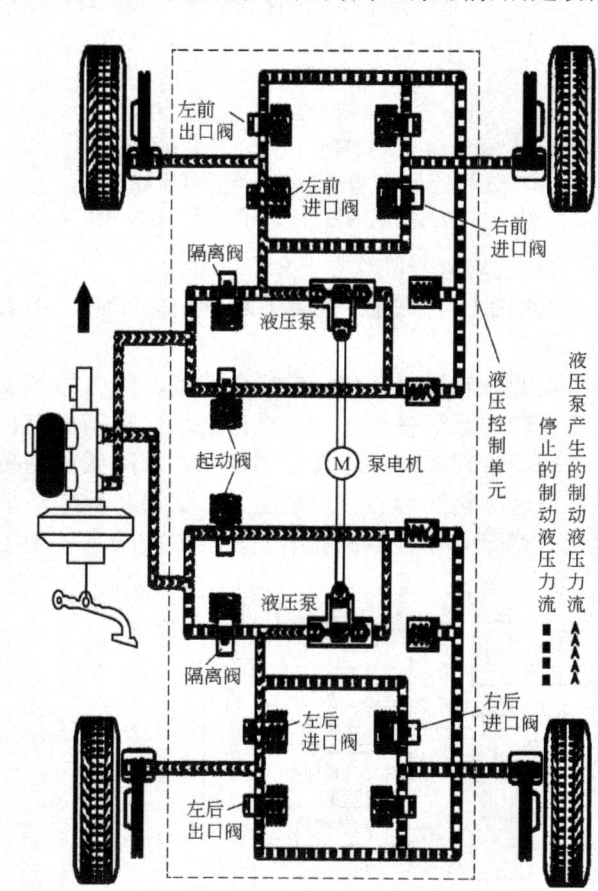

图 5.6　ESP 液压系统控制示意图

时,其行驶示意如图 5.7 所示,具体分析见表 5-2。

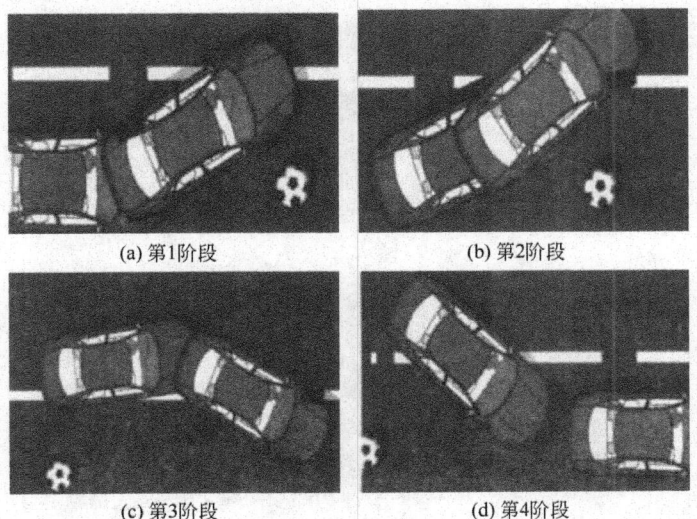

图 5.7 装备 ESP 系统乘用车躲避突然遇到障碍物时行驶状况

表 5-2 装备 ESP 系统乘用车躲避突然遇到障碍物时行驶状况分析

工作过程	车辆转向	行驶状态	受制动车轮	目　　的
第1阶段	向左	不足转向	左后轮	前轮保留侧向力,有效保证车辆的转向
第2阶段	向右	不足转向	右前轮	保证后轴的最佳侧向力,后轴车轮自由转动
第3阶段	向左	过度转向	左前轮	为阻止车辆出现甩尾并限制前轴产生侧向力,在特殊危险情形下该车轮将强烈制动
第4阶段	中间	稳定	无	在所有不稳定行驶状态被校正后,ESP 结束调整

3. 电子稳定程序的展望

在汽车安全系统日益增多的情况下,如果分别独立地去考虑和设计各种汽车主动安全系统,然后再将它们融合起来,难免会出现某些控制功能不兼容甚至是冲突的现象,这与汽车主动安全控制的目标是背道而驰的,而且造成了控制资源的浪费,使系统可靠性降低。所以在设计阶段就将各种汽车主动安全系统综合考虑,实现多层面集成式的全局优化控制,实现底盘一体化控制,这对汽车主动安全是十分重要且十分必要的。

德国大陆公司正在研发 ESPⅡ系统,ESPⅡ系统体现了"集成控制"思想,革新点主要体现在控制器及其功能的集成通信上。ESPⅡ在设计之初,就对汽车主动安全系统综合考虑,以 ESP 技术为平台,拓展和集成各种新型制动技术、汽车悬架及车身控制技术,如图 5.8 所示,如辅助制动系统(Brake Assist,BA)、电控制动技术(Electric Control Braking,ECB)、电子制动力分配(Electric Brake-force Distribution,EBD)、主动悬架技术(Active Suspension,AS)、前轮主动转向(Active Front Steering,AFS)或者四轮转向(Four-Wheel Drive,4WD)及防侧翻控制技术等,实现了制动、驱动和转向联合控制和多层面集成式的全局优化控制,使得各个系统之间相互兼容,对汽车的控制也更加平滑,从而提高了车辆的舒适性和安全性。

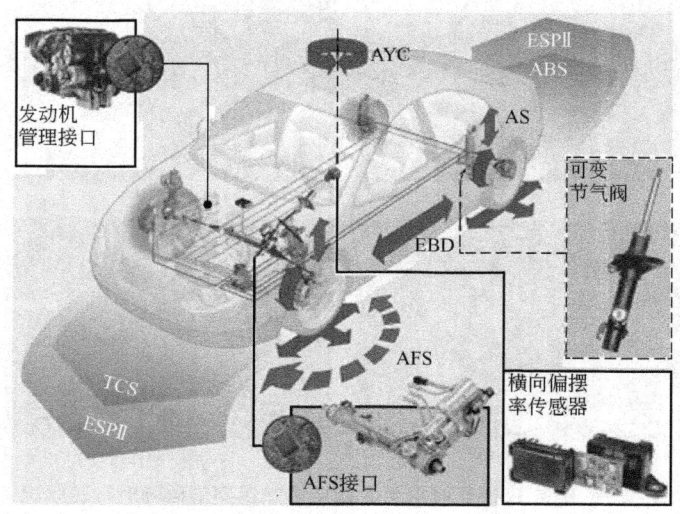

图 5.8　ESPⅡ功能和主要部件

ESPⅡ在开发时的主要目标就是实现对底盘进行全局控制。整个系统采用 CAN 总线连接所有执行器和传感器,达到共用的目的,节省了冗余的部件;通过采用状态估计器进一步节约了一定数量的传感器;通过采用协调控制算法,按照工况决定 AFS 和 ESP 的工作负荷,既提高了对车辆的控制效果,又延长了制动器、转向器的工作寿命。整个系统的控制结构如图 5.9 所示。实现集成底盘控制将是未来底盘技术发展的方向。

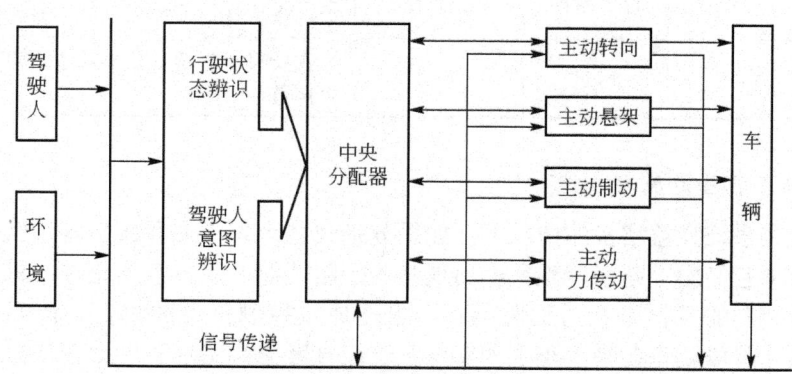

图 5.9　ESPⅡ控制结构

另外,基于"集成控制"思想的还有丰田公司的汽车动力学集成管理(Vehicle Dynamics Integrated Management,VDIM),它以制动控制系统(Brake Control System,BCS)为集成控制平台,进一步将电动助力转向技术(Electrical Power Steering,EPS)和变传动比转向控制技术(VCRS)集成到 VDIM 平台中,如图 5.10 所示。VDIM 综合了 ABS、电子制动力分配(Electronic Brake-force Distribution,EBD)、陡坡起步辅助控制(Hill-start Assist Control,HAC)、制动力辅助控制(Brake Assist,BA)、牵引力控制(Trac-

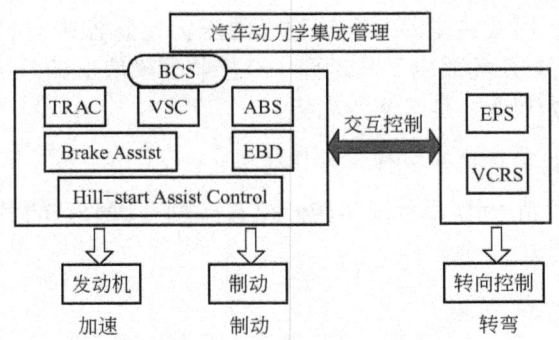

图 5.10 基于 VDIM 控制方案

tion Control，TRC）和车辆稳定控制（Vehicle Stability Control，VSC）功能，并加以融合，从而获取整车动力学状态及实现整车稳定性最优的控制方式。

传统的 VSC、TRC、ABS 系统是在车辆达到动态极限时才各自独立运行，而 VDIM 起动得更早，在车辆达到动态极限之前就开始介入，能在发生侧滑之前对车辆实行控制，不仅保证了更高的预防安全性能，同时还使"加速、转弯、制动"这一车辆的基本运动性能迈上了一个更高的台阶，车辆行驶更加流畅，如图 5.11 所示。为了使车辆真正达到人车一体的境界，VDIM 还采纳了通过 ASV 等培育起来的识别及判断技术，并将在今后对这些技术进行更进一步的改进。

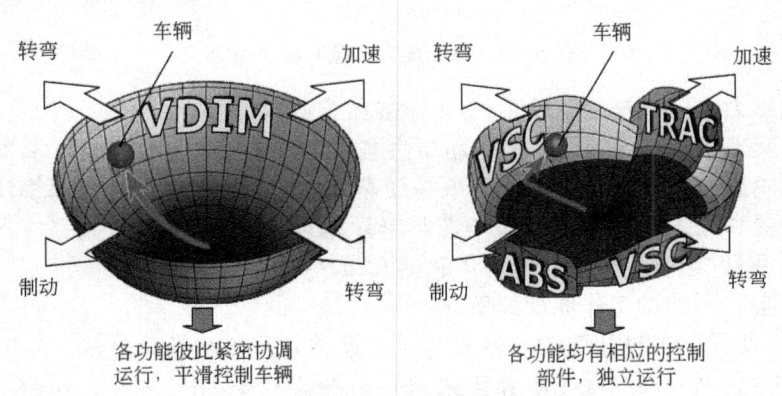

图 5.11 VDIM 与传统系统的区别示意图

5.1.2 轮胎压力监控预警系统

轮胎的使用状况直接影响汽车安全性，轻者导致爆胎，重者导致车辆失控，造成重大交通事故。因此，轮胎压力监控预警系统（Tire Pressure Monitoring System，TPMS）显得非常重要，如图 5.12 所示。当轮胎处于 25% 的亚充气状态时，TPMS 将向驾驶人发出警告，以有效地防止轮胎破损，从而避免汽车在轮胎充气不足情况下负重行驶而导致交通事故。

TPMS 包括间接型 TPMS 和直接型 TPMS。间接型 TPMS 是通过 ABS 系统的轮速传感器来比较轮胎之间的转速差别，以达到监测胎压的目的，特点是性能差，价格

图 5.12 轮胎压力监控预警系统

低。直接型 TPMS 是利用安装在每一个轮胎里的压力传感器来直接测量轮胎的气压,利用无线发射器将压力信息从轮胎内部发送到中央接收器模块上的系统,然后对各轮胎气压数据进行显示,直接型 TPMS 是未来的趋势。

1. 轮胎压力监控预警系统的结构及工作原理

下面以 Audi A6 的新一代 TPMS 为例介绍直接型 TPMS,轮胎压力监控系统的结构如图 5.13 所示。

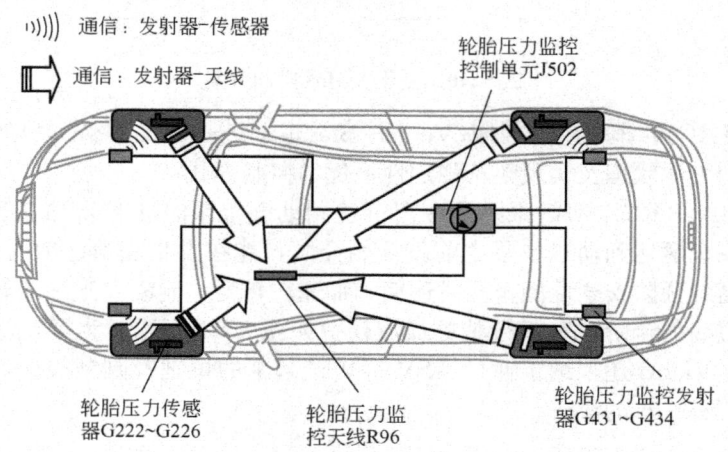

图 5.13 轮胎压力监控系统的结构

(1) 轮胎压力监控系统控制单元 J502 连接在 CAN 舒适总线上。
(2) 每个车轮罩内都安装了一个轮胎压力监控发射器(G431、G432、G433、G434)。
(3) 后部轮胎压力监控系统天线 R96 位于车顶上的车内灯和滑动车顶模块之间。
(4) 发射器和天线通过 LIN 总线与控制单元相连,每个车轮(分别是左前、右前、左后、右后和备用胎)还有一个轮胎压力传感器 G222~G226。

轮胎压力监控系统的工作原理如下。

如图 5.14 所示,当打开驾驶人侧车门时,系统就开始初始化过程,然后控制单元给轮胎压力监控发射器 G431~G434 和天线 R96 各分配一个 LIN 地址。初始化完成后,发射器发射出无线电信号,由于这种无线电信号的作用半径很小,所以它们只会分别被相应的轮胎压力传感器所接收,传感器被这个无线电信号激活,然后就会发送出测量到的当前压力和温度值,这些测量值由天线接收后再经 LIN 总线传送到控制单元。

轮胎压力传感器上装有离心力传感器,该传感器可以识别出车轮是否在转动,只要是车在停着,就不再进行任何通信联系了。

车辆起步时,传感器在约 2min 后开始与车轮位置进行匹配。当车速超过约 20km/h 时,每个传感器会自动发射当前的测量值,而不需等待来自各自发射器的信号。

发射出的无线电信号中包含有传感器的 ID,这样控制

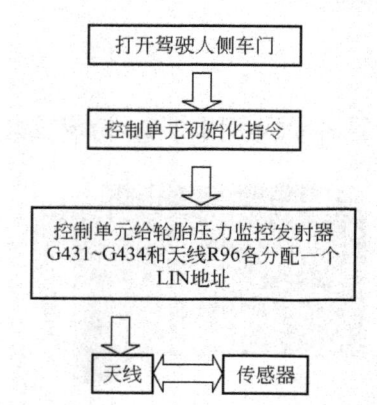

图 5.14 TPMS 工作原理流程图

单元就可识别出是哪个传感器发出的信息及其位置。正常情况下,发射器每隔约 30s 就发射一次信号。如果传感器发现压力变化较快(>0.2bar/min),那么传感器会自动切换到快速发送模式,这时每隔 1s 就发送一次当前测量值。

2. 轮胎压力传感器结构及工作原理

1) 结构

轮胎压力传感器安装在车轮金属气门嘴处,由 4 个部分组成,如图 5.15 所示,各部分相互协调通信(图 5.16),这 4 个部分如下。

(1) 压力/温度传感器。具有压力、温度、加速度、电压检测和后信号处理 ASIC 芯片组合的智能传感器 SOC,如图 5.17 所示。

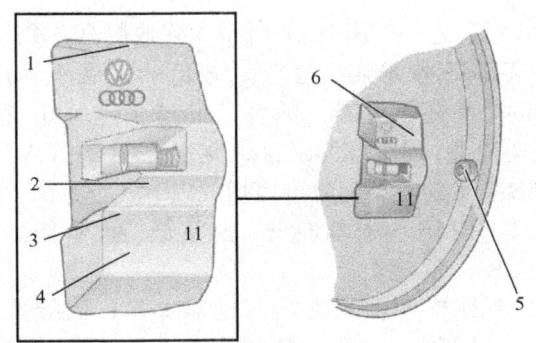

图 5.15 轮胎压力传感器元件结构图
1—发射天线;2—压力/温度传感器;
3—测量和控制电子装置;4—锂亚电池;
5—金属气门嘴;6—轮胎压力传感器

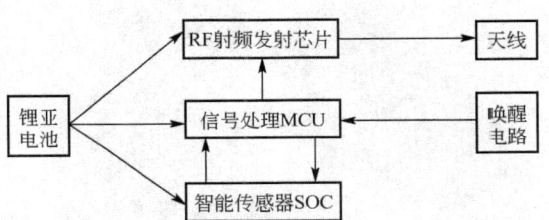

图 5.16 轮胎压力传感器逻辑结构图

(2) 测量和控制电子装置。4~8 位单片机(MCU)、RF 射频发射芯片。

(3) 锂亚电池。

(4) 发射天线。

在新型的发射模块中还可能包含唤醒电路,用于节省电池,外壳选用高强度塑料,所有器件、材料都要满足-40~+125℃的使用温度范围。

2) 工作原理

轮胎压力传感器工作时会向 LIN 总线发送信息,其中包括轮胎压力、轮胎温度、专用识别号、集成的电池的状态和为保证数据传输所要用到的状态、同步及控制信息。

轮胎压力传感器有以下两个关键技术。

(1) 电池低功耗技术。为了实现 TPMS 发射模块在一节锂电池下能工作 3~5 年,甚至更长时间的目标,系统节电是十分重要的。因此只有在大多数时间让系统进入睡眠状态,才能省电与延长电池寿命,唤醒 TPMS 系统则是重中之重。汽车激活和进入高速行驶时,唤醒 TPMS 系统的方法

图 5.17 轮胎压力传感器

一般有两种：一是利用软件设定定时检测。在发射模块上要安置 Wake-up 芯片，由接收器发出 Wake-up 信号；二是在传感器模块中增加惯性传感器(Inertial sensor)，利用对物体移动的感应性，自动进入系统自检，行驶时可依照行驶速度自动调整检测周期。

（2）信号的可靠性传输及其抗干扰性技术。TPMS 涉及信号的无线收发，系统信号的可靠性是设计中始终要考虑的问题，特别是高速行驶时信号传输的稳定性。由于高速行驶下工作环境比较恶劣，且汽车内电子产品众多，信号会出现漂移及时有时无的情况；另外在使用手机、汽车音响等产品时，信号相互产生干扰，信号的稳定性会受到影响，因此，系统的屏蔽和抗干扰等问题就显得尤为重要。这些问题的解决主要还是在 RF 发射器和 RF 接收器芯片的选择上。

3. 轮胎压力监控预警系统的展望

TPMS 将是未来智能型汽车不可缺少的功能要素之一。图 5.18 所示为集成的 TPMS。目前 TPMS 技术还处在相对较低的发展水平，已有的产品还不完善。随着人们越来越关注汽车安全问题，对 TPMS 的研究也在不断深入，TPMS 技术的发展趋势可概括成以下几个方面。

1) TPMS 向着功耗低、配重低、成本低的方向发展

功耗跟电池使用寿命有绝对关系；而配重则牵涉 TPMS 发射模块的安装。故 TPMS 设计方案的发展也依此考量为蓝图，如图 5.19 所示。为降低功耗，设计趋势第一步走向内建惯性传感器，侦测到车辆移动才唤醒发射模块借以节

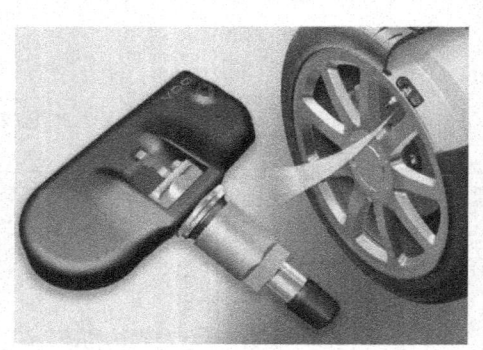

图 5.18 集成的 TPMS

省电能，最终目标走向无电源模块，即内建 MEMS 电源以提供电能。至于配重及成本，整合型芯片为设计趋势。整合胎压传感器与 MCU，再将 RF 发射也包含进来，至最后将 MEMS 也设计在一起，不但可减小模块体积，也节省成本提高市场竞争性。

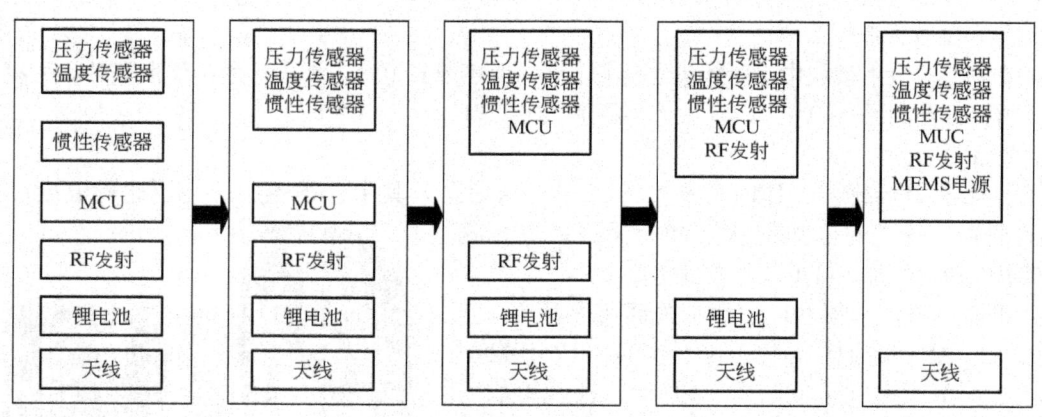

图 5.19 TPMS 发展趋势

2) TPMS 的多功能化

随着体积小、集成度高、功能多的新型传感器系统的出现，除了测量轮胎压力和温度

外，TPMS 还能够反馈轮胎载荷、滑动摩擦因数、胎面磨耗、道路表面质量等参数，从而为行车安全提供更好的服务。

3) TPMS 与其他汽车电子系统相融合

这种融合可提升整车性能并降低成本。比如，TPMS 与 ESP 相结合，可将轮胎的重力、气压和温度、路况、轮胎类型等附加信息提供给 ESP 系统，从而能改善汽车在任何情况下的稳定性。又如，TPMS 与 ABS 相结合，形成所谓的爆胎监测与制动系统 TPMBS，可以在驾驶人无法做出反应时，自动实施制动，从而避免爆胎的危险。

4) TPMS 的无源化

使系统不依赖于电池而工作是 TPMS 技术发展的重要方向。无源（无电池）TPMS 可彻底避免现有 PSB TPMS 因电池存在而产生的诸多问题：如体积和重量较大、无法全天候监控（为省电）、稳定性和可靠性不高（电池易受温度影响）等；同时也可避免在低功耗设计方面的技术困扰。目前已经有压电发电、磁场电磁耦合、声表面波等 TPMS 无源化设计方案出现，但真正实现无源 TPMS 还需时日。

5.1.3 安全预警技术

1. 自适应巡航控制系统

自适应巡航控制系统（Adaptive Cruise Control，ACC）是将自动巡航控制系统（Cruise Control System，CCS）和车辆前向撞击报警系统（Forward Collision Warning System，FCWS）有机地结合起来，既有自动巡航功能，又有防止前向撞击功能。

沃尔沃最新推出的 ACC 系统，装备于 V60 Sports Wagon，如图 5.20 所示。该系统在车辆行驶过程中，安装在车辆前部的车距传感器（雷达）持续扫描车辆前方道路，同时轮速传感器采集车速信号。当与前车之间的距离过小时，ACC 控制单元可以通过与制动防抱死系统、发动机控制系统协调动作，使车轮适当制动，并使发动机的

图 5.20　沃尔沃 V60 Sports Wagon 的 ACC 系统

输出功率下降，以使车辆与前方车辆始终保持安全距离。ACC 在控制车辆制动时，通常会将制动减速度限制在不影响舒适的程度，当需要更大的减速度时，ACC 控制单元会发出声光信号通知驾驶人主动采取制动操作。当与前车之间的距离增加到安全距离时，ACC 控制单元控制车辆按照设定的车速行驶，如图 5.21 所示。

1) ACC 组成

图 5.22 所示为 ACC 系统的组成和互联主件系统。不同模块之间通过一个串行通信网络左右通信方法，俗称控制器区域网络（CAN）。

(1) ACC 模块。ACC 模块的主要功能是处理雷达信息并判断附近是否存在前方车辆。当 ACC 系统处于"时间间隙控制状态"时，它会发出信息到发动机控制和制动器控制模块，以控制 ACC 车辆和目标车辆之间的时间间隙。

(2) 发动机控制模块。发动机控制模块的主要功能是接收来自 ACC 模块和仪表板的

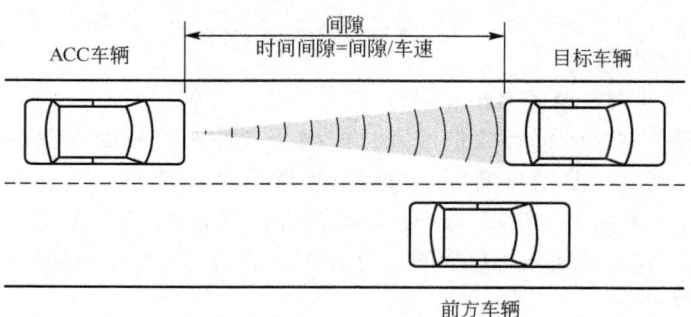

图 5.21 ACC 系统工作时的示意图

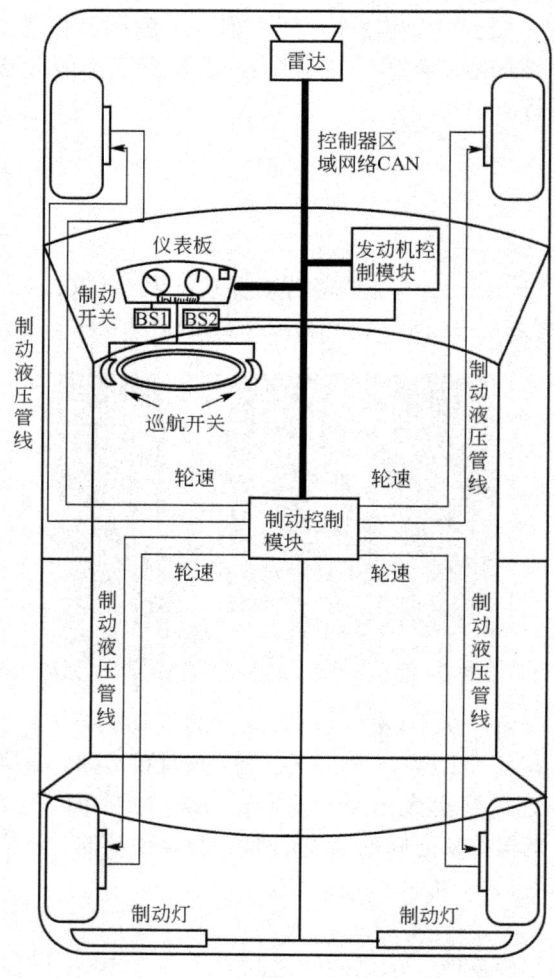

图 5.22 ACC 组成

信息并根据这些信息调整车速。发动机控制模块通过控制发动机节气门(油门)控制车速。

(3) 制动控制模块。制动控制模块的主要功能是在 ACC 控制模块的要求下通过对每个轮胎进行制动从而降低车速。制动系统采用电子增强液压式的,如 ABS 制动系统,而不是通过有线全权制动。

(4) 仪表群。仪表群的主要功能是处理巡航开关和将它们的信息发送至 ACC 系统和发动机控制模块。同时,仪表群也将显示出信息,以便于驾驶人了解 ACC 系统的运行状态。

(5) CAN。控制器局域网(CAN)是一个机动车网络标准,它使用 2 线总线来传递和接受数据。网络上的每个节点都具备每个消息帧发送 0~8B 数据的能力。一个消息帧由一个 0~8B 的前端消息和一个校验消息组成。前端消息是一个独特的标识符,用于确定优先级。在总线空闲时网络上的每个节点都可以发送数据。若有多个节点在同一时间发送数据,将会有一个仲裁机制来确定由哪个节点来控制总线。具有最高优先级的消息将赢得仲裁,其信息将被传送。一旦检测到总线空闲,发送失败的消息将重试发送。

(6) 巡航开关。巡航开关是装在转向盘上的几个按钮,以便于驾驶人命令和操作 ACC 系统。

开关包括以下几个。

① "ON"：将系统置于"ACC 待机状态"。
② "OFF"：取消 ACC 操作并将系统置于"ACC 关闭状态"。
③ "SET+"：起动 ACC 并设置设定速度或加速。
④ "COAST"：减速。
⑤ "RESUME"：恢复到设定速度。
⑥ "TIME GAP +"：增加时间间隙。
⑦ "TIME GAP -"：减小时间间隙。

(7) 制动开关。共有 2 个制动开关，分别为制动开关 1(BS1)和制动开关 2(BS2)；当其中任何一个开关被激活时，巡航控制操作取消，系统进入"ACC 待机状态"。

(8) 制动灯。当制动控制模块响应 ACC 要求进行制动时，将会打开制动灯提醒后方车辆注意本车正在减速。

2) ACC 系统的 5 种状态

ACC 关闭状态——ACC 系统处于禁用状态。

ACC 待机状态——系统处于准备被驾驶人激活的状态。

ACC 起动状态——ACC 系统处于起动并控制车速的状态。

ACC 速度控制状态——ACC 起动状态的一个子状态，在前方没有车辆的情况下其控制系统使车速达到设定速度是典型的传统巡航控制系统。

ACC 时间间隙控制状态——ACC 起动状态的一个子状态，用于控制 ACC 车辆与目标车辆间的时间间隙。

图 5.23 所示为 ACC 状态及其过渡。

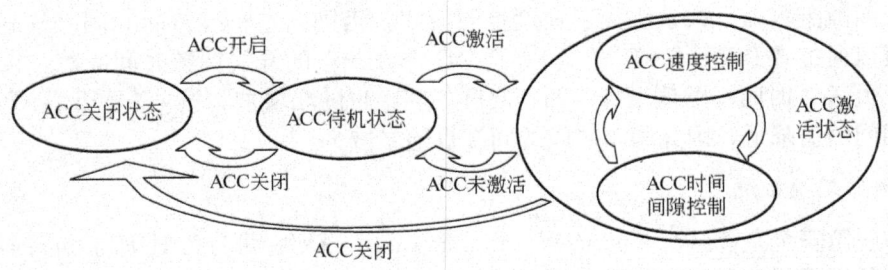

图 5.23　ACC 状态及其过渡

3) 当 ACC 被激活后的典型的操作

(1) 速度控制状态时的操作(ACC 速度控制)。如图 5.24(a)所示，当主车前方无行驶车辆时，主车将处于普通的巡航行驶状态，ACC 系统按照设定的行驶车速对车辆进行匀速控制。

(2) 跟车模式时的操作(ACC 时间间隙控制)。ACC 系统进入跟车模式或"ACC 时间间隙控制状态"，若雷达侦测到有前方车辆进入间隙距离之内，在次模式的操作下，ACC 系统将发送一个目标速度给发动机控制模块并向制动控制模块下达减速指令，以保证车辆间设定的时间间隙。

① 减速控制。如图 5.24(b)所示，当主车前方有目标车辆，且目标车辆的行驶速度小于主车的行驶速度时，ACC 系统将控制主车进行减速，确保两车间的距离为所设定的安全距离。

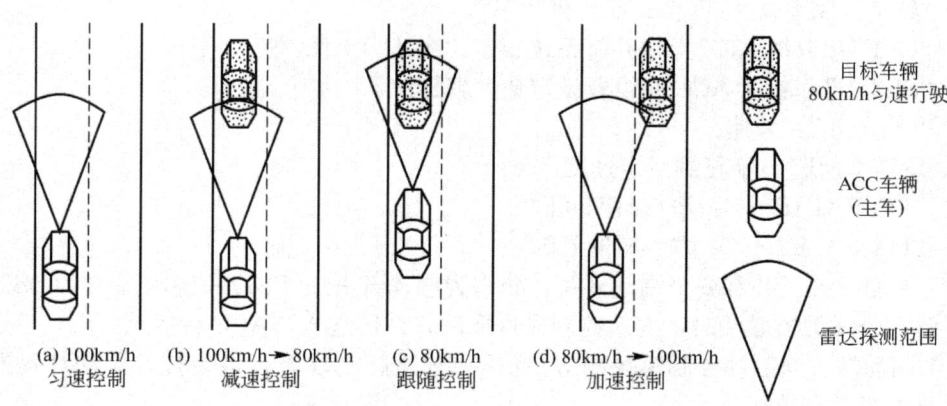

图 5.24　ACC 系统 4 种典型操作

② 跟随控制。如图 5.24(c)所示，当 ACC 系统将主车减速至理想的目标值之后采用跟随控制，与目标车辆以相同的速度行驶。

③ 加速控制。如图 5.24(d)所示，当前方的目标车辆发生移线，或主车移线行驶使得主车前方又无行驶车辆时，ACC 系统将对主车进行加速控制，使主车恢复至设定的行驶速度。在恢复行驶速度后，ACC 系统又转入对主车的匀速控制。当驾驶人参与车辆驾驶后，ACC 系统将自动退出对车辆的控制。

ACC 系统可在速度控制模式和时间间隙(跟车)模式间自动转换，此运作模式取决于相对设定速度更慢的目标速度，以维持 ACC 车辆和前方车辆之间的间隙。总的来说，如果没有车辆处于间隙距离内，该系统处于速度控制模式，否则，它将维持时间间隙模式。另外，驾驶人可以通过"TIME GAP＋"和"TIME GAP－"的开关调整时间间隙。按"TIME GAP＋"开关，时间间隙值增加，两车之间的间隙也随之增加。按"TIME GAP－"的开关，时间间隙值降低，因此两车之间的间隙也随之减少。

2. 预防碰撞系统

预防碰撞安全系统(Automatic Warning System，AWS)可分为对车内人员的保护和车外人员的保护两类，但安全保障的核心都是对碰撞动作的积极准备和防护措施。对于车内预防碰撞安全系统，当相关传感器或雷达探测到潜在的碰撞危险时，会首先向车内驾驶人发出警告，如警告无效则在 0.6s 前起动自动制动系统，根据驾驶人的制动力量增加辅助油压以充分降低车速，避免碰撞。同时，预防碰撞安全系统也会在车内为被动防护提供支持，如关闭车窗、调整座椅角度或安全带松紧程度以减轻碰撞强度和使安全气囊发挥更大作用等。在车外，预防碰撞安全系统也可通过一系列措施尽量保护被撞对象的安全。如碰撞不

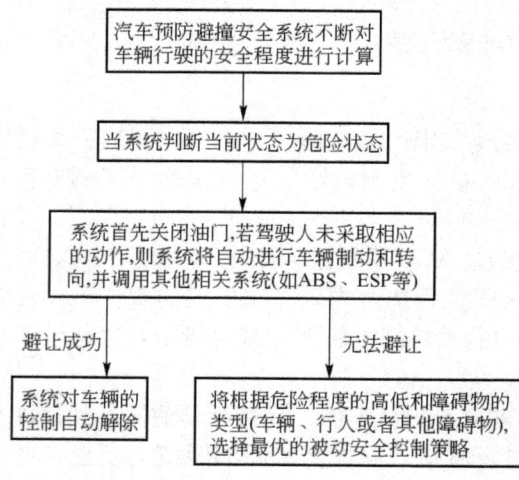

图 5.25　预防碰撞安全系统工作流程图

可避免,安全系统会打开与行人受撞击面相对的外部安全气囊(如保险杠、风窗玻璃等处),尽量减少对其头、胸、腰等脆弱和致命部位的撞击力。图 5.25 所示为预防碰撞安全系统工作流程图。

如图 5.26 所示,日产汽车公司首次成功开发并推出了全方位碰撞预防系统,它能够通过电脑自动控制车辆与周边汽车的距离,即使有突发情况也可以有效地防止撞车事故的发生。

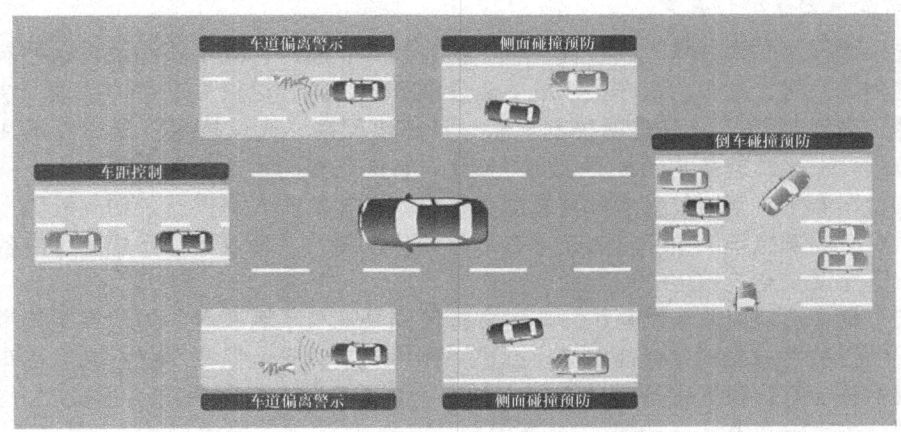

图 5.26 日产的全方位碰撞预防系统

侧面碰撞预防系统(Side Collision Prevention,SCP)的元件图如图 5.27 所示,其工作过程如图 5.28 所示,安装在车辆后侧方的传感器检测邻道车辆。当邻道有车时,如果驾驶人开始变道,就会在以图像和声音发出警示的同时,通过分别控制每个车轮的制动器产生横摆力矩(车辆的回转力),帮助驾驶人驾驶操作不接近邻道车辆。

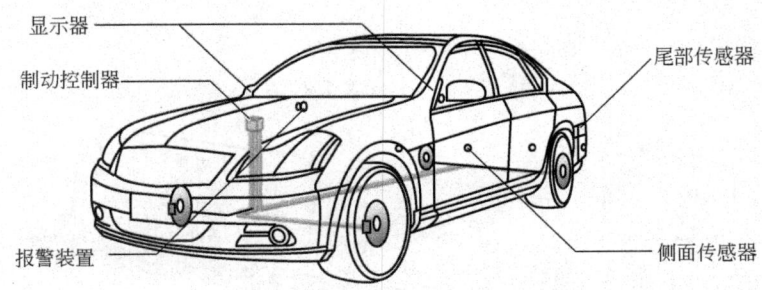

图 5.27 侧面碰撞预防系统元件图

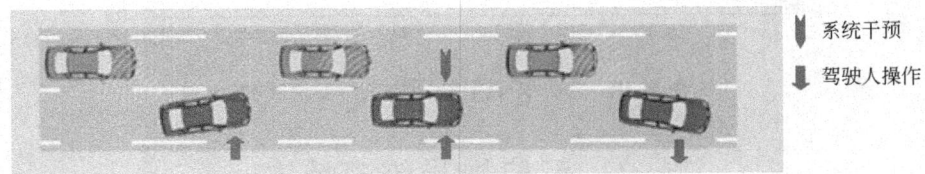

图 5.28 侧面碰撞预防系统工作过程

倒车碰撞预防系统(Back-up Collision Prevention,BCP)以安装在车辆后部和后侧方的传感器来检测周围的障碍物。倒车离开停车场时,如果倒车时检测出接近障碍物,则发出警示并控制刹车,帮助驾驶人操作不接近障碍物。

这两项技术与车道偏离警示系统(Lane Departure Prevention,LDP)及车距控制辅助系统(Distance Control Assist,DCA)相配合,从整体上为车辆形成了一种"安全盾"的概念,保证驾驶车辆与周围汽车的合理安全距离,帮助驾驶人防止多方向的碰撞危险,为车辆及乘员提供多角度的保护。

3. 安全预警技术的展望

安全预警技术是集计算机、现代传感、信息融合、通信、人工智能及自动控制等技术于一体的集成系统,是今后汽车技术的主流发展方向。随着更加先进的传感器、快速响应的执行器、高性能 ECU、先进的控制策略、计算机网络、通信技术及雷达技术在汽车上的广泛应用,安全预警技术已经明显向集成化、智能化和网络化 3 个主要方向发展。开发高性能的行车安全状态监控技术和信息服务平台,可为驾驶人提供有效的驾驶辅助,有效降低交通事故的发生率。由于这类技术在事故预防方面的显著效果,已成为世界各国重点研究的汽车主动安全技术之一。

行驶车辆自适应巡航控制系统、车道保持辅助系统与车辆底盘一体化控制技术协调控制,将车辆行驶性能控制到最佳水平,形成一体化的主动安全控制系统。先进汽车主动安全控制技术将会整合和优化各项独立的主动安全装置和措施,最终将会形成"人-车-路"三者协同的主动安全技术,如图 5.29 所示。

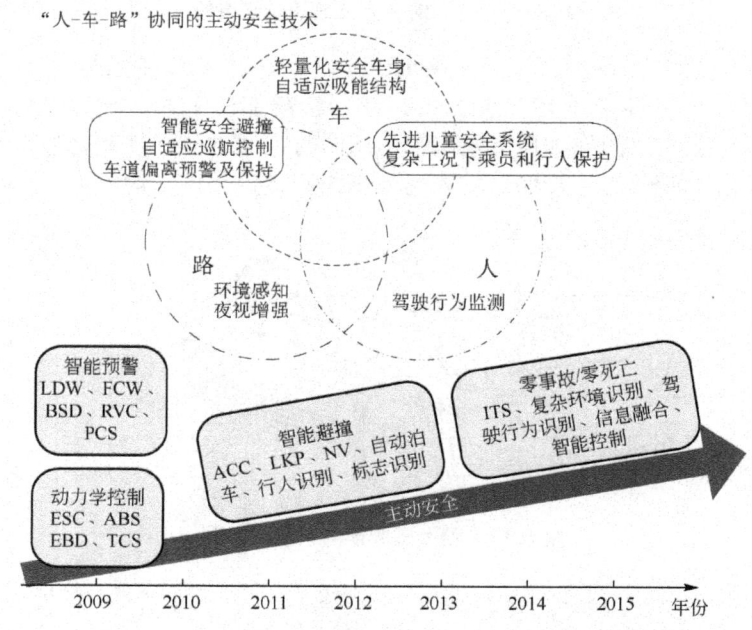

图 5.29 "人-车-路"协同的主动安全技术

5.2 智能乘员约束技术

乘员约束系统是在车祸意外发生、车辆已经失控的状况之下,对于乘坐人员进行被动的保护作用,希望通过固定装置,让车室内的乘员固定在安全的位置,并利用结构上的导引与溃缩，尽量吸收撞击的力量，确保车室内乘员的安全。汽车乘员约束系统主要包括安全带(含预紧器、限力器)、安全气囊、安全座椅、压溃式转向柱和膝垫等。其中安全带和安全气囊是汽车碰撞事故中最有效的乘员保护设施。

随着电子技术和汽车安全技术的发展，发展智能乘员约束技术来增加汽车被动安全性能成为国内外汽车界的普遍共识。智能约束系统就是通过自动判断乘员的类型和碰撞发生时的车速，来自动调整约束系统的参数，通常可控的参数如下：安全气囊多级点火气体发生器点火的级数、排气孔的面积、安全带预紧器和限力器的特性、压溃转向柱特性。

5.2.1 智能安全气囊

安全气囊系统称为 SRS。相对于安全带，安全气囊只是一个辅助保护设备。安全气囊是用带橡胶衬里的特种织物尼龙制成的，工作时用无害的氮气填充。安全气囊的基本原理是在发生一次碰撞后、二次碰撞前，迅速在乘员和汽车内部结构之间打开一个充满气体的袋子，让乘员扑在气囊上，从而降低乘员的伤害指标。安全气囊发展至今，技术上已经非常成熟，能够对乘员起到更好的保护作用，同时为了降低安全气囊点爆过程中对于乘员的伤害，出现了更多更为智能化、低能量化、多级化的安全气囊，在保护乘员的同时避免了对乘员的伤害。

智能安全气囊就是在普通型的基础上增加传感器，以探测出座椅上的乘员是儿童还是成年人，他们系好的安全带及所处的位置是怎样的高度，通过采集这些数据，由电子计算机软件分析和处理控制安全气囊的膨胀，使其发挥最佳作用，避免安全气囊出现无必要的膨胀，从而极大地提高其安全作用。

1. 智能安全气囊结构及工作原理

传统安全气囊系统由碰撞传感器、缓冲气囊、气体发生器及控制块(电脑)等组成，如图 5.30 所示。

传统电子安全气囊的工作过程如下：
(1) 碰撞发生。
(2) 加速度传感器输出响应信号给微控制器。
(3) 微控制器分析"碰撞判断算法"，然后决定安全气囊的打开和打开定时。
(4) 微控制器命令点火芯片打开气囊。
(5) 点火芯片送点火信号给充气机，然后气囊打开。

智能安全气囊系统增加了乘员识别技术，在上述过程(2)中，乘员识别传感器把获得的座椅上乘员身材、体重、是否系好安全带、人在座椅上所处位置等信息一并传递给微控制器，微控制器能根据车辆碰撞时的车速、撞击程度及乘员信息，除了要确定是否打开

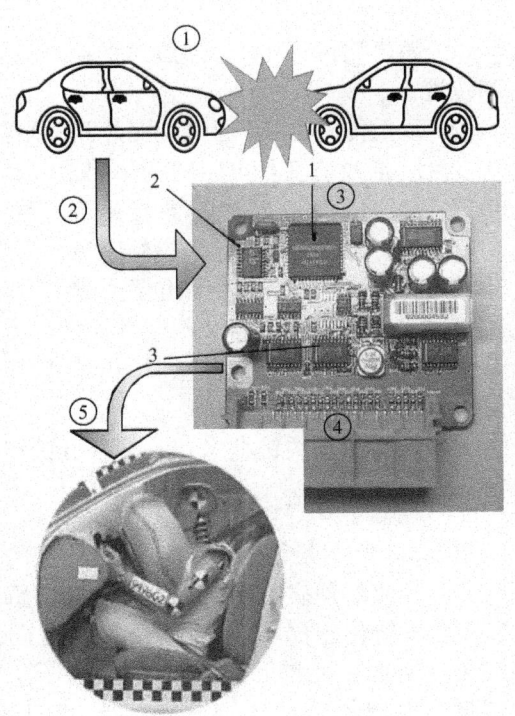

图 5.30 传统电子安全气囊结构图
1—微控制器；2—加速度传感器；3—点火芯片

气囊并且是在高阈值或低阈值下打开气囊以外,还要根据乘员位置和重量信息来确定向对应的安全气囊采取不同的充气级别,使安全气囊对乘客提供最合理和最有效的保护,特别是减少对儿童等身体矮小者的伤害。

图 5.31 所示是某气囊厂商研制的智能安全气囊系统的组成,包括 4 种传感器,如图 5.32 所示,为微控制器提供乘员的身材、体重、是否系好安全带、人在座椅上所处位置等信息。

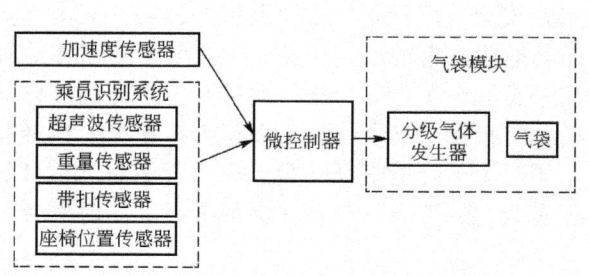

图 5.31 智能安全气囊系统组成

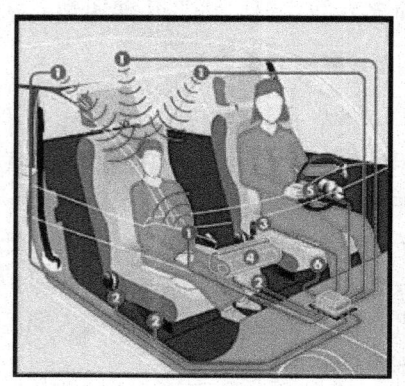

图 5.32 智能 ECU 传感系统

1—超声波位置传感器;2—重量传感器;
3—带扣传感器;4—副驾驶人安全气囊;
5—主驾驶人安全气囊;6—座椅位置传感器

(1)超声波传感器 1,通过发射超声波,然后分析遇到物体后的反射波探明乘员的存在和位置。

(2)重量传感器 2,通过应变片测量乘员重量的乘员识别系统。每个乘员底座下分布 4 个应变片,通过应变片电阻的变化测量乘员质量的变化,从而起到乘员识别的效果。

(3)带扣传感器 3,判断乘员是否佩戴安全带。

(4)座椅位置传感器 6,提供座椅位置信息。

其工作原理:4 个超声波位置传感器 1 和座椅位置传感器 6 可以判别乘员与气囊之间的位置关系,质量传感器 2 判断乘员是否为儿童或者没有乘员,带扣传感器 3 判断乘员是否系好安全带。通过以上传感器的输入信号,微控制单元决定气囊是否点爆,以什么方式点爆。

其中,有两个关键技术,一是乘员识别技术,二是分级气囊点爆技术。

2. 多方位乘员保护系统

图 5.33 所示是德国 Bosch 公司开发的多方位乘员保护系统。它基本包括如下组成部分:3 个前部预碰撞传感器(能够更快感知正面碰撞信号,从而提高点火的快速性),1 个儿童座椅传感器(当前排座椅安装背向儿童座椅的时候禁止气囊的点爆),1 个集成滚翻传感器的主控单元(主要的控制单元,同时集成了滚翻传感器,能够进行滚翻事故的气囊点火控制),4 个侧面传感器(感知侧面碰撞,包括加速度传感器和压力传感器),1 个乘员离位传感器(判断乘员是否处于离位状态),2 个乘员识别传感器(感知乘员的重量及位置)。各个传感器之间通过总线方式进行数据传递。同时,为了起到更好的

保护效果，驾驶人侧和乘员侧使用了 2 级气体发生器，同时为每个乘员配备了一个侧面气囊以及相应的安全带预紧器，因此整个系统相对比较复杂，但是保护效果却大有提高。

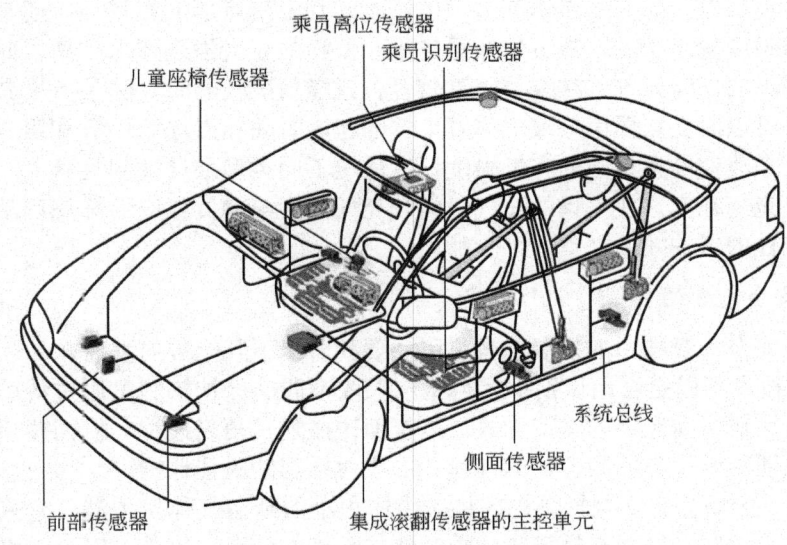

图 5.33　多方位乘员保护系统结构示意图

图 5.34 所示是 BMW 7 系车所采用的乘员识别系统，主要是采用分布式电容技术感知乘员类型以及乘员乘坐姿势的变化，进而采取不同的点火策略。9 个电极分布在座椅的靠背和底座上。当不同类型的乘员乘坐的时候，各个电极的电容是不一样的，同样，当乘员的坐姿发生变化的时候，各个电极之间的测量值也有所不同，通过测量电极之间电容的差别，从而获知关键的乘员参数，进而采取合适的点火方式，从而起到更好的乘员保护效果。

图像识别技术在乘员识别系统中也有一定的应用，部分厂家使用摄像头拍摄驾驶人侧和乘员侧的乘员，判断乘员的类型及乘员的实际乘坐位置，如果乘员距离转向盘或者仪表板过近，则采用低能量级别点爆气囊或者禁止气囊的点爆。但是图像识别技术由于摄像头成本较高，加上图像数据处理设备对于硬件要求较高，因此整体的造价比较高，如果要得到更为广泛的使用还有待时日。乘员识别系统的类型各异，原理上也有一定的差异，但是基本上需要有主控 ECU 设备、乘员信息感知设备等模块。

3. 分级气囊点爆技术

智能型安全气囊中装备的气体发生器都是多级气体发生器，由两级单独的电雷管和相应的装药组成，

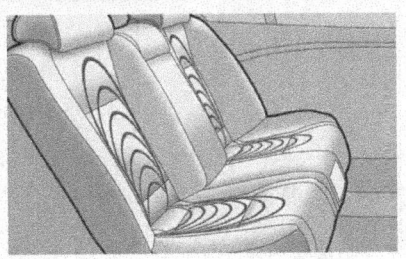

图 5.34　BMW 7 系乘员识别系统

可以视作两个单独的气体发生器，它们的充气强度（充气量）是不相同的，视汽车碰撞的严重程度和乘员身体参数，以及坐姿和安全带等的使用情况不同，由传感器将感应到的信号输送到电子控制单元（ECU），电子控制单元通过预先设定的计算程序进行运算，确定是否应该点爆气体发生器。如需要点爆气体发生器时则判定是点爆强充气挡，还是点爆弱充气挡，通常碰撞强度越是激烈，乘员的体重越重，气囊的充气强度要求越高，此时设置两级气体发生器同时向气囊充气。在乘员体重较轻、碰撞情况较弱时，除了点爆其中单级气体发生器外，还可以改变点爆第一级气体发生器的起始时间和点爆第一级和第二级气体发生器的间隔时间来改变气囊不同的充气强度，以适应不同类型乘员撞到气囊上时得到更好保护效果的对应充气程度。使气囊的充气时间和充气强度与乘员相应的静态和动态状况相适应，以取得最佳的保护效果。

4. 智能安全气囊的展望

未来智能安全气囊技术的发展趋势，将主要朝着以下几个方向发展。

（1）新的技术可以更好地识别乘客类型，采取不同的保护措施。通过传感器，气囊系统可以判断出车辆当前经历的碰撞形式，是正面碰撞还是角度碰撞，侧面碰撞还是整车的翻滚运动，以便驱动车身不同位置的气囊，形成对乘客的最佳保护。

（2）小型、轻型化。安全气囊总成将采用体积小的新型气体发生器，它采用压缩气体的混合式气体发生器及采用有机气体的纯气体式气体发生器。另外，安全气囊作为一个高度集成化的系统和模块，德尔福传感器公司推出了世界上最小的安全气囊模块，使转向盘既美观简洁，又有足够的空间来集成更多的控制系统。德尔福的技术可以提供高度紧凑型的乘员正面保护安全气囊，而且气囊系统的盖板与转向盘的接缝非常细小，几乎看不出来；安装的位置也比较独特，且转向盘看上去更漂亮。

（3）保护全方位化。安全气囊不再仅局限于保护驾驶人与前座乘员。现代汽车还将采用窗帘一般的侧气囊，这样即使是侧面被撞，车内乘员的安全也能得到充分的保证。图5.35所示为前排全方位安全气囊。

图 5.35　前排全方位安全气囊

5.2.2　气囊式安全带

佩戴安全带的乘员在汽车发生正面碰撞事故时，织带直接与乘员胸部和腿部相接触，织带的线性特性使乘员受的约束力几乎直线增大，过大的胸部压力甚至造成致命伤害。有一个非常简单和合理的想法，就是结合传统的安全带和安全气囊技术，在汽车碰撞时，安全带在乘员躯干和肩膀处展开成气囊。这个想法已经由福特公司实现。

如图5.36所示，最新开发出的气囊式安全带得益于福特公司在气囊充气和安全带构造技术方面的领先性，它的气囊能在碰撞发生的40ms内在乘客的躯干和肩膀处展开。在日常使用时，气囊式安全带与传统安全带的作用相同，而且适用于儿童安全座椅。福特的调研结果显示，90%以上参与测试气囊式安全带的人员认为，气囊式安全带的舒适度等同或优于传统安全带，因为它使人感到有衬垫且更柔软。

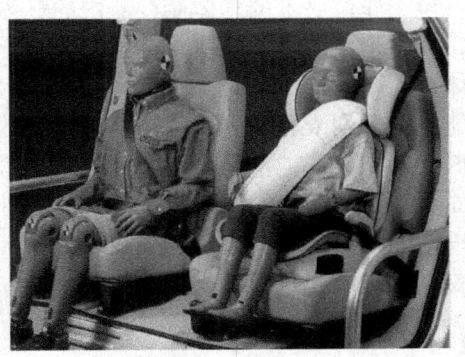

图5.36 福特后排座椅气囊式安全带

带有气囊的安全带的工作原理如下。

图5.37(a)：带有气囊的安全带是在三点式安全带的肩带上设计有一个气囊。

图5.37(b)：带有气囊的安全带由腰带、带有气囊的肩带、特殊带扣和气体储存器组成。

图5.37(c)：该气囊折叠成带状藏于织带内，织带比普通织带略微厚一点。

图5.37(d)：气囊充气膨胀时，会撕开织带上的气囊保护层，展开气囊于乘员胸前和汽车内饰之间。

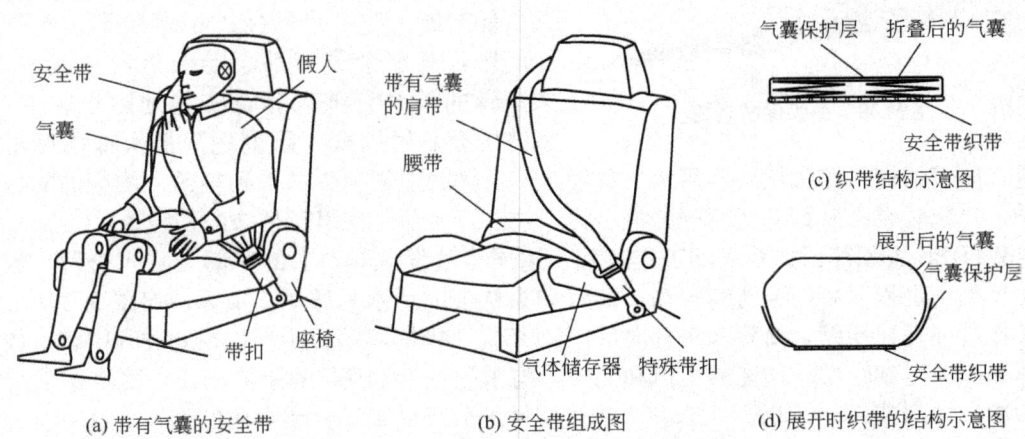

图5.37 带有气囊的安全带的工作原理

腰带横跨佩戴者骨盆部位前方，肩带从臀部斜跨前胸至另一侧肩部、特殊的带扣除了使佩戴者能够被安全带固定住和能快速解脱外，还能快速连接和脱卸气囊进气口，气体储存器安装在座椅底下，与锁扣上的气体控制阀相连。气体储存器内装有冷压缩气体，这种气体没有传统安全气囊系统通常采用的发热化学反应气体高温，意味着气囊式安全带充气时，不会使佩戴者感到处于高温环境中。气囊随安全带贴附在乘员展开，其体积设计得较小，因此从汽车碰撞到气囊安全带在乘客躯干和肩膀处展开是在一个极短的时间内完成的。

一旦汽车发生碰撞，该车的安全系统传感器会在瞬间测定碰撞信号，安全系统的控制器接收到该信号，辨认碰撞的严重程度。判定需要展开气囊式安全带时，会发出信号给气囊式安全带，打开通气阀，位于座位底下的气体储存器内的气体通过特殊设计的扣环充入安全带气囊内的折叠气囊，充气到一定压力气囊会突破安全带上的气囊保护层的纤维，由内向外扩展到覆盖乘客身体。

气囊式安全带将撞击能量分散到乘客身体上的功能比传统的安全带高出 5 倍，它通过把撞击压力扩散到更大的面积来扩大保护范围，即通过减少汽车撞击时对乘客胸部的压力来降低发生伤害的风险。同时，可对乘客的头部和颈部提供额外支持，这样将有助于控制后座乘客头部和颈部在碰撞中的移位。安全带上的气囊展开后，在其内部的气体通过气囊上小孔散发出去之前，安全带气囊会在数秒内保持膨胀状态。

5.2.3 乘员头颈保护系统

头颈部受损伤是交通事故中最常见的伤害。在瑞典，每年就有 2.5 万人蒙受这类伤害。永久性头颈部受伤害的比例约占受伤人员总数的 1/10，而且这类伤害往往很难被确诊。如图 5.38 所示，乘员头颈保护系统（Whiplash Protection System，WHIPS）已成为所有型号 Volvo 汽车的标准配置，可在发生追尾撞击事故时使永久性颈部伤害的危险减少一半。

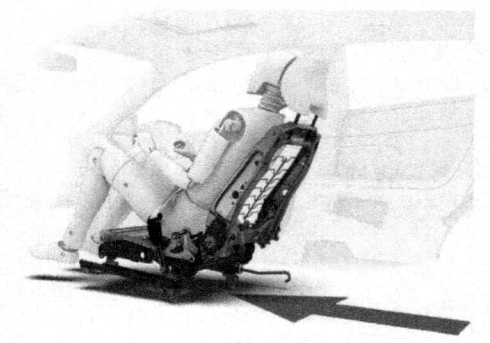

图 5.38 头颈保护系统

WHIPS 一般设置于前排座椅。当乘用车受到后部的撞击时，头颈保护系统会迅速充气膨胀起来，其整个靠背都会随乘坐者一起后倾，乘坐者的整个背部和靠背安稳地贴近在一起，靠背则会后倾以最大限度地降低头部向后甩的力量，座椅的椅背和头枕会向后水平移动，使身体的上部和头部得到轻柔、均衡的支撑与保护，以减轻脊椎及颈部所承受的冲击力，并防止头部向后甩所带来的伤害。

WHIPS 头颈部保护系统的工作过程：追尾事故发生时，人的背部会陷入椅背，当弹簧拉长到一定程度后，逆时针转动，椅背和头枕会向后水平移动 50mm，如图 5.39（b）所示，接着弹簧被压缩，椅背和头枕向后倾斜 15°，如图 5.39（c）所示，在此过程中，身体的上部和头部得到轻柔、均衡的支撑和保护，与未配备 WHIPS 的座椅相比，可将颈部所受到的冲击力削减 40%～60%，防止人体最脆弱的颈部受到终身或致命的伤害。这一装置可以大大降低相对车速 30km/h 以下的追尾事故对人的伤害，而这正是大多数追尾事故发生的速度范围。

专家们根据对实际交通事故的分析，并结合利用先进的计算机模拟实验而得出的结果，对乘员在不同场合下所发生的人体运动模式进行深入研究。所有类型的交通事故都存在造成

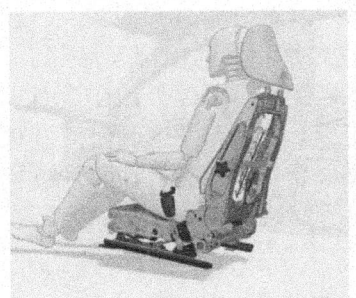 

(a) 座椅处于正常状态

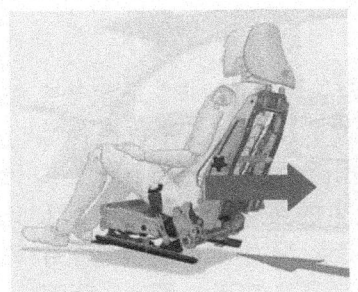 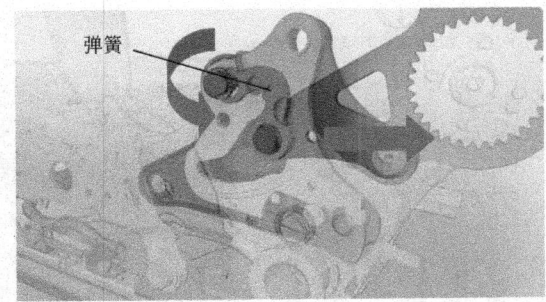

(b) 座椅向后水平移动50mm

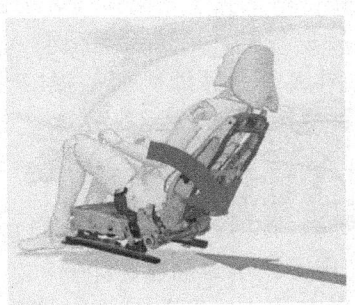 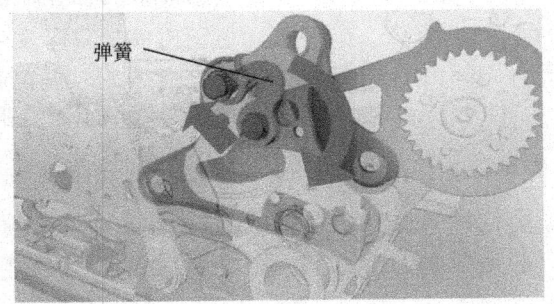

(c) 座椅向后向后倾斜15°

图 5.39　WHIPS 工作过程示意图

头颈部伤害的危险，尤其是正面撞击事故，因为这类事故的数量要比追尾事故多一倍。

Volvo 汽车专家的主要观点是，应着重研究在正面撞击和追尾撞击事故中都可导致受伤害概率增加的因素。此外，对实际发生的交通事故的分析证明，影响受伤害概率的因素除撞击强度外，还包括性别、年龄、身高、体重和坐姿等。结果证明，WHIPS 系统可使交通事故所导致的急性颈部疾病数量减少 33%，并使持续时间超过一年的慢性颈椎病的数量减少 53%。

5.3　汽车侧面碰撞保护技术

在道路交通事故中汽车的碰撞位置千变万化，其中来自侧面的碰撞属于汽车侧面碰撞，汽车侧面碰撞可以分为直接碰撞和间接碰撞两种形式，直接碰撞是指车与车之间的碰撞，而间接碰撞是指由于车辆的滑移、跑偏等引起的与障碍物的碰撞，如树木、柱子等，侧面碰撞位居正面碰撞之后，是第二种最常见的碰撞形式。对于整个车辆来说，最薄弱的部位是汽车的侧面，在汽车中占比例最大的乘用车来说，乘用车的前部及后部、发动机、行李厢、相关车身及底盘部分的结构强度设计要大于车辆侧面结构部分，在正面或者后面碰撞过程中可以通过这些部分的结构变形来吸收碰撞能量。乘用车发生侧面碰撞时吸能区域小，没有其前部、后部那样的足够空间发生结构变形来吸收碰撞能量，而且被撞部分与乘员的距离比较近，易于直接撞击乘员。因此与正面、后面碰撞相比，车辆侧面碰撞对乘员造成的伤害更大，对乘员的保护也就显得尤为重要。

5.3.1 汽车侧面碰撞的研究

1. 国内侧面碰撞的统计

在我国，由于我国城市道路的交叉路口以平面交叉为主，机动车、非机动车混合交通现象极为严重，导致交通事故类型中汽车侧面碰撞的事故发生率最高。根据我国道路交通事故统计数据，2001—2007年我国发生的交通事故中的前两大事故形态数据统计如图5.40所示，图中数据表明近7年来我国侧面碰撞事故是发生频率最高的事故形态，远高于正面碰撞事故形态，其乘员死亡率仅次于正面碰撞。由此可见，侧面碰撞是我国发生频率较高、造成严重受伤人数较多的交通事故。提高我国汽车产品的侧面碰撞安全性能，对改善我国道路交通安全具有重大意义。

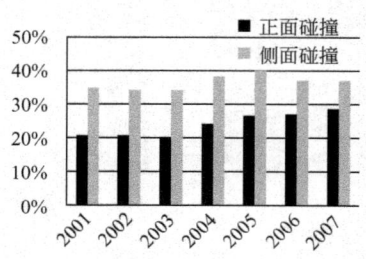

图5.40 我国不同形态事故

2. 新车评价程序NCAP对侧面碰撞测试的规定

为了降低在侧碰事故中乘员受重伤和致命伤害的风险，各国都制定有汽车侧面碰撞法规，其目的是根据法规试验过程中测得的假人加速度，规定汽车的抗撞性能要求、车门加强要求和其他要求，以提高汽车侧面碰撞安全性。汽车企业产品开发的重要规范NCAP（New Car Assessment Program）对新车的侧面碰撞安全性能作了相应的规定，各厂商在市场上销售的车型都按照NCAP进行碰撞安全性能测试、评分和划分星级，向社会公开评价结果。表5-3所示为各国新车碰撞评价规程中测试的速度。

表5-3 各国新车碰撞评价规程中测试的速度

	欧洲新车安全评鉴协会（E-NCAP）	美国高速公路安全管理局（NHTSA）	日本新车安全评价体系（J-NCAP）	中国新车评价规程（C-NCAP）
正面碰撞	无	56km/h	55km/h	50km/h
正面偏置40%碰撞	64km/h	无	64km/h	56km/h
侧面碰撞	50km/h	63km/h	55km/h	50km/h
侧面柱碰	29km/h	车辆以75°角撞击柱体的碰撞测试，车速约32.2km/h	无	无

中国汽车技术研究中心最新发布了中国新车评价规程(C‐NCAP)。其中，侧面评价体系基本参考了侧面碰撞的国家标准 GB 20071—2006，但也有所区别：①碰撞最低速度由 49km/h 提高到 50km/h；②采用假人为 ES2；③增加对假人背板力 F_y 和 T_{12} 的 F_y 与 M_x 的测量。C‐NCAP 侧面碰撞试验工况如图 5.41 所示。

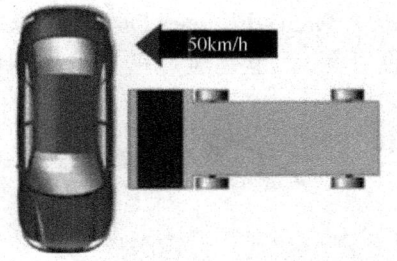

图 5.41 C‐NCAP 侧面碰撞试验工况

试验评分将假人分为 4 个区域：头部、胸部、腹部和骨盆，每个部位最高得分均为 4 分，总分 16 分。其中各具体评价指标如下(括号内的数值分别为高低性能限值)。

(1) 头部：头部伤害指数 HIC_{36}(650~1000)和 3ms 合成加速度值(72~88g)。

(2) 胸部：压缩变形量(22~42mm)和粘性指数 VC(0.32~1.0m/s)；罚分项背板力 F_y(1.0~4.0kN)以及 T_{12} 的 F_y(1.5~2.0kN)和 M_x(150~200N·m)。

(3) 腹部：腹部力(1.0~2.5kN)。

(4) 骨盆：骨盆力(3.0~6.0kN)。

此外对试验过程中的车门开户、安全带失效和试验后的燃油泄漏也作了罚分规定。

5.3.2 车身结构新技术

提高整车结构安全性能，加强车身横向结构刚度，可以控制能量转移，使更多的能量转换为被撞击车辆的系统动能，并且减少侧围的侵入量，保证乘员的生存空间，降低由挤压造成的伤害。

如图 5.42 所示，BMW 汽车配备高效的侧面撞击保护系统，包括高度稳定的车门和特别坚固的 B 柱，以及专用的头部和侧面保护安全气囊。每扇门内均内置对角铝横梁，确保车门和侧壁具有非同一般的刚度和强度，防止外部物体突入车厢，同时合理设计 B 柱上、下端与车体的连接部位使撞击力尽可能地通过地板横梁和车顶横梁向非撞击侧传递。此外，极其坚固的车门锁和铰链、座椅和扶手区域内的加强件及附加的合成吸能元件都有助于降低传导至车厢的撞击力。

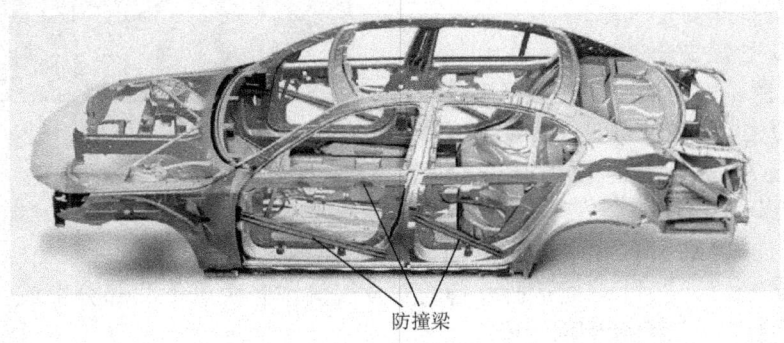

图 5.42 BMW 在车门增加防撞梁

新马自达 6 通过优化车身结构设计以达到提高整车碰撞安全性能。与大多数汽车制造商所遵循的"碰撞能量分散与吸收"原理一样，马自达应用的 MAIDAS 方案

（Mazda Advanced Impact Distribution and Absorption System，马自达先进碰撞能量分散与吸收方案），也是通过车身结构的优化使得碰撞时产生的能量可以沿着预设的方向向车身分散吸收。当车身结构在碰撞时吸收和分散撞击的能量后，从而大幅降低对乘员舱的冲击负荷，同时由超高强度钢板加强的乘员舱不会发生严重的变形，保证乘员的生存空间。

马自达采用"3H"车身结构，在障壁车的碰撞区域内布置足够的横向承载结构。局部进行加强以加快载荷传递的速度，稳定载荷传递路径的结构。如图 5.43 所示，"3H"是指在车身的底部、侧面和顶部的骨架都呈现"H"形，

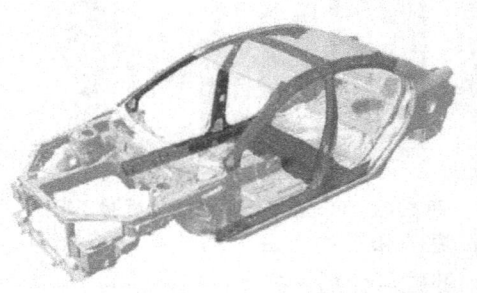

图 5.43　马自达"3H"形结构方案

并组成立体框架的设计，这一车身结构为高刚度、封闭式承载式车身，"3H"形结构能合理地分流在碰撞中传导的力，提高车身横向承载能力，减少车体的变形量，从而改善整车的碰撞性能。

5.3.3　侧面安全气囊和气帘

统计发现侧面碰撞对车内乘员的身体和头部的伤害程度比正面碰撞还要严重，在侧面碰撞死亡事故中头部伤害占 59.27%，胸部伤害占 21.98%，而其他部位伤害占 18.75%。车辆在发生侧面碰撞时，侧面安全气囊将乘客身体移出危险区域，在侧面碰撞期间降低施加在身体上的力，从而有效地保护头部和胸部。

奔驰 S 级乘用车在侧面碰撞时，为了保护乘员的侧面部位，侧面安全气囊以极快的速度（20ms）在乘员和车门之间在很小间隙全部展开，如图 5.44 所示，这些安全气囊系统包括以下几类。

(1) 胸部安全气囊。
(2) 头部/胸部安全气囊。
(3) 胸部/骨盆安全气囊。
(4) 在典型侧面碰撞中，在乘员和车门及 B 柱之间的实际间隙必须迅速加以闭合。

图 5.44　奔驰侧面安全气帘

该车还会在独特的位置展开安全气囊，如图 5.45 所示，一个安全气囊在主驾驶人和副驾驶人之间弹开，就像一个"空气墙"一样，减轻乘员在发生二次碰撞时的伤害。

如图 5.46 所示，2011 款捷达所配备的安全气囊主要由以下几部分组成：正副驾驶座安全气囊、两侧安全气囊和侧面气帘。

侧面安全气囊则安装在前排座椅的侧面，能使前排乘员在侧面碰撞时不至于受到由于车厢变形而造成的严重伤害，可在车身两侧 60°范围内实施监控；侧气帘安装在 B 柱、C 柱，对前后排乘员的头部提供保护。

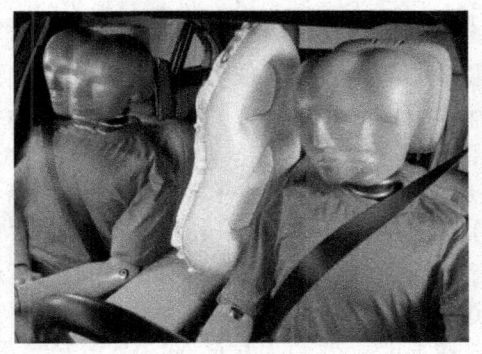 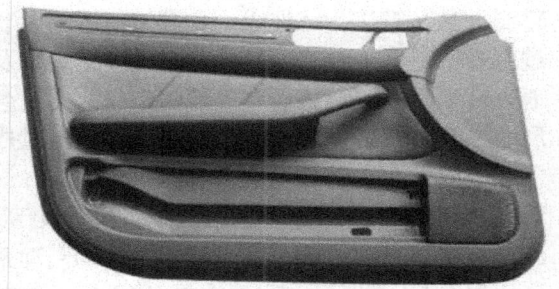

图 5.45 乘员之间独特的安全气囊　　　　图 5.46 2011 款捷达全方位安全气囊

5.4　行人碰撞保护技术

5.4.1　行人碰撞法规的新进展

近些年来,我国通过法规对行人进行保护,《汽车对行人的碰撞保护》于 2010 年 7 月 1 日实施,而促进汽车企业更新行人碰撞保护的法规——新车评价程序 C‑NCAP,预计在 2012 版将增加行人保护附加试验,因此,国内在行人保护方面的研究开始逐渐受到重视,汽车厂商在新车研发的时候都要专门考虑行人保护方面的工程设计和进行相关试验。

1. 我国《汽车对行人的碰撞保护》标准的制定

我国已从 2007 年初开始对欧洲和日本的行人保护法规、全球技术法规进行了全面研究,决定采用全球技术法规(GTR9)《关于机动车碰撞时对行人及弱势道路使用者加强保护和减轻严重伤害的认证统一规定》(2008 年版)全部技术内容。《汽车对行人的碰撞保护》标准通过小腿冲击器与保险杠撞击试验、大腿冲击器与发动机罩前缘的撞击试验、头部冲击器与发动机罩上表面的撞击试验来评价汽车前部结构对行人的保护性能。

(GB/T 24550—2009)《汽车对行人的碰撞保护》已于 2009 年 10 月 30 日发布,2010 年 7 月 1 日实施。

2. C‑NCAP 2012 版将增加行人保护附加试验

试验车型要想获得五星以上的成绩,必须在"鞭打"和"行人保护"两项附加试验选作一个。在行人保护试验中,将有儿童和成人两个头型以 40km/h 的速度向车辆机器盖上弹出,试验得分根据头部伤害值计算。

5.4.2　车辆智能安全保障系统

车辆智能安全保障系统能对行人采取主动的保护,在事故发生以前就及时通知驾驶人,避免车祸的发生,将事故的损伤降到最低程度。车辆智能安全保障系统是先进的车辆控制系统的一部分，包括安全系统、危险预警系统、防撞系统等，涉及传感器技术、通信技术、信息显示技术、驾驶状态监控技术等。这些车载设备包括安装在车身各个部位的传感器、激光雷达、红外线、超声波传感器、盲点探测器等，具有事故监测功能，能随时通过声音、图像等方式向驾驶人提供车辆周围及车辆本身的必要信息，并可以自动或半自动地进行车辆控制，从而有效地防止事故的发生。智能安全保障系统是车辆安全技术未来发展的主要方向，目前已经比较成熟，只不过成本太高，只应用于部分高级车。沃尔沃新推出了带全自动制动的行人探测系统(Pedestrian Detection with Full Auto Brake)，装备于V60 Sports Wagon车型上，当该系统检测到一行人步行在车前的前进路上时，如果驾驶人没有进行制动的话，汽车则自动启动制动系统进行制动。

如图5.47所示，当汽车接近行人，到达紧急情况时，驾驶人接收到一个声音警告，并且风窗玻璃上显示器出现类似于制动灯的闪烁警告，以提醒驾驶人做出迅速的反应。与此同时，汽车的制动系统油路进入预备状态，如果驾驶人进行制动而事故迫在眉睫，此时，则自动制动系统起动，进行紧急制动。当汽车速度在34km/h以下时，在驾驶人没有及时做出反应情况下，带全自动制动的行人探测系统能避免撞人事故的发生。在更高的速度时，带全自动制动的行人探测系统可以把汽车速度降低到24km/h，以尽可能减少行人的受伤程度。统计数据显示，汽车碰撞行人时，降低车速可以大大减少行人受伤程度。

图5.47　带全自动制动的行人探测系统

带全自动制动的行人探测系统为了探测行人，采用了新开发的雷达和摄像头。雷达采用检测角度较广的产品，摄像头采用分辨率高的产品。利用雷达检测与前方障碍物之间的距离，利用摄像头识别该障碍物是否是行人。

5.4.3　发动机盖弹升技术

汽车与行人发生碰撞时，如果车速很快的话，行人就会被撞得飞起，然后头部撞向发动机罩或前风窗玻璃上。发动机罩下面就是坚硬的发动机，如果直接相撞的话，会对行人造成非常严重的伤害。因此，要想保护好行人的头部，发动机罩与发动机之间就必须有足够的缓冲距离，但是这个距离很高的话会增加发动机舱的高度，影响整车的风阻系数。发动机盖弹升技术很好地解决了这个问题，当车辆撞到行人时，发动机盖会自动弹升以留出较大的缓冲距离，在碰撞中能更有效地降低行人头部的伤害。

如图 5.48 所示，发动机盖弹升系统包括 ECU、致动器、保险杠加速度传感器。

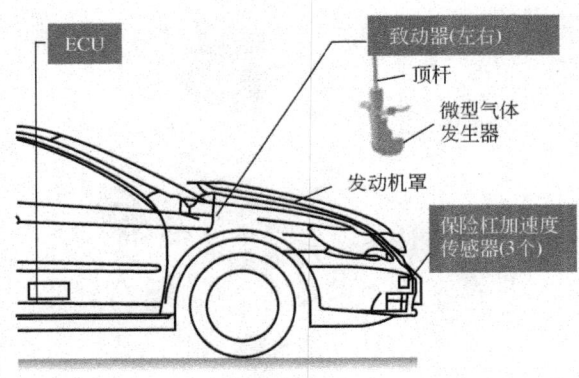

图 5.48　发动机盖弹升元件图

发动机盖弹升系统的工作过程如图 5.49 所示。在车速约在 25km/h 以上时，发动机盖弹升系统则进入监测状态，对保险杠加速度传感器进行监测，如果检测到撞人，保险杠加速度值超过设定值后，就会启动发动机罩弹升控制模块，微型气体发生器在点火后瞬间产生气体，使顶杆上升，便可瞬间将发动机罩提高。

图 5.49　发动机盖弹升工作流程图

发动机盖弹升技术由于成本较高，目前应用于少量的高端车型上。日产的 Skyline Coupe 就搭载了发动机盖弹升系统；本田局部改进了乘用车"里程"，就采用了提高行人头部保护性能的发动机盖弹升技术。

按照以往的技术，使用燃爆弹火药弹起发动机盖后，需要到专营店由技师进行修复。新奔驰 E 级推出可复原的弹起式发动机盖技术。通过前保险杠感应器，使用弹簧产生上弹力，利用电磁螺线管开锁，可弹起 50mm，弹起后驾驶人可以自行关闭发动机盖，系统自动复原。

可复原的弹起式发动机盖系统包括以下 4 个部件，如图 5.50 所示。

(1) 电子控制单元。该控制单元内置于安全气囊控制单元里面。
(2) 加速度传感器。2 个安装在保险杠上，1 个安装在横梁上。
(3) 复原装置。手动操作即可把发动机盖复原到原有的位置。
(4) 弹簧执行机构。由电磁控制，每个弹簧执行机构可弹升 50mm，如图 5.51 所示。

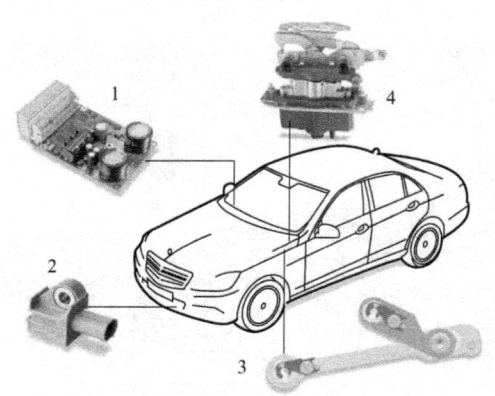

图 5.50　可复原的弹起式发动机盖元件图
1—电子控制单元；2—加速度传感器；3—复原装置；4—弹簧执行机构

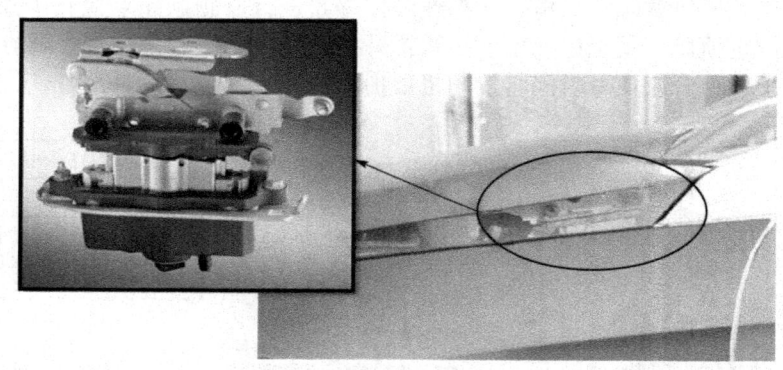

图 5.51　弹簧执行机构

5.4.4　行人安全气囊系统

行人安全气囊系统与车内的安全气囊性质相同，只不过是安装在前保险杠内和发动机盖与风窗玻璃结合处，在碰撞中保护行人的腿部和头部。

图 5.52　福特安全气囊概念车

发动机盖气囊在保险杠上方紧靠保险杠处开始展开。充气后的安全气囊在两个前照灯之间的部位展开，由保险杠顶面向上伸展到发动机盖表面以上，保证了儿童头部和成人腿部的安全。前风窗玻璃附近的气囊系统的作用则是提供二次碰撞保护，防止行人被甩到发动机罩上，被前车窗底部碰伤。

如图 5.52 所示，福特汽车公司在 2007 年开发了采用外部行人安全气囊的概念车，以保护行人安全。这种发动机罩气囊安装在保险杠上方，由一个碰撞预警传感器激发，在前照灯之间的部位和风窗玻璃处展开，由保险杠向上伸展到发动机罩表面以上，在 50～75ms 内完成充气，并保持充气状态数秒钟。充气后的安全气囊约有 1371mm 宽、558mm 高、127mm 厚，可减小 50％的行人碰撞伤害。

丰田公司在福特该技术理论上进行延伸，于 2008 年推出了 360°气囊保护系统，如图 5.53 所示。除车内气囊外，丰田在车辆的保险杠上和发动机盖下中网处，安装了包裹全部车头的双层安全气囊，此外还在发动机盖与前风窗玻璃间、车侧翼子板和外后视镜处安装了外弹出气囊，使 5 个外置气囊将车头全部包裹，甚至减小了行人二次碰撞的伤害，其对行人的保护达到了非常理想的效果。

图 5.53　丰田 360°气囊保护系统

5.5　儿童乘员保护技术

近几年来对儿童乘员的保护方面的研究在欧美日等国家和地区也得到了极大的重视，他们不但在提高儿童约束保护研究方面做了大量的研究开发工作，同时还出台了相应的法规、标准，使儿童乘员在车辆碰撞事故发生中能得到有效的保护。在我国，目前对儿童保护方面的研究还处在起步阶段，还没有正式的技术标准、法规，还不具备完善的试验能力。实际上，近几年来随着乘用车不断进入家庭，儿童乘员数量也在不断增加，如何为他们提供安全的乘车保护，是全社会乃至每个家庭关心的问题。汽车安全儿童约束系统是专门为儿童乘员提供的约束保护系统，以保证在车辆碰撞事故发生时，为儿童提供安全保护，从而减少儿童的死亡数量及伤亡程度。

5.5.1　我国儿童乘员保护的意义

近年来，随着我国汽车工业的不断发展，私人汽车的保有量正逐年增加。随着汽车进入家庭，将面临一些新的问题，其中包括儿童乘员的碰撞安全性。据公安部交通管理局提供的数字显示，在 2006 年的各类事故死亡人数中，因交通事故而致死亡人数为 89455 人，而 12 岁以下的儿童在交通事故中的死亡人数为 4167 人，所占比例为 4.67％，其中在车内死亡的有 683 人，占到儿童交通事故死亡人数的 16.4％。

目前，国内在保护儿童乘车安全方面，存在非常突出的三大问题。

（1）中国作为世界最大的汽车保有量国家之一，没有任何针对儿童监护人、保护儿童乘车安全的法规。

(2) 儿童汽车座椅产品充斥市场但没有任何针对生产者的强制性制造标准。

(3) 家长对孩子充分疼爱但普遍缺乏对儿童乘车安全的正确认知。

研究表明，正确使用儿童约束系统(Child Restraint System，CRS)能有效地减少交通事故中儿童的伤亡，但是，在我国，CRS 的使用率是很低的。中国汽车技术研究中心进行了 CRS 使用率的问卷调查和儿童事故数据的初步调查，据目前对几个私家车保有量较大城市(如北京、上海、成都、天津等)的问卷调查得出，这几大城市的平均 CRS 使用率为 5% 左右，但 CRS 的正确使用率估计超不过 2%。而对 2007 年上半年儿童乘坐乘用车在事故中死伤数据来看，发生在乘用车内的 12 岁以下儿童的死亡率将达到 6.8%(占所有乘用车和客车内儿童乘员死伤数量的比例)。如果能有越来越多的消费者意识到儿童乘车的危险性，正确使用 CRS，势必将挽救许多孩子的生命。图 5.54 所示为 Volvo 汽车事故中儿童伤害比例。

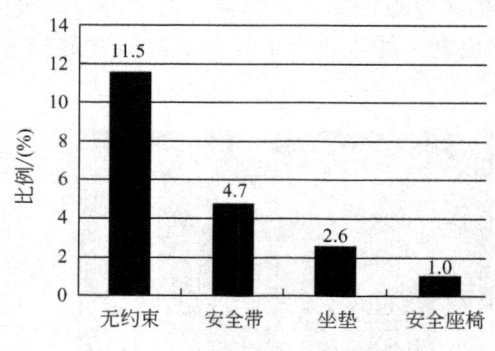

图 5.54　Volvo 汽车事故中儿童伤害比例

5.5.2　我国儿童乘员保护法规的新发展

1.《机动车儿童乘员用约束系统》国家标准

中国汽车技术研究中心作为标准主要起草单位，2003 年就开始进行有关 CRS 的标准研究和试验研究工作，考虑到我国汽车标准体系与欧洲接近，选定了欧洲 ECE R44 号法规作为主要参照，开始对 ECE R44 进行了翻译和整理，并对其中重要的动态试验方法进行了研究。2006 年，国家标准委批准立项，项目号为：20067132-Q-303，完成年限：2008 年。之后，全国汽车标准化技术委员会组织了由部分汽车生产企业、研究机构及一些有技术实力的儿童约束系统生产厂参与的标准起草组共同制定本标准，并吸收武汉理工大学为标准执笔单位。

经过几年对标准的制定以及试验验证工作，2010 年 2 月，我国首部有关儿童乘车安全的强制性国家标准 GB 27887-2011《机动车儿童乘员用约束系统》已上报审批，于 2012 年 7 月实施，是我国第一部有关儿童乘车安全的强制性国家标准，其中，规定了机动车儿童乘员约束系统术语、定义，在车辆上的安装及固定要求，约束系统的结构，以及对约束系统总成及其组成部件的性能要求和试验方法。

该标准定义了儿童约束系统：带有保护带扣的织带或相应柔软的部件、调整装置、连接装置以及辅助装置(例如手提式婴儿床、婴儿携带装置、辅助座椅和/或碰撞防护)，且能将其稳固放置在机动车上的装置。通过限制佩戴者身体的移动来减轻在车辆碰撞事故或突然减速情况下对佩戴人员的伤害。

2. C-NCAP2009 版新评价标准强调儿童安全

C-NCAP2009 版增加了对儿童约束系统的评价和考核，并从 2010 年 1 月 1 日起，C-NCAP2009 版正式执行。

2009 版 C-NCAP 的评价规程中，在正面 100% 碰撞试验中，在第二排右侧放置一个 3 岁的儿童假人(连同相应的儿童座椅)，使用车辆自身的约束装置(如 ISO-FIX 或者安全带)将儿童座椅固定。这一项目只考核评价车辆相应的约束系统,暂不对假人的伤害指标进行定量评价。对于采用成人安全带固定的车型,如果成人安全带失效或由于成人安全带的原因导致儿童假人的头部与车辆内饰发生碰撞,那么将扣掉 1 分。对于配置 ISO-FIX 装置的车型,如果 ISO-FIX 装置出现断裂或脱开,或由于 ISO-FIX 装置的原因导致儿童假人的头部与车辆内饰发生接触,那么其该项试验也将扣 1 分。此外,如果测试车型配备了 ISO-FIX 装置,并且该装置在正面 100% 碰撞试验中有效,那么可以获得 0.5 分的加分。

5.5.3 ISO-FIX 标准和 LATCH 标准

图 5.55 所示为安装在高尔夫汽车上的 ISO-FIX 儿童座椅。制定 ISO-FIX(International Standards Organization FIX,即国际标准化组织固定装置)的目标是,让 ISO-FIX 儿童座椅都适合各种车型,只需简单地将它插入儿童座椅接口就可以。ISO-FIX 装置使 CRS 安装简单,能很好地减少因使用成人安全带固定 CRS 的错误使用率,以有效提高儿童乘车安全性;ISO-FIX 的另一个作用是它可以在儿童座椅和汽车之间建立刚性连接以使其更加稳固。

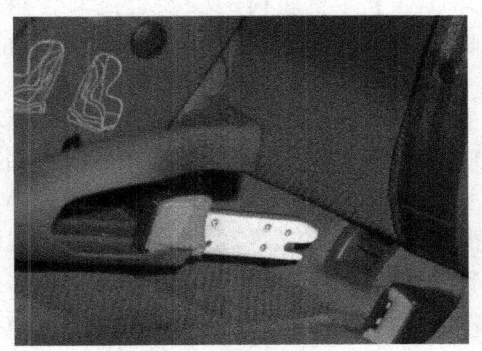

图 5.55 安装在高尔夫汽车上的 ISO-FIX 儿童座椅

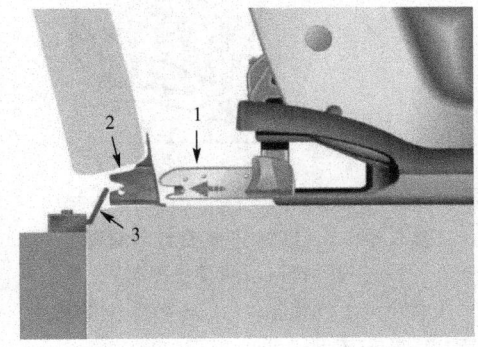

图 5.56 ISO-FIX 结构图
1—ISO-FIX 接头;2—ISO-FIX 接口;
3—ISO-FIX 支架

如图 5.56 所示,当汽车出厂时座位与靠背之间安装有 ISO-FIX 接口,儿童座椅生产商在儿童座椅上安装有两个刚性 ISO-FIX 接头,这样 ISO-FIX 儿童座椅就可以轻易地固定至汽车的 ISO-FIX 接口中了。遗憾的是制定 ISO-FIX 标准的技术细节需要很长时间,完成这一工作之后,法规 ECE R44.03 必须更新以将新标准添加进来。现在市场上有售的 ISO-FIX 座椅目前只适用于一些对其进行过测试的车型之上,比如,英国百代适 (Britax)的 Duo ISO-FIX 座椅已经测试并被证实可以在 80 多种车型上使用。

BMW 安装有 ISO-FIX 接口,BMW 车主可以轻松地为他们 15 岁以下的孩子安装儿童座椅。

图 5.57(a)所示的婴儿座椅,可供 18 个月以下、体重约 13kg 的婴儿乘坐。

图 5.57(b)所示的儿童座椅(小),高度和倾斜均可调节,增加了安全性能,可供 9 个月~7 岁、体重 9~25kg 的儿童乘坐。

图 5.57(c)所示的儿童座椅(大),可供 3 岁~12 岁、体重 15~36kg 的儿童乘坐。

(a) BMW婴儿座椅　　　　　(b) BMW儿童座椅(小)　　　　　(c) BMW儿童座椅(大)

图 5.57　宝马系列儿童座椅

美国法规所使用的 LATCH 装置的全称是 "Lower Anchors and Tethers for Children",中文意思是用来固定儿童安全座椅的位置较低的挂钩和系绳,统称为儿童座椅固定系统。这种系统可以独立于安全带而独立的工作,并且对于儿童座椅的安装也是非常得简便,也可以减少错误使用儿童座椅的可能。图 5.58 所示为 LATCH 系统安装示意图。

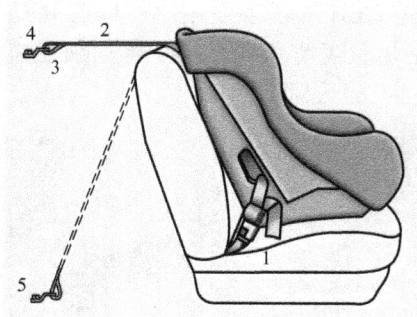

图 5.58　LATCH 系统安装示意图

1—底部系带；2—顶部系带；
3—儿童座椅上的锁扣；4、5—汽车上的接头内挂钩相连的皮带。

美国国家道路交通安全管理局规定,所有在 2002 年 9 月 1 日以后出厂的新车都必须安装 LATCH 系统,而且,大多数的儿童座椅都将被要求安装一个位置较低的附加装置,以便可以将座椅与挂钩扣在一起。大多数的面向前方的儿童座椅也被要求在上部配备一条可与车内挂钩相连的皮带。

LATCH 装置与 ISO‑FIX 装置的主要区别在于：ISO‑FIX 是一种刚性固定装置,CRS 与车身的连接是刚性的；而 LATCH 则是锁扣通过织带连接在 CRS 上,锁舌与车身的连接是柔性的。ISO‑FIX 和 LATCH 两种装置各有优缺点,欧美意见尚未统一。其主要优缺点见表 5‑4。

表 5‑4　ISO‑FIX 装置和 LATCH 装置的优缺点比较

装置	ISO‑FIX	LATCH
优点	概念简单； 稳定,装上后稳固； 金属支架刚性好,耐用	质量轻,车外可使用； 成熟的设计和连接； 在不使用说明书的情况下,容易正确操作
缺点	笨重及难看； 当儿童座椅没放在车上时,金属部分对儿童和车可能存在隐患； 系统在车外无法使用； 硬固定点容易积攒杂物	对比较柔弱的用户来说,不太容易将座椅拉紧； 连接儿童座椅侧的铰链很弱； 锁扣有可能被儿童解脱

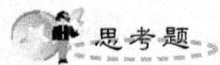
思考题

1. 装备有电子稳定程序的车辆,在紧急避让障碍物时,电子稳定程序是怎样工作的?
2. 电子稳定程序与 ABS、TCS 有哪些区别?
3. ESP 二代和汽车动力学集成管理有哪些共同点?各以哪项技术为控制平台?
4. 简述轮胎压力监控预警系统的工作原理。
5. 简述轮胎压力监控预警系统的发展趋势。
6. 自适应巡航控制系统有哪几种操作模式,各是怎样工作的?
7. 乘员识别系统有哪些传感器,各有什么作用?
8. 中国新车评价规程对侧面碰撞有哪些新规定?
9. 普通发动机盖弹升技术和可复原的弹起式发动机盖技术有什么不同,各是怎么工作的?
10. 简述 ISO-FIX 装置和 LATCH 装置的不同之处。

第 6 章
汽车新材料及轻量化

 本章教学目标

★ 了解汽车新材料的种类及在汽车轻量化的作用
★ 了解汽车新材料的特点及在汽车结构的应用
★ 了解未来汽车轻量化的发展动向

 本章教学要点

知识要点	掌握程度	相关知识
汽车新材料分类和轻量化研究方法	了解汽车轻量化的意义；掌握汽车新材料的分类和轻量化的研究方法	节能、环保的需要，轻质材料和结构的优化设计
车用高强度钢和轻质合金材料	掌握高强度钢和轻质合金在汽车各个部件的应用范围	高强度钢的分类和应用，镁铝合金的应用范围
复合材料和塑料制品	了解复合材料和塑料在汽车的应用领域；掌握碳纤维复合材料和铝蜂窝复合材料的特点	复合材料的组成和分类，应用范围，碳纤维和铝蜂窝复合材料的特点及应用，塑料制品的应用及发展趋势
轻型钢结构	了解轻型钢结构的特点	激光焊接板、连续变截面板、空心变截面钢管技术
轻量化技术的发展	了解国内外的汽车发展趋势和我国未来重点发展材料	世界汽车材料技术发展的主要特征及我国材料的发展趋势

导入案例

早在 1998 年 3 月，国际钢协开始在全球实施 UISAB-AVC 计划，从整体上研究开发新一代钢铁材料汽车结构（车身、覆盖件、悬挂系统、发动机支架及所有与结构、安全相关的部件）。世界各大铝业公司同时也结成联盟，如美国汽车材料合作伙伴（US-AMP）。影响美国最深的当属"平均燃油率标准"（CAFE）和"新一代汽车共同开发计划"（PNGV）。PNGV 计划于 1993 年开始实施，政府每年投资 2 亿美元，主要用于家庭用车的减重。近十几年来，美国国家标准一直在加码。

和美国类似的是，欧洲和日本不仅在减耗排放方面推行了相关政策，而且对废旧车辆回收做出了严格规定。如日本 2001 年规划由抛弃型进入循环型的社会发展模式，推行全回收或零废弃的观念。其实 2001 年以前，日本已有相关法令推行绿色设计及绿色采购。如图 6.1 所示，2010 年本田 Native 概念车采用了轻质的车身材料，并且在车身部分区域还采用了具有彩色照相技术的材料，因此该车可根据温度、灯光或者其他的环境变化而改变车身的颜色。

图 6.1 日本本田 Native 概念车

通过一系列法规刺激，欧美汽车企业制造的产品，质量同过去相比减轻了 20%～26%，预计未来，乘用车平均质量还将继续减轻。特别是铝合金、镁合金、工程塑料、复合材料和高强度钢、超高强度钢等轻量化材料的开发与应用，在汽车轻量化过程中将被广泛采用。

欧美和日本等汽车消费大国在排放标准上，口袋正在越收越紧。为了应对迫切的全球气候变暖和能源危机，节能减排已经成为全球汽车企业的集体课题。在新能源路线迟迟不清晰的形势下，轻量化已经成为全球主流汽车企业的主要折中路线。

6.1 概　　述

随着人们对汽车安全性、舒适性、环保性能要求的提高，汽车安装空调、安全气囊、隔热隔音装置、废气净化装置、卫星导航系统等越来越普及，这无形中增加了汽车的质量、耗油量和耗材量，自 20 世纪 80 年代以来，汽车自重逐渐增加，图 6.2 所示为美国新款乘用车平均自重演变图，该图是根据 NHTSA(the National Highway Traffic Safety Administration)公布的数据绘制而成的，图中可以看出汽车近 20 年的重量变化（如果没有人们在减轻汽车自重方面所做出的努力，上升的幅度还要更大）。欧洲乘用车的自重变化的趋势与美国十分相似。

节约能源、减少环境污染成为世界汽车工业界亟待解决的两大问题。而减轻汽车自重是节约能源和提高燃料经济性的最基本途径之一，因此汽车轻量化成为 21 世纪汽车技术

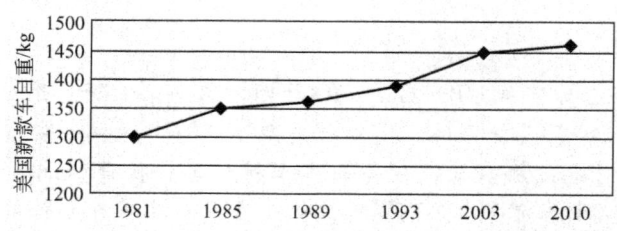

图 6.2 美国历年新款车质量变化图

的前沿和热点,轻量化已成为汽车优化设计和选材的主要发展方向。

1. 汽车轻量化是节能的需要

汽车的燃油消耗与车重的关系很难用简单的数学关系式表达,但可以从理论分析和试验两个方面找到它们之间的关系。汽车行驶的阻力 F 可由式(6-1)表达:

$$F=\mu_0 W+W\sin\theta+a(1+\beta)W+\lambda AV^2 \tag{6-1}$$

式中:W 为汽车重量;μ_0 为滚动阻力系数;θ 为斜率;a 为加速度;β 为等价旋转重量比;λ 为空气阻力系数;A 为迎风面积;V 为车速。

由式(6-1)可知,汽车行驶阻力由滚动阻力、爬坡阻力、加速阻力和空气阻力 4 部分组成,除了空气阻力主要与车身形状大小有关外,其他 3 项均与整车质量成正比。因此,从汽车行驶阻力来看,汽车轻量化是节能的一项有效措施。

图 6.3 所示为某款乘用车,在平坦路面上定速(60km/h)行驶时,车重和燃料消耗之间的关系,可以看出减轻汽车的质量对于提高燃油经济性的显著效果。

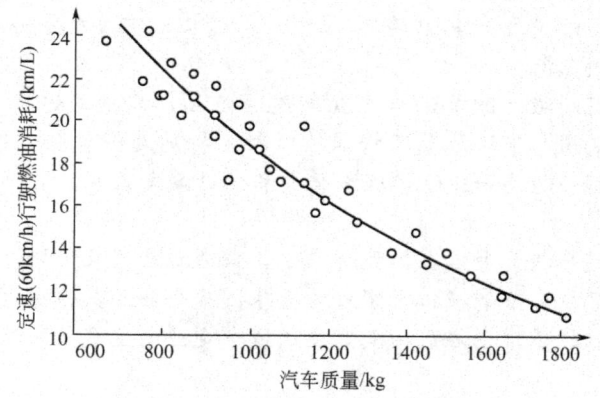

图 6.3 车重和定速燃料消耗的关系

关于减轻汽车自身质量与燃油消耗下降的关系,国内外不少机构和学者对此作了相应的研究,归纳起来主要有以下 5 种说法。

(1) 汽车质量每减小 100kg,则 100km 油耗可以减少 0.2~0.8L,一般为 4.5% 左右。

(2) 汽车质量每减小 3%,则可节油 1%~3%。

(3) 汽车质量减小 1%,其油耗可以减少 0.7%;汽车质量减小 330~440kg,可以节约燃油费用 20% 左右。

(4) 汽车质量每减小 50kg,则每升燃油行驶的距离可以增加 1 km;若质量减小 10%,则燃油经济性可提高 5.5% 左右。

(5) 乘用车质量每减小 10%,则油耗可下降 8%~10%。对于 16~20t 级载货汽车而言,每减小质量 1000kg,则油耗可降低 6%~7%。

以上观点虽然稍微不同,但是显而易见都说明了汽车轻量化的重要性。

2. 汽车轻量化是环保的要求

与汽车市场的蓬勃发展相比,汽车尾气污染已到了十分严重的程度,资料表明:2010年,我国在大中型城市的汽车尾气污染已占大气污染的20%～40%。汽车尾气已经成为环境恶化的主要根源之一。我国也制定了一系列的法规限制汽车尾气排放,2005年4月27日,国家环保总局公布了5项更为严格的机动车污染物排放新标准,以替代原有的机动车排放和检测方法标准。

汽车轻量化能有效减少汽车尾气排放总量。在发动机燃油效率、石油质量、点火系统状态等条件不变的前提下,降低汽车油耗,汽车尾气排放量相应减少。我国汽车总量基数大,总的汽车尾气排放量的减少是十分巨大的。因此,汽车轻量化对环境保护具有重大的影响。

3. 汽车轻量化研究方法

目前,汽车轻量化的主要途径包括使用轻质材料和结构的优化设计,此外,先进成形工艺或连接工艺的应用也能带来明显的轻量化效果。一般全钢结构白车身通过优化设计可以减重7%左右,采用铝合金的车身可以带来30%～50%的轻量化效果,而想减轻更多的重量就只能求助于纤维复合材料。优化结构的主要途径是利用有限元和优化设计方法进行结构分析和结构优化设计,以减小零部件的质量和数量。而先进的加工工艺是为了应对材料和结构的变更,而提出新的工艺。

采用轻质材料在目前看来具有更巨大的潜力,是汽车轻量化的主流。汽车行业普遍注重于开发轻量化材料来解决这一难题。在确保汽车综合性能指标的前提下,使用轻质材料来制造车身,可以很大程度减轻车身的质量。目前,在国内外汽车上应用较多的轻量化材料有铝合金、镁合金、高强度钢、塑料及复合材料等。表6-1列出了某国中型乘用车主要材料构成比例,从中可以看出,汽车上使用钢铁材料的比例逐年减少,而铝合金等轻量化材料的比例不断上升。但是,高强度钢仍是颇具竞争力的汽车轻量化材料,它在抗碰撞性能、耐蚀性能和成本、回收等方面较其他材料仍具有较大的优势,尤其是用于车身结构件与覆盖件、悬挂件、车轮等零部件。最新的应用情况表明,有些铝、镁合金零件,如保险杠、车轮、骨架、前门、后门、横梁等,又转而采用(高强度)钢设计。所以目前汽车车身主导地位的制造材料仍然是钢材。

表6-1 某国中型乘用车主要材料构成比例

年　　代	钢铁(%)	铝合金(%)	塑料(%)	其他材料(%)
1980	69	4	9	18
1990	60	5.5	12.5	20
2000	51	12	18	19
2010	44	16	20	20

现在已应用于汽车工业的轻质材料可分为两大类:一类是低密度材料,如铝合金、镁合金、钛合金、塑料和复合材料等;另一类是高强度材料,如高强度钢和高强度不锈钢。镁合金与铝合金、钢铁和塑料的物理机械特性的比较见表6-2,而表6-3列出了常用几

种轻量化材料的减重效果及相对成本。

表6-2 镁合金与铝合金、钢铁和塑料物理机械特性的比较

材料		密度/(g/cm³)	熔点/℃	热导率/[W/(cm·k)]	抗拉强度/MPa	屈服强度/MPa	比强度	弹性模量/GPa
镁合金	AZ91D	1.81	598	54	250	160	138	45
	AM60B	1.8	615	61	240	130	133	45
铝合金	A380	2.7	595	100	315	260	116	71
钢铁	碳素钢	7.86	1520	42	517	400	80	200
塑料	ABS	1.03		0.9	96		93	
	PC	1.23			118		95	

表6-3 轻量化材料减重效果及相对成本

轻量化材料	被替代的材料	减小质量/(%)	相对成本(每个零件)
高强度钢	普通低碳钢	10	1
铝合金	钢、铸铁	40~60	1.3~2
镁合金	钢、铸铁	60~75	1.5~2.5
镁合金	铝合金	25~35	1~1.5
玻璃纤维增强复合材料	钢	25~35	1~1.5

现代汽车为了节省资源、满足轻量化、防腐蚀、低成本和美观的要求，汽车上采用塑料、复合材料和陶瓷等。塑料具有密度小、成型性好、耐腐蚀、防振、隔音和隔热等性能，同时又具有金属钢板所不具备的外观(颜色、光泽)和触感，在汽车上应用较快，如车身的内外饰件，车身附件的壳体、罩盖、支架和手柄、前后保险杠、挡泥板、车门外板、行李箱盖、座椅支架等。精细陶瓷材料具有耐热性、耐磨性和抗腐蚀等优点，在汽车上已局部得到应用，如氧传感器、PZT 爆燃传感器、NET 热敏电阻冷却液温度传感器、密封垫、火花塞、隔热板、摩擦片等。

4. 车身新材料

在车身、底盘、发动机和电子设备四大汽车部件中，车身对于整车轻量化的贡献越来越受到人们的重视。从质量分析上来看，乘用车车身占整车的 40%~60%，载重车车身(驾驶室)占整车的 20%~30%；对汽车本身来说，约 70% 的油耗用在车身质量上；从制造成本上来看，乘用车车身占整车的 15%~30%，且档次越高的汽车，车身成本所占比例越大；从汽车的发展趋势来看，人们对汽车的安全性、舒适性、新颖性以及豪华档次等特色的要求越来越高，而这些特色很多要通过汽车车身来实现。

目前，现代乘用车中占自重 90% 的 6 类主要材料各自所占质量份额大体为钢 55%~60%，铸铁 5%~12%，塑料 8%~12%，铝 6%~10%，橡胶 4%，玻璃 3%。除此之外，其他材料共占车重的 10%，它们是各种有色金属、液体和诸如油漆等杂项材料。汽车车身主要由钢、铸铁、铝等材料组成，轻量化潜力巨大，所以车身是轻量化设计的关键部件。

由于不断推广使用各种性能优异的轻质材料，世界汽车轻量化成果显著。尤其是20世纪90年代以后，该趋势更加明显。随着塑料和复合材料产业的出现及其生产工艺的改善，汽车用塑料复合材料件的比例也不断地增加，而全塑料车身的出现也显示出了塑料在未来汽车工业中的三大潜力。除了塑料以外，铝合金、镁合金、高强度钢、钛合金等轻质材料也越来越多地应用于汽车。与此相反，铸铁比例则持续下降。图6.4所示为汽车车身结构的变化和发展。

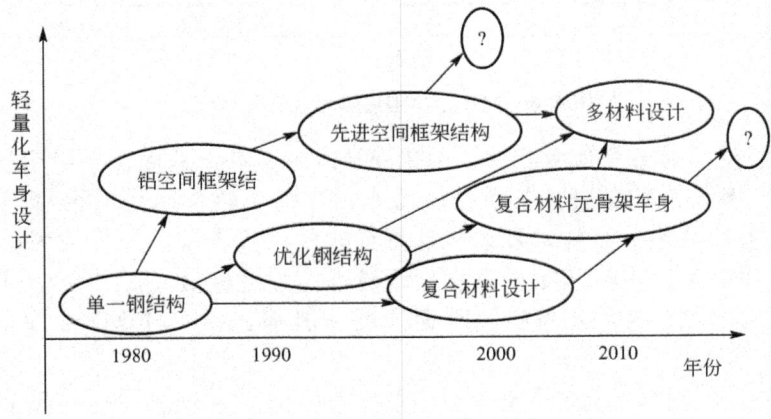

图6.4 车身结构发展趋势

6.2 高强度钢

汽车车身用高强度钢是指为了达到车身轻量化的目标，也是为了应对来自其他轻质材料（如铝合金、镁合金、复合材料）的挑战，钢铁企业开发的一些新型钢种，即屈服强度大于210MPa，高强度钢是常规高强度钢（屈服强度大于210MPa）、超高强度钢（屈服强度大于550MPa）和先进高强度钢（AHSS）的总称，图6.5所示是以高强度钢制作的车身。

高强度钢板主要有固溶强化型极低碳深冲性钢板（抗拉强度为340～440MPa）、烘烤硬化型深冲性钢板（抗拉强度为

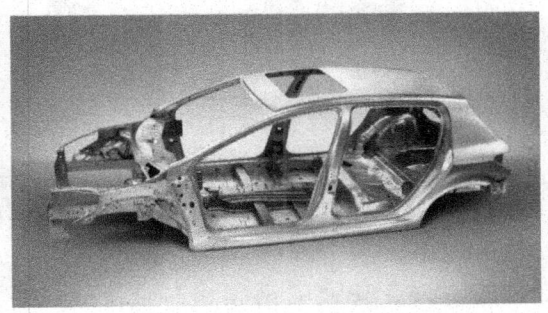

图6.5 某款高强度钢车身

580MPa）、残留奥氏体组织TRIP型高延展性钢板（抗拉强度为590～980MPa）。在后热处理中通过Cu析出使强度提高的Cu添加钢（抗拉强度为590MPa）、弯曲性与辊成型性优异的超高强度钢板（抗拉强度为1180～1480MPa）、冲压成型性优异的高延伸凸缘型钢板（抗拉强度为440～780MPa）。这些钢板不仅强度高，而且大大改善了加工性能。同时，连续退火线和热镀锌线相继投入运行，在保证成型性的基础上，钢板的高强度化和表面处理也得到了进一步发展。汽车用高强度钢板的开发进程如图6.6所示。

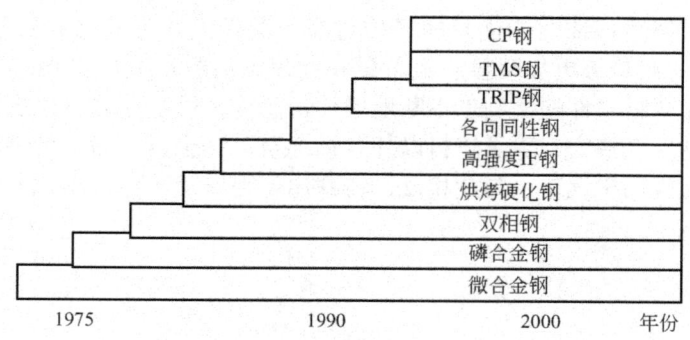

图 6.6　汽车用高强度钢板的开发进程

高强度钢材使用对象分为两部分，一部分是汽车车身、减振及车轮用部件，另一部分是底盘和排气系统。如需要具备防碰撞功能的零件，汽车门内防撞梁，汽车前后保险杠防撞板，车身 A 柱、B 柱，发动机支撑梁，仪表板支架，门槛加强板，汽车座椅骨架等车身部件；车轮轮辐和轮辋高强度钢板；高强度弹簧、高碳传动轴管、高强度发动机螺栓等。汽车结构件用各种特殊钢强度一般都达到 1000MPa，如汽车转向节、转向扭杆等。

图 6.7 列出了某国汽车高强度钢板到 2014 年前的发展及使用预测。到 2014 年高强度钢材使用比例将从目前的 40% 多提高到 60%。高强度材料采用比例急剧增加、汽车材料高强度化将成为汽车发展的重要特征。

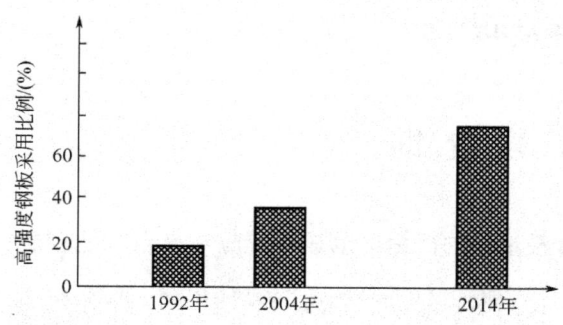

图 6.7　某国汽车高强度钢材料 2014 年前发展和预测

高强度钢板在车身上应用的目的主要是改善车身的变形特性和提高疲劳强度。塑性变形特性的利用模式可分为以下几种。

（1）增加构件的变形抵抗力，对提高车身构件和加强件在受冲击时的抗破坏强度有利。

（2）提高能量吸收能力，这对提高车身的耐撞性有利。

（3）扩大弹性应变区，这主要应用于外力作用下变形不大的场合，当外力去除后能恢复原有的形状。

目前，对于高强度钢和超高强度钢，并无统一的定义，一般认为抗拉强度超过 340MPa 的称为高强度钢。高强度钢又可分为传统高强度钢和先进高强度钢两类。传统高强度钢种包括低碳钢、无间隙原子钢、各向同性钢、烘烤硬化钢、碳锰钢、低合金高强度钢。先进高强度钢是金相组织强化的钢种，包含相变诱导塑性钢、复相钢、马氏体钢、双相钢等，在提高强度的同时具备了良好的延展性和塑性。传统高强度钢和先进高强度钢之间的主要区别在于其显微组织。就通常的钢种而言，强度提高带来的问题就是成型性降低。为了进一步促进汽车结构的轻量化，开发新的高强度钢种就必须解决这个问题，而多相显微组织的系列钢种的开发就更注重成型性能。

按照 ULSAB(Ultra Light Steel Auto Body)所采用的定义，将屈服强度小于 210MPa

的钢称为软钢,将屈服强度在 210~550MPa 之间的钢称为高强度钢,屈服强度高于 550MPa 的钢称为超高强度钢。为了同普通的高强度钢板区分开来,把 DP、TRIP 和 Mark 等以相变强化为主的钢板统称为先进高强度钢板,其强度范围为 500~1500MPa,这类钢板具有高的减重潜力、高的碰撞吸收能、高的疲劳强度、高的成型性和平面各向异性等优点。

汽车用高强度钢板按照轧制方式又可以分为冷轧钢板(抗拉强度在 340MPa 以上)、热轧钢板(抗拉强度在 370MPa 以上)以及以它们为基底进行表面处理的钢板。在车身制造领域,为了使它们在各自的适用部位上满足所必需的性能,不但要求其具有特定的强度特性,而且要具有优良的冲压成型性、焊接性、疲劳强度、可涂装性等各种特性的综合指标。厚度在 0.15~3.2mm 之间高强度冷轧钢板是首选。车身多采用厚度在 0.6~0.8mm 之间的薄钢板,这种钢板的尺寸精度高、表面光滑,具有良好的力学性能、加工性能、成型性能和焊接性能,主要用于车身侧围板、顶盖、发动机罩、翼子板、行李箱盖、车门板和仪表板等覆盖件。图 6.8 所示为高强度钢在汽车上的应用。图 6.9 所示为全新迈腾 HSB 高强度车身结构,74% 采用了高强度和超高强度钢板,其中 16% 为强度更高的轻质热成型钢板,分布于 A 柱、B 柱等关键部位。

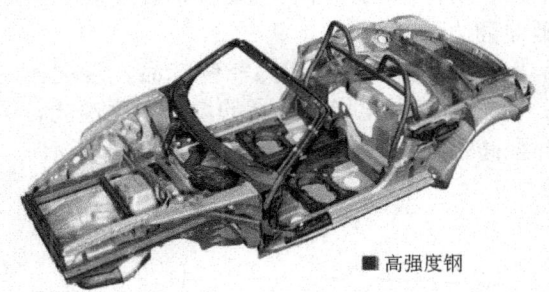

图 6.8　高强度钢在汽车上的应用　　图 6.9　全新迈腾 HSB 高强度车身结构

目前,汽车车身上用到的高强度钢板主要有固溶强化型高强度钢板、烘烤硬化型高强度钢板、组织强化型高强度钢板、高强度合金化热镀锌型钢板等几种。

1. 固溶强化型高强度钢板

固溶强化型钢板属于深拉深型,多用于车身内外覆盖件。汽车车身覆盖件用高强度钢板的必要条件是高应力比和低屈服强度。要求低屈服强度是为了防止冲压时板面变形,由经验得知屈服强度必须在 240MPa 以下。这种钢板由于不存在固溶碳和固溶氮,基本上无时效性。但不存在固溶碳,容易引起二次加工时发生脆化,为防止这种脆化有时也在钢中加入微量磷元素。

2. 烘烤硬化型高强度钢板

烘烤硬化型钢板在轧制成型时质软,而在涂漆烘烤(相当于 1700℃,保温 20min 的热处理)时硬化。这种钢板是使适量固溶碳残留于钢板中,利用涂漆烘烤时的热量将压制成型时引入的位错用固溶碳固定,以提高屈服点的钢板。由于烘烤硬化量随压制成型时的变形量而变化,且在低变形区域较大,所以烘烤硬化型钢板适宜用于四门两盖等加工度低的部件。

日本川崎制铁公司新开发的440MPa涂装烘烤硬化型高强度热轧板，解决了高强度与高成型性相矛盾的问题，不仅屈服强度提高，而且实现了原来烘烤硬化型钢板达不到的抗拉强度的增加量（由加工前的440MPa提高到加工后的500MPa），所以不仅可用作汽车外板，还可用作抗冲击部件和加强部件。该钢板用作为高成型性有要求的加强部件及抗冲击部件，可使用更薄的钢板，从而减轻了汽车车身质量。还有，原来需焊接的部件可一体化成型，大大提高了作业效率。在实车上的使用结果表明，这种钢在提高耐变形载荷方面是有效的，成功地使部件减轻10%以上。

3. 组织强化型高强度钢板

利用低温转变相的组织强化型钢，即从软质铁素体母相中分散出微细珠光体、贝氏体和马氏体等低温度变态相成为双相或多相组织，使钢板强化。根据构成微观组织的相结构不同，其特性有很大的变化，所得强度在440~1470MPa的较大范围内。

1) 双相钢

双相钢(DP)主要由铁素体和马氏体构成。由于在和马氏体相邻的铁素体内存在可动位错，即使在相同抗拉强度下屈服强度也低，也就是具有低的屈强比，因此加工时弹性回复量小，成型性好。另外，由于与析出强化钢相比延伸率大，凸肚成型性优良，疲劳耐久性也好，因此还可用来制造轮辐等。但是其延伸翻边性稍差。

双相钢板的商业化开发已近30年，包括热轧、冷轧、电镀和热镀锌产品。强度范围为200~500MPa。双相钢还具有低的屈强比、高的加工硬化指数、高的烘烤硬化性能，没有屈服延伸和室温时效等特点。双相钢与低合金高强度钢力学性能比较如图6.10所示。

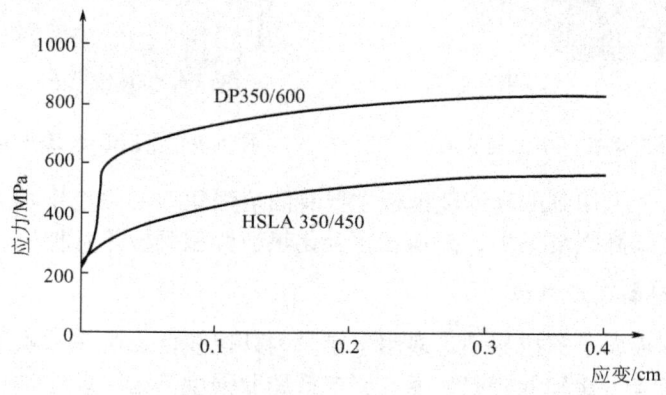

图6.10 双相钢与低合金高强度钢力学性能比较

双相钢一般用于需高强度、高的抗碰撞吸能性且成型要求也较严格的汽车零件，如车轮、保险杠、悬架系统及其加强件等，随着钢种性能和成型技术的进步，双相钢也被用在汽车的内外板等零件上。

2) 变诱导塑性钢

变诱导塑性钢(TRIP)是利用相变诱发塑性效应开发的超延性钢板，是一种主要组织是铁素体、贝氏体和含量在5%~15%残余奥氏体的钢板，强度范围为600~800MPa。TRIP钢是近十多年才商业化开发的钢种，包括热轧、冷轧、电镀和热镀锌。TRIP钢板的二值（加工硬化指数，与加工性成正比）高，凸肚成型性好，深冲性能也优。一般认为钢

板的深冲性能由 r 值控制。尽管 TRIP 钢由于其织构杂乱导致 r 值低,但之所以深冲性仍优良,本质是应变诱发残余奥氏体转变为马氏体,同时相变引起的体积膨胀伴随着局部加工硬化指数增加,使得变形很难集中在局部区域。TRIP 钢的奥氏体在加工中被诱导转变为马氏体的相变功随变形方式而变化。在收缩翻边变形部位的残留奥氏体难以转变为马氏体,从而得以保持低的变形抗力。而在延伸变形部位,因残留奥氏体转变为马氏体而发生硬化,抗断裂能力提高。也就是说,深冲性好的原因是形成了收缩翻边阻力低、抗断强度高的适合深冲变形的应力状态。同 DP 钢相比,TRIP 钢的起始加工硬化指数小于 DP 钢,但是 TRIP 钢的加工硬化指数在很长的应变范围内仍保持较高,特别适合要求具有高的胀型情况。日本某公司通过适当控制铁素体、贝氏体与奥氏体 3 种组织的体积百分比,开发出具有高延伸凸缘型 590MPa 级 TRIP 钢板,其力学性能见表 6-4。

表 6-4 590MPa 级残留奥氏体热、冷轧钢板的力学性能

钢		YP/MPa	TS/MPa	EI/(%)	λ 值	厚度/mm
热轧	开发钢	470	610	35	90%	2.3
	传统钢	530	610	24	60%	
冷轧	开发钢	390	600	37	60%	1.4
	传统钢	420	600	25	60%	

3) 复相钢

复相钢(CP)同 TRIP 钢的冷却模式相同,但是需要对化学成分进行调整以形成强化马氏体和贝氏体的析出相,强度范围为 800~1000MPa,具有高的吸能性和好的扩孔性能,特别适合于车门防撞杆、保险杠和 B 立柱等安全零件。

4) 马氏体钢

马氏体钢是通过高温的奥氏体组织快速淬火转变为板条马氏体组织,可通过热轧、冷轧连续退火或成型后退火实现,其最高强度可达 1500MPa,是目前商业化高强度钢板中强度级别最高的钢种。主要用于成型要求不高的车门防撞杆等零件,代替管状零件,减少制造成本。

5) 贝氏体钢

贝氏体钢是以贝氏体为主体的热轧钢板,强度范围为 440~880MPa,其特点是延伸翻边性好,这是因为该钢种的微观组织均匀,适用于对翻边条件要求苛刻的零件。

6) 超高强度钢

为满足汽车增强部件的要求,开发了利用贝氏体或回火马氏体的强度级别为 980~1470MPa 级的超高强度冷轧钢板。保险杠等加强部件主要通过弯曲成型加工而成,必须确保弯曲成型性能。超高强度钢板的弯曲成型性与显微组织的均匀性有很大关系。

4. 高强度合金化热镀锌板

使用高强度钢板是通过减少钢板厚度来达到降低车身质量的目的的,但是钢板厚度的减薄使得钢板更容易被腐蚀锈穿。为了防止腐蚀,提高车身材料的抗高温、抗氧化能力,世界各主要汽车制造商纷纷展开了对钢板表面处理的研究工作。目前,车身采用的表面处理主要是镀锌。在热镀锌钢板中,添加合金元素增强钢板强度时经常会引起热镀缺陷与

(或)抑制镀锌层的扩散反应。

据预测,高强度钢板在汽车上的使用份额,将由现在的每车 14%~45%(100~294kg)提高到将来的每车 30%~70%,其中高强度钢板中约 70%为镀锌钢板。表 6-5 显示了 ULSAB-AVC(Ultra Light Steel Auto Body-Advance Vehicle Concept)项目中使用的各种高强度钢板的细分情况。由表可见,双相钢成为车身用的主要材料,约占 74%。

表 6-5　ULSAB-AVC 项目中汽车用高强度钢板在高强度钢板中的比例

类　型	所占比例	类　型	所占比例
DP700/1000	31%	MART1250/1520	1%
DP500/800	21%	MISC	2%
DP400/700	4%	BH260/370	6%
TRIP450/800	4%	BH210/340	4%
CP700/800	1%	IF300/420	4%
MART950/1200	3%	HSLA350/450	1%
DP300/500	8%	DP280/600	7%
DP350/600	3%	DP400/700	4%

目前,汽车用高强度钢板种类选用的情况大致为属于深拉深型的固溶强化型高强度钢板多用于车身内外覆盖件;轧制时质地较软,烘烤时质地变硬的烘烤硬化型钢板多用于门和盖罩等加工度低的部件;加工时弹性回复量小,成型性好,凸肚成型性优良,疲劳耐久性也好的组织强化型高强度钢板多用来制造轮辐、减振器支座等;高强度合金化热镀锌板多用于需要防腐蚀性的部件;热处理型强化钢板目前还正在进一步开发之中。今后钢板高强度化的目标是开发 780MPa 或以上抗拉强度级条件下,成型性等各种性能优异的钢板。

除高强度钢外,钢铁行业还在致力发展低密度钢板。所谓低密度钢板,是在铁基上加入 3%~30%的铝生产出高含铝量钢板,其密度在 6.09~7.5g/cm³ 之间。低密度钢板兼有钢的强度高、塑性好和铝的低密度等特点,有望解决汽车中有刚度要求的零部件轻量化问题。

6.3　车用轻质合金

6.3.1　铝合金

铝的相对密度是 2.70×10^3kg/m³,铝的机械性能与其纯度关系密切,纯铝软、强度低,但与某些金属组成铝合金后,不仅在某种程度上保持铝固有的特点,同时又显著地提高了它的硬度和强度,使之几乎可与软钢甚至结构钢相媲美。车用铝材料皆以铝合金的形式出现。铝合金在汽车上的应用,最初主要是以铸造的方法生产发动机及其零部件,随后应用于轮毂等构件。以推出的全铝空间框架式车身为其主要代表。

1. 高密度铝合金在汽车车身

随着科学技术的飞速发展，现代汽车制造材料的构成也发生了较大的变化，高密度铝合金在汽车车身中的运用，主要经历了下面3个阶段。

1) "四门两盖"车身阶段

汽车企业开始对发动机罩、行李厢盖、汽车挡泥板和车门等部件采用铝合金材料，其目的主要在于通过轻质材料和轻量化结构来降低油耗。这种轻量化结构是一种比较昂贵的权宜之计，并且所应用的对象都非自车身上的焊接结构件，对车身承载性影响不大。

2) "壳式支撑结构"车身阶段

这种结构方式很大程度上只是现今比较流行的带加强筋钢结构的一种替代品。Audi公司在1985年就已经做过此方面的研究实验，本田汽车公司在1990年已开始把这种方法用于其产品NSX中。但对于铝合金装配方式的优越性在当时并没有得到实际运用。

3) "空间框架结构"车身阶段

各个覆盖件相互连接在一起。它与在传统的车身骨架基础上覆盖件形成的车身结构大不相同。根据铝合金材料多种多样的装配方式，现已实现了全铝车身设计制造。图6.11所示为奥迪汽车的铝合金车身。

2. 铝合金分类

传统铝合金根据合金元素的含量和加工工艺性能特征可分为铸造铝合金和变形铝合金两类。

1) 铸造铝合金

铸造铝合金是直接用铸造方法浇注或压铸成零件或毛坯的铝合金，其中又

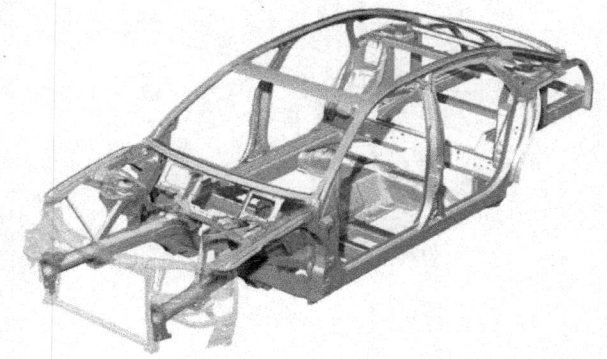

图6.11 奥迪汽车的铝合金车身

分为重力铸造件、低压铸造件等。其合金元素的含量比较高，合金元素的质量分数在8%～25%之间。一般铸造铝合金铸造性能好，压力加工性能差，且在实际使用中还要求铸件具有足够的力学性能，因此，铸造铝合金的成分并不完全都是共晶合金，只是合金元素的含量比变形铝合金高一些。

铸造铝合金可根据使用目的、零件形状、尺寸精度、数量、质量标准、机械性能等各方面的要求和经济效益，选择最适宜的合金和铸造的方法。采用压铸法生产的铝合金零件，成品率高，能减少壁厚和后续加工量，表面质量好，尺寸精度高，很适于大批量生产。因此铸造铝合金在汽车上的使用量最多，占80%以上。铸造铝合金主要用于制造离合器壳体、变速器壳体、后桥壳、转向器壳体、摇臂盖、正时齿轮壳体等壳体类零件和发动机部件以及保险杠、轮毂、发动机框架、转向节液压泵体、制动钳、油缸及制动盘等非发动机结构件，且今后有进一步扩大应用的趋势。

2) 变形铝合金

变形铝合金与铸造铝合金不同之处在于，变形铝合金是经熔炼铸成铸锭后，再经过热挤压加工形成各种型材、棒材、管材和板材。变形铝合金中合金元素含量比较低。常用的

变形铝合金中合金元素总量小于5%，但在高强度变形铝合金中可达8%～14%。

变形铝合金按其成分和性能特点可以分为不能热处理强化铝合金和可热处理强化铝合金。不能热处理强化铝合金具备良好的抗腐蚀性，故称为防锈铝。可热处理强化铝合金的合金元素含量比防锈铝高一些，这类铝合金通过热处理能显著提高力学性能，它包括硬铝、锻铝和超硬铝。

变形铝合金在汽车上主要用于制造保险杠、发动机罩、发动机体、车门、行李箱盖等车身面板，车轮的轮辐、轮毂罩、车轮外饰罩、制动器总成的保护罩、消声罩、防抱死制动系统、热交换器、车身框架、座椅骨架、车厢底板等结构件及仪表板等装饰件，如图6.12～图6.15所示。变形铝合金车轮的轮毂、轮辐在成型加工时会产生加工硬化，强度增加，故与铸件相比，强度、韧性都大大具有优越性。目前，汽车用变形铝合金量正在逐渐增加。

图6.12　铝合金轮毂

图6.13　铝合金发动机体

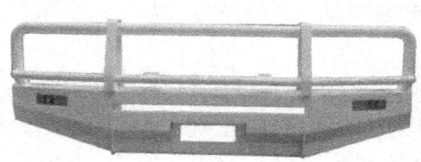

图6.14　铝合金汽车保险杠

图6.15　铝合金发动机保护底板

3）铝合金新材料

铝是最适用于不产生高应力的毂状结构件的轻量化代用材料，如罩类、箱类、管类等形状的零件。铝经过合金化可使抗拉强度提高到相当于45钢水平，所以用于高应力零件时，必须加大零件厚度来弥补强度的不足。

铝挤压型材、铝真空压铸件及铝合金板是Audi A8铝车身的3种基本元素。这种铝制车身比同类产品的钢制车身质量减轻40%，铝合金空间框架的设计使车身的静态扭转刚度提高40%。由于铝材的吸能性好，是钢的2倍，在碰撞中的安全性有明显的优势。汽车前部的变形区在碰撞时会产生皱折，能吸收大量的冲击能量，从而保护了乘坐区中的乘员，使其受到的冲击能量比较小。除了铝合金的吸能性好外，还由于车身质量的减轻，就可能缩短制动距离，这样对驾驶人、行人或对方车辆的安全性都有利。即使是发生碰撞，在碰撞时产生的动能也会减小，也能相应降低冲击力。

常用车身铝合金材料的力学性能见表6-6。

表6-6 主要铝合金板的力学性能

种类	屈服极限/MPa	拉伸强度/MPa	延伸率/(%)	平均延伸率/(%)	硬度HV	n值	r值
5052-0	107	213	24	22	52	0.32	0.74
5052-H24	212	269	13	10	80	0.13	1.05
5182-0	125	264	31	28	26	0.31	0.61
5182-H24	273	350	11	10	91	0.13	0.75
6061-0	45	125	30	25		0.28	0.66
6061-T4	197	271	24	20	64	0.2	0.74
冷轧钢板	181	298	46	23	45	0.21	2

6.3.2 镁合金

镁是比铝更轻的金属材料，而且几乎上节提到的所有铝合金中都含有镁元素，它可在铝减重基础上再减轻15%～20%。尽管镁在当前汽车用材中所占的比例不到1%，但是在轻量化的驱动下，镁材料技术开发的力度不断加大，它已步入快速发展阶段。到目前为止，汽车上采用镁合金的零部件至少超过60多种。

目前，汽车仪表、座位架、方向操纵系统部件、发动机盖、变速器、进气歧管、轮毂、发动机和安全部件上都有镁合金压铸产品的应用，质量从0.2～24kg不等。镁合金压铸件在汽车上的应用已经显示出长期的增长态势。在过去几年里，其年增长速度超过15%。北美是汽车用镁量最大的地区，其次是欧洲、日本和韩国。福特汽车公司于1999年推出轻质镁合金概念车P2000，整车计划使用103kg的镁合金零部件。2004年6月，德国宝马开发出采用镁合金的直列六缸发动机，曲轴箱内部采用铝合金，而外部则采用镁合金。通过使用镁合金等手段使汽车发动机质量降低了10kg。拥有自有独立知识产权的长安汽车也以单车使用8kg镁合金创国内第一。图6.16和图6.17所示分别为镁铝合金发动机和镁铝合金骨架的转向盘。

图6.16 镁铝合金发动机

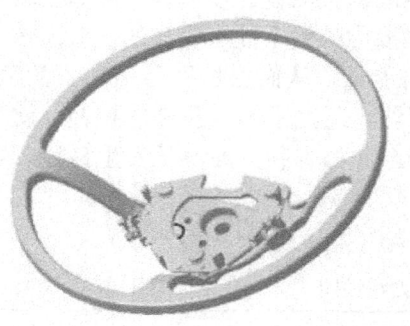

图 6.17 镁铝合金骨架转向盘

1. 车身用镁合金的分类与适用性

根据镁合金是否含锆划分为无锆镁合金和含锆镁合金两类。根据加工工艺划分，镁合金可分为铸造镁合金和变形镁合金两大类，两者在成分、组织性能上存在很大的差异。铸造镁合金多用于压铸工艺生产，其特点是生产效率高、精度高、铸件表面质量好、铸态组织优良、可生产薄壁及复杂形状的构件；变形镁合金指可用挤压、轧制、锻造和冲压等塑性成型方法加工的镁合金，与铸造镁合金相比，变形镁合金具有更高的强度、更好的塑性和更多的样式规格。

汽车所用的镁合金材料目前还多以铸造镁合金为主，如 AM(Mg-Al)、AZ(Mg-Al-Zn)、AS(Mg-Al-Si)，AE(Mg-Re) 四大系列铸造镁合金，其中 AZ91D 用量最大。根据不同汽车零部件对镁合金性能的特定要求，新型镁合金材料的开发一直致力于提高强度、改善塑性、增强高温蠕变抗力。为适应发动机零件工作温度较高的需要，近年来欧美等国家先后开发出了 AE、Mg-Al-Ca、Mg-Al-Ca-Re、AJ 系列和 ZAC8506 等高强度抗蠕变镁合金，以及 MRI201S、MRI202S 与 MRI203S 等高温镁合金。

变形镁合金主要有 Mg-Al-Zn 系合金(AZ31C、AZ61A、AZ80A)和 Mg-Zn-Zr 系合金(ZK60)两大类。变形镁合金主要用于车身组件(车门、行李箱、发动机罩等)的外板、车门窗框架、座椅框架、底盘框架、车身框架等。变形镁合金在车身上的应用具有很大的潜力。

最近正在开发或已开发成功的新型镁合金有耐蚀镁合金、阻燃镁合金、高强高韧镁合金和变形镁合金等。

2. 车身用镁合金的特征和性能

(1) 质量轻，这一特性将显著地减少其起动惯性，并节省燃料消耗。

(2) 具有较高的比强度、比弹性模量和刚性，比强度约为铝的 1.8 倍。

(3) 有较高的稳定性，稳定的收缩率，铸件和加工件尺寸精度高。

(4) 镁合金具有良好的阻尼系数，良好的降噪减振性能，这对用作壳类零件减小噪声传递，防冲击与凹陷损坏是重要的，可以提高汽车的安全性和舒适性。

(5) 导热性好，适用于设计集成度高的电子产品；电磁屏蔽性能较好，尤其适合于发出防电磁干扰的电动汽车。

(6) 与塑料相比，可回收性能好，符合环保要求。

(7) 切削加工性能极好，镁合金与铝合金、铸铁、低合金钢切削功率的比值分别为 1∶1、8∶3、5∶6.3。

(8) 铸造成型性能好，镁合金压铸件最小壁厚可达 0.6mm，而铝合金为 1.2～1.5mm；模铸生产率高，与铝相比镁的结晶潜热小，镁在模具内凝固快，一般来说，其生产率比铝高出 40%～50%，最高时可达铝的两倍；镁与铁的反应性低，压铸时压铸模烧损少，与铝合金相比，压铸模使用寿命提高 2～3 倍，通常可维持 20 万次以上。

除以上主要特性外，镁合金还具有长期使用条件下的良好抗疲劳性能，较低的裂纹倾向，以及无毒、无磁性等一些特点。

目前常用的铸造镁合金，即 AZ 系列、AM 系列、AS 系列、AE 系列的力学性能见表 6-7，表 6-8 给出了镁合金 AZ91D 与其他材料的性能比较。

表 6-7 镁合金的力学性能

牌　号	抗拉强度/MPa	屈服强度/MPa	延伸率/(%)	疲劳强度/MPa	布氏硬度/HB	弹性模量/GPa	减振系数/(%)
AZ91D	240	160	3	50～70	70	45	25
AM60B	225	130	8	50～70	65	43	45
AM50A	210	125	10	—	60	45	—
AS41A	215	140	6	50～70	60	45	40
AS21	172	110	4	—	63	—	60
AE42	230	145	10	—	60	45	—

表 6-8 镁合金与其他材料的性能比较

特　性	AZ91D	铝合金 A380	ABS 塑料	工程塑料 PET	工程塑料 PBT
密度/(g/cm³)	1.81	2.74	1.07	1.61	1.72
抗拉强度/MPa	240	331	43	193	172
屈服强度/MPa	160	165	39	152	117
延伸率/(%)	3	3	16.5	4.5	3
弹性模量/GPa	45	71	2.1	8.3	10.3
屈服重量比	100	—	41	107	77
吸水性/(%)	0	0	0.33	0.05	0.07
热导率/[W/(m·K)]	51	96.2	0.28	0.28	0.29
熔化温度/℃	598	595	260	260	260
膨胀系数/(μm/k)	26	—	76.5	27	25
刚　度	100	—	7.8	21	24

6.3.3 钛合金

钛合金是一种新型结构及功能材料，它具有优异的综合性能，密度小，比强度高。钛的密度为 4.51g/cm³，介于铝(2.7g/cm³)和铁(7.6g/cm³)之间。钛合金的比强度高于铝合金和钢，韧性也与钢铁相当。钛及钛合金抗蚀性能好，优于不锈钢，特别是在海洋大气环境中抵抗氯离子的侵蚀和微氧化气氛下耐蚀性好，钛合金的工作温度较宽，低温钛合金在 -253℃ 时还能保持良好的塑性，而耐热钛合金的工作温度可达 550℃ 左右，其耐热性明显高于铝合金和镁合金，同时具有良好的加工性、焊接性能。

钛及钛合金优异的性能备受各尖端行业关注，伴随着钛行业的起步，在 20 世纪 50 年代中期，钛材进入了汽车工业。步入 20 世纪 90 年代，随着世界性能源短缺及人们环保意识的加强，尤其是汽车工业，美国、日本和欧洲等国家和地区先后颁布了系列生态法规，对燃油利用率、二氧化碳排放量、汽车减重、汽车的安全性、可靠性等提出了更高的要求。

钛在汽车上的用途主要分两大类,第一类是用来减少内燃机往复运动件的质量(对做往复运动的内燃机零件来讲,即使减少几克质量都是重要的);第二类是用来减少汽车总质量。根据设计和材料特性,钛在新一代汽车上主要分布在发动机元件和底盘部件上。在发动机系统,钛可制作阀门、阀簧、阀簧承座和连杆等部件;在底盘部件主要为弹簧、排气系统、半轴和紧固件等。除了上述所举重点外,还有发动机部件的摇臂、悬簧、活塞销、涡轮增压器转子、紧固件、挂耳螺帽、车挡支架、门突入梁、制动器卡钳活塞、销轴栓、离合器圆板、压力板、变速按钮等,图 6.18 所示为用钛合金制成的排气系统,图 6.19 所示为含有多个钛合金部件的发动机。

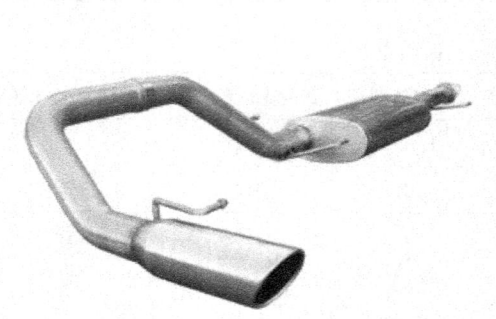

图 6.18　钛合金排气系统

图 6.19　含钛合金部件的发动机

6.4　复合材料和塑料制品

6.4.1　复合材料

21 世纪材料科学的发展动态是使材料复合化、智能化、多功能化和高性能化,其中把复合材料研究放在首位,这里包括采用各种基体制作的结构型和功能型的复合材料。

复合材料是指将两种或两种以上物理性质和化学性质不同的物质结合起来而制得的一种多相固体材料。复合材料通常是由基体和增强体复合而成的。在工程上,所谓复合材料通常是指将一种材料人为均匀地分散在另一种材料中,以克服单一材料的某些弱点,使之优于各组分材料的综合性能,有时甚至成为各组分材料所没有的优良性能的新材料。一般来说,复合材料应能满足以下条件。

(1) 复合材料必须是由两种或两种以上化学、物理性质不同的材料组成,材料之间有明显的界面。

(2) 复合材料是用人工方法制造的,各组分的形状、比例和分布均能人为地控制。

(3) 复合材料的性能优于各组分单独存在时的性能,具有协同增强的特点。

复合材料有近 200 个以上的品种,基体主要是高分子化学材料通过聚合生产出高强度、高韧性的胶脂、树脂（如"环氧""聚酯""赛康""PUAPB"）等。在制造时将一些无机材料加入进行改性并复合碳素纤维、硼纤维、凯尔乐纤维、尼龙纤维、玻璃纤维、金属纤维及涤纶纤维等增强体进行增强，以提高弹性模量和高静面矩。FRP(Falser Reinforced Plastics)是纤维增强塑料的总称，还有金属基复合材料和陶瓷基复合材料。图 6.20 和图 6.21所示分别为用复合材料制作的汽车结构。

图 6.20 玻纤增强热塑性材料制作的车身

图 6.21 增强聚酰胺制作的轮胎凹槽

一般来说，金属是一种延展性和韧性好的材料，随着强化相含量的增加，金属基复合材料的延展性和韧性会下降，而强度会增加，这就是金属基复合材料以牺牲延展性与韧性为代价获取高强度的特点。陶瓷基复合材料由于陶瓷本身多为脆性材料，其塑性形变能力几乎为零（超塑性陶瓷现象例外），韧性很差，因此陶瓷韧化具有特别重要的意义。

1. 复合材料的组成及分类

1）组成

复合材料主要由基体与增强材料组成。增强材料是复合材料的主要承力组分，它能大幅度地提高基体树脂的强度和弹性模量，而且能减少复合材料成型过程中的收缩，提高热变形温度。未经增强的基体树脂是不能作为结构件使用的，而由增强材料与基体树脂制成的复合材料作为结构件在各领域得到了广泛的应用。

（1）聚合物基体。复合材料聚合物基体可分为热固性和热塑性两大类，其中又以热固性树脂为主，主要品种有环氧树脂、不饱和聚酯树脂和酚醛树脂等。用以制造复合材料的热塑性树脂基体主要有聚酰胺、聚乙烯、聚丙烯、聚苯乙烯、聚碳酸酯、聚甲醛、改性聚苯醚、PBT、PET、ABS、聚砜、聚醚砜、PPS和聚醚醚酮等，其中尤以聚醚醚酮的性能为最优越。

在所有的工程塑料中，聚醚醚酮具有最好的耐热水性和耐水蒸气性，同时还有优异的阻燃特性，是一种有极大发展前途的新型复合材料树脂基体。

（2）增强材料。增强用纤维的选用是根据制品的性能要求，如力学性能、耐热性能、耐腐蚀性能、电性能等，以及制品的成形工艺和成本要求来确定的。复合材料中的增强用纤维主要有玻璃纤维、碳纤维、芳香族聚酰胺纤维、无机纤维、硼纤维、碳纤维、碳化硅纤维、氧化铝纤维和金属纤维等，其中应用最广泛的是玻璃纤维。对于以聚合物为基体的复合材料来说，所采用的增强纤维主要是前3种。玻璃纤维对乙烯基酯树脂的增强作用见表 6-9。

表 6-9　玻璃纤维对乙烯基酯树脂的增强作用

性　　能	未 增 强	增　　强
拉伸强度/MPa	80	260
弯曲强度/MPa	120	360
冲击强度/(kJ/m²)	10	300

2) 分类

(1) 复合材料按其组成分为金属与金属复合材料、非金属与金属复合材料、非金属与非金属复合材料。

(2) 复合材料按其结构特点又分为纤维复合材料、夹层复合材料、细粒混合材料和混杂复合材料。

① 纤维复合材料。该材料将各种纤维增强体置于基体材料内复合而成，如纤维增强塑料、纤维增强金属等。

② 夹层复合材料。该材料由性质不同的表面材料和芯材组合而成。通常面材强度高、薄，芯材质轻、强度低，但具有一定刚度和厚度。夹层复合材料又可分为实心夹层和蜂窝夹层两种。

③ 细粒复合材料。该材料将硬质细粒均匀分布于基体中，如弥散强化合金、金属陶瓷等。

④ 混杂复合材料。该材料由两种或两种以上的增强相材料混杂于一种基体相材料中构成。与普通单增强相复合材料相比，其冲击强度、疲劳强度和断裂韧性显著提高，并具有特殊的热膨胀性能。混杂复合材料又分为层内混杂、层间混杂、夹芯混杂、层内/层间混杂和超混杂复合材料。

(3) 复合材料如果按照基体材料分类，又可分为热固性复合材料和热塑性复合材料两大类。

① 热固性复合材料。热固性复合材料是指以热固性树脂(如不饱和聚酯树脂、环氧树脂、酚醛树脂、乙烯基酯树脂等)为基体，以玻璃纤维、碳纤维、芳纶纤维、超高分子量聚乙烯纤维等为增强材料制成的复合材料。环氧树脂的特点是具有优良的化学稳定性、电绝缘性、耐腐蚀性、良好的黏结性能和较高的机械强度。酚醛树脂具有耐热性、耐摩擦性、机械强度高、电绝缘性优异、低发烟性和耐酸性优异等特点。

② 热塑性复合材料。热塑性复合材料是指以热塑性树脂为基体，以纤维为增强材料制成的复合材料。不同种类的热塑性树脂、不同种类的纤维制造的复合材料，其性能差别极大。

按复合材料的性能可以分为普通型热塑性复合材料和高性能热塑性复合材料两类。前者是指用玻璃纤维增强的通用型树脂，如聚丙烯、聚乙烯、聚氯乙烯、锦纶等；后者是指用连续的碳纤维、芳纶纤维、高强度玻璃纤维或其他高性能纤维增强的高性能热塑性树脂，如聚醚醚酮、聚苯硫醚、热塑性聚酰亚胺、聚醚砜等。

热塑性塑料与热固性塑料两类材料的比较见表 6-10。

2. 车身用复合材料特征及其应用

复合材料是由多种组分的材料组成，许多性能优于单一组分的材料。以纤维增强的树脂基复合材料为例,已具有质量轻、强度高、可设计性好、耐化学腐蚀、介电性能好、耐烧蚀及容易成形加工等优点。

表 6-10 热塑性塑料与热固性塑料的比较

	成分	工艺性能特点	成形方法	优点	缺点	常用品种
塑性塑料	聚合树脂+添加剂	受热会软化或熔化,具有可塑性,可加热再利用	注射、挤出、吸、吹、塑等	成形工艺简便,形式多样,生产效率高	耐热性和刚性差	聚乙烯、聚丙烯、乙烯聚氯、AES工程塑料
固性塑料	缩聚树脂+添加剂	在一定的温度下,经过一定时间的加热或者加入固化剂后即可固定成型;固化后的塑料质地坚硬,性能稳定	压缩、压注、注射等	无冷流性、刚性大、硬度高、耐热性好、不易燃烧、制品尺寸稳定	脆性大、机械强度低,必须加入填料或者增强材料以改善性能、提高强度,因而成型工艺复杂、生产效率低	酚醛树脂、环氧树脂、有机硅、不饱和聚酯和聚氨酯

1) 轻质高强

玻璃纤维增强树脂基复合材料的密度为 $1.5 \sim 2.0 \text{g/cm}^3$,只有普通碳钢的 $1/5 \sim 1/4$,比铝合金还要轻 1/3 左右,而机械强度却能超过普通碳钢的水平。若按比强度(强度与密度的比值)计算,玻璃纤维增强的树脂基复合材料不仅大大超过碳钢,而且可超过某些特殊的合金钢。碳纤维复合材料、有机纤维复合材料具有比玻璃纤维复合材料更低的密度和更高的强度,因此具有更高的比强度。几种材料的密度、拉深强度及比强度见表 6-11。

表 6-11 几种材料的密度、拉深强度及比强度

材料种类	密度/(g/cm³)	拉伸强度/MPa	比强度/10³ cm
高级合金钢	8	1280	1600
A3 钢	7.85	400	510
LY12 铝合金	2.8	420	1500
玻璃纤维增强环氧树脂	1.73	500	2890
玻璃纤维增强聚酯树脂	1.8	290	1610
玻璃纤维增强酚醛树脂	1.8	290	1610
玻璃纤维增强 DAP 树脂	1.65	360	2180
Kevlar 纤维增强环氧树脂	1.28	1420	11094
碳纤维增强环氧树脂	1.55	1550	10000

2) 耐撞击,抗断裂韧性好

玻璃纤维增强复合材料的抗撞击断裂能力是钢的 5 倍以上。复合材料在抗撞击断裂方面要比一般的金属材料强得多。

3) 减振、隔音性能好

复合材料高的自振频率避免了结构工作状态下因共振而引起的早期破坏。同时,复合

材料中的纤维与钴弹性聚合物基体界面具有吸振能力,因此其振动阻尼很高。对相同形状和尺寸的梁进行的试验得知,铝合金梁需9s才能停止振动,而碳纤维复合材料梁只需2.5s就能停止振动。此外,复合材料的抗声振特性也是很好的。用复合材料制成的汽车车身,具有良好的减振、隔声效果,从而改善了乘坐舒适性。

4) 可设计性好

复合材料可以根据不同的用途要求,灵活地进行产品设计,具有很好的可设计性。对于结构件来说,可以根据受力情况合理布置增强材料,以达到节约材料、减轻质量的目的。复合材料良好的可设计性还可以最大限度地克服其弹性模量、层间剪切强度低等缺点。

5) 电性能好

复合材料具有优良的电性能,通过选择不同的树脂基体、增强材料和辅助材料,可以将其制成绝缘材料或导电材料。例如,玻璃纤维增强的树脂基复合材料具有优良的电绝缘性能,并且在高频下仍能保持良好的介电性能,因此可作为高性能电动机、电器的绝缘材料;这种复合材料还具有良好的透波性能,被广泛地用于制造雷达罩。

6) 耐腐蚀性能好

聚合物基复合材料具有优异的耐酸性能、耐海水性能,也能耐碱、盐和有机溶剂,因此,它是一种优良的耐腐蚀材料,用其制造的化工管道、储罐、塔器等具有较长的使用寿命和极低的维修费用。玻璃纤维增强的聚酰基复合材料的抗腐蚀性能是金属材料的10倍,这就从根本上解决了作为汽车车身覆盖件材料的耐腐蚀问题。

7) 热性能好

玻璃纤维增强的聚合物基复合材料具有较低的导热系数,只有金属的$1/100 \sim 1/1000$,是一种优良的绝热材料。选择适当的基体材料和增强材料可以制成耐烧蚀材料和热防护材料。汽车车身外板覆盖件采用玻璃纤维增强的SMC材料,使用温度可以达到200℃,并可在较宽的温度范围内保持尺寸的稳定和原有的外形。

8) 工艺性能优良

纤维增强的聚合物基复合材料具有优良的工艺性能,可以通过缠绕成型、接触成型等复合材料特有的工艺方法产生制品。特别适合于大型制品、形状复杂、数量少的制品的制造。

9) 老化现象

在自然条件下,由于紫外线、湿热、机械应力、化学腐蚀的作用,会导致复合材料的性能变差,即发生所谓的老化现象。复合材料在使用过程中发生老化现象的程度与其组成、结构和所处的环境有关。

6.4.2 碳纤维复合材料

1. 碳纤维的特点及分类

碳纤维是以有机纤维——聚丙烯腈(PAN)纤维或沥青纤维等原丝经过预氧化、碳化、石墨化等高温固相反应工艺过程制备而成的,由择优取向的石墨微晶构成,因而具有很高的强度和弹性模量。碳纤维既具有碳材料的固有本征特性,也有纺织纤维的柔软可加工性。它的密度一般为$1.7 \sim 1.8 g/cm^3$,强度为$1200 \sim 7000MPa$,弹性模量为$200 \sim 400GPa$,热膨胀系数接近于零,甚至可为负值。各种类型的碳纤维的特性见表6-12。

表 6-12 碳纤维的特性

种类特性	预氧化纤维	碳纤维				石墨纤维
		通用型	高强型 T300	超高强型 T1000	高模型 M40J	超高模型
密度/(g/cm^3)	1.39~1.50	1.70	1.76	1.82	1.77	1.81~2.13
拉伸强度/MPa	270	1200	3530	7060	4410	2100~2700
比强度/10^6 cm	1.8~1.9	7.1	20.1	38.8	24.9	9.6~14.9
拉深模量/GPa	4	48	230	294	377	392~827
比模量/10^2	0.27~0.29	2.8~13.1	13.1	16.3	21.3	27.1~37.9
断裂应变/(%)	6.7	2.5	1.5	2.4	1.2	0.5~0.27
电阻率/(10^{2}Ω·cm)	—	—	1.87	—	1.02	0.89~0.22
热膨胀系数/10^{5}K^{-1}	—	—	−0.5	—	—	−1.44
热导率/[W/(m·K)]	—	—	8	—	38	84~640
碳质量分数/(%)	64	—	—	90~96	—	>99

碳纤维具有一般碳素材料的特性，如耐高温、耐摩擦、导电、导热及耐腐蚀等，但与一般碳素材料不同的是，其外形有显著的各向异性、柔软、可加工成各种织物，沿纤维轴向表现出很高的强度。

目前，全世界主要生产两种碳纤维：一个是 PAN 基碳纤维，以聚丙烯腈为原料；另一个是沥青基的碳纤维，由煤、石油基沥青再聚合成纤维。在强度上，PAN 基碳纤维优于沥青基的碳纤维，因此在全世界的碳纤维生产中占有绝对优势。

2. 碳纤维增强复合材料的特点

碳纤维增强树脂基复合材料(CFRP)的比强度、比模量等性能，在现有结构材料中是最高的。在硬度、刚度、质量、疲劳特性等有严格要求的领域，在要求高温、化学稳定性高的场合，碳纤维复合材料都颇具优势，应用广泛。

碳纤维增强复合材料是汽车覆盖件最理想的非金属材料，在减轻车身质量的同时，也能保持防撞性能。对于汽车生产商来说，碳纤维复合材料也表现出许多优点，零部件的集成化、模块化、总装成本低、投资小，避免了传统车身的喷涂过程和相应的环保处理及成本。碳纤维材料不仅比钢材轻，而且难能可贵的是具有很好的能量吸收性能(图 6.22)。当然，碳纤维也非完美的材料，有承载各向异性的问题，即承载零部件在各个方向上的能力有所不同。

碳纤维复合材料是以各种树脂、碳、金属、陶瓷为基体材料，碳纤维为增强体的塑料，属于各向异性材料。其根据基体材料可分为树脂基复合材料、陶瓷基复合材料(CMC)和金属基复合材料(MMC)，其中以树脂和金属为基体的复合材料在车身上的应用较为成熟，具有应用于车身制造的诸多优势。

(1) 密度小。CFRP 的密度与镁和铍基本相当，是其他几种金属材料密度的 0.20~0.57 倍（按碳纤维 M40JB 计算），一般来讲，采用 CFRP 作为结构件材料可使结构质量减

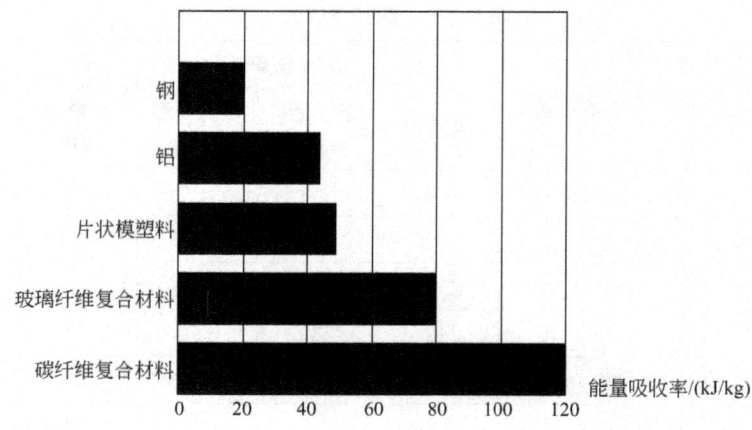

图 6.22　各种材料吸收能量的比较

轻 30%～40%。

（2）比强度、比模量高。用比强度（材料的拉伸强度与密度之比）和比模量（弹性模量与密度之比）的比较，很好地说明了 CFRP 在轻质高强方面的优越性。CFRP 的轻质高强性能最为显著，其比强度比钢高 5 倍，比铝合金高 4 倍；比模量则是其他结构材料的 1.3～12.3 倍。用其制成与高强度钢具有同等强度和刚度的构件时，质量可减轻 70% 左右。

（3）具有良好的抗疲劳特性。碳纤维复合材料的抗疲劳性能极佳。疲劳破坏是指材料在大小和方向随时间发生周期性变化的载荷（即交变载荷）作用下，产生裂纹和断裂的现象。在 CFRP 中存在着许许多多的碳纤维和树脂基体界面，这些大量的界面能够阻止裂纹的扩展，延迟疲劳破坏的发生。复合材料比金属材料的耐疲劳性能高很多。通常情况下金属材料疲劳强度极限为拉伸强度的 40%～50%，而碳纤维增强聚合物基复合材料的疲劳极限可以达到拉伸强度的 70%～80%，说明在长期交变载荷条件下工作时复合材料构件的寿命高于传统材料构件。图 6.23 所示为 3 种材料疲劳强度的比较。

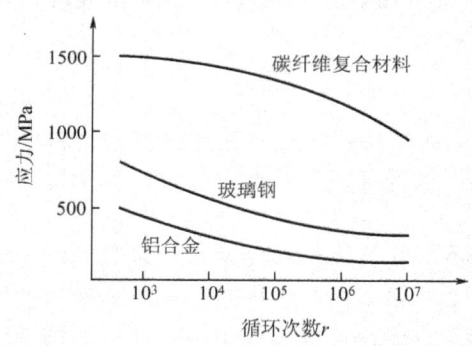

图 6.23　3 种材料的疲劳强度

（4）碰撞吸能性好。碳纤维复合材料是汽车金属材料最理想的替代材料，在碰撞中对能量的吸收率远远超过铝和钢，减轻车身质量的同时还能保证不损失强度或刚度，保持防撞性能，极大地降低了轻量化带来的汽车安全系数降低的风险。

（5）制造工艺性好。碳纤维增强复合材料是一种各向异性材料，表现出显著的各向异性，在沿纤维轴方向和垂直于纤维轴方向的电、磁、导热、比热、热膨胀系数及力学性能等，都有明显的差别。CFRP 的各向异性给设计带来较多的可选择性。CFRP 的铺层取向可以在很宽的范围进行调整，由于铺层的各向异性特征，可通过选择合适的铺层方向和层数来满足强度、刚度和各种特殊要求，以获得满足使用要求、具有最佳性能质量比的复合材料结构，这为结构的优化设计开阔了巨大的发展空间，是各向同性材料所无法比拟的。

（6）抗振性能好。受力结构的固有频率除与结构几何形状和尺寸有关外，还和材料的比模量平方根成正比。CFRP 具有较高的固有频率，同时复合材料基体纤维界面有较大的吸收振动能量的能力，因而材料的阻尼较高，这些特性都有利于提高复合材料结构的抗振性能。

（7）高温性能好。铝合金在 400℃高温时，其弹性模量几乎下降到零，强度也显著下降。碳纤维复合材料在 400℃高温下，强度和弹性模量基本无变化。有的 CFRP 具有很好的烧蚀性能。

（8）破损安全性高。从力学的角度来看，CFRP 内部存在着大量界面及碳纤维本身载荷的特点，使其成为典型的超静定体系。研究表明复合材料的破坏需经历基体损伤、开裂、界面脱粘、纤维断裂等一系列过程，使用过程中，碳纤维复合材料构件即使过载而造成少量纤维断裂，其载荷也会通过基体的传递分散到其他完好的纤维上去，使整个构件不会在短时期内丧失承载能力，表现出较高的结构破损安全性。

（9）易于大面积整体成形。由于 CFRP 的树脂基体是高分子材料，虽然在 CFRP 的成形过程中，对其进行理论分析和机理预测比较困难，但是对于批量生产而言，当工艺流程文件确定后，CFRP 构件的制作比较简单。许多方法可被用于 CFRP 构件的成形，其中包括整体共固化成形，这种成形技术大大减少了零件和紧固件的数量，简化了生产工序，缩短了生产周期。此外，树脂基复合材料构件可采用拉拔、注射、缠绕、铺层技术进行，并容易实现成形自动化。

3. 碳纤维复合材料的应用

目前，BMW 公司已在其开发的 Z-9、Z-22 车中大量采用碳纤维增强复合材料车身结构件。大众汽车公司在"2L 车"CC1 研究项目中，应用了较多的碳纤维复合材料，其中用于车身的比例高达 45%。日产汽车公司的"Skylinegt-r"的外装材料已使用碳纤维复合材料；丰田汽车公司自 1996 年秋起已将碳纤维复合材料用于"MARK Ⅱ"等 3 种车的内装材料，这两家公司都正与日本东丽公司共同开发碳纤维复合材料车身覆盖件，应用于载货车上。通用汽车推出碳纤维复合材料车体的概念车 Ultralite（图 6.25）充分展现碳纤维复合材料（CFRP）在车辆用途上的好处，此一体成型车体质量为 192kg，比钢坚韧，密度仅为钢的四分之一。整个硬壳式结构共有 6 个基本部分：地板、左右侧板、左右车门和尾板，车身和全车大部分结构均采用碳纤维合成材料制成。车身无中间支柱，但仍能提供足够的两侧保护。其刚度较现时汽车高出好几倍。骨架结构采用碳纤增强塑料，外覆盖件采用玻璃纤增强塑料。图 6.24～图 6.27 所示是碳纤维汽车部件。

图 6.24 某款碳纤维车身跑车

图 6.25 通用概念车 Ultralite 车身

图 6.26 碳纤维发动机缸体

图 6.27 碳纤维轮毂

6.4.3 铝蜂窝夹层复合材料

1. 铝蜂窝板的特点和应用

铝蜂窝是一种仿生结构产品,是根据蜜蜂巢穴的结构特点而制造出来的。蜂窝具有正六面体结构,此种结构不仅美观漂亮,经实验研究,正六面体结构比三面体、四面体、圆柱等多种几何集合体更耐压、耐拉。蜂窝结构以最少的耗材,创造最强的几何结构,具有优良的力学性能。人类使用芯材已有几个世纪的历史,随着铝合金及大幅宽铝箔的成功轧制,铝蜂窝板的发展达到了一个新的水平,铝蜂窝芯的拉伸、压缩、剪切强度等也得到了很大提高。

铝蜂窝复合材料作为一种超轻质新型材料,如图 6.28 所示,具有许多常规材料所不具备的特性,其综合性能十分突出。

(1) 质量轻、密度小。由于蜂窝铝板是一种多孔的不连续材料,而且实体部分的截面积很小,因而密度很小,是一种较轻的板材(常用铝蜂窝芯的密度见表 6-13)。由这种蜂窝芯制成的蜂窝铝板的密度为 $300\sim400\text{kg/m}^3$,是相同体积普通铝板的 11%~14%。使得蜂窝铝板在汽车上应用时,与等量刚度的单一铝合金板相比,零部件的质量能减轻 35%,能大量节省能源。

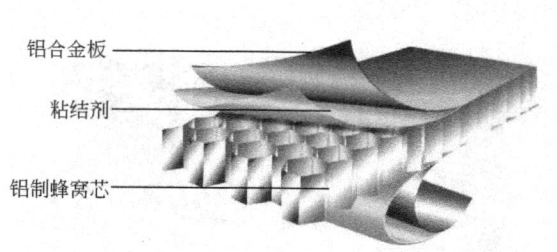

图 6.28 铝蜂窝板的结构

表 6-13 常用铝蜂窝芯密度

孔格边长/mm	铝箔的厚度/mm	密度/(kg/m³)
3	0.03	44
3	0.04	52
3	0.05	68
4	0.03	33
4	0.04	39
4	0.05	53
5	0.03	27
5	0.04	31

(2) 强度高、刚性好。蜂窝板承受弯曲载荷时，当上面板被拉伸的同时，下面板则被压缩，蜂窝芯传递剪切力。从力学角度分析，它与工字梁很相似，面材相当于工字梁的翼缘，几乎承受了全部的侧向正应力；芯材相当于工字梁的腹板，几乎承受了所有的剪切应力。这种结构不仅提高了整体刚度，而且提高了稳定性，改善了面板及整体的力学性能。另外，由于蜂窝板的高度比面板高出几倍，剖面的惯性矩随之呈 4 次方增大，结构稳定性好、不易变形，具有突出的抗压能力和抗弯能力。表 6-14 为铝蜂窝复合板、普通铝板、普通钢板的刚性比较。

表 6-14 铝芯蜂窝复合板与普通板的刚度比较

种 类	铝蜂窝复合板	普通铝板	普通钢板
尺寸/宽×长×厚	900×1800×26.6	900×1800×2.7	900×1800×1.0
单位面积质量 /(kg/mm²)	7.3	7.3	7.9
弯曲刚度 EI /(10^9 N·mm²)	19.5	0.1	0.02
扭转刚度 GJ /(10^9 N·mm²/rad)	59.2	0.29	0.05

(3) 抗冲击、减振性好。蜂窝铝板具有较好的韧性和回弹性，力学性能试验结果表明，蜂窝铝板抗压强度极限为 407.6～790.4kN/m²，抗弯强度极限为 740.0～788.0kN/m²，抗压刚度为 5.0～7.5kN/mm²，抗弯刚度为 0.40～0.66kN/mm²。夹层剪切力纵向为 3.6～7.1kN，横向为 4.6～5.9kN（图 6.29 和图 6.30 所示为蜂窝芯和铝芯蜂窝在冲击吸能性能试验后的变形情况）。拉伸剥离强度极限为 265～417kN/m²。自由落球撞击试样凹痕直径为 19～21mm，凹痕深度为 3.02～3.20mm，均未发现凹痕处有裂纹。由此可见，蜂窝铝板在承受外载荷时，能吸收大部分能量，具有良好的减振效果。

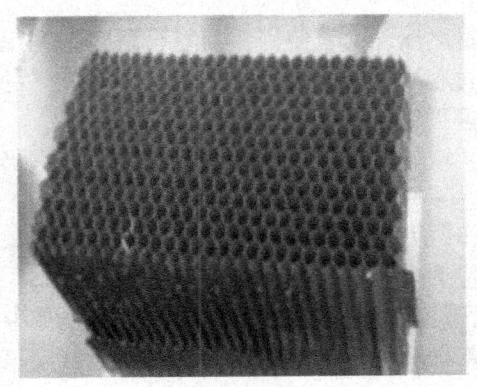

图 6.29 铝蜂窝结构

图 6.30 耐冲击性能试验后的变形情况

(4) 隔音、隔热。铝是热和声音的良导体，蜂窝材料本身并不具有隔热、隔音性能，然而蜂窝铝板却具有良好的隔热、隔音性能。在蜂窝铝板中，实体部分体积仅占 1%～3%，其余空间内是处于密封状态的气体，由于气体的隔热、隔音性能优于任何固体材料，所以蜂窝铝板具有良好的隔热和隔音性能。如韩国的低地板客车(KLFB)(图 6.31)采用的是铝蜂窝车身和底板，起到了良好的防振和隔热的效果。

（5）无污染、符合新能源环保汽车的设计理念。蜂窝铝板全部用铝合金制造，使用后可以通过回收反复利用，节省资源，此外铝蜂窝板还具有电磁屏蔽等作用，在一些专用车等都得到应用，如图 6.32 和图 6.33 所示。

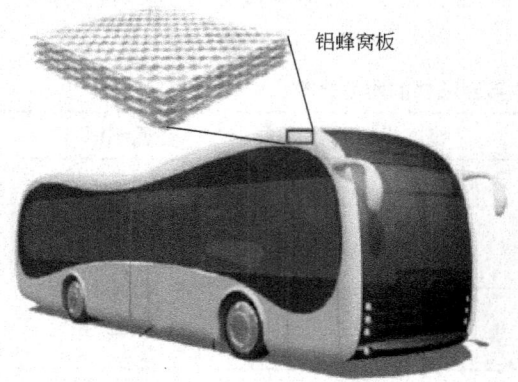

图 6.31　韩国低地板客车

图 6.32　车身结构为铝蜂窝的军用车

图 6.33　铝蜂窝底板和车厢民用运输车

2. 铝蜂窝板在汽车上的连接设计

由于铝蜂窝面板和芯材构成的铝蜂窝板的面板强度高，刚度大但厚度较薄；夹芯的强度和刚度低，但较厚。对于铝蜂窝复合材料在使用中要充分利用面板承力以提高结构效率。但夹层结构传递集中载荷的能力较弱，会因为集中载荷的作用而使局部产生拉脱挤压破坏，以至于面板和芯材剥离。为了使铝蜂窝复合材料结构提高传递集中载荷能力，在铝蜂窝材料夹层结构设计过程中要考虑夹层板边缘加强和特殊的连接形式。因此在将铝蜂窝板用在汽车结构上时要遵循以下几条原则。

（1）提高连接区域面板的挤压强度。在连接区域的连接部位要根据载荷大小，适当增加局部补强，以提高孔边挤压强度。

（2）减小铝蜂窝面板孔边挤压载荷。在连接部位可采用加强片的方法，将大部分载荷通过胶结面扩散到面板上，以减少面板孔边挤压应力。

（3）避免只与上面板或下面板单独连接。机械连接时应该避免只与一块面板单独连接，以防止连接钉的拉力造成面板夹芯间胶层剥离破坏。为此对铝蜂窝结构的连接应该设法使连接钉与夹芯固定，通过夹芯的剪切来承受钉的拉力，如图 6.34~图 6.37 所示。

铝蜂窝板与边缘加强件的连接一般采用胶结。一种方法是将边缘加强件与面板和夹芯层一次固化成型，另一种方法是对已经制备好的铝蜂窝板胶结上边缘加强件。铝蜂窝板与汽车上其他构件的螺栓连接都是通过这些加强件连接在一起的，连接的形式有平直接头、T 型接头和角接头。

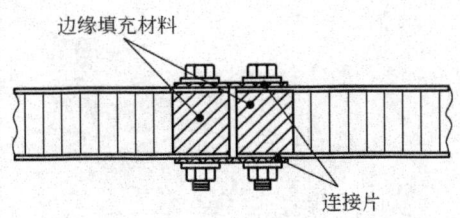

图 6.34 平头连接形式

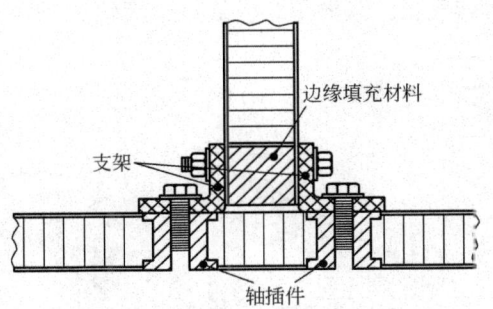

图 6.35 T 型连接形式

图 6.36 铝蜂窝板填充材料样品

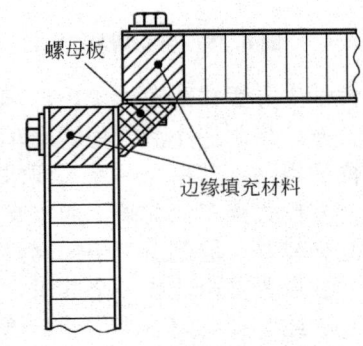

图 6.37 角接头的形式

(1) 平直连接（图 6.34）。有些结构部件要求将两块或者多块的铝蜂窝板连接在一起，这种接法看似简单其实装配的精度还是不容易保证的。因为螺栓连接处要承受较大的剪切载荷，因此需要在螺栓连接处填充刚性较大的材料或者加一些加衬套，以便承受螺钉的挤压应力并传递螺栓上传来的剪切载荷。

(2) T 型连接。从图 6.35 可以看出，与支架连接的垂直的面板将要承受剪切力，支架主要是铝蜂窝板的连接固定件，并且通过轴插件加强固定，这些插件主要承受板外的载荷，它的剥离强度对整个的连接强度有一个限制作用。

(3) 角接头（图 6.37）。角接头是铝蜂窝结构常用的连接形式，连接时要考虑到接头边缘处的特殊处理，在角头设计时，除进行必要的内力和变形分析外，还需要进行一系列的实验。

2004 年年初于底特律车展轰动一时的克莱斯勒公司 CHRYSLER 概念车 ME412 如图 6.38 所示，高效发动机冷却系统允许这台发动机保持最佳热工性能，汽车设计和包装达到优秀热工性能在极端的操作条件。其承载式车身采用加有碳纤维材料和铝蜂窝结构制成，而外饰件也采用了铝蜂窝材料。

瑞典科尼赛克（Koenigsegg）汽车股份有限公司在 2010 年广州车展推出的 CCXR 版的科尼赛克跑车（图 6.39）底盘由碳纤维和铝蜂窝结构材料制成。底盘与油箱整体成型，可以获得最优化的重量分布和安全性能。该跑车车身由预浸料碳纤维凯夫拉（Kevlar）及轻质的蜂窝夹层增强材料制成，内置抗冲击的铬强化不锈钢发动机架具与复合材料整体成型铸铝 V8 发动机，有一个碳纤维增强材料进气管和一个钨极惰性气体保护焊接的陶瓷涂覆不锈钢排气管。其锻铝车轮通过带有铝扣的陶瓷刹车片实现制动。

图 6.38　克莱斯勒 ME12

图 6.39　CCXR 版科尼塞克跑车

大学生方程式赛车由美国汽车工程师协会（SAE）开办，主要挑战本科生、研究生团队构思、设计与制造小型方程式赛车的能力。在大学生方程式赛车的设计中必须坚持一些非常严格的规则，其中之一就是要求要有碰撞衰减器，它本质上来说就是一个防碰撞结构，安装在方程式赛车的前端，用来衰减正面碰撞冲击力的影响。传统来说有许多材料可以制作碰撞衰减器，但是由于铝蜂窝具有这种高强度比的特性而越来越受欢迎，而且在设计过程中，参赛者普遍达成一个共识，即与一些传统的泡沫材料相比，在设定等价强度下，用铝蜂窝芯结构则空间更小，而且更适合整体的设计理念，如图 6.40 所示。

澳大利亚南澳大学设计了一款超轻型电动汽车，其采用了封闭的承载式车身结构，而封闭的承载式车身结构要求更高的造型和强度，于是采用了玻璃纤维和铝蜂窝复合材料制

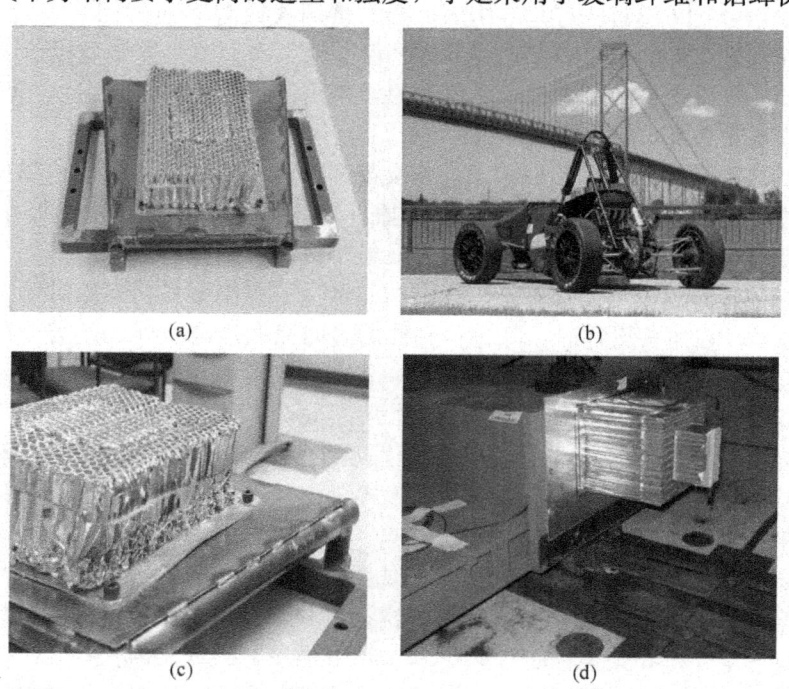

图 6.40　大学生方程式赛车和铝蜂窝芯碰撞衰减器

作而成，他们采用的是厚度为 20mm 的铝蜂窝板（其中蜂窝芯有 18mm，两边 1mm 的薄板是玻璃纤维增强环氧树脂），这种厚度的铝蜂窝板 1m² 只有 1.7kg，而且可以由普通的木工工具切割而成，车的底板是一块铝蜂窝板，两侧各有一块折叠而成的垂直铝蜂窝板，这两侧的板通过两边的钢板槽加紧，板之间的内部连接处采用的是环氧树脂和微型填料聚合球灌装密封，使得连接处比较光滑，然后在这个连接处附上两层玻璃纤维带。在设计制作过程中折叠两侧的铝蜂窝板可以增强强度，而且在整个制作过程中不需要固定连接件。制作的详细图如图 6.41 所示。

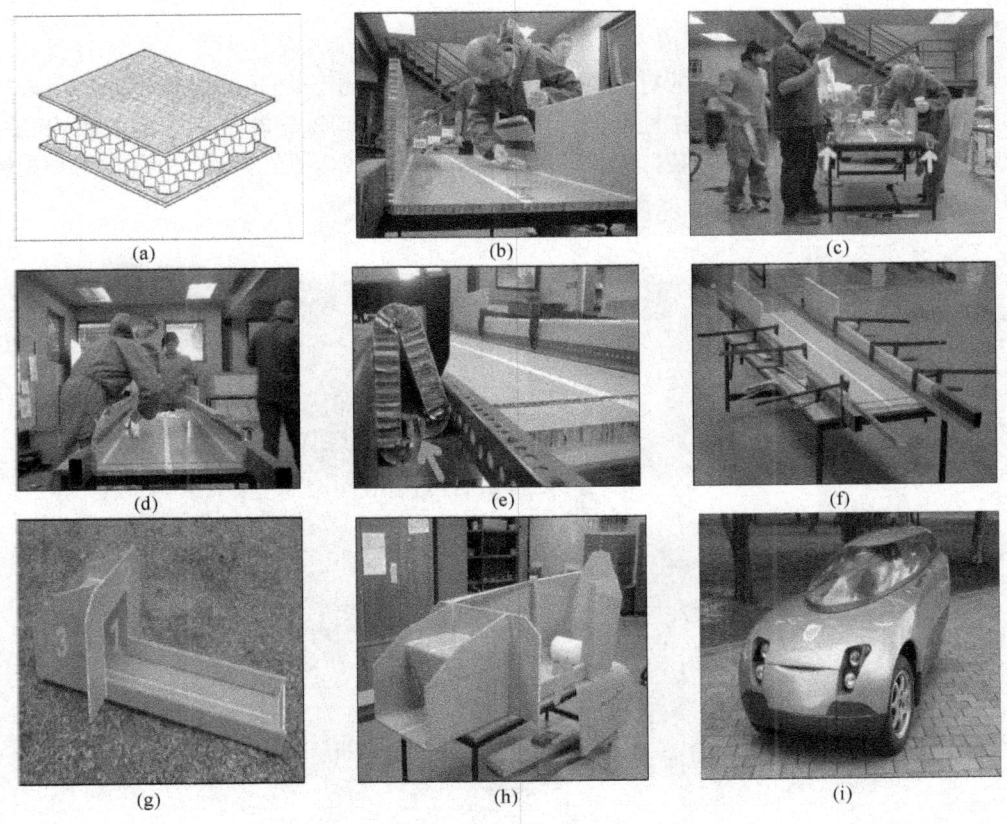

图 6.41 超轻型电动汽车壳式车身制作过程

我国扬州亚星股份客车有限公司在 2010 年对铝蜂窝用在客车地板上进行了研究和应用，根据铝蜂窝板的结构特点，采用了 20mm 厚的铝蜂窝板。首先对客车地板进行适当分块。分块时既要考虑工艺要求，也要考虑分块面积的大小。面积太小，密封和固定处理比较复杂，太大则搬运与安装比较困难。该公司在实际使用中将车内地板分成驾驶区、过道、前轮拱、后轮拱、车内台阶、后排座椅等十几块区域。由于客车结构复杂，地板上需安装的部件多，且运行中因颠簸冲击容易产生横向和纵向的弹性扭曲变形，因此，对铝蜂窝地板的固定方式需要进行特别设计。对于所有需固定部件的部位，如铝蜂窝板与地板骨架的固定，座椅及扶手的固定，可采取在铝蜂窝板内部预埋铝管或预埋衬套的方式，如图 6.42 和图 6.43 所示。

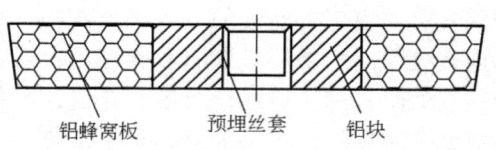

图 6.42 预埋衬套方式示意图

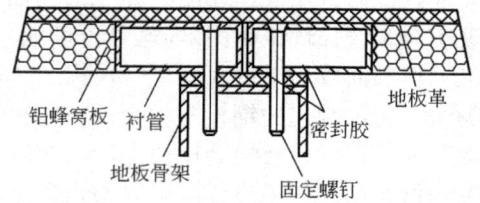

图 6.43 对接处固定方式示意图

6.4.4 塑料制品

塑料是由非金属元素为主的有机物组成的,具有密度小、导热和电导性差、耐酸、耐碱、易老化等特性,塑料的机械性能随温度和时间而变化,塑料在汽车中的应用遍及所有总成,业内习惯将它们分为内装(饰)件、外装件和功能件(其他结构件),汽车用塑料制品如图 6.44 所示。

图 6.44 汽车用塑料制品

目前国产乘用车塑料的单车用量为 50～110kg,所使用类型和品种与国外基本相同。我国乘用车塑料的应用水平,无论从单车用量、应用品种以及塑料制件的生产技术,均已基本达到引进国外同类产品的技术水平。国产轻、中型载货车塑料用量为 40～50kg,重型载货车可达 80～150kg。应用主要以内饰件为主;同时散热器面罩、保险杠、轮罩、挡泥板、导流板、翼子板、脚踏板、灯壳和灯罩等塑料外装件也越来越普遍;此外还有进气管、空气滤清器、暖风机和空调零件等。

在安全、环保和成本等因素推动下,塑料技术一直在朝向高性能(高弹性模量、高强度、耐热、耐磨、耐火、抗老化)、低污染、低密度、低成本的方向发展。未来塑料新材料发展包括开发外表美观(低反光、耐磨、半透明)同时具有良好降噪性能的内饰新材料，开发具有优良高速冲击性能的内装件材料；开发耐候、耐化学侵蚀、具有良好的表面光泽和抗轻微撞击性能的外装件用聚合物体系，提高塑料零部件的表面光洁度；开发光亮、耐候的着色剂；开发先进的增强材料及增强技术等，以满足零部件高刚度、高耐热性及成形性要求；开发生产夹层构件的材料与工艺；开发满足汽车设计要求的新型塑料合金和塑料共混物、热塑性塑料、热固性塑料和工程塑料；开发耐火塑料。

表6-15列出了目前汽车中主要塑料零部件所用的材料。据统计，居前几位的汽车塑料有PP、PUR、PVC、ABS、PA和PE。

表6-15　目前汽车的主要塑料零部件所用材料

应用部位	零部件	主要品种
外装件	保险杠及面饰、车身板、照明系统、装饰件(镜座、门把手、侧面饰条)	PTO、PC、聚酯、PP、PUR、PA、SMC、PUR-RIM、热塑性塑料、丙烯酸树脂、PS、ASA-AES、PVC、
内装件	内饰件、仪表板、转向轮、空气导管、其他(座椅、车顶蒙里、门内板等)	发泡PUR(用于减振)、PVC为基纤维、AES、ABS/PC合金、PC、PP、改性PPE、PVC、SMA、PUR、PVC，混合PUR-RIM、ABS、PP、SMA、GMT、ABS、PC/ABS、PVC
电气	零件盒、开关插座、接头、灯光系统、电路板、导线	PA、高耐热聚苯乙烯、PP、聚酯、乙酰树脂(开关)、PPS、PBT、再生PET、PPA、PVC
传动系统	轴承、CV接头、U型接头	PA、乙酰树脂
燃料系统	燃油箱、燃油管	HDPE、PA
底盘	悬架、制动器	乙酰树脂、PA、PP芳香族聚酯胺纤维(制动瓦)
发动机	进气系统、供油系统、冷却系统	聚酯、PA、PP(空气清洁系统)、PA(进气歧管)、PA(散热器)，PPS(水泵)

随着塑料制品的不断开发，塑料在汽车上的应用不断扩大，汽车塑料制品的发展趋势主要表现在以下3个方面。

1. 内装件

内装件用材的趋势为：PVC不久将从内饰件应用中退出；聚氨酯因其柔软的触感，预计在内饰件(尤其是高档车)上的应用会不断增长，而中档车在内饰PP化推动下可能更倾向于采用TPO；PU在内饰中尚难以被其他材料取代；复合材料在结构件(如座椅骨架)和吸收冲击能量的零件上的应用将会增长；金属-塑料混合材料在内装件中的应用极具潜力。未来要着力开发外表美观(低反光、耐磨、半透明)同时具有良好降噪性能(尤其是嗡嗡、吱吱声和咔嗒声)的内饰新材料；开发具有优良高速冲击性能的内装件材料；弄清塑料材料触觉特性的本质。汽车塑料内装件如图6.45和图6.46所示。

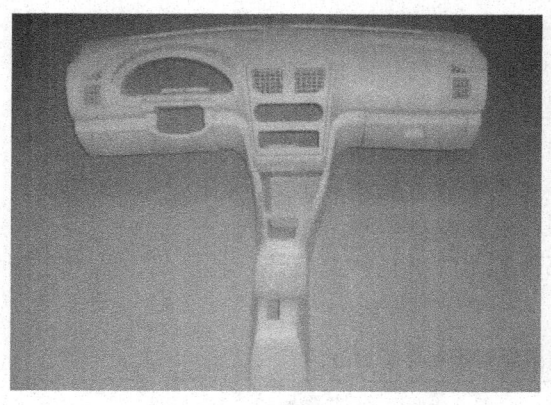

图 6.45 汽车前端内饰件

图 6.46 驾驶室顶内饰件

2. 外装件

开发耐候性（金属或覆盖层耐大气腐蚀的性能）、耐化学侵蚀，具有良好的表面光泽和抗轻微撞击性能的外装件用聚合物体系；提高塑料零部件的表面光洁度；开发光亮、耐候的着色剂；开发先进的增强材料及增强技术；开发可生产出 A 级表面、免油漆外装件的材料；开发大批量、低成本的工装技术；开发大型薄壁零件快速制造工艺；开发先进的模压机；研究虚拟原型技术。高表面质量结构复合材料的快速制备工艺开发，照明纳入总体设计，内、外装材料体系同一化。图 6.47 和图 6.48 所示为全塑 PP 材料的车身。

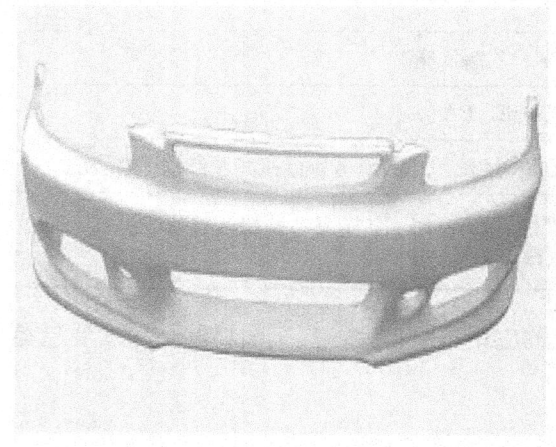

图 6.47 汽车外保险杠

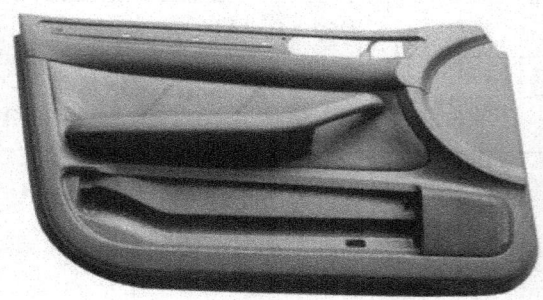

图 6.48 汽车门板

3. 塑料密集汽车

开发生产夹层构件的材料与工艺；开发满足汽车设计要求的新型塑料合金和塑料共混物、热塑性塑料、热固性塑料和工程塑料；开发耐火塑料。

建立汽车塑料、复合材料性能数据库；研究适于塑料的低成本车身骨架设计技术；研究塑料-金属材料复合零部件设计技术；在清洁材料（生物塑料）开发的基础上，设计塑料密集汽车。图 6.49 所示是 2011 年 9 月份奥迪公司推出的一款奥迪 Urban 概念车，车身采用的是碳纤维增强的塑料。

图 6.49　奥迪 Urban 概念车

6.5　轻型钢结构

目前汽车车身轻量化技术主要包括结构的合理优化设计和轻质材料的使用，而在轻质材料使用方面又可分为更换材料种类和改变材料结构方式两类。将高强度钢应用于车身，虽然没有更换材料种类，但改变了材料性能。不仅如此，采用高强度钢还可以进行材料结构方式的改变。图 6.50 所示为目前车身轻量化的几种改变材料结构方式：激光拼焊板、等厚空心钢管、变截面空心钢管。为了增强比较效果，图中也列举了普通等厚钢板和高强度等厚钢板，从图中可以看出改变材料结构方式的发展趋势。

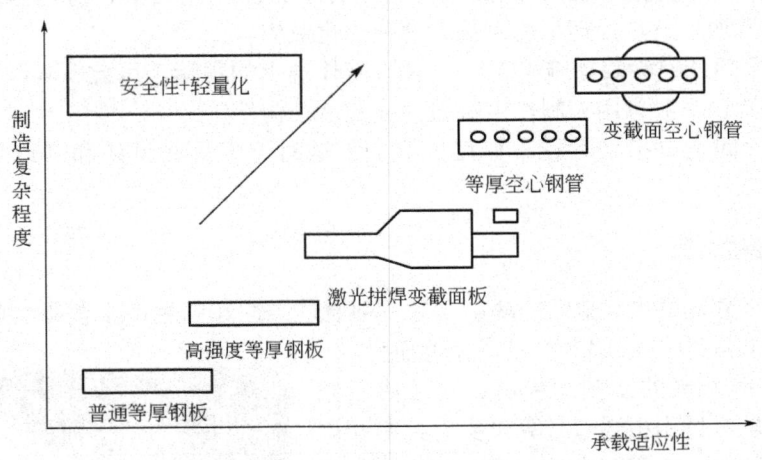

图 6.50　各种材料结构方式的比较

6.5.1　激光拼焊板

无论从高强度等厚钢板过渡到激光拼焊变截面板，还是从等厚空心钢管到变截面空心钢管，变截面技术对于车辆的轻量化、安全性和其结构本身的承载适应性都有显著提高。

目前普通应用于车身的高强度钢都是等厚钢板，例如，车顶、车门、行李厢等部件要求具有抗变形刚度和抗凹陷性,主要使用抗拉强度为340~390MPa的BH钢板。BH钢板的屈服强度在烘烤涂漆时升高,可在不损失成型性的前提下,提高抗凹陷性,减薄钢板。

其实,车身轻量化在更多地应用等厚高强度钢板的同时,还采用了改变材料结构方式的方法,比如拼焊方法。拼焊能使部件拼合,减少部件数量,去除点焊凸缘,这对汽车轻量化有着很大的作用。尽管拼焊材料在使用初期以提高材料利用率为目的,仅用于小型部件上,但最近已将拼焊材料扩大应用于车身侧板和车厢底板等大型部件。图6.51所示是用于车身门板的拼焊板实例。

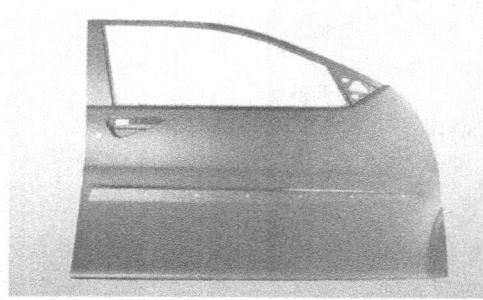

图6.51　高强度钢拼焊应用于车身

激光拼焊板(Tailor Welded Blanks,TWB)又称预制板材技术,就是根据车身设计的强度和刚度要求,采用激光焊接技术把不同厚度、不同表面镀层甚至不同原材料的金属薄板焊接在一起,然后再进行冲压。

TWB的优点是可以根据车身各个部位的实际受力和变形的大小,预先为各车身部件定制一块理想厚度的拼接板,从而达到节省材料、减轻质量且提高车身零部件性能的目的,并且还能实现不同材料板材的焊接,从而进一步发挥了其减重的潜力。

TWB的最大缺点还是来源于其本身技术上的先天不足——焊缝。

(1) TWB的焊缝是一个承载的薄弱环节,设计时必须仔细考虑其位置,将它布置在受力较小的位置,但这样的限制条件制约了TWB能将不同板材任意拼接使用的优势的充分发挥。

(2) TWB的焊缝会影响材料的成型性,在后续的冲压过程中容易产生裂纹,造成隐患,通常需要增加一道热处理工艺来消除这种硬化效应。

(3) 即使采用任何涂装措施也无法彻底掩盖外观上的焊缝,因此TWB不适宜用作车身外覆盖件材料,一般只用来制作内覆盖件或支承结构件。

(4) 板料之间的拼接处存在着厚度的突变,这对于模具的设计和制造是一个不小的难题。

6.5.2　连续变截面板

正是由于TWB突然变截面的缺点,另一种通过柔性轧制生产工艺得到的连续变截面板(Tailor Rolling Blanks,TRB)技术应运而生。

TRB是一种轧制的变截面板材。它的成形原理是在钢板的轧制过程中通过计算机实时控制和调整轧辊的垂直间距,以获取沿轧制方向上按预先定制的厚度连续变化的板材,设计人员可以根据后续加工中钢板各个部位的实际受力和变形,以及整个车身的承载情况,在轧制之前选定有利于连续加工的板料型面,图6.52所示为连续变截面板制成的车身横梁。

TRB的优点是继承了TWB根据载荷工况要求

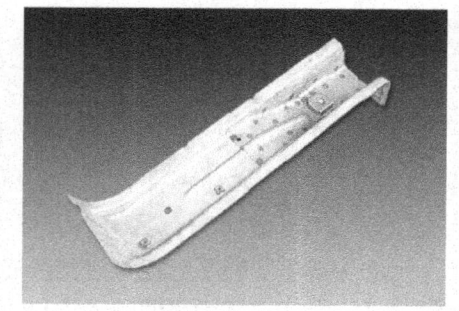

图6.52　连续变截面板的车身横梁

变截面的技术，而且由于是连续变截面所以不存在应力突变和焊缝；其次，由于 TRB 的变截面是由制造过程中辊轧轮的运动形成的，而不像 TWB 需要拼接不同厚度的钢板，因此 TRB 的截面变形次数的增加对成本不会造成任何影响。

TRB 的缺点是变截面使得以往基于等截面研究得出的很多力学以及冲压成型理论都无法适用，因此车身覆盖件的模具设计相当困难；同时，TRB 在深冲压时，必须有多道后续的热处理工序才能保证其最终成型的精确性；此外，TRB 的变截面厚度只能随钢板在压轧时的运动方向的变化而变化。

6.5.3 空心变截面钢管技术

最新的空心变截面钢管技术(Tailor Rolled Tube，TRT)是以 TRB 的为基础，在后续的成型过程中使用了管件液压成型的技术。

TRT 的优点是继承了 TRB 的连续变截面技术，并且采用空心圆环形截面结构，实现进一步的轻量化，而且与传统的矩形截面相比，具有同样的抗拉压和突出的抗扭力学性能。因此它在车身的纵梁、横梁、上边梁和 A 柱、B 柱上有广泛的应用前景。尤其对于纵梁来说，出于碰撞安全性的考虑，纵梁需要前软后硬的特性，而这对于连续变截面的 TRT 来说非常容易实现。TRT 的缺点就是制造工艺复杂、成本较高。图 6.53 所示为变截面车架。

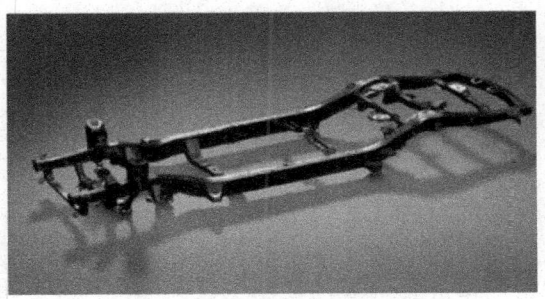

图 6.53 变截面车架

6.5.4 轻型结构对比

1. 减重效果

TWB、TRB 和 TRT 的应用都出于车辆轻量化的目的，根据工程力学中薄壁梁承载性能的基本理论，假设等厚度板、TWB、TRB、TRT 这 4 种板材制成的结构件具有同样的刚度，则其减重效果如图 6.54 所示。TRT 之所以能达到最优的减重效果是因为它实现了梁的板料厚度和结构双重变化，即变截面技术和空心结构，每一份板料都发挥了它的极限力学性能。

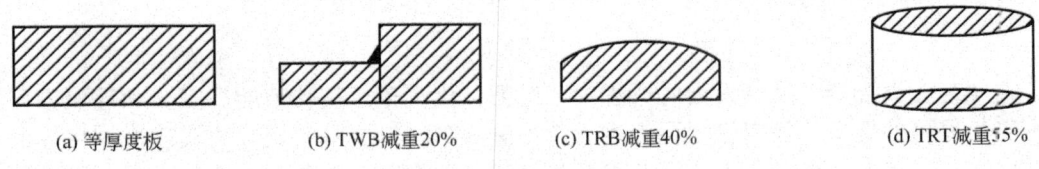

(a) 等厚度板　　(b) TWB减重20%　　(c) TRB减重40%　　(d) TRT减重55%

图 6.54 各种结构板料的减重效果

2. 机械性能

由于 TWB 存在厚度突变和焊缝的影响，且焊接添加金属材料与被焊接基材在材料特性上必然有一定差异，致使 TWB 在沿长度方向上的硬度也会发生跳跃式的变化，如

图 6.55 所示。TWB 硬度的跳跃将为后续的成型加工带来极为不利的影响。相比之下，TRB 和 TRT 具有较好的机械性能，在沿长度方向上的硬度变化比较平缓，具有更佳的成型性能。

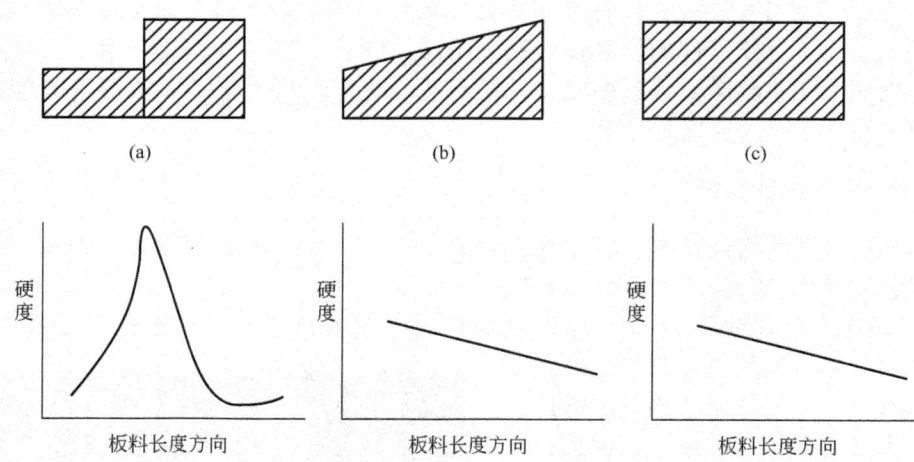

图 6.55　TWB、TRB、TRT 的机械性质比较

3. 工艺复杂程度

TWB 可以通过激光焊接工艺进行不同材质、厚度板料的任意拼接，具有很大的灵活性；TRB 则是靠柔性轧制工艺在不同厚度的板料之间形成一个连续的、缓变的过渡区，但它的不足之处是受轧制工艺和轧机设备的限制，其厚度变化只能发生在板料的初始轧制方向上；此外，现有的轧制工艺还无法把不同金属材料的板料"轧制"成一块整板，即在灵活性上不如 TWB；TRT 是以 TWB 的工艺为基础，然后使用管件液压成型技术，由于需要两道复杂的工序，因此 TRT 的生产周期较长。

由以上对比分析可知，TWB 和 TRB 在减重、机械性能、制造工艺等方面各有特色和不足之处，从综合指标来看，TRB 具有更大的优势。因此，为达到汽车轻量化的目的，又提出一种更好的方案，即把 TRB 与 TWB 组合在一起，制成真正意义上的"任意拼接板"。

6.6　国内外材料和技术发展动向

在实现人类社会可持续发展的进程中，对新一代汽车产品在节能、安全和环保方面提出了更为严格的要求，而以轻量化为主导的先进汽车材料技术已经成为实现这一目标的主要措施之一。目前，国外各大汽车公司及材料行业均投入了大量的人力物力，积极开展汽车技术与汽车新材料研究，并得到了政府的支持。当前世界汽车材料技术发展的主要特征如下。

轻量化与环保是当今汽车材料发展的主要方向。

各种材料在汽车上的应用比例正在发生变化，尽管近阶段钢铁材料仍保持主导地位。主要变化趋势是高强度钢和超高强度钢、铝合金、镁合金、塑料和复合材料的用量将有较大的增长，铸铁和中、低强度钢的比例将会逐步下降，但载重车的用材变化不如乘用车明显。

轻量化材料技术与汽车产品设计、制造装备及工艺的结合将更为密切，汽车车身结构材料将趋向多材料设计方向。

当前，汽车工业的主体技术正步入转型换代的新时期，以机械技术为主的传统汽车技术将被微电子信息技术、新材料技术、新工艺技术和新能源技术等高新技术所取代，轻量化、智能化、节能、安全和环保是当今汽车技术的重要发展方向。汽车技术的发展对汽车材料提出了更高的要求，材料技术是汽车工业技术创新的重要内容和物质基础。从数量上来讲，虽然汽车用材在整个材料市场中所占的比例很小，但它们往往是属于技术要求高、技术含量高、附加值高的三高产品，代表了行业的最高水平。以钢材为例，2010年我国汽车工业钢材消耗量超过700万吨（含进口钢材），不到当年钢材产量的4%，但其中的板材和优质钢占了80%以上，其平均价格是普通钢材的1.3~2倍。目前我国汽车用钢材大约有25%仍然需要进口，主要是高档材料。为了改变这种局面，宝钢、鞍钢、武钢等钢铁企业纷纷加大了汽车钢材的开发力度，建立了多条高水平的汽车钢板生产线，带动了整个行业的产品升级换代，并由此产生了显著的经济效益。因此，新材料的开发与应用不仅促进了汽车的技术进步，同时也将推动材料工业本身的发展与进步，对我国国民经济的发展具有重要意义。表6-16列举了我国未来汽车工业发展开发的最重要的30种材料与技术。

表6-16 我国未来汽车工业发展开发的最重要的30种材料与技术

序号	名 称	主要技术指标与规格	主要用途
1	高强度钢板	主要性能指标达到国外同类产品水平	车身及车架零件
2	镀层钢板	主要性能指标达到国外同类产品水平	车身零件
3	高性能齿轮钢	淬透性带宽不大于4HRC，弯冲抗力	汽车齿轮与齿轮轴
4	高韧性非调质钢	抗拉强度大于900MPa，冲击功不小于60J	发动机零件、轴类零件
5	高延性铝合金板	抗拉强度大于275MPa，断后伸长率大于24%；板厚0.8~4mm，板宽2m	乘用车车身零件
6	高强度铝合金型材	主要性能指标达到国外同类产品水平	车身零件、座椅骨架
7	抗蠕变镁合金	主要性能指标达到国外同类产品水平	发动机零件
8	热塑性弹性体	主要性能指标达到国外同类产品水平	保险杠、仪表板等
9	高密度聚乙烯	密度大于0.94g/cm^3	燃油箱、冲洗水水箱
10	高强度PA66尼龙	主要性能指标达到国外同类产品水平	发动机进气歧管
11	热塑性复合材料	主要性能指标达到国外同类产品水平	乘用车底板零件
12	汽车用水性涂料	主要性能指标达到国外同类产品水平	底涂、中涂与面漆

(续)

序号	名称	主要技术指标与规格	主要用途
13	汽车用粉末涂料	主要性能指标达到国外同类产品水平	底涂与中涂
14	环保型密封胶粘接剂	主要性能指标达到国外同类产品水平	车身、车身内饰件及发动机的粘接与密封
15	汽车制动器无石棉摩擦材料	主要性能指标达到国外同类产品水平	制动器
16	丁基橡胶	主要性能指标达到国外同类产品水平	汽车轮胎
17	丙烯酸酯橡胶	主要性能指标达到国外同类产品水平	
18	纳米汽车尾气净化材料		汽车尾气净化
19	燃料电池储氢材料		燃料电池
20	高性能磁性材料	主要性能指标达到国外同类产品水平	各种电动机、电磁阀
21	汽车传感器用功能材料	主要性能指标达到国外同类产品水平	传感器敏感元件
22	汽车安全气囊织物	主要性能指标达到国外同类产品水平	安全气囊
23	与代用燃料有关的功能材料开发及减摩抗磨技术		
24	汽车材料设计-工艺-零件一体化技术		
25	激光拼焊板坯制造技术		
26	管件内高压成形技术		
27	不同种类材料连接技术		
28	铝合金铸锻一体化技术		
29	铝合金半固态成形技术		
30	汽车非金属材料回收与再生技术		

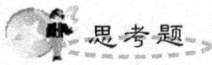

1. 汽车轻量化的研究方法有哪些？
2. 高强度钢板主要应用在汽车上的哪些结构？
3. 镁铝合金主要用在汽车上的哪些结构？
4. 复合材料有些优点？
5. 简述塑料的发展趋势。
6. 简述轻型钢的特点。
7. 简述我国汽车新材料的未来发展方向。

第7章 智能汽车与车联网

 本章教学目标

★ 了解智能汽车的相关概念以及现代电控技术在汽车智能化方面的应用
★ 掌握防撞预警系统、事故自动报警系统、无人驾驶汽车等系统的原理和软、硬件方案的选择
★ 掌握车联网的概念与其在智能交通系统中的应用,以及车联网产业的运作模式

 本章教学要点

知识要点	掌握程度	相关知识
智能汽车概念	了解几种汽车智能化技术	信息融合
防撞预警系统	掌握软件、硬件设计原理	超声波技术、中断
事故自动报警装置	掌握事故自动报警装置的功用和技术原理	GSM通信、GPS定位技术
无人驾驶汽车	掌握无人驾驶汽车导航系统、控制系统、执行系统的功用及原理	光电传感器、车辆模型、执行机构
车联网	掌握车联网组成、原理及其应用	射频技术、通信协议、Telematics系统

导入案例

2010年谷歌研制出无人驾驶汽车(图7.1),谷歌研发的无人驾驶汽车采用智能软件和感应设备,包括摄像机、雷达感应器和激光设备等。汽车能够360°全方位感应:车顶的雷达感应器能够扫描半径约70m范围内的环境,车后的感应器能评估汽车所在的位置,车载电脑通过摄像头能"看懂"交通灯,识别人行道和障碍物等,并模拟人的智力对相应交通状况做出正确反应。车辆行驶途中,会发出"接近人行道""前方转弯"等语音指示,来提醒驾驶人注意。"无人驾驶"并不是说车中无人,而是可以让驾驶人坐在车内什么都不做而到达目的地。世界上许多研究结构和公司都正在进行汽车智能化技术和车联网的研究,随着科技的发展及人们要求的提高,汽车智能化技术及车联网技术将会越来越普及。

图7.1 无人驾驶汽车

7.1 智能汽车概论

7.1.1 智能汽车简介

随着公路等级的不断提高,特别是高速公路的飞速发展,汽车的行驶速度越来越快,车流量越来越大,汽车碰撞交通事故也越来越多。据统计,1985—1994年年底我国因交通事故死亡人数为61.2万人,伤残159万人。全世界每年因交通事故死亡则多达50万人,伤残在1000万人以上。交通事故的发生给人民带来灾难,给国家和社会带来巨大损失。欧洲的一项研究表明:汽车驾驶人只要在有碰撞危险的0.5s前得到"预警",就可以避免至少60%的追尾撞车事故、30%的迎面撞车事故和50%的路面相关事故。若有1s的"预警"时间,则可避免90%的事故发生。

智能汽车是一个集环境感知、规划决策、多等级辅助驾驶等功能于一体的综合系统,它集中运用了计算机、现代传感、信息融合、通信、人工智能及自动控制等技术,是典型的高新技术综合体。目前对智能汽车的研究主要致力于提高汽车的安全性、舒适性,以及提供优良的人车交互界面。近年来,智能汽车已经成为世界车辆工程领域研究的热点和汽车工业增长的新动力,很多发达国家都将其纳入各自重点发展的智能交通系统当中。图7.2所示为汽车智能化应用所涉及的部分技术。

智能汽车主要采用信息融合技术将各种信息融合在一起综合处理。信息融合又称数据融合,它与信号处理、计算机技术、概率统计、图像处理、人工智能和自动控制等学科密切相关,是一门新发展起来的多学科交叉的前沿学科。同时由于其巨大的应用潜能(如目

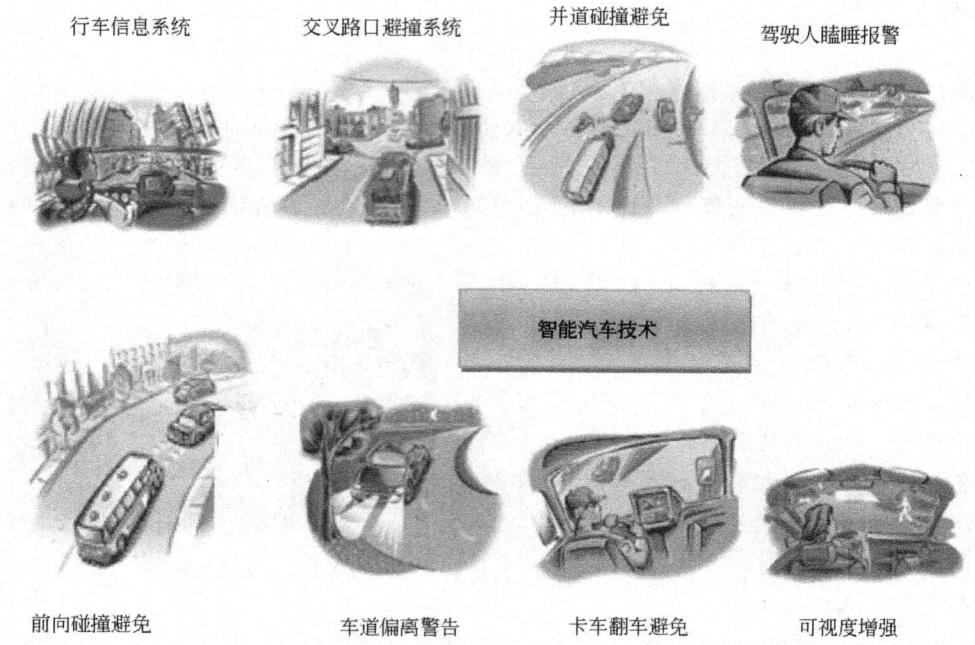

图 7.2 智能汽车及其部分单项技术

标检测、战术警告与防御系统、机器人、遥测遥感、导航和制导、制造系统、设备监控和故障诊断等)和广阔的发展前景,从诞生之初就备受关注。信息融合技术简言之,即利用计算机技术对按时序获取的若干传感器的观测信息在一定准则下加以自动分析、综合,以完成需要的决策和估计任务而进行的信息处理过程。近二十年来,人们提出了多种信息融合模型,其共同点或中心思想是在信息融合过程中进行多级处理。Body 控制回路是一种典型的信息融合模型,Body 控制回路如图 7.3 所示。下面对 Body 控制环模型进行简单描述。

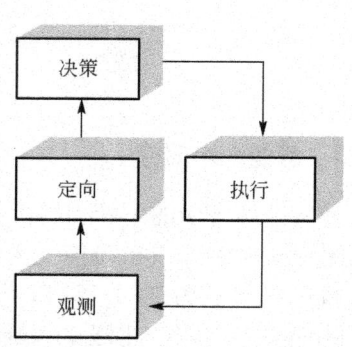

图 7.3 Body 控制回路

Body 控制环(OODA 环,即观测、定向、决策、执行环)首先应用于军事指挥处理,现在已经大量应用于信息融合。Body 控制回路使得问题的反馈迭代特性显得十分明显。它包括 4 个处理阶段:①观测,获取目标信息;②定向,确定大方向认清态势;③决策,制订反应计划;④行动,执行计划。OODA 环的优点是,它使各个阶段构成了一个闭环,表明了数据融合的循环性。随着融合阶段不断递进,传递到下一级融合阶段的数据量将不断减少。融合主要有数据级、特征级和决策级融合 3 种方式。

(1) 数据级融合:在传感器的原始信息未经处理之前进行的信息综合分析,以达到尽量多地保持景物信息。这种融合方式的信息处理量大、处理时间长、实时性较差。

(2) 特征级融合:在对信息预处理和提取特征后,对所获得的景物特征信息(如边沿、形状、轮廓、方向、区域和距离等)进行综合处理,以达到保留足够数量的重要信息和实现信息压缩,从而有利于实时处理。

(3) 决策级融合:融合之前,每种传感器的信号处理装置已完成决策或分类任务。信息融合只是根据一定的准则和决策的可信度作最优决策,以便具有良好的实时性和容错性,使在一种或几种传感器失效时也能工作。智能汽车各种信息融合如图 7.4 所示。

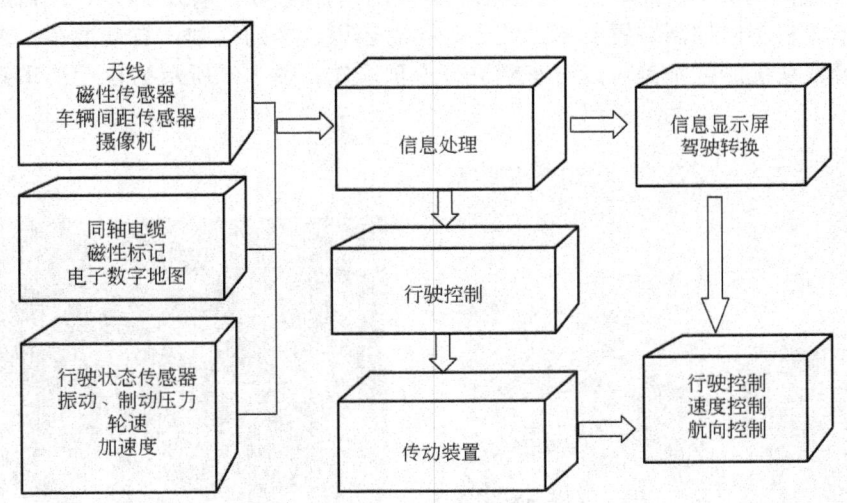

图 7.4　智能汽车各种信息融合

信息融合技术给智能汽车带来了更加光明的前景,使得车辆能够利用多传感器集成技术及融合技术,结合环境信息、交通状况信息做出一个最优决策,实现车辆自动感知前方的障碍物,及时采取措施进行避让;通过对前方信号的识别,自动停车或继续运行;通过对路标的自动识别,避免违章行为等,从而可以大大降低车辆事故的发生,同时减轻驾驶人驾驶的负担,尽量降低驾驶人疲劳驾驶的可能性。

尽管车载信息技术的发展前景非常广阔,但要将它们彼此无缝地链接还有一些技术问题有待解决,如软件和硬件技术方面还需实现技术的飞跃,多媒体的接口问题,电子设备的物理连接,改进无线电通信系统,解决无线电通信的带宽问题,以及开发价格相对合理的软件技术等。另外,为了实现彼此设备的兼容,还要制定统一的工业标准。

7.1.2　国内外智能汽车的发展现状及研究热点

智能汽车是多学科的融合,现在各国及汽车行业都在致力于智能汽车的研发,在节能、环保及安全 3 个方面,智能汽车目前更偏向于安全方面的设计。智能汽车的各个子系统都将朝着更加安全与人性化的方向发展。

1. 危险警告系统

危险警告系统能够通过路侧和车载传感器装置快速收集有关车辆临近区域的车辆位置和移动信息,以及车辆前方影响行驶的障碍物。当系统检测到可能发生危险时,包括车辆偏离行驶车道、两车的距离或行驶速度不合理、车辆行驶前方有障碍物等,危险警告系统发出警告,以帮助驾驶人正确地驾驶汽车。图 7.5 所示为车道偏离警告系统示意图。

2. 辅助驾驶系统

能够防止由于车辆偏离相应的行驶路线引起的碰撞或交通事故。辅助驾驶系统通过在前述的危险警告系统中加入自动控制功能来帮助驾驶人对汽车的操控。当系统认为检测到的情况危险时，包括本车或临近区域车辆出现问题以及有障碍物等，辅助驾驶系统应用自动车速和转向控制装置及制动装置，同时还可以帮助驾驶人自动泊车。辅助驾驶系统与危险警告系统的区别是可以对车辆进行干预操作。图 7.6 所示为自动泊车系统的工作过程。

图 7.5 车道偏离警告系统

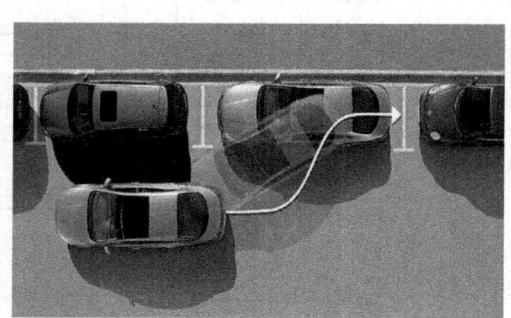

图 7.6 自动泊车系统

3. 汽车防撞警示系统

汽车防撞警示系统利用装备在车辆上的探测装置，如超声波传感器、红外探测器等对车辆的临近区域进行探测，当遇到危险时向驾驶人提供警示或自动采取相应措施。严格地说，汽车防撞警示系统是危险警告系统和辅助驾驶系统的进一步发展，它包括防撞警示系统、侧向防撞警示系统、道路交叉口防撞警示系统、视觉强化防止碰撞系统。图 7.7 所示为汽车利用超声波信号检测前方车辆。

4. 驾驶人驾驶疲劳监测系统

车载设备将以不易察觉的方式监测驾驶人状态，在驾驶人困乏或其他身体不适情况下提出警示。另外，该系统也能对车辆关键部件进行监测，当可能发生功能障碍时，向驾驶人发出警报。车载设备还能探测不安全的道路状况，如桥面结冰、路面积水，并向驾驶人发出警示。图 7.8 所示为驾驶人疲劳驾驶监测系统检测效果示意图。

图 7.7 汽车防撞警示系统

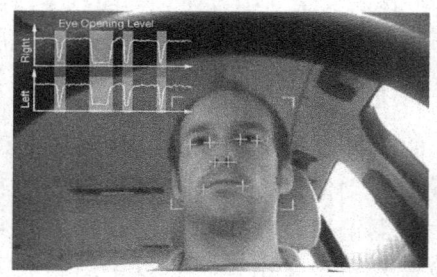

图 7.8 疲劳驾驶检测系统

5. 无人驾驶系统

无人驾驶系统是智能交通系统的一个长远目标,包括公路基础设施信息收集系统、路-车通信系统、车-车通信系统、障碍物检测系统、危险警告系统、加速/偏航和间距检测和控制系统、车辆横向/纵向控制系统、自动回避碰撞系统、微机控制节气门、微机控制转向机构、微机控制制动系统、人机交互计算机等。无人驾驶系统创造了一个近乎没有事故的驾驶环境,能够显著提高汽车的安全性能。

7.2 汽车防撞预警系统

7.2.1 几种常见的汽车防撞预警系统

汽车防撞预警系统是在汽车行驶过程中,对汽车的前后以及左右方向的危险物进行检测,在汽车与危险物具有发生碰撞危险的情况下进行声光报警,提示驾驶人危险物的方向以及危险程度,以便让驾驶人采取相应的措施,避免追尾碰撞和侧挂等交通事故的发生,如图7.9所示。它通常由3部分组成。

(1)测距装置:测距装置采用雷达、超声波、激光、红外线等测定障碍物与汽车的距离。

(2)处理装置:计算机根据事先储存的程序,判断出有碰撞的危险时,向驾驶人发出警报。如果驾驶人未能及时采取措施,则向制动器、转向器等发出指令,以保证汽车的安全。

(3)执行装置:警报器一般采用灯光信号或伴随声音信号。执行装置可根据电脑发出的指令使制动器制动,或使汽车转向。

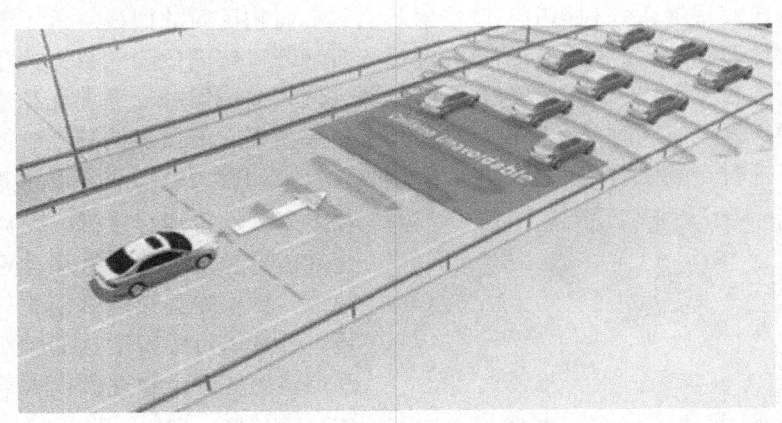

图7.9 汽车防撞系统示意图

由于不同的信息采集技术,其相应的汽车防撞预警系统不同,下面对各种防撞预警系统的原理、特点等方面进行分析。

1. 超声波汽车防撞预警系统

超声波一般指频率在20kHz以上的机械波,具有穿透性较强、衰减小、反射能力强等特点。超声波测距仪器一般由发射器、接收器和信号处理装置3部分组成。工作时，超声波发射器不断发出一系列连续的脉冲，并给测量逻辑电路提供一个短脉冲。超声波接收器则在接收到遇障碍物反射回来的反射波后，也向测量逻辑电路提供一个短脉冲。最后由信号处理装置对接收的信号依据时间差进行处理，自动计算出车与障碍物之间的距离。

超声波测距原理简单、成本低、制作方便，但在高速行驶的汽车上的应用具有一定局限性，这是因为超声波的传输速度受天气影响较大，不同的天气条件下传播速度不一样。对于远距离的障碍物，由于反射波过于微弱，使得灵敏度下降，超声波的发射角度小，直线传播方式所测得的区域小。故超声波测距一般应用于短距离测距，最佳距离为4～5m，一般应用在汽车倒车防撞系统上。目前很多车上都装有超声波倒车防撞系统，如图7.10所示。

图7.10　超声波倒车防撞系统

2. 雷达汽车防撞预警系统

雷达汽车防撞预警系统利用电磁波发射后遇到障碍物反射的回波对其不断检测和计算与前方或后方障碍物的相对速度和距离，经过分析判断对构成危险的目标按程度不同进行报警。该系统由收发天线、定向耦合器、混频器、调频振荡器和处理单元组成。当发射机采用微波调频连续波体制时，在车辆行进中，雷达窄波束向前发射调频连续波信号，当发射信号遇到目标时，被反射回来为同一天线接收，经混频放大处理后，可用其差拍信号间相差来表示雷达与目标的距离，把对应的脉冲信号经微处理器处理计算可得到距离数值，再根据差频信号相差与相对速度关系，计算出目标对雷达的相对速度，微处理器将上述两个物理量代入危险时间函数数字模型后，即可算出危险时间。图7.11所示为装在车后的倒车雷达。

雷达探测性能稳定，不容易受对象表面形状和颜色的影响。雷达具有测量时间短、量程大(可达到10km以上)、精度高等优点，但是周围车辆、障碍物都会对其产生电磁波干扰，车载雷达彼此之间也存

图7.11　倒车雷达

在干扰。雷达汽车防撞预警系统庞大，造价昂贵。在高速路上，隔离带和路两边的金属在很大程度上限制了雷达汽车防撞预警系统的应用。

3. 激光汽车防撞预警系统

目前在汽车上应用较广的激光测距系统可分为非成像式激光雷达和成像式激光雷达。非成像式激光雷达根据激光束传播时间确定距离。它的工作原理是：从高功率窄脉冲激光器发出的激光脉冲经发射物镜聚焦成一定形状的光束后，用扫描镜左右扫描向空间发射，照射在前方车辆或其他目标上，其反射光经扫描镜、接收物镜及回输光纤，被导入到信号处理装置内的光敏二极管，利用计数器计数激光二极管起动脉冲与光敏二极管的接收脉冲间的时间差，即可求得目标距离。利用扫描镜系统中的位置探测器测定反射镜的角度即可测出目标的方位。图 7.12 所示为激光测距系统结构。

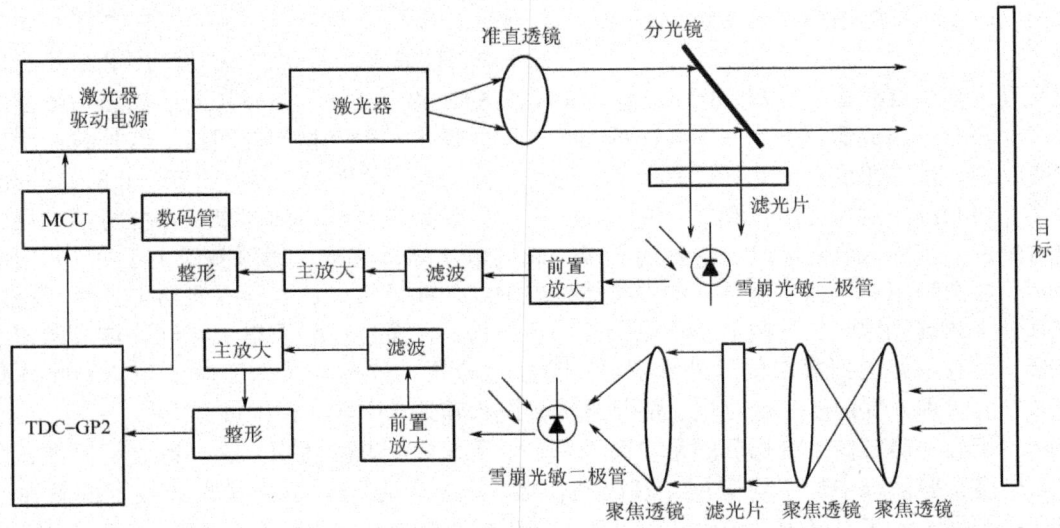

图 7.12　激光测距系统结构

激光汽车防撞预警系统是一种光子雷达系统，它具有测量时间短、量程较大、精度高等优点，在许多领域得到了广泛应用。但是高速运动的车体中，振动幅度比较大和激光在雾天会被吸收以及对人眼的伤害，极大程度限制了激光汽车防撞预警系统的使用。激光汽车防撞预警系统体积也比较大，在车上安装受到了限制。

4. 机器视觉汽车防撞预警系统

机器视觉汽车防撞预警系统由图像传感器、图像采集装置、图像分析处理装置以及报警装置组成。通过 CCD 摄像机模仿人眼的光电探测汽车周围的图像，然后利用高速的数字信号处理器(DSP)来分析处理，由于汽车防撞预警系统要求实时性能高，故要求数字信号处理器处理速度高。利用图像分析、图像识别、图像跟踪的方法，对危险物进行识别和跟踪，并及时计算出危险物与本车的距离、相对速度、相对加速度等，利用专家系统的报警决策提前 4～5s 对危险情况报警。

机器视觉汽车防撞预警系统具有尺寸小、质量轻、功耗小、视觉范围广的特点。机器视觉汽车防撞预警系统模仿人体视觉原理，测量精度高，但是受到软件、硬件的条件制

图 7.13　使用摄像头检测与前车的距离

约，成像速度比较慢，并且在雾天、雨天、雪天等恶劣天气条件下，与人眼一样视野较近，限制了其在高速行驶领域的应用。随着信号处理器的增强，媒体处理器系列的出现，机器视觉汽车防撞预警系统将会取代超声波、雷达等，推进汽车安全技术的发展。图 7.13 所示就是使用摄像头检测车辆与前方障碍物之间的距离。

5. 红外汽车防撞预警系统

红外汽车防撞预警系统由红外热成像传感器、视频采集卡、数字信号处理器、微处理器、报警终端等部分组成。其中红外热成像原理为在中红外区域（波长 $3\sim5\mu m$）或远红外区域（波长 $8\sim12\mu m$），通过探测物体发出的红外辐射，热成像仪产生一个实时的图像，从而提供一种景物的热图像。红外线产生于发热物体，除可感受波长为 $380\sim780\mu m$ 的可见光外，还可感受 $770\sim1350\mu m$ 的红外光。因红外线光波的波长比可见光长，它可以帮助人们看到肉眼看不到的事物，并将不可见的辐射图像转变为人眼可见的、清晰的图像。热成像仪非常灵敏，能探测到小于 0.1℃ 的温差。热成像利用光学器件将场景中的物体发出的红外能量聚焦在红外探测器上，然后将来自每个探测器元件的红外数据转换成标准的视频格式。通过视频采集卡将红外热成像转换成数字信息，并送到数字信号处理器（DSP）处理分析，分析结果送到微处理器判断危险物、危险级别，提前 4～5s 对危险情况报警，提示驾驶人采取正确措施。

由于红外热成像系统探测的是热而不是光，所以可全天候使用，这一特点将促进它在汽车防撞预警系统中的广泛应用，解决超声波、雷达、激光、机器视觉等技术的致命缺陷，也增强了汽车在雾天、雨天、雪天等恶劣气候下的安全行驶。红外线夜视系统已经在奔驰乘用车 S-Class 使用，但是对红外热成像的处理、分析、辨识等方面在软件、硬件上要求高。图 7.14 所示是利用红外检测汽车与障碍物之间距离的实物图。

目前汽车防撞预警系统的主要研究热点如下。

（1）毫米波雷达的研究。汽车用雷达采用 30GHz 以上的毫米波雷达，一方面可缩小从天线辐射的电磁波射束角幅度，减少由于不需要的反射所引起的误动作和干扰；另一方面由于多普勒频移大，相对速度的测量精度高。目前主要应用在宽带无线数据通信及毫米波制导武器上，但是仍然没有摆脱雷达的固有缺陷，即抗干扰能力差，检测视角范围小，在汽车行驶中的抖动无法适应，还有在公路转弯处的前后检测受到弯道的限制。

（2）毫米波雷达和图像传感器的结合。有图像传感器根据路面的方向，从而控制激光或者毫米波雷达的转动方向，让激光或者毫米波雷达跟随汽车行驶车道转动，有效地解决了激光或者毫米波雷达的固有部分缺陷，即检测方向直线，视角

图 7.14　利用红外检测汽车与障碍物之间的距离

角度小甚至为0的缺陷，但是要求图像传感器和对雷达云台控制技术高。

（3）在算法上的研究和改进，如果毫米波的线性调频连续波（LFM-CM）、双线极大值匹配法、双拼检测法、高精度相位检测法、窄带补偿方法、二次相差法等在测精度上和抗干扰上有所提高。

7.2.2 汽车防撞预警系统的发展方向

汽车防撞系统是高科技的产物，它将伴随微电子、光纤、红外技术的进步而得到新的发展。汽车防撞系统未来的发展方向如下。

（1）为满足高速行驶，进一步增大探测距离。增加视觉角度，提高监控范围，提高抗干扰能力，减少误报。

（2）增加驾驶人和汽车检测，因为碰撞事故中驾驶人的疲劳驾驶和汽车的性能也有关系。

（3）降低成本和售价，供用车改装和新车安装使用。

（4）与自动驾驶仪形成反馈系统，按时间响应，排除人为影响，正确保持车距或做出机动避让。

（5）向智能化方向进一步拓展。

汽车防撞预警系统的应用将推动汽车的智能化、信息化，也对无人驾驶技术起到促进作用，从而让人们的行车生活处于安全、舒适、快捷之中。

7.3 事故自动报警系统

7.3.1 事故自动报警系统简介

由于交通部门对信息的掌控和查处交通违法行为的手段较为落后，如果驾驶人在路上发生交通事故，多数都是靠群众打电话报警，这就产生了报警的信息不准确或不齐全的问题，造成交警部门和拯救单位处理延误。而现在当高速公路上发生交通事故时，在打电话报警的同时，已有"电子交警"自动报警，该系统功能十分强大，一遇有交通事故会在最短时间内就近通知交警出警处理，这就是事故自动报警系统。所谓事故自动报警系统，就是在交通事故发生之后，将求救信号和车辆位置等信息传回服务中心，有利于及时开展伤员的救治以及交通事故调查的一种车载装置。图7.15所示为具有事故自动报警功能的ARS装置。

事故自动报警系统的主要组成部分为GPS卫星定位导航系统和车载GSM无线通信系统，另外还需要有车速传感器、加速度传感器以及微控制器（MCU）。系统车载部分的工作原理如图7.16所示。首先汽车上的传感器测出汽车的速度与加速度，再由微控制器判断是否进行进一步操作。这里做出判断的条件可同安全气囊打开的条件相同，但因为有二次报警的功能，条件完全可以放宽，比如加速度不用大于汽车的最大制动加速度就可激发报警。被激发后，系统发出报警声，且仍由MCU根据GPS系统给出的车辆所处的位置结合所存储的电子地图，查找出最近的医院和交警部门的电话号码，并自动通过GSM无线通信网与其建立数据传输的连接。在第一次的数据传输中将车辆的牌号、所处位置（经度、纬度和高度）、紧急制动前的速度与制动时的加速度传到交警部门，而只将车辆的牌号和位置传给医院。这些数据以及相应的时间由专门的计算机记录并存储下来，以便下一步的处理以及有助于以后对事故的调查。警报可设置为响若干分钟，在这若干分钟内可切断数据传输的连接。

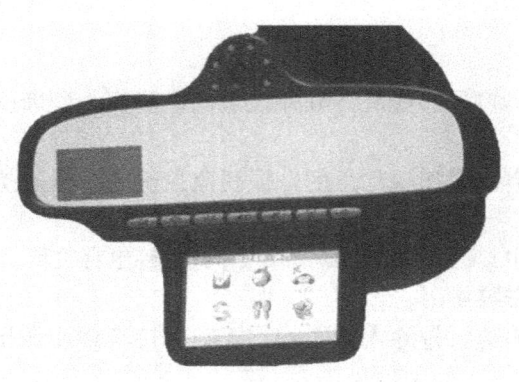

图 7.15　具有事故自动报警功能的 ARS 装置

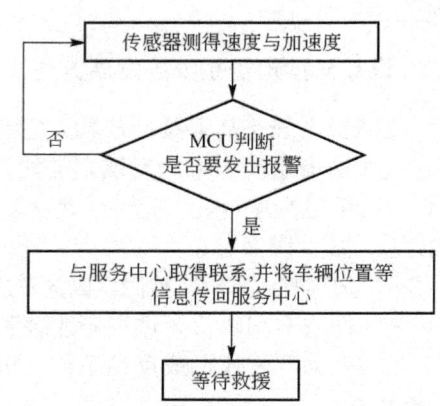

图 7.16　事故自动报警系统流程图

若制动及时并未发生严重后果，驾驶人可自行取消报警，此时系统不再动作。只是上述数据仍将在交警部门有所记录，如果驾驶人交通肇事后取消报警并逃跑，这些数据在事后的调查中就会起到很大的作用。另一方面，如果发生了严重的事故，驾驶人已受伤不能自主求救，系统会在若干分钟后自动通过 GSM 无线通信网，先后与医院和交警部门再次取得连接并发出特定的求救信号。根据收到的关于车辆位置和牌号的数据，有关人员可迅速准确地赶到出事现场进行相应的处理。另外，在相应的接收信息的部门必须有专门的控制系统和人员对接收到的求救或报警信号进行及时处理。

7.3.2　事故自动报警系统的设计

汽车事故自动报警系统的关键技术是 GPS 技术和 GSM 技术。

1. GPS 技术

GPS(Global Positioning System)是通过接收和解译人造卫星所发射的电波信号来确定测站点位置的测量定位系统。GPS 具有定位时间短、定位精度高、野外观测时不受天气条件以及作业时间的限制、无需考虑观测点之间的通视情况、应用范围广等特点，主要由卫星星座(空间部分)、地面监测系统(地面部分)和 GPS 接收机(用户设备部分)3 部分组成，其工作原理如图 7.17 所示。

GPS 的基本观测量是距离(其实质是时间延迟)，基本定位原理是空间后方交会。在特定点上安置好 GPS 接收机，开机后即可接收到某颗卫星所发送的信号(随机码)，经解译后可以获得卫星发送信号的时刻(以卫星钟为标准)及发送信号时卫星的空间位置(即坐标)等有用信息。与此同时，在测站上需测定 GPS 信号的接收时刻(以用户钟即普通石英钟为标准)。设 GPS 信号的发射时刻为 t_1，接收时刻为 t_2，并设卫星钟与用户钟同步，则 GPS 信号在空中传播的时间为：$T=t_2-t_1$，设电波在大气中的传播速度为 C，则从卫星发送信号时的空中位置到接收机之间的空间距离为：$D=CT$。

用 GPS 进行定位测量的目的是求出测站点的三维坐标 (x,y,z)。由传统的测量原理可

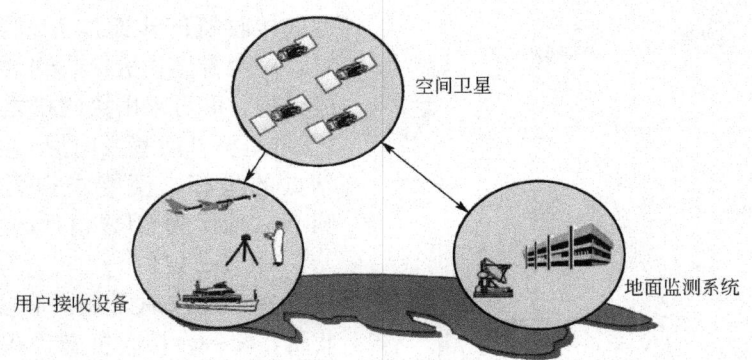

图 7.17 GPS 工作原理图

知,欲求得 3 个未知数至少需要 3 个观测量,即必要观测数为 3。因此,必须同时测定 3 颗卫星的导航信号,即需测量接收机至 3 颗卫星的距离 D_1、D_2 和 D_3。设这 3 颗卫星发送信号时所处位置的坐标分别为 (x_1, y_1, z_1)、(x_2, y_2, z_2) 和 (x_3, y_3, z_3),则有:

$$\begin{cases} (x_1-x)^2+(y_1-y)^2+(z_1-z)^2=D_1^2 \\ (x_2-x)^2+(y_2-y)^2+(z_2-z)^2=D_2^2 \\ (x_3-x)^2+(y_3-y)^2+(z_3-z)^2=D_3^2 \end{cases}$$

解此方程组,即可求出测站的坐标 (x, y, z)。

GPS 定位方法根据模式的不同可以分成单点定位、相对定位和差分定位。

1) 单点定位

单点定位又称绝对定位。在一个待测点上,用一台接收机独立跟踪 GPS 卫星,测定待测点(天线位置)的绝对坐标(地心坐标),其原理与方法跟上段介绍的完全相同。由于普通用户只知 C/A 码(粗码)而不知 P 码(精确码),导航电文所提供的卫星星历(卫星位置)存在误差,加上电波在空中传播时受到大气延迟误差影响等原因,因此绝对定位的精度较低,一般为 30m 左右,最高为 3~5m。这样的定位精度显然不能满足一般工程测量的要求,但在船舶、飞机导航及海洋勘探等领域却有着极为广泛的应用。城市中的车载 GPS 就是采用单点定位方法。图 7.18 所示为 GPS 单点定位原理图,其精度可达 10~30m。

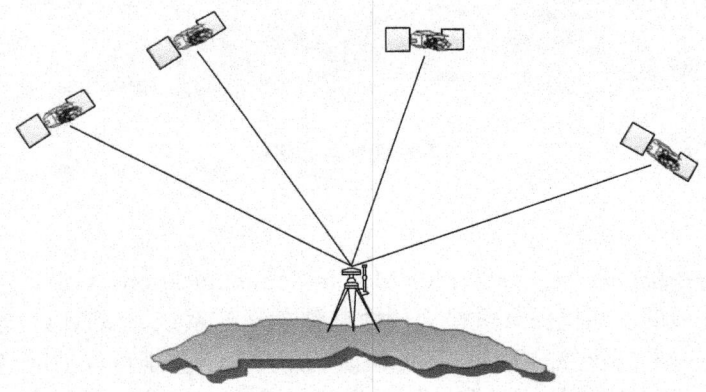

图 7.18 GPS 单点定位

2) 相对定位

相对定位是通过测量卫星发送的电波到达两台接收机的时间差来完成的,用两台同类型的接收机同步跟踪相同的 4 颗卫星信号，对两台接收机接收到的电波信号做合成处理，即可求出接收机之间的相对位置（三维坐标差或基线向量），只要给出一个站点的坐标，便能求得另一点的坐标。图 7.19 所示为 GPS 相对定位示意图。

3）差分定位

差分定位时采用两台以上的 GPS 接收机，将一台接收机安置在地面已知点上作为基准，其余接收机分别安置在其他待测点上。各接收机同时进行单点定位，根据基准站的测定坐标和已知坐标即可求出

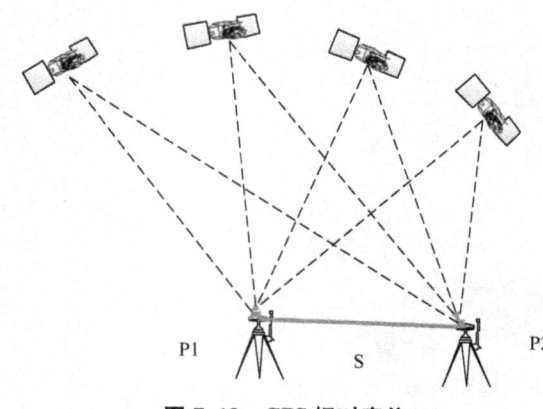

图 7.19　GPS 相对定位

定位结果的改正数（位置差分）或伪距观测值改正数（伪距差分）。通过基准站与用户站间的数据链（由调制解调器和电台组成）将基准站的改正值实时传送给用户站，对用户接收机的定位结果进行改正，从而大大提高定位精度。

图 7.20 所示为 GPS 差分定位示意图。差分定位方法兼容了单点定位和相对定位的优点，同时克服了二者的缺点。必须指出，采用差分定位时，各接收机的型号必须相同（其中一台配有电台作为基准站），而且须同时观测相同的 4 颗卫星。作为差分定位技术的典型代表，载波相位实时差分技术（RTK）目前正得到越来越广泛的应用。

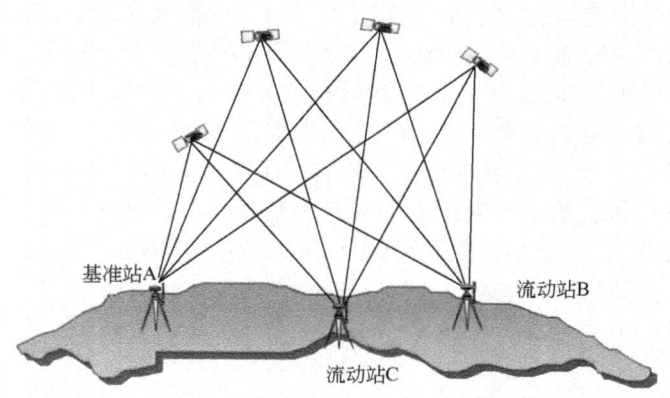

图 7.20　GPS 差分定位

2. GSM 技术

全球移动通信系统（Global System for Mobile Communication，GSM）是目前国内覆盖最广、系统可靠性最高、话机保有量最大的数字移动通信系统。GSM 以统一的方式向各地用户提供具有所有电信业务的国内和国际漫游。用户身份鉴别可保护网络避免无权用户使用。GSM 除提供话音业务外，还提供数据业务、短消息（SMS）业务等多项功能。在汽车事故自动报警系统中主要运用的是 GSM 的数据业务。

图 7.21 所示为 GSM 网络系统构架组成图。GSM 主要是由交换网路子系统（NSS）、无线基站子系统（BSS）和移动台（MS）三大部分组成。其中 NSS 与 BSS 之间的接口为"A"

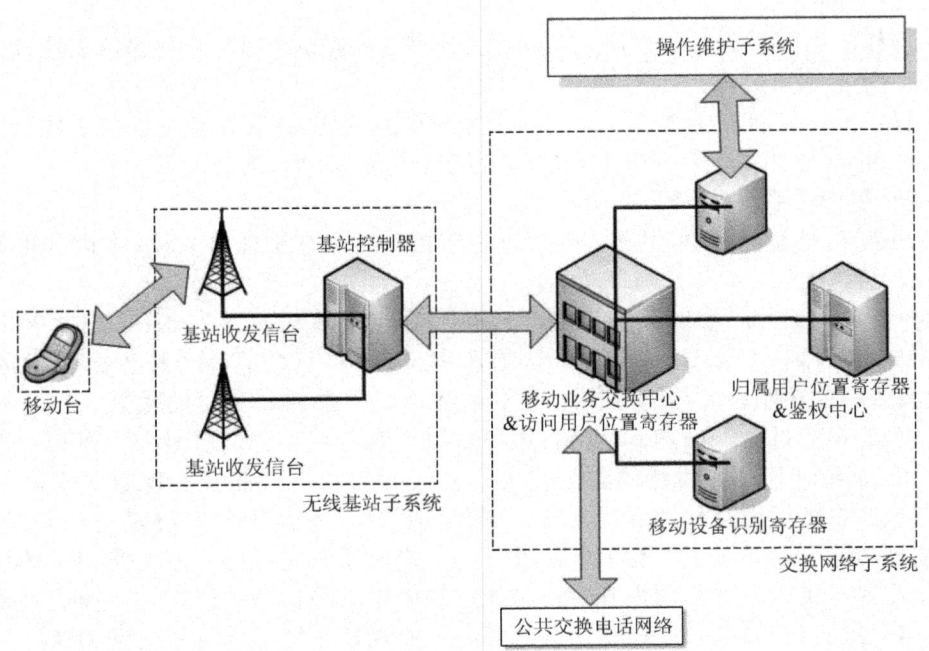

图 7.21　GSM 网络系统构架

接口，BSS 与 MS 之间的接口为"Um"接口。

1) 无线基站子系统(BSS)

BSS 通过空中接口直接与移动台相接，负责无线发送接收和无线资源管理，由 MSC 控制，可分为基站控制器(BSC)和基站收发信台(BTS)。

(1) 基站控制器(BSC)：具有对一个或多个 BTS 进行控制的功能，主要负责无线网路资源的管理、小区配置数据管理、功率控制、定位和切换等，是个很强的业务控制点。

(2) 基站收发信台(BTS)：无线接口设备，它完全由 BSC 控制，主要负责无线传输，完成无线与有线的转换、无线分集、无线信道加密、跳频等功能。

2) 交换网路子系统(NSS)

NSS 主要完成交换功能和客户数据与移动性管理、安全性管理。NSS 由一系列功能实体所构成，各功能实体介绍如下。

(1) 移动业务交换中心(MSC)：GSM 系统的核心，是对位于它所覆盖区域中的移动台(MS)进行控制和完成话路交换的功能实体，也是移动通信系统与其他公用通信网之间的接口。

(2) 访问用户位置寄存器(VLR)：是一个数据库，存储 MSC 为了处理所管辖区域中 MS 的来话、去话呼叫所需检索的信息，例如客户的号码，所处位置区域的识别，向客户提供的服务等参数。

(3) 归属用户位置寄存器(HLR)：是一个数据库，存储管理部门用于移动客户管理的数据。每个移动客户都应在其 HLR 注册登记，它主要存储两类信息：一类是有关客户的参数；另一类是有关客户目前所处位置的信息，以便建立至移动台的呼叫路由，例如

MSC、VLR 地址等。

（4）鉴权中心（AUC）：用于产生为确定移动客户的身份和对呼叫保密所需鉴权、加密的参数的功能实体。

（5）移动设备识别寄存器（EIR）：是一个数据库，存储有关移动台设备参数，主要完成对移动设备的识别、监视、闭锁等功能，以防止非法移动台的使用。

3）操作维护子系统（OSS）

OSS 主要是对整个 GSM 网路进行管理和监控，通过它实现对 GSM 网内各种部件功能的监视、状态报告、故障诊断等功能。

目前 GSM 的最小计费时间是 1min，GPS 每次定位数据不到 20B，采用效率为 50% 的编码方式也不到 40B，若按 9600bps 的速率，传输一次 GPS 位置数据的时间大约 0.04s。虽然用此功能在此传输数据不是很经济，但考虑到其实时性较好，还是把它选为此时联系的第一选择。当然其他两种服务也可同时配置，比如通过人工拨号，医院和驾驶人之间也可利用 OSS 对话或当医院电话占线时，利用短信服务将有关求救信息传送出去，这些都可以通过软件灵活实现。最佳的设计方案是把此系统建立在 GPS/GSM 移动定位多功能服务系统上。在平常情况下为用户提供所需服务，而在类似上述危急关头可自动发挥作用。考虑到用户有时不想让监控中心得知自己的行动，从而会关闭整个系统或一时忘记打开开关，所以微控制器还必须有在特定情况下自动起动系统并按规定程序运行的功能。

7.4 无人驾驶汽车

英国和美国的科学家研究分析表明，每个交通事故均不同程度地涉及驾驶人、汽车和道路环境因素。英国的研究得出道路交通事故肇事发生的唯一原因是由驾驶人因素引起的占 65%（美国为 57%），而与驾驶人因素有关（驾驶人-汽车因素、驾驶人-道路环境因素、驾驶人-汽车-道路环境因素和驾驶人因素）的百分率占到近 95%（美国占 94%）。我国道路交通事故的统计也表明，主要由于驾驶人造成的事故占 90% 左右。总之，驾驶人失误作为肇事发生交通事故的主要原因已被世界各国所公认。如果要从根本上解决这一问题，就需要将"人"从交通控制系统中请出来，从而提高安全性。由于无人驾驶电动车不需要驾驶人，系统效率也随着提高。这种新型车辆控制方法的核心就是实现车辆的无人自动驾驶。而车辆安全是无人驾驶车成败的关键。

无人驾驶汽车（图 7.22）是一种智能汽车，也可以称为轮式移动机器人，主要依靠车内的以计算机系统为主的智能驾驶仪来实现无人驾驶。无人驾驶汽车集自动控制、体系结构、人工智能、视觉计算等众多技术于一体，是计算机科学、模式识别和智能控制技术高度发展的产物，也是衡量一个国家科研实力和工业水平的一个重要标志，在国防和国民经济领域具有

图 7.22　无人驾驶汽车

广阔的应用前景。

无人驾驶汽车的智能主要体现在以下 4 个方面：①行车路径规划能力；②环境实时感知能力；③车辆行为决策能力；④车辆驾驶控制能力。

7.4.1 无人驾驶电动汽车的原理

无人驾驶汽车设计的主要技术有两种：一种是采用磁传感器来检测路径，但这需要在地面下预埋磁钉，需要对路面重新改造，对路面有破坏性；另一种是采用 CCD 摄像头作为传感器来检测路径，然而 CCD 摄像头的价格一般较高，并且需要对采集到的图像进行实时处理，对系统的硬件和软件都要求较高。

在此介绍一种基于光电传感器基础的自动导航系统，其根据光电传感器测得的反射光强的信号来自动辨识行驶路径，实现车辆的无人自动寻迹行驶。与其他导航方案相比，该方案导航系统具有结构简单、安装方便、对道路无损坏和价格低廉等特点。图 7.23 所示为无人驾驶电动汽车自动循迹系统组成。

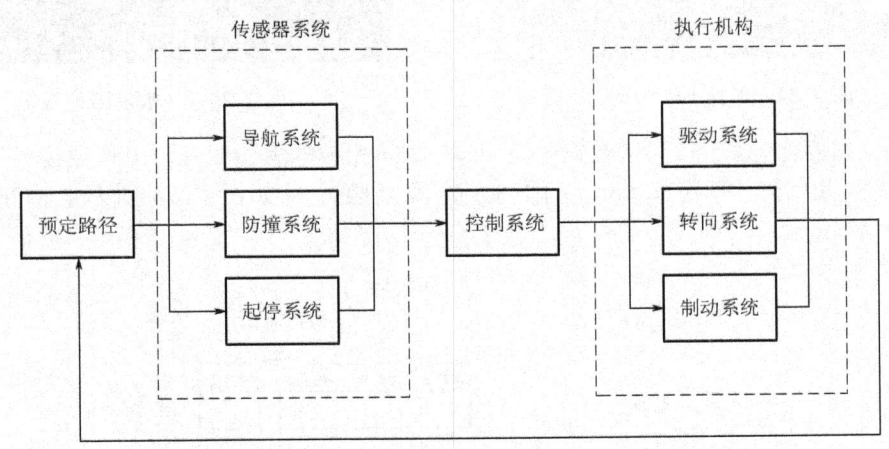

图 7.23 无人驾驶电动汽车自动循迹系统组成

无人驾驶电动汽车系统主要由传感器系统、控制系统和执行机构等组成。传感器系统主要由导航系统、防撞系统和起停系统等组成；控制系统可以选择 dSPACE 公司的 MicroAutoBox 控制器；执行机构主要由轮毂电动机、线控转向和液压制动等系统组成。

导航系统自动检测车辆相对于预定路径的横向偏差，控制系统根据横向偏差来计算转向系统所需的转角，并输出指令控制电动机驱动系统、线控转向系统和液压制动系统。电动机驱动系统根据控制器的速度指令进行速度闭环控制，线控转向系统根据控制器转角指令进行转角闭环控制，液压制动系统根据控制器的制动指令进行开环控制。

1. 导航系统

无人驾驶电动汽车导航系统主要由光源、光电传感器、遮光附件、信号采集和电源这 5 部分组成。

光源部分采用高亮白光 LED，共 48 个。白光 LED 外观如图 7.24 所示，其性能参数见表 7-1。

表 7-1　白光 LED 性能参数

直径/mm	电流/mA	导通电压/V	亮度/特斯拉
5	20	3	720

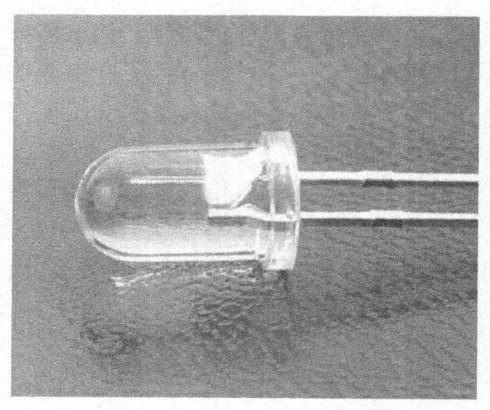

图 7.24　白光 LED 外观

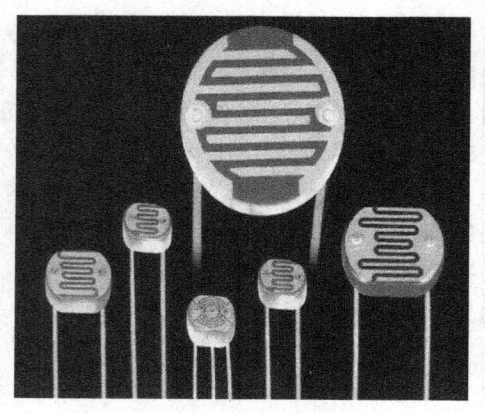

图 7.25　光敏电阻外观

光电传感器部分采用 2‰ 精度硫化镉 cds5562 的光敏电阻（φ5mm，工作温度范围 −30～+70℃），共 40 个，等距 7.68mm 排列。光敏电阻外观如图 7.25 所示，内部结构如图 7.26 所示。

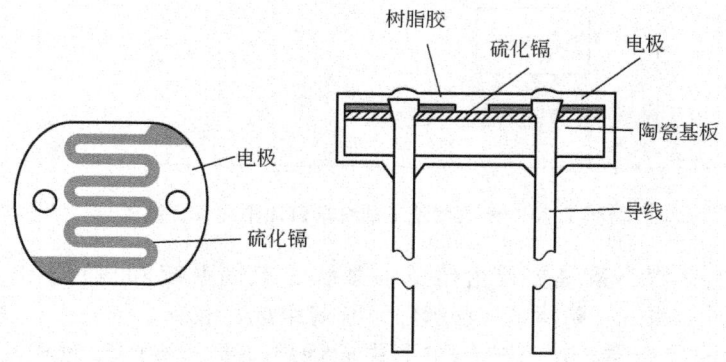

图 7.26　光敏电阻内部结构图

光敏电阻是基于内光电效应的光敏元件。在光照作用下能使物体电导率发生变化的现象称为内光电效应。内光电效应发生时，固体材料吸收的能量使部分价带电子迁移到导带，同时在价带中留下空穴，由于材料中载流子数量增加，其电导率也增加，使电阻值减小。

光敏电阻便是利用这一原理，当光照增强时，其电阻值便减小，因此通过半桥分压测量光敏电阻两端的电压变化便可以反映光照的强弱，从而能够反应光强的变化。光敏电阻的测量电路如图 7.27 所示。

由于系统采用了可见光源，故户外阳光及相邻光源均会对系统的信号产生干扰，需对路径传感器系统进行遮光处理。导航系统采用在每个光敏电阻上加装黑色塑胶套管来避免相邻光源干扰,车辆的车身可防止阳光对系统的干扰。

导航系统采用的是两块飞思卡尔 MC68HC908GZ60 八位单片机,每块 GZ60 单片机拥有 24 路 A/D 转换通道,工作在 4M 总线频率下时,每路 A/D 最小转换时间为 $17\mu s$,总转换时间小于 $600\mu s$。在导航系统的实际设计中,每块 PCB 负责 20 个通道的数据采集和发送。单片机系统将所有通道的采集结果通过 3 个 8 字节 CAN 标准数据帧发送给 MicroAutoBox。根据计算,采用 500Kbps 速率的 CAN 总线可将总线负荷率维持在不大于 50%,此方案通过 CANoe 在线测试表现稳定。

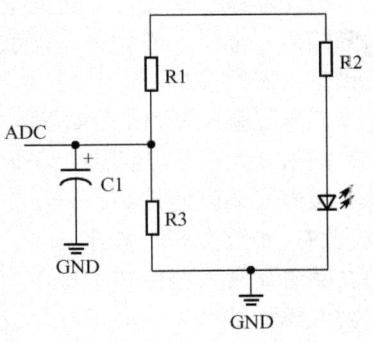

图 7.27 光敏电阻的电压测量电路

电源部分由 STL7805 稳压器和两个 $2000\mu F$ 的电容组成,其输入电压为 DC 12V,输出电压 DC 5V 为光源和传感器供电,其原理图如图 7.28 所示。

光源的灯光照射到白纸和地面上后,由于白纸和地面对光的反射程度不同,因此光电传感器测得的反射光强度就不同,对应位置处传感器部分的输出电压也不同,不同的电压值经单片机采样转换后通过 CAN 总线发送给 MicroAutoBox 控制器,从而也就可以根据传感器的输出电压来判断车辆与白线的相对位置。路径传感器系统的原理图如图 7.29 所示。

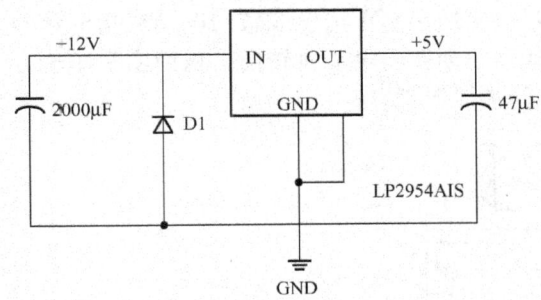

图 7.28 路径传感器电源原理图

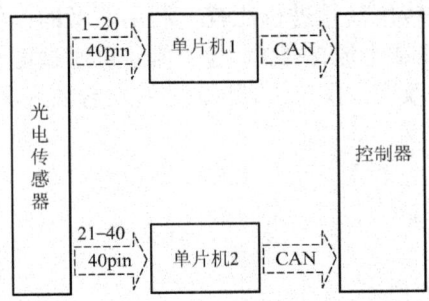

图 7.29 路径传感器系统原理图

光电传感器测得的白纸和背景的电压值范围为 0~5V,为便于路径(白线)的辨识,单片机系统将测得的电压值线性放大为 0~255V 后再传给控制器。控制器在收到数据后,根据设定的阈值来判断白线的位置。

2. 控制系统

车辆自动循迹行驶的控制原理如图 7.30 所示,控制系统根据预瞄点 P 的预瞄信息来控制车辆的转向。

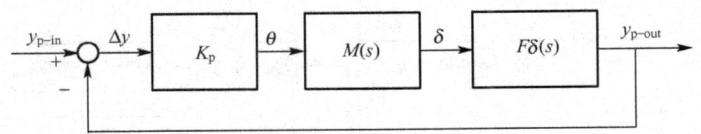

图 7.30 自动循迹行驶时控制系统的控制原理图

控制器系统的功能：将光电传感器的测试结果转换为横向偏差 Δy，获取车辆行驶的预瞄信息；加入"驾驶人"模型，对车辆的状态进行自动控制；进行程序设计，控制车辆按预定工况行驶。

汽车驾驶人模型是对驾驶人操纵汽车的行为的数学表达，是一个复杂的控制系统。驾驶人的操纵行为包括对信息的感知、综合、判断、推理、决断，最后通过神经肌肉的反应产生汽车所需要的方向控制、驱动控制、制动控制等操纵力。操纵行为具有很强的随机性、自适应性、离散性和时变性。因此，要用数学模型来精确描述驾驶人的操纵行为是比较困难的。随着驾驶人监控技术、通信技术、计算机技术、人工智能以及控制理论的不断发展，驾驶人模型的研究已取得不少成果，并且已成为当前国内外学者研究的一个热点问题。

3. 执行装置

无人驾驶汽车的执行装置主要可以分为3部分，分别是驱动系统、转向系统及制动系统。

1）驱动系统

驱动系统采用轮毂式纯电动汽车，其驱动装置为4个电动机。

2）转向系统

转向系统采用线控转向，由机械转向机构、传感器、电子控制单元这3部分组成。无人驾驶车转向系统的作用是根据路径规划指令，控制前轮的转动，使车辆沿规划的路径行驶。图7.31所示为无人驾驶汽车转向系统结构。系统工作过程中，转向控制器根据路径规划指令，生成前轮转角命令信号。该信号将与角度传感器或齿条位移传感器反馈的实际前轮转角信号进行比较，利用两者的差值，通过一定的控制算法生成转向电动机指令信号（电压或电流信号）。指令信号再通过电动机驱动器驱动转向电动机转向，从而实现车辆方向的改变。图7.32所示为无人驾驶汽车转向系统控制原理。

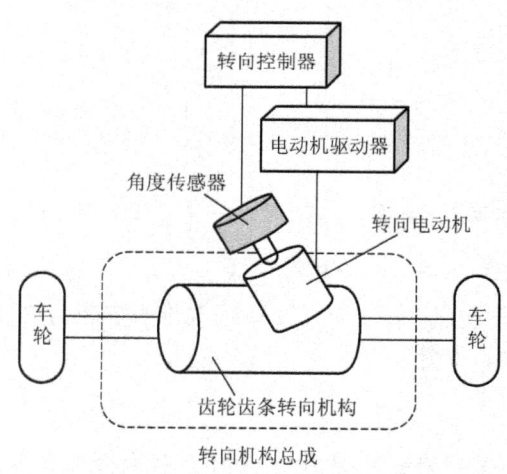

图7.31 无人驾驶汽车转向系统结构

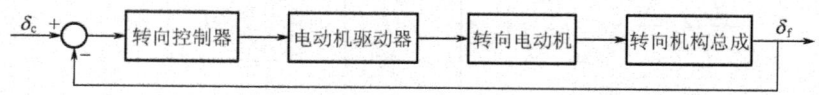

图7.32 无人驾驶汽车转向系统控制原理

(1) 机械转向机构：包括转向盘、转向柱、转向电动机、电磁的转向器、转向拉杆。
(2) 传感器：包括转向盘转角传感器、转矩传感器、拉杆位移传感臂上的侧向加速度传感器。
(3) 电子控制单元：包括控制电路板及动力电路板两部分。

3) 制动系统

无人驾驶电动车的液压制动系统以传统车辆的液压制动系统为基础，将制动主缸的制动踏板促动改为电动推杆促动。改进的液压制动系统主要由直流电动机驱动器和电动推杆组成，电动推杆由直流有刷电动机和减速机构组成。电动推杆中直流电动机的转动经过减速机构作用后转变为推杆的平动，推动主缸活塞产生制动液压力，从而完成整车的制动过程。图 7.33 所示为液压制动系统控制过程图。

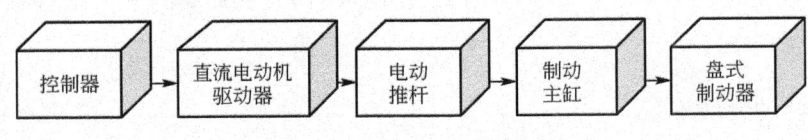

图 7.33　液压制动系统原理图

7.4.2　无人驾驶汽车的发展方向

无人驾驶汽车的研究可以归纳为 3 个方面：高速公路环境、城市环境和特殊环境下的无人驾驶系统。就具体研究内容而言，3 个方面相互重叠，只是技术的侧重点不同。

1. 高速公路环境下的无人驾驶系统

这类系统将使用在环境限定为具有良好标志的结构化高速公路上，主要完成道路标志线跟踪、车辆识别等功能。这些研究把精力集中在简单结构化环境下的高速自动驾驶上，其目标是实现进入高速公路之后的全自动驾驶。尽管这样的应用定位有一定的局限性，但它的确解决了现代社会中最为常见、危险，也是最为枯燥的驾驶环节的驾驶任务。

2. 城市环境下的无人驾驶系统

与高速环境研究相比，城市环境下的无人驾驶由于速度较慢，因此更安全可靠，应用前景更好。城市环境下的无人驾驶系统短期内可作为城市大容量公共交通（如地铁等）的一种补充，解决城市区域交通问题，如大型活动场所、公园、校园、工业园、机场等。但是城市环境也更为复杂，对感知和控制算法提出了更高的要求。城市环境中的无人自动驾驶将成为下一阶段研究重点。目前这类环境的应用已经进入小范围推广阶段，但其大范围应用目前仍存在一定困难，例如可靠性问题、多车调度和协调问题、与其他交通参与者的交互问题、成本问题、商业模型等。

3. 特殊环境下的无人驾驶系统

无人驾驶汽车研究走在前列的国家，一直都很重视其在军事和其他一些特殊条件下的应用。但特殊环境下的无人驾驶系统关键技术和基于高速公路和城市环境的车辆是一致的，只是在性能要求上的侧重点不一样。例如，车辆的可靠性、对恶劣环境的适应性是在特殊环境下考虑的首要问题，也是在未来推广应用中要重点解决的问题。

无人驾驶汽车是未来汽车发展的方向，人类在不久的将来将会用上智能型无人驾驶汽车。那是一种将探测、识别、判断、决策、优化、优选、执行、反馈、纠控功能融为一体，会学习、会总结、会提高技能，集微型计算机、微电动机、绿色环保动力系统、新型结构材料等顶尖科技成果为一体的智慧型汽车。需要指出的是，研发无人驾驶汽车并非要完全替代驾驶人，只是在需要替代的领域和场合作替代。无人驾驶汽车尤其适合从事旅游、应急救援、长途高速客货运输、军事用途，以发挥可靠、安全、便利及高效的性能优势，减少事故，弥补有人驾驶汽车的不足。无人驾驶汽车在交通领域的应用，从根本上改变了传统车辆的控制方式，可大大提高交通系统的效率和安全性。随着高科技的发展，无人驾驶车辆技术将会不断发展，其功能也将更完善，学科内容将会更丰富，产业化前景更美好。

7.5　车联网技术与智能交通

7.5.1　国内外的发展现状

智能交通系统就是利用现代计算机、信息、通信及控制技术，把车辆、道路、使用者紧密结合起来，以解决汽车交通事故、堵塞、环境污染及能源消耗等问题为目的，基于智能化、信息化的汽车交通系统。智能交通系统的目标就是建立一个高效、便捷、安全、环保、舒适的综合交通运输体系。

智能交通系统是一个复杂综合的技术体系，是由面向道路、面向车辆、面向综合交通管理的各种不同领域的技术动态组成的。不同的国家和地区，智能交通系统的具体内容、系统框架都有所差别。

2001年中国正式推出ITS发展的纲领性技术文件《中国智能运输系统体系框架》（第1版），并在"十五"期间进一步修订完善，第2版于2005年完成。中国ITS系统框架在参考国外相关研究的基础上，划分为以下8个服务领域。

（1）交通管理与规划（ATMS）。
（2）电子收费（ETC）。
（3）出行者信息（ATIS/APT）。
（4）车辆安全与辅助驾驶（AVCSS）。
（5）紧急事件和安全（Emergency and Security）。
（6）运营管理（CVO/APTS）。
（7）综合运输（Inlermodal Transport）。
（8）自动公路（AHS）。

本书中所涉及的智能交通技术主要是指在智能交通系统中与车辆相关的共性的一些技术，如车载导航、动态交通信息、车载通信、智能车、ETC等。

车联网是指装载在车辆上的电子标签通过无线射频等识别技术，实现在信息网络平台上对所有车辆的属性信息和静、动态信息进行提取和有效利用，并根据不同的功能需求对所有车辆的运行状态进行有效的监管和提供综合服务。车联网将缓解城市交通堵塞、减少车辆尾气污染以及减小车辆安全隐患。应用"车联网"技术的车辆能与城市道路系统保持实时通信。这些功能可优化驾驶人的行使路线，缩短旅途时间，让旅途更具可预测性。驾驶人在驾驶汽车的同时还能保持与社交网络的无缝连接。车联网将彻底改变人类出行模式，重新定义汽车的 DNA。实现车联网技术的未来城市交通将告别红绿灯、拥堵、交通事故、停车难等一系列问题，并实现自动驾驶。图 7.34 所示为车联网系统模式示意图。

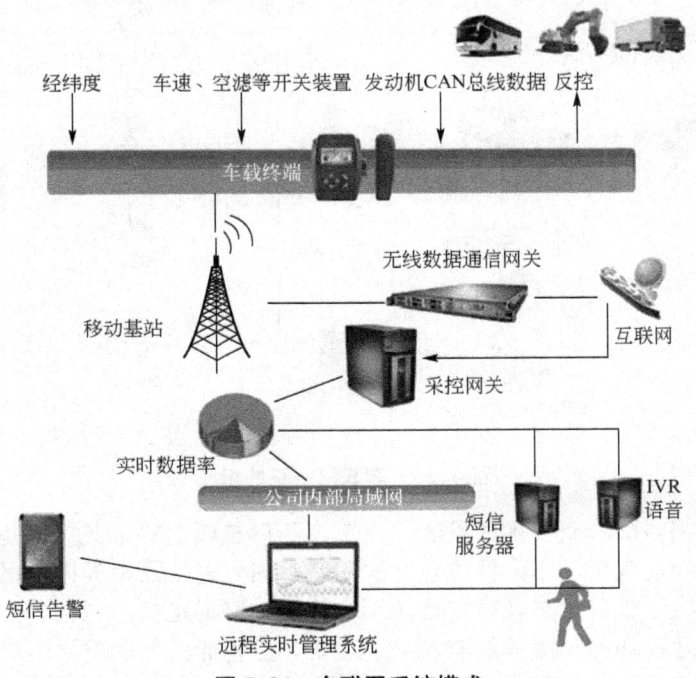

图 7.34　车联网系统模式

7.5.2　车联网通信系统的设计

车联网是分为感知层、网络层和应用层的 3 层工作体系。工作步骤为：首先通过 RFID、传感器、二维码，甚至其他的各种机器，实现全面感知；然后感知的信息通过网络进行实时传送；传递后，利用云计算等技术及时对海量信息进行处理，真正达到人与人的沟通和物与物的沟通，从而实现了信息的智能处理。

在车联网体系中感知层就是车载终端，但这里所说的车载终端并非传统的车载计算机或车载通信系统，而是一种车辆管理工具，具备身份识别以及感知能力。具体构成在后面章节将有详细介绍。网络层主要用到两种无线通信方式，一种是 3G 无线网络，另一种是 RFID 无线射频识别。应用层范围比较广，包括为车联网提供海量数据分析处理的云计算平台，为交通调控部门提供的车辆统一管理平台，以及为用户提供的各种定位、导航、呼救、娱乐服务。图 7.35 所示为车联网系统的组成。

1. 车载终端的设计

车载终端作为车联网的感知层，是整个系统的数据采集部分，它的主要功能是当用户在线状态下，实时地将 GPS 接收机收到的卫星定位信息通过串口传输到接收缓冲区，车载终端解析所收到的 GPS 数据，并通过 CDMA 将 GPS 信息、RFID 标签信息、汽车的 CAN 网络状态信息上传到远程监控中心；远程监控中心会不定时下发查询或控制命令，要求车载终端上传指定的数据或控制车载终端的系统设置，如设置信息上传的时间间隔等。通过 CAN 网络可以实时监控汽车运行的状态，包括车灯的状态、散热器的冷却液温

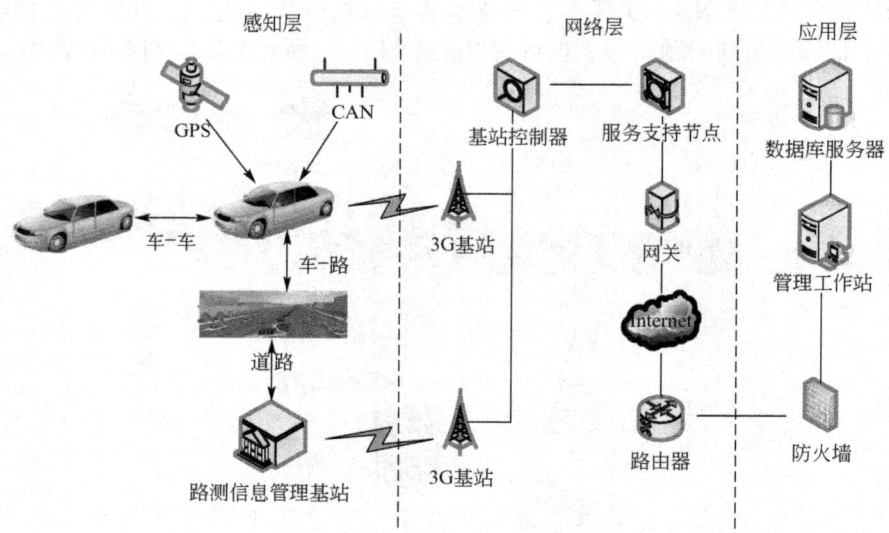

图 7.35 车联网系统的组成

度等状态信息。现在随着新技术的发展，汽车将不再是孤立的单元，而是成为活动的网络节点。新型车载终端既可在车内构成独立的网络，同时它也是世界网络的一个节点，因此可以提供许多相应的服务。车载终端是运用计算机、卫星定位、通信、控制等技术来提供安全、环保及舒适性功能和服务的汽车电子设备，是智能汽车的重要组成部分。

车联网通信系统选择基于 ARM9 处理器和嵌入式 Linux 操作系统的开发平台。图 7.36 所示为车联网通信系统硬件平台的结构示意图。

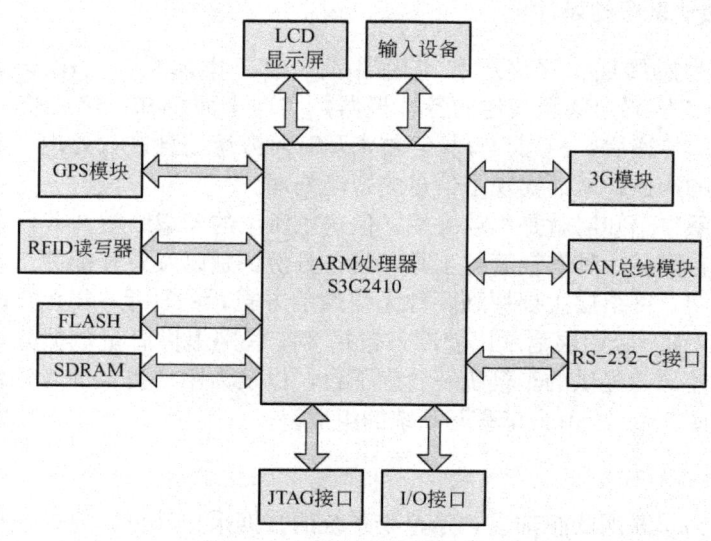

图 7.36 车载终端硬件结构图

车联网通信系统主要由以下模块组成。

主控模块：包括 CPU、FLASH、SDRAM、RS232 收发器、SPI 接口、电源和复位电路等；组合信息模块：包括 GPS 定位模块、RFID 读写器模块、车载 CAN 网络模块、3G

通信模块组成；人机交互模块：包括 LCD 液晶显示屏、按键。这些模块是车载终端最基础、也是最关键的模块，仅能实现车联网基本功能。在车联网的应用中，许多应用可能还需在车载终端中添加其他的模块。因此需要车联网标准部门制定车载终端模块接口，以便日后进行硬件扩展。

微处理器系统采用三星的 S3C2410 微处理器。这是一款高性价比、低功耗、高集成度的 CPU，基于 ARM920T 内核，主频最高为 203MHz，专为手持设备和网络应用而设计，能满足嵌入式系统中的低成本、低功耗、高性能、小体积的要求。

GPS 系统由三大部分组成，即空间星座、地面监控和用户设备，前面已经详细讲述过。

车联网通信系统的射频识别模块包括读写器和电子标签。电子标签与读写器之间通过耦合元件实现射频信号的空间耦合；在耦合通道内，根据时序关系，实现能量的传递和数据的交换。

车载终端必须具备无线通信的能力。无线通信的方式有多种方式（如 GSM、GPRS、3G 及专网等），车联网通信系统现采用 3G（第三代移动通信技术）来实现数据的双向传输，是指支持高速数据传输的蜂窝移动通信技术。3G 与 2G 的主要区别是在传输声音和数据的速度上的提升，它能够在全球范围内更好地实现无线漫游，并处理图像、音乐、视频流等多种媒体形式，提供包括网页浏览、电话会议、电子商务等多种信息服务。

2. 信息交换协议模型设计

车辆内部的动态数据包括车辆本身的参数（如车辆的位置、车速、车距、温度等），发动机的操作参数（如气缸压力、机械和电控空气、燃料的摄入量和各种工艺参数）和轮胎参数（主要包括轮胎气压、温度等）。而数据库的数据通过车辆中的嵌入式数据库来组织信息。数据库本身是动态变化的，主要目的是保持车辆和主机/站点间的频繁通信。由于数据库内容的不断更新，需要和远处数据库等数据源保持同步。图 7.37 所示为车与车之间、车与站点之间网络通信示意图。

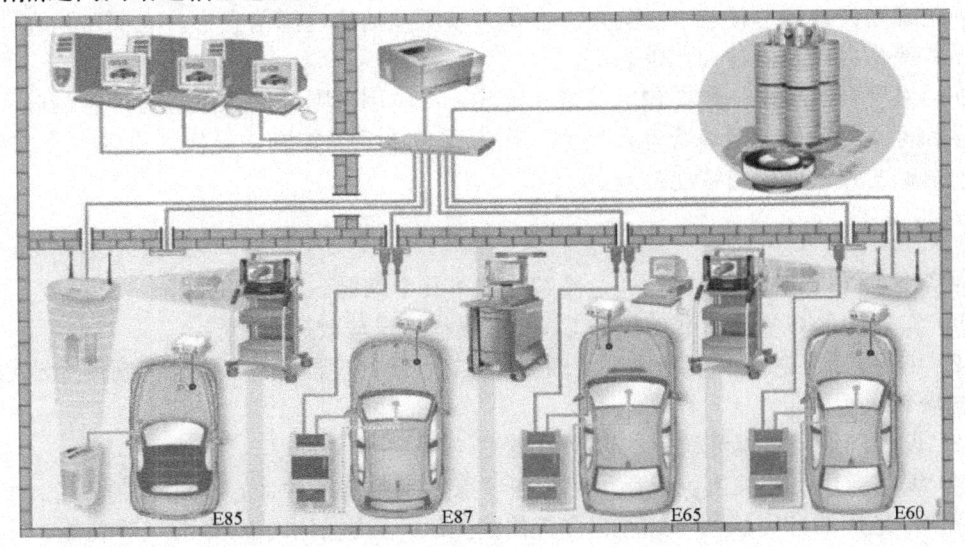

图 7.37　车间网络通信示意图

控制决策单元的命令主要来自电子控制单元(ECU)，因此车辆系统具有简单的状态监测和故障诊断功能。例如，设置警示灯是为了防止车速超过一定限制，避免碰撞系统可以防止汽车之间因距离过小而造成汽车碰撞。这些功能的实现不会和车辆驾驶人造成冲突，驾驶人和系统数据的交换可以绕开数据库。但是，当电子控制单元并不忙碌的时候，车辆运行中的关键控制历史需要随后记录车辆数据，在这个意义上，数据库整合了车辆"黑匣子"的功能。

高层决策信号来源于汽车驾驶人，而驾驶人的决定依赖于车辆的状况和远程信号(例如交通拥塞报告、调度指挥站协调员)。除此之外，高层决策信号还来自不断发生变化的GPS、数据库和监控模块等。

由于数据交换方式的多样性及协议标准的不确定性，使得通信方式难度变大，新的协议目的是简化数据交换方式和标准化协议内容。实现此目标的关键是理解和控制有关车辆信息流或其载体形式：数据流。

从车辆特点来看，车辆的信息流有几个明显的特点：流动、分布、动态和不确定性。车辆数据存在于许多不同的形式。所有这些使得车辆数据传输、处理、存储和最终开发成为一项复杂的任务。如图7.38所示，车辆的通信系统可以被认为是一个有5个层次的协议栈，分别处理信号、数据、传输、信息和车辆知识。图7.38下面2个协议层是OSI协议体系结构中的最下面2层(物理层和数据链路层)。物理层的任务是透明地传送比特流，在物理层上所传输的数据单位是比特，

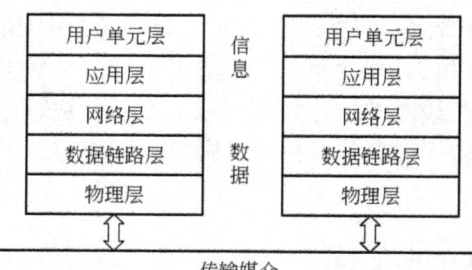

图 7.38 车辆信息交换/传输模型

物理层之间涉及物理信号和比特流之间的转换；而数据链路层的任务是在2个相邻节点间的线路上，无差错地传送以帧为单位的数据，每一个帧包括数据和必要的控制信息。在传输数据时若接收节点检测到所收到的数据有差错，就要通知发送方重新发送这一帧，直到这一帧正确无误地到达接收节点为止。在每一帧所包括的控制信息中，有同步信息、地址信息、差错信息以及流量控制信息等。

在网络层要实现统一数据包的网络间传输，而应用层则根据协议进行消息的收发、消息内容和含义的解析及网络管理等操作。作为用户单元的控制功能模块则实现具体功能，相当于车辆的知识处理与智能控制。

3. 网络系统设计

为实现总线网络中数据流畅通，需解决如下几个问题。

(1) 实现满足CAN 2.0B协议的CAN总线物理层与数据链路层。

(2) 编写CAN总线驱动程序，实现CAN节点微处理器操作CAN控制器完成数据收发、波特率设置功能。

(3) 设计网络层协议和统一的数据包格式。

(4) 编写应用层相关协议代码，解析各节点收到数据的含义，实现节点命名、节点地址声明、地址声明冲突检测与处理、多包传输协议、数据请求、命令与应答功能。

(5) 用户功能设计，基本功能块设计，实现车辆的检测与智能控制。

SAE J1939 协议规定了详细的针对汽车的应用层，但 J1939 协议在实际应用中版本差异巨大，很多车辆制造商和设备制造商都实行自己的应用层协议标准。因此需要参考 J1939 协议，设计自己的应用层协议标准以实现消息的收发、消息内容的解析及网络管理等操作，并保证和现有 ECU 应用层协议的兼容。在车载网络中，CAN 总线协议只规定了物理层和数据链路层的协议，其应用层的协议需要用户自己定义。不同的车型对汽车应用层各部件和控制命令的定义存在一定的差异，并且具体协议内容也是保密的，因此，需要根据设计的网络，独立定义汽车部件控制和故障代码的含义，确定总线传输的优先级和节点容量等技术问题，开发自主知识产权的独立的应用层接口协议。总线节点根据任务和负载，可以采用微控制器（如 P87C591）。中央控制模块则采用 32 位高性能、低功耗 ARM 微处理器，以有足够资源完成多包传输、地址声明响应、地址声明请求、数据请求、命令等功能。图 7.39 所示为完整的 CAN 总线系统组成图。

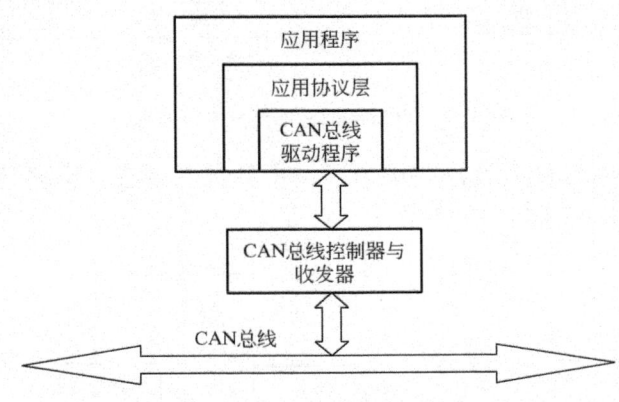

图 7.39　主要模块软件架构

7.5.3　车联网应用系统

车联网应用系统（Telematics）是远距离通信的电信（Telecommunications）与信息科学（Informatics）的合成词，按字面可定义为通过内置在汽车、航空、船舶、火车等运输工具上的计算机系统、无线通信技术、卫星导航装置、交换文字、语音等信息的互联网技术而提供信息的服务系统。也就是说通过无线网络，随时给行车中的人们提供驾驶、生活所必需的各种信息。

Telematics 的特点在于大部分的应用系统位于网路上如通信网路、卫星与广播等，而非汽车内。驾驶人可运用无线传输的方式，连结网路传输与接收资讯与服务，以及下载应用系统或更新软体等，所耗的成本较低，主要功能仍以行车安全与车辆保全为主。

Telematics 终端机平台需要具有普通嵌入式系统的互动性、兼容性、灵活性及扩展性等特点的同时，也需要具有与普通系统不同的特点。Teleamtics 终端机应具有模块化的结构。这里的模块不仅限于软件，因为新的服务也会需要相应的硬件。通过采用模块化结构，使 Telematic 终端机实现从低档到高档汽车所需的多种价格标准，扩大用户的选择范围。实现模块化最有效的方法是 AMI-C 标准所追求的，通过车内网络实现。这种结构可以通过添加与网络互动的硬件模块和软件模块，实现新的服务。软件可以非常方便地加载在 Telematics 终端机平台上得到运行。

图 7.40 所示为 Telematics 平台技术概念图。

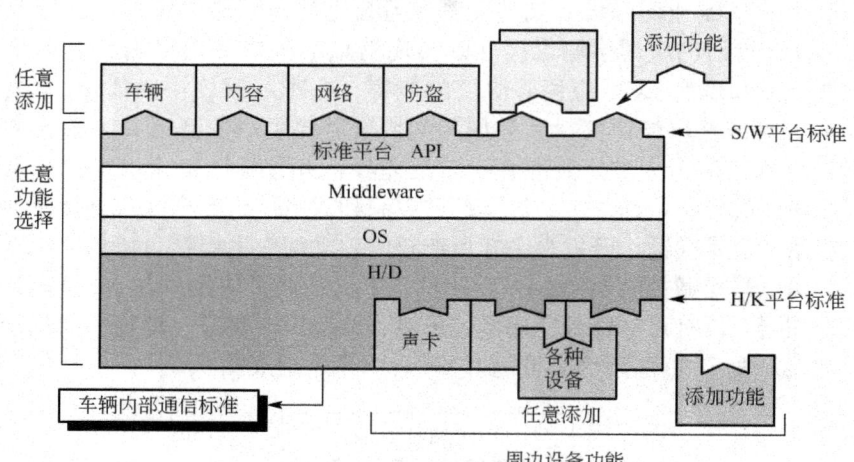

图 7.40　Telematics 平台技术概念图

Telematics 系统的运作涉及许多的方面，主要包括顾客、网络营运商、服务商等。Telematics 系统的运作模式如图 7.41 所示。

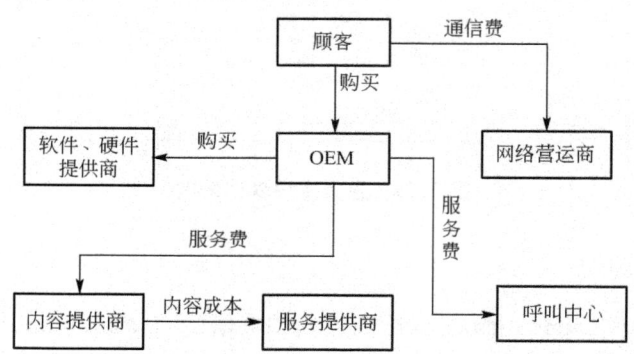

图 7.41　Telematics 系统运作模式图

7.5.4　车联网在智能交通的应用展望

图 7.42 所示为车联网在智能交通中的应用示意，主要可以应用于以下 11 个方面。

1. 停车引导系统

停车引导系统实时反映停车场内车位情况，将结果反馈到交通干道醒目位置，引导用户方便、快捷地找到停车位，顺利停车，如图 7.43 所示。

2. 交通实时指挥系统

交通实时指挥系统是指汽车安装 RFID 芯片，给交通灯安装对应的读卡器。根据绿灯通过车辆数得到拥挤程度，和车内 GPS 系统联网，实时修改出行线路，避免交通拥堵；交警部门可根据实际情况（拥堵或车祸），手动设置拥堵路段，和 GPS 系统联网，实时指挥路上车辆，让用户车辆在未到拥堵处时提前分流，如图 7.44 所示。

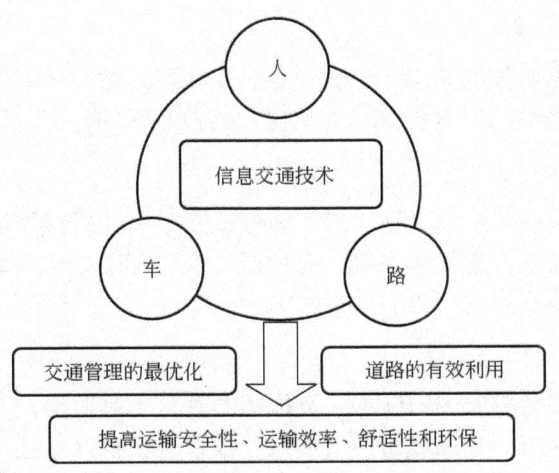

图 7.42　车联网在智能交通中的应用

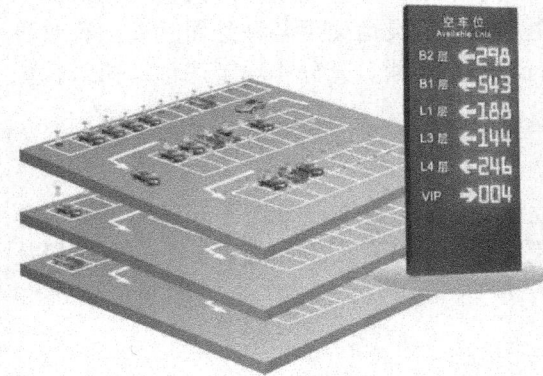

图 7.43　停车引导系统

图 7.44　交通实时指挥系统

3. 公交线路管理系统

公交线路管理系统是指给公交车辆安装 RFID 芯片，在站牌安装读卡器。读卡器之间相互联网，站牌可根据车辆到站的情况显示公交车到达本站的时间，方便乘客提前选择公交线路。站牌可自动记录公交车出入情况，有效防止公车不停站的情况出现，公交公司可追踪公交车全程行驶状况，合理化线路安排。

4. 车辆年检核查系统

车辆年检核查系统即给车牌增加 RFID 芯片，年检时在芯片中记录信息，则可以用手持式读卡器核查用户车辆是否已交年费，且可以随时缴纳（单个核查人员也可收缴）年费。

5. 车辆健康状况追踪系统

车辆健康状况追踪系统可让车辆的健康状况跟随车辆一同上路。给车辆装上 RFID 芯片，在汽车每次保养、修理时都在芯片上记录信息，任何人可以使用读卡器对信息进行读取，随时掌握车辆的健康状况。防止超龄车上路，促进二手车规范交易。

6. 车辆追踪与告警系统

对于交警部门重点监控的车辆,以及违章、黑车等违法车辆,在经过交通灯时,在交警部门进行报警,交警部门可根据车辆的位置,监控车辆的行踪,以及对车辆进行拦截。

7. 手持式抄牌系统

在车牌中装入RFID芯片,遇到违章车辆时,使用手持式读写器即可对违章车辆进行处罚,处罚信息实时进入交警管理系统,有效降低交警部门处理违章车辆的成本,同时减少车主幕后操作,撤销罚单的行为。

8. 汽车尾气监控系统

在汽车尾气排放装置安装RFID芯片及传感装置,实时监测汽车尾气排放质量,促进汽车尾气排放标准的执行,提高城市空气质量,改善人民群众居住环境。

9. 电子驾照系统

在车主驾照中安装RFID芯片,记录车主的违章记录。交警使用手持式读卡器处理车主违章时,能够马上知道车主的违章历史,在处罚的现场灵活使用各种处罚手段,有效防止车主多次违章的情况出现,在违章时及时进行教育和提醒,充分体现了违章处罚以教育为目的的精神。

10. 电子牌照系统

给车辆的牌照安装RFID芯片,给牌照建立电子档案,能有效地防止车牌的仿冒、套牌等现象的出现。发现牌照的违规使用,能马上在交通监管部门发出报警,令交警部门及时处理。

11. 不停车收费系统

不停车收费系统(Electronic Toll Collection,ETC)是目前世界上最先进的路桥收费方式,如图7.45所示。通过安装在车辆风窗玻璃上的车载电子标签与在收费站ETC车道上的微波天线之间的微波专用短程通信,利用计算机联网技术与银行进行后台结算处理,从而达到车辆通过路桥收费站不需停车而能交纳路桥费的目的。ETC是国际上正在努力开发并推广的一种用于公路、大桥和隧道的电子自动收费系统。该技术在国外已有较长的发

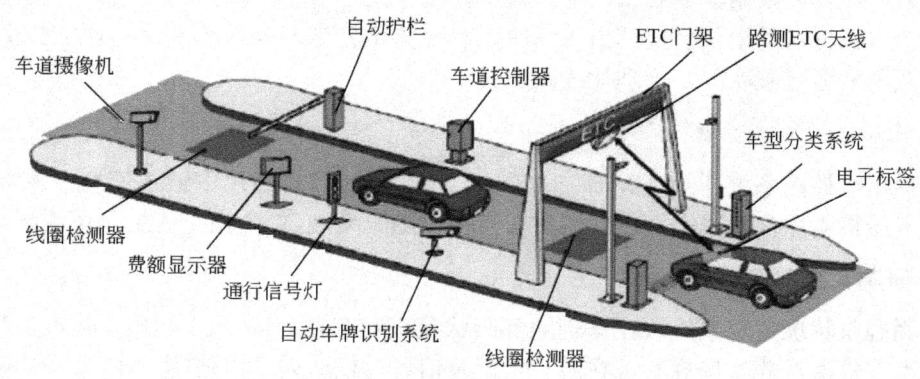

图 7.45　不停车收费系统结构示意图

展历史，美国、欧洲等许多国家和地区的电子收费系统已经局部联网并逐步形成规模效益。我国以 IC 卡、磁卡为介质，采用人工收费方式为主的公路联网收费方式无疑也受到了这一潮流的影响。

思考题

1. 汽车智能化技术主要包括哪几个方面？
2. 简述汽车防撞预警系统的设计原理。
3. 简述 GPS 的工作原理。
4. 简述无人驾驶汽车的组成及原理。
5. 结合实际，简述车联网的发展及应用。
6. 试论述汽车 CAN 总线网络的组成和原理。

第 8 章
新能源汽车技术

 本章教学目标

★ 了解电动汽车的构造,不同电驱动形式的分类以及电动汽车的关键技术
★ 掌握电动汽车上常用的动力电池及电动机的构造、原理
★ 掌握电动汽车充电设备的构造,了解充电设备检测的内容和标准
★ 掌握燃料电池汽车不同驱动形式的构造以及燃料电池供给系统的原理
★ 了解各种不同燃料汽车的优缺点

 本章教学要点

知识要点	掌握程度	相关知识
电动汽车结构及关键技术	掌握不同电力驱动系统电动汽车的构造	汽车构造、电力驱动
动力电池与电动机	掌握不同类型电池和电动机的构造及原理	电化学知识、机电结合
电动汽车充电设备	掌握充电方式以及充电连接器的构造,了解充电设备检测内容和标准	自动控制原理、三维建模
燃料电池汽车	掌握其构造和供给系统原理	化学反应、控制策略
其他能源汽车	了解其优缺点和结构特点	燃料本身特性

新能源汽车技术 第8章

导入案例

2011年8月，北京市政府出台《北京市加快培育和发展战略性新兴产业实施意见的通知》。按照意见内容，2012年北京市新能源汽车保有量将达到3万辆，并且为鼓励私人购买新能源汽车，北京将采取补贴政策。通过完善电动车辆国家工程实验室等技术研发及测试平台，大力推进充电设施建设及充电技术标准、规范的制定，提升北京新能源汽车整车及关键零部件的开发能力。该通知明确提出以发展纯电动汽车为主攻方向，混合动力汽车则作为补充，同时推动动力电池、驱动电动机、电子控制等三大关键系统和关键附件的产业化，建设和完善整车平台，提高新能源汽车产业化能力。同时，北京市还将加快建设新能源汽车充电站等配套基础设施，积极发展新能源汽车运营服务体系，扩大新能源汽车的示范应用规模。同时建设数个充(换)电站；100座专供私人使用的快速充电站、3.6万个慢速充电桩，以及2座电池回收处理站。图8.1所示为燃料电池电动汽车底盘。

图8.1 燃料电池电动汽车底盘

8.1 电动汽车概论

电动汽车是指以车载电源为动力，用电动机驱动车轮行驶，符合道路交通、安全法规各项要求的车辆。

电动汽车主要分为纯电动汽车、燃料电池电动汽车。其中纯电动汽车指的是从单一储能装置(通常是蓄电池)获得能量。混合动力电动汽车是一种新型的节能产品。混合动力电动汽车作为一种新型的传动装置在前面已介绍，故在本章不详细介绍。图8.2所示为纯电动汽车能量传递图，图8.3所示为电动车整体布局图。

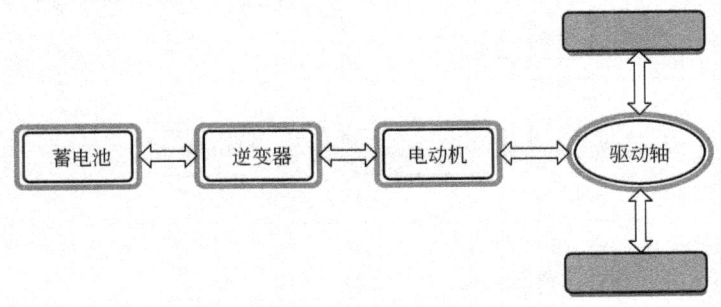

图8.2 纯电动汽车能量传递

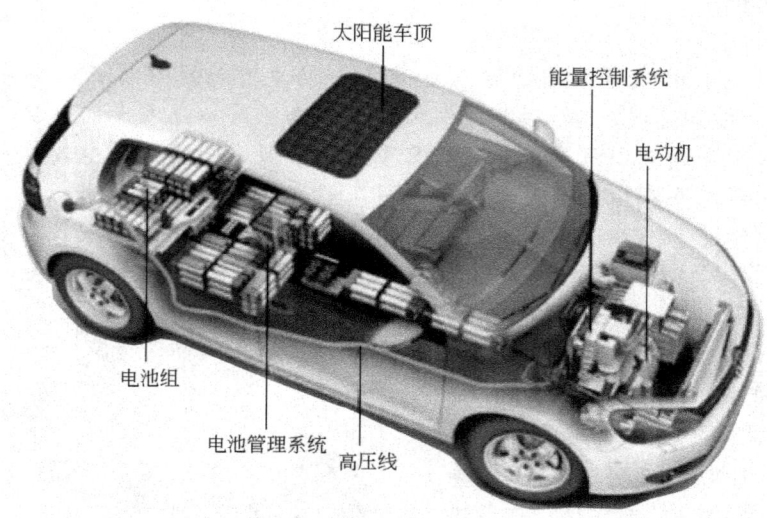

图 8.3 电动车整体布局

8.1.1 电动汽车电驱动的结构形式

当汽车行驶时,由蓄电池输出电能(电流)通过控制器驱动电动机运转,电动机输出的转矩经传动系统带动车轮前进或后退。电动汽车续驶里程与蓄电池容量有关,蓄电池容量受诸多因素限制。要提高一次充电续驶里程,必须尽可能地节省蓄电池的能量。图 8.4 所示为电力驱动控制系统的组成与工作原理图,电动汽车主要由电力驱动模块、车载电源模块和辅助模块 3 部分组成。

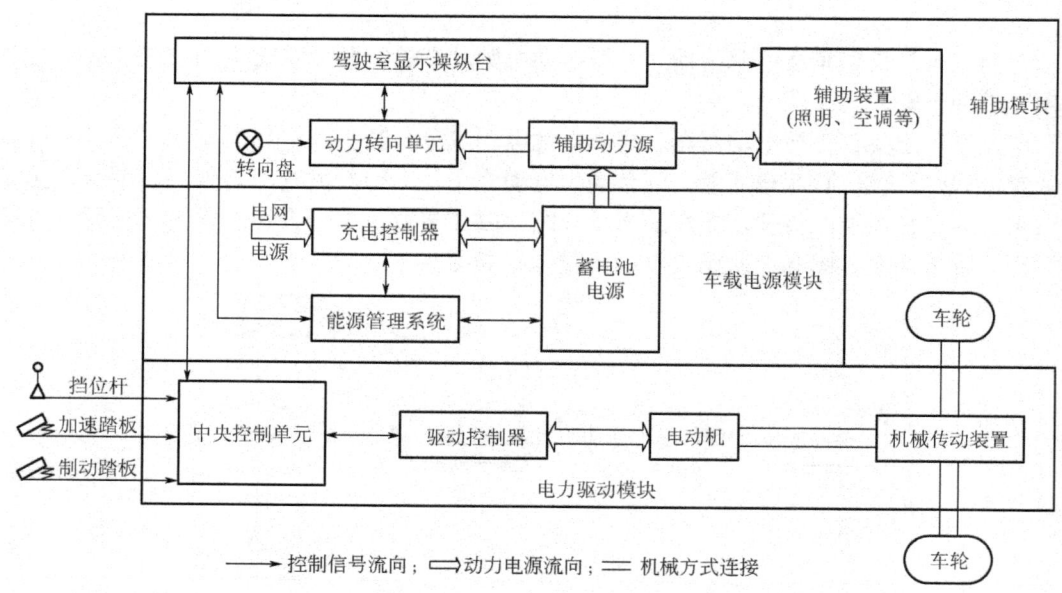

图 8.4 电力驱动控制系统的组成与工作原理图

1. 电力驱动模块

电力驱动模块主要包括中央控制单元、驱动控制器、电动机、机械传动装置和车轮等，其主要功能是将储存在蓄电池中的电能高效地转化为车轮的动能，并能够在汽车减速制动时，将车轮的动能转化为电能充入蓄电池。

中央控制单元根据加速踏板和制动踏板的输入信号，向驱动控制器发出相应的控制指令，对电动机进行起动、加速、减速和制动控制。

驱动控制器是按中央控制单元的指令、电动机的速度和电流反馈信号，对电动机的速度、驱动转矩和旋转方向进行控制。驱动控制器必须和电动机配套使用。

电动机在电动汽车中被要求承担电动和发电的双重功能，即在正常行驶时发挥其主要的电动机功能，将电能转化为机械能；在减速和下坡滑行时又被要求进行发电，将车轮的惯性动能转化为电能。

机械传动装置是将电动机的驱动转矩传输给汽车的驱动轴，从而带动汽车车轮行驶。

2. 车载电源模块

车载电源模块主要包括蓄电池电源、能量管理系统和充电控制器等，其主要功能是向电动机提供电能、监测电源使用情况以及控制充电机向蓄电池充电。

纯电动汽车的常用蓄电池电源有铅酸电池、镍镉电池、镍氢电池、锂离子电池等。

纯电动汽车的能量管理主要是指电池管理系统，其主要功能是对电动汽车用电池单体及整组进行实时监控、充放电、巡检、温度监测等。

充电控制器是把交流电转化为相应电压的直流电，并按要求控制其电流。

3. 辅助模块

辅助模块主要包括辅助动力源、动力转向单元、驾驶室显示操纵台和辅助装置等。辅助模块除辅助动力源外，根据不同车型而不同。

辅助动力源主要由辅助电源和DC/DC功率转换器组成，其功能是供给电动汽车其他各种辅助装置所需要的动力电源，一般为12V或24V的直流低压电源，它主要给动力转向单元、制动力调节控制、照明、空调、电动窗门等各种辅助装置提供所需的能源。

动力转向单元是为实现汽车的转弯而设置的，它由转向盘、转向器、转向机构和转向轮等组成。作用在转向盘上的控制力，通过转向器和转向机构使转向轮偏转一定的角度，实现汽车的转向。

驾驶室显示操纵台类同于传统汽车驾驶室的仪表板，不过其功能根据电动汽车驱动的控制特点有所增减，其信息指示更多地选用数字或液晶屏幕显示。

辅助装置主要有照明、各种声光信号装置、车载音箱设备、空调、刮水器、风窗除霜清洗器、电动门窗、电控玻璃升降器、电控后视镜调节器、电动座椅调节器、车身安全防护装置控制器等。辅助装置主要是为提高汽车的操纵性、舒适性、安全性而设置的，可根据需要进行选用。

电动汽车的电力驱动系统是电动汽车的核心部分，其性能决定着电动汽车运行性能的好坏。电动汽车的驱动系统布置取决于电动机驱动系统的方式，可以有多种多样。采用不同的电力驱动系统可构成不同结构形式的电动汽车。下面主要根据电力驱动系统的不同，把电动汽车分为以下6种，如图8.5所示。

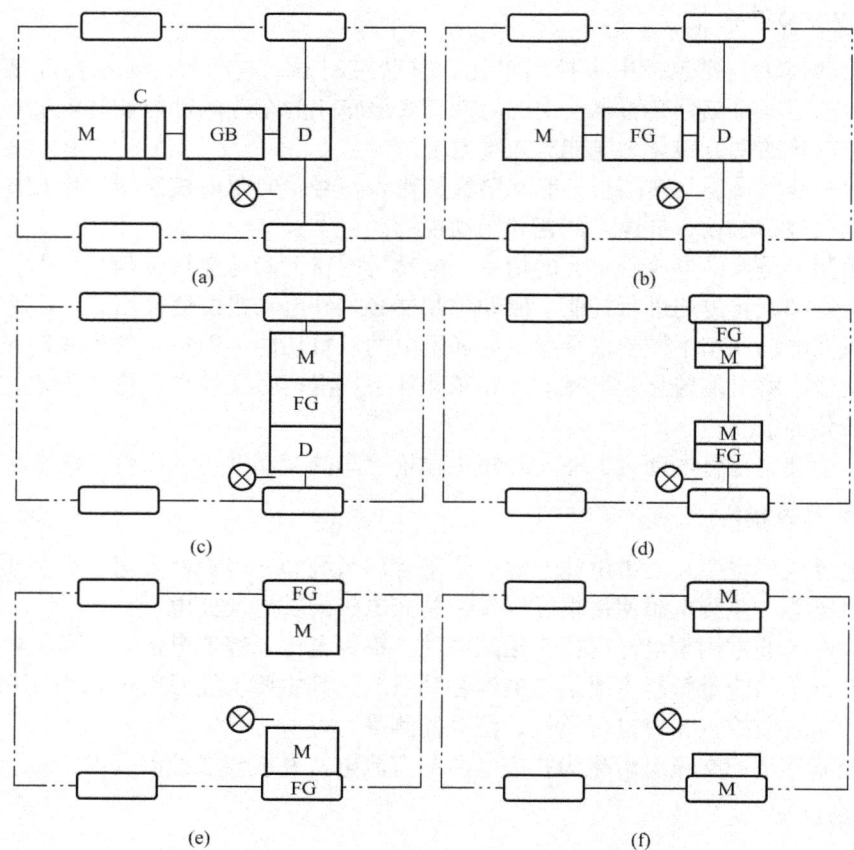

图 8.5 电驱动的结构形式
C—离合器；D—差速器；FG—固定速比减速器；GB—变速器；M—电动机

（1）第一种类型如图 8.5(a)所示，由发动机前置前轮驱动的燃油车发展而来，它由电动机、离合器、齿轮箱和差速器组成，离合器是用来切断或接通电动机到车轮之间传递动力的机械装置，变速器是一套具有不同速比的齿轮机构，驾驶人可选择不同的变速比，把力矩传给车轮。在低速挡时，车轮获得大力矩低转速；在高速挡时，车轮获得小力矩高转速。汽车在转弯时，内侧车轮的转弯半径小，外侧车轮的转弯半径大，差速器使内外车轮以不同转速行驶。

（2）如果用固定速比的减速器，去掉离合器，可减少机械传动装置的质量、缩小其体积。如图 8.5(b)所示，由电动机、固定速比的减速器和差速器组成电力驱动系统。应该注意这种结构的电动汽车由于没有离合器和可选的变速挡位，不能提供理想的转矩/转速特性，因而不适合于使用发动机的燃油汽车。

（3）图 8.5(c)所示的这种结构与发动机横向前置、前轮驱动的燃油汽车的布置方式类似，它把电动机、固定速比减速器和差速器集成为一个整体，两根半轴连接驱动车轮，这种结构在小型电动汽车上应用最普遍。

（4）图 8.5(d)所示的双电动机结构采用两个电动机通过固定速比的减速器分别驱动两个车轮，每个电动机的转速可以独立地调节控制，便于实现电子差速，因此，电动汽车不必选用机械差速器。

（5）电动机也可以装在车轮里面，称为轮毂电动机，可进一步缩短从电动机到驱动车轮的传递路径，如图 8.5(e)所示。为了将电动机转速降低到理想的车轮转速，可采用固定减速比的行星齿轮变速器，它能提供大的减速比，而且输入和输出轴可布置在同一条轴线上。

（6）图 8.5(f)表示了另一种使用轮毂电动机的电动汽车结构，这种结构采用低速外转子电动机，彻底去掉了机械减速齿轮箱，电动机的外转子直接安装在车轮的轮缘上，车轮转速和电动汽车的车速控制完全取决于电动汽车的转速控制。

电动汽车也可以根据储能装置的形式来分类，采用不同类型的储能装置，如不同的蓄电池、燃料电池、超大电容器和高速飞轮等，构成不同的电动汽车结构，图 8.6 所示的是 6 种典型的结构。

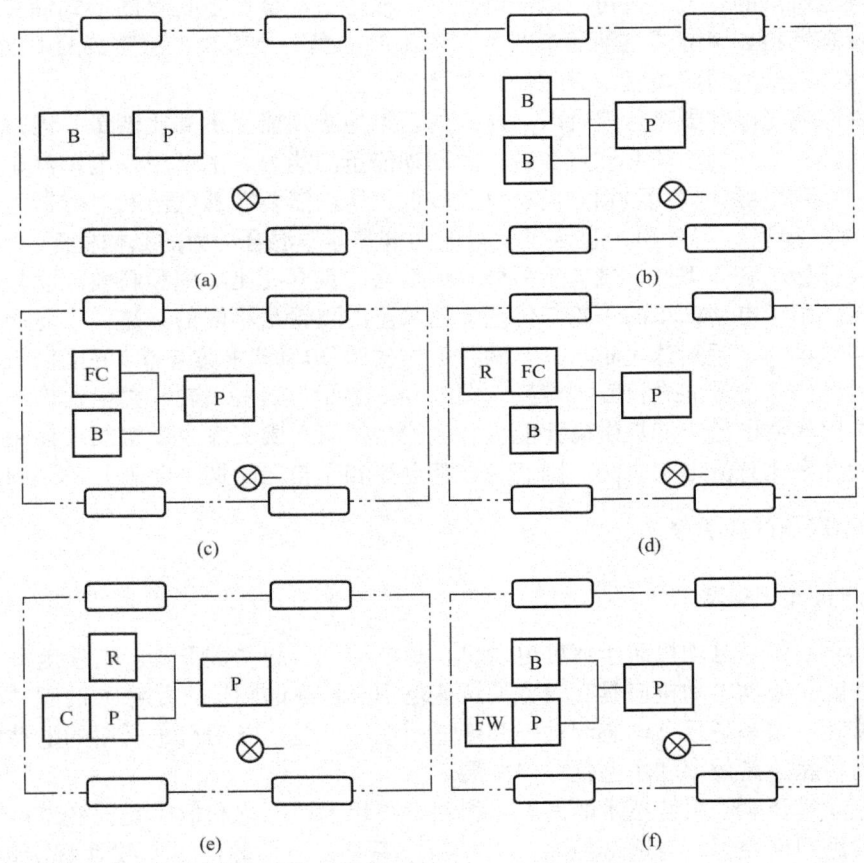

图 8.6　储能装置的结构形式
B—蓄电池；C—电容器；FC—燃料电池；
FW—超高速飞轮；P—功率转换器；R—重整器

图 8.6(a)所示的是现在电动汽车所独有的以蓄电池作动力源的一种结构，蓄电池可以布置在车的四周，也可以集中布置在车的尾部或者布置在底盘下面。所选用的蓄电池应该能提供足够高的比能量和比功率，并且在车辆制动时能回收再生制动能量。同时具有高比能量和高比功率的蓄电池对电动汽车而言是最理想的动力能源，比能量影响汽车的行驶里

程，而比功率影响汽车的加速性和爬坡能力。

为了解决一种蓄电池不能同时满足对比能量和比功率的要求这个问题，可以在电动汽车上同时采用两种不同的蓄电池，其中一种能提供高比能量，另外一种提供高比功率。图 8.6(b)所示的是这种蓄电池-电池作混合动力能源的基本结构，这种结构不仅分离了对比能量和比功率的要求，而且在汽车下坡或制动时可利用蓄电池回收能量。

所以除了蓄电池以外，还可以用燃料电池作储能装置，它是一个小型的发电装置。燃料电池的工作原理是利用可逆的电解过程，即用氢气和氧气结合产生电和水。氢气可以储存在一个车载的氢气罐里，而氧气可以直接从空气里获得。燃料电池能提供高的比能量但不能回收再生制动能量，因此最好与一种能提供高比功率且能高效回收制动能量的蓄电池结合在一起使用。图 8.6(c)所示的就是用燃料电池和蓄电池作混合动力的结构框图。

燃料电池所需的氢气不仅可以以压缩氢气、液态氢或金属氢化物的形式储存，还可以由常温的液态燃料如甲醇或汽油随车产生。图 8.6(d)是一个带小型重整器的电动汽车的结构简图，燃料电池所需的氢气由重整器随车产生。

当用蓄电池与电容器进行混合时，所选的蓄电池必须能提供高比能量，因为电容器本身比蓄电池具有更高的比功率和更高效回收制动能量的能力。由于用在电动汽车上的电容器(通常称为超大容量电容器)相对而言电压较低，所以需要在蓄电池和电容器之间加一个 DC/DC 功率转换器。图 8.6(e)显示了蓄电池和电容器作混合动力的结构框图。

与超大容量电容器类似，飞轮是另外一种新兴的具有高比功率和高效制动能量回收能力的储能器。用于电动汽车的飞轮与传统低速笨重的飞轮是不同的，这种飞轮质量轻，且在真空下高速运转。超高速飞轮与具有两种工作模式(电动机和发电机)的电动机转子相结合，能够将电能和机械能进行双向转换。图 8.6(f)显示了这种飞轮和蓄电池作混合动力的结构，所选用的蓄电池应能提供高比能量。飞轮最好与无刷交流电动机结合使用，因为这种电动机的效率比直流电动机高，因而应在蓄电池和飞轮之间加一个 AC/DC 转换器。

8.1.2 电动汽车的关键技术

1. 电动机及控制技术

电动汽车的驱动电动机属于特种电动机，是电动汽车的关键部件。要使电动汽车有良好的使用性能，驱动电动机应具有较宽的调速范围及较高的转速，足够大的起动转矩，体积小、质量轻、效率高且有动态制动强和能量回馈的性能。电动汽车所用的电动机正在向大功率、高转速、高效率和小型化方向发展。

随着电动机及驱动系统技术的发展，控制系统趋于智能化和数字化。变结构控制、模糊控制、神经网络控制、自适应控制，以及专家系统、遗传算法等非线性智能控制技术，都将应用于电动汽车的电动机控制系统。它们的应用将使系统结构简单、响应迅速、抗干扰强，参数变化具有鲁棒性，可大大提高整个系统的综合性能。

2. 电池及管理技术

电池是电动汽车的动力源泉，也是一直制约电动汽车发展的关键因素。电动汽车用电池要求比能量高、比功率大、使用寿命长，但目前的电池能量密度低，电池组过重，续驶里程短，价格高，循环寿命有限。

电池组性能直接影响整车的加速性能、续驶里程以及制动能量回收的效率等。电池的成本和循环寿命直接影响车辆的成本和可靠性，所有影响电池性能的参数必须得到优化。电动车的电池在使用中发热量很大，电池温度影响电池的电化学系统的运行、循环寿命和充电可接受性、功率和能量、安全性和可靠性。所以，为了达到最佳的性能和寿命，需将电池包的温度控制在一定范围内。减小包内不均匀的温度分布以避免模块间的不平衡，以此避免电池性能下降，且可以消除相关的潜在危险。由于电池包的设计既要密封、防水、防尘、绝缘等，又要考虑空气流场分布、均匀散热，所以电池包的散热通风设计成为电动汽车研究的一个重要领域。

3. 整车控制技术

新型纯电动乘用车整车控制系统是两条总线的网络结构，即驱动系统的高速 CAN 总线和车身系统的低速总线。高速 CAN 总线每个节点为各子系统的 ECU。低速总线按物理位置设置节点，基本原则是基于空间位置的区域自治。

实现整车网络化控制，其意义不只是解决汽车电子化中出现的线路复杂和线束增加问题，网络化实现的通信和资源共享能力成为新的电子与计算机技术在汽车上应用的一个基础，同时也为 X-by-Wire 技术提供了有力的支撑。

4. 整车轻量化技术

整车轻量化始终是汽车技术重要的研究内容。纯电动汽车由于布置了电池组，整车质量增加较多，轻量化问题更加突出。但可以采用以下措施减轻整车质量。

（1）通过对整车实际使用工况和使用要求的分析，对电池的电压、容量、驱动电动机功率、转速和转矩、整车性能等车辆参数的整体优化，合理选择电池和电动机参数。

（2）通过结构优化和集成化、模块化优化设计，减轻动力总成、车载能源系统的质量。这里包括对电动机及驱动器、传动系统、冷却系统、空调和制动真空系统的集成和模块化设计，使系统得到优化；电池、电池箱、电池管理系统、车载充电机组成的车载能源系统的合理集成和分散，实现系统优化。

（3）积极采用轻质材料，如电池箱的结构框架、箱体封皮、轮毂等采用轻质合金材料。

（4）利用 CAD 技术对车身承载结构件（如前后桥，新增的边梁、横梁）进行有限元分析研究，用计算和试验相结合的方式，实现结构最优化。

8.1.3　国内外电动汽车的发展状况

国内电动汽车续驶里程主要集中在150km，最高车速主要集中在120km/h。几乎所有的国内汽车厂家都正在开展纯电动汽车的研究，这些电动汽车大部分都是在传统车的基础上搭载而成的，电动汽车的关键技术掌握很少。目前国内电动汽车面临如下一些问题。

（1）在技术和批量生产上仍然存在困难。电动汽车的关键技术包括"三电（电池、电动机、电控）"、底盘与整车等。其中，国内电动汽车底盘和整车更多是以传统汽车为基础，"三电"技术是电动汽车领域的新技术。但在这两方面，中国与国外的差距仍大，技术落后。

（2）基础设施缺乏，充电站数量有限。基础设施是电动汽车大规模应用的前提。但是，中国目前充电站等基础设施尚未开展大规模建设，甚至可以说只是在起步阶段。国家电网、南方电网和中海油等从2009年才正式宣布进入电动汽车基础设施领域，建设的充电站数量有限。

（3）电动汽车价格和使用成本高。一辆纯电动汽车价格几乎是传统汽车价格的 2～3

倍。其中最重要的是动力电池成本。在纯电动汽车的生产成本构成中，动力电池占二分之一左右，而动力电池成本的降低需要规模化生产和经验积累。

国外电动汽车大概分为大型电动汽车和小型电动汽车两个方向。国外电动汽车的开发较国内电动汽车的开发更见务实、稳健和严谨。虽然每个厂家推出的电动汽车型不多，但是技术都比国内要成熟一点。

从国外的情况来看，电动汽车大概有3个特点：第一，混合动力汽车已经出现量产车型；第二，插电式混合动力汽车越来越受到重视；第三，纯电动汽车发展速度加快。

目前世界范围内，日本的电动汽车技术发展速度最快，特别是在混合动力汽车的产品发展方面。日本的电动车发展更是一如既往，而且比以前备受重视，发展的速度也在进一步加快。美国的电动汽车产业化与日本相比有一点差距，三大汽车公司只是小批量生产和销售过纯电动汽车。

8.2 电动汽车电动机及电池技术

8.2.1 电动汽车电动机技术

在电动汽车上，驱动电动机及其控制器是电动汽车中把电能转换成机械能的动力部件，目前常用的电动机驱动系统有4种。

（1）直流电动机(DC Motor)驱动系统，电动机控制器一般采用脉宽调制(PWM)控制方式。

（2）异步电动机驱动系统，电动机控制器采用矢量控制或直接转矩控制的变频调速方式。

（3）交流永磁电动机驱动系统，主要包含两类电动机：永磁同步电动机(PMSM)和无刷直流电动机(BDCM)驱动系统。

（4）开关磁阻(SR)电动机驱动系统。

表8-1列出了工业用和汽车上用的电动机的主要区别。

表8-1 工业用和汽车上用的电动机的区别

项 目	工业应用	汽车应用
封装尺寸	空间不受限制,可用标准封装配套各种应用	布置空间有限,必须根据具体产品进行特殊设计
工作环境	环境温度适中(-20℃～+40℃);静止应用,振动较小	温度变化大(-40℃～+105℃)振动剧烈
可靠性要求	较高,以保证生产效率	很高,以保证乘车者安全
冷却方式	通常为风冷(体积大)	通常为水冷(体积小)
控制性能	多为变频调速控制,动态性能较差	需要精确的力矩控制,动态性能较好
功率密度	较低(0.2kW/kg)	较高(10～1.5kW/kg)
总体性价比	一般	极高,既要性能好,又要价格便宜

汽车行驶的特点是频繁地起动、加速、减速、停车等。在低速或爬坡时需要高转矩，在高速行驶时需要低转矩。电动机的转速范围应能满足汽车从零到最大行驶速度的要求，即要求电动机具有高的比功率和功率密度。电动汽车电动机驱动系统的特点如下。

（1）以电磁转矩为控制目标，加速踏板和制动踏板的开度是电磁转矩给定的目标值，要求转矩响应迅速，波动小。

（2）电动汽车要求驱动电动机具有较宽的调速范围，电动机能在四象限内工作。

（3）为保证加速时间，要求电动机低速时有大的转矩输出和较大的过载倍数，为保证汽车能跑到最高车速，要求电动机高速区处有一定的功率输出。

（4）驱动系统高效，可靠性好，电磁兼容性好，易于维护。

1. 直流电动机

直流电动机由定子与转子两大部分构成，定子和转子之间的间隙称为气隙，其组成如图 8.7 所示，实物图如图 8.8 所示。

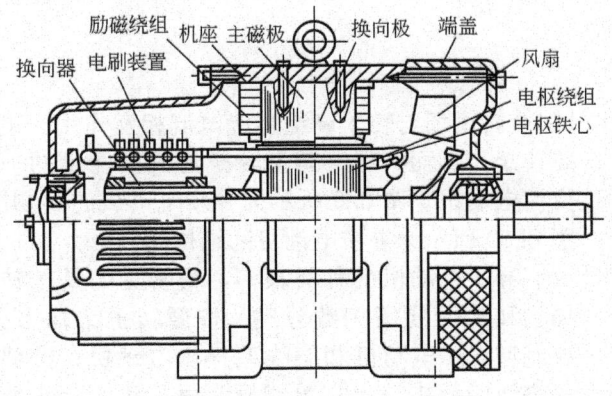

图 8.7　直流电动机的结构图

图 8.8　电动汽车用直流电动机

1）定子部分

直流电动机定子主要由主磁极、机座、换向极和电刷装置等组成。

主磁极的作用是建立主磁场，它由主极铁心和套装在铁心上的励磁绕组构成。主极铁心一般由 1～1.5mm 的低碳钢板冲压一定形状叠装固定而成，是主磁路的一部分。励磁绕组用扁铜线或圆铜线绕制而成，产生励磁磁动势。机座用铸钢或厚钢板焊接而成，它既是主磁路的一部分，又是电动机的结构框架。换向极的作用是改善直流电动机的换向情况，使直流电动机运行时不产生有害的火花。它由换向极铁心和套装在铁心上的换向极绕组构成。电刷装置由电刷、刷握、刷杆、汇流排等组成，用于电枢电路的引入或引出。

2）转子部分

转子部分主要由电枢铁心、电枢绕组、换向器等 3 部分组成。

电枢铁心既是主磁路的组成部分，又是电枢绕组的支撑部分，电枢绕组嵌放在电枢铁心的槽内。电枢铁心一般用 0.55mm 硅钢冲片叠压而成。

电枢绕组由扁铜线或圆铜线按一定规律绕制而成，它是直流电动机的电路部分，也是产生电动势和电磁转矩进行机电能量转换的部分。

换向器由冷拉梯形铜排和绝缘材料等构成，用于电枢电流的换向。

直流电动机具有以下特点:

(1) 调速性能好。直流电动机可以在重负载条件下,实现均匀、平滑的无级调速,而且调速范围较宽。

(2) 起动力矩大。可以均匀而经济地实现转速调节,因此,凡是在重负载下起动或要求均匀调节转速的机械,例如大型可逆轧钢机、卷扬机、电力机车、电车等,都可用直流电动机拖动。

(3) 控制比较简单。一般用斩波器控制,它具有高效率、控制灵活、重量轻、体积小、响应快等优点。

(4) 容易损件。由于存在电刷、换向器等易磨损器件,所以必须进行定期维护或更换。

电动汽车专用的直流电动机和其他通用的电动机相比,应在耐高温性、抗振动性、低损耗性、抗负载波动性以及小型轻量化、免维护性等方面给予特殊考虑。

除此之外,电动汽车用直流电动机大多在较低的电压下驱动,同时是大电流电路,因此需要注意连接接线的接触电阻。

2. 异步电动机

异步电动机又称感应电动机,是由气隙旋转磁场与转子绕组感应电流相互作用产生电磁转矩,从而实现电能量转换为机械能量的一种交流电动机。图8.9所示为异步电动机的实物图,图8.10所示为异步电动机的结构图。

图 8.9 电动汽车用异步电动机

异步电动机的种类很多,最常见的是按转子结构和定子绕组相数分类。按照转子结构来分,有笼型异步电动机和绕线型异步电动机;按照定子绕组相数来分,有单相异步电动机、两相异步电动机和三相异步电动机。异步电动机是各类电动机中应用最广、需要量最大的一种。在电动汽车中,主要使用笼型异步电动机。异步电动机主要由静止的定子和旋转的转子两大部分组成,定

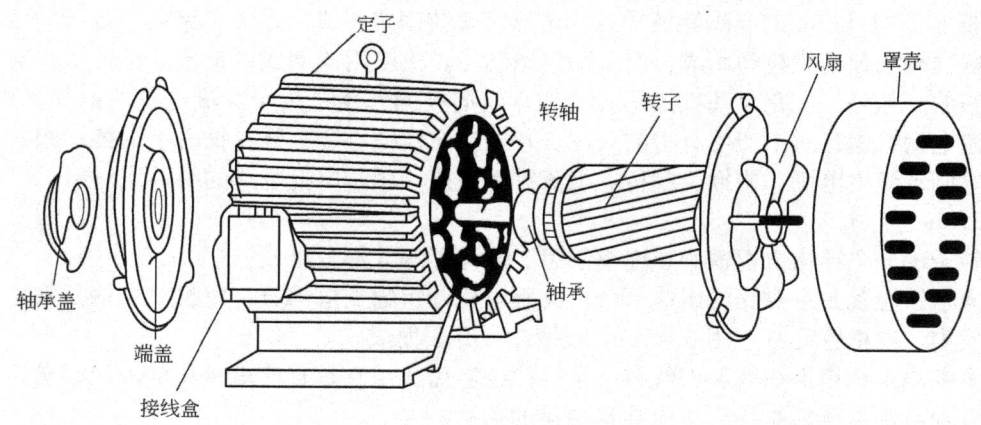

图 8.10 异步电动机的结构

子和转子之间存在气隙，此外，还有端盖、轴承、机座和风扇等部件。

异步电动机的基本特点是，转子绕组不需与其他电源相连，其定子电流直接取自交流电力系统；与其他电动机相比，异步电动机的结构简单，制造、使用、维护方便，运行可靠性高，质量轻，成本低。以三相异步电动机为例，与同功率、同转速的直流电动机相比，前者重量只及后者的二分之一，成本仅为三分之一。异步电动机还容易按不同环境条件的要求，派生出各种系列产品。它还具有接近恒速的负荷特性，能满足大多数工农业生产机械拖动的要求。

异步电动机的局限性是，它的转速与其旋转磁场的同步转速有固定的转差率，因而调速性能较差，在要求有较宽广的平滑调速范围的使用场合，不如直流电动机经济、方便。此外，异步电动机运行时，从电力系统吸取无功功率以励磁，这会导致电力系统的功率因数变坏。因此，在大功率、低转速场合不如用同步电动机合理。

3. 永磁同步电动机

永磁同步电动机具有高效、高控制精度、高转矩密度、良好的转矩平稳性及低振动噪声的特点，通过合理设计永磁磁路结构能获得较高的弱磁性能，在电动汽车驱动方面具有很高的应用价值，受到国内外电动汽车界的高度重视，是最具竞争力的电动汽车电动机驱动系统之一。

永磁同步电动机的结构示意图如图 8.11 所示，和传统电动机一样，主要由定子和转子两大部分构成。定子与普通感应电动机基本相同，由电枢铁心和电枢绕组构成。电枢铁心一般采用 0.5 mm 硅钢冲片叠压而成，对于具有高效率指标或频率较高的电动机，为了减少铁耗，可以考虑使用 0.35mm 的低损耗冷轧无取向硅钢片。电枢绕组则普遍采用分布、短距绕组；

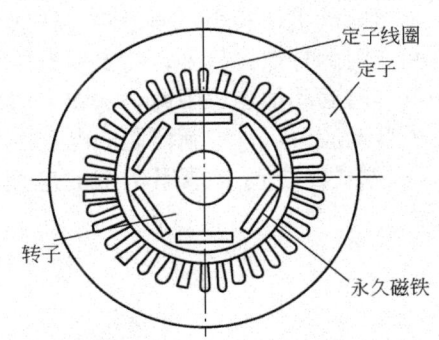

图 8.11 永磁同步电动机的结构

对于极数较多的电动机，则普遍采用分数槽绕组；需要进一步改善电动势波形时，也可以考虑采用正弦绕组或其他特殊绕组。

转子主要由永磁体、转子铁心和转轴等构成。其中永磁体主要采用铁氧体永磁和钕铁硼永磁材料；转子铁心可根据磁极结构的不同，选用实心钢，或采用钢板或硅钢片冲制后叠压而成。

与普通电动机相比，永磁同步电动机还必须装有转子永磁体位置检测器，用来检测磁极位置，并以此对电枢电流进行控制，达到对永磁同步电动机驱动控制的目的。

永磁同步电动机与其他电动机相比，具有以下优点：

（1）用永磁体取代绕线式同步电动机转子中的励磁绕组，从而省去了励磁线圈、滑环和电刷，以电子换向实现无刷运行，结构简单，运行可靠。

（2）永磁同步电动机的转速与电源频率间始终保持准确的同步关系，控制电源频率就能控制电动机的转速。

（3）永磁同步电动机具有较硬的机械特性，对于因负载的变化而引起的电动机转矩的扰动具有较强的承受能力，瞬间最大转矩可以达到额定转矩的 3 倍以上，适合在负载转矩变化较大的工况下运行。

(4) 永磁电动机转子为永久磁铁无须励磁，因此电动机可以在很低的转速下保持同步运行，调速范围宽。

(5) 永磁同步电动机与异步电动机相比，不需要无功励磁电流，因而功率因数高，定子电流和定子铜耗小，效率高。

(6) 体积小、重量轻。近些年来随着高性能永磁材料的不断应用，永磁同步电动机的功率密度得到很大提高，比起同容量的异步电动机来，体积和质量都有较大的减少，使其适合应用在许多特殊场合。

(7) 结构多样化，应用范围广。永磁同步电动机由于转子结构的多样化，产生了特点和性能各异的许多品种，从工业到农业，从民用到国防，从日常生活到航空航天，从简单电动工具到高科技产品，几乎无所不在。

但是，永磁同步电动机还存在以下缺点：

(1) 由于永磁同步电动机转子为永磁体，无法调节，必须通过加定子直轴，去磁电流分量来削弱磁场，这会增大定子的电流，增加电动机的铜耗。

(2) 永磁电动机的磁钢价格较高。

永磁电动机体积小，质量轻，转动惯量小，功率密度高(可达 1kW/kg)，适合电动汽车空间有限的特点；另外，转矩惯量比大，过载能力强，尤其低转速时输出转矩大，适合电动汽车的起动加速。因此，永磁电动机得到国内外电动汽车界的广泛重视，并已在日本得到了普遍应用，日本新研制的电动汽车大都采用永磁电动机驱动。比较典型的是在丰田 Prius 混联式混合动力乘用车上的应用。图 8.12 所示为电动汽车用永磁同步电动机实物图。

图 8.12　电动汽车用永磁同步电动机

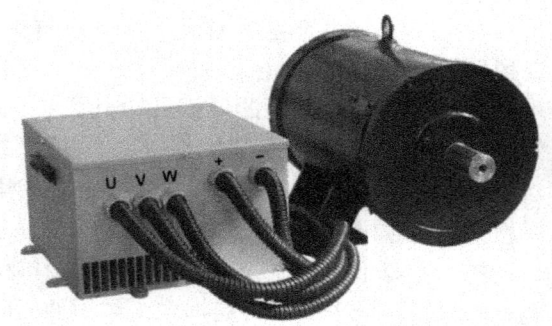

图 8.13　电动汽车用开关磁阻电动机

4. 开关磁阻电动机

开关磁阻电动机由双凸极的定子和转子组成，其定子、转子的凸极均由普通的硅钢片叠压而成。定子极上绕有集中绕组，把沿径向相对的两个绕组串联成一个两级磁极，称为"一相"；转子既无绕组又无永磁体，仅由硅钢片叠成。

图 8.13 所示为电动汽车用开关磁阻电动机，开关磁阻电动机的工作原理如图 8.14 所示。图中 S_1、S_2 是电子开关；VD_1、VD_2 是二极管，U 是直流电源。

电动机的定子和转子呈凸极形状，极数互不相等，转子由叠片构成，转子带有位置检测器以提供转子位置信号，使定子绕组按一定的顺序通断，保持电动机的连续运行。

开关磁阻电动机的磁阻随着转子磁极与定子磁极的中心线对准或错开而变化。因为电感与磁阻成反比,所以当转子磁极在定子磁极中心线位置时,相绕组电感最大;当转子磁极中心线对准定子磁极中心线时,相绕组电感最小。

因为开关磁阻电动机的运行原理遵循"磁阻最小原理"——磁通总要沿着磁阻最小的路径闭合,所以具有一定形状的铁心在移动到最小磁阻位置时,必须使自己的主轴线与磁场的轴线重合。由图 8.15 中可看出,当定子 D-D′极励磁时,所产生的磁力则力图使转子旋转到转子极轴线 1-1′ 与定子极轴线 D-D′ 重合的位置,并使 D 相励磁绕组的电感最大。若以图中定、转子所处的相对位置作为起始位置,则依次给 D-A-B-C 相绕组通电,转子即会逆着励磁顺序以逆时针方向连续旋转;反之,若依次给 B-A-D-C 相通电,则电动机即会沿着顺时针方向转动。所以开关磁阻电动机的转向与相绕组的电流方向无关,而仅取决于相绕组通电的顺序。

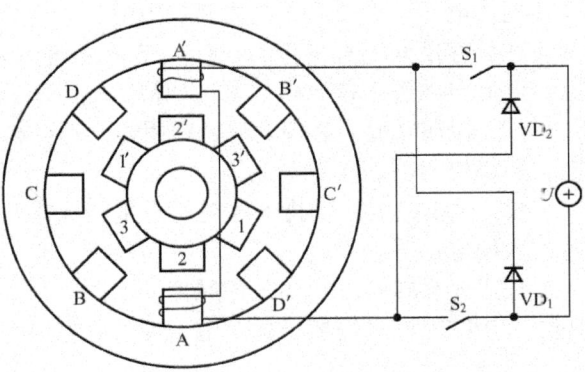

图 8.14 开关磁阻电动机原理图

由以上的分析和讨论可知,电动汽车对电动机驱动系统的要求为:高可靠性,高性能,高效率,低成本,调速范围宽。直流驱动系统很难满足这一要求。而交流驱动系统有可能实现这一目标,目前电动汽车电动机驱动系统的研究主要集中在以下几个方面:

(1) 电动汽车要求驱动系统在零速时有足够大的转矩,所以在目前的交流驱动系统中,电动机端部都装有速度传感器或转子位置传感器。这不但增加了成本,而且给安装带来不便。无速度传感器、无位置传感器的交流驱动系统是发展方向。

(2) 效率优化控制在电动汽车上显得特别重要。在交流感应电动机控制中,某个转矩可看成由定子电流的励磁分量和转矩分量产生的。优化这两个分量的组合可使定子电流最小,从而获得最高效率控制。

(3) 电动机参数的自动测量、控制系统参数的自动整定是高性能控制系统的一个标志。当运行环境发生变化后,系统各种参数会发生变化从而会偏离最佳运行状态。参数自动辨识、自动整定功能能使控制系统自动调整在最佳状态。

(4) 高效率、大容量和高可靠性的永磁体材料的设计和制造,以及永磁同步电动机宽范围恒功弱磁算法也是目前研究的热点。

8.2.2 电动汽车电池技术

电动汽车使用的动力电池可以分为化学电池、物理电池和生物电池三大类。

(1) 化学电池。化学电池是利用物质的化学反应发电的电池。化学电池按工作性质分为原电池、蓄电池、燃料电池和储备电池。原电池又称一次电池,是指电池放电后不能用简单的充电方法使活性物质复原而继续使用的电池,如锌空气电池。蓄电池又称二次电池,是指电池在放电后可通过充电的方法使活性物质复原而继续使用的电池,而这种充放电可以达数十次到上千次循环,如铅酸蓄电池、镍镉电池、镍氢电池、锂离子电池等。燃料电池是指参加反应的活性物质从电池外部连续不断地输入电池,电池就能连续不断地工作而提供电能。如质子交换膜燃料电池、碱性燃料电池等。储备电池是指电池正负极与电解质在储存期间不直接接触，使用前注入电解液或者使用其他方法使电解液与正负极接触，此后电池进入待放电状态，如镁电池。

(2) 物理电池。物理电池是利用光、热、物理吸附等物理能量发电的电池，如太阳电池、超级电容器、飞轮电池等。

(3) 生物电池。生物电池是利用生物化学反应发电的电池，如微生物电池、酶电池、生物太阳电池等。

按照能量转换方式和工作原理的不同来分，目前或将来有望供电动汽车使用的动力源主要有铅酸电池、锂离子蓄电池、镍氢蓄电池、燃料电池、超级电容、锌空气电池、飞轮储能器等。

1. 铅酸蓄电池

铅酸蓄电池由正负极板、隔板、电解液、溢气阀、外壳等部分组成。极板是铅酸蓄电池的核心部件，正极板上的活性物质是二氧化铅，负极板上的活性物质为海绵状纯铅。隔板隔离正、负极板，防止短路；作为电解液的载体，能够吸收大量的电解液，起促进离子良好扩散的作用；它还是正极板产生的氧气到达负极板的"通道"，以顺利建立氧循环，减少水的损失。电解液由蒸馏水和纯硫酸按一定比例配制而成，主要作用是参与电化学反应，是铅酸蓄电池的活性物质之一。电池槽中装入一定密度的电解液后，由于电化学反应，正、负极板间会产生约为2.1V的电动势。溢气阀位于电池顶部，起安全、密封、防爆等作用。图8.15所示为铅酸蓄电池放电示意图。

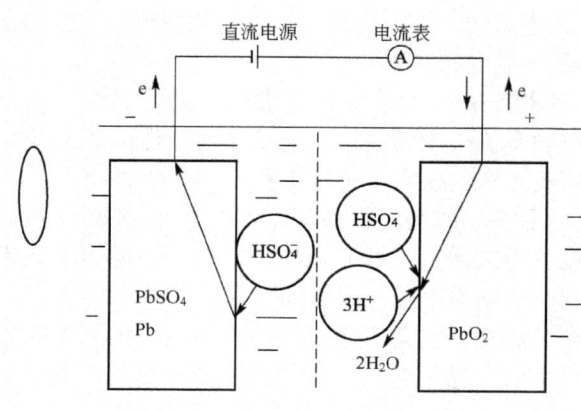

图 8.15　铅酸蓄电池放电示意图

铅酸蓄电池使用时，把化学能转换为电能的过程称为放电。在使用后，借助于直流电在电池内进行化学反应，把电能转变为化学能而储蓄起来，这种蓄电过程称作充电。铅酸蓄电池是酸性蓄电池，其化学反应式为：

$$PbO + H_2SO_4 \rightleftharpoons PbSO_4 \downarrow + H_2O$$

2. 锂离子电池

锂离子电池由正极、负极、隔板、电解液和安全阀等组成。圆柱形锂离子电池结构如图8.16所示。

1) 正极

正极物质在锰酸锂离子电池中以锰酸锂为主要原料，在磷酸铁锂离子电池中以磷酸铁锂为主要原料，在镍钴锂离子电池中以镍钴锂为主要材料，在镍钴锰锂离子电池中以镍钴锰锂为主要材料。

2) 负极

负极活性物质由碳材料与粘合剂的混合物再加上有机溶剂调和制成糊状，并涂覆在铜基上，呈薄层状分布。

3) 隔板

隔板的功能是关闭或阻断通道的作用，一般使用聚乙烯或聚丙烯材料的微多孔膜。

4) 电解液

电解液是以混合溶剂为主体的有机电解液。

5) 安全阀

为了保证锂离子电池的使用安全性，一般通过对外部电路的控制或者在蓄电池内部设有异常电流切断的安全装置。

图 8.17 所示为锂离子电池的工作原理，电池在充电时，锂离子从正极材料的晶格中脱出，通过电解质溶液和隔膜，嵌入负极中；放电时，锂离子从负极脱出，通过电解质溶液和隔膜，嵌入正极材料晶格中。在整个充放电过程中，锂离子往返于正负极之间。

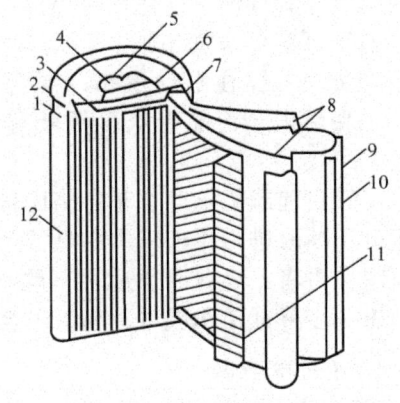

图 8.16　圆柱形锂离子电池结构示意图

1—绝缘体；2—垫圈；3—PTC 元件；
4—正极端子；5—排气孔；6—防爆阀；
7—正极；8—隔板；9—负极；
10—负极引线；11—正极；12—外壳

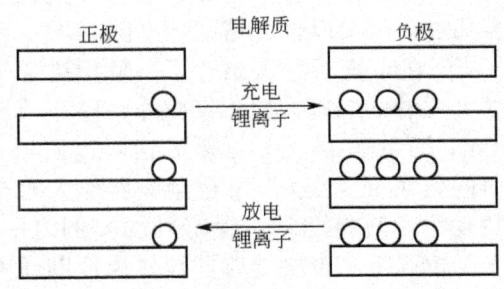

图 8.17　锂离子电池工作原理图

图 8.18　超级电容器的结构

3. 超级电容

超级电容器（Super Capacitor）又称电化学电容器、双电层电容器，是一种新型的电容器，它的出现使得电容器的极限容量骤然上升了 3～4 个数量级，达到了 1PF/g 级以上的大容量。它不同于传统意义上的电容器，而类似于充电电池，但比传统的充电电池（镍氢电池和锂离子电池）具有更高的比功率和更长的循环寿命，其比功率可达到 1kW/kg 数量级以上，循环寿命在万次以上（使用年限超过 5 年）。

超级电容器是一种具有超级储电能力、可提供强大脉冲功率的物理二次电源。它是介于蓄电池和传统静电电容器之间的一种新型储能装置。超级电容器主要是利用电极/电解质界面电荷分离所形成的双电层，或借助电极表面快速的氧化还原反应所产生的法拉第准电容来实现电荷和能量的储存的。

超级电容主要由电极、电解质、集电极、隔离膜连线极柱、密封材料和排气阀等组成，如图 8.18 所示。

超级电容器具有高功率密度、循环寿命长、充电速度快、工作温度范围宽、充放电线路简单、检测方便、绿色环保等优点。

超级电容器自面市以来,全球需求量快速扩大,已成为化学电源领域内新的产业亮点。超级电容器在电动汽车、混合燃料汽车、特殊载重汽车、电力、铁路、通信、国防、消费性电子产品等众多领域有着巨大的应用价值和市场潜力,被世界各国所广泛关注。

尽管目前超级电容客车价格比普通公交车高一些,但随着应用范围的逐步扩大,工艺技术的不断改进,生产成本的日益减少,进入大规模产业化生产阶段后,价格还可以大幅度下降。再者,还可以通过对车重、体积、底盘结构及各关键部件的匹配进行系统优化,从而进一步降低单车成本。超级电容汽车必将具有更加广阔远大的市场前景。

4. 飞轮储能器

飞轮储能器(也称飞轮电池等)是指利用飞轮高速旋转储存和释放能量的一种装置。使用飞轮以机械能的形式存储能量并不是一个新的设计理念。现代的飞轮储能器多使用轻质复合材料转子,质量仅有几十千克而转速可达每分钟几十万转,因此,飞轮储能器常被称为高速、超高速飞轮储能器,其结构如图 8.19 所示。

飞轮储能器可以作为独立的动力源直接驱动车辆行驶,也可以作为辅助动力源。1999 年 5 月,英国在布里斯托市制造了一辆用高速飞轮储能器驱动的超轻有轨电动汽车,整车质量为 2700t,可乘坐 34 人,续驶里程可达 10km,充电时间仅需 90s。这是飞轮储能器作为汽车独立的动力源直接驱动车辆行驶的实例之一。在更多的情况下,飞轮储能器被作为辅助动力源使用。此时,飞轮储能器的作用主要有两方面,其一是稳定主动力源的功率输出,即在电动汽车起动、爬坡和加速时,飞轮储能器能够

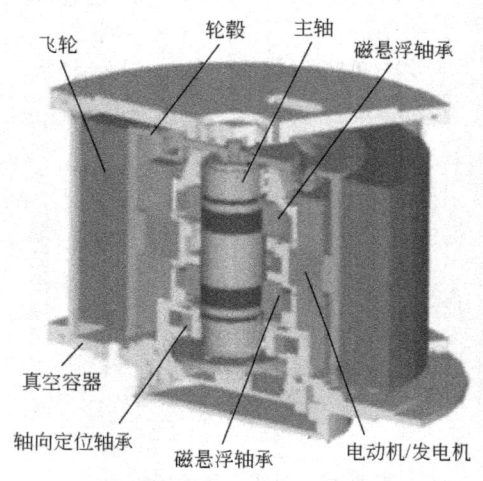

图 8.19 飞轮储能器的结构

快速、大能量地提供动力(放电),为主动力源提供辅助动力,并减少主动力源的动力输出;其二是提高制动时能量回收的效率,即在电动汽车下坡、滑行和制动时,飞轮储能器能够快速、大量地储存动能(充电),充电速度不受活性物质化学反应速度的影响,提高了再生制动时能量回收的效率。

飞轮储能器是实现电动汽车储能要求的一种有效方式,超高速飞轮主要具有比能量高、比功率高、电能和机械能之间的转化效率高,能快速充电、可实现免维护和具有良好的性能价格比等优点。因此,飞轮储能器成为电动汽车远期储能装置的一种选择。使用飞轮储能器作辅助能量源的混合动力电动汽车具有和使用超级电容器作辅助能量源的混合动力电动汽车相同的优点,其一是减弱了对电池比能量和比功率之间的要求,有利于优化电池的能量密度和循环寿命设计;其二是由于飞轮的负载均衡作用,降低了电池的输出功率及放电电流,电池的可利用能量、使用寿命得到了提高;其三是在车辆低功率行驶以及制动时,飞轮可以高效率地实现补充充电和制动时的能量回收,使车辆的续驶里程明显提高。

5. 质子交换膜燃料电池

在20世纪90年代，质子交换膜燃料电池获得了较大的发展。质子交换膜燃料电池(PEMFC)采用可传导离子的聚合膜作为电解质，所以也称聚合物电解质燃料电池(PEFC)、固体聚合物燃料电池(SPFC)或固体聚合物电解质燃料电池(SPEFC)。PEMFC由质子交换膜、催化剂层、扩散层、集流板(又称双极板)组成，如图8.20所示。

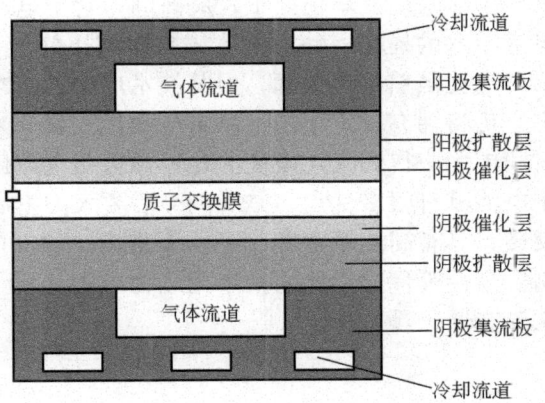

图8.20 质子交换膜燃料电池结构示意图

1) 质子交换膜

质子交换膜(Proton Exchange Membrane, PEM)是PEMFC中最重要的部件之一，其性能好坏直接影响电池的性能和寿命。它不只是一种将阳极的燃料与阴极的氧化剂隔开的隔膜材料，它还是电解质和电极活性物质(电催化剂)的基底，即兼有隔膜和电解质的作用；另外，PEM还是一种选择透过性膜，在质子交换膜的高分子结构中，含有多种离子基团，它只允许H^+穿过，其他离子、气体及液体均不能通过。

2) 电催化剂

为了加快电化学反应速度，气体扩散电极上都含有一定量的催化剂。PEMFC电催化剂主要有铂系和非铂系电催化剂两类。目前多采用铂催化剂。

3) 电极

PEMFC电极是一种多孔气体扩散电极，一般由扩散层和催化层构成。扩散层是导电材料制成的多孔合成物，起着支撑催化层，收集电流，并为电化学反应提供电子通道、气体通道和排水通道的作用。催化层是进行电化学反应的区域，是电极的核心部分，其内部结构粗糙多孔，因而有足够的表面积以促进氢气和氧气的电化学反应。

4) 膜电极

膜电极(Membrane and Electrode Assembly, MEA)是通过热压将阴极、阳极与质子交换膜复合在一起而形成的。

5) 双极板与流场

双极板又称集流板，是电池的重要部件之一，其作用是分隔反应气体，收集电流，将各个单电池串联起来和通过流场为反应气体进入电极及水的排出提供通道。

PEMFC在原理上相当于水电解的"逆"装置。其单电池由阳极、阴极和质子交换膜组成，阳极为氢燃料发生氧化的场所，阴极为氧化剂还原的场所，两极都含有加速电极电化学反应的催化剂，质子交换膜为电解质。PEMFC的工作原理如图8.21所示。

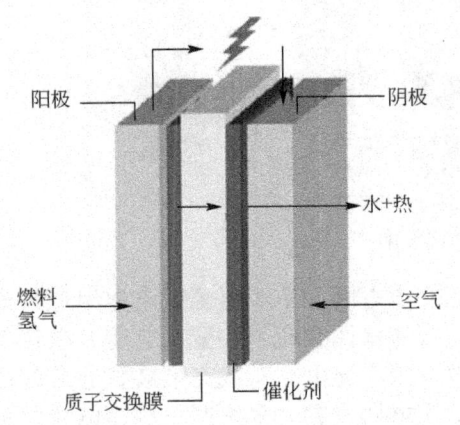

图8.21 PEMFC的工作原理

当前电动汽车正处于发展高潮，对于电动汽车技术的全面发展，重中之重在于能量储存技术的提高。动力电池将向着高比能量、高可靠性、低成本、安全环保方向发展。铅酸电池虽然年代久远，但其技术成熟、成本低，在今后的一定时期内依然具有竞争能力，仍将拥有一定市场；燃料电池代表着未来动力电池的发展方向，但其成本太高，短时间内无法得到大规模商业化；镍氢蓄电池依然具有优势；锌空气电池有待开发；锂离子电池具有很多优点，是我们今后要大力发展的动力电池。随着能量储存技术的发展和突破，具有高能量密度、高功率密度、较好的充放电性能、较长的循环寿命、低成本、高安全性等优秀性能的汽车用动力电池定会实现商品化，电动汽车必将成为21世纪的主流交通工具。

8.3　电动汽车充电及充电设备检测技术

8.3.1　电动汽车充电技术

对于一辆电动汽车来讲，蓄电池充电设备是不可缺少的子系统之一，它的功能是将电网的电能转化为电动汽车车载蓄电池的电能。电动汽车充电装置的分类有不同的方法。总体上可分为车载充电装置和非车载充电装置。图8.22所示为电动汽车充电系统组成图，图8.23所示为电动汽车充电设备图。

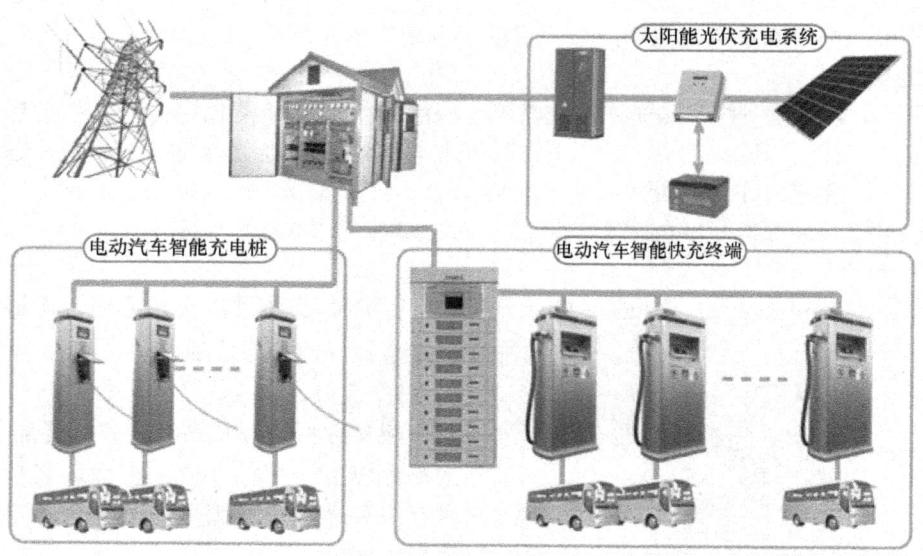

图8.22　电动汽车充电系统图

车载充电装置是指安装在电动汽车上的采用地面交流电网和车载电源对电池组进行充电的装置，包括车载充电机、车载充电发电机组和运行能量回收充电装置。它将一根带插头的交流动力电缆线直接插到电动汽车的插座中给电动汽车充电。车载充电装置通常使用结构简单、控制方便的接触式充电器，也可以是感应充电器。它完全按照车载蓄电池的种类进行设计，针对性较强。

图 8.23　电动汽车充电设备图

非车载充电装置即地面充电装置，主要包括专用充电机、专用充电站、通用充电机、公共场所用充电站等，可以满足各种电池的各种充电方式。通常非车载充电器的功率、体积和重量均比较大，以便能够适应各种充电方式。

另外，根据对电动车蓄电池充电时的能量转换的方式不同，充电装置可以分为接触式和感应式。图 8.24 显示了充电机在汽车的安装位置。

随着电力电子技术和变流控制技术的飞速发展，高精度可控变流技术的成熟和普及，分阶段恒流充电模式已经基本被充电电流和充电电压连续变化的恒压限流充电模式取代。直到目前，主导充电工艺的还是恒压限流充电模式。接触式充电的最大问题在于它的安全性和通用性，为了使它满足严格的安全充电标准，必须在电路上采用许多措施使充电设备能够在各种环境下安全充电。恒压限流充电和分阶段恒流充电均属于接触式充电技术。

充电器竖立在控制器的后方

图 8.24　充电机在汽车的安装位置

电动汽车充电方式主要分为以下几种。

1. 常规充电方式

常规充电方式采用恒压、恒流的传统充电方式对电动车进行充电，以相当低的充电电流为蓄电池充电，电流大小约为 15A，若以 120Ah（如 360V，即串联 12V、100Ah 30 只）的蓄电池为例，充电时间要持续 8 个多小时。相应的充电器的工作和安装成本相对比较低。电动汽车家用充电设施（车载充电机）和小型充电站多采用这种充电方式。车载充电机是纯电动乘用车的一种最基本的充电设备（图 8.25）。充电机作为标准配置固定在车上或放在行李厢里。

由于只需将车载充电器的插头插到停车场或家中的电源插座上即可进行充电，因此充电过程一般由客户自己独立完成。直接从低压照明电路取电，充电功率较小，由 220V/16A 规格的标准电网电源供电。典型的充电时间为 8～10h（SOC 达到 95% 以上）。这种充电方式对电网没有特殊要求，只要能够满足照明要求的供电质量就能够使用。由于在家中充电通常是晚上或者是在电低谷期，有利于电能的有效利用。

小型充电站是电动汽车的一种最重要的充电方式(图 8.26),充电机设置在街边、超市、办公楼、停车场等处,采用常规充电电流充电。电动汽车驾驶人只需将车停靠在充电站指定的位置上,接上电线即可开始充电。计费方式是投币或刷卡,充电功率一般为 5~10kW,采用三相四线制 380V 供电或单相 220V 供电。其典型的充电时间是:补电 1~2h,充满 5~8h(SOC 达到 95%以上)。

图 8.25 车载充电机充电方式

图 8.26 小型充电站充电方式

2. 快速充电方式

快速充电方式以 150~400A 的高充电电流在短时间内为蓄电池充电,与前者相比安装成本相对较高。快速充电也可称为迅速充电或应急充电,其目的是在短时间内给电动汽车充满电,充电时间应该与燃油车的加油时间接近。大型充电站(机)多采用这种充电方式。大型充电站(机)-快速充电方式主要针对长距离旅行或需要进行快速补充电能的情况进行充电,充电机功率很大,一般都大于 30kW,采用三相四线制 380V 供电。其典型的充电时间是 10~30min。这种充电方式对电池寿命有一定的影响,特别是普通蓄电池不能进行快速充电,因为在短时间内接受大量的电量会导致蓄电池过热。快速充电站的关键是非车载快速充电组件,它能够输出 35kW 甚至更高的功率。由于功率和电流的额定值都很高,因此这种充电方式对电网有较高的要求,一般应靠近 10kV 变电站附近或在监测站和服务中心中使用。

3. 无线充电方式

电动汽车无线充电方式(图 8.27)是近几年国外的研究成果,其原理就像在车里使用的移动电话,将电能转换成一种符合现行技术标准要求的特殊的激光或微波束,在汽车顶上安装一个专用天线接收即可。有了无线充电技术,公路上行驶的电动汽车或双能源汽车可通过安装在电线杆或其他高层建筑上的发射器快速补充电能。电费将从汽车上安装的预付卡中扣除。

4. 更换电池充电方式

除了以上几种充电方式外,还可以采用更换电池组的方式,即在蓄电池电量耗尽时,用充满电的电池组更换已经耗尽的电池组。蓄电池归服务站或电池厂商所有,电动汽车用户只需租用电池。电动汽

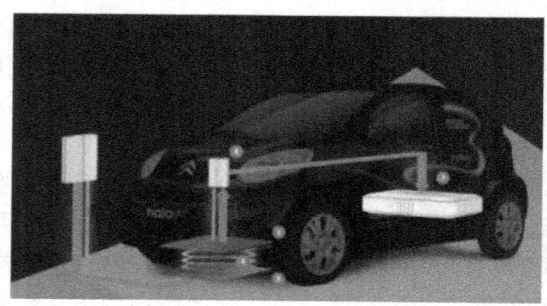

图 8.27 无线充电方式

车用户把车停在一个特定的区域，然后用更换电池组的机器将耗尽的蓄电池取下，换上已充满电的电池组。由于电池更换过程包括机械更换和蓄电池充电，因此有时也称它为机械"加油"或机械充电。通过使用机械设备，整个电池更换过程可以在10min内完成，与现有的燃油车加油时间大致相当。

不过，这种方法还存在不少问题有待解决。首先，这种电池更换系统的初始成本很高，其中包括昂贵的机械装置和大量的蓄电池。其次，由于存放大量未充电和已充电的蓄电池需要很多空间，因此修建一个蓄电池更换站所需的空间远大于修建一个正常充电站或快速充电站所需的空间。还有，在蓄电池自动更换系统得到应用之前，需要对蓄电池的物理尺寸和电气参数制定统一的标准。

5. 移动式充电方式

对电动汽车蓄电池而言，最理想的情况是汽车在路上巡航时充电，即所谓的移动式充电（MAC）。这样，电动汽车用户就没有必要去寻找充电站、停放车辆并花费时间去充电了。MAC系统埋设在一段路面之下，即充电区，不需要额外的空间。接触式和感应式的MAC系统都可实施。对接触式的MAC系统而言，需要在车体的底部装一个接触拱，通过与嵌在路面上的充电元件相接触，接触拱便可获得瞬时高电流。当电动汽车巡航通过MAC区时，其充电过程为脉冲充电。对于感应式的MAC系统，车载式接触拱由感应线圈所取代，嵌在路面上的充电元件由可产生强磁场的高电流绕组所取代。很明显，由于机械损耗和接触拱的安装位置等因素的影响，接触式的MAC对人们的吸引力不大。目前的研究主要集中在感应充电方式，因为它不需要机械接触，也不会产生大的位置误差。当然，这种充电方式投资巨大，现在仍处于实验阶段。

8.3.2 充电机连接器设计

充电机连接器主要是指充电机与电动汽车电池组连接的接口，这里主要是指充电机充电插头。它是将几种不同功能的线路的连接接口集中设计在一个连接器上。充电机高压连接器的触点主要包含高压直流电源充电电路正负极触点、低压辅助电源正负极触点、CAN通信线路触点（高电平H和低电平L）、CAN通信用屏蔽线触点、保护接地线触点。

充电前连接插头时，触点的连接顺序应遵循保护接地线最先连接、通信触点最后的原则。所以，触点的连接顺序依次为：保护接地、高压直流充电电路、低压辅助电源、通信线路。这样设计的好处在于：保护接地最先可以确保完全，因为涉及高压和大电流；通信触点最后连接，只有在确认通信触点连接良好之后，才允许充电机向电池组提供充电服务，同样是出于安全方面的考虑。断开充电机与电动汽车的连接时顺序相反，为通信触点最先断、接地保护触点最后。这样即使充电尚未完成而仍在继续，若连接器意外断开，通信触点是最先断开连接的，一旦通信触点断开连接，不论其他触点断开与否，充电机都可以强制停止向电池组的电能的传输，确保充电过程的安全。

充电机连接器是一个经常活动的部件，考虑到高压连接器的工作环境，对高压连接器有较严格的结构要求，一般来说，应具备一些必要的结构特征和使用性能，参考《电动汽车充电系统技术规范第7部分：非车载充电机充电接口》，对充电机高压连接器做出下列性能要求：

（1）充电插头与电动汽车充电插座连接后应能锁紧固定。

（2）机械强度：应满足高压连接器在一般跌落的情况下不出现损坏或变形的情况。

（3）在较大温差环境下能正常工作。进行耐温试验，即把充电插头放入恒温箱内从室温逐渐升至 120℃ 并保持 8h，取出后冷却至室温，再放入恒温箱由室温逐渐冷却至 -40℃ 并保持 8h，取出后让其回升到室温，经过此试验后不出现可见变形或损坏。

（4）耐热、耐燃性。充电插头在 110℃ 条件下保持 1h 而不出现不利于继续使用的变化。

（5）耐氧化老化。充电插头非金属部件如热塑性材料外壳、密封圈、密封垫等在 70℃、2.0MPa 的氧气环境下放置 160h，部件不出现可见变形、裂纹等老化现象。

（6）绝缘性能。充电插头外表可接触部分必须是与内部线路绝缘的。

图 8.28　充电机连接器实物图

图 8.28 和图 8.29 分别为电动汽车充电动连接器的实物图和模型爆炸图。

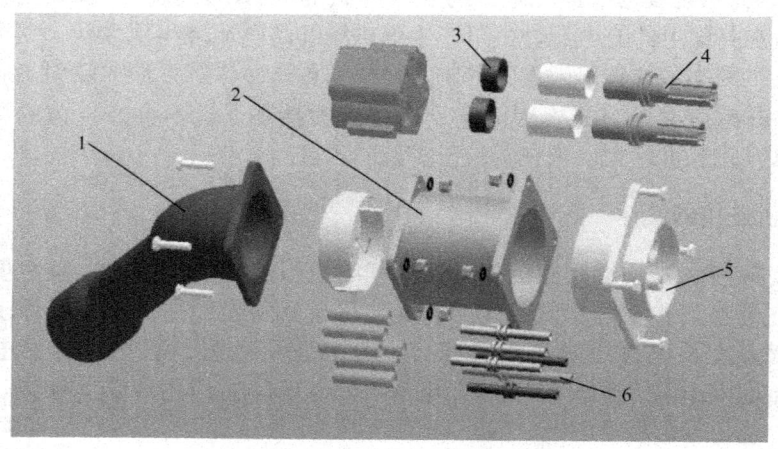

图 8.29　充电机连接器模型爆炸图

1—把手；2—外壳；3—套筒；4—直流充电接口端子；
5—前端盖；6—接地及低压通信端子

8.3.3　充电设备检测技术研究

关于充电站与充电机的检测，目前尚没有强制性的国家标准出台，但是在电动汽车与充电站蓬勃发展的今天，若有这样一部具有强制性的国家标准出现，则电动汽车的发展就能够跨过一道关键的瓶颈。目前国内有部分地方或相关行业的企业提出了自己的指导性标准。

1. 检测总则

充电机应具有自动、安全地为电动汽车蓄电池系统充满电能的能力，充电过程中不应对电池造成伤害，即使在正常使用时出现误操作，也不应给周围的人或环境造成伤害。

几乎所有有关的标准文件都采用类似上述的总则,说明对充电机的最基本要求是充电和安全。

2. 充电站检测内容

充电机一般情况下都是设置在充电站内的,所以对充电机周围的环境,如充电站,也有一定的要求,对充电机所在充电站的检测是充电机检测的内容之一。

首先,充电站的基本构成必须包括供电系统、充电系统、监控系统、安全防护设施、停车场地等硬件配套。对充电站的基本功能要求包括提供充电停车位、快速直流充电、安全防护功能、监控功能。快速直流充电是必备的功能,也可以另外提供慢充、更换电池等功能区,但要以快速充电为主要服务功能;安全防护功能主要是指充电站的防雨、防水、防火、防振、防雷等功能,检测时要连带检测充电站各安全防护功能是否符合相关标准的规定,如防雷要符合 GB 50057—2010 和 GB 50343—2009 的有关规定,防火方面要有相应的消防方面的配备和设计,防水防雨主要是防止流水损害充电设备;监控系统是指充电站所设置的监控室必须具备监控充电设备充电过程安全、充电站安全、统筹充电站的整体运作的功能,在出现紧急事故时有相应的应对措施,如强制性紧急停机系统。

其次,是对充电站所在地环境的检测。充电站不宜设在有剧烈振动、高温、潮湿、低洼地等场所,防止不利环境条件可能对充电机的损害和对人员造成的伤害。

3. 充电机检测内容

充电机是充电站充电系统的主要部分,是充电站的服务功能的核心,它对充电站的工作效率和安全均有重要影响,在检测充电机时主要是对充电机工作环境及其本身结构的检测、各功能模块的检测、工作参数和高压连接器的检测。

(1) 对工作环境及其本身结构的检测,主要包括工作温度和温升、湿度、防护等级、防雷击、安装垂直倾斜度、振动等。

充电机运行期间环境温度必须处于 $-20℃\sim+50℃$ 之间,日平均湿度不得高于 95%,月平均湿度不能高于 90%。充电机所在位置无强烈振动和强电磁干扰。充电机箱防护等级要达到 IP23,即防止人手指接触到内部电路和中等尺寸异物的侵入及普通的防雨防水功能;充电连接器的防护等级则要达到 IP55,即防止灰尘侵入连接器内部和喷射水滴的侵入。对充电机本身结构的检测主要是机箱外壳的接地防护以及防潮、防雾、防腐蚀等。

(2) 是对各功能模块的检测分析,充电机的基本功能模块有高频开关电源模块、人机交互模块、监控通信模块、计量系统、高压连接器。

① 高频开关电源模块是将三相交流电转换为直流电输出,它的工作是高电压大电流的,同时承担着均流、稳流稳压的任务,所以对高频电源开关模块要进行工作参数及安全方面的检测。对高频电源开关模块的检测要求有以下几条。

a. 高频开关电源模块应有开关延时功能,起动时间不低于 3s,以保护电路不因瞬时电流过大而损坏。

b. 高频开关电源模块应有自我监控功能,当电源模块出现故障或异常情况时,电源模块能够及时进行应对或者能停止工作。

c. 高频开关电源模块应受充电机内的单片机电路控制,以实现各电源模块的均流和服从单片机发出的工作要求。

② 人机交互模块是使用者与充电机的信息交换窗口,充电机应有必要的信息输入和

输出窗口,以利于使用者对充电方式进行设置或者将充电过程的信息告知使用者。在自动模式下能自动充好电,在手动模式下能按使用者提供的充电信息如充电电量、充电时间等完成任务。

③ 监控通信模块以充电机内的单片机控制电路为核心,对充电过程进行监控,主要检测以下几个方面。

a. 是否有连续监测充电机与汽车连接有效性的功能和是否有连续监测接地有效性的功能。

b. 是否能与汽车电池管理系统和监控室上位机进行有效通信,接收来自两者的信息,向两者提出信息请求和发送信息。

c. 是否能自动完成从恒流充电到恒压充电的转换。

d. 是否有限流、限压功能。

e. 是否有采用PWM脉宽调制技术控制各电源模块的均流。

f. 是否有紧急停机功能。

(3) 对工作参数的检测,包括最大电流值、最大电压值、最大功率、功率因数、充电效率、纹波系数、稳流精度、稳压精度、均流不平衡度、漏电流等。

相应的参数检测可使用相应的检测工具,也可使用专门的检测仪或检测软件。如对纹波系数,只要测得电压的峰值、谷值和平均值,就能得到纹波系数;最大功率是以在允许的电压电流范围内,于40℃时充电机能输出最大功率为判断标准。很多标准文件都对这些工作参数作了规定,如漏电流不超过3.5mA。

(4) 对高压连接器的检测。通过参考标准文件,确定检测项目主要是插拔力试验、防触电保护、接地措施、防护等级、绝缘电阻、使用寿命、温升、机械强度、耐老化、耐热耐燃耐漏电起痕、防锈防腐蚀以及各端子的连接顺序等。

对使用寿命的检测通过插拔次数来测定,假设每天插拔20次,则插拔次数设定为35000次则可满足连接器5年的使用寿命。机械强度的检测是将连接器在超过0.8m的高度使其自由下落,接口的变形不能超过0.1mm,不影响继续使用。防护等级达到IP55。端子的连接顺序应为连接器与电动汽车连接时,接地端子最先接触,通信端子最后接触;脱离连接时,通信端子最先脱离,接地端子最后脱离。当通信端子不通电时,高压充电接口必须能立即停止供电。

8.4 燃料电池电动汽车

8.4.1 燃料电池汽车的基本结构

从历史上看,燃料电池技术的发展未能竞争过快速发展的燃烧发电技术,是因为燃料电池发展过程中相应的结构材料的发展是分阶段、时断时续进行的,未能使人们清楚地认识到对燃料电池的需求。目前,燃料电池必须解决的问题是提高电池寿命,降低电池的制造成本。

燃料电池汽车的基本结构多种多样。按照驱动形式分可分为纯燃料电池驱动和混合驱动两种形式。按照能量来源可分为车载纯氢和燃料重整两种形式。由于燃料电池电动汽车正处在研究的初期阶段,所以各种技术竞相试用并各有优缺点。图8.30所示为燃料电池汽车系统典型结构。

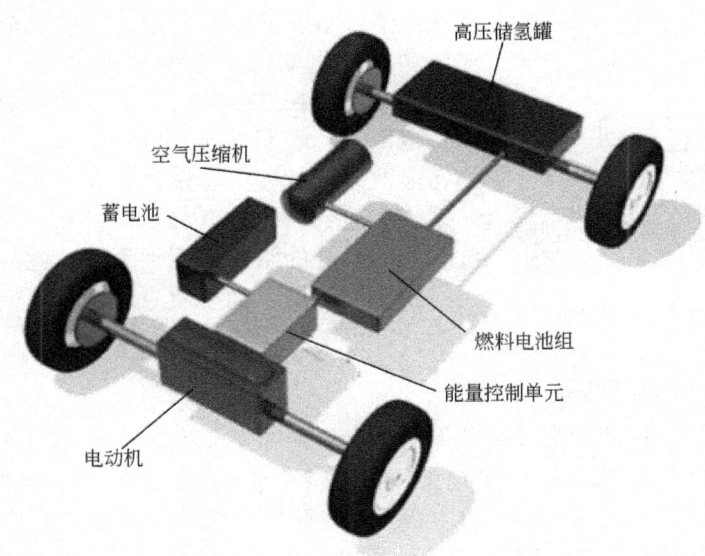

图 8.30　FC＋B 燃料电池汽车系统结构

目前，车用燃料电池急需解决以下关键问题。

（1）提高车用燃料电池单位质量（或体积）、电流密度及功率，提高车辆所必需的快速起动和动力响应的能力。

（2）必须开发质量轻、体积更小、能储存更多氢能的车载氢储存器具，以便更有效地利用燃料能量，提高续驶里程和载质量。

（3）必须解决好氢气的安全问题，在一定的条件下，氢气比汽油具有更大的危险性，所以无论采用什么储存方式，储存器具及其安全措施都必须满足使用要求。

（4）电池组件必须采用积木化设计，开发有效的制造工艺，并进行高效的自动化生产，从而降低材料和制造费用。

（5）发展结构紧凑及性能可靠的质子交换膜燃料电池的同时开发应用其他燃料，像甲烷、柴油等驱动的质子交换膜燃料电池，这将会拓宽质子交换膜燃料电池的应用范围。

纯燃料电池汽车只有燃料电池一个动力源，汽车的所有功率负荷都由燃料电池承担。其主要缺点有：燃料电池的功率大，成本昂贵；对燃料电池系统的动态性能和可靠性提出很高要求；不能进行制动能量回收。基于这些不利因素，目前的燃料电池汽车主要采用的是混合驱动形式，即在燃料电池的基础上，增加了一组电池或超级电容作为另一动力源。下面详细介绍一下燃料电池汽车常用的驱动形式。

燃料电池最初的设计思路来自于纯电动汽车（EV）。利用燃料电池可以直接输出电能，以及燃料电池动力系统的能量密度比纯蓄电池动力系统的能量密度高得多的特点，将燃料电池直接替代 EV 的蓄电池组，希望这种系统能够解决纯电动汽车续驶里程不足的问题，结构如图 8.31 所示。这种方案中，燃料电池的输出端直接与汽车驱动单元的电动机控制器的输入端连接，中间没有阻抗变换功率控制装置。由于燃料电池系统和蓄电池这两种动

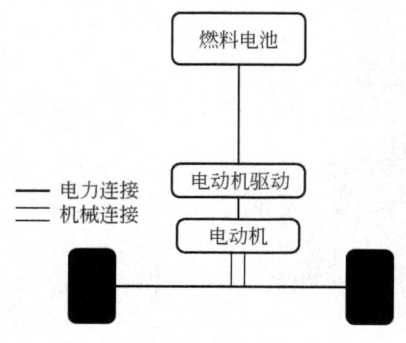

图 8.31 纯燃料电池动力系统

力源的特性差异很大，图 8.31 所示的直接替代方案经实践证明有很多问题。首先，燃料电池的输出功率和输出功率变化率完全由电驱动电动机的功率需求决定。当电动机控制器的功率要求超过燃料电池的合理接受范围时，燃料电池系统必然会受到损害。其次，燃料电池系统的输出特性比较软，而汽车的电动机驱动系统更适合较硬的电源输出特性。这就造成电源系统和驱动系统的阻抗匹配性不好。此外直接替代方案还存在功率匹配、动态响应、燃料电池系统的起动等问题。

1. FC+DC/DC 燃料电池系统

如图 8.32 所示，这种方案结构最为简单，燃料电池通过 DC/DC 直接向电动机驱动器提供电能。由于系统没有 ESS，燃料电池需要提供汽车行驶所需的全部峰值功率，并且尽量满足车辆所需动态性能。DC/DC 的主要作用是阻抗匹配和过载保护。Ford P2000 型燃料电池汽车采用这种结构。这种结构只有一种动力源，要求燃料电池的额定功率必须满足汽车的峰值功率要求，因此燃料电池的尺寸很大。同时，由于没有辅助动力源，燃料电池需要全程跟随车辆的功率需求，使得燃料电池的工况点分散，经济性也明显不好，因此目前已较少采用。

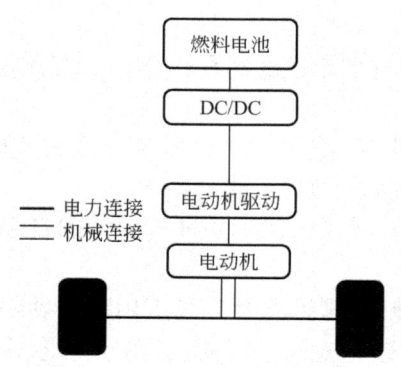

图 8.32 FC+DC/DC 燃料电池系统

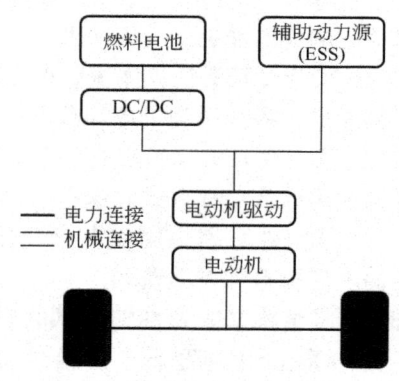

图 8.33 燃料电池优先型电-电混合动力系统

2. 燃料电池优先型电-电混合动力系统

为解决单一动力源燃料电池电动汽车动力系统的动态响应、系统匹配、制动能回收、燃料电池系统容量过大和可靠起动等问题，图 8.33 所示是这种燃料电池优先型方案的基本构型。燃料电池优先型构型引入了辅助动力源或能量储存系统（简称为 ESS）。燃料电池系统作为主力源。辅助动力源本质是一个电能储存系统，可以实现电能的双向流动。燃料电池通过 DC/DC 与辅助动力源并联连接。控制策略中，燃料电池系统主要提供稳态功率或部分动态功率，辅助动力源提供车辆运行所需的动态和峰值功率。辅助动力源还负责回收存储车辆的制动能，提供燃料电池系统起动所需电能。

这种构型的最大特点是充分保证了燃料电池系统的工作条件最优，可靠性最好。系统引入并联辅助动力源以后，与燃料电池连接的 DC/DC 可以设计为电流控制型。这样，一方面可以有效控制燃料电池的输出功率，包括稳态值和变化率，有效改善燃料电池的工作状态，避免了由于燃料电池动态响应过大造成的损害。另一方面可以通过电流型 DC/DC 实现燃料电池和辅助动力源以及电动机控制器的阻抗匹配，将燃料电池的软的输出特性加以改善。该燃料电池优先型构型已成功应用于中国的超越系列燃料电池乘用车的动力系统设计。各种测试和实际运行结果显示，燃料电池优先型的动力系统结构基本解决了所用燃料电池系统的可靠性问题，同时整个动力系统的动态响应特性、燃料经济性和制动能的回收性能也有了很大提高。

3. 辅助动力源优先型电-电混合动力系统

相对内燃机而言，燃料电池的一个最大特性就是可以在较宽的功率范围内保持相对较高的系统工作效率。如果 FCHEV 的动力系统采用负载跟随型(Load - Following)控制策略，则可以充分利用它的这一特点。采用相对大功率燃料电池系统，减小辅助动力源的容量和尺寸。这种构型的结构如图 8.34 所示，主要特点是燃料电池直接或通过一个保护二极管与直流母线连接。而辅助动力源通过 DC/DC 与燃料电池并联。这样既可以保证燃料电池系统电能的高效和快速输出，又可以合理控制辅助动力源储能元件的功率大小和方向，可较好地满足辅助动力源预期的 SOC 动态范围和动态功率能力，使其工作条件更为优化，可靠性提高。同时，由于采用负载跟随型控制策略，辅助动力源的储能元件和 DC/DC 的容量和尺寸可以设计得较小。根据辅助动力源采用的电能储存元件，辅助动力源优先型构型主要包括 FC＋［BAT＋DC/DC］和 FC＋［UCap＋DC/DC］两种，典型结构如图 8.35、图 8.36 所示。

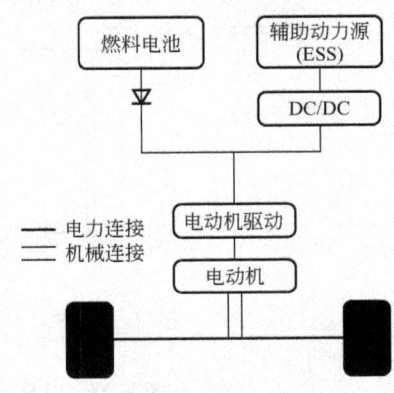

图 8.34 辅助动力源优先型电-电混合动力系统

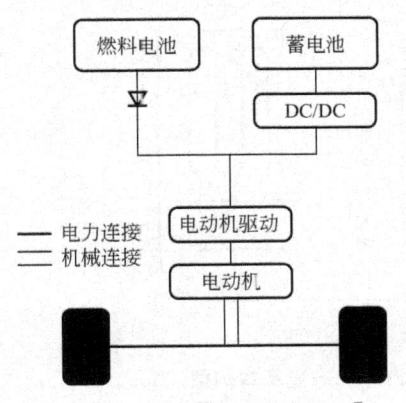

图 8.35 FC＋［BAT＋DC/DC］

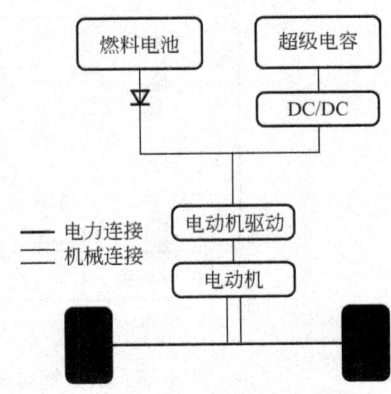

图 8.36 FC＋［UCap＋DC/DC］

8.4.2 燃料电池发动机

在 FCEV 所采用的燃料电池发动机中，为保证 PEMFC 组的正常工作，除以 PEMFC 组为核心外，还装有氢气供给系统、氧气供给系统、气体加湿系统、反应生成物的处理系统、冷却系统和电能转换系统等。只有这些辅助系统匹配恰当和正常运转，才能保证燃料电池发动机正常运转。

图 8.37 所示是以氢气为燃料的燃料电池发动机系统。图 8.38 所示是以氢气为燃料的 FCEV 的总布置基本结构模型。

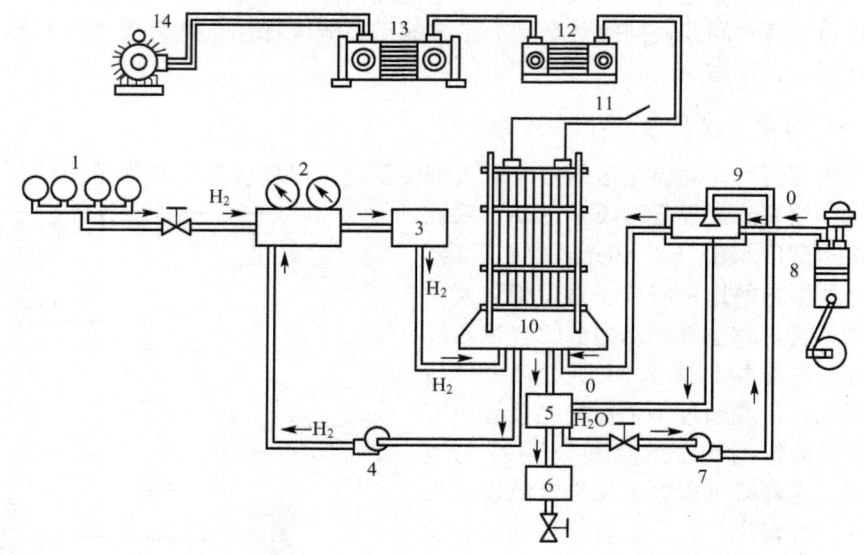

图 8.37　以氢气为燃料的燃料电池发动机系统
1—氢气储存罐；2—氢气压力调节仪表；3—热交换器；4—氢气循环泵；5—冷凝器及气水分离器；6—散热器；7—水泵；8—空气压缩机（或氧气罐）；9—加湿器及去离子过滤装置；10—燃料电池组；11—电源开关；12—DC/DC 变换器；13—DC/AC 逆变器；14—驱动电动机

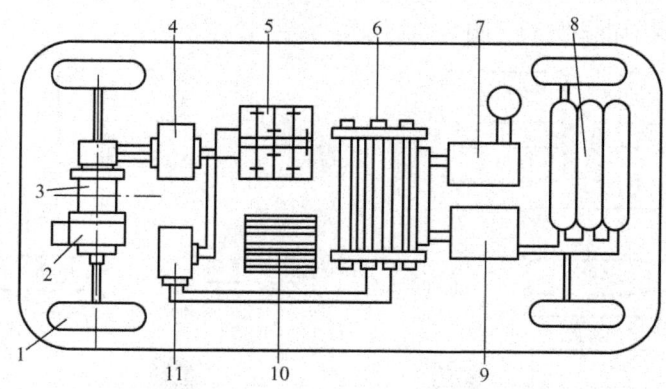

图 8.38　以氢气为燃料的燃料电池汽车总布置基本构型
1—驱动轮；2—驱动系统；3—驱动电动机；4—DC/AC 逆变器；5—辅助电源装置；6—燃料电池发动机；7—空气压缩机及空气供应系统辅助装置；8—氢气储存罐；9—氢气供应系统辅助装置；10—中央控制器；11—动力 DC/DC 变换器

液态氢气虽然比能量高于气态氢，由于液态氢气是处于高压状态的，不但需要用高压储气瓶储存，还要用低温保温装置来保持低温。低温的保温装置是一套复杂的系统。

(1) 氢气供应、管理和回收系统。气态氢通常用高压储气瓶来装载,对高压储气瓶的品质要求很高,为保证燃料电池电动汽车一次充气有足够的行驶里程,就需要多个高压储气瓶来储存气态氢。一般乘用车上需要 2~4 个高压储气瓶,大客车上需要 5~10 个高压储气瓶。

在使用不同压力的氢气(高压气态氢气和高压低温液态氢气)时,就需要用不同的氢气储存容器,用不同的减压阀、调压阀、安全阀、压力表、流量表、热量交换器和传感器等来进行控制。并对各种管道、阀和仪表等的插头采取严格的防泄漏措施。从燃料电池中排出的水含有未发生反应的少量的氢气。正常情况下,从燃料电池排出的氢气量应低于 1% 以下,应用氢气循环泵,将这少量的氢气回收。

(2) 氧气供应和管理系统。氧气的来源有从空气中获取氧气和从氧气罐中获取氧气两种方式。空气需要用压缩机来提高压力,以增加燃料电池反应的速度。在燃料电池系统中,配套压缩机的性能有特定的要求,压缩机质量和体积会增加燃料电池发动机系统的质量、体积和成本,压缩机所消耗的功率会使燃料电池的效率降低。空气供应系统的各种阀、压力表、流量表等的插头要采取防泄漏措施。在空气供应系统中还要对空气进行加湿处理,保证空气有一定的湿度。

(3) 水循环系统。燃料电池发动机中,燃料电池在反应过程中将产生水和热量,在水循环系统中要用冷凝器、气水分离器和水泵等对反应生成的水和热量进行处理,其中一部分水可以用于空气的加湿。另外还需要装置一套冷却系统,以保证燃料电池的正常运转。

(4) 电力管理系统。燃料电池所产生的是直流电,需要经过 DC/DC 变换器进行调压,在采用交流电动机的驱动系统中,还需要用 DC/AC 逆变器将直流电转换为三相交流电。

以氢气为燃料的燃料电池发动机的各种外围装置的体积和质量,占燃料电池发动机总体积和质量的 $1/3\sim1/2$。

燃料电池汽车动力驱动系统的参数匹配是一个比较复杂的优化问题,只有在建立精确完整的仿真模型基础上,经过反复的寻优计算才能达到最佳的效果。燃料电池汽车动力驱动系统的不同构型方式、参数匹配以及整车控制策略,是影响车辆动力性和经济性的三个重要因素,三者之间关联度很大、相互影响,同时优化难度很大,且针对不同构型方式,采取不同的控制策略及参数匹配,整车的性能往往差异显著。因此,为完成整车动力驱动系统的参数匹配,有必要对三者进行性能解耦。

动力系统参数匹配思路是:首先针对某种给定的动力驱动系统构型,选择一种基本的能量分配策略;然后在已知整车参数、目标工况以及基本能量分配策略的条件下,以满足车辆动力性为前提,燃料经济性最优为目标,进行整车及动力驱动系统的参数匹配;最后,改变构型方式,完成每种构型下的参数匹配。这样,就完成了构型方式、参数匹配以及控制策略三者之间的解耦。

8.4.3 燃料电池电动汽车的优缺点

燃料电池电动汽车技术与传统汽车、纯电动汽车技术相比,具有以下优点。

(1) 效率高。燃料电池的工作过程是化学能转化为电能的过程,不受卡诺循环的限制,能量转换效率较高,可以达到 30% 以上,而汽油机和柴油机汽车整车效率分别为 16%~18% 和 22%~24%。

(2) 续驶里程长。采用燃料电池系统作为能量源,克服了纯电动汽车续驶里程短的缺点,其长途行驶能力及动力性已经接近于传统汽车。

(3) 绿色环保。燃料电池没有燃烧过程，以纯氢作为燃料，生成物只有水，属于零排放。采用其他富氢有机化合物用车载重整器制氢作为燃料电池的燃料，生成物除水之外还可能有少量的 CO_2，接近零排放。

(4) 过载能力强。燃料电池除了在较宽的工作范围内具有较高的工作效率外，其短时过载能力可达额定功率的 200% 或更大。

(5) 低噪声。燃料电池属于静态能量转换装置，除了空气压缩机和冷却系统以外无其他运动部件，因此与内燃机相比，运行过程中噪声和振动都较小。

(6) 设计方便灵活。燃料电池汽车可以按照 X-By-Wire 的思路进行汽车设计，改变传统的汽车设计概念，可以在空间和重量等问题上进行灵活的配置。

燃料电池电动汽车的主要缺点如下。

(1) 燃料电池电动汽车的制造成本和使用成本过高。燃料电池发动机的制造成本居高不下，国内估计 3 万元/kW，国外成本约 3000 美元/kW，与传统内燃机仅 200~350 元/kW 相比，差距巨大。使用成本过高，如高纯度(99.999%)高压氢[>200bar(1bar=10^5Pa)]售价为 80~100 元/kg，按 1kg 氢可发 10kW·h 电能计算，仅燃料费即约为 10 元/kW·h，按燃料电池发动机工作寿命 1000h 计算，折旧费为 30 元/kW·h。所以总的动力成本达 40 元/kW·h。目前由燃料电池发动机提供 1kW·h 电能的成本远高于各种动力电池，这从一个侧面反映了作为汽车动力源，燃料电池还有相当的距离。

(2) 辅助设备复杂，且质量和体积较大。在以甲醇或者汽油为燃料的 FCEV 中，经重整器出来的"粗氢气"含有使催化剂"中毒"失效的少量有害气体，必须采用相应的净化装置进行处理，增加了结构和工艺的复杂性，并使系统变得笨重，而目前普遍采用的氢气燃料的 FCEV，因需要高压、低温和防护的特种存储罐，导致体积庞大，给 FCEV 带来了许多不便。

(3) 起动时间长，系统抗振能力有待进一步提高。采用氢气为燃料的 FCEV 起动时间一般需要约 3min，而采用甲醇或者汽油重整技术的 FCEV 起动时间则长达约 10min，比起内燃机汽车起动的时间长得多，影响其机动性能。此外，在 FCEV 受到振动或者冲击时，各种管道的连接和密封的可靠性需要进一步提高，以防止泄漏，降低效率，严重时还会引发安全事故。

8.5 其他清洁能源汽车技术

按照中华人民共和国国家发展与改革委员会公告定义，新能源汽车是指采用非常规的车用燃料作为动力来源（或使用常规的车用燃料、采用新型车载动力装置），综合车辆的动力控制和驱动方面的先进技术，形成的技术原理先进、具有新技术、新结构的汽车。图8.39 所示为典型的天然气汽车结构。其他清洁能源汽车主要指以天然气(NG)、液化石油气(LPG)、乙醇汽油(EG)、甲醇、二甲醚、氢能、太阳能等为燃料的汽车。

按照所使用天然气燃料状态的不同，天然气汽车可以分为压缩天然气(CNG)汽车和液化天然气(LNG)汽车。目前世界上使用较多的是压缩天然气汽车。表 8-2 所示为天然气与汽油的理化特性的比较。

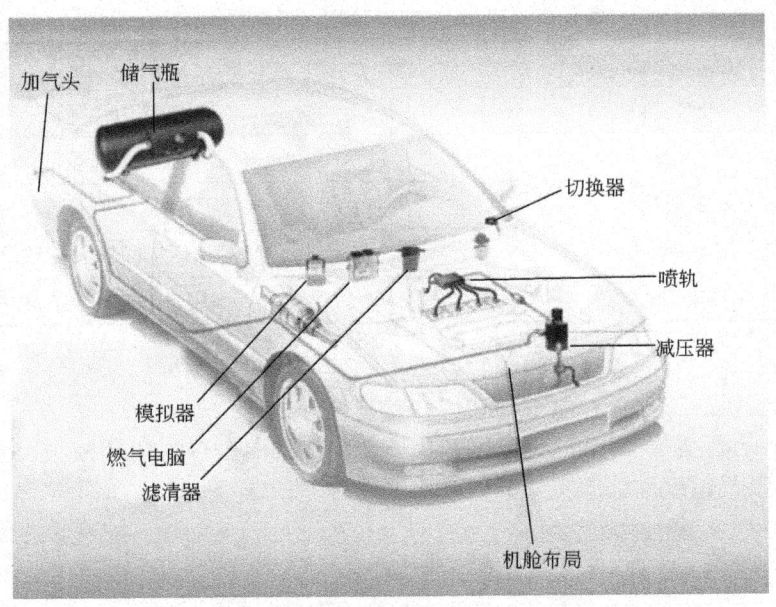

图 8.39　天然气汽车的结构

表 8-2　天然气与汽油的理化特性的比较

特性值	天然气	汽油
密度(气态，kg/m³)	0.718	5.093
低热值(MJ/kg)	49.54	44.52
理论空燃比(质量)	17.2	14.7
理论混合气热值(MJ/m³)	3.36	3.82
沸点(℃，常压)	−162	100
汽化潜热(kJ/kg)	510	297
自燃温度(大气中，℃)	650	500
点火界限燃料体积比(%)	5.3～15	1.2～6
点火界限当量比(Φ)	0.65～1.6	0.7～3.5

1. 天然气汽车

按照燃料使用状况的不同，天然气汽车可分为专用燃料天然气汽车、两用燃料天然气汽车和双燃料天然气汽车。专用燃料天然气汽车是指发动机只使用天然气作为燃料；两用燃料天然气汽车是指既可以使用天然气也可以使用汽油作为燃料；双燃料天然气汽车是指可以同时使用液体燃料和天然气。天然气汽车与燃油汽车相比，其特点比较见表 8-3。

表 8-3　天然气汽车与燃油汽车特性比较

优　　　点	缺　　　点
经济性好	汽车动力性降低
排放性好	行驶距离短
噪声低	供气体系建设有难度
节约维修费用	储气瓶占用空间较大,携带不便
冬季起动性好	汽车用户的初始投资较大

天然气汽车与普通燃油汽车相比,在结构上主要增加了燃气供给系统。天然气供给系统由储气部件、供气部件、控制部件和燃料转换部件组成。

图 8.40 所示是某国产汽油/天然气两用燃料汽车的混合器式闭环控制天然气供给系统组成示意图。燃气供给系统的主要部件有以下几种。

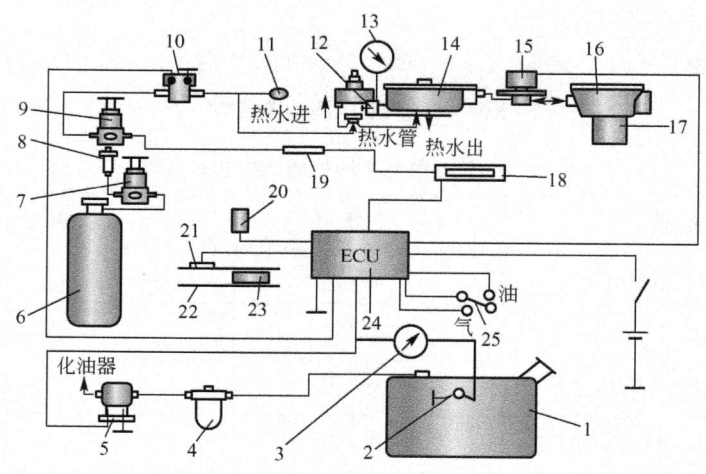

图 8.40　混合器式闭环控制天然气供给系统

1—汽油箱；2—油位传感器；3—汽油表；4—汽油滤清器；5—电动汽油泵；6—车用气瓶；
7—充气阀；8—滤清器；9—手动截止阀；10—天然气电磁阀；11—高压表；
12—安全阀；13—低压表；14—减压调节器；15—步进电动机；16—混合器；
17—化油器；18—压力显示器；19—压力传感器；20—发动机转速传感器；21—氧传感器；
22—发动机排气管；23—三元催化转化器；24—电控单元；25—汽油/天然气转换开关

1) 气瓶

天然气气瓶是天然气汽车的主要设备之一。气瓶的设置和生产都有严格的标准控制。充气站将压缩天然气通过充气阀充入储气瓶至气压达 20MPa。天然气气瓶的瓶口处一般安装有易熔塞和爆破片两种安全装置,当气瓶温度超过 1000℃ 或压力超过 26MPa 时,安全装置会自动破裂卸压。

2) 减压调节阀

由于气瓶内的天然气压力随着燃料的消耗不断变化,因此要保持稳定的天然气和空气的混合比例,必须装减压调节器。减压调节器可以保证在气瓶内的压力发生变化时进入混合器的天然气压力基本保持不变。减压调节器将气瓶内天然气的压力由 20MPa 减为负压，其真空度为 49～69kPa，一般需经过 3 次减压。

3）混合器

混合器的作用是将空气和天然气按一定比例混合，形成一定浓度的可燃混合气。比例调节式混合器的工作原理是利用进气管真空度同时控制空气和天然气通道的通过面积，以控制混合气的空燃比。

4）手动截止阀

我国汽车行业标准规定，天然气汽车应安装手动截止阀。当天然气汽车在充气、修理、入库停车时，用其截断气瓶到减压调节阀之间的天然气通路。

5）汽油/天然气转换开关

汽油/天然气转换开关有 3 个位置，即"油""气""中"。当转换开关置于"油"位置时，接通电动汽油泵电路；当转换开关置于"气"位置时，接通天然气电磁阀电路；当转换开关置于"中"位置时，不接通两者之中任何一个电路。

6）电控单元

电控单元根据氧传感器 21 和发动机转速传感器 20 的信号，通过调节步进电动机伺服阀的行程来改变减压调节器至混合器之间的低压通道通过面积，以控制天然气的流量。

燃气供给系统的工作原理如下。

当使用天然气作燃料时，手动截止阀打开，驾驶人将汽油/天然气转换开关 25 置于"气"位置，电控单元 24 向天然气电磁阀 10 通电，电磁阀开启。车用气瓶 6 内的天然气经充气阀 7、滤清器 8、手动截止阀 9 和电磁阀进入减压器 14。天然气在减压调节器内降压，低压的天然气经步进电动机 15 控制的低压通道进入混合器 16。在混合器中天然气和空气混合后进入气缸燃烧。

虽然混合器式闭环控制天然气供给系统能够改善空燃比的控制精度，但是小气量工况的空燃比仍然难以准确稳定地控制，因此，近年来电控天然气喷射系统得到了快速发展。

图 8.41 所示是某国产汽油/天然气两用燃料汽车的电控天然气供给系统示意图。天然气和汽油的供给都采用了电控喷射方式。

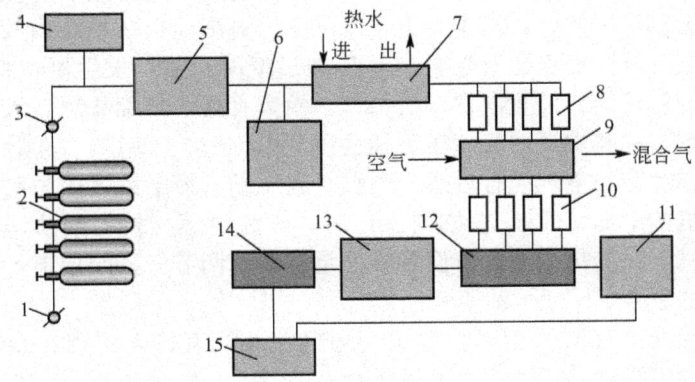

图 8.41 汽油/天然气两用燃料汽车的电控天然气供给系统示意图

1—充装阀；2—车用气瓶；3—输出阀；4—压力表；5—天然气电磁阀；
6—气量显示器；7—减压调节器；8—天然气喷射器；9—进气歧管；10—喷油器；
11—油压调节器；12—燃烧分配器；13—汽油电磁阀；14—汽油泵；15—汽油箱

电控单元根据来自各种传感器和开关(包括曲轴位置、节气门开度、进气压力、进气温度、汽油/天然气转化开关、减压调节器后的天然气压力、天然气温度和氧传感器等)的信号,利用其内存储的软件进行运算、判断和处理后,向天然气喷射器发出适时启闭的指令。天然气喷射器的结构及工作原理与电控汽油喷射系统的喷射器类似。在减压调节器后的天然气压力稳定的条件下,喷气量与喷射器开启的持续时间成正比,而后者由电控单元控制。

电控天然气喷射系统要求减压调节器出口压力保持在0.6MPa左右,其变化范围不能超过平均值的±3%。一般采用两级减压调节器,第一级减压到1.2MPa左右,第二级减压到0.6MPa左右。

对于汽油/天然气两用燃料发动机来说,通常是利用原有电控汽油喷射系统的控制系统,只增加几个传感器、执行器(如减压调节器后的天然气压力传感器、天然气喷射器、汽油电磁阀)和一个供气控制模块。原有的三元催化转化器和氧传感器可以继续使用。

以上介绍的是汽油/天然气两用燃料汽车燃料供给系统,对于柴油/天然气两用燃料汽车,其供给系统是在原柴油机燃油供给系统外再增加一套CNG供给装置。

计量器是控制供给发动机天然气量的装置,实际上就是一个节流阀,由驾驶人直接操纵。节流阀开大,供气量增多,发动机的功率增加。通常计量器与限速器制成一体。限速器用来限制发动机的转速不使其超速。当发动机转速超过允许的转速时,混合器喉管处的真空度经三通阀传入限速器膜片的下方并吸引膜片向下弯曲。膜片带动膜片拉杆向下移动。同时推动节流阀轴,朝关闭节流阀的方向转动。由于节流阀关小,供气量减少,从而限制了发动机转速的升高。当发动机恢复正常转速之后,三通阀使限速器膜片下方与大气相通,膜片恢复到原来的位置,限速器不起作用。

由于天然气的自燃温度高出柴油一倍以上,不容易自燃,因此柴油/压缩天然气发动机在每一个工作循环,均由喷油泵经喷油器向气缸内喷射少量柴油作为"引燃燃料",待柴油着火燃烧后再将天然气点燃。

由图8.42可知,压缩天然气储存在车用气瓶内,压力为20MPa。打开供气阀,天然气沿管道进入预热器,由发动机的循环冷却液对天然气加热。升温后的天然气进入高压减压器,将压力降至0.10~0.95MPa。在高压减压器之后设有气体压力异常信号发生器和安全阀。当高压减压器失灵并造成管道内气体压力过高时,信号发生器将发出信号报警,同时安全阀开启放出部分天然气,以避免由于气体压力过高而损坏系统内的其他元件。如果因为密封失效天然气外泄而引起管道内气体压力过低时,信号发生器也将发出信号报警。这时驾驶人应关闭供气阀,停止向发动机供气,检查管路,排除故障。天然气流经电磁阀并进入低压减压器,在其中经两级降压后压力降到0.1~0.15MPa。然后天然气经计量器进入混合器,并在其中与空气混合后进入气缸,在压缩行程结束之前被已经着火燃烧的柴油点燃。当发动机按柴油、CNG双燃料工作时,作为引燃燃料的柴油,其每循环供油量较少且不随发动机工况变化。为此特设置喷油泵供油量调节齿杆限位器,用来限定喷油泵供油量调节齿杆的位置。

实践证明,柴油、CNG双燃料发动机与柴油机相比有许多优点:排气烟色减轻,微粒排放量减少,噪声降低,机油使用期可延长一倍以上,活塞磨损小,在低转速时也可获得较大的转矩等。

2. 液化石油气汽车

以液化石油气为燃料的汽车称为液化石油气汽车。液化石油气汽车与燃油汽车相比,

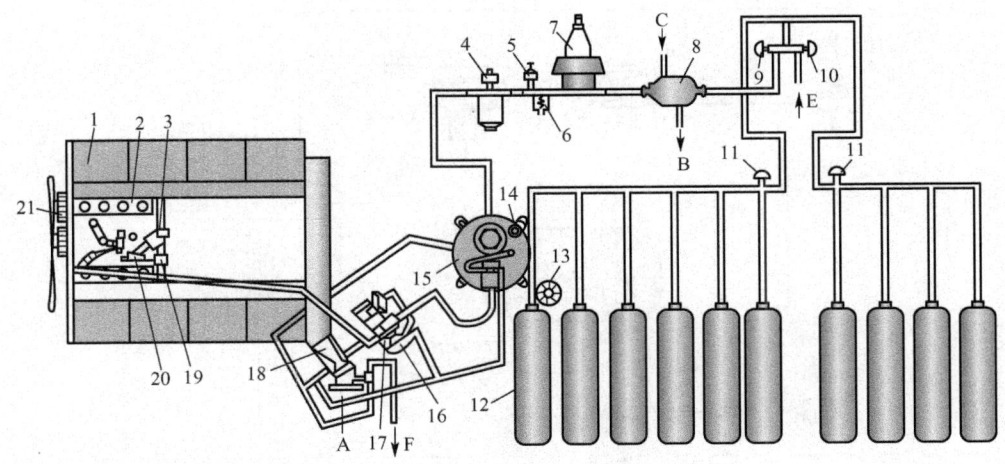

图 8.42　柴油/天然气两用燃料汽车燃料供给系统示意图

A—来自空气滤清器；B—通向柴油机冷却系统；C—来自柴油机冷却系统；
E—充气；F—通向堵塞显示器；1—柴油机；2—喷油泵；3—喷油泵供油量调节齿杆限位器；
4—电磁阀；5—气体压力异常信号发生器；6—安全阀；7—高压减压阀；8—预热器；9—供气阀；
10—充气阀；11—总阀；12—车用气瓶；13—压力表；14—气体压力传感器；15—低压减压器；
16—三通阀；17—计量器；18—混合器；19—连锁传感器；20—活动挡铁；21—曲轴转速传感器

其特性见表 8-4。

表 8-4　液化石油气汽车特性比较

优　点	缺　点
减少污染	汽车动力性有所下降
有较好的抗爆性	低温起动性能变差
低温起动性好	续驶里程较短
经济性好	汽车以双燃料方式并存时，整车成本较高
安全性好	补给液化石油气不方便

　　LPG 供给系统的混合器，其结构及工作原理与 CNG 供给系统的混合器相同。图 8.43 所示为 LPG 供给系统示意图。

　　气瓶附件包括各种阀门和液面计等。在乘用车用气瓶上，多将这些附件集成一体构成集成阀，它具有限量充装、储量显示、出液、手动截止和安全防护等多项功能。在气瓶充液时，当 LPG 达到气瓶容积的 80% 时，集成阀内的限量充装阀自动关闭，停止充液。利用集成阀内的液面计指示气瓶内 LPG 的储量。集成阀上装有安全阀，该阀能在 (2.5 ± 0.2)MPa 的压力下自动开启放气。另外，在出液口还装有一个安全阀，当发生供气管路破裂而有大量 LPG 泄漏时，只要该阀两侧的压力差超过 0.1MPa，该阀就自动关闭出液口。

　　当汽油/LPG 转换开关 13 置于 LPG 位置时，LPG 从气瓶 7 流入蒸发调压器，并在其中蒸发减压，然后进入混合器 11，在混合器中与空气混合后进入发动机气缸燃烧。电控单

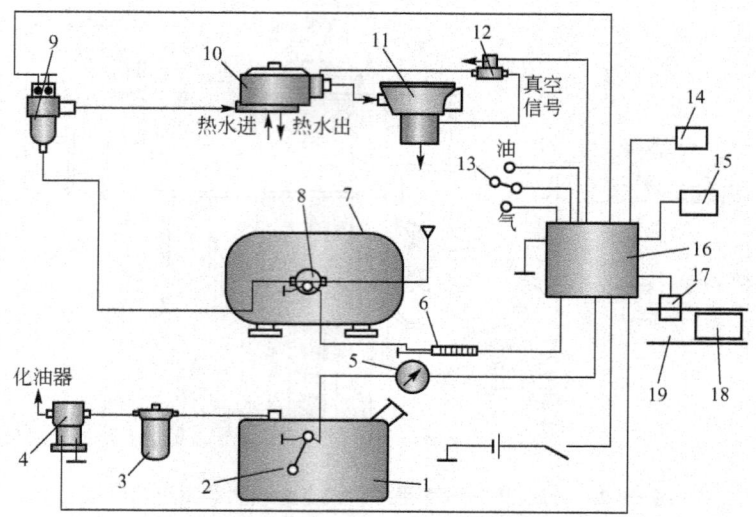

图 8.43 LPG 供给系统示意图

1—汽油箱；2—油位传感器；3—汽油滤清器；4—电动汽油；5—汽油表；
6—辅助液面显示器；7—气瓶；8—集成阀；9—LPG 电磁阀；10—蒸发调压器；
11—混合器；12—真空电磁阀；13—汽油/LPG 转换开关；14—节气门位置传感器；
15—发动机转速传感器；16—电控单元；17—氧传感器；18—三元催化转化器；19—发动机排气管

元根据氧传感器 17 和发动机转速传感器 15 的信号，通过改变通向真空电磁阀 12 的脉冲信号占空比来调节蒸发调压器 10 膜片室的压力，以控制蒸发调压器的输出压力和供气量，从而实现供气量的闭环控制。

充装液化石油气的充装口设在气瓶上方，充液时气瓶不能充满，当充装到气瓶容积的 80% 时，限量充装阀自动关闭充装口。限量充装阀、手动截止阀、液位计、安全阀以及出液限流阀等附件全部集成在一个集成阀 8 中。

3. 甲醇燃料汽车

甲醇燃料汽车是指利用甲醇燃料做能源驱动的汽车。甲醇作为燃料在汽车上的应用主要有掺烧和纯甲醇替代两种。掺烧是指将甲醇以不同的比例（如 M10、M15、M30 等）掺入汽油中，作为发动机的燃料，一般称为甲醇汽油；纯甲醇替代是指将高比例甲醇（如 M85、M100）直接用作汽车燃料。

甲醇汽油是指把甲醇部分添加在汽油里，用甲醇燃料助溶剂复配的 M 系列混合燃料。目前我国市场上使用的甲醇汽油主要有 M5、M15、M50、M85 以及 M100 等。

甲醇作为车用燃料有如下优点：

（1）辛烷值高，能显著提高燃料的混合辛烷值，增强抗爆性能，可以提高发动机的压缩比，从而提高发动机的功率。

（2）甲醇是高含氧量物质，它在气缸内完全燃烧时所需要的过量空气系数可以远远小于燃用汽油时所要求的值，燃烧更为充分。

（3）挥发性好，有利于与空气的混合。

（4）可显著降低尾气排放。

(5) 在高油价、低甲醇价格情况下，经济上甲醇燃料占有很大优势。

(6) 灵活性高，经改装后的甲醇燃料汽车，可燃用甲醇，也可燃用汽油及两者任意比例的混合物，不受油品和加油站的限制。

(7) 使用方便，对于现有的汽油车，无需任何改动装置，既可以使用汽油，也可以使用低比例甲醇汽油。

(8) 性能随掺混比而变，按在使用中与汽油的掺混比例依次分为低、中、高、纯甲醇4类。

甲醇作为车用燃料表现出的缺点如下：

(1) 甲醇吸湿性强，与汽油互溶性差，会造成混合燃料的稳定性、遇水分层问题。

(2) 甲醇净热值不到常规汽油一半，甲醇燃料着火性差、低温起动性差，会出现发动机低温起动困难。

(3) 甲醇对各种金属均有严重腐蚀，造成发动机腐蚀及磨损问题，纯烧甲醇需要对发动机进行改造，有发动机通用性问题。

(4) 甲醇燃料十六烷值低，在压燃式发动机中燃用甲醇燃料较困难，有发动机积炭问题。

(5) 甲醇对汽车橡胶有溶胀作用问题。

(6) 甲醇能量密度较低，燃油箱容积需适当放大。甲醇使润滑油变稀，会加剧磨损，需要加防腐抑制剂。

(7) 甲醇有毒，急速情况下甲醇汽车排放的甲醛（非常规排放）为普通汽油车的3~6倍。

(8) 使用甲醇燃料（M85、M100）时，需要另建储运、加注和销售设备系统，并建立安全防护系统。

图8.44所示为汽油/甲醇双燃料城市公交客车实物图。甲醇汽车是我国新能源汽车战略中的重要组成部分，属于醇醚类汽车的代表，甲醇燃料已经被确定为今后20~30年过渡性车用替代燃料。但由于欠缺规范性，掺烧甲醇比例不规范也带来了一些负面的效果。国家应该加大投入和支持的力度，规范生产标准等问题。甲醇汽油国家标准一旦颁布，或将快速推动醇醚类汽车的发展。

图8.44 汽油/甲醇双燃料城市公交客车

4. 乙醇燃料汽车

在2000年以前，国内开展乙醇燃料研究及应用工作的并不多。2000年9月，根据国务院领导指示，国家经贸委要求中国石化集团公司组织有关科研单位开始对乙醇作为车用燃料的可行性进行了系统研究。已经完成的研究工作包括燃料乙醇作为车用燃料的可行性试验研究、乙醇汽油的行车试验、燃料乙醇作为车用燃料的经济性分析、变性燃料乙醇及车用乙醇汽油国家标准的制定、燃料乙醇金属腐蚀抑制剂研究、车用乙醇汽油应用技术研究等。

乙醇燃料汽车的优点如下：

（1）在环保上，因乙醇汽油含氧量的提高，使燃烧更充分，更有效地降低和减少了有害尾气的排放。

（2）因乙醇汽油的燃烧特性，能有效地消除火花塞、燃烧室、气门、排气管消声器部位积炭的形成，避免了因积炭的形成而引起的故障。

（3）可延长发动机机油的使用时间，减少更换次数。

乙醇燃料汽车的缺点如下：

（1）由于乙醇的热值较低，使用乙醇汽油，发动机的油耗会增加，资料表明，使用含10%乙醇的混合汽油时，发动机的油耗约增加5%。

（2）乙醇汽油不易起动，汽车驱动性能下降。

（3）乙醇易吸水，吸水后乙醇与汽油分层，给乙醇汽油的生产、储运、使用均带来极大困难。

（4）由于乙醇与汽油不能直接混合，按照传统工艺生产，成本较高，且操作复杂，产品稳定性也很不理想。

（5）乙醇（俗称酒精）主要来源于粮食，材料来源单一，一旦遭灾、减产，原料来源就成为问题，成本必将增加。

（6）乙醇汽油的成本较高，目前主要是靠政府补贴。

（7）因乙醇中还有有机酸，故乙醇汽油对汽车的皮塞、输油管、油箱等具有腐蚀性。

（8）乙醇只能作为汽油的一种含氧添加剂，或与柴油掺烧，而不能大规模使用作为车用主导能源。

图 8.45 所示为乙醇燃料汽车直喷发动机。

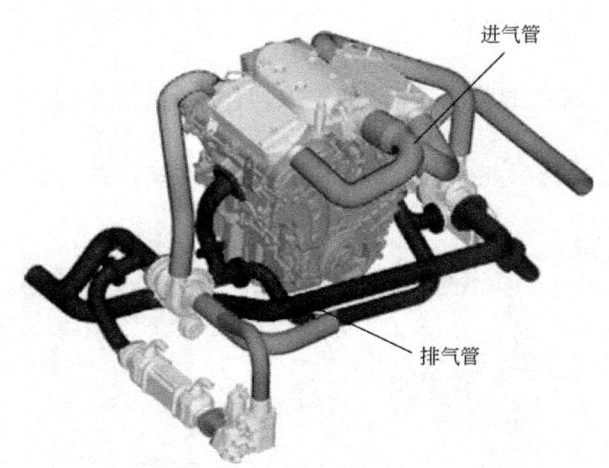

图 8.45 乙醇燃料汽车直喷发动机

5. 二甲醚燃料汽车

二甲醚作为环保、清洁、安全的新型替代能源，已经得到国际社会的公认。二甲醚是汽车发动机，特别是柴油发动机燃料的理想替代品。二甲醚相比其他燃料，其优点如下：

（1）二甲醚燃料具有高效率和低污染的优点，并可降低发动机噪声10dB以上。

（2）二甲醚液化后直接用作汽车燃料，克服了其低温起动性能和加速性能差的缺点。

（3）二甲醚的十六烷值大于55，可直接压燃，是柴油的理想替代燃料。

（4）与液化天然气相比，二甲醚的理论空气量、烟气量比液化天然气低，而理论燃烧温度、混合热值又比液化天然气高，并且在存储、运输和使用上比液化天然气更安全。

二甲醚相比其他燃料，存在如下缺点：

（1）常规技术二甲醚的生产成本略高于柴油。

（2）在柴油机上用二甲醚，需对气态二甲醚加压，使其变成液态，需增加设备及控制措施。另外,需对加气站进行必要的改造,才能推广使用。

(3) 柴油机燃用二甲醚的一些技术难点,如二甲醚的黏度较柴油低;二甲醚对橡胶等有不利影响等。

图 8.46 所示为二甲醚城市客车。

针对我国自然条件和"富煤、少油、有气"的能源资源特色,发展洁净能源二甲醚,对于我国经济发展、环境保护与生态平衡具有重大战略意义。

图 8.46 二甲醚城市客车

由于二甲醚燃料的卓越性能,二甲醚燃料发动机技术已引起西方发达国家政府和专家高度重视。近年来欧美、日韩、俄罗斯等国家十分看好二甲醚燃料汽车的市场前景和环保效益,纷纷开展二甲醚燃料发动机与汽车的研发。在欧洲,Volvo 汽车公司研制出了燃用二甲醚燃料的大客车样车用于示范;在日本,JFE、产业技术综合研究所、COOP 低公害车开发会社、交通公害研究所、五十铃汽车公司和伊藤忠会社等分别研制了多辆燃用二甲醚燃料的卡车样车和城市客车样车。

6. 氢能汽车

氢能汽车是以氢为主要能量作为移动的汽车,可以分为以下两类。
(1) 氢燃料汽车。
(2) 氢燃料电池汽车。

氢内燃机在汽车上的应用方式又有以下 3 种。
(1) 纯氢内燃机。
(2) 氢/汽油双燃料内燃机。
(3) 氢-汽油混合燃料内燃机。

氢燃料汽车是在传统内燃机的基础上加以修改后可以直接用氢为燃料燃烧,产生动力。氢燃料燃烧产物只有 H_2O 和 NO_x,不会产生颗粒、积炭等,从而大大减少了发动机的磨损,减轻了润滑油被污染的程度,可以认为氢是发动机最清洁的燃料,氢燃料汽车不污染环境,是一种环境友好的绿色交通工具。缺点是氢燃烧效率低,大约只有 38%,且由于氢燃料热值高、火焰传播速度快和着火范围宽等,氢燃料发动机容易出现早燃、回火、敲缸、负荷高及 NO_x 排放偏高等情况。

氢能由于具有清洁、高效、可再生等特点被誉为 21 世纪理想能源,但许多关键技术尚未成熟,而且生产成本及其高昂,短期内很难实现产业化。随着氢制取技术和使用技术的不断进步,人们越来越乐观地认识到,氢离人们的生活越来越近了。可以预见,未来世界将从以碳为基础的能源经济形态转变为以氢为基础的能源经济形态,氢能是汽车作为燃料的最终目标。图 8.47 所示是氢能发动机汽车。

7. 太阳能汽车

如图 8.48 所示,太阳能汽车是利用太阳电池将太阳能转换为电能,并利用该电能作为能源驱动行驶的汽车,它是电动汽车的一种。

图 8.47 氢能发动机汽车

图 8.48 太阳能汽车外形图

太阳能汽车一般由太阳电池板、电力系统、电能控制系统、电动机、机械系统等组成。

1) 太阳电池板

太阳电池板是太阳能汽车的能源产生装置。太阳电池板有阵列形式和薄膜形式。阵列由许多光电池板组成。阵列的类型受到太阳能汽车车身的尺寸和制造费用等的限制。

一般情况下,汽车在行驶过程中,被转换的太阳能用于直接驱动车轮。但有时电池板提供的能量要大于电动机需求的电力,多余的电量就会被蓄电池存储起来,作为后备能源使用。

2) 电力系统

电力系统是整个太阳能汽车的核心部件,它由蓄电池和电能组成,电力系统控制器管理全部电力的供应和收集工作。蓄电池组就相当于普通汽车的油箱。一个太阳能汽车使用蓄电池组来储存电能以便在必要时使用。蓄电池的电能可以通过太阳电池板来充电,也可以通过其他的外部电源充电。

3) 电能控制系统

电能控制系统可以说是整个太阳能汽车的大脑,主要用于整车电能的分配、电压电量控制等。电能控制系统包括峰值电能监控仪、电动机控制器和数据采集系统。电能系统最基本的功能就是控制和管理整个系统中的电能。峰值电力监控仪电力来源于太阳能光伏阵列,光伏阵列把能量传递给另外的蓄电池用于存储或直接传递给电动机控制器用于推动电动机。

4) 电动机

太阳能汽车中的电动机相当于普通汽车中的发动机。现在的车用驱动电动机中有很多类型,在电动车中都可以应用。类型的选择,主要是根据设计者的要求来定。太阳能汽车使用的电动机多数是双线圈无刷直流电动机。太阳能汽车一般不采用齿轮机构进行调速。

5) 机械系统

机械系统主要包括车身系统、底盘系统和操纵系统等。电动汽车的机械系统与普通汽车基本相同,但又有自身的特点。太阳能汽车最具魅力的可以说是车身了。在满足汽车的安全和外形尺寸要求外,汽车的外形是没有其他限制的。一般来说,太阳能汽车的外形设计要使行驶过程中的风阻尽量小,同时又要使太阳电池板的面积尽量大。太阳能汽车要求底盘的强度和安全度达到最大，而且重量尽量轻。

太阳能汽车的基本工作原理是：太阳电池板在太阳光的照射下产生电能，通过峰值功率跟踪仪及蓄电池的充电控制器输送至驱动电动机或者输送到蓄电池进行储存。在太阳能汽车行驶过程中，如果日照充足，电能将直接输送给驱动电动机。多余的能量或通过蓄电池控制器输到蓄电池进行储存。如果日照条件不好，太阳电池板产生的能量不能够支持太阳能汽车的行驶，这时蓄电池的能量也会用于驱动电动机。在太阳能汽车停止时，太阳电池板所产生的能量全部储存到蓄电池中。图 8.49 所示为太阳能汽车能量流动图。

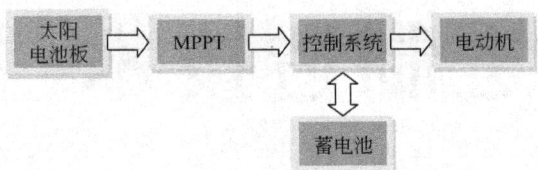

图 8.49　太阳能汽车能量流动图

太阳能汽车的能源来自太阳，是真正的绿色能源汽车，其特点如下：

（1）节约能源。

（2）能源利用率高：太阳能汽车很少通过齿轮机构传递能量，可以防止能量损耗。同时又通过驱动电动机的能量利用率又非常高。

（3）减少环境污染：太阳能汽车消耗的能量是电能，不产生废气。

（4）灵活、操控性好：由于太阳能汽车中很多部件都是电子部件，所以可以保证很好的操作性。

目前研发的太阳能汽车主要用于实验或竞赛。实用型的太阳能汽车还比较少。制约太阳能汽车发展的主要因素是太阳电池的转换效率低，因此，最有发展前途的太阳能汽车是太阳电池和蓄电池组合形式的汽车。今后，太阳能汽车的研究主要集中在提高太阳电池的转换效率、最大功率跟踪技术和蓄电池充放电技术等。

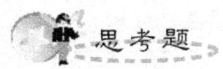

1. 根据电力驱动系统的不同，电动汽车分为哪几类？
2. 简述电动汽车的关键技术及发展方向。
3. 简述电动汽车常用的电动机及电池的特点。
4. 电动汽车的充电方式可以分为哪几种？
5. 简述燃料电池发动机的组成及功用。
6. 简述新能源汽车的分类及各自的特点。

第9章 汽车先进制造技术

本章教学目标

★ 了解汽车零部件的各种先进制造技术在汽车制造业中的应用
★ 掌握各种制造技术的原理和工艺流程
★ 掌握汽车典型零部件的制造到整车装配流程

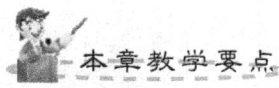本章教学要点

知识要点	掌握程度	相关知识
锻造技术	掌握几种锻造新技术的原理与应用；了解汽车锻造技术的发展趋势	摆辗技术；辗环技术；热挤压技术；楔横轧技术
铸造技术	掌握几种铸造技术的原理与应用；了解零件铸造的过程和汽车铸造技术的发展趋势	铸造流程；静压造型；特种铸造技术；制芯技术
冲压技术	掌握几种冲压技术的原理与应用；了解汽车冲压技术的发展趋势	多工位级进模；热冲压成形；液压拉深；内高压成形
焊接技术	掌握新型焊接技术的原理与应用	激光焊接加热过程及机理
机械加工与热处理	掌握机械加工和热处理技术在汽车零部件制造中的应用；了解齿轮加工制造技术；了解感应热处理新技术	柔性制造技术；直线电动机原理；感应热处理原理

汽车先进制造技术 第9章

导入案例

汽车制造产业汇集了制造业的各种高端技术，一部汽车需要上万个零件，需要使用到冲压、焊接、涂装、总装等各种各样的方法使汽车最终成为商品甚至是艺术品。在不断追求汽车先进性能的发展过程中，出现了很多先进的制造技术，包括传统铸造、冲压等制造工艺的改进，以及虚拟装配、有限元分析等先进技术的应用。从汽车的生产过程来看，各种汽车零部件生产后汇集到汽车整车厂中进行总装、涂装和试验，得到最终的车辆产品。图9.1所示为正在流水线上装配的汽车。

图 9.1　流水线上的汽车

9.1　锻造技术

9.1.1　锻造技术简介

汽车锻造（Forging）技术是汽车零部件多件生产技术中的一项，其技术特点与铸造技术、冲压技术有明显的不同，所以各种生产技术可以形成互补，生产各种不同的汽车零部件。图9.2所示为高速锻造生产线。

锻造是利用锻造设备使金属毛坯发生塑性变形从而获得具有一定形状和尺寸的金属锻件的技术。锻造不同于铸造的液态成形，也不同于冲压的切削成形，而是采用塑性成形的方法，保留了较完好的金属流线，晶粒细小，机械性能优于铸造和冲压的金属零件。传统的锻造技术只是用于生产汽车零部件的毛坯，要最终成形还要经过多道后续加工工序才能完成，而采用先进的锻造技术，可以生产出少切削乃至不需切削的零件，大大减少了后续加工量。

图 9.2　高速锻造生产线

一般锻造的生产需要经过加热、锻造、热处理等工序,主要的生产流程如图 9.3 所示。

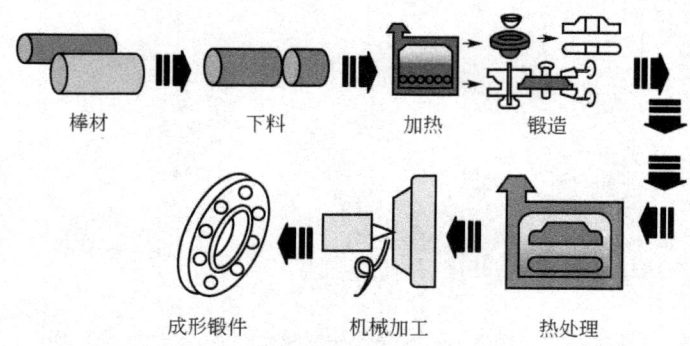

图 9.3　锻造的生产流程

根据锻造时毛坯温度来分,可将锻造分成 3 类,即热锻、温锻和冷锻。锻造时毛坯温度高于毛坯金属的再结晶温度的锻造方法称为热锻;温锻的温度低于再结晶温度;常温下的锻造称为冷锻。对于钢铁而言,热锻温度一般要达到 800℃ 以上。在约 800℃ 附近温度区域进行锻造,工件变形阻力较小,塑性好,减轻了锻造所需施加的压力,工件表面脱碳现象也并不严重,适合于进行尺寸精度要求较高的工件,但其尺寸精度和表面质量仍比不上温锻和冷锻。温锻和冷锻都是为了获得精密锻件的近净成形工艺。现在的汽车锻造行业一般都优先采用较先进的温锻和冷锻技术获得零配件产品,但相比国外,在国内,采用冷温锻进行汽车配件锻造的还是较少,而且设备也不够专业化,从而导致我国在汽车零配件制造行业的竞争力低下。由于冷温锻的锻造温度较低,所以常用一些在较低温度下变形阻力较低的材料进行锻造,一些汽车零件受形状所限,无法使用热锻或其他加工方式,只能使用冷温锻造成形,如带加强筋的差速器齿轮和等速万向节滑套(图 9.4)等。

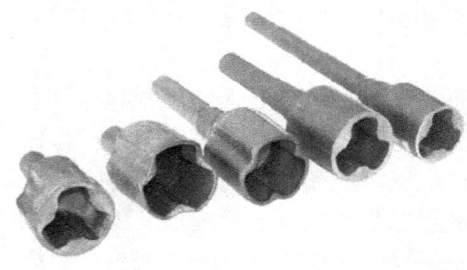

图 9.4　等速万向节滑套

冷锻成形是一种先进的锻造技术,冷锻产品性能好,可达到净成形标准,在汽车锻造这个需要大批量生产的行业来说,冷锻具有生产成本低、工序少、节约材料和能源,坯件不需要加热,甚至不需后续机械加工和热处理等优点。对于一些变形阻力大的锻件,可采用温锻技术,既减少了冷锻会遇到的变形阻力太大的问题,又避免了很多后续加工。

汽车大量采用了铝合金来制造零部件，铝合金重量轻、比强度高、加工容易、美观且适于做各种表面处理，如就铝轮毂来说，锻造的铝轮毂有几个优点：机械性能高于铸造铝轮毂，因为锻造保留了完整的金属流线、结构密实、晶粒细小；质量可比铸铝轮毂轻20%以上；散热性好，所以制动系统更安全，使用寿命长；轮毂圆度好，轮胎更耐用。所以铝合金在锻造业有很好的应用前景。具体的机械性能对比见表9-1。

表9-1 铝轮毂不同加工方式的机械性能对比

材料与轮毂加工方法	ZL305-T6	A606-T6	A6061-T6
	铸造	锻造	摆辗
抗拉强度/MPa	254	276	297
抗压强度/MPa	232	248	283
伸长率	5%	10%	15%

9.1.2 摆动辗压

1. 摆辗原理

摆动辗压(Rotary Forging)技术属于特种锻造成形工艺，采用连续局部加载成形。它的工作原理如图9.5所示。

摆动辗压机主要有3个部分，分别是上模、下模与进给油缸，它的工作原理是将毛坯置于摆辗机的上模与下模之间，利用上模沿一定路线（一般为圆形，即上模绕着锻件中心连续滚动。常见的有4种轨迹，如图9.6所示）的摆动对毛坯局部进行辗压，通过不断地移动辗压部位逐渐使整个表面被辗压到，工件发生相应压缩，同时，进给油缸推动下模滑块向上模移动直到到达设定的位置便停止上压，使毛坯下表面与下模接触处也受压成形并且不发生过载，最终达到整体的辗压成形。

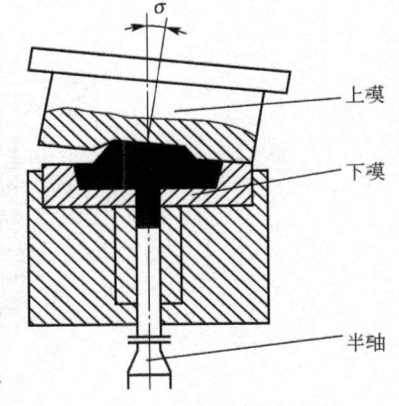

图9.5 摆辗原理图

从图9.7可以看到摆辗机上模的转动控制机构，传动机构中内偏心套与外偏心套的不同运动方式配合可得到上模4种不同的运动轨迹，如图9.6所示。不同轨迹适合于加工不同类型的零件，如圆形轨迹适用于法兰、轮毂、制动毂等回转体零件；直线轨迹适合于齿条等条状零件加工；螺旋线适合于对心部强度要求的盘状零件的加工；玫瑰线适合于离合器壳、圆锥齿轮等表面结构较复杂的零件，通过设置偏心套不同的速度值还可得到不同叶片数的玫瑰线轨迹。目前日本、瑞士等国制造的摆辗机拥有这方面的技术，可实现不同轨迹的控制，我国仍以圆形轨迹为主。

毛坯的摆辗成形与上模和下模形状都有关系，圆锥上模的母线形状决定了毛坯上表面的形状，如母线为直线，则辗压后的上表面是一平面，若为曲线，则辗压后的表面为一旋转曲面。所以，摆动辗压工艺常将工件形状复杂的一面由下模来加压成形，而上表面一般由形状较简单的上模通过摆辗成形。在汽车锻造方面，摆辗可用于离合器盘毂、半轴、锥齿轮、法兰、同步器齿环及各类薄壁回转体等零部件，应用范围广阔。

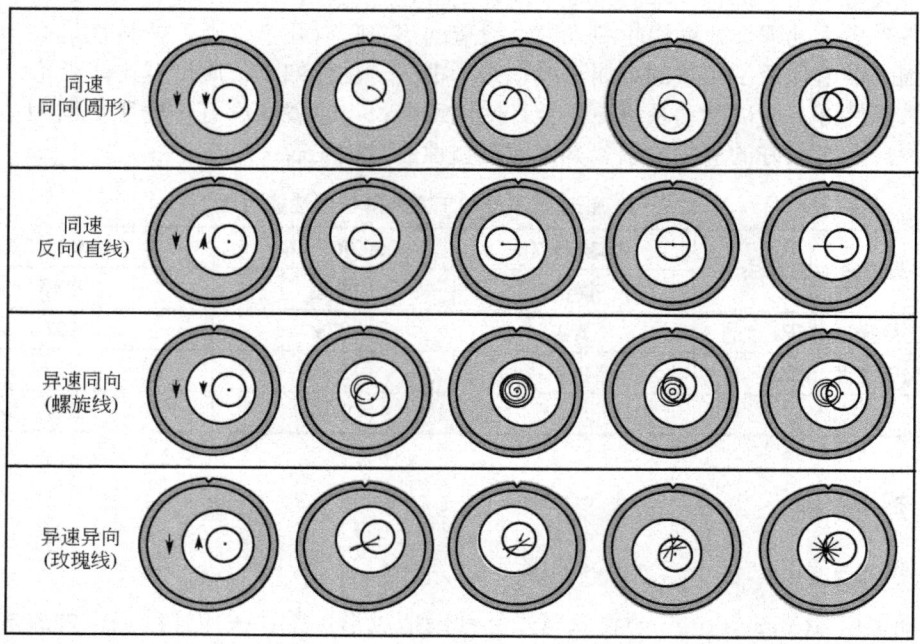

图 9.6　摆辗机内、外偏心套转速与转向配合产生的 4 种轨迹

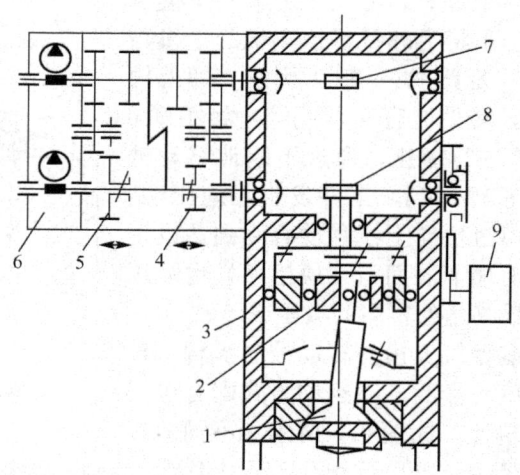

图 9.7　摆辗传动机构

1—上模；2—内偏心套；3—外偏心套；4—齿轮一；5—齿轮二；
6—变速器；7—蜗轮副一；8—蜗轮副二；9—电动机

摆辗按加工毛坯的温度可分成热摆辗、温摆辗、冷摆辗 3 种，热摆辗一般选用不退火的热轧钢作为毛坯材料，摆辗温度取在 1000℃ 附近有利于提高工件的表面质量，加工前模具要进行预热，用润滑剂喷于模具表面。温摆辗和冷摆辗成形件尺寸精度高，表面粗糙度可达 $Ra0.1$，可实现少无切削加工，采用闭式摆辗可控制工件的椭圆度。图 9.8 所示为摆辗机加工现场，图 9.9 所示为摆辗成形。

图9.8 摆辗机加工现场

图9.9 摆辗成形

2. 摆辗的特点

(1) 所用锻压力小。因为摆动辗压为局部连续加压的方法,上模与毛坯接触面积小,所以较省力,加工相同工件所需锻压力可为传统方法的10%。

(2) 锻件性能好、质量高、节省原材料。因为经摆辗加工后,锻件金属纤维流向合理,晶粒小,所以在抗拉强度、延展性、屈服强度方面都有很好的性能,且表面粗糙度值低,冷摆辗和温摆辗可实现精密锻造。

(3) 适合于加工饼盘类零件。

(4) 劳动环境好、劳动强度低,易实现自动化生产。摆辗时机器无振动和噪声,易于实现自动化。

(5) 设备较简单,生产效率高。

由于摆辗的优点突出,在今后还会得到很广的使用,今后的摆辗机可能有几个发展趋势:一是锻造吨位大型化,以达到加工更大零件的目的;二是操作自动化,自动化可以减轻工人的劳动压力,改善劳动环境,提高生产效率;三是机器结构的简单化和造型的美观化。

9.1.3 辗环技术

1. 辗环原理

辗环技术是借助辗环机(环轧机)对环状毛坯进行局部连续塑性加工,使环状毛坯的外径和内径都扩大,壁厚减小,内、外侧面成形或接近成形的锻造工艺。可由此获得无接缝环状零件,常用于齿轮环、曲轴环、法兰环、车轮等的加工。辗环机加工部分由辗压环、芯辊、信号辊(控制辊)、导向辊组成,截面形状可通过辗压环与芯辊来控制,如图9.10和图9.11所示。

锻造时,毛坯加热后置于辗压环与芯辊之间,辗压环在旋转过程中逐渐向芯辊靠近,使毛坯在旋转过程中壁厚在辗压环与芯辊之间逐渐变小,同时,辗压环与芯辊的形状决定了锻件在辗环后外、内侧面的截面形状。

辗环技术按毛坯加工时的温度可分为冷辗环、温辗环和热辗环,其中冷、温辗环用于精密辗环锻造。

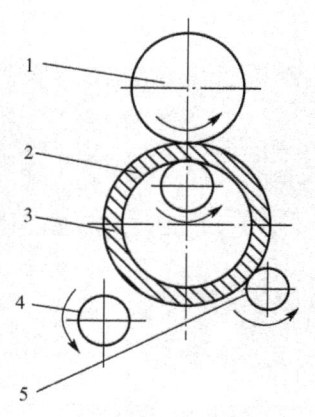

图 9.10 辗环机加工机构
1—辗压环；2—芯辊；3—锻件；
4—信号辊；5—导向辊

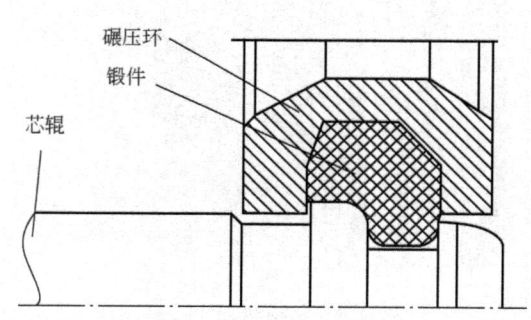

图 9.11 辗环机加工机构侧面剖视图

2. 辗环工艺流程

如图 9.12 所示，辗环工艺的流程一般是：下料→镦粗→冲孔→加热→辗环→后续加工和热处理→检查入库。

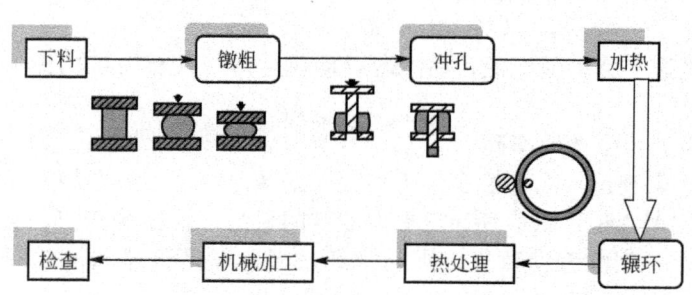

图 9.12 辗环工艺流程

冲孔的作用是为了得到环状毛坯，其特点是连皮少，可减少后续加工。另外，环状毛坯也可通过模锻或摆辗制得，主要是使毛坯在轴向发生变形。

毛坯的加热和保温温度由工艺要求决定，如温辗环工艺的温度就比热辗环要低，另外，毛坯的材料或不同零件也可能要求不同的加热温度。

3. 辗扩比

辗扩比是辗环成形的一个工艺参数，它是锻件成品孔直径与预制毛坯孔直径之比，计算式为：

$$K = d_a / d_f \tag{9-1}$$

式中，K 为辗扩比；d_a 为辗环后成品孔直径；d_f 为预制坯孔直径。

4. 辗环的工艺特点

（1）材料利用率高。制环状坯时，若使用冲孔制坯，只需在镦粗后进行冲孔，而冲孔不需要类似模锻的拔模斜度,且辗环后锻件的尺寸精度高,表面光洁度好,后续加工量小,可直接成形,所以材料利用率高,生产效率也很高。通常采用辗环工艺的锻件也能用模锻生产,但辗环优势更明显,具体对比见表9-2。

表9-2 某环状锻件不同加工方式的技术参数对比

锻造方式	锻件重/kg	坯料重/kg	材料消耗/kg	锻件材料利用率	车间每班产量/件
模锻	28.5	33.8	37.1	76.8%	150
辗环成形	26.3	29.3	31	84.8%	400

(2) 设备所需吨位小。由于辗压环对毛坯的作用力是局部连续加压,接触面小、变形力小,所以对设备的吨位要求比较小。

(3) 加工过程中无冲击和剧烈振动,噪声小,所以辗环工艺的劳动环境好。

(4) 生产效率高。

(5) 微观结构性能好,辗环成形是轴向和径向压缩、周向拉伸,这样的变形特点使得锻件晶粒变小,金属纤维能成周向连续排列,与环状锻件工作时的磨损和受力相适应,锻件强度高、耐磨损。

9.1.4 热挤压技术

挤压技术是使毛坯在三向压应力作用下,从模具的孔口或缝隙挤出,横截面积减小并发生相应的变形,从而得到所需制品的加工方法。图9.13所示是模拟热挤压的变形过程。

挤压是一种先进的金属压力加工方法,随着挤压技术的发展,挤压对材料的要求并不高,塑性好的低碳钢、铝、铜等可以使用挤压工艺,塑性差的合金钢、高碳钢、高速钢等也可以用于挤压。挤压按温度分为冷挤压、温挤压和热挤压,各种挤压方法适用于不同的工件,如冷挤压可用于挤压各种花键,温挤压可用于挤压各种阀体,热挤压可用于挤压汽车后轴的半轴套管。

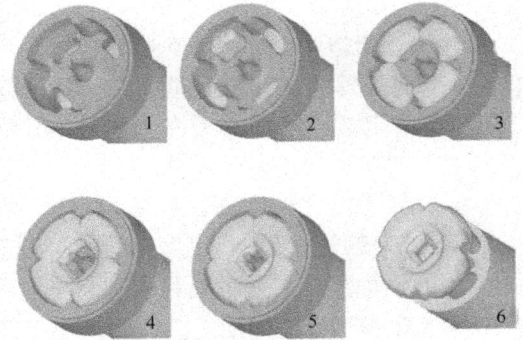

图9.13 毛坯挤压变化过程模拟图

1. 挤压技术的原理

挤压工艺的模具由凸模和凹模组成。将毛坯置于凹模之中,当凸模压下挤入凹模中的时候,毛坯只能向凸模与凹模之间的空腔流动,从而形成由凸模和凹模决定的工件形状。这是挤压工艺的基本原理,挤压可按模具中金属相对于凸模的流动方向将挤压工艺分为正挤压(图9.14)、反挤压(图9.15)、复合挤压和径向挤压。

2. 挤压技术的特点

(1) 节约原材料,提高生产率。传统的一些零部件需要通过机械切削加工才能成形,如齿轮花键,但通过挤压技术却可以直接挤出零件的形状,节省了原材料,且产品成形

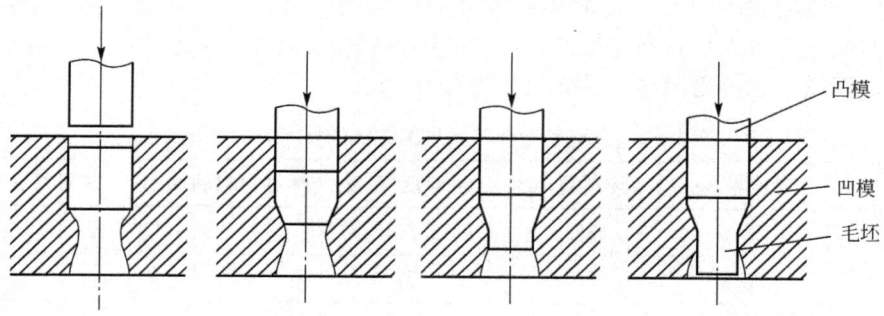

图 9.14 正挤压过程

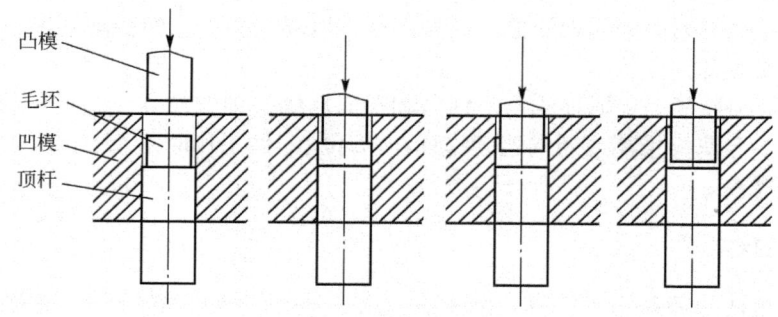

图 9.15 反挤压过程

快,工序少,所以生产率也得到提高。

(2) 保证了零件的机械性能。由于挤压技术不破坏金属纤维流线,且挤压加工使用三向压应力,所以金属挤压锻件的机械性能比切削加工好,强度高。

(3) 可加工形状复杂的零件。

(4) 零件的尺寸精度高,表面粗糙度小。在挤压过程中,金属毛坯在高压下通过模具,表面得到模具的平整,表面粗糙度可低于 $Ra1.6\mu m$,尺寸公差可控制在 $\pm 0.015mm$ 左右。因此,如果工艺过程设计合理,可以不再需要对挤压件进行切削加工。

(5) 工序少,生产周期短。因为挤压工艺是使毛坯在封闭模具内发生塑性变形,所以工件没有飞边,加上该工艺精度高、表面质量好,所以工序数少。

3. 热挤压技术的应用

热挤压工艺适用于挤压深孔薄壁、要求具有良好的金属纤维流线和变形强化特点的零件。以半轴套管的结构来看,采用热挤压工艺是合适的。热挤压工艺用于生产半轴套管的一般流程为:坯料制备→坯料加热→镦粗→冲孔→挤压成形→热处理→后续加工→检验。

在热挤压前要对毛坯进行加热,主要是为了提高金属毛坯的塑性,使金属易于流动,使零件能够经过热挤压获得良好的组织性能。

挤压时,金属流动分 3 个阶段:第一阶段金属毛坯在凸模的作用下充满模具内腔和模具孔,挤压力沿直线上升至最大;第二阶段为当第一阶段达到最大压力后,金属开始从模具孔流出注入成形模腔的阶段;第三阶段是结束阶段,在这个阶段,由于挤压模具与模之间的距离变小，变形区内的金属向挤压活动模具轴线由周围向中心发生剧烈的横向流动，最终达到挤压成型，具体如图 9.16 和图 9.17 所示。

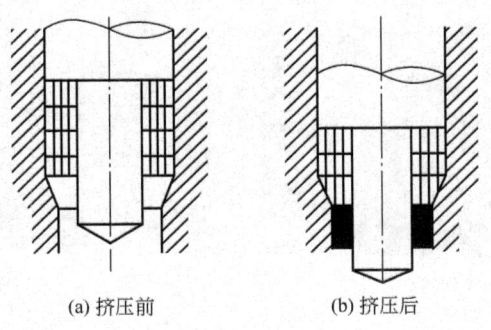

图 9.16 正挤压金属流动情况

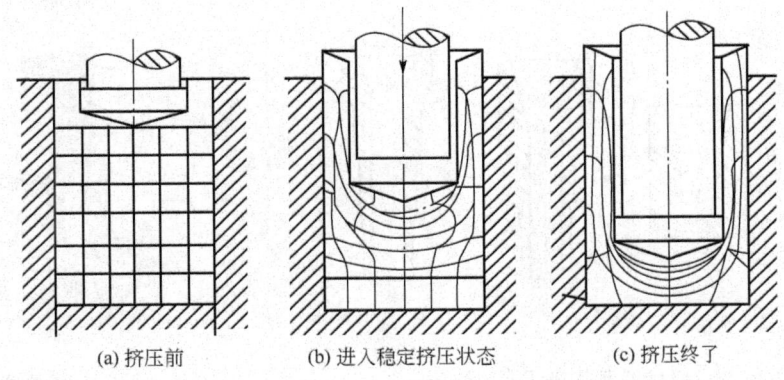

图 9.17 反挤压金属流动情况

热挤压工艺温度的确定也是相当重要的。毛坯加热的温度越高，金属的塑性越好，毛坯越易变形；但温度过高会引起毛坯表面的氧化和脱碳、过热等现象，使挤压件成形后出现缺陷，影响挤压质量。同时，过高的温度使模具与毛坯接触的表面温度上升，硬度下降，影响了模具的使用寿命。因此有必要对挤压加热温度进行研究。

通常要确定的是开始挤压时的温度和结束时的温度。开始挤压时的温度接近同相线时，金属毛坯的塑性和变形抗力都非常有利于进行热挤压，在此温度下，金属的组织为单相奥氏体，塑性好，变形抗力小，易进行大幅度的挤压；结束时的温度则既要保证金属有足够的塑性，又要使挤压件能获得良好的组织性能，保证完全再结晶，使挤压件获得细晶粒组织，所以结束时的温度应能高于金属的再结晶温度。若挤压的温度选择正确，则能获得表面质量高、组织性能好、具有良好金属纤维流线的锻件，如图 9.18 所示。

工件在经热挤压后通常要进行后续热处理，常用退火、正火和调质进行热处理。对工件进行热处理的目的是：消除工件的内应力，防止加工时工件因内应力而发生变形；调整工件的硬度，以利于进行机械切削加工；改善工件的微观组织，使晶粒细化，提高工件机械性能。

图 9.19 所示为半轴套管热挤压变化过程，图 9.20 所示为半轴套管实物图。

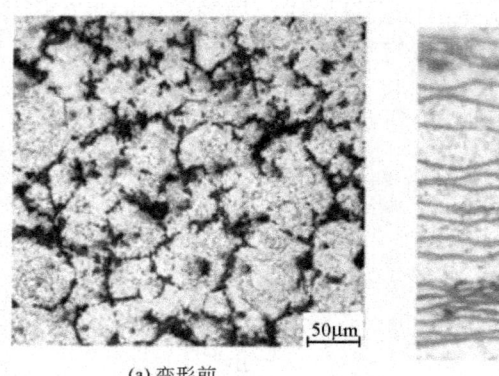

(a) 变形前　　　　　　　　　　　(b) 变形后

图 9.18　热挤压件挤压前后微观组织的变化

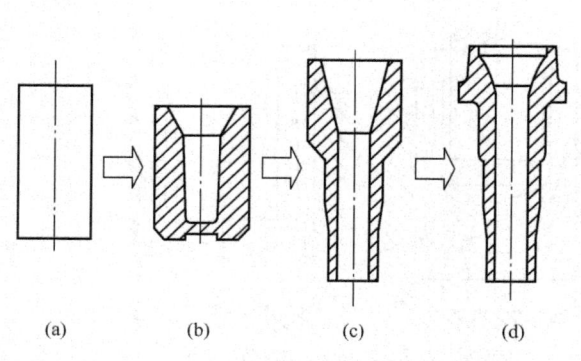

(a)　　(b)　　(c)　　(d)

图 9.19　半轴套管热挤压变化过程

图 9.20　半轴套管实物图

9.1.5　楔横轧技术

1. 楔横轧技术原理

楔横轧技术(Cross Wedge Rolling,CWR)的基本工作原理是将加热后的具有圆形截面毛坯送入同向运动的带有楔形凸起的模具中(图 9.21),使毛坯在模具的带动下旋转,毛坯发生径向压缩变形和轴向延伸变形(图 9.22),从而得到成形工件。楔横轧技术是阶梯轴类零件塑性成形的新工艺,是现代先进的制造技术。通常工件的成形过程可分为 3 个阶段,即楔入阶段、展宽阶段、整形阶段,这 3 个阶段可从模具上区分出来。

2. 楔横轧技术简介

具有拔模角、阶梯形状、轴肩而没有拔模斜度的外壁都可以用楔横轧的方法加工。在汽车制造业中,凸轮轴、变速器一轴、二轴、中间轴、半轴、转向拉杆等都有使用楔横轧技术来制造,但是目前楔横轧技术只能用于轴类零件的生产,其他形状的零件几乎没有使用楔横轧技术的。

楔横轧技术大致可以分为两大类:辊式楔横轧和板式楔横轧。辊式楔横轧按轧辊数目可分为单辊式、双辊式和三辊式 3 类;板式楔横轧可分为凹楔式和平楔式两类。辊式楔横

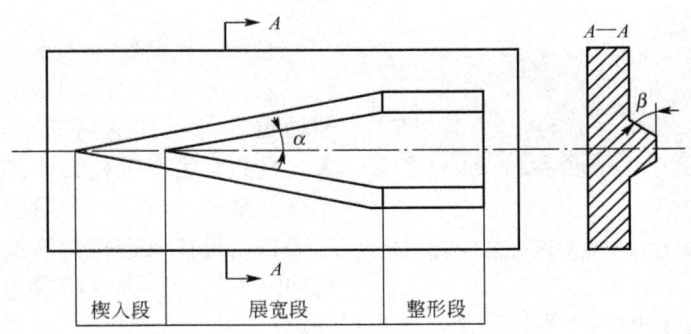

图 9.21 楔横轧模具

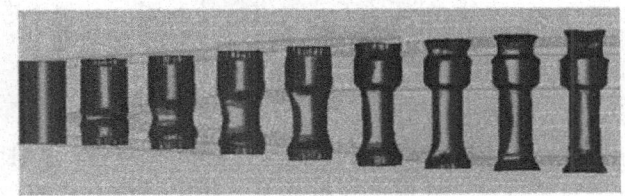

图 9.22 楔横轧工件变形过程

轧机床的模具是扇形的,工作时要加导板,通常只用于轧制直径较大的阶梯形轴类零件,细长的轴类零件加工起来容易发生卡料现象。板式楔横轧机床加工时不用导板,产品精度比辊式楔横轧高,模具制造容易,机器造价低、寿命高,在国外得到了较广泛的应用。实际工业生产中常见的有双辊式和平板式楔横轧。图 9.23 所示是几种楔横轧技术的示意图。

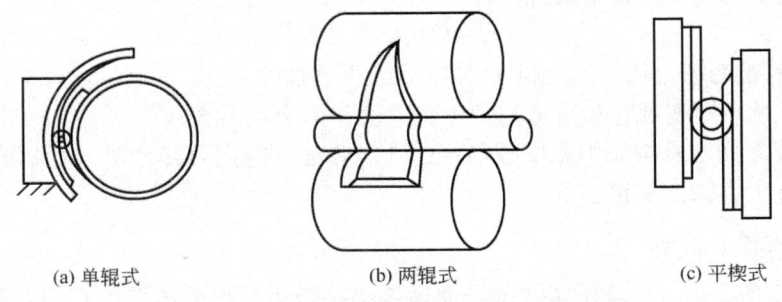

图 9.23 楔横轧工艺的几种类型

楔横轧技术在锻造行业中得到了广泛且成熟的应用,是目前公认的阶梯轴类零件成形的最佳工艺,与其他制造工艺能形成技术上的互补。它具有如下优点。

(1) 材料利用率高。楔横轧工艺是一种少无切削加工工艺,相比切削加工制造的轴类零件,可节约 20% 以上的材料。

(2) 生产效率高。工件可以在机器一个行程内完成轧制过程,提高了生产效率。

(3) 工件质量性能好。工件经过楔横轧后晶粒变小,疲劳强度和耐磨性能都提高了,轧制工件无飞边,金属纤维流线沿工件外形连续分布(图 9.24),尺寸精度高,径向精度可达±0.3mm,轴向精度可达±0.5mm。

(4) 设备吨位小,模具寿命高。工件是加热后进行楔横轧,且与模具接触时间很短。

(5) 楔横轧工艺在工作过程中无冲击、噪声振动小,易实现自动化,劳动强度低,生

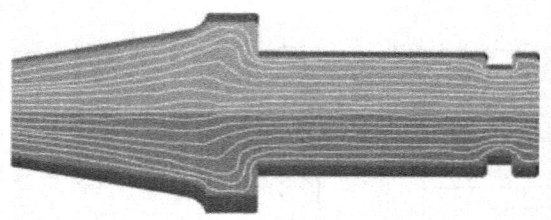

图 9.24　楔横轧成形件完整的金属纤维流线

产成本低。

但是，楔横轧技术也有它的缺点。楔横轧工艺只能用于生产圆截面的轴类零件，对非轴类零件不能进行轧制，模具复杂尺寸大，且只有生产批量大才能控制生产成本处于较低水平。所以，今后楔横轧技术的发展趋势将会是在改进楔横轧技术的基础上与其他加工工艺进行融合，以适应生产技术的发展，并能加工更复杂的轴类零件甚至非轴类零件。

由于楔横轧技术的特点，它有两个主要的应用方向，一是轧制各种轴类零件并使其直接成形，不需后续切削加工；二是为其他工艺提供精密毛坯，有利于进一步提高锻件的精度和材料利用率。

3. 楔横轧工艺参数

（1）成形角 α：成形角影响着楔横轧工艺轧制过程的稳定性，一般取 $20°\sim40°$。若成形角太大，将导致摩擦力减小，工件易出现打滑等不稳定现象，直接影响加工；若成形角太小，将致使金属切向流量大而轴向流量小，易致工件心部出现疏松甚至中空。

（2）展宽角 β：展宽角影响了工件的轴向变形量，一般取 $5°\sim10°$。展宽角不宜太大，否则易致使心部疏松和中空，如图 9.21 所示。

（3）断面收缩率：为了使工件在楔横轧轧制过程中不致出现卡料不转动、缩颈或拉断等现象，断面收缩率应控制不高于 75%，一般应小于 65%。

（4）模具基圆半径：由下式进行计算

$$R=(1-d_1^2/d_0^2)^2 \tag{9-2}$$

式中，d_0 为原始毛坯直径；d_1 为工件轧制后最小直径。

（5）压下量：影响展宽角取值的理论最大值，但影响不大。

各个参数的确定基本原则是实现稳定的轧制和能够得到合格产品。所以在模具设计时要充分考虑各个参数的取值。

4. 半轴楔横轧技术

如图 9.25 所示，汽车半轴是汽车传动系统中一个非常重要的零件，是一种典型的常使用楔横轧工艺生产的轴类锻件。它的杆部较细长，头部法兰部分呈盘状，为非对称轴类件。

在生产中对此类零件进行工艺设计时常要注意满足这几个条件：使工件能够顺畅地旋转；已成形区不出现裂纹或缩颈，工件内部不出现疏松现象；加工时轴向力尽量平衡；选好成形角和展宽角。

针对半轴的特殊形状，在半轴的生产中常用楔横轧与摆辗相结合的方法，毛坯加热后进入楔横轧机床，模具在一个行程内（旋转一周）完成杆部的轧制过程，之后送到摆辗机上进行头部的摆辗成形。工艺流程如图 9.26 所示。

在我国应用较为普遍成熟的楔横轧机床有整体两辊式楔横轧机，应用它与摆辗机组成半轴生产线，一

图 9.25　汽车半轴实物图

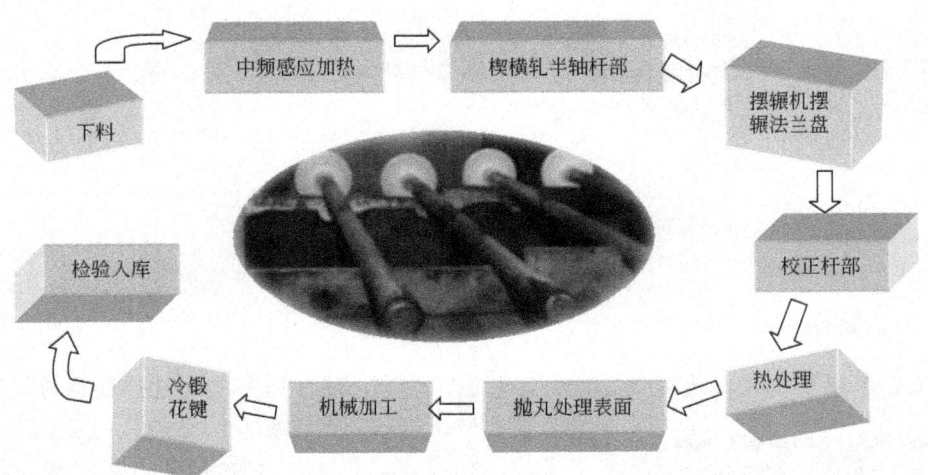

图 9.26　汽车半轴楔横轧与摆辗工艺结合加工流程

台楔横轧机可与两台摆辗机同时工作。这样的好处是楔横轧杆部生产速度快，轧制后的工件不必再次加热就能直接送入摆辗机进行摆辗；半轴杆部表面无配合要求，一般不需后续切削加工；而且由于楔横轧一个行程可以完成一个工件的轧制，而摆辗生产相对较费时，所以可以两台摆辗机配合一台楔横轧机同时生产，提高了半轴的生产效率。

5. 楔横轧技术的发展

楔横轧技术在国外已经得到了非常广泛的应用，我国应用得还不是很成熟，但随着汽车产业的发展和外国汽车企业的进入，极大地促进了汽车零部件产业的发展，也为楔横轧技术在国内的发展提供了良好的机会。受制于目前楔横轧技术的缺点，如果能与其他工艺相结合，楔横轧技术将会有更好的应用前景。目前，我国在楔横轧成形上已经应用了电加热和用余热进行热处理的技术，出现了整体式高刚度楔横轧机床，能够赶上世界较先进的制造水平。但今后仍可在更多方面提高楔横轧技术水平。如在理论研究方面建立完善的模型，为合理设计工艺提供依据；应用数控技术提高自动化水平和生产质量；改进楔横轧设备，扩大楔横轧技术的应用范围。

9.1.6　我国汽车锻造行业的展望

我国锻造业的现状相对落后有历史的原因，毕竟我们起步较晚，但随着市场的变化，很多外国汽车厂商及汽车零部件厂商都把目光转向中国、印度、巴西等新兴市场，与当地汽车厂商创立合资公司，采取地产化的策略，满足消费者的需求。外国资本的进入也意味着外国技术的进入，这是包括汽车锻造业在内的与中国汽车有关的行业发展的机遇。

参考我国的汽车锻造业现状以及国际锻造技术的发展，今后我国汽车锻造业将向以下方向发展。

(1) 采用先进设备和技术进行汽车锻件生产。

(2) 应用计算机模拟技术进行锻件的生产设计和性能分析，提高产品性能和开发能力，CAD/CAM/CAE 技术为锻造技术提供了一个良好的开发环境。

(3) 发展有色金属锻造技术，开发高精度、少无切削、节省材料的锻造工艺，提高轻量化产品的设计和开发能力。

（4）国内企业与外资企业合作，与高校和科研机构合作，开发新的锻造工艺，达到环保要求，提高精、微锻件产品的生产能力。

9.2 铸造技术

9.2.1 铸造简介

铸造在金属制造成形技术中占有极其重要的地位，现在很多的器件仍要通过铸造成形才能制造出来。本节主要介绍铸造这门工艺的最新发展情况和现在世界上在铸造方面的新技术。图 9.27 所示为铸造车间。

图 9.27　铸造车间

1. 铸造定义

铸造（Casting）是一种金属热加工成形技术，是通过将金属熔炼至熔融状态，浇注入预先制定好形状的铸型模具中，冷却凝固后获得具有一定形状、尺寸的金属制品（铸型）的成形方法。如图 9.28 所示，在汽车制造工业中，铸造工艺用于生产发动机、离合器盖等部件。

2. 铸造的优势

铸造是一门古老的金属冶炼工艺技术，从出现至今已经有六千多年了，我国是世界上较早掌握铸造技术的国家之一，从出土的一些文物中可以看出我国古代的铸造技术在当时世界上是很先进的。图 9.29 所示为铸造的司母戊鼎。

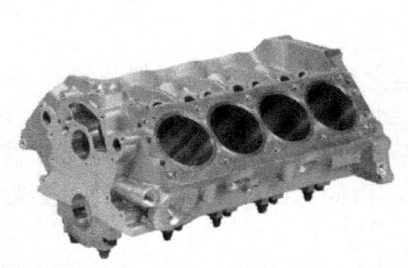

图 9.28　铸造的发动机缸体

图 9.29　铸造的司母戊鼎

虽然现在有很多更先进的制造技术出现，但铸造工艺仍有其不可替代的地位。当今世界上采用铸造工艺生产的毛坯件年产量仍是居于首位的，相比锻造、冲压等加工工艺，仍有其独特的优势。

（1）可以生产形状复杂的零件。由于铸造工艺使用的是熔融金属液浇注入模具中的方法成型,所以不受加工机床、刀具等的限制,对加工工件的几何形状要求不高,甚至可以生产精美的工艺品。适用于生产具有复杂内腔的零件毛坯,如各种箱体、缸体、叶片、叶轮等。汽车发动机的缸体就是铸造出来的,发动机缸体形状复杂,外表面很不规则,缸体还有冷却液管道、螺孔,采用铸造的方法可以最大限度地节省金属材料,而且毛坯可以一次成型,不用由多个部件进行组装,减少了后续加工的操作强度。

(2) 铸件可以不受金属材料、尺寸大小和重量的限制。铸件材料可以是各种铸铁、铸钢、铝合金、铜合金、镁合金、钛合金、锌合金和各种特殊合金材料;铸件可以小至几克,大到数百吨;铸件壁厚可以从 0.5mm 到 1m 左右;铸件长度可以从几毫米到十几米。

(3) 铸件使用的金属材料种类多样。对于有些脆性金属或合金材料(如各种铸铁件、有色合金铸件等)的零件毛坯,铸造几乎是唯一的加工方法。在汽车工业中,常见的有铁、铝、合金等金属铸件。

(4) 生产出来的铸件在具有一般的机械性能的同时,也具有耐磨、耐腐蚀、吸振等良好的综合性能。

事物都有正反两面性,铸造也有缺点:铸造需要做砂箱的木板、型砂、燃料等大量的辅助材料;生产时会产生粉尘、废料,对环境有污染;生产过程所需要的设备多,如冶炼金属的炉子、制芯机、混砂机、落砂机等;铸件表面质量相对较差,同时会产生毛刺、气孔、夹渣、缩孔、裂纹等缺陷。但是总体来说,铸造在某些方面的作用目前尚无其他生产方法可以代替,所以对铸造方法和铸造过程的改良和创新就成为很多企业的一个目标,从而出现了很多新型铸造技术。新技术注重开发铸造工艺的高品质、高效率、环保,弥补传统铸造的不足之处。

3. 铸造的一般流程

各种铸造方法铸造的流程并不完全相同,但是大体思路是一致的。大致的流程如图 9.30 所示。

浇注后要进行脱砂,即清除附在铸件上的型砂,铸造厂有专门的设备,一般是通过振动使型砂脱落。如果处理不当,铸造的零件容易出现缺陷,所以要对一些铸件(如发动机箱体)进行试压,以测试其铸造质量。对于不合格的产品,可对其重新进行熔炼。

9.2.2 造型技术

随着汽车技术的日新月异,对汽车制造材料、工艺、成本的要求也越来越高。为了适应汽车制造的要求,很多新型铸造工艺在汽车零部件制造行业得到了广泛应用,了解这些铸造技术有利于我们更深入地了解汽车的零部件。

造型技术是指将制芯放入砂箱中,采用一定方法使型砂紧实,从而得到所要铸造的零部件的型腔的铸造工艺,它是铸造流程中的重要一环。

1. 静压造型

在现在国内外的汽车铸造行业中,做造型方面的工艺大部分都采用潮型砂造型工艺,它是几种造型工艺的统称,其中最常用的是静压造型。静压造型机外形如图 9.31 所示,其结构如图 9.32 所示。

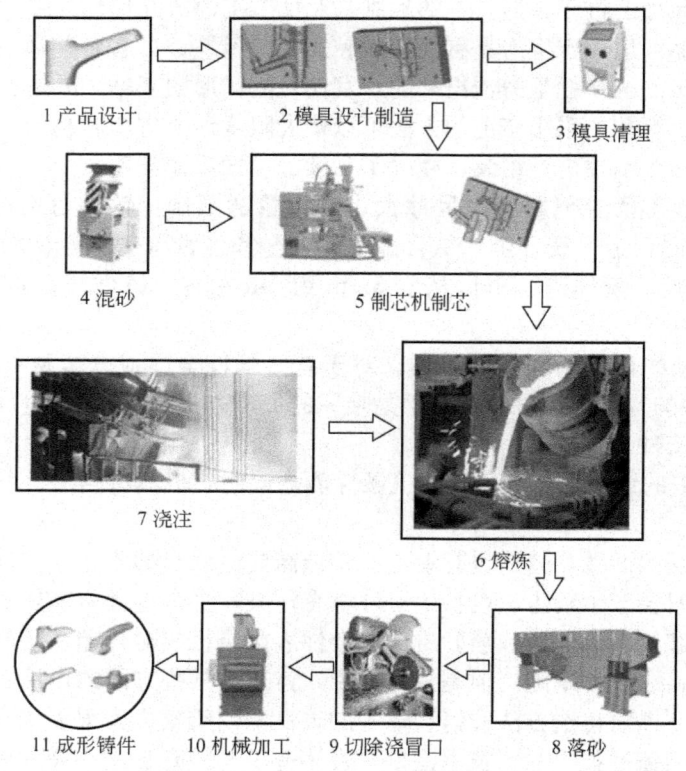

图 9.30 铸注工艺流程

图 9.31 静压造型机外形

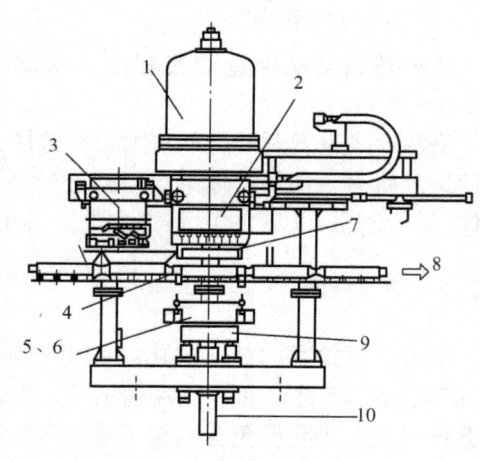

图 9.32 静压造型机结构

1—空气压缩机；2—多触头压实机构；3—加砂斗；
4—定位缸；5—模板框；6—模板；7—余砂框；
8—砂箱运进线；9—工作台；10—举升缸

在造型的过程中，一般先将模具置于砂箱底部，然后加入型砂，经一定方法将型砂紧实后，将模具取出，得到浇注用的模。静压造型使用的是静压造型机，砂箱上方有空气压缩机,用于产生压缩空气,高压气体吹向砂箱,穿过砂层,使砂层流动性增大,能迅速填充型芯的各个部位,砂箱的底部一般有排气塞,气流穿过砂箱后从排气塞流出。在将型砂填入砂箱后,利用空气压缩机吹出的压缩气流在短时间内(大概为 0.3s,而更新的方法是使气流在 0.03s 内穿过砂箱,在原基础上再产生气流的冲击作用,紧实度更高)穿过型砂,如图 9.33 所示。

在这个过程中,砂箱中的型砂颗粒都受到气流自上而下的力,同时越往砂箱下部的砂受上面砂子的累积的压力就越大,且由于密度提高,气流阻力变大,所以紧实度比上部的要高(图 9.34),并较先紧实;由于下部的砂子变得紧实,间隙变小,气流越来越难以穿过砂箱,所以上部的砂会受到更大的气体压力,从而变得更紧实。经过这一步骤后,砂箱中的型砂能够充分填充到模型的各个表面部位,但背对气流方向表面型砂仍不够紧实,所以一般在使用气流紧实后还要再加上压实的工序,使砂箱中的型砂从上往下能达到一个较均匀的硬度,如图 9.35 所示。

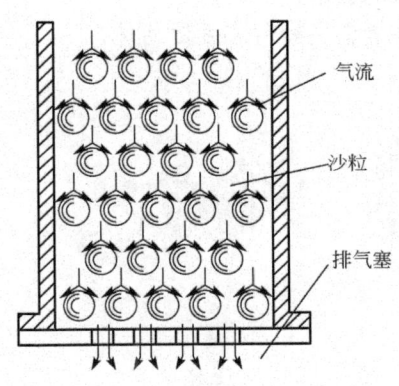

图 9.33 静压造型气体流动图

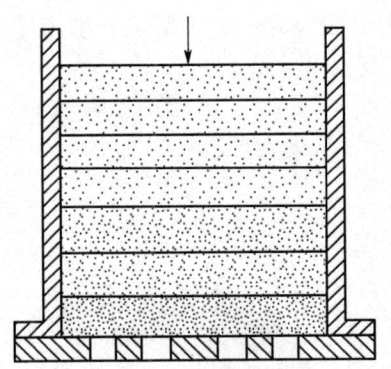

图 9.34 静压造型砂层密度分布

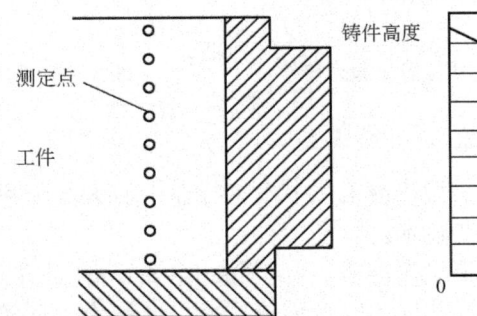

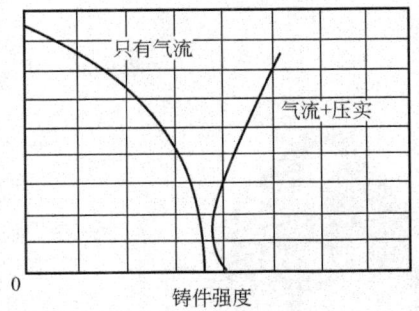

图 9.35 静压造型有压实与无压实的强度对比

采用气流紧实后再采用压实紧实,可以在很大程度上弥补铸型上部硬度不够的缺点,使铸型总体上达到一个较高的强度。这样做的好处是使得铸型上部的砂量可以大量减少,使铸型质量降低。另外,影响到铸型强度的还有砂箱底部的排气塞,排气塞的作用是使气流能通过砂箱,它对气流有一定的阻力,设该阻力为 F_1,而砂箱中的型砂对气流也会产生阻力 F_2,两者之和与压缩空气的压力 P 相等,即:

$$P = F_1 + F_2 \qquad (9-3)$$

所以，为了提高气流对砂粒的作用力和铸型强度，可以通过增大气流的压力 P 或减小排气塞的阻力 F_2 来实现。排气塞的阻力越小，铸型的强度越高。

静压造型主要有以下特点。

（1）铸件的拔模斜度小。相比于其他造型工艺，采用静压造型的铸件的拔模斜度可以设计在 2° 以内。

（2）噪声小、振动小。由于不是使用振动紧实，所以在生产过程中产生的振动小、噪声也小，对机器的地基要求也不高。

（3）铸型可利用有效面积高。因为静压造型的特殊工艺，使砂箱中的砂粒能够进入模型的各个角落和缝隙，且紧实度高，所以一个砂箱通常可以同时放置多个模型，提高了生产效率和砂箱的利用程度。

（4）使用的砂量少。由于采用静压工艺后，整个铸型从上到下的强度基本都处于较高值，所以不需要很高的砂层来保证底部的铸型有足够的强度。

图 9.36 和图 9.37 所示分别为使用静压造型铸造的各类铸件和发动机体。

图 9.36　各种静压造型铸件

图 9.37　使用静压造型铸造的发动机体

2. 消失模铸造

实型铸造工艺中汽车行业中被大量使用的是消失模铸造技术。

消失模铸造（Lost Foam Casting）是在近 20 年得到广泛使用的实型铸造技术，也称为负压实型铸造技术，它比传统的铸造方法具有更大的优势，采用与铸件形状尺寸几乎一样的泡沫代替原来的金属芯或木模芯（图 9.38），造型后不必取出模芯，形成密实的"型腔"，而不是传统的空腔形式。浇注后泡沫消失，金属代替了原来泡沫的位置，经过脱砂和清理，便得到铸件。相比传统的方法，用该方法生产出来的铸件精度更高，后续加工量少。图 9.39 所示为消失模铸造车间。

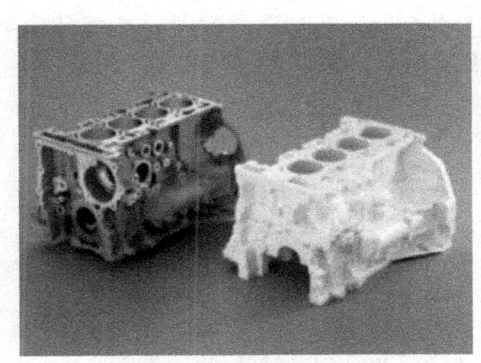
图 9.38　发动机缸体及其消失模模型

图 9.39　消失模铸造车间

1) 消失模铸造生产工艺

一般先在计算机上设计好模型，在设计过程中要考虑金属液冷却收缩的影响，制出泡沫模型，之后在其表面涂上专门的涂料，干燥后放入砂箱，并填入型砂，经振动使型砂紧实后，在抽真空机抽真空的状态下浇注金属液，泡沫模型气化消失，金属液冷却后形成的铸件便替换了原来的泡沫模型，之后释放真空，经脱砂清理后得到铸件。具体流程如图 9.40 所示。

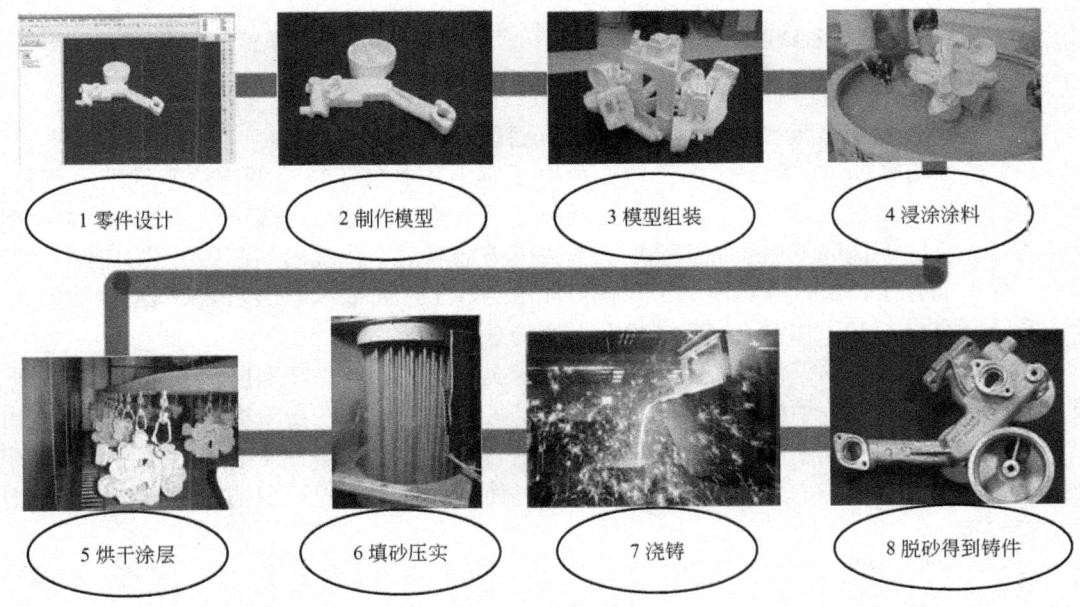

图 9.40　消失模铸造流程

消失模发泡模型制作出来后要在其表面涂上一层光洁涂料，以保证模型的表面光洁度。再涂上一层耐火涂料，并使其干燥，如图 9.41 和图 9.42 所示，其作用是：①在浇注时金属液取代发泡模型的过程中，制约金属液向型砂渗透，使金属液在涂层范围内成形，并消除毛刺的出现，获得表面光整的铸件；②充型时，使发泡模型受热分解产生的气体能受控制地排出,使用不同热导率的涂料或涂层厚度,可以控制浇注时相应部位的冷却速率;③吸收发泡模热解时产生的液态热解产物;④在金属液和型砂之间起隔热层的作用。消失模铸造工艺所用的涂料一般为水基涂料,可采用蘸涂、喷涂或流涂等方式施涂。在大批量生产时使用蘸涂可加快生产效率,涂层的厚度一般为 0.25~0.5mm,浇注温度高时,涂层厚度要相应增大。在消失模工艺中,涂料是影响铸件质量的一个很重要的因素,因为它直接与金属液接触,并影响着金属液的变化过程,目前我国在涂料对铸件的影响方面的研究还不成熟,但它是一个很好的研究方向。

图 9.41 发泡模型浸涂涂料

图 9.42 自然条件下使涂料干燥

2) 消失模铸造的优点

消失模铸造的优点很多,主要有以下几方面。

(1) 铸件精度高、质量好。由于铸造相对于其他一些加工或成型方法来说精度较低,所以铸件往往需要进行后续加工。而消失模铸造相比传统的铸造方法精度又更高,若能提高铸件的精度,便能降低后续加工强度。消失模铸造取消了传统的制芯、下芯、合箱、取模等工序,简化了铸造过程,消除了原来可能由这些工序而造成的误差和缺陷。所用型砂为干砂,无黏结剂和添加物,消除了由此带来的缺陷。

消失模铸造形成的铸件质量好,可在微振情况下浇注,促进特殊要求的金相组织的形成。在消失模铸造过程中施加一定频率和振幅的振动,使铸件在振动场的作用下凝固,由于消失模铸造凝固过程中对金属溶液施加了一定时间振动,振动力使液相与固相间产生相对运动,而使枝晶破碎,增加液相内结晶核心,使铸件最终凝固组织细化、补缩提高,力学性能改善。

(2) 后续加工量少。正确地使用好涂料,可以很好地提高铸件表面的光洁度,使铸件无飞边、无毛刺。同时,由于不需设计拔模斜度,减少了加工量,降低了生产成本。

(3) 适应性好。对铸件的结构限制低,铸件结构可灵活设计;可用于铸钢、铸铁、铸铜、铸铝等工艺;可在理想位置设置浇注口,不受传统模型铸造类似的限制。

(4) 环保。型砂无粘结剂,泡沫气化后不会产生污染大气的气体,铸造过程减少了粉尘、噪声污染;低温下泡沫对环境无害,型砂、模具再次利用率高。

(5) 生产率高、生产成本低。生产车间占地小,可一箱多件同时浇注,工序减少,易实现流水线生产，劳动强度降低。生产成本也低很多，见表9-3。

表9-3 消失模铸造与砂型铸造的比较(不锈钢铸件，元/t)

比较项目		消失模铸造	砂型铸造	消失模铸造节省的费用
模型费用	工时费用	105	220	115
	设备折旧费			
	材料消耗费			
铸型费用	工时费用	250	510	260
	设备折旧费			
	材料消耗费			
铸型烘烤费	设备折旧费	240	240	
	动力消耗费			
	燃料消耗费			
工具费	设备折旧费	110	220	110
冶炼费用	设备折旧费	7295	8580	1285
	动力消耗费			
	材料消耗费			
合计		7760	9770	2010

3) 消失模铸造技术的发展

由于消失模铸造具有很多的优点，所以也发展出了一些在消失模铸造基础上的新技术。

(1) 振动消失模铸造技术。在铸造过程中施加一定频率和振幅的振动，使铸件在振动中凝固，振动力使液相与固相产生相对运动，使枝晶破碎，增加液相内结晶核心，组织细化，从而提高了铸件的力学性能。

(2) 半固态消失模铸造技术(Transition Controlled Semi - Solid Molding，TCSSM)。该工艺是由将消失模铸造与半固态控制技术相结合的新型消失模铸造技术，其特点在于控制液固相的比例，将浇注温度由原来的1400℃以上改为1250℃(铸铁凝固温度为1150℃)。通过降低浇注温度，液相收缩大大降低，液相收缩和凝固收缩可由石墨化膨胀来抵消并得到精确控制，所以不需要设计冒气口也能获得性能良好的铸件，是一种很有发展前景的技术。

(3) 消失模壳型铸造技术。消失模壳型铸造技术是消失模铸造和熔模铸造的两种技术的结合。该技术使用的模型也是与消失模铸造形式相同的泡沫模型，不同的是在涂料干燥后将泡沫燃烧气化得到一个空壳用于浇注，除具有一般消失模铸造的优点外，采用的泡沫成本低、气化容易、克服了由于模料软化而造成铸件变形的缺点。关键在于壳型的材料和工艺。

(4) 消失模悬浮制造技术。在制作泡沫模时将悬浮剂融入其中，铸造时悬浮剂与金属液发生化学反应，改善铸件性能。消失模悬浮制造技术主要应用于改变局部组织性能的铸件。

3. 熔模铸造

熔模铸造又称失蜡铸造或精密铸造。熔模铸造一般采用的是蜡模，蜡模制出来后，将其浸入流体状的耐火材料中（常用陶瓷），干燥后涂层硬化，加热蜡模使蜡熔化倒出，得到一个空腔壳型，经过焙烤之后壳型硬化，将金属液倒入该空腔壳型中进行浇注，金属液冷却后敲碎外壳，从而获得铸件（图9.43）。因为熔模铸造的零件较小，常在制作蜡模时将多个零件的蜡模组合在一起成为一个模型树，外壳硬化前是流体状的，所以可以不考虑蜡模的形状是否复杂，这样经过一次浇注便可同时得到多个零件了。

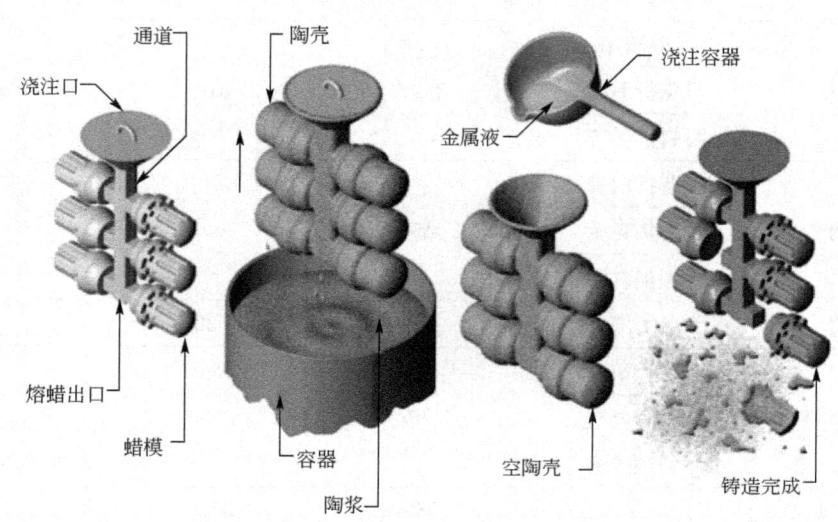

图 9.43 熔模铸造流程

熔模铸造时的涂料现在普遍使用水玻璃、硅溶胶和硅酸乙酯作为粘结剂。硅溶胶因为不需要化学硬化、易配成高粉液比的涂料而且硅溶胶制成的模型壳在高温下抗变形的能力好，成为在熔模铸造中被普遍使用的水基粘结剂。在汽车铸造工艺中，硅溶胶常用于型壳表面层以提高表面质量；水玻璃用于型壳的加固层。采用硅溶胶制壳的工艺可以使铸件接近最终成形，即熔模精密铸造，表面质量可以达到 $Ra1.6\mu m$、尺寸精度可以达到铸造公差 CT4 级。由于熔模精密铸造技术减少了后续加工量，铸件精度高，使得熔模铸造具备生产高技术含量铸件的能力，在汽车铸造行业得到了越来越广泛的应用。

通常可用熔模铸造法生产的合金种类有碳素钢、合金钢、耐热合金、不锈钢、精密合金、永磁合金、轴承合金、铜合金、铝合金、钛合金和球墨铸铁等。

熔模铸件的形状一般都比较复杂，铸件上可铸出孔的最小直径可达 0.5mm，铸件的最小壁厚为 0.3mm。在生产中可将一些原来由几个零件组合而成的部件，通过改变零件的结构，设计成为整体零件而直接由熔模铸造铸出，以节省加工工时和金属材料的消耗，使零件结构更为合理。熔模铸造在大型铸件的铸造方面非常麻烦，并不适合大型铸件的铸造。图 9.44 所示是各种使用熔模铸造的汽车零配件。

型壳的质量影响着铸件的表面质量，而型壳质量又取决于制壳工艺和制壳材料。表 9-4 是东风公司几种制模工艺参数与工艺装备的比较。

图9.44 各种使用熔模铸造的汽车零配件

表9-4 东风公司汽车精铸件制模工艺参数与工艺装备表

项　　目		性能指标		
		石蜡-硬脂酸模料	改性低温模料	美国162型模料
工艺参数	蜡膏温度/℃	45~48	56~59	54~62
	射蜡压力/MPa	0.1~0.3	0.6~0.8	1.5~3.5
工艺装备	制模设备	手工压蜡工作台	自制高压压蜡机	进口高压压蜡机
	制模模具	合金压型	钢压型	钢压型
效果比较	蜡模表面粗糙度/μm	Ra12.5	Ra3.2	Ra1.6
	稳定性	较差	较好	良好

熔模铸造最大的优点就是由于熔模铸件有着很高的尺寸精度和表面光洁度,是小尺寸精密铸件的常用生产工艺,所以可减少机械加工工作,只是在零件上要求较高的部位留少许加工余量即可,甚至某些铸件只留打磨、抛光余量,不必机械加工即可使用。采用熔模铸造方法可大量节省机床设备和加工工时,大幅度节约金属原材料消耗。

4. 低压铸造

低压铸造(Low Pressure Die Casting)是轻合金铸件的主要生产工艺,现在50%的铝合金铸件是用低压铸造工艺生产的。在现今的汽车铸造行业中,低压铸造经常被用于生产铝、镁合金薄壁铸件,如铝合金轮毂、铝合金发动机缸盖或其他壳体铝铸件,它是利用气压或电磁力使金属液沿管道进入型腔中实现充型的,具体如图9.45所示。加在合金液面上的气体压力或者使之发生定向移动的电磁力,迫使合金液沿升液管上升,合金液进入型腔直至充满型腔这一阶段称为充型阶段。

在充型过程中,主要考虑的是气体压力的大小与充型速度的快慢。压力大小与最后最大液面高度差有关。低压铸造可使金属液在可控的压力下进行充型,减少了铸件缺陷的发生,而且由于是在压力下进行充型,金属液的流动性好,从而提高了铸件的质量。

低压铸造的发展现状与展望如下。

(1)气压式低压铸造作为最传统的低压铸造工艺,自20世纪投入实际生产就一直在发展,现在在薄壁铸件和铝、镁合金的精密铸造方面都有了很好的表现,但也有很大的研究前景。

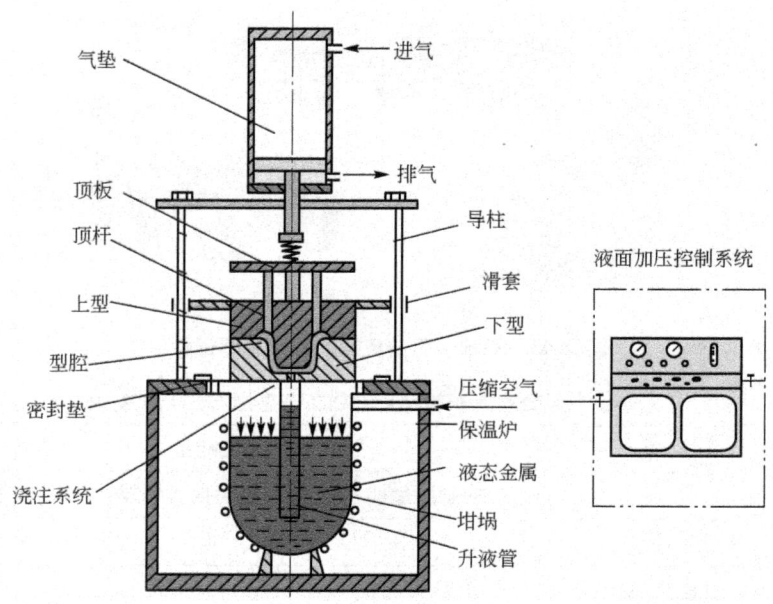

图 9.45 低压铸造模型图

（2）电磁式低压铸造能够克服气压式低压铸造时的液面波动、铝液吸气等缺点。我国自 20 世纪 60 年代开始研究以来，取得了大量的研究成果，使电磁式低压铸造能够应用于实际的生产，其生产出来的铸件性能优良、质量稳定、尺寸精度高，是很有发展前景的技术。

（3）低压铸造在现代计算机技术的支持下发展更加迅速。对算法的改进使利用计算机进行充型模拟所花费的计算时间大大缩短，同时仿真分析结果也更加贴合实际。可以预见今后计算机技术将在铸造仿真方面发挥越来越大的作用。

5. 金属型铸造

金属型铸造（Permanent Mold Casting）也称为硬模铸造或永久型铸造。它不同于砂型铸造使用型砂作为铸模，而是使用金属作为模具，将金属液浇入金属铸型获得铸件的铸造方法。在汽车的生产中，有些齿轮或凸轮轴等零部件可通过金属型铸造工艺生产出来。图 9.46 所示为金属型铸造流程图。

金属型铸造在浇注前要对模具进行预热，未预热的金属模具不能用于浇注，因为金属模具的导热性好，金属液倒入未预热的模具后流动性急剧降低，铸件易出现冷隔、浇注

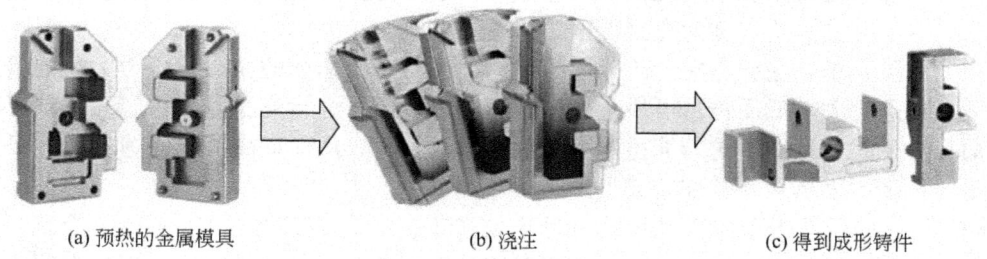

(a) 预热的金属模具　　　　　(b) 浇注　　　　　(c) 得到成形铸件

图 9.46 金属型铸造流程

不足量、气孔等缺陷，铸型会受到强烈的热冲击，应力增加导致铸型损坏。所以正常浇注时要进行预热，预热温度针对不同金属液和工件具体情况而不同，一般要通过实验确定。

如表9-5所示，金属型铸造的金属液温度一般也比砂型铸造的要高，具体依材料和工件形状而定。对于浇注速度，由于金属型铸造有激冷、不透气的特点，所以浇注速度要先慢—后快—再慢，尽量保证液流平稳。

表9-5　部分金属材料的金属型铸造浇注温度

材　　料	浇注温度/℃	材　　料	浇注温度/℃
铝合金	680～740	黄铜	900～950
镁合金	715～740	锡青铜	1100～1150
铸铁	1300～1370	铝锡合金	350～450

当浇注好后，需要在恰当的时机将铸件和型芯取出。铸件在模具中不宜停留过久，否则会降低模具的生产效率和因模具温度升高减缓了铸件的冷却速率。型芯在铸件中停留时间越久，铸件冷却收缩对型芯产生的压力就越大，型芯越难抽出。所以，型芯的最佳取出时机是当铸件冷却到塑性变形温度范围并有足够的强度时。

金属型铸造的特点如下：

(1) 金属型铸造与砂型铸造有显著的区别，金属型没有透气性，没有退让性，但导热性能好，在铸件形成过程中有其自身的规律，这需要人们进行另外的研究。

(2) 气体易对铸件性能带来影响。浇注时，因为金属型没有透气性，但气体仍必须快速排出，否则气体容易破坏铸件的铸造质量。所以金属型铸造对工艺的要求很高。

(3) 浇注时热量通过金属型模具传出，金属液因此冷却凝固并收缩，铸件外表面与模具内壁形成间隙，内表面因收缩而夹紧型芯。金属模具和型芯在铸造过程中的无退让性，会阻碍铸件的收缩，在设计模具和工艺时要考虑到其带来的影响。

(4) 相比于砂型铸造，金属型铸造的铸件组织均匀、晶粒细小、性能更好。

6. 其他造型技术

除了以上介绍的造型技术外，还有其他一些造型技术，如空气冲击造型、垂直分型无箱射压造型、树脂自硬砂技术、真空密封造型法（又称真空薄膜造型法或负压造型法）、金背壳型铸造法、离心铸造等，各种铸造方法都有其特定的优缺点和应用领域，但使用范围和普及率都不如之前介绍的几种。

9.2.3　熔炼技术

熔炼技术是指在金属铸造过程中将金属原料熔炼成金属液以用于浇注的技术。目前国内外铸造熔炼技术主要有两种工艺，一种是大型热风除尘冲天炉与大型有芯工频保温炉双联法（以下简称"双联法"）工艺，另一种是采用中频感应电炉熔炼工艺。国外目前较多的是采用第一种工艺。铸造行业是一个高耗能的行业，降低生产过程的能耗能产生巨大的社会效益。采用双联法不仅具有高效率、低成本的优点，而且能降低约30%的能耗，同时，采用双联法能够稳定铁水化学成分、不间断地提供铁水以满足铸造自动线对铁水的需求，还可以为熔炼工序出现短时故障或造型填充工序对铁水需求出现波动时提供一种柔性连接,保温炉容量为熔化炉容量的1.5~2倍。

而随着电子技术的发展,中频电炉(图9.47、图9.48)也迅速发展,并有取代正广泛应用的工频电炉的趋势,它是将工频(50Hz)转变到中频(300~10000Hz)进行工作的。

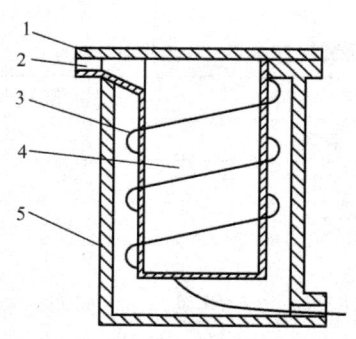

图9.47 中频感应电炉简单结构图

1—炉盖;2—熔液倒出口;
3—感应线圈;4—坩埚;5—炉体

图9.48 中频感应电炉

总结起来,中频电炉有更大的优势,它使铸造更接近优质、节能、高性能铸件的要求,特别适合熔炼铝液和合金铸铁、球墨铸铁和蠕墨铸铁,其特点有如下几点。

(1) 中频电炉线圈效率高,耗电少,节能。

(2) 功率密度大,熔化速度快,加热均匀。

(3) 对炉料要求比工频电炉低。

(4) 可实现功率的无级调节及满功率恒定输出,使熔化过程稳定进行,且可全集成化控制,软起动减轻了对电网的冲击。

(5) 可通过调频来降低熔料的搅拌效应,在熔铝时减少了铝液的氧化,更能体现出其优势。

(6) 批料熔化法可随时将铁水倒空,冷炉起炉时不需要起熔块,更换炉料十分方便。

(7) 独特的钢壳封闭结构,使工作噪声大大降低,同时感应线圈避免金属飞溅的危害。

(8) 对炉料的适应性较强,炉料的品种和块度可在较宽的范围内变动。

9.2.4 制芯技术

现在国内外铸造行业的制芯技术一般都采用湿砂,基本有3种工艺,即热芯盒制芯、壳芯制芯、冷芯盒制芯。在汽车铸造行业,还有一种结合锁芯的制芯工艺。近年来,这3种制芯工艺都有大量的应用,但冷芯盒制芯更具优势,发展最为迅猛,而结合锁芯是以冷芯盒制芯为基础的新型制芯工艺。

1. 热芯盒制芯

热芯盒制芯是用压缩空气将湿态的热固性树脂砂射入加热至一定温度的芯盒内,经过一定时间后热固性树脂砂受热固化(硬化)后从芯盒取出,得到一定形状的砂芯。

热芯盒制芯有几个特点:①砂芯硬化快,如果温度合适,树脂砂只要几十秒就能完全硬化;②相比其他制芯法,热芯盒工艺的树脂成本低,使用量较少即可得到砂芯;③混砂设备简单,使用的砂易溃散,清砂容易。

2. 壳芯制芯

壳芯制芯一般使用覆膜砂,覆膜砂是指砂粒表面在覆膜工艺下覆盖有一层特殊树脂,在常温下覆膜不粘结,覆膜砂具有良好的流动性,当射入加热的芯盒受热时覆膜分子结构发生变化,粘结在一起,形成固化的砂芯。一般是从表面开始固化,因此可以制成壳芯,受热时间越长,壳越厚,制得的砂芯壳强度也越高,可将心部尚未固化的多余的砂倒出,达到省砂的目的。用覆膜砂制作的砂芯强度大、尺寸精度高。

3. 冷芯盒制芯

冷芯盒制芯时芯盒不加热,而大多采用三乙胺进行吹胺固化,其工艺流程如图 9.49 所示。

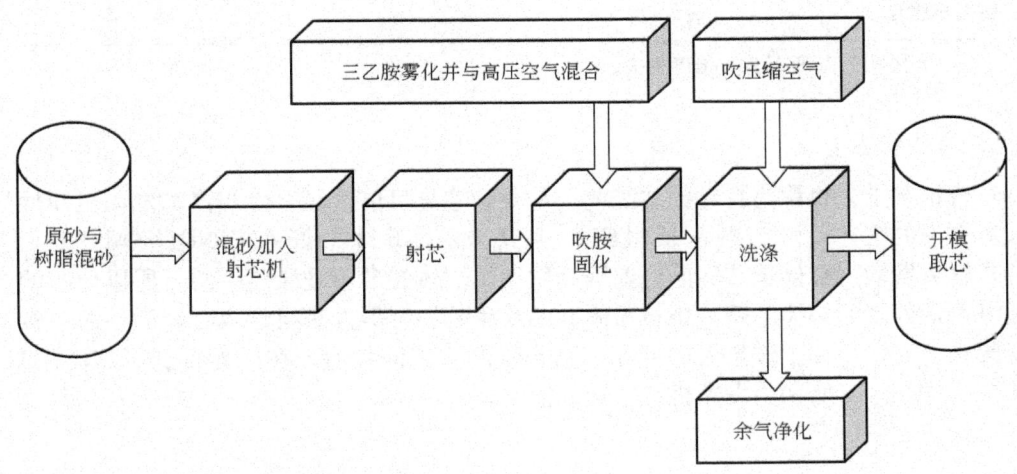

图 9.49 冷芯盒制芯工艺流程

冷芯盒制芯采用石英砂作为原砂,使用酚醛树脂作为粘结剂,使用三乙胺作为催化剂,脱模剂用于防止脱模时芯盒的树脂粘膜。芯盒材质常用的有金属和塑料,金属芯盒的表面光洁度好,使用寿命较长。使用冷芯盒制芯时,混砂后的芯砂依靠动能和压力差在 2~3s 内射芯完毕;另一方面,三乙胺与压缩空气混合后对芯盒中的芯砂进行吹胺4~15s,芯砂固化粘结,其机理是混砂时加入的酚醛树脂与聚异氰酸脂在胺的催化下发生化学反应使芯砂固化。洗涤是利用压缩空气清除芯盒和管道中残余的三乙胺,并在净化后排向大气。

冷芯盒制芯的特点是硬化速度快、强度高、生产率高、砂芯尺寸精度高,可用于生产薄壁高强度的铸件的砂芯。冷芯盒制芯由于具有较突出的优点,所以得到很快的发展。在制芯领域有逐渐走向以冷芯盒制芯为主要技术的趋势。表 9-6 是 3 种制芯技术的参数对比。

表 9-6　3 种制芯工艺的比较

特　性	热　芯	壳　芯	冷　芯
芯盒温度	210～250	260～290	室温
硬化时间/s	30(218℃)	90(280℃)	10(吹气)
硬化形式	表面硬化	表面硬化	内外部同时硬化
起芯强度/MPa (AFS 标准抗拉试样)	0.5～0.8 (为最大强度的 20%～25%)	0.2～0.35 (为最大强度的 8%～14%)	0.8～1.0 (为最大强度的 40%～50%)
砂芯存放寿命①	60%～75%	50%～60%	80%～90%
铸件脉状缺陷	无	无	少量
落砂性能	好	中等	好
表面粗糙度	较好	好	好

①：100%相对湿度下 24h 强度损失。

4. 结合锁芯

结合锁芯工艺也称为自动锁芯工艺，结合锁芯是目前世界上生产汽车发动机铸件的一种较为先进的工艺。该工艺是 20 世纪 80 年代末由西班牙 LORANENDI 公司开发，主要目的是解决发动机缸体造芯的问题，因为发动机缸体的砂芯是最复杂的，所以传统的方法都是将数量繁多的单体芯用如螺栓紧固砂芯或用胶粘结等方法组合成缸体的砂芯，常常会出现废品率高，后续工作量大的问题。结合锁芯工艺问世后，在世界得到了广泛的采用。图 9.50 与图 9.51 所示为发动机结合锁芯模型。

图 9.50　发动机结合锁芯模型(1)

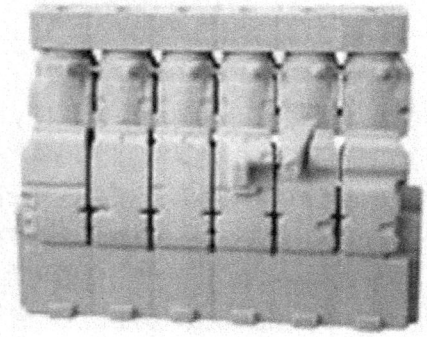

图 9.51　发动机结合锁芯模型(2)

结合锁芯以冷芯盒制单体芯为基础，将各单体芯用机械的方式组合到组芯夹具，然后将它们在同样的冷芯盒专用机上以射砂方式将它们锁为一个整体芯。结合锁芯的尺寸精度可以达到 -0.25～0mm。其高精度取决于该工艺的整体芯误差为组合时定位销的误差之和,而不是传统的单体芯误差与整体芯的误差之和。其定位夹具精度可以达到 0~0.05mm。

结合锁芯的工艺流程如图 9.52 所示。

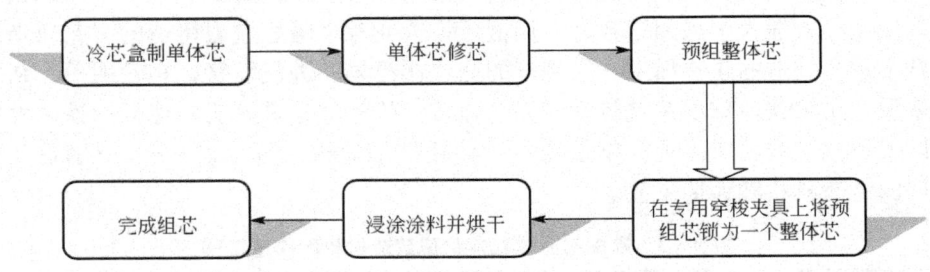

图 9.52　结合锁芯工艺流程

结合锁芯的工艺特点决定了结合锁芯工艺在今后将得到更好的发展,因为它具备了生产过程自动化的特点,这是铸造业今后的一大发展趋势。结合锁芯的工艺特点主要有以下几个。

(1) 使用的砂与冷芯盒制芯法相同,不需要特殊的材料。

(2) 与传统的方法相比,尺寸精度最高,表面粗糙度最小。

(3) 砂芯受热时,由于整个整体芯只有一种材料,没有如螺栓、粘结剂等其他材料,所以材料的变形和强度变化易控制。

(4) 可以实现完全的自动化,全程可以机械臂来完成作业。

(5) 铸件质量减轻、后续加工量小,修整铸件容易。

(6) 废品率低,生产率提高。

图 9.53 所示为单体修芯,图 9.54 所示为发动机结合锁芯组装。

图 9.53　单体修芯

图 9.54　发动机结合锁芯组装

9.2.5　汽车铸造材料

在现代的汽车零部件的生产中,铸造占有相当重要的地位,很多汽车零部件都需要使用铸造工艺才能生产,随着铸造技术和铸造材料的发展,汽车零部件铸件的生产也越来越先进,材料使用方面越来越多元化,高强度灰铸铁、蠕墨铸铁、球墨铸铁、铝合金在各种汽车铸件中都得到了广泛的应用。为了对车辆进行更轻量化的设计,一些零部件已经开始使用镁合金来铸造了。随着这些新材料的应用而出现相应的更先进的铸造工艺，这些都是推动汽车铸造业发展的力量。

由于发动机缸体的结构复杂，使用要求高，有些部分壁还很薄，所以现在一般都是采用蠕墨铸铁或铝合金用结合锁芯的工艺铸造出来的，大众品牌的少数车型正试用镁合金进行铸造。发动机缸盖大多采用铝合金，用低压铸造或者金属型重力铸造的工艺铸造。同样采用铝合金进行铸造的还有活塞、乘用车的变速器箱体和进气歧管、车轮毂等。从材料的使用量来看，灰铸铁、球墨铸铁铸件和铝合金铸件的需求是最大的，球墨铸铁从性能上来说是可以代替钢铁的，所以很多钢铁铸件都使用球墨铸铁代替。表9-7所示是几种汽车零件所用的铸造材料和铸造工艺。

表9-7 汽车部分零部件常用铸造材料和铸造工艺

汽车铸件	使用材料	常用铸造工艺
发动机缸体	高强度灰铸铁、蠕墨铸铁、铝合金、镁合金	静压造型、消失模铸造、半固态铸造、结合锁芯、ISOMAX 等
发动机缸盖	高强度灰铸铁、蠕墨铸铁、铝合金、镁合金	金属型重力铸造、低压铸造
活塞	铝合金	低压铸造
轮毂	铝合金、低合金铸铁	低压铸造、半固态铸造
曲轴	铸态珠光体球墨铸铁	自硬砂造型、消失模铸造
凸轮轴	奥贝体球墨铸铁、合金铸铁、合金钢等	自硬砂造型、消失模铸造
变速器箱体	卡车常用高强度灰铸铁、蠕墨铸铁；乘用车常用铝合金、镁合金	消失模铸造、低压铸造
进气歧管	高强度灰铸铁、铝合金	消失模铸造
排气歧管	高延伸率的铸态铁素体球墨铸铁、蠕墨铸铁	消失模铸造、其他砂型铸造工艺
制动鼓	高碳型灰铸铁、蠕墨铸铁、球墨铸铁、合金铸铁	低压铸造、消失模铸造等

9.2.6 铸造技术的发展趋势

现代的汽车铸造技术为了缩短生产周期、优化铸造生产过程，将计算机技术运用到铸造行业中。计算机技术的应用大大提高了产品的开发质量、减少了很多工作量。现在大量应用在铸造行业中的计算机技术主要是快速原型技术、计算机仿真、三维建模和数控技术等，从产品开发、产品铸造到后期检测，都可以采用相应的计算机技术进行模拟和研究分析，使产品的性能得到提高，使生产过程向自动化发展。图9.55所示为计算机模拟发动机铸造充型过程。

另外，由于铸造行业是高耗能的产业，传统生产过程中会产生大量的污染，所以，现在的铸造行业也向着绿色铸造的方向发展，提高生产原料的利用率、降低废品率、采用节能低污染的生产方法，如推广冷芯盒的应用、采用新型造型工艺降低芯砂的使用量、加大芯砂、废料的再利用等，使铸造产业向着绿色、经济节能、高效的方向发展，这也是广大从事铸造行业的人员的努力方向。

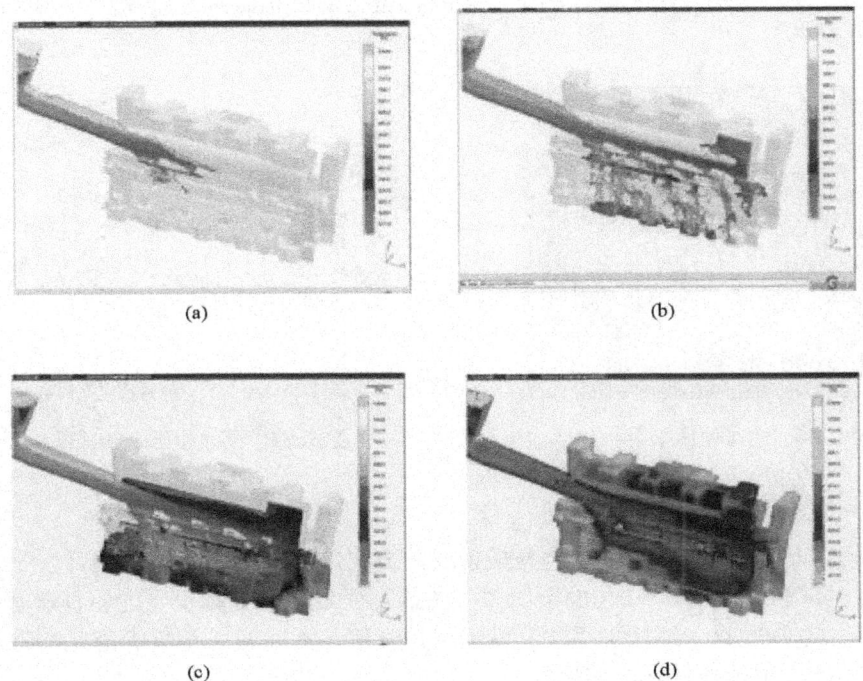

图 9.55 发动机铸造充型过程计算机模拟

9.3 冲压技术

9.3.1 冲压技术简介

1. 冲压原理

冲压(Stamping)常与锻造合称"锻压",与锻造类似,它也是一种塑性变形加工方法。传统的冲压工艺一般是在压力机和模具的作用下使板材或管材等发生塑性变形并与多余的材料发生分离,获得所需形状和尺寸的工件的加工方法。通常所讲的冲压都指冷冲压,因为传统的冲压都是让材料在室温状态下进行冲压成形的。图 9.56 所示为汽车冲压车间,图 9.57 所示为板材的冲压成形过程。

2. 冲压工序流程

冲压按工艺分,可分成分离工序和成形工序两类。分离工序是将要进行冲压的板材沿一定轮廓线从板材上分离出来,以进行冲压得到冲压成形件,冲裁需要保证断面的质量。成形工序是使冲裁下来的板料在模具的作用下发生塑性变形,得到具备所需形状和尺寸的冲压件。由于汽车冲压件一般形状都比较复杂,所以需要使用多种不同工艺来得到冲压件,如冲裁、弯曲、剪切、拉伸、矫正等,通常需要在多个不同模具的冲床上多次冲压才能最终成形。一般的冲压流程是将整卷的板料打开平整,经过冲裁后得到小件板料,再经过冲压得到工件，个别有特别要求的工件需要再进行后续精整加工，检测合格后便可以投入使用或入库了。

图9.56 汽车冲压车间

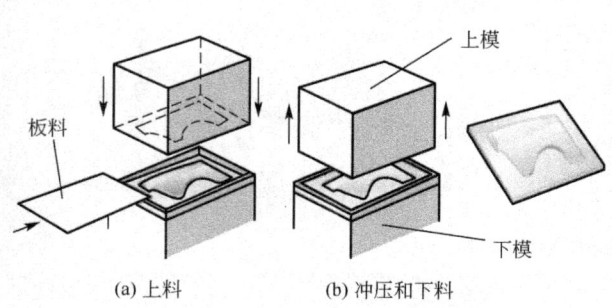

(a) 上料　　　(b) 冲压和下料

图9.57 板材冲压成形过程

3. 冲压的优势

冲压是汽车制造产业中最基本也是最重要的金属加工方法之一。据统计，平均每辆车上的所包含的零件中，有约60%的金属零件依靠冲压成形，如车身上的各种覆盖件、车门内板、地板、车身支撑、结构加强件、发动机排气管、油底壳、车梁等都是用冲压工艺生产的。图9.58所示为各种汽车冲压件。

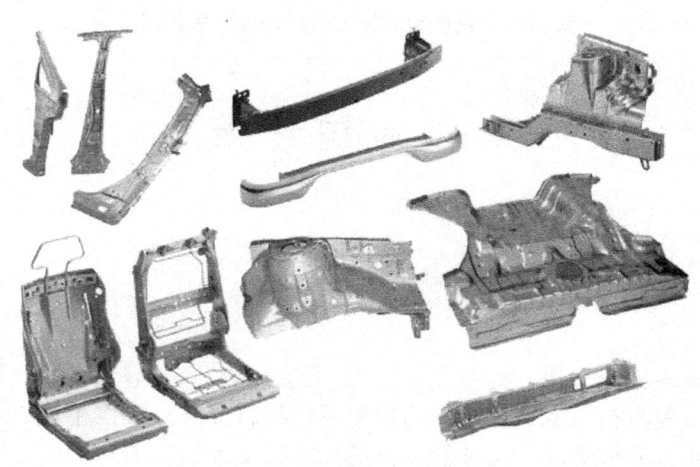

图9.58 各种汽车冲压件

相对于其他工艺，冲压工艺有其自身的优势。

（1）加工效率高，每个冲压行程可得到一个冲压件，而且由于工序少，易于实现自动化。

（2）冲压件的形状和尺寸不受太大的限制，可以加工很复杂的零部件，同时，冷冲压的变形硬化效应使冲压的零件强度得到提高。

（3）后续加工量少，冲裁和冲压虽然会产生废料，但不会产生碎屑，合理的排样还能提高材料的利用率。

（4）可以冲压出带有加强筋或翻边的工件。

(5) 尺寸精度高，材料经塑性变形后能有效提高强度和刚度。

但是冲压也有其缺点，如冲压加工时冲击力大，振动和噪声大，对压力机的吨位要求也较大；另外，由于冲压一般是用板材，冲压后难以在工件的表面再进行切削加工，所以精度要求高，从而要求模具的精度也要达到相应的精度。

4. 冲压板材的要求

根据冲压的加工特点，通常对冲压用的板材有一定的要求，具体如下：
(1) 板材厚度要均匀，表面光洁平整，无裂纹出现。
(2) 板材屈服强度要均匀，无明显方向性，同时要有足够的均匀延伸率。
(3) 加工硬化程度不能太高。
(4) 板材的屈强比低。屈强比为材料屈服极限与强度极限的比值。材料的屈服极限越低对塑性变形越有利，变形越容易，而强度极限越高越难在塑性变形时发生破裂现象。

由于汽车覆盖件既要保证性能，又要体现美观，所以对冲压件的表面质量通常有很高要求，表面不能出现波纹、刻痕、擦伤等缺陷，而且要求棱线要平直、曲线要圆滑过渡，同时尺寸精度要足够高，因为覆盖件通常还要与其他零件进行组合，要保证其他零件能够正确组装。

5. 冲压材料与工艺

随着汽车的发展，人们对汽车在安全、环保、外观、轻量化等方面的要求越来越高，于是出现了高强度钢板、超高强度钢板、铝合金材料等新型材料，铝合金材料在比强度、吸能效果、轻量化方面的表现都优于合金钢，一些高档汽车的车身冲压件都开始越来越多地应用铝合金进行生产了。新材料在提高汽车的性能的同时，也推动着冲压技术向前发展。与此同时，出现了一些相应的冲压新技术，如激光拼焊、热冲压成形、内高压成形、液压拉深等。

6. 冲压设备

目前世界上冲床主要有两个发展方向：一个是大型多工位压力机，另一个是大型压力机柔性自动化生产线，如图 9.59 所示。先进的冲压设备已经包含了全自动快速换模系统、自动监控系统、高精度冲压等先进技术，每分钟的冲压行程次数越来越高。而采用伺服电动机的冲床可实现冲压速度与冲压行程的数字化控制，吨位也已经超过了 1000t，随着这些技术的发展和在冲压设备上的逐步改进，冲压技术将有更大的发展空间。

图 9.59 某汽车冲压车间柔性全自动生产线

9.3.2 冲压模具

1. 模具设计

冲压模具是冲压技术中非常重要的部分。它的设计好坏直接关系到冲压件的质量和性能。

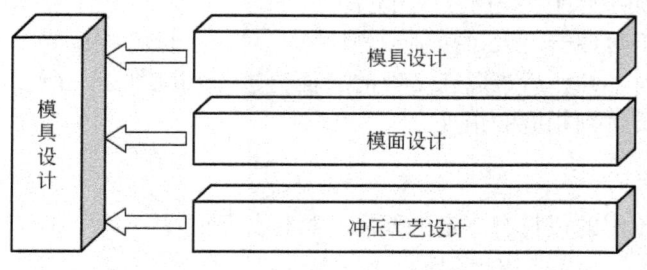

图 9.60　模具设计

如图 9.60 所示，模具设计可按设计内容的不同分为 3 个部分，分别是模具结构设计、模面设计和冲压工艺设计。现在国外的模具设计是先行设计冲压工艺，再以此设计的工艺来指导模具的模面设计和结构设计，模面设计则是利用计算机模拟技术进行设计，并依靠积累的经验数据，可以制出尺寸精度极高并符合生产要求的模面，大量减少了模具制出来后的钳修和边试验边修整调校的工作量，同时针对冲压件可能出现的回弹、断裂等问题也在计算机模拟时及时发现，并通过模面的合理设计避免了这些问题，减少了废品率，使产品的性能和生产效益大大提高。

反观我国，由于我国汽车制造技术起步慢，没有有效的经验积累机制，设计时的专业分工也不明确，在模具设计方面离国际先进水平仍有很大的差距。国内的模具设计一般都集中在模具的结构设计方面，很多中小型模具厂还采用模具制作出来后边试验边调试的方式，这样就导致了模具生产水平的落后。但近几年来，国内部分模具厂商还是依靠自身经验的积累和计算机 CAD/CAM/CAE 技术的应用，在中档汽车零件冲压模具方面占有了一定的市场，具备与国外厂商竞争的实力。

2. 汽车冲压模具的发展趋势

我国以前广泛使用的冲床由于采用的结构落后，导致生产过程中振动噪声大，容易发生安全事故，产品工艺性能差，在汽车冲压件方面一直只能满足低档汽车的要求。随着汽车工业以及模具制造技术的发展，因为汽车的更新换代的周期变得很短，而每生产一款新车都要为之重新设计一批模具，所以在汽车更新换代很快的今天，汽车模具的需求量还是很大的。国内一些模具制造企业也意识到先进模具的重要性，积极投入先进模具的研究，使我国的模具制造业有了很大的发展，现在部分国内模具厂商已经能够生产出满足中档汽车零部件加工所需的模具了。

现在汽车冲压模具有了几个重要的发展方向，一是模具类型，一是模具制造技术，一是 CAD/CAM/CAE 技术的应用。在模具类型方面的发展有几个重点，如多功能冲压模、多工位级进模、汽车大型覆盖件冲压模等。原来汽车覆盖件都是由很多零碎的冲压件焊接而成，但现在很多整车厂为了提高汽车的性能，偏向于使用大型覆盖件。大型覆盖件的好处是能够降低加工工序数，减少了焊点，降低生产成本，同时大型覆盖件更加美观，阻力也更小。所以现在汽车冲压模具有一个发展趋势就是冲压件的大型化、集成化。

与此同时，模具性能要求的提高也催生了一批先进的模具制造技术，例如：高速铣削加工（图 9.61），大幅度提高模具的加工效率和模具的表面光洁度，它的特点是能够加工高硬度的模具材料，加工时温升小，发展潜力很大；电火花铣削加工是在以前电火花加工成形技术上发展起来的，其利用简单电极在数控系统的控制下沿一定路线移动，通过简单电极与工件之间不同位置放电加工使模具成形，相比于传统的电火花加工成形技术，它加工后表面粗糙度更低，且不会出现电弧放电或短路现象，可以加工硬度更大、形状更复杂的模具；另外还有模具真空热处理技术、气相沉积和等离子喷涂等表面处理技术。

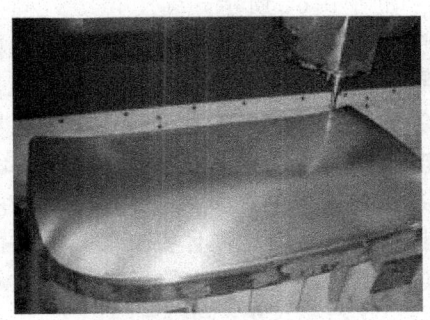

图 9.61 汽车模具的高速铣削加工

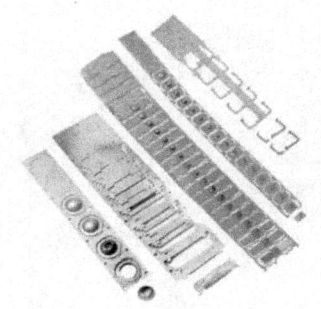

图 9.62 各工位不同的冲压形状

CAD/CAM/CAE 技术在模具设计方面的作用是举足轻重的,它使得模具的设计更合理、模具性能更优秀,可在模具制造之前发现缺陷并修正,缩短了模具开发周期,降低了开发成本。

3. 多工位级进模

多工位级进模是汽车冲压模具的一种新的形式,模具通常设置有两个或两个以上的等距冲压工位,不同工位可以有不同的冲压方式,如冲裁、拉深、弯曲、装配、空工位等。在一次冲压行程中各工位上的工件都能完成相应的冲压,并得到对应形状的坯件,如图 9.62 所示。送料带每次前进一个步距(一个工位的距离)使工件进入下一个冲压工位,当最后从级进模送出后,得到成形的冲压件,如图 9.63 所示。

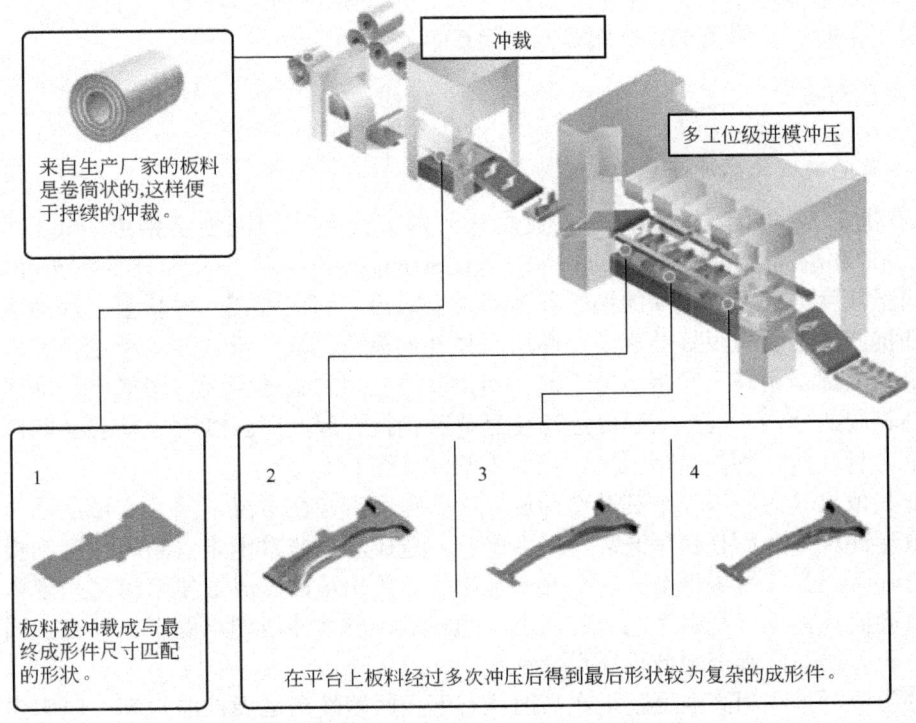

图 9.63 多工位级进模冲压成形过程

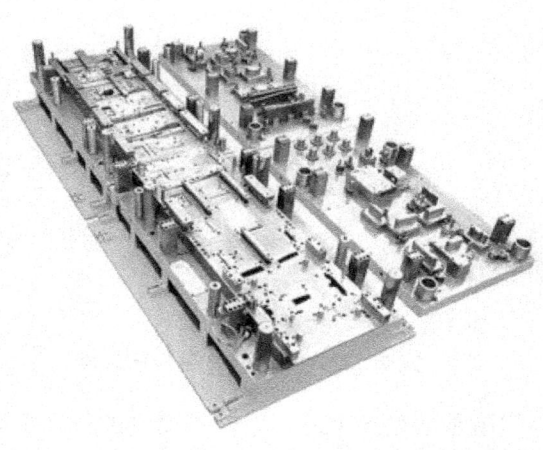

图 9.64 多工位级进模

如图 9.64 所示，多工位级进模是较先进的冲压工艺，它具有高精度的导向和定距系统、自动送料和自动检测功能、安全保护装置，在汽车冲压行业得到了广泛的应用。但它对模具的要求也是较高的：模具要有很高的精度，结构复杂构件多，模具材料加工困难，且要求模具零件能够迅速、方便、可靠地进行更换。

多工位级进模的特点如下。

(1) 生产效率高。一副多工位级进模具可以完成诸如冲裁、压筋、弯曲、拉深、冲压成形等工序，减少了半成形件在不同功能冲床间的运送和重复定位，大大提高了生产效率。现在先进的级进模一次冲压可以完成 50 个工位以上的冲压，每分钟冲压次数能达到几十次。

(2) 产品质量高。级进模具的精度很高，且具有高精度的导向定位系统，产品误差小、尺寸精度高，精度可达到 IT10 级。

(3) 操作安全简单。现在的多工位级进模在送料机、开卷机和数控系统的配合下能够实现自动化生产，操作简单，需要工人少。

(4) 模具设计制造难、使用寿命长、制造费用高。

(5) 多工位级进模一般只用于冲压厚度在 2mm 左右的薄板材料，当产品为大批量生产、形状复杂时，可体现出生产成本低的优点。

9.3.3 冲压新技术

1. 高强度钢板的热冲压成形

自 20 世纪 80 年代，一些汽车工业发达的国家开始使用高强度钢板（High Strength Steel，HSS）和超高强度钢板（Advanced High Strength Steel，AHSS）作为汽车冲压材料。通常把屈服强度高于 210MPa 的钢板称为高强度钢板，它在减轻零件质量、提高碰撞时的安全性和抗凹性方面有很好的表现。使用高强度钢板是汽车轻量化的一个途径。日本轻型汽车车身几乎都是用高强度钢板冲压的，相比以前使用的普通钢板，用更薄的高强度钢板就能达到相同的性能，甚至其强度远远超过普通钢板。因此高强度钢板在现在的汽车行业中得到了大量使用，各使用高强度钢板的零部件如图 9.65 所示。

以前其他材料的冲压几乎都是冷冲压，而高强度钢板在常温下塑性变形范围小，需要很大的成形冲压力，而且容易开裂、回弹严重，造成成形非常困难，超高强度钢板甚至无法进行冷冲压。为了解决这个问题，汽车冲压行业使用热冲压成形技术对高强度钢板进行冲压。在高温条件下，高强度钢板的以上问题就不再成为冲压的难题了。现在，国内的汽车整车厂也开始不同程度地使用高强度钢板。

热冲压成形是利用高强度钢板在高温状态下金属塑性和延展性能提高、屈服强度迅速下降的特点，将板材加热到再结晶温度以上的某一适当温度，使板料处在奥氏体状态下对

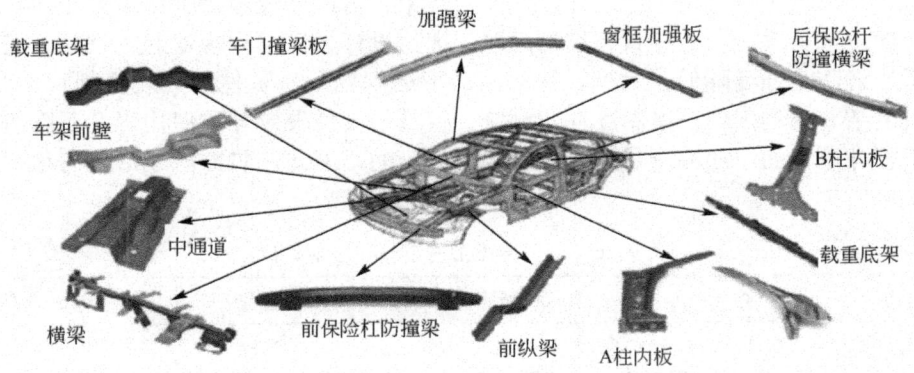

图 9.65 汽车上使用高强度钢板的零部件

其进行冲压成形。通常将高强度钢板加热到 900℃ 左右进行冲压成形,再进行速冷处理,可使钢板的抗拉强度达到 1450MPa 以上。

热冲压成形加工高强度钢板的工艺流程如图 9.66 所示。

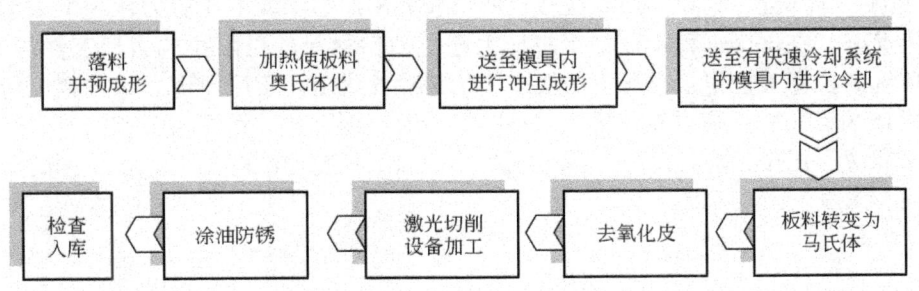

图 9.66 热冲压成形流程

热冲压成形的设备需要落料机、加热设备、液压机、水循环装置、激光切割设备、去氧化皮设备和传送零件装置,设备多样复杂,前期投资较大。

热冲压工艺成形的零件特点如下。

(1) 高温下成形零件表面易氧化,表面质量相对较差。

(2) 由于材料的塑性好,在成形过程中零件不易起皱和破裂,无回弹,尺寸稳定性较好。

(3) 冷却过程中由于温度分布不均匀,易产生热应力和热变形,严重时导致开裂。

(4) 材料通过加工变形和快冷,晶粒得到了细化,力学性能提高。

(5) 材料经过变形和硬化后,强度提高,冷冲压切边冲孔已无法对其进行加工,达不到工艺和零件对精度的要求,需要使用昂贵的激光切割设备进行加工。

冷冲压工艺成形的零件特点如下。

(1) 在室温下成形和采用冷轧钢板,零件表面光滑。

(2) 由于室温下材料的塑性差,在成形过程中零件易起皱和破裂,易发生回弹,尺寸稳定性较差。

(3) 材料在加工过程中产生加工硬化,导致加工困难。

从表 9-8 可以看出,冷冲压和热冲压各有优点,在高强度钢板方面,热冲压更适合,但是它也容易出现一些其他问题。在热成形过程中，可以通过增加工序将总变形量分散到各成形工序上来解决热应力导致裂纹的问题；通过设计过渡结构规避起皱问题，使用合适的热处理工艺防止强度降低。另外，热冲压成形的问题还有零件的后续切削加工难度大、生产设备复杂、模具工作环境温度变化频繁、模具易出现失效导致使用寿命下降等，但在高强度钢板冲压方面，冷冲压却是无法替代热冲压的，因此，热冲压成形仍有很好的发展前景。

表 9-8　不同冲压工艺下零件性能对比

类　型	材　料	屈服强度/MPa	抗拉强度/MPa	伸长率/(%)
冷冲压	B340(1.5mm)	340～500	≥590	≥18
热冲压	BTR165(1.8mm)	1100	1450	9～12

2. 液压拉深

拉深成形是冲压的工艺之一。如图 9.67 所示，传统的拉深成形在拉深过程中由凸模压下毛坯的中间部分，毛坯的凸缘区在径向拉应力和压边圈向下压应力作用下被逐渐拉入凹模成为筒壁。在这个过程中，如果拉应力超过工件材料的极限拉应力，工件将被拉裂。另外，传统的拉深工艺很多情况下需要多次拉深才能成形，工序较多，尺寸精度较差。而液压拉深技术是一种在原理和方法上都不同于传统拉深工艺的新型加工方法，它可分为液压深拉深和液压正拉深两种工艺，深拉深是用于加工相对较深的工件，正拉深的工件深度相对较浅。

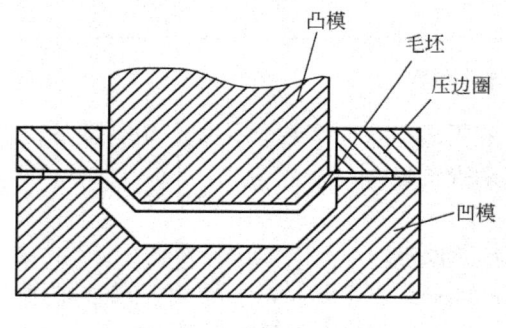

图 9.67　传统拉深成形

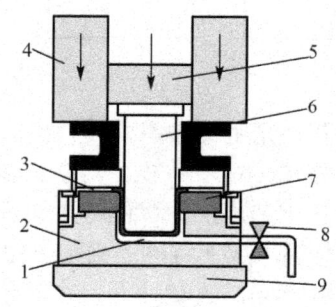

图 9.68　液压深拉深模具

1—压力介质；2—液压容器；3—压边圈；
4—压边滑块；5—滑块；6—凸模；
7—凹模；8—压力调节装置；9—工作台

1) 液压深拉深

如图 9.68 所示，液压深拉深是利用压力介质进行成形的。在下模设置压力介质容器作为液压腔，并用于紧固凹模。液压容器与液压机的压力调节装置相连，用一个夹紧环将凹模固定在液压容器上，同时环上开有槽，可将泄漏的液体排放出去。上模则由拉深凸模和压边圈构成。

正常状态下液压机是打开的，液压容器内充满了液体。成形时，毛坯放在凹模上后液压机闭合,压边圈压紧毛坯,凸模进入液压容器,与液压容器相边的压力调节装置根据工件不同的拉深深度调节液压容器内液体的压力,液体产生的压力紧压进入容器的毛坯部分,将其紧压在凸模上。

液压深拉深工艺的优点如下:

(1) 能在成形时利用液体能在各个方向产生的压力将毛坯紧紧压在凸模上,增大凸模与毛坯的摩擦力,改善了板料在成形时的受力状态,工件上应力分布均匀,降低了工件的起皱现象,提高了工件的表面质量和尺寸精度。

(2) 液压容器内的高压液体会从工件凸缘与凹模端面的缝隙流出到夹紧环处,所以在凹模端面与工件凸缘面形成一层润滑流体,减小了工件凸缘与凹模间的摩擦力,从而减小了径向拉应力,使毛坯的拉深极限大大提高。

(3) 成形工序少,且可用于形状复杂的拉深工件。

2) 液压正拉深

相比于液压深拉深更多地考虑材料的拉深极限,液压正拉深考虑的更多的是材料拉深后的回弹和变形。汽车上的大型覆盖件如车前盖、车门、发动机罩等面积很大而拉深深度小的零件因为板料的变形程度小,达不够足够的强度,抗凹性相比深拉深工件差很多,有时只须在工件中部施加很小的力就能使工件发生变形,汽车发生碰撞或受冲击时很容易损坏。使用液压正拉深工艺可以解决这些问题。

液压正拉深同样是利用液体施加压力进行成形的。在拉深过程中,板料周围受凹模与压边圈的压紧固定,中间部分在压力介质作用下向上发生塑性变形,贴紧到凸模上完成预拉深。之后,压边圈与预成形件和凹模构成的整体压向凸模,压力介质在压力控制系统作用下调整压力,使板料完全紧压于凸模上最终成形,其原理如图9.69所示。

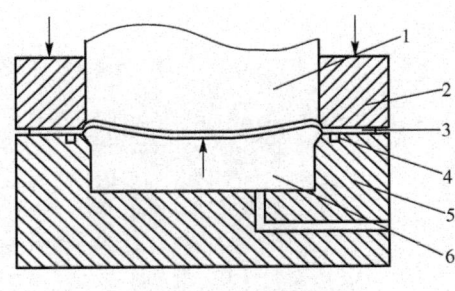

图 9.69 液压正拉深

1—凸模;2—压边圈;3—板料;
4—密封圈;5—凹模;6—压力介质

液压正拉深的优点是板料与模具不存在相对运动,只是板料在液体压力的作用下紧压到凸模上成形,模具损耗小、使用寿命长,工件尺寸精度高、表面质量好,设计完善的模具对板料的材料和厚度没有太大的要求,生产效率较高。

3. 内高压成形

内高压成形技术是20世纪90年代才开始在工业生产中应用的新的塑性成形技术,目前在欧美和日本、韩国等汽车工业发达的国家和地区得到了很好的推广和应用。在很多中高档品牌的汽车上越来越多的空心零部件使用了内高压成形技术,如排气歧管、车架、各种支架部件、前轴、后轴、装配式凸轮轴、桥壳等。

内高压成形技术是轻量化结构件的新型制造技术,它可以使冲压件减轻30%左右的质量,而且空心轴比实心轴质量也要更轻。内高压成形技术在加工形状复杂的空心件方面相对于传统的工艺有突出的优势。以排气管为例,传统的方法是采用整体铸造或多件单独成形的薄钢管焊接而成的,前者由于是采用铸造,尺寸精度和表面质量都很差;后者采用焊接，零件多且工艺复杂。而使用内高压成形技术制作的零件不需要焊接，成形件精度高、重量轻，即使形状复杂也能以整体成形加工，零件材料的冷作硬化效应也提高了零件成形后的刚度。

内高压成形的模具（图9.70）由上下模组成，托架和轴向缸可调节轴向缸的密封压头的位置和方向，直到密封压头能使管件毛坯两端密封后，在密闭的模具内利用高水压使管件从内侧膨胀，在施加水压的基础上轴向缸进一步推动管件使其镦粗，直到管件与模具内腔壁面完全贴合得到工件。

内高压成形的这种成形方法，需要半成品坯料作为其毛坯，通常断面必须是圆形的管状毛坯。如果生产中工件因形状特殊或其他问题导致无法膨胀到最终形状，则还需要后续的冲压或切削加工。现在在汽车冲压行业中，内高压成形工艺是非常有优势的，其产品的结构使用其他加工方法很难达到相同的性能，且产品强度高、质量轻，是汽车轻量化的另一新型加工方式。现在如排气歧管（图9.71）、底盘、部分车身覆盖件都开始使用内高压成形技术。外国一些企业和研究机构已经开始研究非圆截面管件的内高压成形技术，如将板材焊接后中间形成空腔，再用内高压成形技术进行加工，这样可为内高压成形技术提供更广的使用范围。另外正在开展的研究还有双层管内高压成形、拼焊管内高压成形、热态介质内高压成形等更新的技术，可以看出，内高压成形具有很好的发展前景。

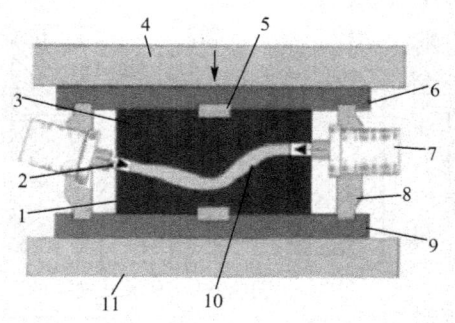

图9.70　内高压成形模具结构

1—下模块；2—密封压头；3—上模块；4—滑块垫板；
5—定位块；6—上模座；7—轴向缸；8—托架

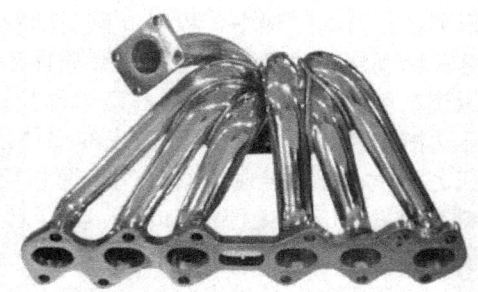

图9.71　使用内高压成形的排气歧管

4. 激光拼焊板成形工艺

激光拼焊板最先是由德国蒂森钢铁公司开始应用的，开始是为了得到超大尺寸的板材冲压件，后来发展到使用不同厚度、不同材质的材料，将其焊接成一块板料，然后进行冲压成形。图9.72所示为激光拼焊。

拼焊板的使用可以减少零件的数量（图9.73）、减轻零件质量、降低生产成本和减少模具投资等，在欧美汽车制造业得到广泛应用，每种新车型都有10余种零件应用激光拼焊板。拼焊板主要应用在车门内板、侧围内板及梁类零件。据统计，汽车门里板采用拼焊板成形的占40%以上。

通过图9.73可以看出，在采用激光拼焊工艺之后，该位置的加强板可以变得更小而不影响车身性能，该处的新加强板能为汽车减重约1.5kg。

图 9.72 激光拼焊

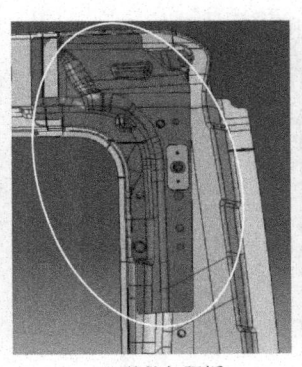 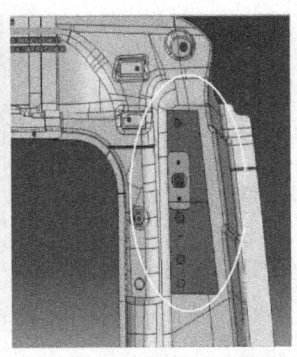

(a) 传统加强板　　　　(b) 采用激光拼焊的新加强板

图 9.73 汽车车门侧围内板新加强板

9.3.4 冲压工艺的有限元分析技术应用

板料冲压成形过程是一个复杂的塑性变形过程，涉及金属板料在拉深、弯曲的复杂应力状态下的塑性流动和塑性强化，以及由此引起的回弹（图 9.74）、起皱（图 9.75）、拉裂等问题。同时，冲压成形也是一个复杂的多体接触力学问题，冲压过程中板料与模具的接触面积与作用力等都是随冲压过程变化的。这就导致了在设计冲压模具时难以一次性成功，因为其中有很多未知因素，在传统的设计方法中，很多是需要依靠设计者的经验以及之后的多次反复修模来完成的，有时还会直接导致模具直接报废，这给冲压的生产带来很大的困难，生产成本也因此增加了许多。

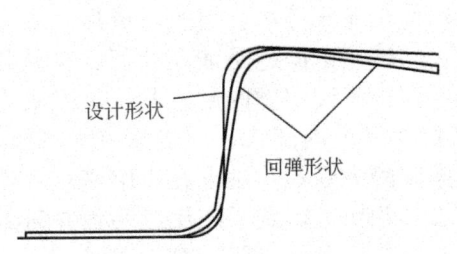

图 9.74 板料冲压的回弹现象

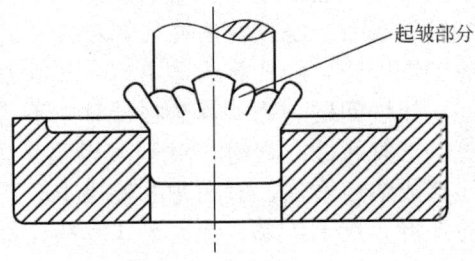

图 9.75 拉深起皱

特别是对于汽车这种大批量、更新快的产品，往往会因为模具生产的不可靠而导致汽车产品推迟上市和价格的上升。

冲压成形仿真技术是在近二十年来有限元分析技术和计算机开发能力快速发展的基础上跟着发展起来的，它是现在国际上研究的热点之一，实践证明成形仿真技术是解决传统设计难题有效的解决途径。通过在计算机上建立模型后进行模拟冲压再进行结果分析（图 9.76、图 9.77），可以完成模具和冲压工艺优劣的判断并发现问题，通常是通过"仿真—修改—仿真"这样循环的过程来进行设计，这一切都是在计算机上完成的，当得到满意的分析结果之后再将数据投入实际生产中，极大限度地避免了实际模具的报废和修改，提高了产品的开发效率和产品质量，降低了开发风险和产品成本。

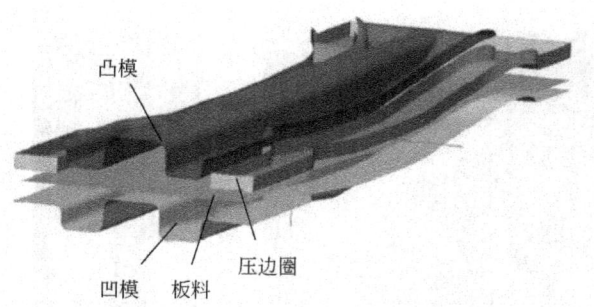

图 9.76 热冲压总体建模

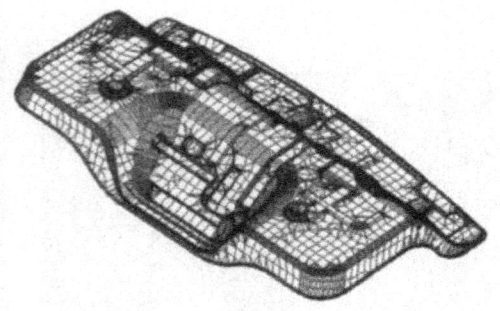

图 9.77 冲压模具有限元分析网格划分

仿真分析技术的进步有赖于塑性成形有限元理论的成熟和计算机计算、开发能力的发展，现在国外已经有了很多的可用于冲压成形仿真的有限元分析软件，能模拟成形过程中的各种基本工艺和液压成形、热冲压等新型工艺，在模具模面设计，合理排样等方面功能也是非常强大的。国外在应用有限元进行成形仿真分析方面技术已经成熟和普遍，广泛应用于汽车冲压零部件的成形分析和模具设计上。我国从 20 世纪 90 年代也开始了这方面的研究，但现在国内厂家应用成形仿真技术还不算普遍。一些高校和研究机构已拥有了一批具有自主知识产权的仿真成形分析软件和技术，能够很好地进行成形模拟，但在操作性和一些问题的细节处理上仍与国外有较大差距。所以现在国内用于仿真分析的软件还是以外国的居多。如果在国内企业能够应用好成形仿真分析这一技术，我国的冲压件将有更强的国际市场竞争力。

在各种分析软件中，都要有一套算法，通常有静力隐式算法和动力显式算法。传统的模拟计算方法采用静力隐式算法。静力隐式算法在理论上是严格的，在分析较为简单的二维问题时，隐式算法在计算精度和时间方面均优于显式算法。但板料成形大多为复杂的三维问题，隐式算法会出现一些问题：首先，塑性成形问题是涉及几何、材料和接触的非线性问题，隐式算法在计算中不易收敛，往往得不到问题的解；其次，隐式算法要直接求解线性方程组，对于大规模工程问题，随着尺度的变大，计算量和 CPU 求解时间会成倍地增加，对问题的解决十分不利。考虑到静力隐式算法存在求解困难、效率低的缺点，近十年来，动力显式算法在板料冲压成形领域中得到了广泛应用，并得到很好的发展。

美国 ETA 公司的 DYNAFORM 软件就是用于成形仿真分析的软件，它包括有限元前、后处理器和 LS-DYNA 求解器。LS-DYNA 是世界上最著名的通用显式动力分析程序，能够模拟真实世界的高速碰撞、爆炸和金属成形等高度非线性动力冲击问题，保证了其计算的可靠性。DYNAFORM 软件采用自适应网格技术，初始的坯料的网格可以较粗，在模拟成形过程中，当坯料遇到比较剧烈变形时自动进行局部区域的网格细分，以提高这些部位计算的准确度。自适应网格技术很好地解决了分析精度与计算效率的矛盾，在时间与精度上巧妙地取得了平衡。所以，DYNAFORM 软件是目前国内外应用得最多的仿真分析软件。

图 9.78～图 9.80 所示就是利用仿真分析软件模拟冲压过程压力、温度等的分布和可能出现的问题。

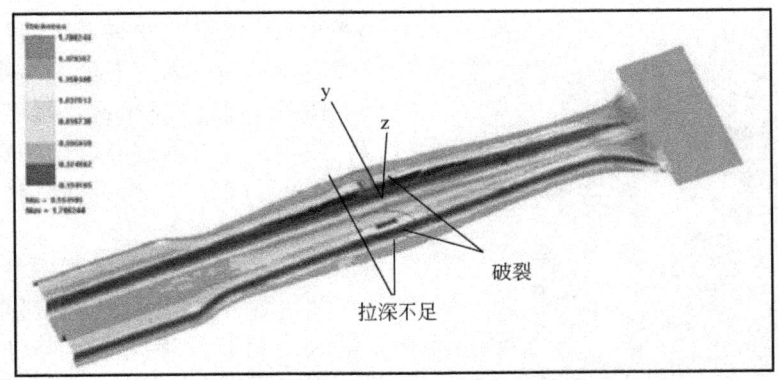

图 9.78　汽车冲压件仿真问题分析

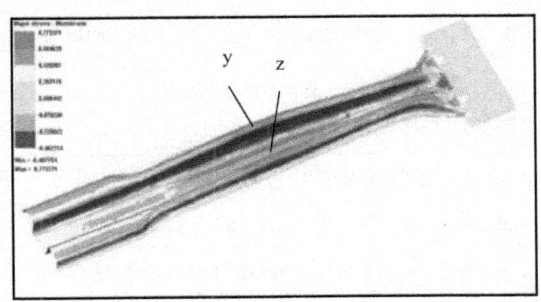

图 9.79　汽车冲压件冲压压力仿真分析

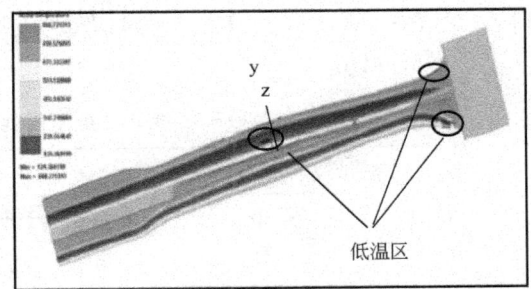

图 9.80　汽车冲压件温度仿真分析

9.3.5　汽车冲压技术的展望

汽车冲压对于汽车工业来说是非常重要的一种工艺。国外在冲压方面的应用已经很成熟，而在国内，专门从事冲压件生产的大型企业却很少，基本以中小型冲压件为主。但随着汽车产业在中国的迅猛发展，汽车零部件制造业也得到了一个很好的发展机遇，冲压技术在我国也受到更大的重视。近几年来汽车冲压专业化有了很大的提高，相比以往绝大部分整车企业都从国外或合资企业采购冲压件的情况，现在一些国内民营企业在冲压件方面也有了一定的市场，基本能够提供所有的汽车用中、小型冲压件，而且成本和价格都比国外或合资企业便宜，产品的性价比较高，具有一定的国际竞争力，特别是在模具生产方面，已经能够生产较为精密的模具了，发展也很迅猛。但我们仍要认清形势，加大对冲压技术的研究，争取赶上或缩小与外国的差距。

将来汽车冲压技术将向着模具开发专业化、制造过程的自动化和数字化、冲压设备的智能化和吨位大型化等方向发展，同时，新型的冲压技术和新材料也将得到更好的研究和应用。在现在汽车产业欣欣向荣的情况下，冲压技术将会有很好的发展前景。

9.4　焊接技术

焊接是被焊工件的材质（同种或异种），通过加热或加压或两者并用，并且用或不用填充材料，使工件的材质达到原子间的键和而形成永久性连接的工艺过程。焊接技术主要应

图 9.81　某车型焊接车间

用在金属母材上，按其工艺的特点主要分为熔焊、压焊和钎焊三大类。焊接产品与铆接件、铸件和锻件等相比，具有重量轻的优点，用在交通工具上可以达到减轻自重，节约能源的目的。焊接还拥有优秀的密封品质，常用来制造各种容器。对于焊接结构，可以采用不同部位应用不同性能材料的方法，使得各种材料的性能得到充分发挥，有效地利用材料，达到成本与性能双赢的效果。焊接已成为现代机械制造工业中一种不可缺少的工艺方法，尤其是在汽车制造中得到了广泛的应用，图 9.81 所示为某车型焊接车间。表 9-9 列出了汽车工业所用到的焊接方法及零部件的应用。

表 9-9　汽车工业所用到的焊接方法及零部件的应用

焊接方法		零部件的应用
电阻焊	点焊	主要用于车身总成、地板、车门、侧围、后围、前桥和小零部件等
	多点焊	用于车身底板、载货车车厢、车门、发动机盖和行李箱盖等
	凸焊及滚凸焊	用于车身零部件、减振器阀杆、制动蹄、螺钉、螺帽和小支架等
	缝焊	用于车身顶盖雨檐
	对焊	用于钢圈、进排气阀杆、刀具等
电弧焊	CO_2 保护焊	用于车厢、后桥、车架、减振器阀杆、横梁、后桥壳管、传动轴、液压缸和千斤顶等
	氩弧焊	用于机油盘、铝合金零部件的焊接和补焊
	焊条电弧焊	用于厚板零部件如支架、备用胎、车架等
	埋弧焊	用于半桥套管、法兰、天然气汽车的压力容器等
特种焊	摩擦焊	用于汽车阀杆、后桥、半轴、转向杆和随车工具等
	电子束焊	用于齿轮、后桥等
	激光焊割	由于车身底板、齿轮、零件下料及修边等
氧乙烷焊		用于车身总成的补焊
钎焊		用于散热器、铜和钢件、硬质合金的焊接

9.4.1　搅拌摩擦焊在汽车制造中的应用

1. 搅拌摩擦焊原理

搅拌摩擦焊（Friction Stir Welding）是由英国焊接研究所提出的一种固态连接方法。此项技术原理简单，控制参数小，易于自动化，可将焊接过程中的人为因素降到最低，因而具有广泛的应用前景和发展潜力。与普通摩擦焊相比,搅拌摩擦焊可不受轴类零件的限制,可焊接直焊缝,还可以进行多种接头形式和不同焊接位置的连接。

图 9.82 所示为搅拌摩擦焊原理示意图。搅拌摩擦焊方法与常规摩擦焊一样,也是利用摩擦热作为焊接热源。不同之处在于,搅拌摩擦焊焊接过程是由一个圆柱形的焊头伸入工件的接缝处,通过焊头的高速旋转,使其与焊接工件材料摩擦,从而使连接部位的材料温度升高软化,同时对材料进行搅拌摩擦来完成焊接。

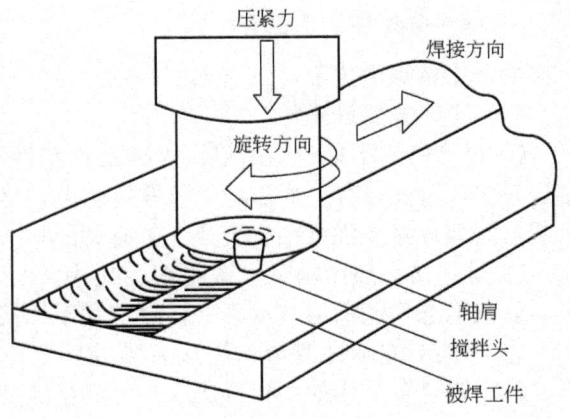

图 9.82 搅拌摩擦焊原理示意图

2. 搅拌摩擦焊工艺

焊接接头形成过程如图 9.83 所示。在焊接过程中工件要刚性固定在背垫上,置于垫板上的对接工件通过夹具夹紧以防止对接接头在焊接过程中松开,如图 9.83(a)所示。一个带有特型搅拌指头的搅拌头旋转并缓慢地将搅拌指头插入两块对接板材之间的焊缝处,如图 9.83(b)所示。一般来讲,搅拌指头的长度接近焊缝的深度。当旋转的搅拌指头接触工件表面时,与工件表面的快速摩擦产生的摩擦热使接触点材料的温度升高,强度降低。搅拌指头在外力作用下不断顶锻和挤压接缝两边的材料,直至轴肩紧密接触工件表面为止,如图 9.83(c)所示。这时,由旋转轴肩和搅拌指头产生的摩擦热在轴肩下面和搅拌指头周围形成大量的塑化层,如图 9.83(d)所示。当工件相对搅拌指头移动或搅拌指头相对工件移动时,在搅拌指头侧面和旋转方向上产生的机械搅拌和顶锻作用下,搅拌指头的前表面把塑化的材料移送到搅拌指头后表面。在搅拌指头沿着接缝前进时,搅拌焊头前头的对接接头表面被摩擦加热至超塑性状态。搅拌指头和轴肩摩擦接缝,破碎氧化膜,搅拌和重组搅拌指头后方的磨碎材料。随后当探头离开时,尾部塑性金属流在挤压下重新结合形成固相焊缝,如图 9.83(e)所示。

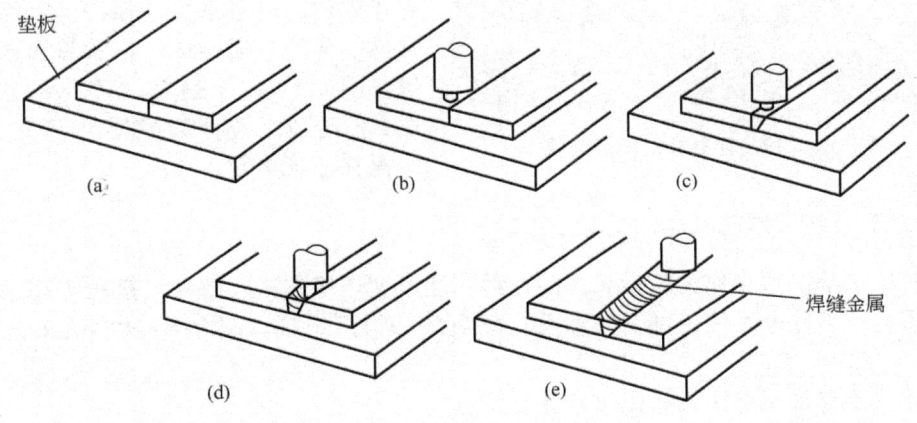

图 9.83 搅拌摩擦焊焊接过程

3. 搅拌摩擦焊技术优势

搅拌摩擦焊的主要优点有如下几点：

(1) 焊接接头质量高。

① 焊接接头不易产生缺陷。焊缝是在塑性状态下受挤压完成的，属于固相，避免了熔焊时熔池凝固过程产生裂缝、气孔等缺陷。这为熔池凝固裂缝敏感材料的焊接提供了新工艺，例如焊接高强度铝合金是十分有利的。

② 焊接接头热影响区显微组织变化小。固相焊加热温度低，热影响区金相组织变化小，如亚稳态相能保持基本不变，故有利于焊接热处理强化铝合金。

③ 焊接工件不易变形。焊接有刚性固定，且固相焊加热温度低，故焊接不易变形，焊接较薄铝合金结构如小板拼成大板的焊接极为有利，也是熔焊方法难以做到的。

(2) 能一次完成较长、较大截面、不同位置的焊接。由于不是依靠两焊接相对摩擦来进行焊接，根本上改变了传统的摩擦焊只能焊接简单断面的局限性，扩大了应用范围。

(3) 操作便于机械化自动化。不需要熟练技巧的高水平焊工进行操作，因此质量稳定性好，重复性高。

(4) 低成本。①不需要填充材料，也不用保护气体；②厚焊接件边缘不用坡口加工；③焊接铝材工件不用去氧化膜，只需用溶剂擦去油污即可；④对接容许留一定间隙，不苛求装配精度；⑤节能，安全，无污染，无烟尘。

目前，搅拌摩擦焊应用于汽车工业主要是大批量铝合金汽车缝合胚料（Tailor Welded Blanks，TWB）的制造及小批量专用汽车零部件的制造。对于铝合金 TWB 零件制造，普通熔焊容易产生缺陷；电子束、激光等焊接技术要求高，操作又非常复杂。搅拌摩擦焊在铝合金 TWB 零件上的应用，既满足了结构强度的要求，光滑过度的焊缝又为焊后成形提供了基础，容易制造出批量化零件。

搅拌摩擦焊可以用于众多汽车零件的制造，比如汽车车体顶棚加强板、车体地板加强构件、铝合金发动机构架、发动机壳体内衬、悬架系统加强件、侧体内衬加强件、车门加强结构件、后门加强结构件等。图 9.84 所示是美国 Tower Automotive 公司利用搅拌摩擦焊为 Ford 公司生产铝合金悬架臂。

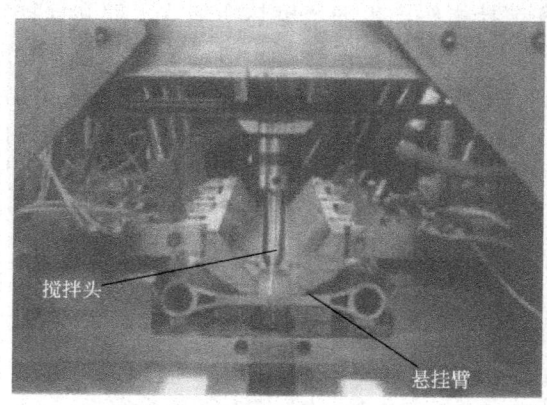

图 9.84　用搅拌磨焊生产悬架臂

9.4.2　激光焊接技术在汽车制造工业中的应用

激光焊接是以激光作为能量载体的一种高能密度焊接方法。激光焊接是把能量很高的激光束照射到工件上，使工件受热熔化，然后冷却得到焊缝。图 9.85 所示为激光焊接原理简图。

激光焊接与常规焊接方法相比有如下特点：

(1) 可焊接高焊点材料如钛、石英等，并能对异性材料进行焊接，效果良好。

(2) 聚焦光斑小，焊接速度快，作用时间短，热影响区小，变形小。

(3) 属于非接触焊接，无机械应力和机械变形。

(4) 易与计算机联机，能实现精确定位，实现自动焊接。

(5) 可在大气中进行，无环境污染。

(6) 可焊接难接近的部位，可以远距离焊接。

(7) 激光束易实现按时间与空间分光，能进行多光束同时加工及多工位加工，为更精密的焊接提供了条件。

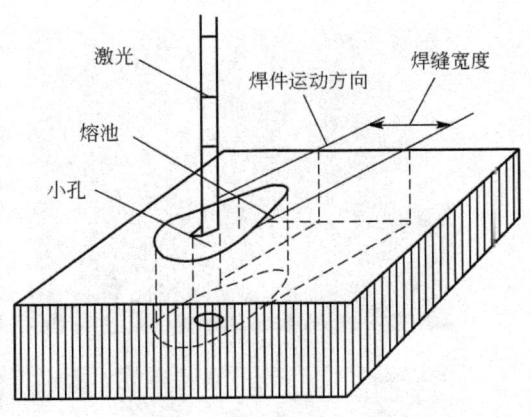

图 9.85　激光焊接原理图

(8) 激光束功率密度很高，焊缝熔深大，速度快，效率高。

(9) 激光焊缝组织均匀、晶粒很小、气孔少、夹杂缺陷少，在力学性能、抗腐蚀性能和电磁学性能上优于常规焊接方法。

(10) 激光焊接具有熔池净化效应，能纯净焊缝金属。

激光以其优异的性能和高柔性、高效率等优点作为焊接的手段应用于汽车制造业，是一种具有很大发展潜力的加工方法。激光焊接是一种高速、非接触、变形极小的焊接方式，非常适合大量而连续的在线加工。随着汽车需求量的增加，安全性能的提高和轻量化的发展趋势，原来的点焊技术已经难以满足技术要求。激光焊接具有单位热输入量少、热变形小、焊缝深宽比大、焊接速度高、焊缝强度普遍高于母材，且激光焊接具有单边加工、复杂结构适应性好、能焊接多层板、易于实现远程焊接和自动化等优点。

激光焊接在汽车制造中的整个工艺主要包括三大类型：车身总成与分总成的激光组焊；不等厚板的激光拼焊；汽车零部件的激光焊接。

1. 车身总成激光组焊

激光组焊技术是将已冲压或切割成形的各种车身构件，先两两件组焊，然后再多件组焊，从而形成白车身分总成，各白车身分总成再组装成白车身总成。激光组焊是车身制造流程中的重要技术环节，可应用于大批量、小批量和新的样车生产。白车身激光焊接虽然目前尚存在设备投资及维护成本高、使用条件苛刻等问题，但由于其具备焊接精度高、零件变形小、焊接结构强度与刚度提升显著等一系列突出的优点，而被世界各大汽车厂商采纳使用。

车身的激光焊接主要分为总成焊接、侧围与车顶焊接、后续焊，如图 9.86 所示。

随着千瓦级激光成功应用于汽车制造业，激光焊接技术以其较高的焊接速度和优良的连接质量等优点，逐渐取代传统的焊接方式。据统计，使用激光设备时的车间占地面积比点焊设备减少了 40%。另外，车身焊接激光系统的使用使生产节拍加快，在速腾(SAGITAR)白车身焊接中，使用激光焊接时的生产节拍比传统方法快 30%，而相应工位的操作工数量不到传统方法的 1/2。

激光焊接技术运用于汽车车身能大幅度提高汽车的刚度、强度和密封性；降低车身重量并达到节能的目的；提高车身的装配精度，使车身的刚度提升 30%，从而提高车身的安

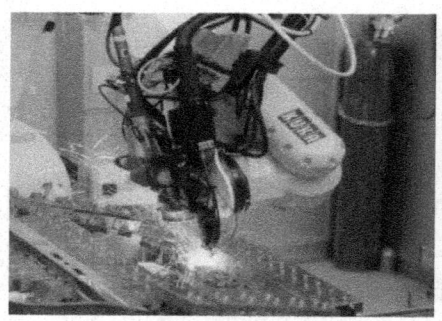
(a) 分总成的焊接车门激光焊接

(b) 车架激光焊接

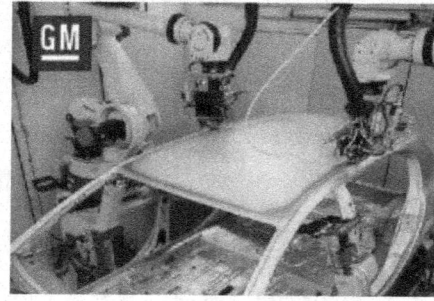
(c) 顶盖和侧围激光焊接

(d) 后继激光焊接

图 9.86　激光焊接在车身中的应用实例

全性；降低汽车车身制造过程中的冲压和装配成本，减少车身零件的数目并提高车身一体化程度；使整个车身强度更高，安全性更好，并且降低了车辆行驶过程中的噪声和振动，改善了乘坐舒适性。在国外对汽车追求"安全第一"的环境下，激光焊接技术的发展很快，而且国外已经充分利用激光焊接技术进行铝合金车身的焊接，为铝合金车身的制造提供了有效的方法。同时，它推动了汽车在不降低刚度和强度的前提下，向轻量化设计方向发展。激光焊接在汽车工业中，特别是中高档车的生产中已成为标准。

激光焊接项技术主要用于车顶焊，其主要特点是减噪和便于新的车身结构设计。Volvo 是最早开发车顶激光焊接技术的厂家，现在欧洲各大汽车厂的激光器绝大多数用于车顶焊接。车身(架)激光焊可以提高车身强度和动态刚度。奔驰公司首先在 C 级车后立柱上采用了激光填丝焊接；Fiat 公司在著名的 Ferrari 车上完成 120m 长的激光焊接。

2. 激光拼焊板的应用

激光拼焊板在汽车工业上被大量应用为不同强度或不同表面处理状态的零件的整体成形。使用拼焊板将几个小零件通过激光焊接集成一个大的毛坯并进行冲压，从而可以使模具的数量和后续的生产工序减少，既降低了成本，又提高了汽车零部件的质量，使零件结构得到最大限度优化，充分发挥不同强度、不同厚度板材的性能，并使汽车减重，降低零部件数量和保证安全，成为提高优化设计和制造技术的有效手段之一。典型的拼焊构件如图 9.87 所示。以车门内

图 9.87　典型激光拼接焊构件

板为例：为了保证功能的需要，车门内板的主体必须具备一定的柔性，而门板的前、后部都需要具有一定的强度。如果采用传统的冲压成形方法就需要另外设计加强板，而采用拼焊技术，只要将3块不同厚度的钢板拼焊成一块整板，即可冲压成形。

目前激光拼焊板已广泛应用在汽车车身的各个部位上，如行李厢加强版、行李厢内板、前轮罩、侧围内板、门内板、前地板、前纵梁、保险杠、横梁、轮罩、中立柱等，如图9.88所示。

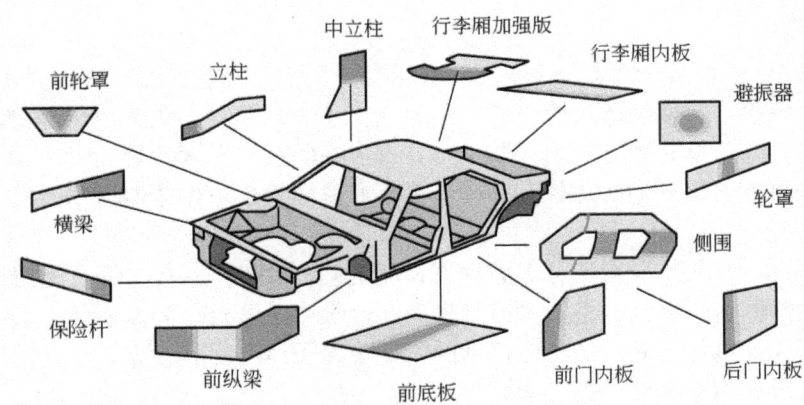

图9.88 激光拼接焊技术在车身部件中的应用

拼焊在汽车工业上的应用具有对于增加汽车安全性、减轻重量、减少加工工序、降低成本、提高生产效率、减少材料消耗及提高总成装配的精确性等重要作用。通过采用拼焊板技术，使车身零件数量减少约25%，车身减重20%，抗扭刚度提高了65%，振动特性改善35%，并且增强了弯曲刚度。

随着人们对提高汽车结构安全性和减轻车身重量、降低油耗要求的关注，激光拼焊板这一新技术已经在全球汽车业兴起。激光拼焊板正在被世界各地的新车型所接受，世界汽车制造商对拼焊板的需求大大促进了拼焊板的生产。目前，激光拼焊板在欧、美、日等国家和地区的各大汽车厂的整车制造中已获得普遍应用。

上海大众率先在Polo系列乘用车采用了激光拼焊工艺，在后续的途安、明锐和朗逸等车型均采用了激光拼焊技术，有效地减少了零件个数，减轻了车身的质量，并使零件结构更加合理，抗碰撞性能大幅提高。此外，奥迪、帕萨特、雅阁、别克、马自达等中高档汽车都采用了激光拼焊板。国内具有自主品牌产品的国有、民营企业，如奇瑞、吉利和长城等汽车公司，也都准备在其新车型上应用激光拼焊板。

3. 汽车零部件激光焊接

激光焊接在汽车制造中的应用始于变速器的齿轮焊接，由于采用了激光焊接，焊接后的齿轮几乎没有焊接变形，不需要焊后热处理，而且焊接速度大大提高，因此很快得到了应用。如图9.89所示，汽车零部件焊接

图9.89 激光焊接齿轮

采用激光焊代替传统焊接，零件焊接部位几乎没有变形，焊接速度快，而且不需要焊后热处理，目前激光焊接广泛用到变速器齿轮、气门挺杆、车门铰链、传动轴、转向轴、发动机排气管、离合器、增压器轮轴及底盘等汽车部件的制造中，成为汽车零部件制造的标准工艺。

9.4.3 新型焊接技术

1. 激光复合焊接

激光-电弧复合焊接技术是一种功能多、可靠性高、适应性强的精密焊接工艺方法；相对于单热源焊接，它能够通过两热源间的相互作用有效抑制和改善单热源焊接中的常见缺陷，如烧穿、咬边及孔隙等。由于其热源具有极高的功率密度，焊接过程中热输入量就极低，因此采用该方法得到的焊件具有变形量小、线能量小、热影响区窄及接头力学性能好等优点。

图 9.90 所示为激光-电弧复合焊原理图。激光-电弧复合焊接，是激光与电弧同时作用于金属表面的同一位置，焊缝上方因激光而产生等离子体云，等离子体云会降低激光能量利用率，当外加电弧之后，低温低密度的电弧等离子体会稀释激光产生的等离子体，从而使激光的能量利用率显著提高；同时因电弧作用使母材温度升高，也提高了母材对激光的吸收率；激光熔化金属，为电弧提供了大量的自由电子，减小了电弧通道的电阻，这也不同程度地提高了电弧的能量利用率。

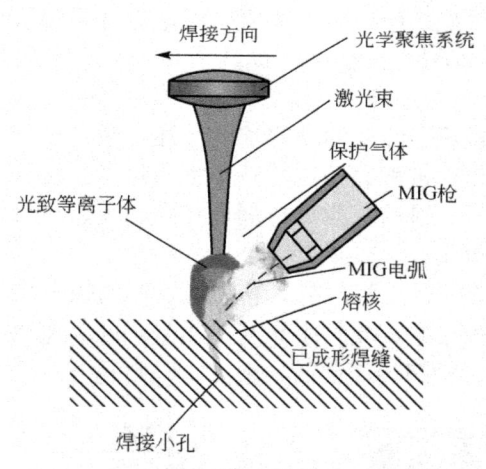

图 9.90 激光-电弧焊复合焊原理图

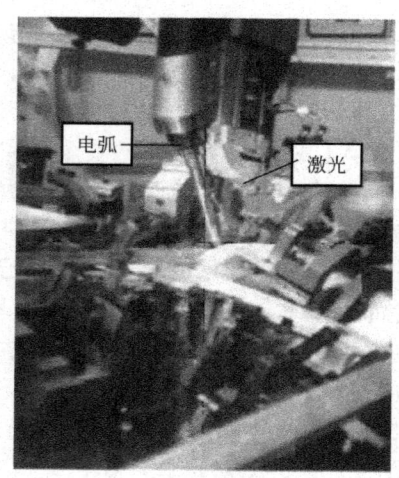

图 9.91 某车型激光复合焊

电弧焊接容易使用焊丝填充焊缝，采用复合焊会进一步扩大拼缝间隙的宽容度，减少或消除焊后接口部位的凹陷，改善焊缝形貌，提高焊缝质量，降低焊接成本。单独激光和电弧热源的作用区域小，复合焊中电弧的加入，扩大了热作用范围，熔化金属增多，桥接能力增强，降低了对焊件接口的装配要求；同时电弧大的热作用范围、热影响区扩大，温度梯度减小，冷却速度也较小，熔池凝固过程减缓，可减少或消除裂纹和气孔的产生，可增加焊接的可靠性和稳定性。

激光复合焊另一特点就是具有很宽的焊速调整范围。例如，采用激光复合连接技术焊接某车门对接接头时，如图9.91所示，焊接速度1.2～4.8m/min都是可行的，焊丝送丝速度为4～9m/min，激光功率为2～4kW。因此激光复合焊对汽车工业来说具有极大的吸引力和经济效益。

激光-电弧复合焊接是一种新兴、高效的焊接工艺方法，它是将两种焊接工艺方法结合在一起，有效地提高了焊接效率，电弧熔合区较宽，增加了间隙的适应性，且可以进行填丝，改善焊缝的组织性能。通过两种热源的相互作用，既可提高电弧的稳定性和引燃率，也可大大提高彼此能量的利用率。激光-电弧复合焊接技术还能够改善某些难焊材料的焊接性，如异质金属、铝合金等。因此，无论是从工艺角度，还是从经济角度考虑，激光-电弧复合焊接技术都具有广阔的发展前景。

2. 激光远程焊接

图9.92所示为某车型车身后窗台激光远程焊。由于传统激光焊接系统在焊接位置之间快速移动的速度相对较低，在实际生产中很难达到大批量生产要求。这一

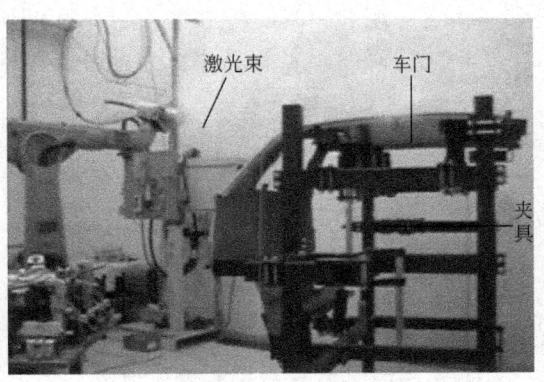

图9.92　某车型车身后窗激光远程焊

缺点在焊点分布多的复杂三维零件(如车门)上的应用显得尤为突出。高光束质量、高功率新型盘形激光器和光纤激光器的应用推广，为激光远程焊接技术的实现奠定了硬件基础。如今远程激光焊接正在成为一种替代传统汽车白车身应用中电阻点焊的一种手段。

远程激光焊接技术发挥了单侧、非接触式激光焊接带来的技术和经济优势，并将其与高速扫描镜片带来的优势相结合，大大缩短了焊接时间，在整个焊接流程中增加了总生产效率。远程激光焊接的优势是最为显著的，如果和传统激光机器人焊接的工作周期相比：对于传统激光-机器人焊接，20mm的缝焊可在0.2～0.4s内完成，重复定位时间最大为3s；而对于远程焊接来说焊接时间相同，重复定位时间仅为0.2s。远程焊接的关键优势在于降低了定位时间，这是由于装备了高速的光束扫描装置。

远程激光焊接的技术仍然在发展中，系统不断被改良以适应实际生产中的需求。随着激光技术的发展，例如更高光束质量、更短波长激光器以及高功率传输光纤及镜片导光方式的研制。此外还有不使用保护气体的手段使用激光远程焊接技术进行多工位加工以最大化激光使用，获得高质量的焊缝和更高产量的生产将成为现实。

9.4.4　汽车制造中焊接数值模拟技术的应用

在许多焊接结构中，由于焊接工艺本身的特点，焊缝结构存在着应力集中等各种焊接缺陷。由于焊接应力分布复杂，引起承载能力下降和焊接变形，采用常规的手段无法分析焊接应力分布和预测焊接变形、很难控制焊接总成的质量。因此采用数值模拟技术进行焊接应力和焊接变形方面的研究很有必要。通过焊接数值模拟，可以模拟出焊接过程中的应力变化及分布情况，为制定合理的焊接工艺提供理论依据。数值模拟软件很多，如ANSYS和Sysweld等各类模拟软件。

在车身焊装工艺设计时，对产品的工艺分块是工艺设计的关键。为了提高焊接工艺设

计水平，必须采用计算机模拟技术来进行虚拟工厂设计。通过计算机模拟技术与设计者的经验相结合，可以优化焊装车间平面布置和工作单元布局；预测工艺对产品的影响和各工序间的关联；校验所需设备数量和对自动化设备的需求；计算生产面积和所需工人数；进行焊装线上的机器人、自动化设备及人体作业仿真分析。

Delmia 公司为汽车制造业提供了全面的解决方案，从白车身焊接、油漆、总装的工艺规划到加工仿真等，提供了一系列的软件的整体解决方案。Delmia BIW 是对汽车白车身规划与仿真应用的一套解决方案。用户可以利用 BIW 并自行开发白车身焊接工艺、机器人加工单元仿真。BIW 支持整个企业各部门浏览与利用 PPR 数据库中的各种信息。

9.4.5 汽车工业焊接的总体发展趋势

焊接技术的发展水平是一个国家机械制造和科学技术发展水平的标志之一。目前焊接技术的发展趋势具有如下特点。

（1）随着新的焊接材料和结构的不断出现，需要开发新的焊接工艺方法。

（2）改进常用的普通焊接工艺方法，提高焊接过程机械化、自动化水平，提高焊接质量和生产效率。

（3）采用电子计算机控制焊接过程，大力推广焊接机器人、焊接中心。

（4）发展专用成套焊接设备。

可以说，世界焊接技术在各方面有了很大进步，焊接材料种类更加丰富，焊接自动化、清洁化更加突出；焊接技术的综合成本更低，焊接对工业的服务更加广泛。在不久的将来，焊接核心技术的作用会得到更多关注，数控和电源方面会有更好的发展，激光焊接技术和机器人会得到更广泛的应用。

9.5 机械加工及热处理技术

9.5.1 汽车制造机械加工技术及装备

制造业为人类创造着辉煌的物质文明，它的先进与否是一个国家经济发展的重要标志。机械加工技术作为制造业的根本和基础，其发展水平对制造业的发展有着直接的决定性影响。近些年，世界机械制造工业发生了巨大变革，各个工业发达国家发展了一批新的制造技术，急剧地改变着机械制造业的产品结构和生产过程。传统的生产工艺、管理方式、组织结构和决策程序都在经历新的变化。现在的机械加工技术是将现代化信息技术、自动化技术、企业管理技术的新成果运用于机械制造过程中，发展新的制造技术和生产模式，使机械产品的生产更加优质、高效、低能耗、快捷、灵活。

1. 汽车零部件机械加工生产线的技术特征

流水生产线一直是汽车及零部件生产方式的主体，其根本技术是集成技术——将工艺系统、物流系统、信息系统集成为流水生产线。

1) 工艺系统

工艺系统即机床-工具-工件系统。现代汽车制造，特别是乘用车的生产线的工艺装备已经进入柔性化时代，它由数控机床和智能工具组成。

图 9.93 所示为某高速四轴卧式加工中心。对于现代高速加工机床的要求是：高速度、高精度、高精度保持性(高机床工程能力 Cm/Cmk 值和高可靠性)。目前，用于发动机生产线的高速加工中心，快速移动已到达 60~100m/min，加速度达 0.6~1.5g，主轴最高转速达 8000~15000r/min，定位精度/重复定位精度——工作台在 1m 以下为 $8\mu m/4\mu m$(VD I 标准)，工作台 1m 以上为 $10\mu m/5\mu m$(VD I 标准)，主轴普遍应用电主轴，进给运用普遍采用直线电动机，同时普遍运用三坐标模块化和箱中箱结构，机床非常简约，外购件(配套件)比例增加，交货值大大缩短。高速加工与常规加工相比，有许多突出的优点。

图 9.93 某四轴卧式加工中心

(1) 单位时间的材料切除率可增加 3~6 倍。

(2) 切削里可降低 30% 以上，尤其是径向切削力的大幅度减少，特别有利于薄壁筋件的高速精密加工。

(3) 95%~98% 的切削热被切屑带走，工件可基本保持冷态。

(4) 高速加工时机床的激振频率特别高，远离"机床-刀具-夹具-工件"工艺系统的固有频率，切削平稳振动小，能加工出非常精密的零件。同时由于切屑是在瞬间被切离工件的，工件表面的残余应力非常小。

要实现数控高速切削加工，就是依据高速切削加工理论，采用高速主轴单元、高速进给系统以及高性能的刀具系统，并搭配相应的机床支撑技术及辅助单元技术。

(1) 高速主轴单元。传统的机床是通过齿轮、皮带等中间环节连接把动力从电动机传递到主轴，从而控制机床主轴的运动。由于传统的主轴运动的精度受很多因素的影响，特别是在高速运转的时候无法达到所需的精度，已经无法适应高速加工的要求。

高速加工机床的主轴部件，要求采用耐高温、高速、能承受大的负荷的轴承，同时主轴动平衡性能好，有良好的热稳定性，能够传递足够的力矩和功率且能承受高的离心力，主轴的刚性要好、有恒定的力矩并带有检测过热装置和冷却装置。因此，高速主轴的发展趋势是具备相应的高转速和高精度、高速精密和高效率特性的数控机床电主轴。

高速运转的电主轴的主轴形式是将主轴电动机的定子、转子直接装入主轴组件的内部，即把高速电动机置于精密主轴内部，电主轴的电动机转子就是主轴，主轴的壳体就是电动机的机座，实现了变频调速电动机和主轴一体，电动机直接驱动主轴，形成电主轴。电主轴取消了中间的传动环节，传动链长度为 0，可以实现真正意义上的机床主轴系统的"零传动"，避免了中间环节对精度的影响。

电主轴是一套组件，它包括电主轴本身及其相应的部件：电主轴、高频变频装置、油雾润滑器、冷却装置、内置编码器、换刀装置等。实现高速化的电主轴，要解决 3 方面问题：机械方面——轴承发热和振动问题；电动机设计方面——定子、转子功率密度和绕组发热问题；驱动和控制角度——调速问题。

目前，高速电主轴常采用以下措施，来解决响应的问题：高速精密主轴上大量采用高速、高刚度的轴承，如一般情况采用陶瓷轴承(图 9.94)和液体动静压轴承，特殊场合采用空气润滑轴承和磁悬浮轴承；轴承的润滑采用定时定量的油气润滑而不是油脂润滑。主轴电动机主要采用矢量控制的交流异步电动机。电主轴的内置高速电动机采用高频变频装置来驱动，实现每分钟几万甚至十几万转的转速，变频器的输出频率甚至要达到几千赫兹。

（2）高速进给系统。高速加工机床不仅有高速主轴功能，还应有高速进给功能。一般滚珠丝杠系统由伺服电动机、传动齿轮、滚珠丝杠螺母副、支架元件组成，传动链长，滚珠丝杠又是一种细而长的非刚性传动元件，当要求高进给运动速度时，由于传动惯量大、转矩刚度低、传动间隙误差大、摩擦磨损严重、弹性变形等缺陷，不能满足高速加工的高速度、高加速度、高精度、高可靠性性能。目前新的进给机构是大导程滚珠丝杠或直线电动机，图 9.95 所示为直线电动机原理图。直线电动机是将传统圆筒型电动机的一次侧展开拉直，使得一次侧的封闭磁场变为开放磁场，旋转电动机的定子部分变为直线电动机的一次侧，旋转电动机的转子部分变为直线电动机的二次侧。在电动机的三相绕组中通入三相对称正弦电流后，在一次侧和二次侧间产生气隙磁场，气隙磁场的分布情况与旋转电动机相似，沿展开的直线方向呈正弦分布。当三相电流随时间变化时，气隙磁场按定向相序沿直线移动，这个气隙磁场成为行波磁场。当二次侧固定不动时，二次侧就能沿着行波磁场运动的方向做直线运动，即可实现高速机床的直线电动机驱动的进给方式。把直线电动机的一次侧和二次侧分别安装在高速机床的工作台与床身上，由于这种进给传动方式的传动链缩短为 0，因此称为机床进给系统的"零传动"。

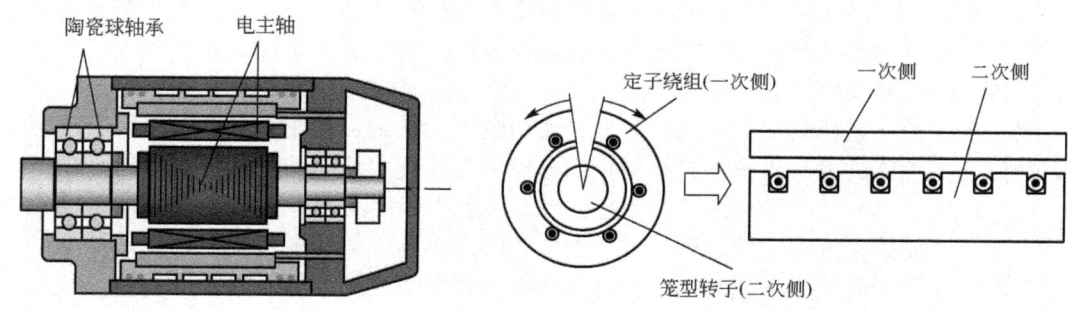

图 9.94　陶瓷轴承电主轴　　　　　图 9.95　直线电动机原理图

同"旋转伺服电动机＋滚珠丝杠"传动方式相比较，直线电动机直接驱动有以下优点：

（1）高速度，目前最大进给速度可达 100～200m/min。

（2）高加速度，可达 2～10g。

（3）定位精度高，由于只能采用闭环控制，其理论定位精度可以为 0，但由于存在检测元件安装、测量误差，实际定位精度不可能为 0，最高定位精度可达 0.1～0.01m。

（4）行程不受限制，由于直线电机的二次侧(定子)可以分段地铺在机床床身上，不论有多远，对系统的刚度不会产生影响。

直线电动机进给系统是一种能将电能直接转换成直线运动的机械能，而不需要任何中间传动环节的驱动装置。它的应用将传统的回转运动转变为直线运动，因此机床的速度、加速度、刚度、动态性能可得到完全改观，通过采用数字控制技术，直线电动机可以利用大增益，提高控制效果，使得高速移动的伺服滞后量减小，从而获得高的定位精度，有效地克服了传统旋转电动机进行驱动时,机械传动机构传动链较长、体积大、效率低、能耗高、精度差等缺点。

高速切削是切削加工发展的主要方向之一,高速机床是实现高速切削的基础。但是目前高速加工机床及其控制系统、主轴系统、高速切削用刀具材料的价格昂贵,使一次性投入较大。同时,整个工艺系统还存在着一系列亟待攻克的技术问题,如高速加工的刀具磨损严重;切入切出时容易破损;铣、镗等回转刀具及高速机床主轴需要动平衡;高速加工时刀具和工件夹持要更加牢靠安全等。

2) 物流系统

它是由原材料处理、储存、上下料装置和机床间传输装置组成的。在单台数控机床配备工件库或原材料库以及自动上下料(系统)装置(含机械手、机器人)的条件下,即在与物料储存与传输及其自动控制集成的条件下,构成柔性制造单元。在多台数控机床配备自动上下料与物料储存和传输与生产计划调度用计算机集成的条件下,构成柔性制造系统。在不含计划调度系统和工件单向流动时,组成柔性生产线。

柔性制造技术(Flexible Manufacturing Technology,FMT)也称柔性集成制造技术,是现代先进制造技术的统称。柔性制造技术集自动化技术、信息技术和制作加工技术于一体,把以往工厂企业中相互孤立的工程设计、制造、经营管理等过程,在计算机及其软件和数据库的支持下,构成一个覆盖整个企业的有机系统,主要用于多品种小批量或变批量生产。

所谓"柔性",即灵活性,主要表现在以下5方面。

(1) 生产设备的零件、部件可根据所加工产品的需要变换。

(2) 对加工产品的批量可根据需要迅速调整。

(3) 对加工产品的性能参数可迅速改变并及时投入生产。

(4) 可迅速而有效地综合应用新技术。

(5) 对用户、贸易伙伴和供应商的需求变化及特殊要求能迅速做出反应。

柔性制造技术是对各种不同形状加工对象实现程序化柔性制造加工的各种技术的总和。柔性制造技术最主要的应用形式是柔性制造系统(Flexible Manufacturing System,FMS),它是由一个传输系统联系起来的一些设备,传输装置把工件放在其他联结装置上送到各加工设备,使工件加工准确、迅速和自动化,其原理如图9.96所示。

中央计算机控制机床和传输系统,柔性制造系统有时可同时加工几种不同的零件。目前常见的组成通常包括4台或更多台全自动数控机床(加工中心与车削中心等),由集中的控制系统及物料搬运系统连接起来,可在不停机的情况下实现多品种、中小批量的加工及管理。

FMS生产过程是先由计算机进行生产的计划、实施与控制。工件先安装在托盘夹具上,在按顺序由自动物料运储系统从一个加工工位运送到另一个工位,由不同的数控机床进行加工。加工顺序根据工件谱的生产计划来选择确定,工件一次装夹,无须重新装夹,所有刀具和夹具也在计算机控制下自动顺序编排和更换;质量检测也在自动测量机上完成。操作人员只需装卸工件和启停系统。

其他柔性技术形式还有柔性制造单元(Flexible Manufacturing Center,FMC)、柔性制造线(Flexible Manufacturing Line,FML)、柔性制造工厂(Flexible Manufacturing Factory,FMF)。它们的技术特点见表9-10。

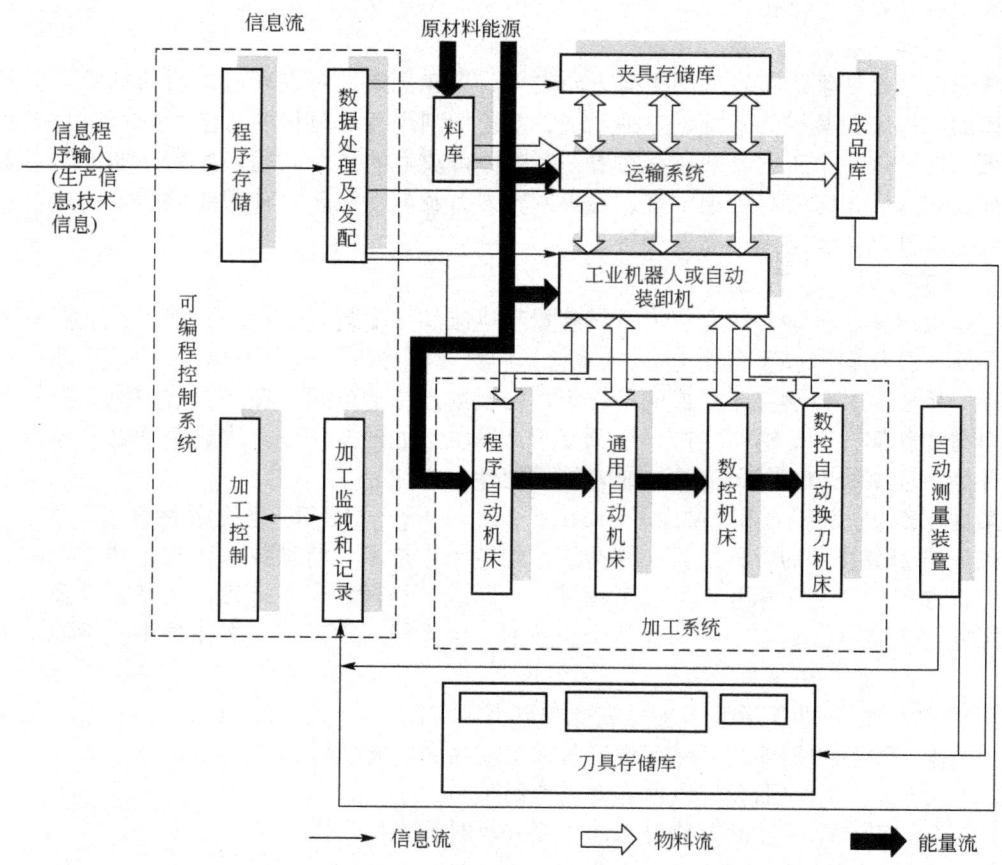

图 9.96 柔性制造系统的原理图

表 9-10 主要柔性技术应用的特点

	特 点
FMC	FMC可视为一个规模最小的FMS,是FMS向廉价化及小型化方向发展的一种产物,它由1~2台加工中心、工业机器人、数控机床及物料运送储存设备构成,特点是实现单机柔性化及自动化,具有适应加工多品种产品的灵活性
FML	FML是处于单一或少品种大批量非柔性自动线与中小批量多品种FMS之间的生产线。其加工设备可以是通用的加工中心、CNC机床;也可采用专用机床或NC专用机床,对物料搬运系统柔性的要求低于FMS,但生产率更高。FML是以离散型生产中的柔性制造系统和连续生过程中的分散型控制系统(DCS)为代表,其特点是实现生产线柔性化及自动化
FMF	FMF是将多条FMS连接起来,配以自动化立体仓库,用计算机系统进行联系,采用从订货、设计、加工、装配、检验、运送至发货的完整FMF。FMF包括CAD/CADM,并使计算机集成制造系统(CIMS)投入实际,实现生产系统柔性化及自动化,进而实现全厂范围的生产管理、产品加工及物料储运进程的全盘化。FMF是自动化生产的最高水平,反映出世界上最先进的自动化应用技术,将制造、产品开发及经营管理的自动化连成一个整体,以信息流控制物质流的智能制造系统(IMS)为代表,其特点是实现工厂柔性化及自动化

3) 信息系统

信息系统主要包括生产控制、刀具更换、工装及附件更换、工件调度、自动编程、自动监控、自动补偿、工件质量自动控制、刀具磨损或破损后的自动更换和自动报警等。最新要求是具备 CAD、CAM 功能，运程生产线管理和维护功能，故障诊断和自动修复功能等。

2. 发动机制造技术的发展与变革

发动机研发越来越快，新品开发周期越来越短（从 30 个月缩短到 13 个月），车型数量多，生产批量不确定。目前为进一步提高高速柔性生产线（Flexible Transfer Line，FTL）的生产效率，最新发展出来敏捷高速柔性生产线（Agile Flexible Transfer Line，AFTL）。

目前的柔性生产性价格昂贵、投资风险大，同时产能过剩矛盾越来越突出。于是，现在生产线的趋势是解决多样性与经济性日益突出的矛盾，以满足变品种、变批量的需要，且兼顾高柔性、高效率、低投资的要求和市场快速反应的能力，还要解决产能过剩的问题，为此美国提出了可重构制造系统（Reconfigurable Manufacturing System，RMS）。其原理是通过对制造系统中机床配置的调整和机床功能模块的增减，迅速构成适应新品生产和生产批量变化。为此，研制了由标准化模块组成的可重构机床（Reconfigurable Machine Tools，RMT）。RMT 与传统模块化机床（组合机床）相比的优势在于它在使用中的可重构性。RMS 的结构和布置可按实际需要在现场快速重组。RMS 的应用基础之一是柔性夹具。

美国 GM 公司已研制出柔性夹具系统，可以快速地更换以生产不同的发动机刚体或缸盖，包括 4、6、8 缸直列和 V 型发动机从而减少更换的时间和成本。它是在带有电控永磁台面的夹具上面集成了夹紧支撑定位元件，用调节器来把这些元件准确地固定在棘爪上来组成特定夹具。在 15min 内即可把一种夹具配置变为另种配置。

日本 MAZAK 公司开发出了市场响应型自独立制造系统（Market Responsive Self-contained Manufacturing，MSM）。MSM 的实质是"单台套件生产"，可以应对各种不同零件加工的通用性模块生产方案。MAZAK 公司用几台 INTEGREX 机床分别完成发动机五大件全部件加工。进行"套件生产"，并随即装配成一台发动机。使得在发动机设计完成后即可以用最小的投资和最快的速度生产出来，以最适用于新发动机研发。MSM 把其复合性机床技术的软件硬件发挥得淋漓尽致。

在现代汽车制造业的发展中，机械加工过程越来越柔性化，夹具的柔性化程度已经成为产品快速变换和制造系统新建或重组后运行的瓶颈，将会严重地影响制造系统的设计建造周期、系统生产率、质量和成本。今后，柔性夹具应用技术的发展趋势如下。

（1）进一步对传统夹具创新，继续成为柔性夹具的主流，使之更具柔性和实用性。从实际意义上可以这样认为，传统夹具创新的柔性夹具是指原理相同，而元件结构和组装方式不同的孔系组合夹具。此类组合夹具经改革创新，同样具有好的柔性，且配套元件少，材料价廉，加工和装配工艺性好，成本低，夹具难度系数下降，装配快速等优点。在数控加工技术和模具制造迅猛发展的今天，适应数控机床和加工中心的主要夹具就是此类夹具，是当代柔性夹具的主流。

（2）重视原理和结构均有创新的柔性夹具开发和研究。例如：适应性夹具、模块化程序控制式的柔性夹具、相变和伪相变式的柔性夹具。

(3) 积极尝试和推动计算机辅助夹具设计(CAFD),使工艺装备在现代制造业中同步;应用 CAD 技术能快速设计与制造柔性夹具,研究和开发用于标准的组合夹具、通/专用夹具的 CAFD 中的新型软件。

(4) 通用、经济、元件的功能强的柔性夹具将普遍推广应用。元件的功能强,通用性好,夹具利用率高,配套费用低,经济实用的夹具系统将普遍应用。

(5) 智能夹具的开发与应用。

3. 汽车齿轮制造技术发展

齿轮是汽车运动中的核心传动部件,其加工质量的优劣对总成乃至整车的振动噪声及可靠性会带来直接影响,有时会成为制约产品水平提高的关键因素。汽车用齿轮大体可分为 4 类。表 9-11 所示为汽车用齿轮类型及其应用。

表 9-11 汽车用齿轮类型及其应用

齿轮类型	应 用
圆柱齿轮	发动机、变速器、桥等动力传动系统的平行轴
锥齿轮(直齿锥齿轮和螺旋锥齿轮)	主要用于变速器、桥等动力传动系统中起差速、减速及变向作用的交叉轴或交错轴传动
齿环类	变速器的滑动齿套和行星变速传动的齿圈属于内齿环,变速器同步器齿环属于外齿环
特殊用途齿轮	机油泵齿轮、速度表蜗杆、转向齿条

作为几何描述的渐开线、摆线等基于啮合原理或共轭特性的理论发展至今,虽然切齿原理并未产生本质变化,但在应用工程领域无论是圆柱齿轮还是螺旋锥齿轮其制造能力都取得了长足进步,主要表现在加工机床检测手段、计算分析技术等方面,其核心推动力是计算机数字技术的快速发展。

数控技术的快速发展使齿轮制造设备产生了革命性的变化。传统齿轮特别是螺旋锥齿轮加工机床由于并联运动多且传动链长使得机床结构相当复杂,多轴数控技术的引入不但简化了机床结构,也使机床精度和刚度在设计上获得了极大的优化空间,同时使加工能力拓展和柔性功能增强。

齿轮加工中测量技术的同步发展对齿轮制造水平的提高同等重要。传统的几何测量与综合测量方法由于三坐标技术的发展以至齿轮测量中心的出现而在测量精度、效率、范围等方面得到了极大改善。齿廓空间形面测量成为现实,使螺旋锥齿轮计算、加工、测量、反馈调整可在数控系统中实现数据闭环。

从产品应用技术角度来看,齿轮制造本身是一个系统性技术。要想生产出最好的齿轮,应该关注以下几个方面的研究进展。

1) 计算机辅助工程(Computer Aided Engineering,CAE)

CAE 是用计算机辅助求解复杂工程和产品结构强度、刚度、屈曲稳定性、动力响应、热传导、三维多体接触、弹塑性等力学性能的分析计算以及结构性能的优化设计等问题的一种近似数值分析方法。设计过程中 CAE 可在齿轮进入实际加工前正确预测制造因素的影响程度。有效的分析可以获得如下效果:

(1) 延伸和提升设计方法和思路。传统二维设计的图纸尽管有大量的图文信息,但表达设计意图仍不够完善;通过分析对强度、寿命的预测可使单纯的几何设计转变为可靠性设计;加速由二维 CAD 转变为三维实体进而实现数值模型设计。

(2) 最大限度地降低试制、试验成本,缩短开发周期。通过分析,提高首次试制成功率、降低试验验证次数,甚至可以取代部分试验,提高"一次成功率"。

(3) 生产时获得可靠的齿轮结构数据和正确的工艺调整数据。通过验证使分析数据模型得到预期性能目标的优化以指导生产,另一方面,生产过程中针对市场进行齿轮结构的适应性更改时通过数值分析作可行性判定。

齿轮数值分析的有效性需通过试验进行规律性验证,以判断其置信度水平是否满足实际要求否则将不具实用意义。数值分析的有效性取决于计算数学模型的准确性、几何实体模型的精确程度、各种可知边界条件输入数据的正确与否。计算数学模型依赖于合适的软件目前有 LS-DYNA(非线性)、NASTRAN(线性)、ABAQUS(非线性)、FEMFET(疲劳)、ADAMS(多刚体)、ANSYS(非线性)等不同用途的较多可行选择。圆柱齿轮易于获得几何实体数值模型,对于螺旋锥齿轮的齿廓曲面以往很难获得精确的实际模型,现在已能够实现,如图 9.97 所示。

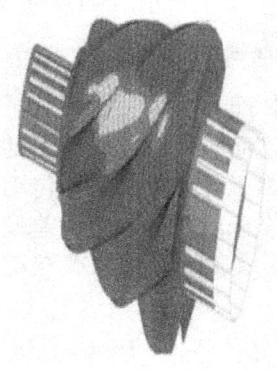
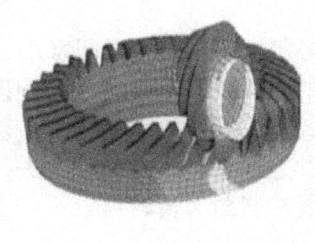

(a) 主动齿轮数值模型　　　　　(b) 主从动齿轮装配模型

图 9.97　准双曲面齿轮的有限元分析

对于各种可知边界条件中,材料 PSN 曲线、热处理状态、摩擦因数等主要性能数据可通过试验获得,而对于润滑、温度、相对滑移速度等一些重要数据的获得还需要更深入的研究。

应用 CAE 软件对工程或产品进行性能分析和模拟时,一般要经历以下 3 个过程:前处理,对工程或产品进行建模,建立合理的有限元分析模型;有限元分析,对有限元模型进行单元特性分析、有限元单元组装、有限元系统求解和有限元结果生成;后处理,根据工程或产品模型与设计要求,对有限元分析结果进行用户所要求的加工、检查,并以图形方式提供给用户,辅助用户判定计算结果与设计方案的合理性。

2) 预调修正技术

齿轮作为汽车产品零件由于其工况条件具有复杂性和不确定性,不能简单地凭借精度及图纸符合程度来评判其优劣。应是满足产品要求同时又具有最优性价比才是期望得到的齿轮。齿轮制造工艺过程中的工序本身并不复杂,重要的是满足实际需要而不仅仅是图纸。因此,在齿轮制造过程中引入具有目的性要求的预调修正方法十分必要。

预调修正是基于系统性考虑问题的方法,其目的是最大程度地利用已有条件制造出适合不同产品性能要求的齿轮,该方法目前主要有如下几个方面。

(1) 热处理变形预调修正。基本原理是对于新产品、材料(批次)、工艺等变动时在批量切齿前做小量试切并检查热后变形状态和规律按预先给定的热后检查标准调整热前切齿参数加以补偿,直至满足要求为止,在螺旋锥齿轮生产中已普遍采用。该修正方法目前大多以接触区的形状、大小、位置变化的趋势性来确定调整量,存在的主要问题是试切样件小、变形规律性不强时调整效果不好。目前,有条件的企业可以利用齿轮测量中心实测齿面三维数据来调整,效果会有较大改善,如图9.98所示。

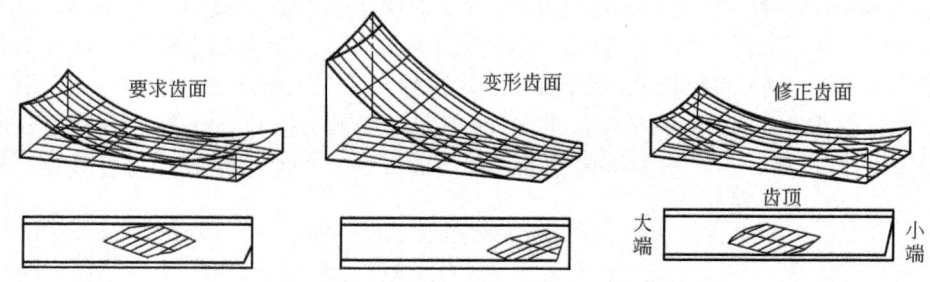

图9.98 基于齿面测量的接触区调整

(2) 考虑结构和装配误差的预调修正。齿轮被装配到产品总成中由于结构布局、系统刚度、承载状态的不同及进一步考虑装配误差等因素而应采取齿轮加工的预调修正,该技术国内应用尚少。例如,商用车变速器一轴柱齿轮由于悬臂安装结构传动过程中啮合齿面齿向正确位置会发生偏移,可在加工时进行螺旋角修正;对于装配误差较大且无有效控制措施的后桥减速器准双曲面齿轮可以采用通过V/H检验的方法来确定切齿预调修正,进而对接触区的敏感性进行控制。

(3) 考虑噪声和寿命的预调修正。齿轮副啮合噪声和寿命不仅与材料和使用条件有关,也与制造过程中加工精度、表面质量导致的传动误差密切相关。通过传动误差测量和分析技术对噪声和寿命进行预测进一步优化切齿参数来进行预调修正。该技术尚未进入控制生产的实用阶段。

(4) 考虑工况载荷的预调修正。国内已充分关注这一方面,但目前尚未形成规范的方法。对于重载荷齿轮由于总成支撑刚性往往由于结构限制相对较弱,在实际满载或超载工况下产生齿轮错位(偏离正确啮合位置)在所难免。如对于重型车后桥的准双曲面齿轮副,借助于专业软件(如Romax的Design和Gleason的CAGE)可以将模拟系统加载的错位量转化为切齿调整参数进行修正。

9.5.2 汽车工业热处理技术展望

热处理是产品获得所要求的强、韧化性能、耐磨性、抗疲劳性能的主要技术手段。热处理质量是产品实现使用性能的可靠性、耐久性、安全性的重要保证。近年来,汽车工业热处理技术的发展除了对产品质量实行更加严格的控制之外,也更加重视节能与环保。同时,在信息时代,热处理技术会更加充分利用计算机技术、依赖计算机技术,使热处理生产管理、工艺过程控制、工艺设计与质量预测分析实现高度数字化、智能化。未来,热处理技术会紧紧围绕精密、节能、环保、智能化的方向发展。

1. 精密(精确)化热处理

所谓精密化热处理,是指以组织、硬度、硬化层为控制指标的内在质量的精密化及对以零件外形特征为指标的畸变量的严格控制。精密化的热处理是通过对材料、热处理工艺装备的精确设计,对热处理工艺过程和冷却技术的严格控制,保证使产品热处理后的组织、硬度、硬化层、畸变量等质量分散度最小。只有对材料成分、工艺装备、工夹、工艺过程、冷却技术等系统的严格设计、控制,才有可能最大限度地减小质量分散度,达到均一的产品质量。精密热处理是市场竞争对产品质量的必然要求,也是热处理技术发展的必然趋势。美国2020年热处理发展规划提出了产品热处理质量要达到热处理畸变为零和质量分散度为零,实际上是热处理技术所要不断追求的工程目标。只有不断在材料、制造技术和管理水平上下工夫,才能不断提高产品热处理质量。

2. 节能热处理技术的发展

从节能考虑,热处理节能措施和技术如图9.99所示。

热处理是能耗巨大的工艺之一,节能技术的开发和应用对热处理节能降耗、降低生产成本具有十分重要的意义。

汽车零件的热处理以连续、自动生产线为主,实现更高程度的专业化、规模化生产是降低热处理单位能耗的重要保证。采用新型节能筑炉材料,如陶瓷纤维材料、矽酸钙板、红外炉内涂料等,可以大大减少炉衬蓄热量,降低炉壁热损耗,节能效果可达10%~20%。而且与电加热相比,采用燃气加热具有更高的加热效率。

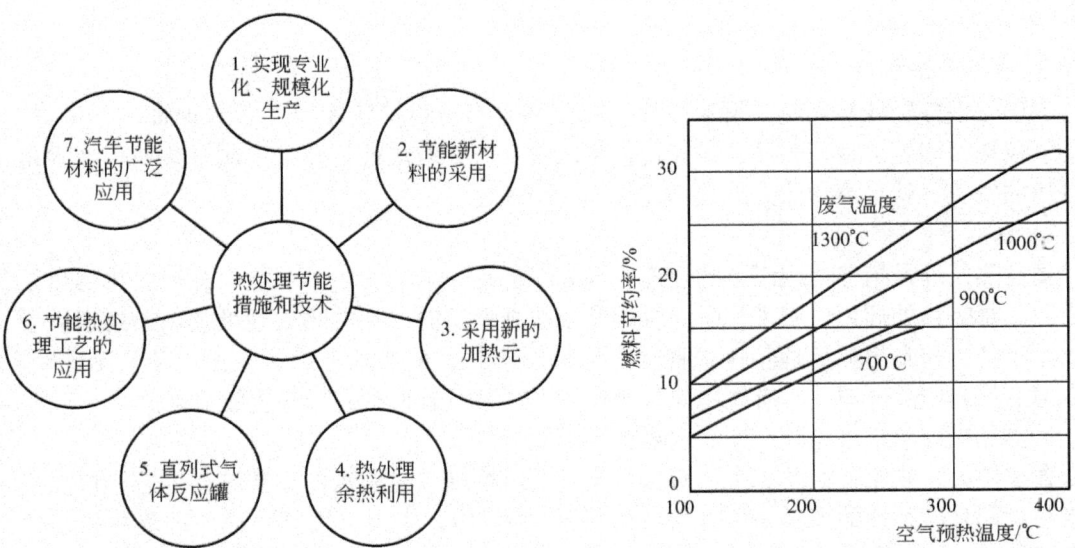

图9.99 热处理节能措施和技术　　图9.100 空气预热温度和节约燃料关系

热处理生产过程中的余热利用是热处理节能的重要途径。利用烟道气废热预热燃烧用空气,节能效果显著,如图9.100所示。等温退火炉利用毛坯在中冷过程中发出的余热来预热前室毛坯;调质线利用淬火槽的热油预热清洗机的清洗液等。采用燃气辐射管

(图 9.101)加热时，利用排出的废热预热混合空气，可节约 15%～20%的燃料。

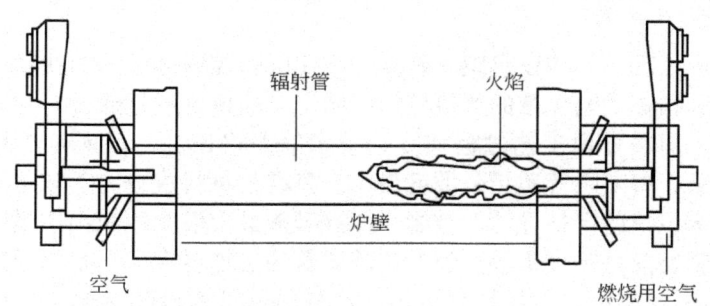

图 9.101　再生式陶瓷辐射管示意图

利用炉顶直列式反应罐产生的吸热式气体可直接通入炉内，节省了独立发生器的工作能耗；直生式气氛更是将原料气与空气混合直接通入工作炉内，不但节省了中间能耗，而且原料气消耗可节省 2/3，具有显著节能效果。

合理的热处理工艺设计也是节能的一个重要措施，如亚温淬火工艺的应用；低温化学热处理代替浅层渗碳和碳氮共渗；局部表面硬化处理代替整体强化等。这些技术的应用不但具有显著的节能效果，对减小零件热处理变形也十分有益。

最后，非调质钢由于钢中加入了微量强碳化物形成元素(V，Nb，Ti 等)，在锻造及锻后控冷过程中产生析出强化及晶粒细化作用，其强韧化性能可以达到调质钢的水平，且省去了调质热处理工序，减少大量能耗并具有良好的加工性能，受到国内外许多汽车厂家的重视。

3. 清洁热处理技术的发展

正确处理好资源与环境，技术与环境的关系是实现可持续发展的基本保证。新世纪，汽车工业热处理更加重视清洁、无害化技术的发展。真空热处理技术、离子热处理技术得到迅速的发展，就是清洁热处理技术发展的一个标志。

1) 真空热处理

真空热处理是指热处理工艺的全部和部分在低于一个大气压的环境中进行加热的热处理工艺。真空热处理可以实现几乎所有的常规热处理所能涉及的热处理工艺，热处理质量也大大提高。与常规热处理相比，真空热处理的同时，可实现无氧化、无脱碳、无渗碳，可去掉工件表面的磷屑，并有脱脂除气等作用，从而达到表面光亮净化的效果。

真空热处理包括真空淬火和真空渗碳。

真空淬火工艺流程如图 9.102 所示。同其他热处理工艺相比，真空淬火工艺不仅热后畸变小，而且所处理的模具使用寿命可以提高 1～3 倍。模具采用真空热处理代替盐浴热处理的加热方法已成为热处理行业的发展趋势。

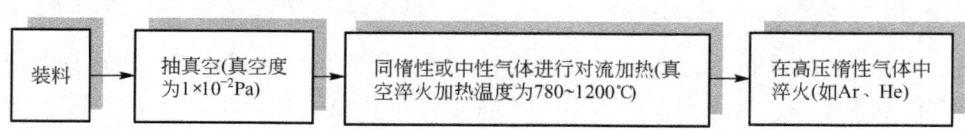

图 9.102　真空淬火工艺流程

真空渗碳也称低压渗碳，真空压力一般为 10～100Pa。真空渗碳工艺流程如图 9.103 所示。真空(低压)渗碳具有原料气消耗极少、零件变形小、热处理质量好、零件表面光洁、无污染的显著特点，是真正意义上的清洁热处理，是未来可预测的对环境友好的主导工艺之一。

图 9.103　真空渗碳工艺流程

2) 离子化学热处理

离子渗氮工艺已经在汽车零件表面强化方面得到广泛应用，图 9.104 所示为离子氮化炉示意图。离子渗氮工艺还应用于凸轮轴、机油泵通道板、排气阀、正时齿轮等零件的表面强化处理，可显著提高零件表面的耐磨性、抗疲劳性、耐腐蚀性能。对冷冲模、热锻模、压铸模采用离子氮化，对提高表面耐磨性、抗热疲劳性能均有显著效果。随着离子强化装备可靠性的不断提高和工艺技术的不断发展，相信离子复合渗和离子渗金属工艺在金属表面强化处理，特别是对各类模具表面的强化方面会得到广泛应用。

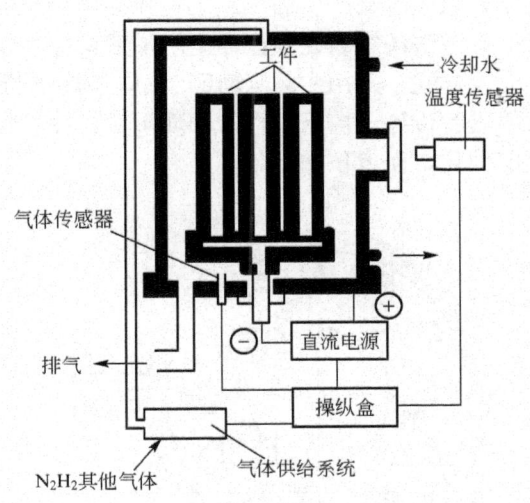

图 9.104　离子氮化炉示意图

3) 其他清洁热处理技术

对热处理工艺排放的无害化技术处理是清洁热处理技术发展的重要内容。如加拿大 NITREX 公司对气体软氮化的废气处理就是无害化处理的成功例子。在淬火介质方面，美国好富顿公司正在研究采用植物油代替矿物油，其一认为植物油是可再生资源，二是植物油对环境无害。合成淬火剂的应用也大大减轻了淬火介质对环境的影响。在清洗技术方面，开发无污染高效清洗剂也成为清洁技术发展的重要方面。

4. 智能化热处理技术的发展

传感技术与计算机控制技术是热处理智能化的基础。

在传感技术方面未来的研究重点如下：

(1) 开发可分别用于气体和离子渗氮和氮碳共渗所用的氮势传感器。

(2) 低压渗碳、离子渗碳和直生式气氛条件下的碳势传感器。

(3) 可在线准确反映、检测零件表面硬化层的硬度分布传感器。

(4) 可在线准确检测、显示零件表层应力分布的应力传感器。

在控制技术方面，未来的热处理技术发展趋势如下：

(1) 建立和完善针对不同材料、产品结构和性能要求，为实现产品最佳质量要求的热处理工艺过程控制的自适应系统。

(2) 零件淬火冷却过程的计算机模拟技术。

(3) 针对炉子结构设计建立的气氛和温度场的计算机模拟技术。

虽然就目前来说热处理生产控制尚处于工业自动控制甚至半自动控制阶段，但是智能化是热处理控制技术发展的必然趋势，而传感技术、计算机技术的发展和各种热处理数据库的建立为热处理技术智能化的实现提供了可靠的技术保证。

5. 感应热处理新技术

1）双频淬火技术

由于齿轮存在凸面和凹面，采用高频（HF）感应加热进行齿轮表面淬火，如图9.105所示，感应电流产生的热量迅速传导，齿顶得到完全硬化，但是齿根硬化不足。此外，这种处理方法还容易在根齿面上增加残留应力，导致断裂的发生。

同样地，采用中频（MF）感应加热进行齿轮的表面淬火，如图9.106所示，热量在齿根进行传导，由于齿根的凹面形状，热量在传导的过程中以指数形式递减，齿根得到有效的硬化，而齿顶却硬化不足。

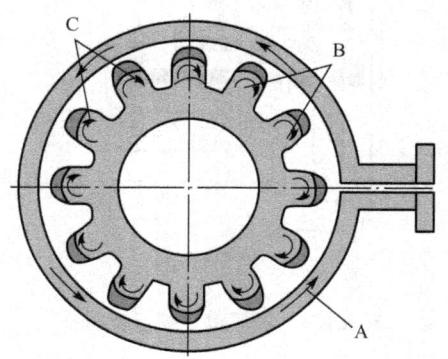
图 9.105　HF 感应加热处理

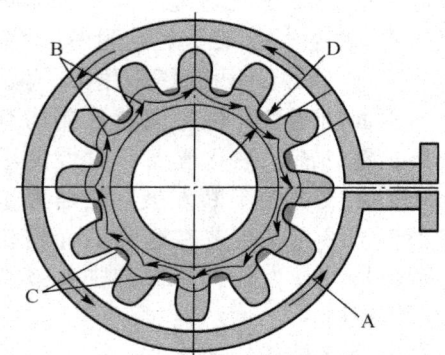
图 9.106　MF 感应加热处理

A—电流方向；B—能量传递方位；C—齿轮硬化部位；D—齿轮硬化部位与能量传递位置距离

同步双频感应加热技术（Simultaneous Dual Frequency，SDF）就是在一个感应线圈上同时使用两种不同频率（高频和中频）对一个工件进行热处理。SDF电源包括正常功率输出的一个HF和一个MF电源，采用IGBT技术，在中频振荡基础上叠加高频振荡。而且HF和MF的功率能够从2%~100%分别进行连续调整，采用集成PLC控制，具有多个程序时间和功率设定，特别适合处理类似齿轮这样具有复杂表面的作业任务。两个频率的输出比例和在齿根和齿面的硬化深度可以根据工件的处理要求进行调整。

目前，德国eldec感应加热设备有限公司的SDF同步双频感应加热设备功率可达到3MW以上，完全可以满足多种工件的热处理需求。通过不同热处理参数进行优化匹配，能获得良好的轮廓硬化效果，如图9.107和图9.108所示。

日本电气兴业公司和西班牙GH公司已经成功开发出中小模数齿轮双频感应加热仿行淬火技术，采用电力电子开关转换频率，使齿轮的齿顶和齿跟的加热更加均匀，更好地保证了齿轮的淬火质量；同时降低了汽车零件的材料成本和工艺成本，与渗碳相比节能90%，提高齿轮的热处质量，变形量小，降低变速箱的噪声，生产效率高，设备占地面积小，可在生产线中得到应用。

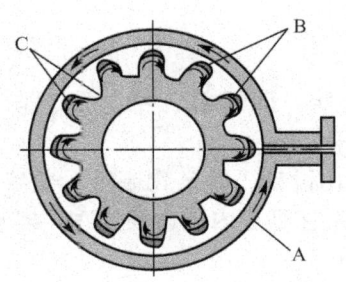

图 9.107 SDF 感应加热原理
A—电流方向；B—能量传递方位；C—齿轮硬化部位

图 9.108 SDF 感应加热处理的齿轮

2) 汽车车身薄板件的感应淬火

日本的高周波热炼株式会社将感应加热淬火技术应用于汽车车身零件目的是为了在不降低安全性的前提下轻量化。其优点是使原材料的抗拉强度从 400~500MPa 提高到 1000~1500MPa；由于强度的提高部件可减薄，不需增强；可选择直接通电加热或感应加热对成型后的零件进行淬火；利用热处理变形在淬火时预矫正，因此可在冲压模具上取消预留量。

3) 冲压件粘接后感应加热固化技术

西班牙 GH 等公司研制成功专用固态粘接设备取代点焊，大大提高了工作效率。德国大众公司对不同乘用车的 4 个车门发动机罩盖和行李箱盖的冲压件粘接后感应加热固化，提高了产品质量，降低了生产成本。

4) 中空零件的感应淬火

降低燃料消耗、保护环境、轻量化生产汽车已成为当今汽车发展的迫切需要。日本的 NETUREN 公司将管材塑性加工成型，感应淬火强化处理后，再经少量的机械加工制造中空 BJ 轴、转向齿条、门内防撞梁等，零件弯曲强度是普通切削加工零件（齿条）的 1.5 倍，质量最大的约减轻 50%，实现轻量化。

5) 超快速短时间感应淬火技术

如汽车变速器齿轮类的小型齿轮，以往都是采用能得到轮廓硬化层的渗碳淬火方法强化处理。近年来开发了大功率(1000kW)、高频率(200kHz)晶体管电源，加上精确控制技术用 0~5s 以内的加热时间加热，实现了稳定的超快速短时间加热淬火。由超快速短时间感应淬火技术(Super Rapid Inductionheating and Quenching, SRIQ)处理的轮廓淬火件与一般感应淬火件、渗碳淬火件以及软氮化件相比较，SRIQ 件齿底表面残留压应力大，疲劳强度最高，齿型误差等变形小，变形与软氮化件接近。同时，SRJQ 对柴油发动机齿轮、薄臂零件提高强度，对零件双 TEI 变形化（定变形和少变形化）会有实际作用，对模数 1~6mm 的螺旋齿轮和锥齿轮可能适用。这方面的开发还在继续。

6) 发动机缸体缸孔淬火

日本的高周波热炼株式会社，德国 DUETZG 公司成功研制出发动机内孔局部感应淬火技术，并形成产业化，在 DUETZG 发动机和 V8 发动机生产中得到应用。与镶缸套的生产工艺相比具有降低成本、提高发动机的耐磨性和耐烧蚀降低油耗的优点。

9.5.3 机械加工及热处理的发展趋势

1. 先进机械加工发展趋势

未来先进机械加工的特点可以用 8 个字概括，即"数、精、极、自、集、网、智、绿"。

"数"即数字化，是发展的核心。它包括数字化设计、数字化制造、数字化控制等。对制造企业而言，各种信息均以数字形式，通过网络在企业内传递及处理，实现生产过程的快速重组与对市场的快速响应。

"精"即精密化，是发展的关键。它一方面是指对产品、零件的精度要求越来越高，一方面是指对产品、零件的加工精度要求越来越高。没有先进的制造技术，就没有先进电子技术设备；没有先进电子技术与信息技术，也就没有先进制造装备。

"极"即极端条件，是发展的焦点。是指在极端条件下工作的或者有极端要求的产品，也是指这类产品的制造技术有"极"的要求。这些产品都是科技前沿的产品。可以说，"极"是前沿科技或前沿科技产品发展的一个焦点。

"自"即自动化，是发展的条件。"自动化"是从自动控制、自动调节、自动补偿、自动辨识发展到自学习、自组织、自维护、自修复等更高的自动化水平。而且自动化控制从控制理论到控制技术、系统、控制元件，都有着极大的发展。自动化是先进制造技术发展的前提条件。

"集"即集成化，是发展的方法。它是技术的集成、管理的集成，也是技术与管理的集成。"集"主要是指现代技术的集成、加工技术的集成、企业集成等。

"网"即网络化，是发展的道路。制造技术的网络化不可阻挡，它的发展会导致一种新的制造模式，即虚拟制造。

"智"即智能化，是发展的前景。制造系统正在由原先的能量驱动型转变为信息驱动型，这就要求制造系统不但要具备柔性，而且还要表现出某种智能，以便应对大量负责信息的处理、瞬息万变的市场需求和激烈竞争的环境。智能化制造模式的基础是智能制造系统，智能制造必将是未来制造业的主要生产模式之一。

"绿"即环保，是发展的必然。制造业产品从构思开始到设计阶段、制造阶段、销售阶段、适用于维修阶段，直至回收阶段、再制造阶段，都必须充分考虑环境保护。所谓环保是广义的，不仅要保护自然环境、社会环境、生产环境，还要保护生产者的身心健康。

2. 热处理技术的发展趋势

（1）是可持续发展战略。热处理生产排出的废气、废水、废油、废渣、粉尘、噪声、电磁辐射等，都会使作业场地和周围环境受到污染。先进热处理技术的体现形式首先是对环境没有污染。热处理的加工是和环境资源密切相关的，其生产用的物料及剩余物料都将导致环境的污染。在生产和发展的过程中，避免污染的原则是：预防第一，治理第二。所以，热处理先进技术发展首要考虑的是清洁先进生产技术。

（2）是产品质量的持续提高。改变传统的热处理观念，优化热处理工艺方法；最大限度地减少或克服金属制品件在热处理过程中的畸变；减少零件的质量分散，提高零件的综合性能。由于材料化学成分、加热炉有效加热区温度的不一致，加热和冷却条件的差别，甚至人为操作因素的影响会使同一炉次热处理件质量造成明显差异，或不同炉次产品质量的不可重复性。

(3) 是节约能源。能源消耗太大是热处理成本太高的主要费用之一，先进热处理技术的主要特点之一就是节能。

(4) 是提高生产效率，降低生产成本。避免零件的废品是先进热处理技术的目的。在这个综合系统工程中，要从零件的设计、材料的选择和质量的保证、加工过程工艺的确定，用数据库和专家决策系统优选工艺和设备。

(5) 是降低劳动强度，减少劳动力的用量。热处理的人工操作是一种恶劣环境下的繁重体力劳动。先进的热处理装置的应用是先进热处理技术的体现形式之一。

思考题

1. 简述汽车生产制造的过程。
2. 锻造、铸造、冲压的工作原理分别是什么？它们在汽车零部件的生产中分别适用于哪些类型的零件？优缺点各是什么？
3. 简述消失模铸造的工作原理和特点。
4. 简述多工位级进模的工作原理及其在汽车生产自动化中的应用优点。
5. 焊接技术工作原理是什么？有哪些新型焊接技术？
6. 简述仿真技术在汽车零件制造设计中的应用。
7. 简述机械加工及热处理的原理与在汽车制造中的应用。

参 考 文 献

[1] 宋年秀 刘涛 姜立标. 图解汽车发动机构造与拆装 [M]. 北京：中国电力出版社，2007.
[2] 何林华. 车用柴油发动机的发展趋势 [J]. 客车技术与研究，2004，26（3）：1-3.
[3] 张宗法，熊锐. 汽车发动机技术现状与进展 [J]. 人民公交，2008（2）：38-42.
[4] 杨利勇. 汽车发动机的发展及前景 [J]. 公路与汽运，2003（5）：1-3.
[5] 刘海峰，金超. 汽车节能环保新技术 [J]. 汽车电器，2009（2）：1-6.
[6] 谭利华. 发动机节能减排的控制研究 [J]. 机电产品开发与创新，2011，24（1）：27-28.
[7] 祝毓. 国外汽车关键技术发展动态 [J]. 机电一体化，2010，16（11）：4-8.
[8] 刘志刚. 汽车发展史简述 [J]. 汽车运用，2000（12）：15-16.
[9] 宋现东，刘洋. 柴油机排放机外净化措施及其发展 [J]. 客车技术与研究，2004，26（3）：28-29.
[10] 李建新，任继文. 柴油机的未来 [J]. 车用发动机，2004（1）：1-5.
[11] 李耿. 国外柴油机新技术介绍 [J]. 重发科技，2009（1）：30-34.
[12] 罗鹰. 复合材料在现代汽车发动机中的应用 [J]. 汽车工程师，2009（2）：50-52.
[13] 王谦，吴小勇. 均质充量压缩燃烧发动机的特点与研究现状 [J]. 华东船舶工业学院学报（自然科学版），2005，19（3）：75-79.
[14] 王斌，刘昭度，何玮，等. 汽车电子节气门技术研究现状及发展趋势 [J]. 小型内燃机与摩托车，2005，34（6）：32-34.
[15] 褚东宁，冯美斌. 汽车发动机材料技术发展动态 [J]. 汽车与配件，2010（10）：38-40.
[16] 武和全，姜水生，高国珍. 汽油机缸内直喷的研究现状与发展 [J]. 能源研究与管理，2005（3）：9-11.
[17] 张洪涛，何基都. 汽车电子节气门技术的现状及发展趋势 [J]. 广西工学院学报，2009，20（3）：78-81.
[18] 纪常伟，何洪，李韫喆，等. 均质充量压缩燃烧（HCCI）的研究进展与展望 [J]. 黑龙江工程学院学报，2006，20（4）：37-40.
[19] 廖水容，邵毅明，张敏，等. 均质充量压缩燃烧研究现状与存在的问题 [J]. 北京汽车，2008（1）：4-7.
[20] 杨世春，李君，李德刚. 缸内直喷汽油机技术发展趋势分析 [J]. 车用发动机，2007（5）：8-13.
[21] 祝刘洪. 汽油机缸内直喷技术的研究现状及发展方向 [J]. 现代机械，2009（4）：94-96.
[22] 冯渊，居钰生，范圣耀. 汽油机缸内直喷技术发展的分析与研究 [J]. 小型内燃机与摩托车，2010，39（5）：92-96.
[23] 耿文娟，袁银南，居钰生. 汽油机缸内直喷技术探析 [J]. 小型内燃机与摩托车，2010，39（3）：23-28.
[24] 智刚毅，王桂香. 柴油机电控燃油喷射系统现状与发展趋势 [J]. 农机化研究，2008（6）：206-207.
[25] 刘斌彬，李国岫，郑亚银. 柴油机高压共轨燃油喷射系统现状与发展趋势 [J]. 内燃机，2006（2）：1-3.
[26] 聂建军. 柴油机高压共轨燃油系统的现状及发展趋势 [J]. 内燃机，2009（4）：6-9.
[27] 牛钊文，周斌，展靖华，等. 可变压缩比技术的研究与展望 [J]. 内燃机，2010（4）：44-46.
[28] 陈雯，赵玉庆. 车用转子发动机性能分析 [J]. 山东交通科技，2008（1）：66-68.
[29] 裴海灵，周乃君，高宏亮. 三角转子发动机的特点及其发展概况综述 [J]. 内燃机，2006（3）：1-3.

[30] 姜立标. 专用汽车的构造与设计 [M]. 北京：人民交通出版社，2008.

[31] 姜立标. 汽车传感器及其应用 [M]. 北京：电子工业出版社，2013.

[32] Conatser R, Wagner J, Ganta S, et al. Diagnosis of automotive electronic throttle control systems [J]. Control Engineering Practice, 2004, 12 (1): 23-30.

[33] Pan Y, Dagci O, Ozguner U. Variable structure control of electronic throttle valve [J]. IEEE Transactions on Industrial Electronics, 2001, 55 (11): 103-108.

[34] Kim D, Peng H, Bai S, et al. Control of Integrated Powertrain With Electronic Throttle and Automatic Transmission [J]. IEEE Transactions on Control Systems Technology, 2007, 15 (3): 474-482.

[35] Zheng J, Miller D L, Cernansky N P, et al. The Effect of Active Species in Internal EGR on Pre-ignition Reactivity and on Reducing UHC and CO Emissions in Homogeneous Charge Engines [R]. SAE Technical Paper, 2003.

[36] Easley W L, Agarwal A, Lavoie G A. Modeling of HCCI combustion and emissions using detailed chemistry [R]. SAE Technical Paper, 2001.

[37] 史文库. 汽车新技术 [M]. 北京：人民交通出版社，2010.

[38] 葛安林. 车辆自动变速器理论与设计 [M]. 北京：机械工业出版社，1993.

[39] 葛安林. 自动变速器（六）——电控机械式自动变速器（AMT）[J]. 汽车技术，2001（10）：1-4.

[40] 葛安林. 汽车工程手册设计篇——无级变速器 [M]. 北京：人民交通出版社，2001.

[41] 付铁军，周云山，张宝生. 金属带式无级变速器电液控制系统的试验研究 [J]. 汽车工程，2003，25（4）：384-388.

[42] 周云山，裘熙定. 汽车无级变速传动（CVT）建模与仿真 [J]. 汽车工程，1998（5）：285-289.

[43] 王红岩，方志强. 金属带式无级变速汽车的性能仿真研究 [J]. 装甲兵工程学院学报，2003，17（1）：25-28.

[44] 张宝生，张伯英，周云山，等. 金属带式无级变速器液压控制系统的仿真 [J]. 农业机械学报，2002，33（2）：20-23.

[45] 庄继德. 汽车系统工程 [M]. 北京：机械工业出版社，1997.

[47] 陈全世，杨宏亮，田光宇. 混合动力电动汽车结构分析 [J]. 汽车技术，2001（9）：6-11.

[48] 麻友良，陈全世. 混合动力电动汽车的发展 [J]. 公路交通科技，2001，18（1）：77-80.

[49] 杨为琛，孙逢春. 混合电动汽车的技术现状 [J]. 车辆与动力技术，2001（4）：41-46.

[50] 牛铭奎，葛安林，金伦，等. 双离合器式自动变速器简介 [J]. 汽车工艺与材料，2002（12）：36-38.

[51] 牛铭奎，高炳钊，葛安林，等. 双离合器式自动变速器系统 [J]. 汽车技术，2004（6）：1-3.

[52] 刘朝红，韩进. 汽车 ABS 的应用及发展方向 [J]. 本溪冶金高等专科学校学报，2002，4（2）：4-6.

[53] 申荣卫. 汽车电子技术 [M]. 北京：机械工业出版社，2002.

[54] 蒋克荣，王治森. 汽车 ABS 技术及其发展趋势 [J]. 工业仪表与自动化装置，2006，2006（2）：73-75.

[55] 王德平，郭孔辉. 汽车驱动防滑控制系统 [J]. 汽车技术，1997（4）：22-27.

[56] 郭丽萍. 汽车驱动防滑系统（ASR）工作原理初探 [J]. 城市公共交通，2003（3）：24-25.

[57] 刘圣田. 汽车动力传动系双质量飞轮式扭振减振器设计开发研究 [D]. 长春：吉林工业大学，1996.

[58] 刘圣田，昌振华. 双质量飞轮式扭振减振器 [J]. 汽车技术，1997（1）：23-27.

[59] 任晓松. 一种新型扭转振动减振器——双飞轮系统 [J]. 世界汽车，1995（3）：26-28.

[60] 姜顺明. 混合动力汽车动力匹配的研究 [D]. 镇江：江苏大学, 2001.

[61] 余志生. 汽车理论（第2版）[M]. 北京：机械工业出版社, 1999.

[62] 王宪英. 轿车混合动力传动系统建模与仿真 [D]. 镇江：江苏大学, 2004.

[63] 岳惊涛, 廖苓平, 彭莫. 汽车动力系统的合理匹配评价 [J]. 汽车工程, 2004, 26 (1): 102 - 106.

[64] 何仁. 汽车动力性及燃油经济性计算方法及应用 [M]. 北京：机械工业出版社, 1996.

[65] 姜立标. 汽车运用工程基础 [M]. 北京：北京大学出版社, 2008.

[66] Zhang Y, Chen X, Zhang X, et al. Dynamic modeling of a dual - clutch automated lay - shaft transmission [C] //ASME 2003 International Design Engineering Technical Conferences and Computers and Information in Engineering Conference. American Society of Mechanical Engineers, 2003: 703 - 708.

[67] Kulkarni M, Shim T, Zhang Y. Shift dynamics and control of dual - clutch transmissions [J]. Mechanism and Machine Theory, 2007, 42 (2): 168 - 182.

[68] Wong J Y, Reece A R. Prediction of rigid wheel performance based on the analysis of soil - wheel stresses part I. Performance of driven rigid wheels [J]. Journal of Terramechanics, 1967, 4 (1): 81 - 98.

[69] Fujimoto Y. Performance of elastic wheels on yielding cohesive soils [J]. Journal of Terramechanics, 1977, 14 (4): 191 - 210.

[70] Gao Y, Ehsani M. A torque and speed coupling hybrid drivetrain - architecture, control, and simulation [J]. IEEE Transactions on Power Electronics, 2006, 21 (3): 741 - 748.

[71] Hirose K, Ueda T, Takaoka T, et al. The high - expansion - ratio gasoline engine for the hybrid passenger car [J]. JSAE review, 1999, 20 (1): 13 - 21.

[72] Kawamoto N, Naiki K, Kawai T, et al. Development of new 1. 8 - liter engine for hybrid vehicles [R]. SAE Technical Paper, 2009.

[73] Asano K, Inaguma Y, Ohtani H, et al. High Performance Motor Drive Technologies for Hybrid Vehicles [C] // Power Conversion Conference - Nagoya. 2007: 1584 - 1589.

[74] Liu J, Peng H, Filipi Z. Modeling and Control Analysis of Toyota Hybrid System [C] // Ieee/asme International Conference on Advanced Intelligent Mechatronics. Proceedings. 2005: 134 - 139.

[75] Yang H, Cho S, Kim N, et al. Analysis of Planetary Gear Hybrid Powertrain System part 1: Input Split System [J]. International journal of automotive technology, 2007, 8 (6): 771 - 780.

[76] Hofman T, Steinbuch M, van Druten R M. Modeling for simulation of hybrid drivetrain components [C] //2006 IEEE Vehicle Power and Propulsion Conference. IEEE, 2006: 1 - 6.

[77] Xiong W, Zhang Y, Yin C. Optimal energy management for a series - parallel hybrid electric bus [J]. Energy conversion and management, 2009, 50 (7): 1730 - 1738.

[78] Kamiya M. Development of traction drive motors for the Toyota hybrid system [J]. Ieej Transactions on Industry Applications, 2006, 126 (4): 473 - 479.

[79] 魏春源. BOSCH 汽车工程手册 [M]. 北京：北京理工大学出版社, 2009.

[80] 陈家瑞. 汽车构造（下册）[M]. 北京：机械工业出版社, 2006.

[81] （日）出射忠明. 汽车构造双色图解 [M]. 赵波, 译. 北京：人民交通出版社, 2005.

[82] 姜立标. 汽车数字开发技术 [M]. 北京：北京大学出版社, 2010.

[83] 喻凡, 林逸. 汽车系统动力学 [M]. 北京：机械工业出版社, 2008.

[84] 王锦俞, 闵思鹏. 图解英汉汽车技术词典 [M]. 北京：机械工业出版社, 2005.

[85] 李朝晖, 杨新桦. 汽车新技术 [M]. 重庆：重庆大学出版社, 2004.

[86] 陈南. 汽车振动与噪声控制 [M]. 北京：人民交通出版社, 2005.

[87] 庞剑, 谌刚, 何华. 汽车噪声与振动: 理论与应用 [M]. 北京: 北京理工大学出版社, 2008.

[88] 陈克安. 有源噪声控制 [M]. 北京: 国防工业出版社, 2003.

[89] 周新祥. 噪声控制技术及其新进展 [M]. 北京: 冶金工业出版社, 2007.

[90] 靳晓雄, 张立军. 汽车噪声的预测与控制 [M]. 上海: 同济大学出版社, 2004.

[91] 何渝生. 汽车噪声控制 [M]. 北京: 机械工业出版社.

[92] 常振臣, 王登峰, 周淑辉, 等. 车内噪声控制技术研究现状及展望 [J]. 吉林大学学报: 工学版, 2002, 32 (4): 86-90.

[93] 王玲玲, 李耀刚, 陈冠国. 振动主动控制技术的研究现状及发展趋势 [J]. 农机化研究, 2005 (5): 30-32.

[94] 陈克安. 声学测量 [M]. 北京: 科学出版社, 2005.

[95] 孙林. 国内外汽车噪声法规和标准的发展 [J]. 汽车工程, 2000, 22 (3): 154-158.

[96] 吕静, 陈达亮, 舒歌群. 汽车噪声法规标准及主要控制技术 [J]. 标准规范, 2007 (4): 22-26.

[97] 宋健, 王伟玮, 李亮, 等. 汽车安全技术的研究现状和展望 [J]. 汽车安全与节能学报, 2010, 1 (2): 98-106.

[98] 曾银丰. 汽车电子制动系统——电子稳定程序ESP [J]. 汽车电器, 2008 (4): 42-48.

[99] 王基一, 张浩然, 郭启军. 智能轮胎压力监测系统的概述与研究 [J]. 湖州师范学院学报, 2008, 30 (2): 49-53.

[100] 韩晓凌. 多方位乘员识别系统与气袋诊断仪 [D]. 北京: 清华大学, 2006.

[101] 燕战秋, 华润兰. 论汽车轻量化 [J]. 汽车工程, 1994, 16 (6): 375-383.

[102] Suh M W, Lee J H, Cho K Y, et al. Section property method and section shape method for the optimum design of vehicle body structures [J]. International journal of vehicle design, 2002, 30 (1-2): 115-134.

[103] Tamaki Y. Research into achieving a lightweight vehicle body utilizing structure optimizing analysis: aim for a lightweight and high and rigid vehicle body [J]. JSAE review, 1999, 20 (4): 558-561.

[104] Hopf B, Biemans C. Light-weight body-current status and future challenges [J]. DVS BERICHTE, 2001, 218: 201-208.

[105] 崔新涛. 多材料结构汽车车身轻量化设计方法研究 [D]. 天津: 天津大学, 2007.

[106] Benedyk J. Light metals in automotive applications [J]. Light Metal Age, 2000, 58 (9-10): 34-35.

[107] Han H N, Clark J P. Lifetime costing of the body-in-white: steel vs. aluminum [J]. JOM, 1995, 47 (5): 22-28.

[108] 羊秋林. 汽车用轻量化材料 [M]. 北京: 机械工业出版社, 1991.

[109] Jambor A, Beyer M. New cars—new materials [J]. Materials & design, 1997, 18 (4): 203-209.

[110] 迟汉之. 世界汽车轻量化及轻质材料应用趋势 [J]. 轻型汽车技术, 2001 (4): 54-56.

[111] 马鸣图, 易红亮, 路洪洲, 等. 论汽车轻量化 [J]. 中国工程科学, 2009, 11 (9): 20-27.

[112] Hopf B, Biemans C. Light-weight body-current status and future challenges [J]. DVS BERICHTE, 2001, 218: 201-208.

[113] Ng G K, Miller J C, Tessieri M B. Aluminum usage in the PNGV and its impact on the recycling infrastructure [R]. SAE Technical Paper, 1999.

[114] TAYLOR C. PNGV materials accomplishments [J]. Automotive Engineering, 1996, 104 (12): 39-40.

[115] 敖炳秋. 轻量化汽车材料技术的最新动态 [J]. 汽车工艺与材料, 2002 (8): 1-21.

[116] 王宏雁. 汽车车身轻量化结构与轻质材料 [M]. 北京：北京大学出版社，2009.
[117] Hahn O，Kurzok J R，Timmermann R. Joining of multi-material constructions [C] // Proceedings of Chinese-German Ultralight Symposium，Beijing，China. 2001：151-162.
[118] 肖永清，杨忠敏. 汽车的发展与未来 [M]. 北京：化学出版社，2004.
[119] 中国汽车工程学会组编. 世界汽车技术发展跟踪研究 [M]. 北京：北京理工大学出版社，2008.
[120] Liu Z. Characterisation of optimal human driver model and stability of a tractor-semitrailer vehicle system with time delay [J]. Mechanical systems and signal processing，2007，21（5）：2080-2098.
[121] 陈勇，黄席樾，杨尚罡. 汽车防撞预警系统的研究与发展 [J]. 计算机仿真，2006，23（12）：239-243.
[122] 黄娟，葛万成. 基于 GPS 和 GSM 的汽车自动报警和求救系统 [J]. 信息技术，2005，29（11）：5-7.
[123] Helbing D，Hennecke A，Shvetsov V，et al. Micro- and macro-simulation of freeway traffic [J]. Mathematical & Computer Modelling An International Journal，2000，35（5-6）：517-547.
[124] 张伦. MB-LBP 特征在视觉目标检测和分类中的应用 [D]. 中国科学院自动化研究所，2008.
[125] 王伟，陈慧，刁增祥，等. 基于光电导航无人驾驶电动汽车自动寻迹控制系统研究 [J]. 汽车工程，2008，30（2）：137-140.
[126] Kiencke U，Majjad R，Kramer S. Modeling and performance analysis of a hybrid driver model [J]. Control Engineering Practice，1999，7（8）：985-991.
[127] 温炳. 不停车收费系统（ETC）及其应用 [J]. 山西交通科技，2003（S1）：129-131.
[128] 肖永清. 汽车的发展与未来 [M]. 北京：化学工业出版社，2004.
[129] Wakefield E H. History of the electric automobile battery-only powered cars [M]. Published by Society of Automotive Engineers，Inc，1993.
[130] 崔胜民. 新能源汽车技术 [M]. 北京：北京大学出版社，2010.
[131] 陈全世. 先进电动汽车技术 [M]. 北京：化学工业出版社，2007.
[132] 陈清泉，孙立清. 电动汽车的现状和发展趋势 [J]. 科技导报，2005，23（4）：24-28.
[133] Liu H，Nonami K，Hagiwara T. Semi-active fuzzy sliding mode control of full vehicle and suspensions [J]. Journal of Vibration and Control，2005，11（8）：1025-1042.
[134] 王刚，周荣，乔维高. 电动汽车充电技术研究 [J]. 农业装备与车辆工程，2008（6）：7-9.
[135] 宋文生，李磊，王宇新. 燃料电池汽车氢源 [J]. 汽车工程，2003，25（4）：415-417.
[136] 陈卫国. 车用替代燃料的发展趋势 [J]. 国际石油经济，2007，15（2）：31-36.
[137] Griffiths P G. Embedded software control design for an electronic throttle body [D]. University of California，Berkeley，2002.
[138] 慧文. 小型化 3 缸发动机已上路 [J]. 汽车与配件，2013（35）：20-21.
[139] 朱敏慧. 小型化发动机 前程远大 [J]. 汽车与配件，2008（35）：17-19.
[140] 范明强. 发动机小型化技术的发展 [J]. 汽车与配件，2009（14）：30-33.
[141] 郑劲. 七速双离合变速器的传动分析 [J]. 汽车零部件，2014（2）：61-62.
[142] 张志阳，邵科源，张振宇，等. 碳纤维复合材料在纯电动汽车车身中的应用分析 [J]. 上海汽车，2013（10）：60-62.
[143] 李威，郭权锋. 碳纤维复合材料在航天领域的应用 [J]. 中国光学，2011，04（3）：201-212.
[144] 崔胜民. 新能源汽车概论 [M]. 北京：北京大学出版社，2011.